U0790003

经济管理类数学基础系列

微 积 分

(第三版)

主 编 任秋艳
副主编 吕 宁 樊瑞宁 孔绪红

甘肃省“十四五”普通高等教育本科省级规划教材建设项目

科学出版社
北 京

内容简介

本书是甘肃省“十四五”普通高等教育本科省级规划教材建设项目，是“经济管理类数学基础系列”中的一本．全书共十章，内容包括函数及其图形、极限与连续、导数与微分、微分中值定理与导数的应用、不定积分、定积分、多元函数微积分、无穷级数、微分方程及差分方程．本书按章配置适量习题，书末附有习题参考答案及提示，便于读者参考．另外本书结合信息技术，增加互动功能，章后配有自测题，扫码可进行互动练习，检测学习成果．

本书体系完整，逻辑清晰，深入浅出，便于自学，既可作为高等学校经济类、管理类专业和其他相关专业微积分课程的教材或教学参考书，也可供考研人员参考使用．

图书在版编目(CIP)数据

微积分 / 任秋艳主编. -- 3 版. -- 北京 : 科学出版社, 2025. 8. -- (经济管理类数学基础系列). -- ISBN 978-7-03-083217-7

Ⅰ. O172

中国国家版本馆 CIP 数据核字第 2025250BC1 号

责任编辑：梁　清　孙翠勤 / 责任校对：杨聪敏

责任印制：师艳茹 / 封面设计：蓝正设计

科学出版社 出版

北京东黄城根北街 16 号

邮政编码: 100717

http://www.sciencep.com

天津市新科印刷有限公司印刷

科学出版社发行　各地新华书店经销

*

2010 年 8 月第　一　版　开本: 720×1000　1/16

2015 年 6 月第　二　版　印张: 28 3/4

2025 年 8 月第　三　版　字数: 580 000

2025 年 8 月第十五次印刷

定价: 89.00 元

(如有印装质量问题，我社负责调换)

前　言

本书于 2010 年由科学出版社出版, 2015 年修订再版, 系兰州财经大学“质量工程”——“经济数学基础系列课程教学团队”教材建设的成果. 自出版以来, 本书被多所高校选用, 广受师生好评. 其主体结构科学合理, 内容取舍精准、衔接过渡自然, 编排体系颇具特色, 尤为契合财经类高等学校的教学需求. 本次修订紧扣“新财经、新工科”时代背景, 充分吸纳教师教学实践反馈, 聚焦学生数学思维能力与创新意识的培养, 在内容架构与教学方法层面进行针对性优化, 切实提升教材对现代高等教育需求的适配度.

本次再版遵照党的二十大对教材建设提出的“加强教材建设和管理”的要求, 团队整合资源、仔细研究、对教材进行了修订和再版. 教材整理修改工作是在教育部全面实施“六卓越一拔尖”计划 2.0, 全面推进“四新”建设, 着力实施一流专业建设“双万计划”、一流课程建设“双万计划”的背景下进行的. 本书的第三版是甘肃省“十四五”普通高等教育本科省级规划教材建设项目的阶段性成果. 在第二版的基础上, 着重在以下几个方面做了修改.

第一, 在充分分析教学过程中师生反馈的各种意见建议基础上, 利用信息技术, 在教材中加入自测题, 对教材进行新形态改版升级, 增加互动性, 读者可以扫码测试.

第二, 对全书文字表述进行了全面校订, 确保数学语言的准确性和规范性.

第三, 增加或更换了部分习题, 增加更具挑战性的综合应用题, 帮助学生建立数学建模思维. 适当融入了一些研究生入学考试内容, 选用了近年全国硕士研究生入学统一考试中的部分优秀试题, 如, 2024 考研真题用 (2024) 表示. 教材每章后的习题均为 (A) 和 (B) 两组, 其中 (A) 组习题反映了本科经济管理类专业数学基础课的基本要求, (B) 组习题综合性较强, 可供学有余力或有志报考硕士研究生的学生练习.

本书由任秋艳主编, 其中第 1、3 章由樊瑞宁编写, 第 2、8 章由吕宁编写, 第 4—7 章由任秋艳编写, 第 9、10 章由孔绪红编写, 全书由任秋艳统稿定稿.

感谢使用本书的广大师生, 你们的反馈是本次修订的重要依据. 科学出版社的梁清编辑为本书的出版付出了辛勤劳动, 在此表示感谢. 教材建设永无止境, 欢迎广大读者继续提出宝贵意见.

作　者

2025 年 5 月

第二版前言

2010 年本书第一版出版以来, 按照全国高等学校教学研究中心研究项目 “科学思维、科学方法在高校数学课程教学创新中的应用与实践” 的要求, 进行了五年的教学实践. 五年中, 读者和使用本书的同行们提出了许多宝贵的修改意见和建议, 这些意见和建议除了在平时的教学实践中不断吸纳外, 借这次修订机会, 对本书的部分内容也作了相应调整与修订, 使其更符合先易后难、循序渐进的教学规律. 本书是兰州财经大学 “质量工程”——“经济数学基础系列课程教学团队 (2013 年度)” 教材建设的阶段性成果.

本书习题配置合理, 难易适度, 适当融入了一些研究生入学考试内容, 选用了近年全国硕士研究生入学统一考试中的部分优秀试题, 如 1998 考研真题用 (1998) 表示, 2009 考研真题用 (2009) 表示. 教材每章后的习题均为 (A)(B) 两组, 其中 (A) 组习题反映了本科经济管理类专业数学基础课的基本要求, (B) 组习题综合性较强, 可供学有余力或有志报考硕士研究生的学生练习.

各章中标有 “*” 的内容是为对数学基础要求较高的院校或专业编写的, 可以作为选学内容或供读者自学用.

本书由党高学、潘黎霞主编. 第 1、2 章由党高学编写, 第 4 章由丁涛编写, 第 5、6 章由马育英编写, 第 3、7 章由张明军编写, 第 8、9、10 章由潘黎霞编写, 全书由主编统稿定稿.

尽管这次修订我们希望本书更符合现代教育教学规律, 更符合大学数学教学的实际, 更容易被读者所接纳, 但限于编者水平, 仍可能存在不当之处, 恳请读者和同行批评指正.

编　者

2015 年 3 月

第一版前言

本书是"经济管理类数学基础系列"教材之一，是全国高等学校教学研究中心"科学思维、科学方法在高校数学课程教学创新中的应用与实践"的研究成果. 本书由多年从事数学教学实践的教师，根据教育部高等学校数学与统计学教学指导委员会制定的"经济管理类数学基础课程教学基本要求"和最新颁布的《全国硕士研究生入学统一考试数学 (三)》考试大纲的要求，按照继承与改革的精神编写而成.

微积分的理论和方法广泛地应用于自然科学、工程技术和社会科学的各个领域，它不仅是一种工具、一种知识、一种科学，更是一种思维模式、一种素养、一种文化. 学习和掌握微积分，不仅是对理工类学生的要求，也是对经济管理类、人文科学等各类学生的基本要求和必备素养.

为了使微积分教学生动实用、能调动学生的学习积极性，本书在编写过程中按循序渐进、逐步过渡的原则，力图使学生克服数学学习上的畏难心理. 如从几何直观现象出发，引入极限、导数和积分等微积分基本概念，从特殊到一般，在理论上进行归纳整理，得到一般的方法和结论，再由一般到特殊，将微积分与经济管理中的具体问题结合起来进行分析，为学生掌握数学分析的方法打下良好基础.

另外，从实际需要出发，本书注重数学思想的介绍和数学方法的应用，在例题、习题中添加了一些经济应用实例，以培养学生分析解决实际问题的兴趣和能力.

本书由党高学副教授、韩金仓教授主编. 第 1、2 章由党高学编写，第 4 章由韩金仓编写，第 5、6 章由马育英编写，第 3、7 章由张明军编写，第 8、9、10 章由潘黎霞编写，全书由主编统稿定稿.

由于编者水平有限，书中疏漏及不妥之处在所难免，恳请读者及专家学者批评指正.

编　者

2010 年 3 月

目　录

第 1 章

函数及其图形

函数是客观世界中各种变量之间的相互依存关系的一种抽象，是微积分研究的对象，它处于基础的核心地位. 在自然科学、工程技术、经济管理，甚至社会科学中，函数是广泛应用的概念，其重要意义远远超出了数学范围. 本章首先引进函数的概念，然后重点讨论基本初等函数及其图形，最后介绍经济学中的几个常用函数.

1.1 函　　数

1.1.1 实数及其几何表示

函数概念是建立在实数集合基础之上的，凡能表示为形如 $\dfrac{p}{q}$(其中 p, q 都是整数，且 $q \neq 0$) 的数称为**有理数**，凡不能表示为这种分数的数称为**无理数**. 有理数和无理数统称为**实数**. 全体实数组成的集合简称为**实数集**，记为 $\mathbf{R}$.

规定了原点、正方向和单位长度的直线称为**数轴**，如图 1.1 所示.

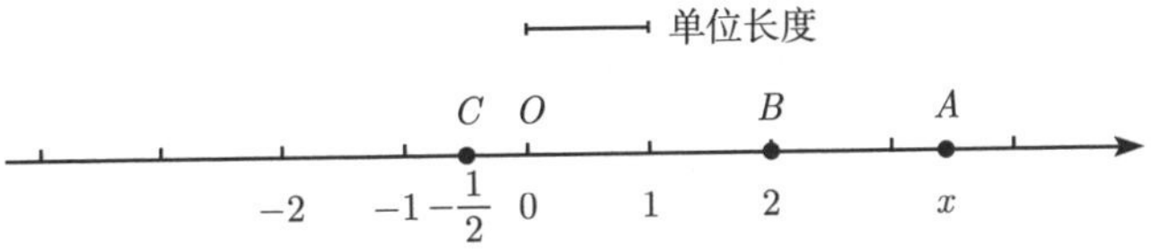

图 1.1

对任意实数 x，在数轴上自原点 O 起向右或向左 (视 x 为正或负) 截取一线段 OA，使其长度与单位长度的比值恰等于 $|x|$，则得到数轴上唯一一个点 A，称点 A 为实数 x 的几何表示，而实数 x 称为点 A 的**坐标**. 例如，图 1.1 中点 B 表示实数 2；点 C 表示 $-\dfrac{1}{2}$. 反之，数轴上任一点一定表示某个实数，即它一定是以某个实数为坐标的点.

因此，全体实数和数轴上的全体点一一对应，以后把点 A 与它的坐标 x 等同起来而不加以区别. 比如，数 2 与点 2 是一样的.

点 x 到原点的距离用 $|x|$ 表示，读作实数 x 的**绝对值**，显然

$$|x| = \begin{cases} x, & x \geqslant 0, \\ -x, & x < 0. \end{cases}$$

两点 x, y 的距离为 $|x-y|$.

绝对值有如下性质:

(1) $|x| = \sqrt{x^2}$.

(2) $|x| \geqslant 0$, 且 $|x| = 0 \Leftrightarrow x = 0$.

(3) $|-x| = |x|$.

(4) 若 $a > 0$, 则 $|x| < a \Leftrightarrow -a < x < a$; $|x| > a \Leftrightarrow x < -a$ 或 $x > a$.

(5) $|xy| = |x||y|$; $\left|\dfrac{x}{y}\right| = \dfrac{|x|}{|y|}$.

(6) $||x| - |y|| \leqslant |x \pm y| \leqslant |x| + |y|$.

微积分是建立在实数论的基础之上的, 本书如无特殊说明, 一切数、数集和变量的取值等均在实数范围内考虑.

1.1.2　区间和邻域

区间和邻域是用得较多的两个概念, 它们都是实数集 $\mathbf{R}$ 的某种特殊子集.

设 $a, b \in \mathbf{R}$, 且 $a < b$, 把数轴上介于点 a 和点 b 之间但不包含 a, b 的全部点构成的集合称为以 a, b 为端点的**开区间** (图 1.2), 用记号 (a, b) 表示, 即

$$(a, b) = \{x | a < x < b\}.$$

把介于两点 a 和 b 之间且包含两点 a 与 b 的全部点的集合称为以 a, b 为端点的**闭区间** (图 1.3), 用记号 $[a, b]$ 表示, 即

$$[a, b] = \{x | a \leqslant x \leqslant b\}.$$

图 1.2

图 1.3

同样地, 数集 $(a, b] = \{x | a < x \leqslant b\}$ 与 $[a, b) = \{x | a \leqslant x < b\}$ 称为**半闭半开区间** (图 1.4 和图 1.5).

图 1.4

图 1.5

以上四个区间都称为**有限区间**, 它们的长度均为 $b - a$.

下列 5 个区间称为**无限区间**:

$$(a,+\infty)=\{x\,|\,x>a\};\quad [a,+\infty)=\{x\,|\,x\geqslant a\};$$

$$(-\infty,b)=\{x\,|\,x<b\};\quad (-\infty,b]=\{x\,|\,x\leqslant b\};\quad (-\infty,+\infty)=\mathbf{R}.$$

在不需要辨明所讨论区间是否包含端点以及是否为有限区间的场合, 我们就简称它为**区间**, 且常用 I 表示.

设 x_0 是一定点, $\delta>0$, 集合 $\{x\,|\,|x-x_0|<\delta\}=(x_0-\delta,x_0+\delta)$ 在数轴上表示以点 x_0 为中心, 以 2δ 为长度的开区间, 称此区间为点 x_0 的 δ **邻域**, 记为 $U(x_0,\delta)$, x_0 称为**邻域的中心**, δ 称为**邻域的半径** (图 1.6), 即

$$U(x_0,\delta)=\{x\,|\,|x-x_0|<\delta\}=(x_0-\delta,x_0+\delta).$$

因为 $|x-x_0|$ 表示 x 与 x_0 的距离, 所以 $U(x_0,\delta)$ 表示到点 x_0 的距离小于 δ 的所有点的集合. 例如, $U(3,0.1)=\{x\,|\,|x-3|<0.1\}=(2.9,3.1)$ 表示以 3 为中心 0.1 为半径的邻域. 再如点 -4 的 1 邻域是 $U(-4,1)=\{x\,|\,|x+4|<1\}=(-5,-3)$.

点 x_0 的 δ 邻域去掉中心 x_0 后, 称为点 x_0 的 δ **去心邻域** (图 1.7), 记为 $\overset{\circ}{U}(x_0,\delta)$, 即

$$\overset{\circ}{U}(x_0,\delta)=\{x\,|\,0<|x-x_0|<\delta\}=(x_0-\delta,x_0)\cup(x_0,x_0+\delta),$$

$(x_0-\delta,x_0)$ 称为 x_0 的**左半邻域**, $(x_0,x_0+\delta)$ 称为 x_0 的**右半邻域**.

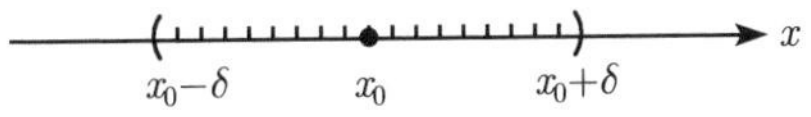

图 1.6

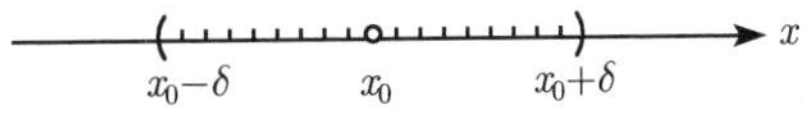

图 1.7

例如, $\overset{\circ}{U}\left\{5,\dfrac{1}{2}\right\}=\left\{x\middle|0<|x-5|<\dfrac{1}{2}\right\}=(4.5,5)\cup(5,5.5)$ 即为到点 5 的距离小于 $\dfrac{1}{2}$ 且大于零的所有点的集合.

在不需要指明邻域的半径时, 邻域和去心邻域简记为 $U(x_0)$ 和 $\overset{\circ}{U}(x_0)$.

1.1.3 变量和常量

在实际生活中, 经常遇到各种各样的量. 例如, 时间、速度、距离、面积、体积、温度、质量、产量、价格、利润等. 在同一问题中遇到的各种不同的量, 它们所处的状态是不尽相同的, 有些量在进行的过程中是不断变化的, 即可以取不同的数值, 这样的量称为**变量**; 有些量在过程中始终保持不变, 即只取一个数值, 这样的量称为**常量**.

例如, 在自由落体运动中, 我们遇到的量有时间 t、速度 v、加速度 g、下落的距离 s、物体的质量 m、体积 V 等, 其中 t, v, s 均为变量, g, m, V 均为常量.

习惯上, 常用 x, y, z, t, u, v 等字母表示变量, 而常量则用 a, b, c 等字母表示.

变量所可能取到的每一个数值称为变量的一个值, 变量所可能取到的数值的全体称为变量的**取值范围**或**变化范围**.

1.1.4　函数的基本概念

在同一问题中, 往往有几个变量在共同变化着, 但它们的变化并不是彼此无关、各自孤立地变化, 而是遵循一定的法则 (或者规律) 相互依赖、相互制约地变化着. 这是物质世界的一个普遍规律.

我们就两个变量的情形考察以下几个例子.

例 1　球的体积 V 和半径 r 按照法则

$$V=\frac{4}{3}\pi r^3$$

变化着. 具体地说, 就是体积 V 随半径 r 的变化而变化, 随 r 的取定而取定, 当半径 r 在它的取值范围 $D=(0,+\infty)$ 内任取一个值时, 按照此法则都能确定唯一的 V 值.

例 2　自由落体运动中, 物体下落的距离 s 与下落的时间 t 遵循法则

$$s=\frac{1}{2}gt^2$$

变化着, 下落距离 s 随时间 t 的变化而变化, 随时间 t 的取定而取定, 当 t 在它的取值范围 $D=[0,T]$(物体着地时刻为 T) 上取每一个数值时, 按此法则, s 的值就被唯一确定.

例 3　设某商品的价格为 5 元/件, 则销售收入 R 与销售量 Q 按照法则

$$R=5Q$$

变化着, R 随 Q 的变化而变化, 随 Q 的取定而取定, 当 Q 取每一个可能数值时, 按此法则, R 的值就被唯一确定.

抽去上述三个例子中变量的实际意义, 就会发现它们的共同之处: 同一个问题中的两个变量都是由某种法则联系着, 当其中一个变量在它的取值范围内取定每一个数值时, 根据此法则都能唯一地确定另外一个变量的数值, 两个变量的这种对应关系就是函数概念的实质.

由此, 我们抽象出函数的定义.

定义 1.1　设 x, y 是两个变量, x 的取值范围是非空数集 D, f 是某个对应法则. 如果对每一个 $x \in D$, 按照此法则 f 都能确定唯一的一个 y 值与之对应 (把与 x 对应的这个 y 值称为 x 在 f 下的像, 记作 $f(x)$, 即 $y = f(x)$), 则称此对应法则 f 为定义于 D 上的**函数**, 或称变量 y 是变量 x 的函数, 记作

$$y = f(x), \quad x \in D,$$

x 称为**自变量**, y 称为**因变量**或函数, D 称为函数的**定义域**, 常记为 D_f, D_f 中每个数 x 在 f 下的像 $f(x)$(即对应的 y 值), 也称为函数在点 x 处的**函数值**, 全体函数值的集合称为函数的**值域**, 记为 R_f 或 $f(D)$, 即

$$R_f = f(D) = \{y | y = f(x), x \in D_f\}.$$

例 4　下列 x 与 y 的对应法则是否为所给数集上的函数?

(1) $y = 3x - 2, x \in (-\infty, +\infty)$;

(2) $y = \pm\sqrt{x}, x \in (0, +\infty)$;

(3) $y < x^2 + 1, x \in (-\infty, +\infty)$;

(4) $y = \sqrt{\sin x - 2}, x \in (-\infty, +\infty)$.

解　f 是否为定义于 D 上的函数, 根据函数的定义 1.1, 就是判断 D 中的每个数 x 在 f 下的像 $f(x)$(亦即变量 x 的每个值在 f 下对应的 y 值) 是否唯一确定.

(1) 是函数, 因为 $(-\infty, +\infty)$ 中的每个数 x 在该对应法则下的像 $y = 3x - 2$ 唯一确定. 例如, 当 $x = 5$ 时 $y = 13$.

(2) 不是函数, 因为 $(0, +\infty)$ 中的每个数 x 值对应的 y 值不唯一确定. 例如, 当 $x = 4$ 时 $y = \pm 2$.

(3) 不是函数, 因为对 $(-\infty, +\infty)$ 中的每个数 x, 由对应法则确定的 y 值是小于 $x^2 + 1$ 的所有实数. 例如, 当 $x = 4$ 时, 由法则确定的 y 值为小于 17 的所有实数, 不唯一.

(4) 不是函数, 因为无论 x 取何值, $\sin x - 2 < 0, \sqrt{\sin x - 2}$ 无意义, 即由此法则没有与之对应的 y 值, 而函数的定义域不能是空集.

由定义 1.1 不难看出, 一个函数完全由其定义域 D_f 和对应法则 f 所确定, 也就是说, 只要给定一个非空集 D, 并明确 (或指明)D 中每个数 x 的像 $f(x)$(即对应的 y 值), 就算给定一个函数. 但是在许多场合只给出函数的对应法则 $f(x)$, 往往不指明定义域, 此时定义域规定为使对应法则 f 有意义的自变量 x 的一切值的集合 (所谓对应法则 $f(x)$ 在一点 x 有意义是指该点 x 在 f 下的像 $f(x)$ 存在, 即 x 在 f 下有对应的 y 值). 这样的定义域也称为函数的自然定义域.

例 5　求下列函数的定义域:

(1) $y=\dfrac{x^2+2}{x(x-1)}-\sqrt{16-x^2}$;

(2) $f(x)=\lg\sin x-\arccos\dfrac{x}{5}$;

(3) 若 $f(x)$ 的定义域为 $[2,5)$, 求 $f(1+x^2)$ 的定义域.

解　(1) $\begin{cases} x(x-1)\neq 0, \\ 16-x^2\geqslant 0, \end{cases}$ $\begin{cases} x\neq 0 \text{ 且} x\neq 1, \\ -4\leqslant x\leqslant 4, \end{cases}$ 即

$$D_f=[-4,0)\cup(0,1)\cup(1,4].$$

(2) $\begin{cases} \sin x>0, \\ \left|\dfrac{x}{5}\right|\leqslant 1, \end{cases}$ $\begin{cases} 2k\pi<x<(2k+1)\pi, \quad k\in\mathbf{Z}, \\ -5\leqslant x\leqslant 5, \end{cases}$ 即

$$D_f=[-5,-\pi)\cup(0,\pi).$$

如图 1.8 所示.

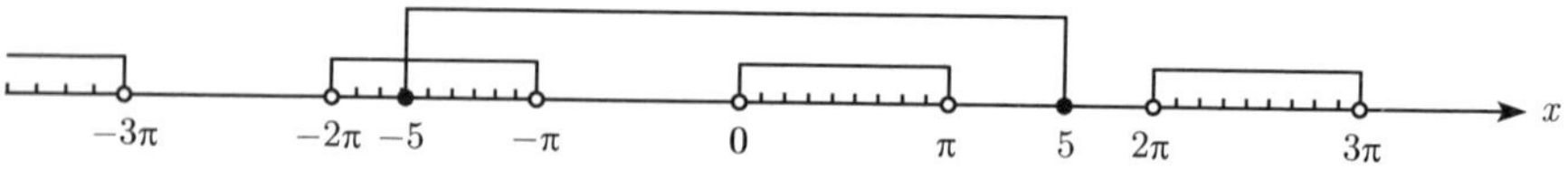

图 1.8

(3) $2\leqslant 1+x^2<5\Leftrightarrow 1\leqslant x^2<4\Leftrightarrow 1\leqslant |x|<2\Leftrightarrow -2<x\leqslant -1$ 或 $1\leqslant x<2$, $f(x)$ 的定义域为 $(-2,-1]\cup[1,2)$.

例 6　设 $f(x)=3x^2-2x+1$, 求 $D_f, f(0), f(-1), f(3), f(a), f(-x), f(x+1)$ 和 $\dfrac{1}{2}[f(x)-f(-x)]$.

解　$D_f=(-\infty,+\infty)$; $f(0)=1, f(-1)=6, f(3)=22, f(a)=3a^2-2a+1$;
$f(-x)=3x^2+2x+1$;
$f(x+1)=3(x+1)^2-2(x+1)+1=3x^2+4x+2$;
$\dfrac{1}{2}[f(x)-f(-x)]=\dfrac{1}{2}[(3x^2-2x+1)-(3x^2+2x+1)]=-2x$.

例 7　已知 $f(x)=x^2-1, \varphi(x)=\sin x$, 求 $f[f(x)], f[\varphi(x)], \varphi[f(x)], \varphi[\varphi(x)]$.

解

$$f[f(x)]=f(x^2-1)=(x^2-1)^2-1=x^4-2x^2;$$

$$f[\varphi(x)]=f(\sin x)=\sin^2 x-1=-\cos^2 x;$$

$$\varphi[f(x)]=\varphi(x^2-1)=\sin(x^2-1);$$

$$\varphi[\varphi(x)]=\varphi(\sin x)=\sin(\sin x).$$

例 8　已知 $f\left(\frac{1}{x}\right)=x+\sqrt{1+x^2}(x<0)$, 求 $f(x)$.

解　令 $\frac{1}{x}=t$, 则 $x=\frac{1}{t}(t<0)$, 故

$$f(t)=\frac{1}{t}+\sqrt{1+\frac{1}{t^2}}=\frac{1}{t}-\frac{\sqrt{t^2+1}}{t}=\frac{1-\sqrt{t^2+1}}{t},$$

即

$$f(x)=\frac{1-\sqrt{x^2+1}}{x}.$$

例 9　下列各对函数是否相同? 为什么?

(1) $f(x)=\frac{x}{x},g(x)=1$;　　(2) $f(x)=x,g(x)=\sqrt{x^2}$;

(3) $f(x)=\lg x^2,g(x)=2\lg x$;　　(4) $f(x)=\lg x^2,g(x)=2\lg|x|$.

解　确定函数的要素是 D_f 和 f, 只有定义域和对应法则完全相同的函数才是同一函数.

(1) 不同. 因为 $D_f=(-\infty,0)\cup(0,+\infty)$, 而 $D_g=(-\infty,+\infty)$, 它们的定义域不同.

(2) 不同. $D_f=D_g=(-\infty,+\infty)$, 但在 $(-\infty,0)$ 内, $f(x)=x$, 而 $g(x)=-x$, 即在负半轴上对应法则不同.

(3) 不同. 因为定义域不同, $D_f=(-\infty,0)\cup(0,+\infty)$, 而 $D_g=(0,+\infty)$.

(4) 相同. 因为 $D_f=D_g=(-\infty,0)\cup(0,+\infty)$, 在定义域中每一点 x 的像相同, $f(x)=\lg x^2=2\lg|x|=g(x)$, 即对应法则完全相同.

1.1.5 函数的几何表示——图像

对任一给定的函数 $y=f(x),x\in D_f$, 在平面直角坐标系 xOy 中, 置 D_f 于 x 轴上, 对 D_f 中任一点 x, 其函数值为 $y=f(x)$, 我们得到了平面上唯一一点 (x,y)(其中 $y=f(x)$). 当 x 取遍 D_f 中所有点时, 我们得到一个平面点集: $\{(x,y)|y=f(x),x\in D_f\}$. 称此集合为函数 $y=f(x)$ 的几何表示或图像 (图形, 一般是一条曲线). 图像在 x 轴上的投影就是 D_f, 在 y 轴上的投影就是 R_f. 如图 1.9 所示. 但并非任何一条平面曲线都表示一个函数, 因为由函数的定义, 一个 x 只能对应一个 y, 所以函数的图像有一个特征: 它和纵向的平行线最多只有一个交点, 凡满足此特征的曲线就能表示一个函数. 图 1.10 中的曲线就不是一个函数的图像, 但我们可将其分为 CPD,CNB,AQB 三段, 每一段都表示一个函数.

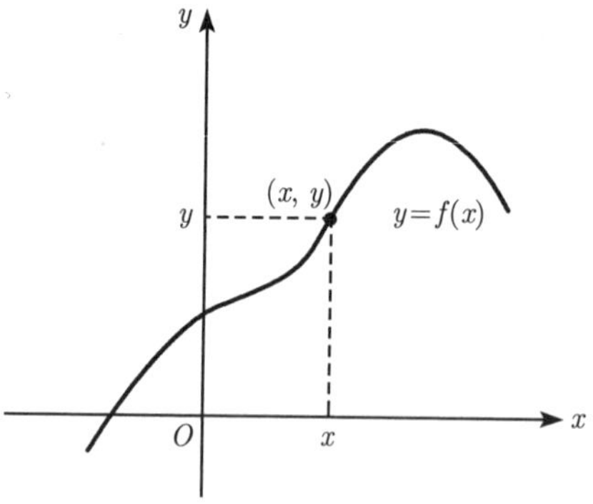

图 1.9

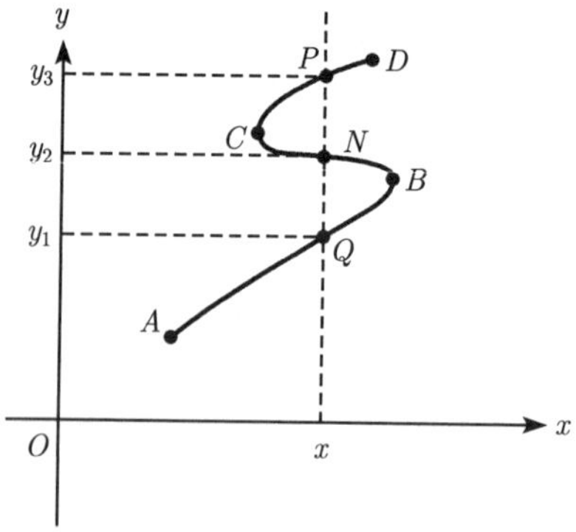

图 1.10

函数是一个非常宽泛的概念, 因而表示函数的方法是多种多样的. 一个代数式、一个方程、一个特殊符号, 甚至一句话的描述都能表示一个函数. 常见的表示法有解析法 (公式法)、图示法和表格法, 这些在中学大家已经熟悉. 这里需特别强调的是: 有时当自变量在定义域的不同部分上取值时, 对应的函数值要用不同的解析式计算. 例如,

$$y=f(x)=\begin{cases}x^2+1, & -1\leqslant x<0,\\ \sqrt{x^2+2}, & 0\leqslant x\leqslant 2,\\ 2x-3, & 2<x\leqslant 4\end{cases}$$

是定义于 $[-1,4]$ 上的一个函数 (而不是 3 个函数), 这类函数常称为**分段函数**.

例 10　函数 $y=f(x)=1$ 的定义域 $D_f=(-\infty,+\infty)$, 值域 $R_f=\{1\}$, 其图形是一条平行于 x 轴的直线 (图 1.11).

例 11　绝对值函数

$$y=|x|=\begin{cases}x, & x\geqslant 0,\\ -x, & x<0\end{cases}$$

的定义域 $D_f=(-\infty,+\infty)$, 值域 $R_f=[0,+\infty)$, 如图 1.12 所示.

例 12　符号函数

$$y=\mathrm{sgn}x=\begin{cases}1, & x>0,\\ 0, & x=0,\\ -1, & x<0\end{cases}$$

的定义域 $D_f=(-\infty,+\infty)$, 值域 $R_f=\{-1,0,1\}$, 如图 1.13 所示. 对任何实数 x, 有 $x=\operatorname{sgn}x\cdot|x|$.

例 13 取整函数

$$y=[x].$$

记号 $[x]$ 表示不超过 x 的最大整数 (或称为 x 的整数部分), 例如, $[12.35]=12$, $\left[\dfrac{5}{7}\right]=0$, $[\pi]=3$, $[-3]=-3$, $[-3.2]=-4$. 其定义域为 $(-\infty,+\infty)$, 值域为整数集合 $\mathbf{Z}$, 如图 1.14 所示.

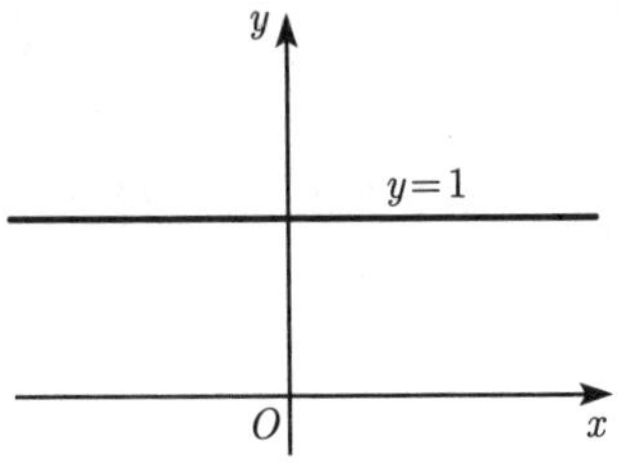

图 1.11

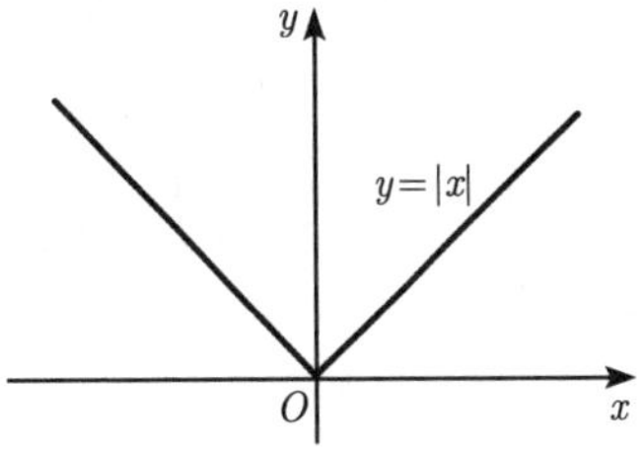

图 1.12

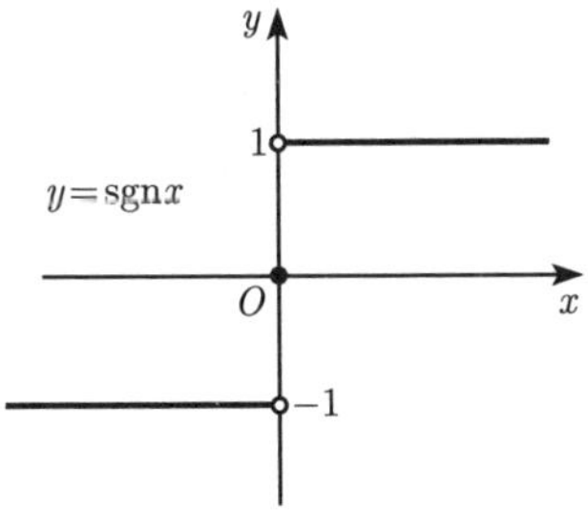

图 1.13

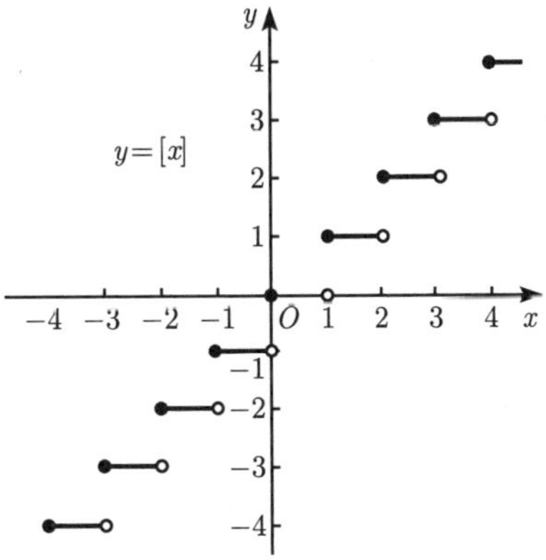

图 1.14

例 14 狄利克雷 (Dirichlet) 函数

$$D(x)=\begin{cases}1, & x\text{ 是有理数},\\ 0, & x\text{ 是无理数}\end{cases}$$

的定义域 $D_f=(-\infty,+\infty)$, 如图 1.15 所示.

例 15　设函数

$$y = f(x) = \begin{cases} \sqrt{1-x^2}, & |x| < 1, \\ x^2 - 1, & 1 < |x| \leqslant 2, \\ 3, & 2 < |x| \leqslant 4. \end{cases}$$

(1) 求 D_f;

(2) 计算 $f(0), f\left(-\dfrac{1}{2}\right), f(1), f(2), f(3)$ 和 $f(5)$;

(3) 作出函数的图形.

解　(1) $D_f = [-4,-1) \cup (-1,1) \cup (1,4]$.

(2) $f(0) = 1, f\left(-\dfrac{1}{2}\right) = \dfrac{\sqrt{3}}{2}, f(1)$ 不存在, $f(2) = 3, f(3) = 3, f(5)$ 不存在.

(3) 如图 1.16 所示.

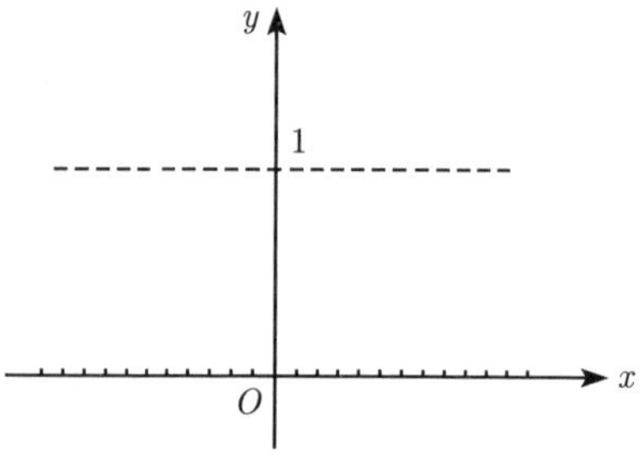

图 1.15

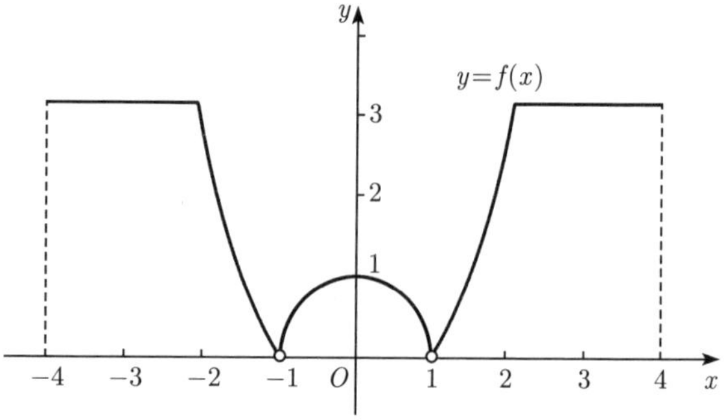

图 1.16

1.2 函数的几种特性

1.2.1 奇偶性

定义 1.2　设 $y = f(x)$ 是一给定函数,

(1) 如果对所有的 $x \in D_f$, 都有 $f(-x) = f(x)$, 则称 $f(x)$ 是**偶函数**;

(2) 如果对所有的 $x \in D_f$, 都有 $f(-x) = -f(x)$, 则称 $f(x)$ 是**奇函数**.

偶函数的图形关于 y 轴对称 (图 1.17), 奇函数的图形关于原点对称 (图 1.18).

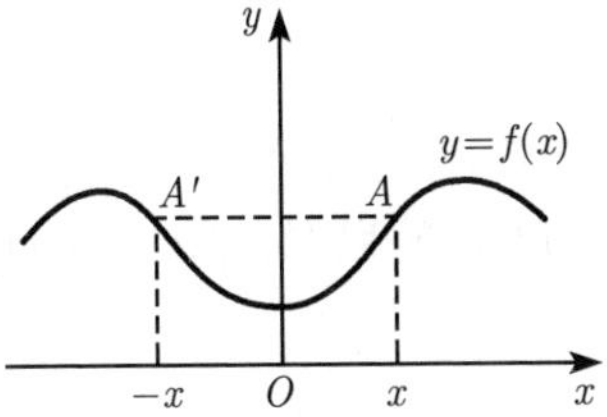

图 1.17

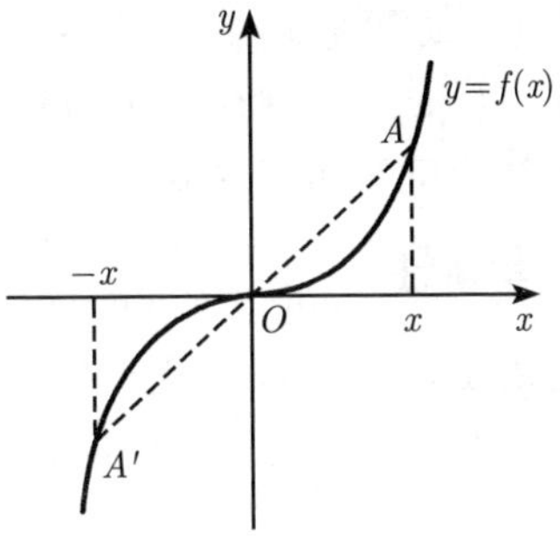

图 1.18

例 1 判断下列函数的奇偶性:

(1) $f(x)=2x^4-3x^2+5$;

(2) $f(x)=\lg(x+\sqrt{1+x^2})$;

(3) $f(x)=\begin{cases} x^2-2x, & x>0, \\ 0, & x=0, \\ -x^2-2x, & x<0; \end{cases}$

(4) $f(x)=x^2-x$.

解 (1) $f(-x)=2(-x)^4-3(-x)^2+5=2x^4-3x^2+5=f(x)$, 所以 $f(x)=2x^4-3x^2+5$ 是偶函数.

(2) $f(x)+f(-x)=\lg(x+\sqrt{1+x^2})+\lg(-x+\sqrt{1+x^2})$

$$=\lg(x+\sqrt{1+x^2})\cdot(-x+\sqrt{1+x^2})=\lg 1=0,$$

所以 $f(x)=\lg(x+\sqrt{1+x^2})$ 是奇函数.

$$(3)\ f(-x)=\begin{cases} (-x)^2-2(-x), & -x>0, \\ 0, & -x=0, \\ -(-x)^2-2(-x), & -x<0 \end{cases}$$

$$=\begin{cases} x^2+2x, & x<0, \\ 0, & x=0, \\ -x^2+2x, & x>0 \end{cases}$$

$$=\begin{cases} -(x^2-2x), & x>0, \\ 0, & x=0, \\ x^2+2x, & x<0 \end{cases}$$

$$=-f(x),$$

所以 $f(x)$ 为奇函数.

(4) $f(-x)=(-x)^2-(-x)=x^2+x\neq f(x)$, 也不等于 $-f(x)$, 所以 $f(x)=x^2-x$ 是非奇非偶的函数.

1.2.2　单调性

定义 1.3　设 $f(x)$ 是一给定函数, 区间 $I\subset D_f$. 如果对区间 I 上任意两点 x_1 及 x_2, 且 $x_1<x_2$, 恒有

$$f(x_1)<f(x_2)(f(x_1)>f(x_2)),$$

则称 $f(x)$ 在区间 I 上 (严格) **单调增加** (**单调减少**). 单调增加或单调减少的函数统称为**单调函数**.

区间 I 上的增函数在区间 I 上的图像是沿 x 轴正向上升的 (图 1.19); 区间 I 上的减函数在区间 I 上的图像是沿 x 轴正向下降的 (图 1.20).

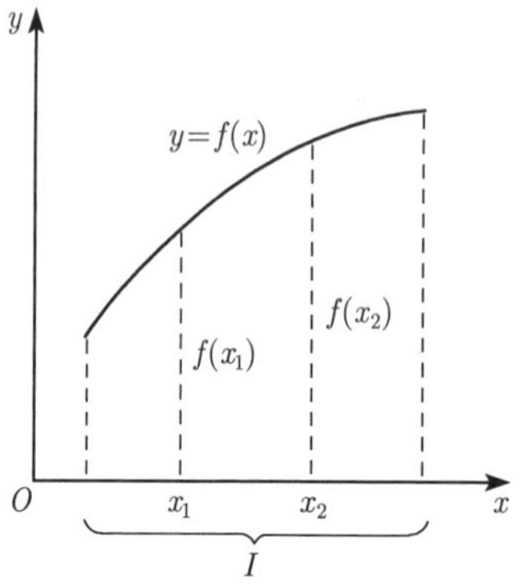

图 1.19

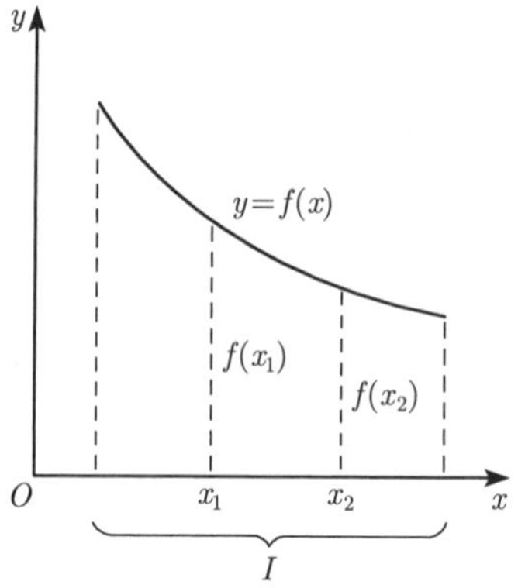

图 1.20

例如, 函数 $y=x^2$ 在 $(-\infty,0]$ 上单调减少, 在区间 $[0,+\infty)$ 上单调增加, 但在 $(-\infty,+\infty)$ 上不是单调函数 (图 1.21). 函数 $y=x^3$ 在 $(-\infty,+\infty)$ 上单调增加 (图 1.22).

1.2.3　有界性

定义 1.4　设 $f(x)$ 是一给定函数, 区间 $I\subset D_f$, 如果存在正常数 M, 使对区间 I 上任一点 x, 恒有

$$|f(x)|\leqslant M,$$

则称 $f(x)$ 在区间 I 上**有界**; 如果这样的 M 不存在, 则称 $f(x)$ 在区间 I 上**无界**.

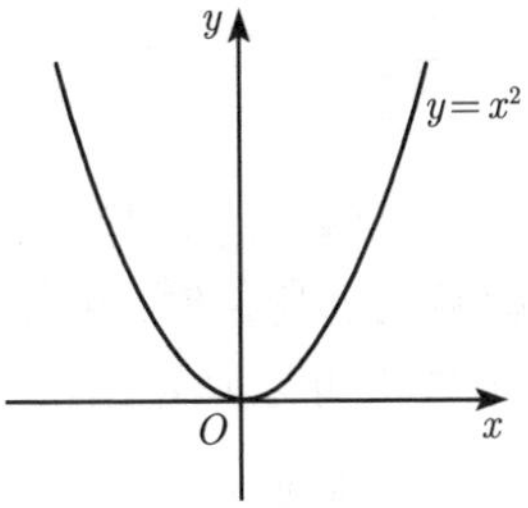

图 1.21

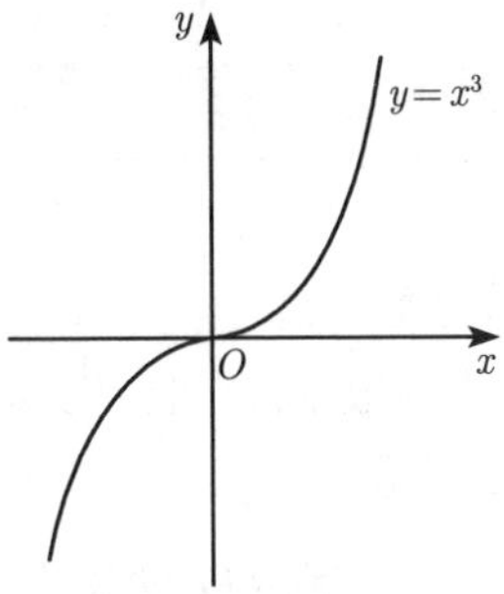

图 1.22

例如, 函数 $y=\sin x$ 在 $(-\infty,+\infty)$ 内有界, 因为对任一 $x\in(-\infty,+\infty)$, 都有 $|\sin x|\leqslant 1$. 而函数 $y=\dfrac{1}{x}$ 在区间 $(a,+\infty)(a>0)$ 有界, 因为对任一 $x\in(a,+\infty)$, $\left|\dfrac{1}{x}\right|=\dfrac{1}{x}<\dfrac{1}{a}$. 但 $y=\dfrac{1}{x}$ 在区间 $(0,+\infty)$ 内无界, 因为当 x 充分地接近于 0 时, $\dfrac{1}{x}$ 可以大于任何 (无论多大) 正常数 M, 即不存在这样的正常数 M, 使 $\left|\dfrac{1}{x}\right|\leqslant M$ 对 $(0,+\infty)$ 内所有点 x 都成立.

1.2.4 周期性

定义 1.5 对函数 $f(x)$, 如果存在正常数 T, 使对 D_f 内任意一点 x 都有

$$f(x+T)=f(x),$$

则称 $f(x)$ 为周期函数, 正常数 T 称为周期, 把满足上式的最小正常数 T 称为函数的**最小正周期**, 简称为**周期**. 通常所说的周期一般是指最小正周期.

例 2 设函数 $f(x)$ 是以 T 为周期的周期函数. 证明 $f(ax)(a>0)$ 是以 $\dfrac{T}{a}$ 为周期的周期函数.

证明 $f\left[a\left(x+\dfrac{T}{a}\right)\right]=f(ax+T)=f(ax)$, 所以 $f(ax)$ 是以 $\dfrac{T}{a}$ 为周期的周期函数.

$y=\sin x,y=\cos x$ 都是以 2π 为周期的周期函数, $y=\sin\omega x,y=\cos\omega x$ 都是以 $\dfrac{2\pi}{|\omega|}$ 为周期的周期函数; $y=\tan x,y=\cot x$ 都是以 π 为周期的周期函数, $y=\tan\omega x,y=\cot\omega x$ 都是以 $\dfrac{\pi}{|\omega|}$ 为周期的周期函数 (其中 ω 为非零常数).

1.3 反函数与复合函数

1.3.1 反函数

在某些函数中, 若把因变量当成自变量, 自变量当成因变量时, 仍然是一个函数. 例如, 函数 $y=3x-2$, 对任意的 y 值, 由此函数也可以确定出唯一的 x 值 $x=\frac{1}{3}y+\frac{2}{3}$. 根据函数的定义, x 也是 y 的函数. 我们把函数 $x=\frac{1}{3}y+\frac{2}{3}$ 称为原来函数 $y=3x-2$ 的反函数. 一般地, 引入下述定义.

定义 1.6 设 $y=f(x)$ 是一给定函数, 如果对每个 $y\in R_f$, 都有唯一的一个满足 $y=f(x)$ 的 $x\in D_f$ 与之对应, 则 x 也是 y 的函数. 称此函数为原来函数 $y=f(x)$ 的**反函数**, 记为 $x=f^{-1}(y)$, 而把 $y=f(x)$ 称为**直接函数**, 或说它们互为反函数.

因为函数完全由定义域和对应法则确定, 而与因变量、自变量用什么字母表示无关, 由此为了与习惯一致, 我们在反函数 $x=f^{-1}(y)$ 中把 x,y 互换, 将反函数改写为 $y=f^{-1}(x)$. 由于 $y=f(x)$ 与 $x=f^{-1}(y)$ 只不过是同一方程的不同表达形式, 所以 $y=f(x)$ 与 $x=f^{-1}(y)$ 的图像是同一条曲线. 但因变量、自变量互换之后, $y=f(x)$ 与 $y=f^{-1}(x)$ 的图像关于直线 $y=x$ 对称. 这是因为对于直接函数 $y=f(x)$ 的图像上的任意一点 (a,b), 即 $b=f(a)$, 根据反函数的定义, 有 $a=f^{-1}(b)$, 而点 (a,b) 与 (b,a) 关于直线 $y=x$ 对称 (图 1.23).

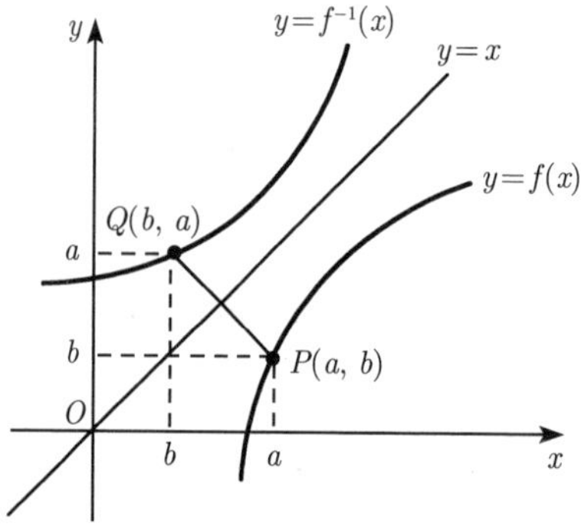

图 1.23

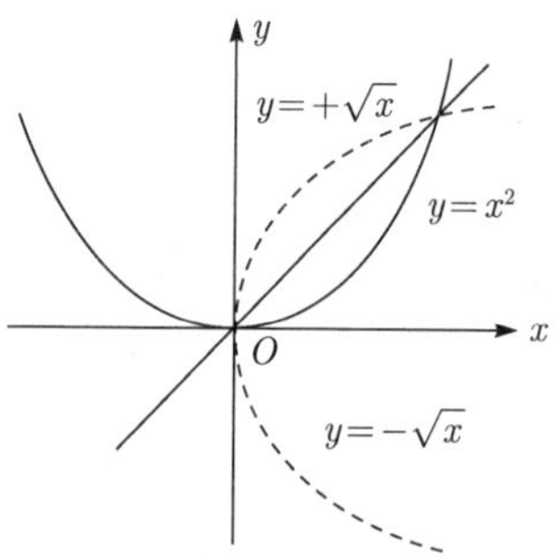

图 1.24

由反函数的定义 1.6 不难看出: ① 反函数的定义域是直接函数的值域, 反函数的值域是直接函数的定义域. ② 函数 $y=f(x)$ 有反函数的充分必要条件是 $y=f(x)$ 是一一对应的函数, 即对 D_f 中任意两点 x_1,x_2, 当 $x_1\neq x_2$ 时

$f(x_1) \neq f(x_2)$. 由于严格单调函数是一一对应的函数, 因而严格单调函数一定存在反函数. 但需注意, 严格单调是反函数存在的充分但不必要的条件. 一个函数在整个定义域如果不是一一对应的函数, 则它在定义域内没有反函数; 但若在定义域的某一子区间上是一一对应的, 则在该子区间上就有反函数. 例如, $y = x^2$ 在 $(-\infty, +\infty)$ 上不是一一对应的函数, 则它在 $(-\infty, +\infty)$ 内无反函数, 但它在 $(-\infty, 0]$ 上有反函数 $y = -\sqrt{x}$, 在 $[0, +\infty)$ 上有反函数 $y = \sqrt{x}$ (图 1.24).

求 $y = f(x)$ 的反函数的方法是: 先从方程 $y = f(x)$ 中解出 x, 得 $x = f^{-1}(y)$, 然后将 x 与 y 互换得反函数 $y = f^{-1}(x)$.

例 1 求下列函数的反函数:

(1) $y = \dfrac{ax+b}{cx+d}$; (2) $y = 5\lg(4x-3)$;

(3) $y = \begin{cases} x^3 - 1, & x < 0, \\ 2^x, & x \geqslant 0. \end{cases}$

解 (1)

$$
\begin{aligned}
ax + b &= cyx + dy, \\
(a - cy)x &= dy - b, \\
x &= \frac{dy - b}{-cy + a}, \\
y &= \frac{dx - b}{-cx + a}.
\end{aligned}
$$

(2)

$$
\begin{aligned}
\lg(4x - 3) &= \frac{y}{5}, \\
4x - 3 &= 10^{\frac{y}{5}}, \\
x &= \frac{1}{4}10^{\frac{y}{5}} + \frac{3}{4}, \\
y &= \frac{1}{4}10^{\frac{x}{5}} + \frac{3}{4}.
\end{aligned}
$$

(3) 当 $x < 0$ 时, $y = x^3 - 1, x = \sqrt[3]{y+1} (y < -1)$;

当 $x \geqslant 0$ 时, $y = 2^x$, $x = \log_2(y) (y \geqslant 1)$, 所以

$$
x = \begin{cases} \sqrt[3]{y+1}, & y < -1, \\ \log_2 y, & y \geqslant 1, \end{cases}
$$

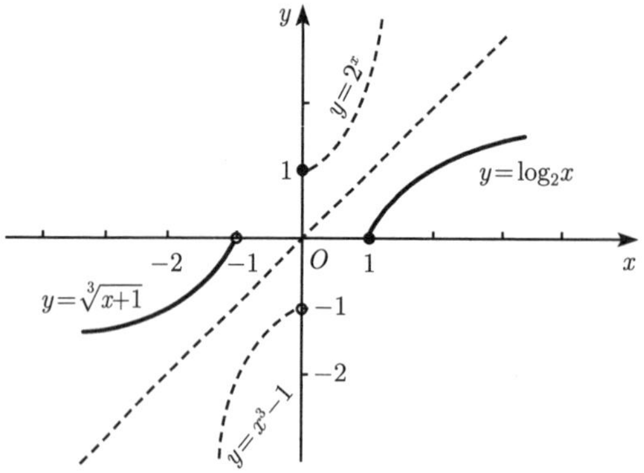

图 1.25

即 $y=\begin{cases}x^3-1, & x<0,\\ 2^x, & x\geqslant 0\end{cases}$ 的反函数 (图 1.25) 是

$$y=\begin{cases}\sqrt[3]{x+1}, & y<-1,\\ \log_2 x, & y\geqslant 1.\end{cases}$$

1.3.2 复合函数

先看两个例子.

例 2 设 $y=\lg u, u=2x-1$, 则 $y=\lg(2x-1)$ 是定义在 $\left(-\dfrac{1}{2},+\infty\right)$ 内的函数.

例 3 设 $y=\sqrt{u}, u=\sin x-2$, 则 $y=\sqrt{\sin x-2}$, 无论 x 取何值都没有意义, 它不是函数. 这是由于函数 $u=\sin x-2$ 的值域 $[-3,-1]$ 中没有一个 u 值落在函数 $y=\sqrt{u}$ 的定义域 $[0,+\infty)$ 中, 即第一个函数的定义域与第二个函数的值域的交集是空集, 即 $[0,+\infty)\cap[-3,-1]=\varnothing$.

由此我们定义如下.

定义 1.7 设 y 是 u 的函数: $y=f(u)$, 而 u 是函数 x 的函数: $u=\varphi(x)$. 如果 $D_f\cap R_\varphi\neq\varnothing$, 则 $y=f[\varphi(x)]$ 是定义于数集 $\{x|u=\varphi(x)\in D_f, x\in D_\varphi\}$ 上的函数, 称此函数为由 $y=f(u)$ 与函数 $u=\varphi(x)$ 复合而成的复合函数, x 仍为自变量, y 仍为因变量, 而 u 称为中间变量.

复合函数也可以由两个以上的函数复合而成. 例如, $y=u^2, u=\sin v, v=\sqrt{w}, w=3x^2-2$ 这 4 个函数复合而成的复合函数是 $y=\sin^2\sqrt{3x^2-2}$; 而函数 $y=\lg(\arctan 2^{\sqrt{x+1}})$ 则是由 $y=\lg u, u=\arctan v, v=2^w, w=\sqrt{t}, t=x+1$ 这 5 个函数复合而成的.

1.4 初等函数的概念

1.4.1 基本初等函数

下列六种函数称为**基本初等函数**:

(1) **常数函数**　$y=c$(c 为实常数);

(2) **幂函数**　$y=x^\alpha$(α 为实常数);

(3) **指数函数**　$y=a^x(0<a\neq 1)$;

(4) **对数函数** $y = \log_a x (0 < a \neq 1)$;

(5) **三角函数** $y = \sin x, y = \cos x, y = \tan x, y = \cot x, y = \sec x, y = \csc x$;

(6) **反三角函数** $y = \arcsin x, y = \arccos x, y = \arctan x, y = \operatorname{arccot} x$.

1.4.2 初等函数

定义 1.8 由 6 种基本初等函数经过有限次的四则运算以及有限次的复合运算所得到的函数统称为**初等函数**.

例如, $y = \ln x + \arctan(3x - 2), y = \sin^2 x \cos nx, y = \sqrt{1 - x^2} + 2^{\sin x} \cdot \sqrt{3\sin x} + \dfrac{4x+3}{2x+1}$ 等都是初等函数. 初等函数在形式上看是一个 (有限的) 解析表达式表示的函数, 分段函数往往不是初等函数.

微积分研究的主要对象是初等函数, 而初等函数是一个非常大的函数类, 我们不可能去研究每一个初等函数的性质. 微积分研究函数的思想方法是: 先根据极限、导数和积分等概念推导出六种基本初等函数的极限、导数公式和积分公式, 然后再建立极限、导数和积分的四则运算法则和复合运算法则, 根据这些基本公式和法则对一般初等函数进行相应的极限和微积分运算. 可见六种基本初等函数在微积分中起着非常重要的作用. 尽管这些函数在中学数学中有详尽的描述, 在这里还要重述其基本性质和图形.

1.4.3 基本初等函数的性质及其图形

1. 常数函数 $y = c$

常数函数的定义域为 $(-\infty, +\infty)$, 值域为 $\{c\}$, 是偶函数, 其图形是 y 轴截距为 c 的一条水平直线 (图 1.26).

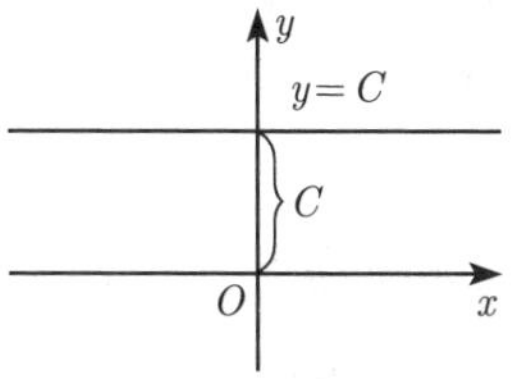

图 1.26

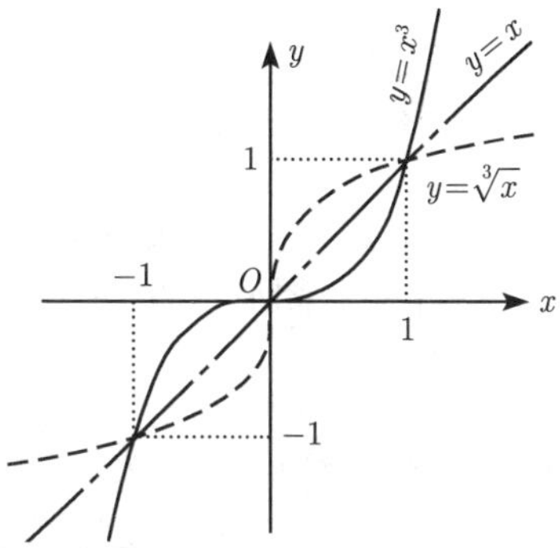

图 1.27

2. 幂函数 $y = x^{\alpha}$(α 为实常数)

幂函数的定义域、值域、奇偶性和单调性均视 α 而定, 但无论 α 为何值, 它在 $(0,+\infty)$ 内总有定义且均过点 $(1,1)$.

例如, $y=x, y=x^3, y=\sqrt[3]{x}=x^{\frac{1}{3}}$ 等, 定义域和值域均为 $(-\infty,+\infty)$, 都是奇函数, 且在整个定义域内单调增加 (图 1.27).

$y=x^2, y=x^{\frac{2}{3}}, y=x^4$ 等函数, 定义域均为 $(-\infty,+\infty)$, 值域均为 $[0,+\infty)$, 且都是偶函数, 且均在 $(-\infty,0]$ 上单调减少, 在 $[0,+\infty)$ 内单调增加 (图 1.28).

再如 $y=x^{-1}=\dfrac{1}{x}, y=x^{-2}=\dfrac{1}{x^2}, y=\sqrt{x}=x^{\frac{1}{2}}, y=\dfrac{1}{\sqrt{x}}=x^{-\frac{1}{2}}$ 的图形如图 1.29 所示.

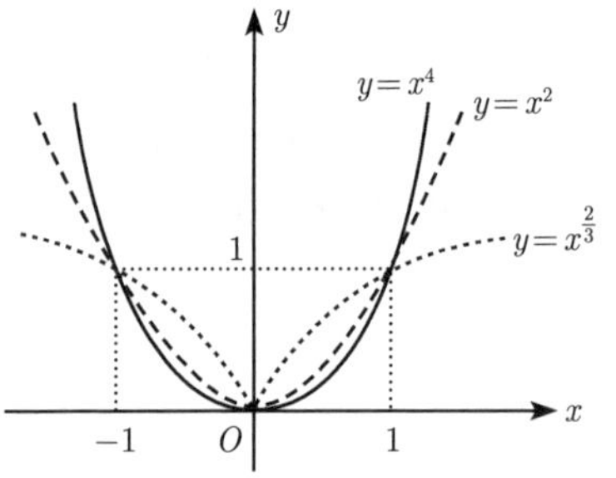

图 1.28

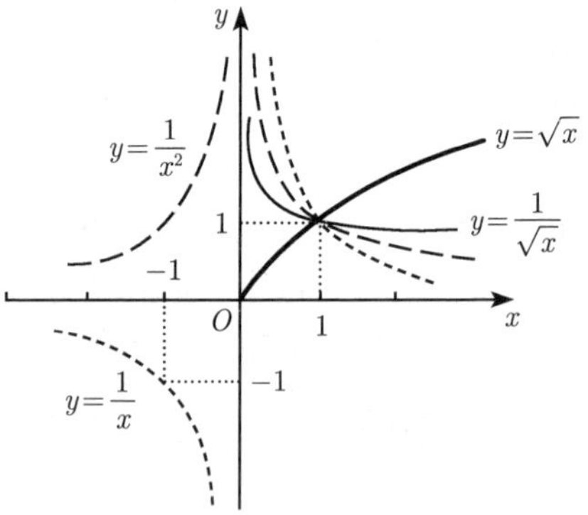

图 1.29

3. 指数函数 $y=a^x(0<a\neq 1)$

指数函数的定义域为 $(-\infty,+\infty)$, 值域为 $(0,+\infty)$, 不论 a 取何值, 图形均过点 $(0,1)$. 当 $a>1$ 时递增, 当 $0<a<1$ 时递减 (图 1.30).

4. 对数函数 $y=\log_a x(0<a\neq 1)$

对数函数 $y=\log_a x$ 是指数函数 $y=a^x$ 的反函数, 其定义域是 $(0,+\infty)$, 值域是 $(-\infty,+\infty)$, 图形过点 $(1,0)$. 当 $a>1$ 时为增函数, 当 $0<a<1$ 时为减函数 (图 1.31).

5. 三角函数 $y=\sin x, y=\cos x, y=\tan x, y=\cot x, y=\sec x, y=\csc x$

正弦函数 $y=\sin x$ 与余弦函数 $y=\cos x$ 的定义域均为 $(-\infty,+\infty)$, 值域均为 $[-1,1]$, $y=\sin x$ 是奇函数, $y=\cos x$ 是偶函数, 它们都是周期为 2π 的周期函

数. 由 $\cos x = \sin\left(x + \dfrac{\pi}{2}\right)$ 知, $y = \cos x$ 的图像可由 $y = \sin x$ 的图像向左平移 $\dfrac{\pi}{2}$ 个单位得到 (图 1.32).

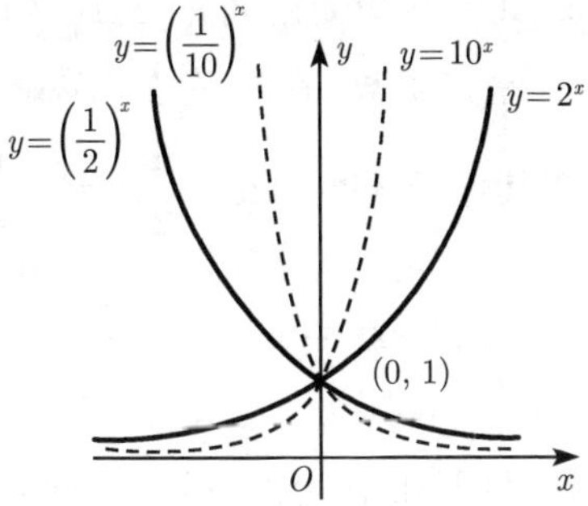

图 1.30

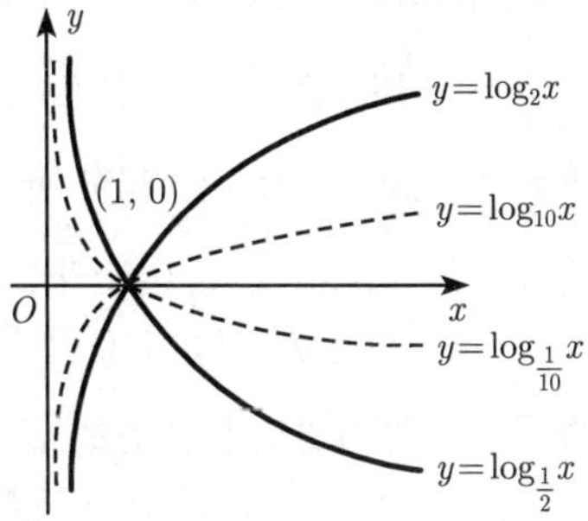

图 1.31

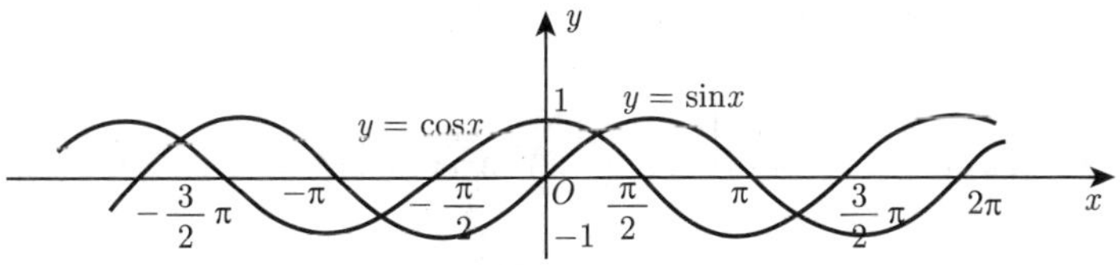

图 1.32

$y = \tan x$ 的定义域为除去 $k\pi + \dfrac{\pi}{2}(k \in \mathbf{Z})$ 的全体实数, $y = \cot x$ 的定义域为除去 $k\pi(k \in \mathbf{Z})$ 的全体实数, 它们都是奇函数, 都是周期为 π 的周期函数, 都有无穷多支, 且 $y = \tan x$ 的每支都是递增的. $y = \cot x$ 的每支都是递减的, 如图 1.33 和图 1.34 所示.

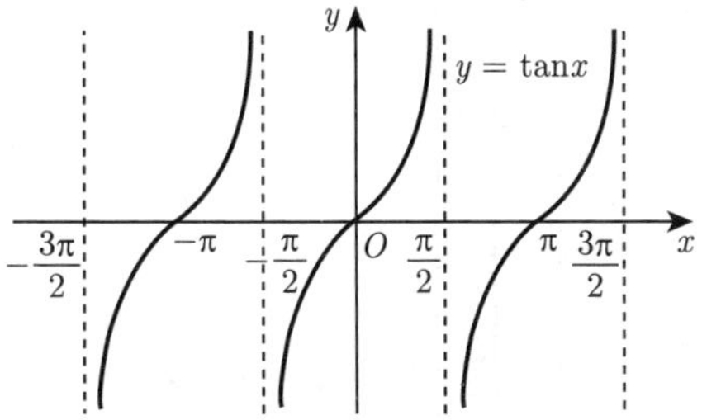

图 1.33

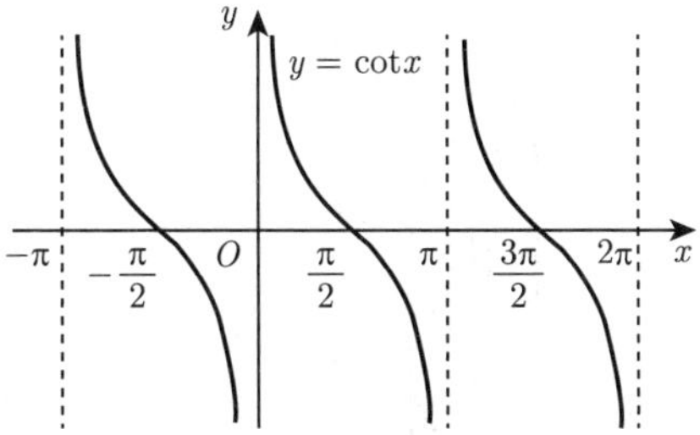

图 1.34

6. *反三角函数* $y=\arcsin x, y=\arccos x, y=\arctan x, y=\operatorname{arccot} x$

正弦函数 $y=\sin x$ 在每个子区间 $\left[k\pi-\dfrac{\pi}{2}, k\pi+\dfrac{\pi}{2}\right](k\in\mathbf{Z})$ 上都是单调函数, 在这些区间上都存在反函数. 特别地, 把 $y=\sin x$ 在区间 $\left[-\dfrac{\pi}{2},\dfrac{\pi}{2}\right]$ 上的反函数称为反正弦函数, 记为 $y=\arcsin x$, 其定义域为区间 $[-1,1]$, 值域为 $\left[-\dfrac{\pi}{2},\dfrac{\pi}{2}\right]$, $\arcsin(-x)=-\arcsin x$, $y=\arcsin x$ 是奇函数, 在定义域上单调增加, 其图形如图 1.35 中的实线部分所示. $y=\sin x$ 在其他子区间 $\left[k\pi-\dfrac{\pi}{2}, k\pi+\dfrac{\pi}{2}\right]$ 上的反函数可用 $\arcsin x$ 表达出来, 其表达式为

$$y=k\pi+(-1)^k\arcsin x \quad (k=\pm1,\pm2,\cdots).$$

它们的图形为图 1.35 中的虚线部分所示.

同理, $y=\arccos x$ 是余弦函数 $y=\cos x$ 在区间 $[0,\pi]$ 上的反函数, 称为反余弦函数, 其定义域是 $[-1,1]$, 值域为 $[0,\pi]$, $\arccos(-x)=\pi-\arccos x$, $y=\arccos x$ 是非奇非偶函数, 在定义域上单调减少, 其图形如图 1.36 中的实线部分所示. $y=\cos x$ 在其他子区间 $[k\pi,(k+1)\pi](k=\pm1,\pm2,\cdots)$ 的反函数可用 $\arccos x$ 表达出来, 其表达式为

$$y=\left[k+\frac{1-(-1)^k}{2}\right]\pi+(-1)^k\arccos x(k=\pm1,\pm2,\cdots),$$

它们的图形为图 1.36 中的虚线部分.

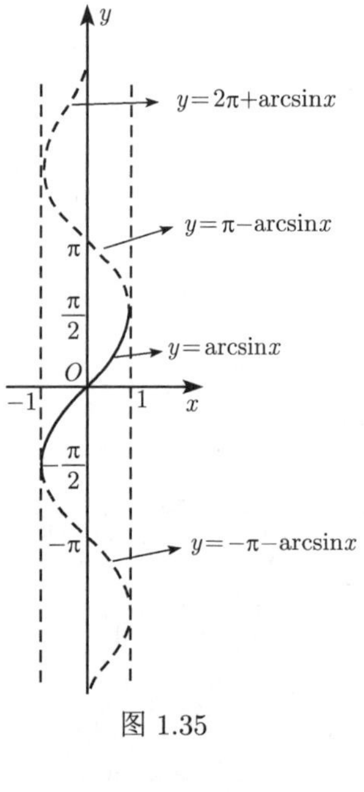

图 1.35

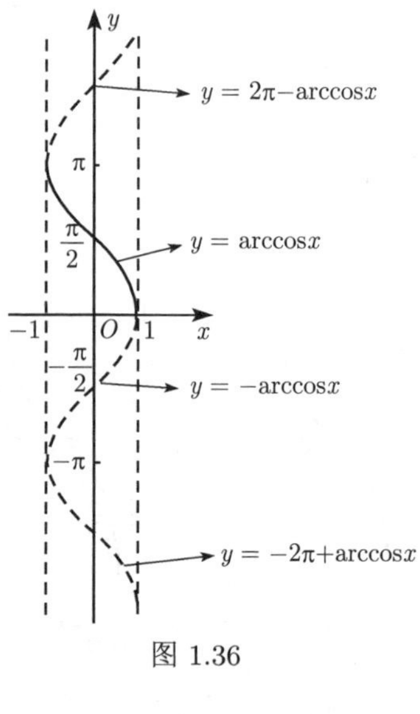

图 1.36

$y=\arctan x$ 是正切函数 $y=\tan x$ 在区间 $\left(-\dfrac{\pi}{2},\dfrac{\pi}{2}\right)$ 内的反函数, 称为反正切函数, 其定义域为 $(-\infty,+\infty)$, 值域为 $\left(-\dfrac{\pi}{2},\dfrac{\pi}{2}\right)$, $\arctan(-x)=-\arctan x$, 即 $y=\arctan x$ 是奇函数, 在定义域内单调增加, 其图形如图 1.37 中的实线部分所示. $y=\tan x$ 在其他子区间 $\left(k\pi-\dfrac{\pi}{2},k\pi+\dfrac{\pi}{2}\right)(k=\pm1,\pm2,\cdots)$ 内的反函数可用 $\arctan x$ 表达出来, 其表达式为 $y=k\pi+\arctan x(k=\pm1,\pm2,\cdots)$, 它们的图形为图 1.37 中的虚线部分.

$y=\operatorname{arccot} x$ 是余切函数 $y=\cot x$ 在开区间 $(0,\pi)$ 内的反函数, 称为反余切函数, 其定义域为 $(-\infty,+\infty)$, 值域为 $(0,\pi)$, $\operatorname{arccot}(-x)=\pi-\operatorname{arccot} x$, 即 $y=\operatorname{arccot} x$ 是非奇非偶函数, 在定义域内单调减少, 其图形如图 1.38 中的实线部分所示.$y=\cot x$ 在其他子区间 $[k\pi,(k+1)\pi](k=\pm1,\pm2,\cdots)$ 内的反函数可表示为 $y=k\pi+\operatorname{arccot} x(k=\pm1,\pm2,\cdots)$, 图形为图 1.38 中的虚线部分.

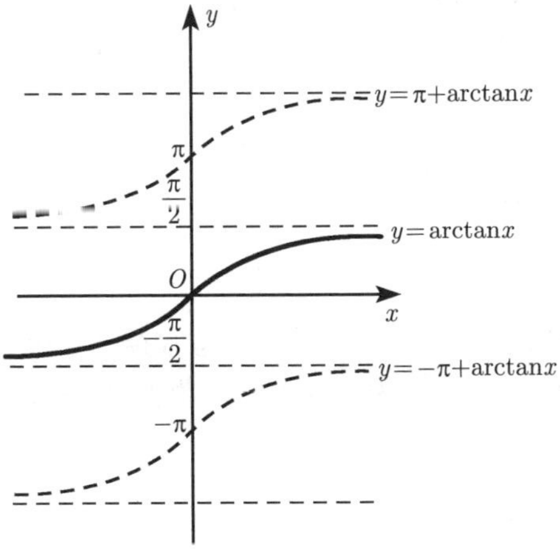

图 1.37

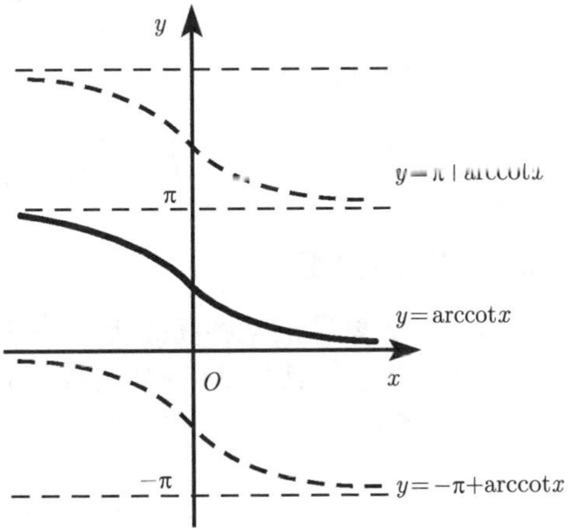

图 1.38

1.5 经济中的几个常用函数

1.5.1 总成本函数

某产品的**总成本**是指生产一定数量的产品所投入的全部经济资源 (包括原材料、劳动力、折旧费和管理费等) 的费用总额. 它包括两部分, 一部分是固定成本 (包括折旧费和管理费等), 另一部分是变动或可变成本 (包括原材料费和劳务费等). 固定成本与产量无关, 是常量, 用 C_0 表示. 可变成本随产量增加而增加, 它是产量的函数, 用 C_1 表示. 产量用 Q 表示, 总成本用 C 表示, 则生产 Q 单位

产品的总成本为

$$C = C(Q) = C_0 + C_1(Q)$$

称为**总成本函数** (或**总费用函数**). 产量为零时可变成本为零, 因此 $C(0) = C_0$.

生产一定数量产品时, 平均每个单位产品所花的费用用 $\overline{C}$ 表示. 显然

$$\overline{C} = \frac{C(Q)}{Q}(Q > 0)$$

称为**平均单位成本函数**.

例 1 某厂生产某种产品的固定成本为 20000 元, 每生产一个单位产品成本增加 100 元. 试求总成本函数及平均单位成本函数.

解 设总产量为 Q 单位, 则可变成本为 $100Q$ 元, 总成本函数为

$$C = 20000 + 100Q, \quad Q \geqslant 0.$$

平均单位成本为

$$\overline{C} = \frac{C(Q)}{Q} = \frac{20000}{Q} + 100.$$

1.5.2 总收益函数

销售一定数量的某种商品所获得的全部收入称为这些商品的**总收益**. 用 Q 表示销售量, R 表示总收益, 商品的单价用 P 表示. 当 P 一定时, 总收益 R 是销售量 Q 的函数,

$$R = R(Q) = P \cdot Q.$$

平均单位收益

$$\overline{R} = \frac{R(Q)}{Q}(Q > 0),$$

也称为**平均单价**.

1.5.3 总利润函数

收益与成本之差称为**利润**, 用 L 表示, 则

$$L = L(Q) = R(Q) - C(Q),$$

称为**总利润函数**.

平均单位利润为

$$\overline{L}=\frac{L(Q)}{Q}\quad(Q>0).$$

例 2 某厂生产某产品 Q 件的费用为

$$C(Q)=10Q+500(\text{元}),$$

获得的收入是

$$R(Q)=15Q-0.002Q^2(\text{元}).$$

求总利润函数, 并求产量为 300 件时的利润.

解 总利润函数为

$$L(Q)=R(Q)-C(Q)=5Q-0.002Q^2-500(\text{元}).$$

当 $Q=300$ 时, 利润为 $L(300)=820(\text{元})$.

1.5.4 需求函数

某产品的**社会需求量** (简称**需求量**, 用 Q 表示) 是指在一定的价格水平下消费者需要且具有支付能力的某种产品的总量. 一般情况下, 它应等于该商品的销售量. 影响需求量 Q 的因素有价格、消费者收入、同类产品或代用品的价格、消费者心理、社会和经济等因素, 我们在研究需求函数时, 假定价格以外的因素一律不变, 则需求量 Q 仅是价格 P 的函数, 称为**需求函数**, 记为

$$Q=f(P).$$

一般地, Q 随着 P 的增加而减少, 即需求函数是减函数. 其反函数 $P=f^{-1}(Q)$, 也称为需求函数. 价格为零时的需求量 $Q=f(0)$ 称为最大需求量.

需求函数与收益函数间有一个基本关系, 若已知需求函数 $Q=f(P)$, 就可求出收益函数, 还可以根据需要将收益 R 表示为需求量 Q 的函数

$$R=P\cdot Q=f^{-1}(Q)Q.$$

也可将收益 R 表示为价格 P 的函数

$$R=P\cdot Q=Pf(P).$$

例 3 某种笔记本电脑的价格为 2 万元/台时需求量为 5 万台, 若每降价 2000 元, 需求量将增加 10 万台. (1) 求该电脑的需求函数; (2) 当降价至 1 万元/台时, 需求量是多少?

解　(1) 需求函数为

$$Q = 5 + \frac{2 - P}{0.2} \cdot 10 = 105 - 50P(\text{万台});$$

(2) 当 $P = 1$ 时, $Q = 55$(万台).

例 4　某商品的成本函数为 $C = 8 + 4Q$, 需求函数为 $Q = 10 - P$. (1) 把利润 L 分别表示为需求量 Q 及价格 P 的函数; (2) 分别求不盈不亏时的产量, 可盈利时的产量及亏损时的产量; (3) 当 P 为何值时, 盈利为 1, 此时 Q 为何值?

解　(1) 收益 $R = P \cdot Q = (10 - Q)Q = 10Q - Q^2$ 或

$$R = P \cdot Q = P(10 - P) = 10P - P^2.$$

把利润 L 表示成 Q 的函数为

$$L(Q) = R(Q) - C(Q) = 6Q - Q^2 - 8.$$

把利润 L 表示成 P 的函数为

$$L(P) = R(P) - C(P) = (10P - P^2) - [8 + 4(10 - P)] = 14P - P^2 - 48.$$

(2) 不盈不亏, 即 $L = 0$, 即 $6Q - Q^2 - 8 = 0$, 解得 $Q_1 = 2, Q_2 = 4$.
盈利即

$$L = 6Q - Q^2 - 8 > 0, \quad 2 < Q < 4;$$

亏损即

$$L = 6Q - Q^2 - 8 < 0, \quad 0 \leqslant Q < 2 \quad \text{或} \quad Q > 4.$$

(3) 令 $L(P) = 14P - P^2 - 48 = 1$, 得 $P = 7$, 此时

$$Q = 3.$$

1.5.5　供应函数

某商品的供应量是指在一定的价格水平下商品生产者 (或提供商品的一方即卖方) 愿意并且有能力提供的该商品的总量. 假定价格 P 以外的因素不变, 则供应量 Q 是价格 P 的函数, 称为**供应函数**, 记为

$$Q = \varphi(P).$$

一般地, 它是 P 的增函数, 其反函数 $P = \varphi^{-1}(Q)$ 也称为供应函数.

习 题 1

(A)

1. 解下列不等式, 并将解集表示成区间的形式:

(1) $|x+1|<1$;
(2) $|2x-5|\geqslant 3$;
(3) $0<|x|\leqslant 2$;
(4) $2\leqslant |x-1|<4$;
(5) $|x^2-3x+2|>x^2-3x+2$.

2. 设 $f(x)=3x^2-2x+1$, 求 $f(0),f(1),f(2),f(-x),f\left(\dfrac{1}{x}\right)$ 和 $f(x+1)$.

3. 设 $f(x-2)=x^2-3x+2$, 求 $f(x)$.

4. 设 $f\left(x+\dfrac{1}{x}\right)=x^2+\dfrac{1}{x^2}$, 求 $f(x)$.

5. 设 $f(x)=\dfrac{x}{1-x}$, 求 $f[f(x)],f\{f[f(x)]\}$.

6. 求下列函数的定义域:

(1) $y=\sqrt{1-x^2}$;
(2) $y=\dfrac{1}{1-x^2}+\sqrt{x+2}$;
(3) $y=1-\mathrm{e}^{1-x^2}$;
(4) $y=\arcsin(2x-1)$;
(5) $y=\dfrac{1}{\lg(1-x)}$;
(6) $y=\sqrt{\sin x}+\sqrt{x^2-25}$;
(7) $y=\log_2\log_{\frac{1}{2}}\lg x$.

7. 如果函数 $f(x)$ 的定义域为区间 $[0,1]$, 求下列函数的定义域:

(1) $f(x-2)$; (2) $f(\sin x)$; (3) $f(\ln x)$; (4) $f(\mathrm{e}^x)$; (5) $f\left(\dfrac{1}{x}\right)$.

8. 下列各对函数是否为同一函数? 为什么?

(1) $f(x)=\sqrt{x^2},g(x)=|x|$;
(2) $f(x)=\dfrac{x^2}{x},g(x)=x$;
(3) $f(x)=\lg x^3,g(x)=3\lg x$;
(4) $f(x)=\arcsin(\sin x),g(x)=x$;
(5) $f(x)=\sin(\arcsin x),g(x)=x,x\in[-1,1]$.

9. 确定下列分段函数的定义域, 并作出其图形:

(1) $f(x)=\begin{cases}x^2, & -2<x\leqslant 0,\\ x, & 0<x\leqslant 1,\\ 1, & 1<x\leqslant 2;\end{cases}$

(2) $f(x)=\begin{cases}\sin x, & x<0,\\ \tan x, & 0\leqslant x<\dfrac{\pi}{2},\\ \lg\left(x-\dfrac{\pi}{2}\right), & x>\dfrac{\pi}{2}.\end{cases}$

10. 将函数 $y=|x^2-4x+3|+2$ 用分段形式表示, 并作出其图形.

11. 设 $f(x)=\begin{cases}x\sin\dfrac{1}{x}, & x\neq 0,\\ 0, & x=0,\end{cases}$ 求 $f(x)$ 的定义域, 并求 $f(0), f\left(\dfrac{1}{\pi}\right), f\left(\dfrac{1}{2\arctan 1}\right)$.

12. 设 $f(3x-2)=\begin{cases}9x^2-12x, & \dfrac{2}{3}\leqslant x\leqslant 1,\\ 6x-4, & 1<x\leqslant 2,\end{cases}$ 求 $f(x)$.

13. 判断下列函数的奇偶性:

(1) $y=|x|+\cos x$;　　(2) $y=\sin^3 x\cos x$;

(3) $y=\ln\dfrac{1+x}{1-x}$;　　(4) $y=\dfrac{e^x+e^{-x}}{2}$;

(5) $y=\dfrac{e^x-e^{-x}}{2}$;　　(6) $y=x+1$;

(7) $y=\begin{cases}x(1+x), & x<0,\\ x(1-x), & x\geqslant 0;\end{cases}$

(8) $F(x)=f(x)\left(\dfrac{1}{2^x+1}-\dfrac{1}{2}\right)$, 其中 $f(x)$ 为 $\mathbf{R}$ 上的奇函数.

14. 证明: 在定义域的公共部分上, (1) 两个奇函数的和、差仍为奇函数; (2) 两个偶函数的和、差、积仍为偶函数; (3) 奇函数与偶函数之积为奇函数.

15. (1) 证明 $y=\dfrac{x}{1+x^2}$ 是有界函数; (2) 证明 $y=\dfrac{x+\sin x}{x}$ 是有界函数.

16. 求下列函数的周期:

(1) $y=\pi\sin(\pi x+2)$;　　(2) $y=\tan\left(\dfrac{1}{2}x-5\right)$;

(3) $y=\sin^2 x$;　　(4) $y=|\cos x|$.

17. 求下列函数的反函数:

(1) $y=3x-2$;　　(2) $y=\dfrac{2x-3}{4x+5}$;

(3) $y=3a^{2x-4}$;　　(4) $y=1+2\lg(3x-1)$;

(5) $y=2\arcsin\dfrac{4x+1}{3}-5$;　　(6) $y=\sin x, x\in\left[\dfrac{\pi}{2},\pi\right]$;

(7) $y=\cos x, x\in[-\pi,0]$;　　(8) $y=\begin{cases}-x^2-1, & -2<x<0,\\ \sqrt{1-x^2}, & 0\leqslant x\leqslant 1,\\ 2^{x-1}, & x>1.\end{cases}$

18. 试将 y 表示成 x 的函数:

(1) $y=u^2, u=\sin v, v=2x-3$;　　(2) $y=e^u, u=e^v, v=x^2$.

19. 下列函数是由哪些简单函数复合而成的 (这里的简单函数是指六种基本初等函数和多项式函数)?

(1) $y=\sin 2x$;　　(2) $y=\sin^2 x$;　　(3) $y=\sin x^2$;

(4) $y=2\sin x$;　　(5) $y=\sin 2^x$;　　(6) $y=x^x$;

(7) $y=\arcsin\dfrac{1}{x}$;　　(8) $y=\cos^2\ln\tan\sqrt{3x+1}$.

20. 用铁皮做一个容积为 V 的圆柱形罐头筒, 试将罐头筒的表面积 S 表示为底半径 r 的函数.

21. 某产品的单价为 400 元/台, 当年产量在 1000 台时, 可以全部售出, 当年产量超过 1000 台时, 经广告宣传可以再多售出 200 台, 每台平均广告费 40 元, 生产再多时本年就售不出去. 试将本年的销售总收入 R 表示为年产量 x 的函数.

22. 某产品的总成本 C 是总产量 Q 的函数:

$$C = 6.75Q - 0.0003Q^2 - 10485.$$

求: (1) 平均成本函数; (2) 生产 5000 个单位时的总成本和平均单位成本.

23. 设某商品的需求函数为 $Q = a\mathrm{e}^{-bP}(a, b$ 均为大于零的常数). (1) 求总收益函数 $R(Q)$ 和平均单位收益函数 $\overline{R}(Q)$; (2) 若成本 $C = 100Q + Q^2$, 求利润函数 $L(Q)$.

24. 某厂生产某产品, 年产量为 x 百台, 成本为 C 万元, 其中固定成本为 2 万元, 每生产 100 台, 成本增加 1 万元, 市场上每年可销售此种商品 400 台, 其收益函数为

$$R(x) = \begin{cases} 4x - \dfrac{1}{2}x^2, & 0 \leqslant x < 4, \\ 8, & x > 4 \end{cases} \text{(万元)}.$$

求: (1) 总利润函数; (2) 当产量分别为 200 台、300 台及 400 台时的利润.

25. 已知某产品的供应函数为

$$Q = Q(P) = a + b \cdot c^P (a, b, c \text{ 均为常数}),$$

且当 $P = 2, 3, 4$ 时 Q 依次为 30, 50, 90, 求出此供应函数.

(B)

1. 函数 $f(x) = |x \sin x|\,\mathrm{e}^{\cos x}$ $(-\infty < x < +\infty)$ 是 (　　).

(A) 有界函数; (B) 单调函数; (C) 周期函数; (D) 偶函数.

2. 函数 $y = \lg(x-1)$ 在区间 (　　) 内有界.

(A) $(1, +\infty)$; (B) $(2, +\infty)$; (C) $(1, 2)$; (D) $(2, 3)$.

3. 设函数 $f(x) = \sin 2x + \tan \dfrac{x}{2}$, 则 $f(x)$ 的周期是 (　　).

(A) $\dfrac{\pi}{2}$; (B) π; (C) 2π; (D) 4π.

4. 函数 $f(x) = -\sqrt{1-x^2}\,(0 \leqslant x \leqslant 1)$ 的反函数 $f^{-1}(x) =$(　　).

(A) $\sqrt{1-x^2}$; (B) $-\sqrt{1-x^2}$;

(C) $\sqrt{1-x^2}\,(-1 \leqslant x \leqslant 0)$; (D) $-\sqrt{1-x^2}\,(-1 \leqslant x \leqslant 0)$.

5. 下列函数中不是初等函数的是 (　　).

(A) $y = x^x$; (B) $y = |x|$;

(C) $y = \operatorname{sgn} x$; (D) $\mathrm{e}^x + xy - 1 = 0$.

6. 设函数 $f(x) = 2^{\cos x}, g(x) = \left(\dfrac{1}{2}\right)^{\sin x}$, 在区间 $\left(0, \dfrac{\pi}{2}\right)$ 内 (　　).

(A) $f(x)$ 是增函数, $g(x)$ 是减函数;

(B) $f(x)$ 是减函数, $g(x)$ 是增函数;

(C) $f(x)$ 与 $g(x)$ 都是增函数;

(D) $f(x)$ 与 $g(x)$ 都是减函数.

7. 函数 $y=\dfrac{\arcsin\dfrac{x-3}{4}}{x\lg|x-2|}$ 的定义域为____________.

8. 设函数 $f(x)=\begin{cases} x^2, & x\leqslant 0, \\ x^2+x, & x>0, \end{cases}$ 则 $f(-x)=$____________.

9. 求函数 $f(x)=\begin{cases} x^2, & -1\leqslant x<0, \\ x^2-1, & 0<x<1 \end{cases}$ 的反函数.

10. 设 $f(x)=\begin{cases} \mathrm{e}^x, & x<1, \\ x, & x\geqslant 1, \end{cases}$ $\varphi(x)=\begin{cases} x+2, & x<0, \\ x^2-1, & x\geqslant 0. \end{cases}$ 求 $f(\varphi(x))$.

11. 设函数 $f(x)$, $x\in(-\infty.+\infty)$ 的图形关于 $x=a, x=b(a<b)$ 均对称. 求证 $f(x)$ 是周期函数, 并求其周期.

12. 已知 $f(x)=\mathrm{e}^{x^2}$, $f[\varphi(x)]=1-x$, 且 $\varphi(x)\geqslant 0$, 求 $\varphi(x)$ 并写出它的定义域.

第1章自测题

第 2 章

极限与连续

微积分是用极限研究函数的一门学科. 微积分中大部分重要概念是用极限来描述的. 极限既是研究的方法, 也是工具. 工欲善其事, 必先利其器, 掌握好极限这一工具对本书的学习是至关重要的. 本章将介绍极限以及与它紧密相关的无穷小 (大) 量和函数的连续性等基本概念、基本性质及求极限的方法.

函数 $y = f(x)$ 的本质是: 因变量 y 随自变量 x 的取定而取定, 随 x 的变化而变化. 所谓极限就是研究当自变量 x 以某种特定的方式变化时, 因变量 y(即函数值) 的变化趋势问题. 从极限的发展历史来看, 人们首先研究的是一种 (定义于整数集合上的) 特殊函数, 即 "数列" 的极限, 然后推广到一般函数的极限.

2.1 数列及其极限

2.1.1 数列

定义 2.1 无穷多个按自然数顺序排列着的一串数:

$$x_1, x_2, \cdots, x_n, \cdots$$

称为一个**无穷数列**, 简称为**数列**. 数列的每个数称为数列的项, 第 n 项 x_n 称为数列的**一般项** (或**通项**), 数列简记为 $\{x_n\}$.

例如:

(1) $2, \frac{3}{2}, \frac{4}{3}, \cdots, \frac{n+1}{n}, \cdots$;

(2) $\frac{1}{2}, \frac{1}{4}, \frac{1}{8}, \cdots, \frac{1}{2^n}, \cdots$;

(3) $1, -3, 5, -7, \cdots, (-1)^{n-1}(2n-1), \cdots$;

(4) $\frac{1}{2}, -\frac{2}{3}, \frac{3}{4}, -\frac{4}{5}, \cdots, (-1)^{n-1}\frac{n}{n+1}, \cdots$.

以上都是数列的例子, 它们的一般项分别为 $\frac{n+1}{n}, \frac{1}{2^n}, (-1)^{n-1}(2n-1)$ 和 $(-1)^{n-1}\frac{n}{n+1}$.

因为对于每个项数 (或下标)n, 数列 $\{x_n\}$ 都有唯一确定的值 x_n 与之对应, 所以数列 $\{x_n\}$ 可以看成定义于正整数集合上的函数 $x_n = f(n)$, 当自变量 (即项数或下标) 按正整数 $1, 2, 3, \cdots$ 依次增大的顺序取值时, 对应的函数值按相应顺序排成一串数:

$$f(1), f(2), f(3), \cdots, f(n), \cdots,$$

亦即

$$x_1, x_2, \cdots, x_n, \cdots.$$

例如, 数列 $2, \dfrac{3}{2}, \dfrac{4}{3}, \cdots, \dfrac{n+1}{n}, \cdots$ 就是函数 $x_n = \dfrac{n+1}{n}, n \in \mathbf{N}$, 当 n 按 $1, 2, 3, \cdots, n, \cdots$ 的顺序取值时, 对应的函数值按相应顺序排成的一串数.

如果对所有的正整数 n, 都有

$$x_n \leqslant x_{n+1},$$

则称数列 $\{x_n\}$ 单调增加 (或单调递增); 如果对所有的正整数 n, 都有

$$x_n \geqslant x_{n+1},$$

则称数列 $\{x_n\}$ 单调减少 (或单调递减); 单调递增与单调递减的数列通称为**单调数列**.

如果存在常数 $M > 0$, 使对于一切正整数 n, 恒有

$$|x_n| \leqslant M,$$

则称数列 $\{x_n\}$ 是**有界数列**. 如果这样的 M 不存在, 则称数列 $\{x_n\}$ **无界**.

如果存在常数 A, 使对于一切正整数 n, 恒有 $x_n \geqslant A$, 则称 $\{x_n\}$ **有下界**; 如果存在常数 B, 使对于一切正整数 n, 恒有 $x_n \leqslant B$, 则称 $\{x_n\}$ **有上界**. 不难看出, 数列有界的充分必要条件是它既有上界也有下界.

例如, $\left\{\dfrac{n+1}{n}\right\}$ 是单调递减的有界数列, $\left\{\dfrac{n-1}{n}\right\}$ 是单调递增的有界数列, $\{2n-1\}$ 是单调递增的无界数列, $\left\{(-1)^{n-1}\dfrac{n+1}{n}\right\}$ 是非单调的有界数列.

2.1.2　数列的极限

观察前面提到的 4 个数列:

(1) $x_n = \dfrac{n+1}{n} : 2, \dfrac{3}{2}, \dfrac{4}{3}, \cdots, \dfrac{n+1}{n}, \cdots;$

(2) $x_n=\frac{1}{2^n}:\frac{1}{2},\frac{1}{4},\frac{1}{8},\cdots,\frac{1}{2^n},\cdots$;

(3) $x_n=(-1)^{n-1}(2n-1):1,-3,5,-7,\cdots,(-1)^{n-1}(2n-1),\cdots$;

(4) $x_n=(-1)^{n-1}\frac{n}{n+1}:\frac{1}{2},-\frac{2}{3},\frac{3}{4},-\frac{4}{5},\cdots,(-1)^{n-1}\frac{n}{n+1},\cdots$.

根据 n 按自然数顺序无限增大 (记为 $n\to\infty$, 称为变化过程) 时的变化趋势, 我们容易看到, 它们的变化趋势是有所不同的.

当 $n\to\infty$ 时:

数列 (1) $x_n=\frac{n+1}{n}=1+\frac{1}{n}$ 与常数 1 无限接近;

数列 (2) $x_n=\frac{1}{2^n}$ 与常数 0 无限接近;

数列 (3) $x_n=(-1)^{n-1}(2n-1)$ 的绝对值 $|x_n|=2n-1$ 无限增大;

数列 (4) $x_n=(-1)^{n-1}\frac{n}{n+1}$ 在 1 和 -1 之间来回振荡, 有时接近 1, 有时接近 -1.

特别值得注意的是, 像数列 (1) 与 (2) 那样, 当 $n\to\infty$ 时, x_n 能与某个确定的常数 A 无限接近, 我们把这样的数列称为**收敛数列**, 常数 A 称为数列的**极限**. 而像数列 (3) 与 (4) 那样, 当 $n\to\infty$ 时, x_n 不能趋于确定的常数, 我们把这样的数列称为**发散数列**, 称它没有极限. 具体地, 有下述定义.

定义 2.2(数列极限的直观定义) 设 $\{x_n\}$ 是一给定数列, 如果当 $n\to\infty$ 时, x_n 的对应值能与某个确定的常数 A 无限接近, 则称数列 $\{x_n\}$ **收敛**. 常数 A 称为数列 $\{x_n\}$ 的**极限**. 记为

$$\lim_{n\to\infty}x_n=A\quad\text{或}\quad x_n\to A(n\to\infty).$$

如果当 $n\to\infty$ 时, x_n 的对应值不趋于 (任何一个) 确定的常数, 则称数列 $\{x_n\}$ **发散**, 或称 $\{x_n\}$ 没有极限. 特别地, 如果当 $n\to\infty$ 时, $|x_n|$ 也无限增大, 则称数列 $\{x_n\}$ **发散于无穷大**, 记为 $\lim\limits_{n\to\infty}x_n=\infty$; 如果当 $n\to\infty$ 时, x_n 的对应值在某几个不同常数附近振荡, 则称数列 $\{x_n\}$ 为**振荡式的发散**, 或说极限 $\lim\limits_{n\to\infty}x_n$ 振荡不存在.

根据定义 2.2, 对上述 4 个数列有

$\lim\limits_{n\to\infty}\frac{n+1}{n}=1$, $\lim\limits_{n\to\infty}\frac{1}{2^n}=0$, $\lim\limits_{n\to\infty}(-1)^n(2n-1)=\infty$, $\lim\limits_{n\to\infty}(-1)^n\frac{n}{n+1}$ 振荡不存在.

例 1 根据数列极限的直观定义, 观察下列数列的变化趋势, 判断出它们的极限:

(1) $x_n:-\frac{1}{3},\frac{3}{5},-\frac{5}{7},\frac{7}{9},-\frac{9}{11},\cdots$; (2) $x_n:0,\frac{1}{2},0,\frac{1}{4},0,\frac{1}{8},\cdots$;

(3) $x_n:0.3,0.33,0.333,\cdots$; (4) $x_n=\frac{2n-1}{n+1}$;

(5) $x_n=(-1)^n\frac{n^2}{n+1}$.

解 (1) 一般项为 $x_n=(-1)^n\frac{2n-1}{2n+1}=(-1)^n\left(1-\frac{1}{2n+1}\right)$. 当 $n\to\infty$ 时, 奇数项与 -1 无限接近, 偶数项与 1 无限接近, 即当 $n\to\infty$ 时此数列的对应值在 -1 与 1 附近来回振荡. 按定义, $\lim\limits_{n\to\infty}x_n$ 振荡不存在.

(2) 一般项为 $x_n=[1+(-1)^n]\cdot\frac{1}{2^{\frac{n}{2}+1}}$. 当 $n\to\infty$ 时, 奇数项为 0, 偶数项与 0 无限接近. 定义 2.2 中 "x_n 与 A 无限接近" 包括 x_n 与 A 相等的情形. 故 $\lim\limits_{n\to\infty}x_n=0$.

(3) 一般项为 $x_n=\underbrace{0.33\cdots3}_{n个}=\frac{1}{3}(\underbrace{0.99\cdots9}_{n个})=\frac{1}{3}\left(1-\frac{1}{10^n}\right)$. 当 $n\to\infty$ 时, x_n 与 $\frac{1}{3}$ 无限接近, 所以 $\lim\limits_{n\to\infty}x_n=\lim\limits_{n\to\infty}\underbrace{0.33\cdots3}_{n个}=\frac{1}{3}$.

(4) $x_n=\frac{2n-1}{n+1}=2-\frac{3}{n+1}$. 当 $n\to\infty$ 时, $\frac{3}{n+1}$ 与 0 无限接近, 从而 $2-\frac{3}{n+1}$ 与 2 无限接近, 所以 $\lim\limits_{n\to\infty}\frac{2n-1}{n+1}=2$.

(5) 当 $n\to\infty$ 时, $|x_n|=\frac{n^2}{n+1}=n-1+\frac{1}{n+1}$ 也无限增大, 所以 $\lim\limits_{n\to\infty}(-1)^n\frac{n^2}{n+1}=\infty$.

数列极限的直观定义 2.2 体现了运动变化的观点, 也说明了极限概念的实质. 但是, 定义的核心部分: "当 n 无限增大时, x_n 与常数 A 能无限接近" 是一种描述性的说法, 并非严格的定量刻画. 理由有两点: 其一是 "无限接近" 这一术语比较含糊, 接近到什么程度就算无限接近? 其二 (也是最重要的) 是 x_n 随 n 变化而变化, 随 n 取定而取定, 说 "当 $n\to\infty$ 时, x_n 与常数 A 能无限接近" 并没有确切地指明 n 增大到什么程度 (即变化过程进行到什么时候),x_n 与 A 接近到什么程度? 因此, 直观定义 2.2 只是一种定性的描述, 这样的定义在严密的数学理论中时常会遇到一些困惑, 我们必须将其定量化和严格化.

首先, x_n 与 A 接近的程度可以用 x_n 与 A 的距离: $|x_n-A|$ 的大小来度量, "当 $n\to\infty$ 时, x_n 与 A 能无限接近" 等价于 "当 $n\to\infty$ 时, $|x_n-A|$ 能

任意变小”, 即在 $n \to \infty$ 的变化过程中, $|x_n - A|$ 想要多小都能变得有多小, 可以小于 0.1, 也可以小于 $0.001, 0.000001, \cdots$, 可以小于事先指定的无论多小的正数. 但是反过来, $|x_n - A| < 0.0001$ 还不足以说明 x_n 与 A 无限接近, 同样地, $|x_n - A| < 0.000001$ 也不足以说明 x_n 与 A 无限接近, 换一个更小的具体正数还是如此. 为了说明 $|x_n - A|$ 可以任意小, 我们用一个字母 ε 抽象地表示事先指定的无论多小的正数, 当 $n \to \infty$ 时, 只要 $|x_n - A| < \varepsilon$ 成立, 就能说明 $|x_n - A|$ 可以任意变小. 因此, “当 $n \to \infty$ 时, x_n 与 A 能无限接近” 这一术语等价于 “对事先指定的无论多小的正整数 ε, 当 $n \to \infty$ 时, $|x_n - A| < \varepsilon$ 都能成立”.

其次, 说 “当 $n \to \infty$ 时, 不等式 $|x_n - A| < \varepsilon$ 成立” 是指在 n 不断增大的变化过程中, $|x_n - A| < \varepsilon$ 总能够得以实现, 并非一开始对所有的 n 都有 $|x_n - A| < \varepsilon$, 而是指 n 增大到某一地步 (即变化过程进行到某一 “时刻”) 之后的事情. 以数列 $x_n = \dfrac{3n-2}{n}$ 为例来说明, 当 $n \to \infty$ 时, $x_n = 3 - \dfrac{2}{n}$ 能与 3 无限接近, 即对事先指定的无论多小的正数 ε, 当 $n \to \infty$ 时, $|x_n - 3| = \dfrac{2}{n} < \varepsilon$ 总能成立. 但此不等式当 $n > \dfrac{2}{\varepsilon}$ 时才成立, 比如, $\varepsilon = 0.1$, 当 $n > \dfrac{2}{0.1} = 20$ 时, 才有 $|x_n - 3| = \dfrac{2}{n} < 0.1$, 即从数列的第 21 项开始的所有项: $x_{21}, x_{22}, \cdots$ 才满足此不等式; 若 $\varepsilon = 0.0001$, 则当 $n > 20000$ 时, 即从第 20000 项起以后的一切项才满足不等式 $|x_n - 3| < 0.0001$. 一般地, 不论给定的正整数 ε 有多小, 总存在一个正整数 $N\left(\text{项数或下标, 比如, 取 } N = \left[\dfrac{2}{n}\right]\right)$. 当 n 增大到比 N 还大, 即当 $n > N$ 时, 数列 x_n 的对应值 (即从第 $n+1$ 项开始以后的一切项: $x_{N+1}, x_{N+2}, \cdots$) 都满足不等式 $|x_n - 3| = \dfrac{2}{n} < \varepsilon$. 因此, 术语 “对事先指定的任意小的正数 ε, 当 $n \to \infty$ 时, $|x_n - A| < \varepsilon$ 能成立”, 严格地说, 等价于 “对事先给定的任意小的正数 ε, 总存在一个正整数 N, 使得当 $n > N$ 时, 不等式 $|x_n - A| < \varepsilon$ 恒成立”.

于是, 我们就将直观定义 2.2 严格化为如下定义.

定义 2.2′(数列极限的严格定义) 设 $\{x_n\}$ 是一给定数列, A 是一个确定的常数. 如果对于事先给定的 (无论多小) 正数 ε, 总存在正整数 N, 使得当 $n > N$ 时, 不等式

$$|x_n - A| < \varepsilon$$

恒成立, 则称常数 A 是数列 $\{x_n\}$ 的**极限**, 或说数列 $\{x_n\}$ 收敛于 A, 记为 $\lim\limits_{n\to\infty} x_n = A$ 或 $x_n \to A (n \to \infty)$.

如果这样的常数 A 不存在, 则称数列 $\{x_n\}$ 发散, 或说没有极限, 习惯上也说 $\lim\limits_{n\to\infty} x_n$ 不存在.

定义中的 ε 刻画了 x_n 与 A 接近的程度, N 表达了 $n\to\infty$ 这一变化过程中的某个"时刻", 它刻画了 n 增大的程度, 不等式 $n>N$ 则表达了变化过程进行到"时刻 N"之后.N 随 ε 而变, 一般地, ε 越小, N 就越大 (时刻越晚), 但 N 不是由 ε 唯一确定的. 如果"时刻" $N=100$ 合乎要求, 则 $N=101,102,\cdots$ 均合乎要求. 定义只要求合乎要求的 N 存在就可以了. 这个定义也简称为"ε-N"定义 (或语言).

严格定义 2.2′ 确切地指明了, 对于要求 x_n 与 A 接近的每个程度 ε, 在 n 不断增大 ($n\to\infty$) 的变化过程中, 都能找到 (或存在) 某个"时刻" N, 当变化过程进行到这个"时刻之后" (当 $n>N$ 时), 数列 x_n 的一切值 (第 N 项后面所有项 x_n) 与 A 就能接近到所要求的接近程度 ($|x_n-A|<\varepsilon$), 它主要定量地刻画了变化过程进行到什么时候, x_n 与 A 能接近到什么程度.

为了表达方便, 我们引进几个逻辑符号:

(1) 符号"$\Leftrightarrow$"表示"充分必要"或"等价";

(2) 符号"$\forall$"表示"对于任意"或"对任意一个"或"对每一个";

(3) 符号"$\exists$"表示"存在"或"能找到"或"有".

根据这些符号, 数列极限 $\lim\limits_{n\to\infty} x_n=A$ 的定义可表达为

$\lim\limits_{n\to\infty} x_n=A \Leftrightarrow \forall\varepsilon>0,\exists$ 正整数 N, 使得当 $n>N$ 时, 恒有 $|x_n-A|<\varepsilon$ 成立.

定义 2.2′ 并没有给出求极限的方法 (极限的求法放在后面研究), 下面举几个用定义 2.2′ 证明某个数是某数列极限的例子, 以帮助我们加深对定义的理解.

例 2　用定义证明 $\lim\limits_{n\to\infty}\dfrac{(-1)^{n-1}}{n}=0$.

分析　根据定义 2.2′, 就是要证明: $\forall\varepsilon>0$, 要找到这样的正整数 N : 当 $n>N$ 时, 恒有 $\left|\dfrac{(-1)^{n-1}}{n}-0\right|=\left|\dfrac{1}{n}\right|<\varepsilon$, 这只要 $n>\dfrac{1}{\varepsilon}$ 即可, 因此, 只要取 $N=\left[\dfrac{1}{\varepsilon}\right]$ 就可以了 (当然, 取 N 为大于 $\dfrac{1}{\varepsilon}$ 的任何一个正整数也合乎要求).

证明　$\forall\varepsilon>0$, 取 $N=\left[\dfrac{1}{\varepsilon}\right]$, 则当 $n>N$ 时, 恒有

$$\left|\frac{(-1)^{n-1}}{n}-0\right|=\frac{1}{n}<\varepsilon,$$

所以

$$\lim_{n\to\infty}\frac{(-1)^{n-1}}{n}=0.$$

例 3 证明 $\lim\limits_{n\to\infty}\dfrac{2n^2-n}{3n^2+1}=\dfrac{2}{3}$.

证明 $\forall\varepsilon>0$, 欲使

$$\left|\frac{2n^2-n}{3n^2+1}-\frac{2}{3}\right|=\left|\frac{-3n-2}{9n^2+3}\right|=\frac{3n+2}{9n^2+3}<\varepsilon,$$

由于 $\dfrac{3n+2}{9n^2+3}<\dfrac{3n+2n}{9n^2}=\dfrac{5n}{9n^2}=\dfrac{5}{9n}$, 所以只要 $\dfrac{5}{9n}<\varepsilon$, 即 $n>\dfrac{5}{9\varepsilon}$ 即可, 取 $N=\left[\dfrac{5}{9\varepsilon}\right]$, 当 $n>N$ 时, 恒有

$$\left|\frac{2n^2-n}{3n^2+1}-\frac{2}{3}\right|<\varepsilon.$$

所以

$$\lim_{n\to\infty}\frac{2n^2-n}{3n^2+1}=\frac{2}{3}.$$

注意 用定义 2.2′ 证明 $\lim\limits_{n\to\infty}x_n=A$ 的过程, 实质上就是根据 ε 找 N 的过程, 即对每个要求 x_n 与 A 接近的“程度”在 $n\to\infty$ 的变化过程中都要找出能达到这个接近程度的“时刻”, 定义中只要求这样的“时刻”存在就行, 这样的“时刻”来得“迟”与来得“早”都没关系, 重要的是这个时刻“必须来到”, 即没有必要找“最早的时刻”即最小的 (恰好的)N. 因此, 我们可以将 $|x_n-A|$ 适当放大为含 n 的且随 n 增大能任意小的简单式子, 这个式子小于 ε 时, $|x_n-A|<\varepsilon$ 当然也能成立, 由这个式子来确定 N 比较方便, 就可采用这种方法, 例 3 就是用这一思想来做的.

2.2 函数的极限

数列是定义于正整数集合上的函数 $x_n=f(n)$, 数列的极限就是研究当自变量 n 按自然数顺序无限增大 $(n\to\infty)$ 这一方式变化时, 对应的函数值 x_n 的变化趋势问题. 现在我们来讨论一般函数 $y=f(x)$ 的极限问题. 同数列极限一样, 就

是研究当自变量 x 以某种方式变化时, 对应的函数值 $f(x)$(因变量 y 的值) 的变化趋势问题. 所不同的是自变量 x 的变化方式 (也称为变化过程) 有下列两种.

(1) x 的绝对值 $|x|$ 无限增大, 即 x(从原点的左侧或右侧) 离开原点越来越远, 记为 $x \to \infty$;

(2) x 与定点 x_0 无限接近, 记为 $x \to x_0$.

2.2.1　$x \to \infty$ 时 $f(x)$ 的极限

观察下列函数:

(1) $y = 1 + \dfrac{1}{x}$;　　(2) $y = x^3$;　　(3) $y = \sin x$.

当 $x \to \infty$ 时的变化趋势, 容易看出它们的变化趋势有所不同.

当 $x \to \infty$ 时, 函数 $y = 1 + \dfrac{1}{x}$ 无限接近于 1(图 2.1);

函数 $y = x^3$ 的绝对值 $|x^3| = |x|^3$ 也无限增大 (图 2.2);

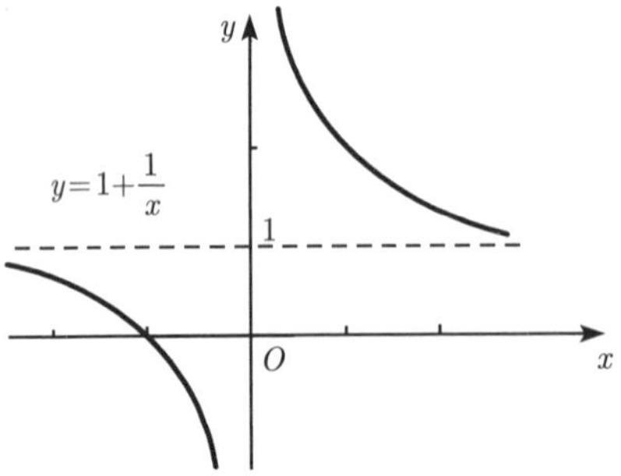

图 2.1

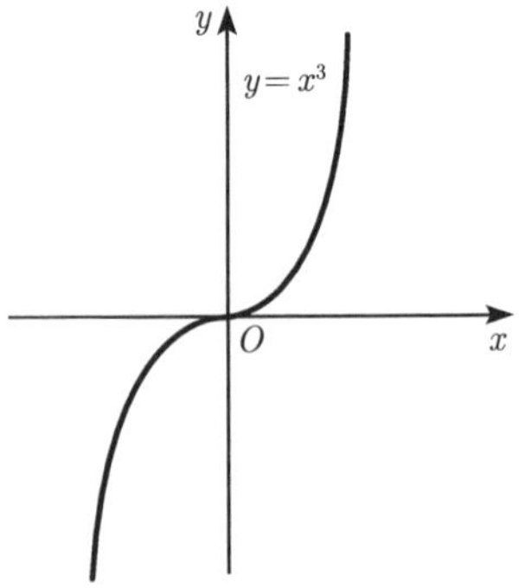

图 2.2

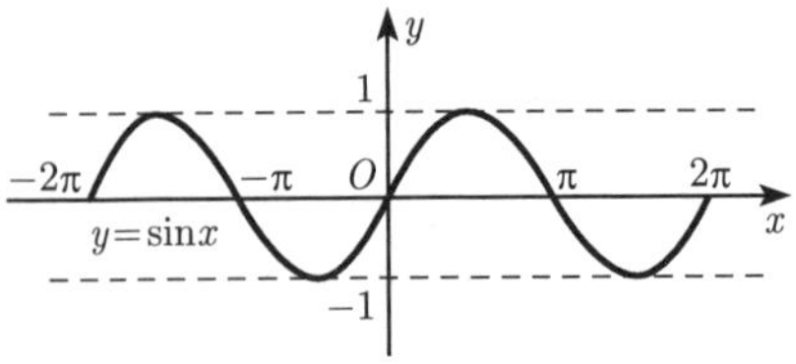

图 2.3

函数 $y = \sin x$ 的对应值振荡于 -1 和 1 之间 (图 2.3).

当 $x \to \infty$ 时, 上述三个函数的变化趋势各不相同. 特别值得注意的, 是像 (1) 那种类型, 当 $x \to \infty$ 时, $f(x)$ 的对应值能与某确定的常数 A 无限接近, 则把 A 称为函数 $f(x)$ 当 $x \to \infty$ 时的极限. 而像 (2) 和 (3) 这两个函数, 当 $x \to \infty$ 时, $f(x)$ 的对应值不趋于确定的常数, 则说函数 $f(x)$ 在 $x \to \infty$ 时没有极限或发散. 具体地, 引入下述直观定义.

定义 2.3 ($x \to \infty$ 时函数极限的直观定义)　设函数 $y = f(x)$ 当 $|x|$ 大于某正数时有定义. 如果当 $x \to \infty$ 时, $f(x)$ 的对应值 (即 y 值) 无限接近于某个确定的常数 A, 则称常数 A 为函数 $f(x)$ 当 $x \to \infty$ 时的极限, 或说当 $x \to \infty$ 时, $f(x)$ 收敛于 A, 记为

$$\lim_{x\to\infty} f(x) = A \quad \text{或} \quad f(x) \to A \quad (x \to \infty).$$

如果当 $x \to \infty$ 时, $f(x)$ 不趋于 (任何一个) 确定的常数, 则称当 $x \to \infty$ 时 $f(x)$ 没有极限或发散, 也常说 $\lim\limits_{x\to\infty} f(x)$ 不存在. 特别地, 如果当 $x \to \infty$ 时 $f(x)$ 的绝对值也无限变大, 通常也说当 $x \to \infty$ 时 $f(x)$ 的极限为无穷大, 记为 $\lim\limits_{x\to\infty} f(x) = \infty$; 如果当 $x \to \infty$ 时 $f(x)$ 的值振荡于某几个不同常数之间, 则称当 $x \to \infty$ 时 $f(x)$ 振荡无极限或称 $\lim\limits_{x\to\infty} f(x)$ 振荡不存在.

定义 2.3 中的变化过程 $x \to \infty$ 既包括 x 从原点的左侧也包括从原点的右侧离开原点越来越远. 在许多场合, 我们需要研究 x 仅从原点的一侧与原点越来越远的特殊情形. 把 x 仅从左侧离开原点越来越远 (即 $x < 0$, 且 $|x|$ 无限增大) 这一变化过程记为 $x \to -\infty$; 把 x 仅从右侧离开原点越来越远 (即 $x > 0$, 且 x 无限增大) 这一变化过程记为 $x \to +\infty$. 那么 $x \to \infty$ 既包括 $x \to -\infty$, 也包括 $x \to +\infty$. 如果 $x \to -\infty (x \to +\infty)$ 时, $f(x)$ 与常数 A 无限接近, 则称常数 A 为 $f(x)$ 当 $x \to -\infty (x \to +\infty)$ 时的极限, 记为

$$\lim_{x\to-\infty} f(x) = A \quad \left(\lim_{x\to+\infty} f(x) = A\right).$$

由直观定义, 显然有

$$\lim_{x\to\infty} f(x) = A \Leftrightarrow \lim_{x\to-\infty} f(x) = \lim_{x\to+\infty} f(x) = A.$$

根据直观定义 2.3, 可以从函数的图像观察或由解析表达式分析出一些简单函数, 特别是六种基本初等函数, 当 $x \to \infty$ 时常见的变化趋势. 下面通过图形观察几个常见极限的例子.

(1) $\lim\limits_{x\to\infty} C = C$ (图 2.4).

(2) $\lim\limits_{x\to\infty} \dfrac{1}{x} = 0$ (图 2.5).

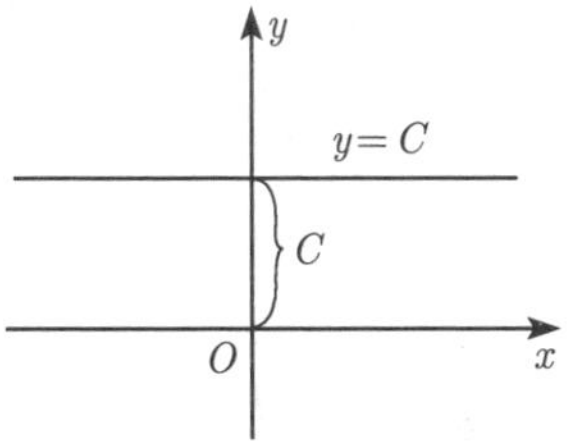

图 2.4

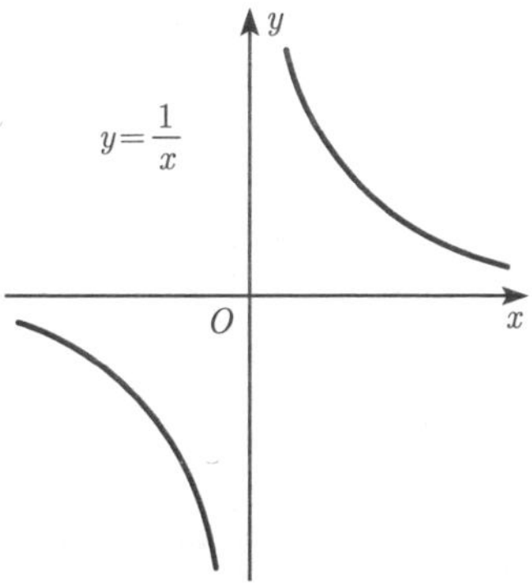

图 2.5

(3) $\lim\limits_{x\to+\infty} x^\alpha = \begin{cases} +\infty, & \alpha > 0, \\ 0, & \alpha < 0, \end{cases}$ $\alpha > 0$ (图 2.6), $\alpha < 0$(图 2.7).

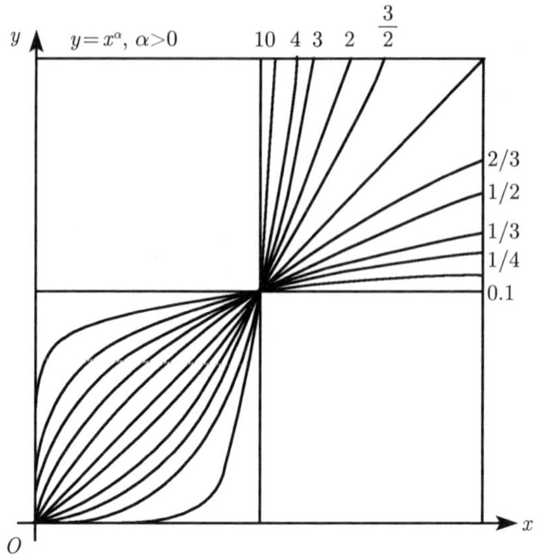

图 2.6

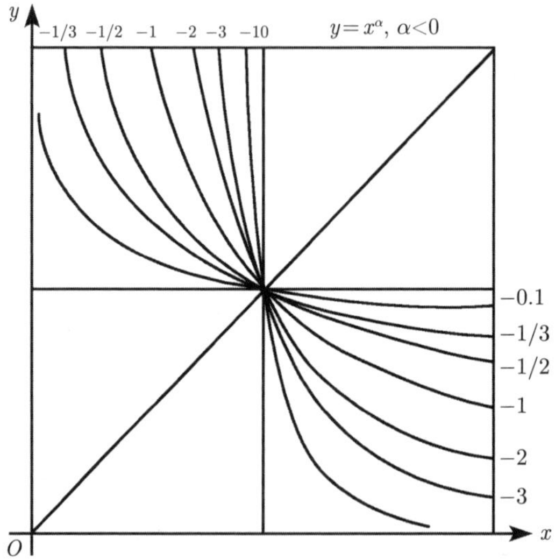

图 2.7

(4) $\lim\limits_{x\to+\infty} a^x = \begin{cases} +\infty, & a > 1, \\ 0, & 0 < a < 1, \end{cases}$ $\lim\limits_{x\to-\infty} a^x = \begin{cases} 0, & a > 1, \\ +\infty, & 0 < a < 1 \end{cases}$ (图 2.8).

注意 $\lim\limits_{x\to\infty} a^x$ 不存在.

(5) $\lim\limits_{x\to\infty} \sin x$, $\lim\limits_{x\to\infty} \cos x$ 都是振荡不存在 (图 2.9).

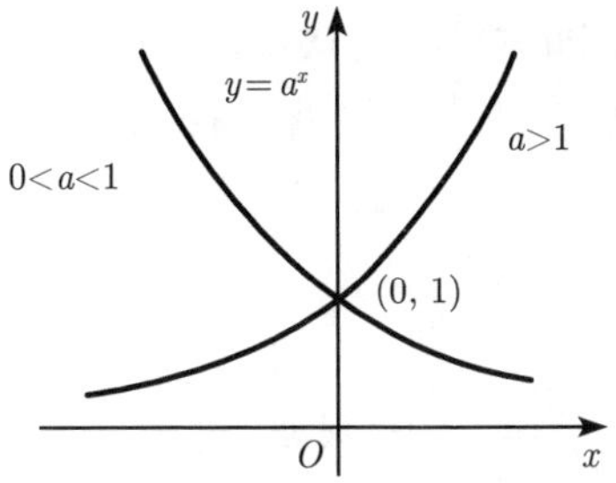

图 2.8

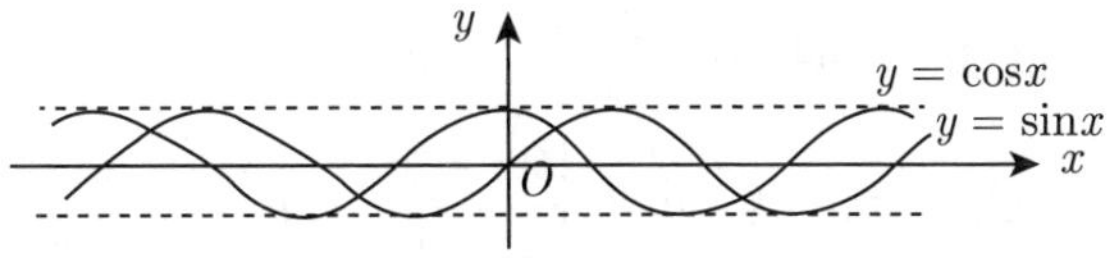

图 2.9

(6) $\lim\limits_{x\to+\infty} \arctan x = \dfrac{\pi}{2}$, $\lim\limits_{x\to-\infty} \arctan x = -\dfrac{\pi}{2}$ (图 2.10).

注意 $\lim\limits_{x\to\infty} \arctan x$ 不存在.

$\lim\limits_{x\to+\infty} \mathrm{arccot} x = 0$, $\lim\limits_{x\to-\infty} \mathrm{arccot} x = \pi$(图 2.11).

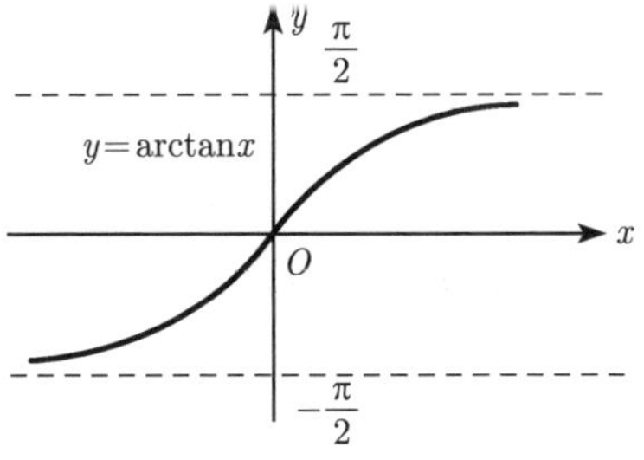

图 2.10

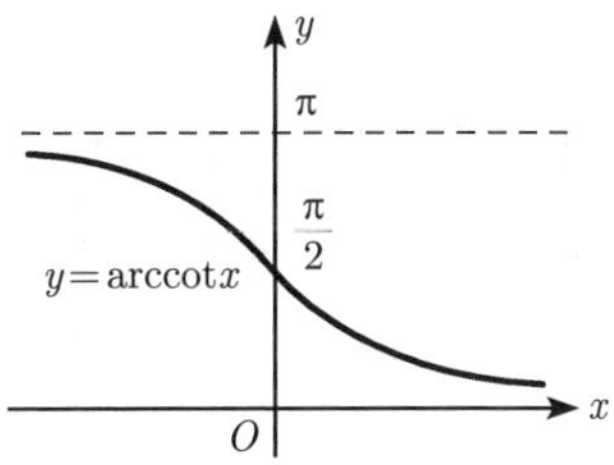

图 2.11

注意 $\lim\limits_{x\to\infty} \mathrm{arccot}\, x$ 不存在.

类似于 2.1 节中数列极限的分析, 可得到函数 $f(x)$ 当 $x \to \infty$ 时的严格定义.

定义 2.3$'$ ($x \to \infty$ 时 $f(x)$ 的极限的严格定义) 设函数 $f(x)$ 当 $|x|$ 大于某个正数时有定义, A 是一个确定的常数. 如果 $\forall \varepsilon > 0, \exists X > 0$, 使得当 $|x| > X$ 时, 恒有

$$|f(x) - A| < \varepsilon$$

成立, 则称当 $x \to \infty$ 时 $f(x)$ 的极限是 A, 记为

$$\lim_{x\to\infty} f(x) = A \quad \text{或} \quad f(x) \to A(x \to \infty).$$

而 $\lim\limits_{x\to-\infty} f(x)=A \Leftrightarrow \forall\varepsilon>0, \exists X>0$, 使当 $x<-X$ 时, 恒有 $|f(x)-A|<\varepsilon$ 成立; $\lim\limits_{x\to+\infty} f(x)=A \Leftrightarrow \forall\varepsilon>0, \exists X>0$, 使当 $x>X$ 时, 恒有 $|f(x)-A|<\varepsilon$ 成立.

定义中的 ε 刻画了 $f(x)$ 与 A 接近的程度, X 表示 $x\to\infty$ 的变化过程中的某个 "时刻", $|x|>X$ 则表示变化过程进行到该 "时刻"(X) 之后, X 与 ε 有关, 一般地, ε 越小, X 就越大. 用定义证明 $\lim\limits_{x\to\infty} f(x)=A$, 实质上是根据 ε 找 X 的过程, 因此, 这个定义又称为 "ε-X" 的定义 (或语言).

例 1 证明 $\lim\limits_{x\to\infty}\dfrac{2x+1}{x-1}=2$.

证明 $\forall\varepsilon>0$, 欲使 $\left|\dfrac{2x+1}{x-1}-2\right|=\dfrac{3}{|x-1|}\leqslant\dfrac{3}{|x|-1}<\varepsilon$, 只要 $|x|>\dfrac{3}{\varepsilon}+1$ 即可, 取 $X=\dfrac{3}{\varepsilon}+1$, 则当 $|x|>X$ 时恒有

$$\left|\frac{2x+1}{x-1}-2\right|<\varepsilon.$$

所以

$$\lim_{x\to\infty}\frac{2x+1}{x-1}=2.$$

例 2 证明 $\lim\limits_{x\to-\infty} 2^x=0$.

证明 $\forall\varepsilon>0$, 欲使 $|2^x-0|=2^x<\varepsilon$, 只要 $x<\log_2\varepsilon$(设 $\varepsilon<1$). 取 $X=-\log_2\varepsilon$, 则当 $x<-X$ 时, 恒有

$$|2^x-0|<\varepsilon.$$

所以

$$\lim_{x\to-\infty} 2^x=0.$$

2.2.2 $x\to x_0$ 时 $f(x)$ 的极限

例 3 观察下列几个函数当 $x\to1$ 时的变化趋势:

(1) $f(x)=x+1$, 当 $x\to1$ 时 $f(x)$ 无限接近于 2 (图 2.12).

(2) $g(x)=\dfrac{x^2-1}{x-1}$, 当 $x\to1$ 时 $g(x)$ 无限接近于 2(图 2.13).

(3) $h(x)=\begin{cases}x+1, & x\neq1,\\ 1, & x=1,\end{cases}$ 当 $x\to1$ 时 $h(x)$ 无限接近于 2(图 2.14).

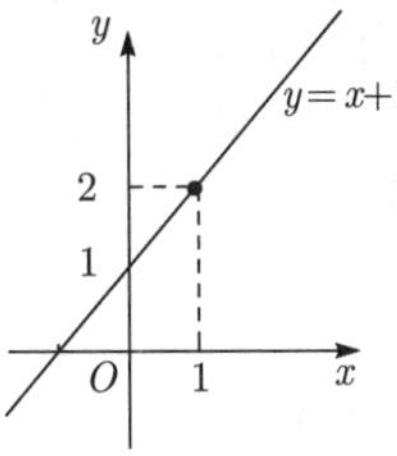

图 2.12

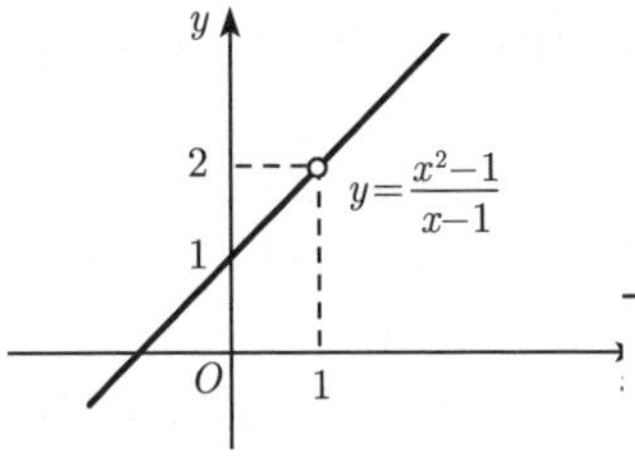

图 2.13

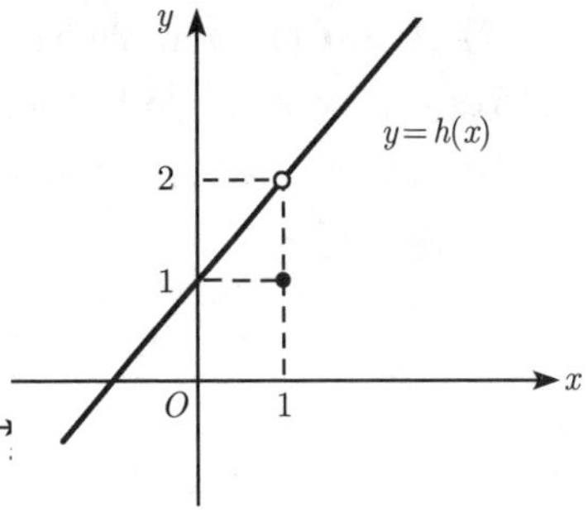

图 2.14

当 $x \neq 1$ 时, 这三个函数完全相同, 在点 $x = 1$ 处, $f(x)$ 有定义且 $f(1) = 2, g(x)$ 无定义, $h(x)$ 有定义且 $h(1) = 1$, 当 $x \to 1$ 时的变化趋势完全相同, 都与常数 2 无限接近, 我们把常数 2 称为这三个函数在 $x \to 1$ 时的极限, 从这三个例子可以看出, 考察当 $x \to x_0$ 时函数 $f(x)$ 的变化趋势问题与函数在点 x_0 处是否有定义以及定义值是多大毫无关系. 因此, 研究当 $x \to x_0$ 时函数 $f(x)$ 的极限问题时干脆把点 x_0 去掉, 即记号 $x \to x_0$ 表示 x 与 x_0 无限接近但始终不等于 x_0.

例 4 $y = \dfrac{1}{x}$, 当 $x \to 0$ 时, $|f(x)| = \dfrac{1}{|x|}$ 无限变大 (图 2.15).

$y = \sin \dfrac{1}{x}$, 当 $x \to 0$ 时, $\sin \dfrac{1}{x}$ 无限振荡于 -1 和 1 之间 (图 2.16).

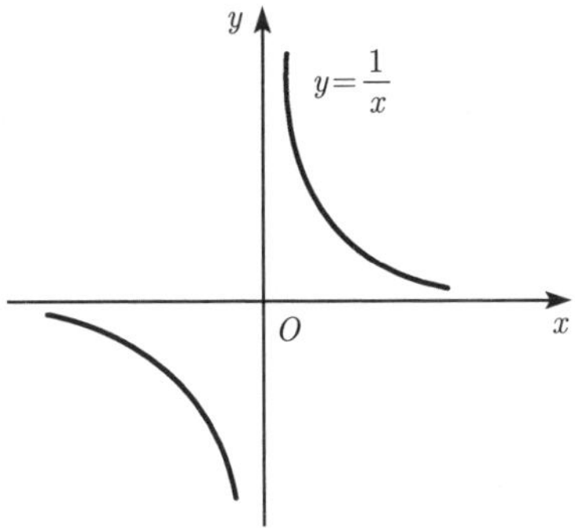

图 2.15

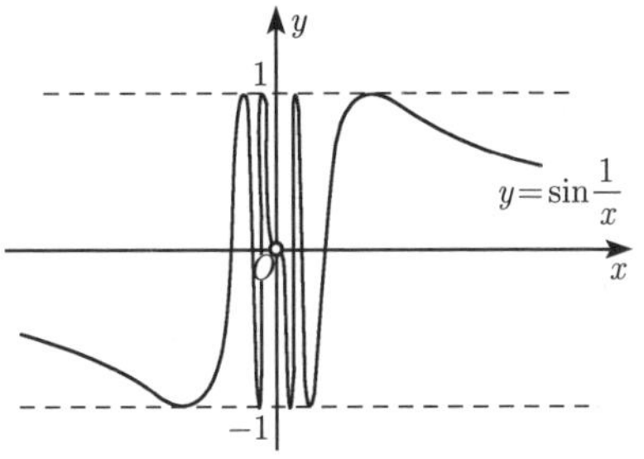

图 2.16

这两个函数, 当 $x \to 0$ 时均不趋于确定的常数, 我们说它们在 $x \to 0$ 时没有极限. 但它们的变化趋势还是不同的, 为区别起见, 也说当 $x \to 0$ 时, $\dfrac{1}{x}$ 的极限是无穷大, $\sin \dfrac{1}{x}$ 振荡无极限.

一般地, 有下述定义.

定义 2.4 ($x \to x_0$ 时 $f(x)$ 的极限的直观定义)　设函数 $f(x)$ 在点 x_0 的某去心邻域内有定义, A 是一个确定的常数. 如果当 $x \to x_0(x \neq x_0)$ 时, $f(x)$ 的对应值无限接近于常数 A, 则称 A 为函数 $f(x)$ 当 $x \to x_0$ 时的**极限** (或函数在点 x_0 处的极限), 记为

$$\lim_{x \to x_0} f(x) = A \quad 或 \quad f(x) \to A(x \to x_0).$$

如果当 $x \to x_0$ 时, $f(x)$ 不趋于 (任何一个) 确定的常数, 则称函数当 $x \to x_0$ 时 $f(x)$ **没有极限或发散**. 特别地, 如果当 $x \to x_0$ 时 $f(x)$ 的绝对值无限增大, 也常说当 $x \to x_0$ 时 $f(x)$ 的极限为无穷大, 记为 $\lim\limits_{x \to x_0} f(x) = \infty$; 如果当 $x \to x_0$ 时 $f(x)$ 无限振荡于某几个不同常数之间, 则称当 $x \to x_0$ 时 $f(x)$ 振荡无极限, 也说 $\lim\limits_{x \to x_0} f(x)$ 振荡不存在.

定义 2.4 中自变量 x 的变化过程 $x \to x_0$ 既包括 x 在点 x_0 左侧, 也包括在点 x_0 右侧无限接近于 x_0. 有时需要讨论 x 仅从 x_0 的单侧无限接近于 x_0 的特殊情形.x 仅从 x_0 的左侧 ($x < x_0$) 无限接近于 x_0 这一变化过程, 记为 $x \to x_0^-$(或 $x \to x_0 - 0$);x 仅从 x_0 的右侧 ($x > x_0$) 无限接近于 x_0 这一变化过程, 记为 $x \to x_0^+$(或 $x \to x_0 + 0$).$x \to x_0$ 既包括 $x \to x_0^-$, 也包括 $x \to x_0^+$.

如果 $x \to x_0^-$ 时, $f(x)$ 与常数 A 无限接近, 则称 A 为 $f(x)$ 在点 x_0 处的**左极限**, 记为

$$\lim_{x \to x_0^-} f(x) = A \quad 或 \quad f(x_0 - 0) = A \quad 或 \quad f(x) \to A(x \to x_0^-).$$

如果 $x \to x_0^+$ 时, $f(x)$ 与常数 A 无限接近, 则称 A 为 $f(x)$ 在点 x_0 处的**右极限**, 记为

$$\lim_{x \to x_0^+} f(x) = A \quad 或 \quad f(x_0 + 0) = A \quad 或 \quad f(x) \to A(x \to x_0^+).$$

根据直观定义不难理解:

左、右极限定理　$\lim\limits_{x \to x_0} f(x) = A \Leftrightarrow \lim\limits_{x \to x_0^-} f(x) = \lim\limits_{x \to x_0^+} f(x) = A.$

下面通过函数的图像观察几个常用函数的极限:

(1) $\lim\limits_{x \to 0} a^x = 1$;

(2) $\lim\limits_{x \to 0^+} \log_a x = \infty$;

(3) $\lim\limits_{x \to 0} \sin x = 0, \lim\limits_{x \to \frac{\pi}{2}} \sin x = 1$;

(4) $\lim\limits_{x \to 0} \cos x = 1, \lim\limits_{x \to \frac{\pi}{2}} \cos x = 0$;

(5) $\lim\limits_{x\to 0}\tan x=0,\ \lim\limits_{x\to\frac{\pi}{2}}\tan x=\infty$.

更一般地, 有下述重要结论.

如果 $f(x)$ 是初等函数且在 x_0 处有定义, 则 $\lim\limits_{x\to x_0} f(x)=f(x_0)$, 见 2.8.4 节.

例 5 设函数

$$f(x)=\begin{cases} x^2, & x<0,\\ 2, & x=0,\\ x+1, & x>0,\end{cases}$$

分别讨论当 $x\to 0, x\to -2$ 及 $x\to 3$ 时, 极限是否存在?

分析 分段函数在分段点左、右两侧的取值规律是用不同的解析表达式表示的, 所以分段函数在分段点处的极限必须用左、右极限定理讨论; 分段函数在每段内部各点的极限用该段上的解析表达式讨论.

解 (1) $\lim\limits_{x\to 0^-} f(x)=\lim\limits_{x\to 0^-} x^2=0,\ \lim\limits_{x\to 0^+} f(x)=\lim\limits_{x\to 0^-}(x+1)=1$. 由于 $\lim\limits_{x\to 0^-} f(x)\neq\lim\limits_{x\to 0^+} f(x)$, 从而, $\lim\limits_{x\to 0} f(x)$ 不存在.

(2) $\lim\limits_{x\to -2} f(x)=\lim\limits_{x\to -2} x^2=4$.

(3) $\lim\limits_{x\to 3} f(x)=\lim\limits_{x\to 3}(x+1)=4$ (图 2.17).

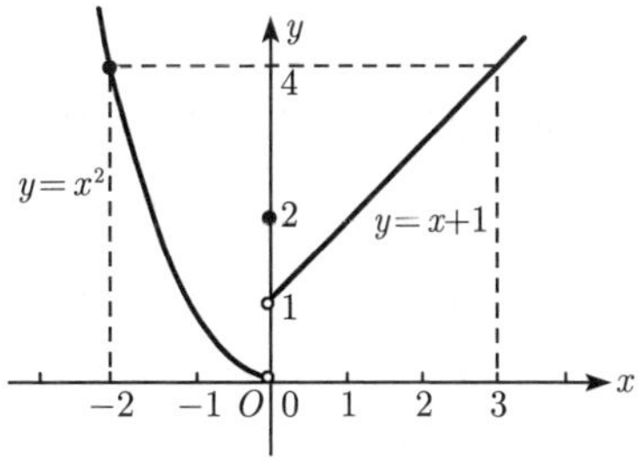

图 2.17

现在我们将直观定义 2.4 定量化和精确化, 引出当 $x\to x_0$ 时 $f(x)$ 的极限的严格定义.

定义 2.4 中术语 "当 $x\to x_0(x\neq x_0)$ 时, $f(x)$ 的对应值无限接近于常数 A" 或者说 "当 $x\to x_0$ 时 $f(x)$ 与 A 无限接近" 准确说来, 就是 "$\forall\varepsilon>0$, 当 $x\to x_0$ 时, $|f(x)-A|<\varepsilon$ 能成立", 而这句话的意思是不等式 $|f(x)-A|<\varepsilon$ 在 $x\to x_0$ 的变化过程中能够得以实现, 也就是说, 当变化过程进行到某一步, 即 x 与 x_0 接近到一定程度 (亦即 $|x-x_0|$ 小到一定程度) 之后不等式 $|f(x)-A|<\varepsilon$ 恒成立, 而在这之前是不作要求的. 例如, 在极限 $\lim\limits_{x\to 1}(2x+1)=3$ 中, 我们说 "$\forall\varepsilon>0$, 当 $x\to 1$ 时, $|(2x+1)-3|=2|x-1|<\varepsilon$ 能够成立" 是当 $0<|x-1|<\dfrac{\varepsilon}{2}$ 时, 即 x 与 1 接近到其距离 $|x-1|$ 小于正数 $\dfrac{\varepsilon}{2}$ 这一程度 (且 $x\neq 1$) 时, 才恒有 $|(2x+1)-3|<\varepsilon$ 成立. 重要的是 $\forall\varepsilon>0$, 这样的正数 $\dfrac{\varepsilon}{2}$ 都必须存在.

综上所述, 不难理解描述性的术语 "当 $x \to x_0$ 时, $f(x)$ 与 A 无限接近" 的严格叙述是 "$\forall \varepsilon > 0, \exists \delta > 0$, 使得当 $0 < |x - x_0| < \delta$ 时, 恒有 $|f(x) - A| < \varepsilon$ 成立". 由此引出极限 $\lim\limits_{x \to x_0} f(x) = A$ 的严格定义如下.

定义 2.4′ 设函数 $f(x)$ 在点 x_0 的某去心邻域内有定义, A 是某一确定的常数. 如果 $\forall \varepsilon > 0, \exists \delta > 0$, 使得当 $0 < |x - x_0| < \delta$ 时, 恒有

$$|f(x) - A| < \varepsilon$$

成立, 则称 A 为函数 $f(x)$ 当 $x \to x_0$ 时的极限, 记作

$$\lim_{x \to x_0} f(x) = A \quad \text{或} \quad f(x) \to A(x \to x_0).$$

定义 2.4′ 可简单地表述为

$\lim\limits_{x \to x_0} f(x) = A \Leftrightarrow \forall \varepsilon > 0, \exists \delta > 0$, 当 $0 < |x - x_0| < \delta$ 时, 恒有 $|f(x) - A| < \varepsilon$ 成立.

而左、右极限的严格定义只要把定义 2.4′ 中的不等式 $0 < |x - x_0| < \delta$ 分别具体化为 $0 < x_0 - x < \delta$ 和 $0 < x - x_0 < \delta$ 即可, 即

$\lim\limits_{x \to x_0^-} f(x) = A \Leftrightarrow \forall \varepsilon > 0, \exists \delta > 0$, 当 $0 < x_0 - x < \delta$ 时, 恒有 $|f(x) - A| < \varepsilon$ 成立;

$\lim\limits_{x \to x_0^+} f(x) = A \Leftrightarrow \forall \varepsilon > 0, \exists \delta > 0$, 当 $0 < x - x_0 < \delta$ 时, 恒有 $|f(x) - A| < \varepsilon$ 成立.

定义中的 ε 刻画了 $f(x)$ 与 A 接近的程度, 而 δ 表示 $x \to x_0$(即 $|x - x_0|$ 无限变小) 这一变化过程中的某个 "时刻", 不等式 $0 < |x - x_0| < \delta$ 则表示变化过程进行到这个 "时刻"(δ) 之后, 且 δ 与 ε 有关. 一般地说, ε 越小, δ 也越小, 但 δ 并不是由 ε 唯一确定. 例如, "时刻" $\delta = 0.01$ 合乎要求, 则比 0.01 小的任一正数 (即 "较晚" 的那些时刻) 均合乎要求, 定义只要求 δ 存在即可. 证明 $\lim\limits_{x \to x_0} f(x) = A$ 的过程, 实质上是根据 ε 找 δ 的过程. 因此, 这个定义又称为 "ε-δ" 定义 (或语言).

例 6 用定义证明下列极限:

(1) $\lim\limits_{x \to 2}(5x - 4) = 6$;　　(2) $\lim\limits_{x \to x_0} c = c$;

(3) $\lim\limits_{x \to x_0} x = x_0$;　　(4) $\lim\limits_{x \to 3} x^2 = 9$.

证明 (1) $\forall \varepsilon > 0$, 欲使 $|(5x - 4) - 6| = 5|x - 2| < \varepsilon$, 只要 $0 < |x - 2| < \dfrac{\varepsilon}{5}$, 所以取 $\delta = \dfrac{\varepsilon}{5}$, 则当 $0 < |x - 2| < \delta$ 时, 恒有 $|(5x - 4) - 6| < \varepsilon$ 成立. 所以, $\lim\limits_{x \to 2}(5x - 4) = 6$.

(2) $\forall \varepsilon > 0$, 因为 $|c-c| = 0 < \varepsilon$ 恒成立, 所以可任取 $\delta > 0$, 当 $0 < |x-x_0| < \delta$ 时, 恒有 $|c-c| < \varepsilon$ 成立, 所以 $\lim\limits_{x\to x_0} c = c$.

(3) $\forall \varepsilon > 0$, 欲使 $|f(x)-x_0| = |x-x_0| < \varepsilon$, 只要取 $\delta = \varepsilon$, 则当 $0 < |x-x_0| < \delta$ 时恒有 $|x-x_0| < \varepsilon$ 成立, 所以 $\lim\limits_{x\to x_0} x = x_0$.

(4) $\forall \varepsilon > 0$, 欲使 $|x^2-9| = |(x+3)(x-3)| = |x+3||x-3| < \varepsilon$, 由于 $x \to 3$, 只要在点 3 附近考虑. 因此不妨先限制 $|x-3| < 1$, 此时估计出 $|x+3| = |(x-3)+6| \leqslant |x-3|+6 \leqslant 7$, 则 $|x^2-9| \leqslant 7|x-3| < \varepsilon$, 只要 $|x-3| < \dfrac{\varepsilon}{7}$, 且 $|x-3| < 1$. 所以取 $\delta = \min\left\{1, \dfrac{\varepsilon}{7}\right\}$, 则当 $0 < |x-3| < \delta$ 时, 恒有 $|x^2-9| < \varepsilon$. 所以 $\lim\limits_{x\to 3} x^2 = 9$.

2.3 变量的极限、极限的性质

2.3.1 变量的极限

2.1 节和 2.2 节共讲了 7 种极限: $\lim\limits_{n\to\infty} x_n = A$, $\lim\limits_{x\to\infty} f(x) = A$, $\lim\limits_{x\to+\infty} f(x) = A$, $\lim\limits_{x\to-\infty} f(x) = A$, $\lim\limits_{x\to x_0} f(x) = A$, $\lim\limits_{x\to x_0^-} f(x) = A$, $\lim\limits_{x\to x_0^+} f(x) = A$ 的定义. 现在对它们做一个总概括.

我们把数列 $x_n = f(n)$ 及 $y = f(x)$ 统称为 "变量 y"(实际上它们都是因变量); 把 $n\to\infty, x\to\infty, x\to+\infty, x\to-\infty, x\to x_0, x\to x_0^-, x\to x_0^+$ 统称为 "变量 y 的某个变化过程"; 定义中的 N, X, δ 分别表示变化过程 $n\to\infty, x\to\infty(x\to+\infty, x\to-\infty), x\to x_0(x\to x_0^-, x\to x_0^+)$ 中的 "某个时刻", 而不等式 $n > N, |x| > X(x < -X, x > X), 0 < |x-x_0| < \delta(0 < x_0 - x < \delta, 0 < x - x_0 < \delta)$ 分别表示变化过程进行到 "该时刻之后". 因此, 7 种极限的直观定义和严格定义可以分别统一概括于下述一般量极限的直观定义 2.5 和严格定义 2.5′ 之中.

定义 2.5 (变量极限的直观定义) 设 y 是一给定变量, 在变量 y 的某个变化过程中, 如果变量 y 的对应值无限地接近于某个确定的常数 A, 则称变量 y 在该变化过程中的极限是 A, 记为

$$\lim y = A \quad 或 \quad y \to A.$$

如果 y 不趋于任何一个确定的常数, 则称在该变化过程中变量 y 无极限或发散. 特别地, 如果 $|y|$ 无限增大, 则称变量 y 在该变化过程中发散于无穷, 也称 y 的极限为无穷大, 通常记为 $\lim y = \infty$; 如果 y 在某几个不同常数之间无限振荡, 则称 y 在该变化过程中振荡无极限, 也说 $\lim y$ 振荡不存在.

定义 2.5′(变量极限的严格定义)　设 y 是一给定变量, 且在某变化过程的某时刻之后有定义, A 是某个确定的常数. 如果 $\forall\varepsilon > 0$, 在变量 y 的变化过程中, 总存在一个时刻, 使得在此时刻之后, 恒有

$$|y - A| < \varepsilon,$$

则称变量 y 在该变化过程中的极限是 A, 记为

$$\lim y = A \quad 或 \quad y \to A.$$

如果这样的常数 A 不存在, 则称 y 在该变化过程中无极限或发散.

注意　(1) 各种极限定义对照表:

变量 y	变化过程		存在某个时刻	在此时刻之后	恒有 $\lvert y-A\rvert<\varepsilon$	极限记号 $\lim y=A$
$x_n=f(n)$	$n\to\infty$	$\forall\varepsilon>0$	正整数 N	当 $n>N$ 时	恒有 $\lvert x_n-A\rvert<\varepsilon$	$\lim\limits_{n\to\infty}x_n=A$
$y=f(x)$	$x\to\infty$		$X>0$	当 $\lvert x\rvert>X$ 时	$\lvert f(x)-A\rvert<\varepsilon$	$\lim\limits_{x\to\infty}f(x)=A$
	$x\to-\infty$			当 $x<-X$ 时		$\lim\limits_{x\to-\infty}f(x)=A$
	$x\to+\infty$			当 $x>X$ 时		$\lim\limits_{x\to+\infty}f(x)=A$
	$x\to x_0$		$\delta>0$	当 $0<\lvert x-x_0\rvert<\delta$ 时		$\lim\limits_{x\to x_0}f(x)=A$
	$x\to x_0^-$			当 $0<x_0-x<\delta$ 时		$\lim\limits_{x\to x_0^-}f(x)=A$
	$x\to x_0^+$			当 $0<x-x_0<\delta$ 时		$\lim\limits_{x\to x_0^+}f(x)=A$

(2) 今后凡对各种变量变化过程都适用的定义、定理、性质、结论和公式才可用通用记号 “$\lim y = A$”. 如果变量 y 已经具体给出为数列或函数, 则必须在极限符号 “lim” 下面写出相应的变化过程. 例如, $\lim c = c$, $\lim\limits_{n\to\infty}\left(1+\dfrac{1}{n}\right) = 1$, $\lim\limits_{x\to 3}(x^2-1) = 8$, $\lim\limits_{x\to+\infty}\arctan x = \dfrac{\pi}{2}$ 等, 但不能出现诸如 $\lim \dfrac{1}{x} = 0$ 等形式的记号.

2.3.2　极限的性质

定理 2.1 (唯一性)　如果极限 $\lim y$ 存在, 则极限值唯一.

证明 (用反证法)　假如 $\lim y = A, \lim y = B$, 且 $A \neq B$, 不妨设 $A < B$. 根据定义 2.5′, 对 $\varepsilon = \dfrac{B-A}{2} > 0$, 由 $\lim y = A$, 存在某时刻, 在此时刻之后恒有 $|y - A| < \dfrac{B-A}{2}$, 即

$$\frac{3A-B}{2} < y < \frac{A+B}{2}, \tag{2.1}$$

又由 $\lim y = B$, 存在另一时刻, 在此时刻之后, 恒有 $|y - B| < \dfrac{B - A}{2}$, 即

$$\frac{A+B}{2} < y < \frac{3B-A}{2}, \tag{2.2}$$

则在上述两时刻中"较晚"的那个时刻之后, 式 (2.1) 和式 (2.2) 两式同时成立, 即 y 同时满足

$$y < \frac{A+B}{2} \quad 且 \quad y > \frac{A+B}{2}$$

矛盾. 所以, 极限唯一.

定理 2.2 (局部保号性) 如果 $\lim y = A$ 存在, 且 $A > 0$(或 $A < 0$), 则在某时刻之后恒有 $y > 0$(或 $y < 0$).

证明 因为 $\lim y = A > 0$, 根据变量极限定义, 对 $\varepsilon = \dfrac{A}{2} > 0$, 存在某个时刻, 使得在此时刻之后, 恒有

$$|y - A| < \frac{A}{2},$$

即

$$A - \frac{A}{2} < y < A + \frac{A}{2},$$

从而

$$y > \frac{A}{2} > 0.$$

$A < 0$ 的情形留给读者证明.

推论 如果 $\lim y = A$ 存在, 且 $A > B$(或 $A < B$), 则在某个时刻之后恒有 $y > B$(或 $y < B$).

局部保号性的逆否命题为如下定理.

定理 2.3 (不等式性) 如果 (至少在某时刻之后) 恒有 $y \leqslant 0$(或 $y \geqslant 0$), 且 $\lim y = A$ 存在, 则 $A \leqslant 0$(或 $A \geqslant 0$).

推论 若在某时刻之后恒有 $y \leqslant B$(或 $y \geqslant B$), 且 $\lim y = A$ 存在, 则 $A \leqslant B$(或 $A \geqslant B$).

定理 2.4 (局部有界性) 如果 $\lim y = A$ 存在, 则在某时刻之后 y 有界.

证明 由 $\lim y = A$, 对 $\varepsilon = 1$, 存在某个时刻, 使得此时刻之后恒有

$$|y| - |A| \leqslant |y - A| < 1,$$

从而

$$|y| \leqslant |A| + 1.$$

所以, 在此时刻之后 y 有界.

特别地, 对于数列, 因在某个时刻之前只有有限个项, 故收敛数列必 (整个地) 有界.

定理 2.4 的逆命题不成立, 即 (在某个时刻之后) 有界变量不一定有极限. 例如, 数列 $x_n=(-1)^n$ 有界, 但 $\lim\limits_{n\to\infty}(-1)^n$ 振荡不存在. 再如, 函数

$$f(x)=\begin{cases}1, & x\leqslant 0,\\ x, & x>0\end{cases}$$

在 $x=0$ 的邻域 $\mathring{U}(0,1)$ 内有界, 但 $\lim\limits_{x\to 0}f(x)$ 不存在.

2.4 无穷小量和无穷大量

2.4.1 无穷小量和无穷大量的概念

定义 2.6 在某个变化过程中绝对值无限变小, 即极限为零的变量称为该变化过程中的**无穷小 (量)**. 亦即, 如果 $\forall\varepsilon>0$, 总存在那么一个时刻, 使得在此时刻之后恒有 $|y|<\varepsilon$, 则称在此变化过程中 y 是无穷小量.

定义 2.7 在某个变化过程中, 绝对值无限变大即极限为无穷大的变量称为该变化过程中的无穷大量. 严格的叙述为: 如果 $\forall$(无论多大的)$E>0$, 总存在那么一个时刻, 使得在此时刻之后恒有 $|y|>E$, 则称 y 是该变化过程中的**无穷大 (量)**, 或称 y 的极限是无穷大, 记为 $\lim y=\infty$. 特别地, 某时刻之后恒取正值的无穷大量 y 称为**正无穷大量**, 记为 $\lim y=+\infty$. 某时刻之后恒取负值的无穷大量 y 称为**负无穷大量**, 记为 $\lim y=-\infty$.

例如, 当 $n\to\infty$ 时, $\dfrac{1}{n}$ 是无穷小量; 当 $x\to 0$ 时, $x,2x,3x,x^2,x^3$ 和 $\sin x$ 等都是无穷小量; 当 $x\to 0$ 时, $\dfrac{1}{x}$ 是无穷大量; 当 $x\to 0^+$ 时, $\lg x$ 是负无穷大量; 当 $x\to 2^+$ 时, $\dfrac{1}{x-2}$ 是正无穷大量; 当 $x\to\infty$ 时, $x\sin x$ 不是无穷大量.

注意 (1) 当说一个变量是无穷小 (大) 量时一定要和变化过程相联系.

(2) 不能把无穷小量和很小的数 (比如百万分之一) 混为一谈. 同样地, 不能把无穷大量和很大的数混淆.

无穷小量常用 α,β,γ 等字母表示. 无穷小量和无穷大量有如下关系.

无穷小量与无穷大量的关系 在同一变化过程中, 如果 y 是无穷大量, 则 $\dfrac{1}{y}$

是无穷小量; 如果 y 是无穷小量且 $y \neq 0$, 则 $\dfrac{1}{y}$ 是无穷大量.

证明 $\forall \varepsilon > 0$, 若 y 是无穷大量, 则对 $E = \dfrac{1}{\varepsilon} > 0$, 存在某个时刻, 使得在此时刻之后, 恒有 $|y| > \dfrac{1}{\varepsilon}$, 即 $\left|\dfrac{1}{y}\right| < \varepsilon$, 即 $\dfrac{1}{y}$ 是无穷小量;

$\forall E > 0$, 若 y 是无穷小量且 $y \neq 0$, 则对 $\varepsilon = \dfrac{1}{E} > 0$, 存在某个时刻, 使得在此时刻之后恒有 $|y| < \dfrac{1}{E}$, 即 $\left|\dfrac{1}{y}\right| > E$, 即 $\dfrac{1}{y}$ 是无穷大量.

2.4.2 无穷小量的性质

定理 2.5 $\lim y = A \Leftrightarrow y = A + \alpha$(其中 α 是同一变化过程中的无穷小量).

证明 ($\Rightarrow$) 必要性. 若 $\lim y = A$, 则 $\forall \varepsilon > 0$, 存在某一时刻, 使在此时刻之后恒有 $|y - A| < \varepsilon$, 所以, $y - A$ 是无穷小量, 记 $y - A = \alpha$, 则 $y = A + \alpha$.

($\Leftarrow$) 充分性. 若 $y = A + \alpha$ (其中 A 是常数, α 是无穷小量), 则 $y - A = \alpha$ 是无穷小量, 即 $\forall \varepsilon > 0$, 存在某一时刻, 使在此时刻之后恒有 $|y - A| = |\alpha| < \varepsilon$, 所以, $\lim y = A$.

定理 2.6 同一变化过程中的两个无穷小量的代数和仍是无穷小量.

证明 设 α, β 是同一变化过程中的两个无穷小量, 根据无穷小量的定义, $\forall \varepsilon > 0$, 在某个时刻之后, 有 $|\alpha| < \dfrac{\varepsilon}{2}$, 在另一时刻之后, $|\beta| < \dfrac{\varepsilon}{2}$, 则在上述两个时刻中较晚的时刻之后, 恒有

$$|\alpha \pm \beta| \leqslant |\alpha| + |\beta| < \frac{\varepsilon}{2} + \frac{\varepsilon}{2} = \varepsilon,$$

所以 $\alpha \pm \beta$ 为无穷小量.

推论 在同一变化过程中, 有限个无穷小量的代数和仍为无穷小量.

定理 2.7 无穷小量与某时刻之后的有界变量的乘积仍为无穷小量.

证明 设 α 是无穷小量, y 是某个时刻之后的有界变量, 即存在常数 $M > 0$, 使在某个时刻之后恒有 $|y| \leqslant M$. 根据无穷小量的定义, $\forall \varepsilon > 0$, 存在另一时刻, 使在此时刻之后, 恒有 $|\alpha| < \dfrac{\varepsilon}{M}$, 从而在上述两个时刻中较晚的那个时刻之后, 恒有

$$|\alpha y| = |\alpha| \cdot |y| < \frac{\varepsilon}{M} \cdot M = \varepsilon,$$

所以 αy 为无穷小量.

推论 1 常数与无穷小量的乘积仍为无穷小量.

推论 2 有限个无穷小量的乘积仍为无穷小量.

推论 3 无穷小量与极限存在但不为零的变量之商仍为无穷小量.

证明 设 α 是无穷小量, $\lim y = B \neq 0$, 由极限定义, 对 $\varepsilon = \dfrac{|B|}{2} > 0$, 存在某个时刻, 使在此时刻之后恒有

$$|B| - |y| \leqslant |y - B| < \frac{|B|}{2} \Rightarrow |y| > \frac{|B|}{2} \Rightarrow \left|\frac{1}{y}\right| < \frac{2}{|B|},$$

所以 $\dfrac{1}{y}$ 是在该时刻之后有界, 根据定理 2.7, $\dfrac{\alpha}{y} = \alpha \cdot \dfrac{1}{y}$ 是无穷小量.

例 1 求极限 $\lim\limits_{x\to 0} x \sin \dfrac{1}{x}$.

解 因 $\lim\limits_{x\to 0} x = 0$, 即当 $x \to 0, x$ 是无穷小量, $\left|\sin \dfrac{1}{x}\right| \leqslant 1$, 即 $\sin \dfrac{1}{x}$ 是有界变量. 根据定理 2.7 的推论 3, 当 $x \to 0$ 时 $x \sin \dfrac{1}{x}$ 仍为无穷小量, 所以 $\lim\limits_{x\to 0} x \sin \dfrac{1}{x} = 0$.

2.4.3 无穷小量的阶

两个无穷小量的和、差和积仍为无穷小量, 但两个无穷小量的商的极限却会出现各种不同的情况. 例如, 当 $x \to 0$ 时, $2x, 3x, x^2$ 和 x^3 都是无穷小量, 而

$$\lim_{x\to 0} \frac{x^3}{x^2} = 0, \quad \lim_{x\to 0} \frac{x^2}{x^3} = \infty, \quad \lim_{x\to 0} \frac{2x}{3x} = \frac{2}{3},$$

这是因为无穷小量虽然都是极限为零的变量, 但是在同一变化过程中, 不同的无穷小量趋于零的速度却有快慢之分. 我们将上述 4 个无穷小量趋于零的速度列表对照如下.

x	1	0.01	0.0001	$\cdots \to 0$
$2x$	2	0.02	0.0002	$\cdots \to 0$
$3x$	3	0.03	0.0003	$\cdots \to 0$
x^2	1	0.0001	0.00000001	$\cdots \to 0$
x^3	1	0.000001	0.000000000001	$\cdots \to 0$

当 $x \to 0$ 时, x^3 趋于零的速度最快, 其次是 x^2, 最慢的是 $2x$ 和 $3x$, 而 $2x$ 与 $3x$ 相比较趋于零的速度是“同步”的.

为了比较同一变化过程中不同无穷小量趋于零的速度, 引入无穷小量阶的概念.

定义 2.8 设 α 与 β 是同一变化过程中的两个无穷小量.

如果 $\lim \dfrac{\alpha}{\beta} = 0$, 则称 α 是比 β 较**高阶**的无穷小量, 记为 $\alpha = o(\beta)$(即 α 比 β 趋于零的速度较快);

如果 $\lim \dfrac{\alpha}{\beta} = \infty$, 则称 α 是比 β 较**低阶**的无穷小量 (即 α 比 β 趋于零的速度较慢);

如果 $\lim \dfrac{\alpha}{\beta} = c$ (c 为非零常数), 则称 α 与 β 是**同阶**的无穷小量 (即 α 与 β 趋于零的速度大致相同或同步);

如果 $\lim \dfrac{\alpha}{\beta} = 1$, 则称 α 与 β 是**等价**无穷小量, 记作 $\alpha \sim \beta$.

显然, 等价无穷小量是同阶无穷小量的特殊情形.

如果 $\lim \dfrac{\alpha}{\beta}$ 不属于上述四种情形, 则称 α 与 β 不可比较.

例如, 因为 $\lim\limits_{x\to 0} \dfrac{x^2}{x} = \lim\limits_{x\to 0} x = 0$, 所以当 $x \to 0$ 时 x^2 是比 x 较高阶的无穷小量, 即 $x^2 = o(x)$, 反之, x 是比 x^2 较低阶的无穷小量. 又 $\lim\limits_{x\to 0} \dfrac{2x}{3x} = \dfrac{2}{3}$, 所以当 $x \to 0$ 时 $2x$ 与 $3x$ 是同阶无穷小量.

等价作为两个无穷小量的关系具有如下三个简单性质:

(1) **反身性** $\alpha \sim \alpha$.

(2) **对称性** 若 $\alpha \sim \beta$, 则 $\beta \sim \alpha$.

证明 由 $\dfrac{\alpha}{\beta} \to 1 \Rightarrow \dfrac{\beta}{\alpha} = \dfrac{1}{\dfrac{\alpha}{\beta}} \to 1$, 可得 $\beta \sim \alpha$.

(3) **传递性** 若 $\alpha \sim \beta, \beta \sim \gamma$, 则 $\alpha \sim \gamma$.

证明 由 $\dfrac{\alpha}{\beta} \to 1, \dfrac{\beta}{\gamma} \to 1$ 得 $\dfrac{\alpha}{\gamma} = \dfrac{\alpha}{\beta} \cdot \dfrac{\beta}{\gamma} \to 1$.

对两个无穷小量比值的极限, 因分子分母趋于零的速度不同会出现各种不同的结果, 故称这一类型的极限为 "$\dfrac{0}{0}$ 型" 的**不定式或未定式**; 根据无穷小量与无穷大量的关系, 两个无穷大量 $f(x)$ 与 $g(x)$ 比值的极限相当于两个无穷小量 $\dfrac{1}{g(x)}$ 和 $\dfrac{1}{f(x)}$ 比值的极限, 即 $\lim \dfrac{f(x)}{g(x)} = \lim \dfrac{\dfrac{1}{g(x)}}{\dfrac{1}{f(x)}}$ 也会出现各种不同的结果, 因而称两个无穷大量比值的极限为 "$\dfrac{\infty}{\infty}$ 型" 的不定式. "$\dfrac{0}{0}$ 型" 和 "$\dfrac{\infty}{\infty}$ 型" 的不定式是极限问题中最重要的两种类型, 也是极限运算要研究的重点.

2.5 极限的运算法则

定理 2.8 (极限的四则运算法则)　在同一变化过程中, 如果 $\lim f(x)=A$, $\lim g(x)=B$, 则

(1) $\lim[f(x)\pm g(x)]=\lim f(x)\pm\lim g(x)=A\pm B$;

(2) $\lim[f(x)\cdot g(x)]=\lim f(x)\cdot\lim g(x)=A\cdot B$;

(3) 当 $B\neq 0$ 时, $\lim\dfrac{f(x)}{g(x)}=\dfrac{\lim f(x)}{\lim g(x)}=\dfrac{A}{B}$.

证明　因 $\lim f(x)=A,\lim g(x)=B$, 根据定理 2.5 有 $f(x)=A+\alpha, g(x)=B+\beta,\alpha$ 与 β 均为无穷小量, 则

(1) $f(x)\pm g(x)=(A+\alpha)\pm(B+\beta)=(A\pm B)+(\alpha\pm\beta)$, 由于 $\alpha\pm\beta$ 仍为无穷小量, 再由定理 2.5 即得

$$\lim[f(x)\pm g(x)]=A\pm B.$$

(2) $f(x)\cdot g(x)=(A+\alpha)\cdot(B+\beta)=A\cdot B+(A\beta+B\alpha+\alpha\beta)$. 由于 $A\beta+B\alpha+\alpha\beta$ 仍为无穷小量, 由定理 2.5 得

$$\lim[f(x)\cdot g(x)]=A\cdot B.$$

(3) $\dfrac{f(x)}{g(x)}-\dfrac{A}{B}=\dfrac{A+\alpha}{B+\beta}-\dfrac{A}{B}=\dfrac{B\alpha-A\beta}{B^2+B\beta}$, 分子 $B\alpha-A\beta$ 仍为无穷小量, 而分母 $B^2+B\beta$ 是常量 B^2 与无穷小量 $B\beta$ 之和, 由定理 2.5 知, $\lim(B^2+B\beta)=B^2\neq 0$, 所以, 分式 $\dfrac{B\alpha-A\beta}{B^2+B\beta}$ 是无穷小量与极限存在但不为零的变量之商, 根据定理 2.7 的推论 3, $\dfrac{B\alpha-A\beta}{B^2+B\beta}$ 仍是无穷小量, 记 $\dfrac{B\alpha-A\beta}{B^2+B\beta}=\gamma$, 则 γ 是一无穷小量, 从而

$$\frac{f(x)}{g(x)}-\frac{A}{B}=\gamma,$$

即

$$\frac{f(x)}{g(x)}=\frac{A}{B}+\gamma,$$

再由定理 2.5 得

$$\lim\frac{f(x)}{g(x)}=\frac{A}{B}.$$

推论 1 若在同一变化过程中, 有限个函数 $f_1(x), f_2(x), \cdots, f_k(x)$ 的极限都存在, 则它们的代数和与乘积的极限也存在, 且

$$\lim[f_1(x) \pm f_2(x) \pm \cdots \pm f_k(x)] = \lim f_1(x) \pm \lim f_2(x) \pm \cdots \pm \lim f_k(x),$$

$$\lim[f_1(x) \cdot f_2(x) \cdot \cdots \cdot f_k(x)] = \lim f_1(x) \cdot \lim f_2(x) \cdot \cdots \cdot \lim f_k(x).$$

推论 2 常数因子可提到极限符号前面, 即 $\lim cf(x) = c\lim f(x)$.

推论 3 若 $\lim f(x) = A$, 则 $\lim\,[f(x)]^n = [\lim f(x)]^n = A^n, n \in \mathbf{N}$.

定理 2.9 (复合函数的极限法则) 设函数 $y = f[\varphi(x)]$ 是由 $y = f(u)$ 与 $u = \varphi(x)$ 复合而成, 如果 $\lim\varphi(x) = u_0$(但 $\varphi(x) \neq u_0, u_0$ 是常数或 ∞), 而 $\lim\limits_{u\to u_0} f(u) = A$, 则

$$\lim f[\varphi(x)] = \lim_{u\to u_0} f(u) = A.$$

证明 仅就 u_0 为常数的情形给予证明, u_0 是 ∞ 时的情形留给读者自己证明. $\forall\varepsilon > 0$, 因为 $\lim\limits_{u\to u_0} f(u) = A$, 所以 $\exists\delta > 0$, 当 $0 < |u - u_0| < \delta$ 时, 恒有

$$|f(u) - A| < \varepsilon.$$

再由 $\lim\varphi(x) = u_0$, 对上述正数 δ, 存在某个时刻, 使在此时刻之后, 恒有

$$0 < |\varphi(x) - u_0| < \delta.$$

从而在此时刻之后恒有 $|f[\varphi(x)] - A| < \varepsilon$, 所以

$$\lim f[\varphi(x)] = A.$$

推论 1 若 $\lim f(x) = A, \lim g(x) = B$ 都存在, 且 $A > 0$, 则

$$\lim f(x)^{g(x)} = [\lim f(x)]^{\lim g(x)} = A^B.$$

证明 $\lim f(x)^{g(x)} = \lim \mathrm{e}^{g(x)\ln f(x)} = \mathrm{e}^{\lim g(x)\ln f(x)} = \mathrm{e}^{\lim g(x)\cdot\lim\ln f(x)} = \mathrm{e}^{B\ln A} = A^B$.

推论 2 若 $\lim f(x) = A > 0$ 存在, 则有

$$\lim \sqrt[n]{f(x)} = \sqrt[n]{\lim f(x)} = \sqrt[n]{A}, \quad n \in \mathbf{N},$$

$$\lim[f(x)]^\alpha = [\lim f(x)]^\alpha = A^\alpha, \quad \alpha \in \mathbf{R}.$$

例 1 求 $\lim\limits_{x\to 2}(x^3 + 2x^2 - x + 3)$.

解 $\lim\limits_{x\to2}(x^3+2x^2-x+3)=\lim\limits_{x\to2}x^3+\lim\limits_{x\to2}(2x^2)-\lim\limits_{x\to2}x+\lim\limits_{x\to2}3$

$$=(\lim_{x\to2}x)^3+2(\lim_{x\to2}x)^2-2+3$$

$$=2^3+2\cdot2^2-2+3=17.$$

例 2 求 $\lim\limits_{x\to1}\dfrac{5x^2-4x+2}{3x^3+2x-1}$.

解 $\lim\limits_{x\to1}\dfrac{5x^2-4x+2}{3x^3+2x-1}=\dfrac{\lim\limits_{x\to1}(5x^2-4x+2)}{\lim\limits_{x\to1}(3x^3+2x-1)}=\dfrac{3}{4}$.

小结 (1) 如果 $f(x)$ 是有理函数 (多项式或两个多项式之商) 且在点 x_0 处分母不为零, 则有 $\lim\limits_{x\to x_0}f(x)=f(x_0)$.

例 3 $\lim\limits_{x\to4}\dfrac{3x-2}{x^2-16}$.

解 因为 $\lim\limits_{x\to4}(x^2-16)=0$, 所以不能用商的极限运算法则, 又 $\lim\limits_{x\to4}(3x-2)=10\neq0$, 所以

$$\lim_{x\to4}\frac{x^2-16}{3x-2}=0,$$

即当 $x\to4$ 时, $\dfrac{x^2-16}{3x-2}$ 是无穷小量, 从而当 $x\to4$ 时, $\dfrac{3x-2}{x^2-16}$ 是无穷大量, 所以

$$\lim_{x\to4}\frac{3x-2}{x^2-16}=\infty.$$

小结 (2) 一般地, 如果一个分式中, 分母的极限为零, 分子的极限存在但不为零, 则此分式的极限必为无穷大.

例 4 $\lim\limits_{x\to2}\dfrac{x^2-3x+2}{x^2-4}$.

解 由于分子与分母的极限都为零, 所以不能用商的极限运算法则. 本题是两个无穷小量比值的极限, 是 $\dfrac{0}{0}$ 型的未定式 (见 2.4.3 节), 由于分子分母都有公因子 $x-2$, 当 $x\to2$ 时, 且 $x\neq2$, 所以, $x-2\to0$ 但始终不等于零, 因此在求极限的过程中可以首先约去这样的无穷小量公因子.

$$\lim_{x\to2}\frac{x^2-3x+2}{x^2-4}=\lim_{x\to2}\frac{(x-1)(x-2)}{(x+2)(x-2)}=\lim_{x\to2}\frac{x-1}{x+2}=\frac{1}{4}.$$

例 5 $\lim\limits_{x\to4}\dfrac{\sqrt{2x+1}-3}{\sqrt{x}-2}$.

解 本题也属于 $\frac{0}{0}$ 型的未定式, 先将分子分母有理化找出无穷小量公因子, 约去后再用极限四则法则计算.

$$\lim_{x\to 4}\frac{\sqrt{2x+1}-3}{\sqrt{x}-2}=\lim_{x\to 4}\frac{2(x-4)(\sqrt{x}+2)}{(x-4)(\sqrt{2x+1}+3)}=\lim_{x\to 4}\frac{2(\sqrt{x}+2)}{\sqrt{2x+1}+3}=\frac{4}{3}.$$

例 6 $\lim\limits_{x\to 1}\frac{\sqrt[3]{x}-1}{\sqrt{x}-1}$.

解
$$\begin{aligned}\lim_{x\to 1}\frac{\sqrt[3]{x}-1}{\sqrt{x}-1}&=\lim_{x\to 1}\frac{(\sqrt[3]{x}-1)\left[(\sqrt[3]{x})^2+\sqrt[3]{x}+1)(\sqrt{x}+1)\right]}{(\sqrt{x}-1)(\sqrt{x}+1)\left[(\sqrt[3]{x})^2+\sqrt[3]{x}+1\right]}\\&=\lim_{x\to 1}\frac{(x-1)(\sqrt{x}+1)}{(x-1)\left((\sqrt[3]{x})^2+\sqrt[3]{x}+1\right)}\\&=\lim_{x\to 1}\frac{\sqrt{x}+1}{(\sqrt[3]{x})^2+\sqrt[3]{x}+1}=\frac{2}{3}.\end{aligned}$$

小结 (3) 求 $\frac{0}{0}$ 型的未定式的极限的方法之一, 是先把分式恒等变形, 找出无穷小公因子, 约去后再计算.

例 7 求 $\lim\limits_{n\to\infty}\frac{3n^2+2n-1}{5n^2-7n+8}$.

解 分子分母的极限均为 ∞(不存在), 不能用商的极限法则. 本题是两个无穷大量比值的极限, 属于 $\frac{\infty}{\infty}$ 型的未定式 (见 2.4.3 节), 将分子分母同除以 n^2(最高次幂),

$$\lim_{n\to\infty}\frac{3n^2+2n-1}{5n^2-7n+8}=\lim_{n\to\infty}\frac{3+\frac{2}{n}-\frac{1}{n^2}}{5-\frac{7}{n}+\frac{8}{n^2}}=\frac{3}{5}.$$

例 8 求 $\lim\limits_{x\to\infty}\frac{2x^3-5x^2+2x-3}{5x^4+4x^2-2x+1}$.

解 分子分母同除以最高次幂 x^4,

$$\lim_{x\to\infty}\frac{2x^3-5x^2+2x-3}{5x^4+4x^2-2x+1}=\lim_{x\to\infty}\frac{\frac{2}{x}-\frac{5}{x^2}+\frac{2}{x^3}-\frac{3}{x^4}}{5+\frac{4}{x}-\frac{2}{x^3}+\frac{1}{x^4}}=0.$$

例 9 求 $\lim\limits_{x\to\infty}\frac{x^2+3x-4}{x+2}$.

解 分子分母同除以最高次幂 x^2, 即

$$\lim_{x\to\infty}\frac{x^2+3x-4}{x+2}=\lim_{x\to\infty}\frac{1+\dfrac{3}{x}-\dfrac{4}{x^2}}{\dfrac{1}{x}+\dfrac{2}{x^2}}=\infty.$$

一般地, $\lim\limits_{x\to\infty}\dfrac{a_0x^n+a_1x^{n-1}+\cdots+a_n}{b_0x^m+b_1x^{m-1}+\cdots+b_m}=\begin{cases}a_0/b_0, & n=m,\\ 0, & n<m,\\ \infty, & n>m.\end{cases}$

小结 (4) 一般地, $\dfrac{\infty}{\infty}$ 型的未定式的解决方法之一是将分子分母同除以一个适当的量 (相当于多项式中的最高次幂), 然后再计算.

关于这种类型, 再举两个例子.

例 10 求 $\lim\limits_{x\to\infty}\dfrac{\sqrt{x^3}+1}{\sqrt[3]{x^4}-7}$.

解 本题属于 $\dfrac{\infty}{\infty}$ 型的未定式, 分子、分母同除以 $x^{\frac{3}{2}}$, 则

$$\lim_{x\to\infty}\frac{\sqrt{x^3}+1}{\sqrt[3]{x^4}-7}=\lim_{x\to\infty}\frac{1+\dfrac{1}{\sqrt{x^3}}}{\sqrt[6]{\dfrac{1}{x}}-\dfrac{7}{\sqrt{x^3}}}=\infty.$$

例 11 求 $\lim\limits_{x\to\infty}\dfrac{x+\sin x}{x-\sin x}$.

解 本题属于 $\dfrac{\infty}{\infty}$ 型的未定式, 分子、分母同除以 x, 则

$$\lim_{x\to\infty}\frac{x+\sin x}{x-\sin x}=\lim_{x\to\infty}\frac{1+\dfrac{\sin x}{x}}{1-\dfrac{\sin x}{x}},$$

又因为 $\lim\limits_{x\to\infty}\dfrac{1}{x}=0, |\sin x|\leqslant 1$, 所以 $\lim\limits_{x\to\infty}\dfrac{\sin x}{x}=\lim\limits_{x\to\infty}\dfrac{1}{x}\sin x=0$(无穷小量与有界函数的乘积仍为无穷小量), 所以, 原式 =1.

例 12 $\lim\limits_{x\to+\infty}\left(\sqrt{x+\sqrt{x+\sqrt{x}}}-\sqrt{x}\right)$.

解 本题是两个无穷大量之差的极限, 由于两项的极限都不存在, 不能用差的极限运算法则. 将分子分母同乘以 $\left(\sqrt{x+\sqrt{x+\sqrt{x}}}+\sqrt{x}\right)$,

$$\lim_{x\to+\infty}\left(\sqrt{x+\sqrt{x+\sqrt{x}}}-\sqrt{x}\right)=\lim_{x\to+\infty}\frac{\sqrt{x+\sqrt{x}}}{\sqrt{x+\sqrt{x+\sqrt{x}}}+\sqrt{x}}\left(\frac{\infty}{\infty}\text{型}\right)$$

$$\xlongequal{\text{同除以 }\sqrt{x}}\lim_{x\to+\infty}\frac{\sqrt{1+\sqrt{\dfrac{1}{x}}}}{\sqrt{1+\sqrt{\dfrac{1}{x}+\sqrt{\dfrac{1}{x^3}}}}+1}=\frac{1}{2}.$$

例 13 $\lim\limits_{x\to1}\left(\dfrac{3}{1-x^3}-\dfrac{1}{1-x}\right)$.

解 本题也是两个无穷大量之差的极限, 将两项通分后变形为一个分式,

$$\begin{aligned}\lim_{x\to1}\left(\frac{3}{1-x^3}-\frac{1}{1-x}\right)&=\lim_{x\to1}\frac{2-x-x^2}{(1-x)(1+x+x^2)}\\&=\lim_{x\to1}\frac{(2+x)(1-x)}{(1-x)(1+x+x^2)}\left(\frac{0}{0}\text{ 型}\right)\\&=\lim_{x\to1}\frac{2+x}{1+x+x^2}=1.\end{aligned}$$

小结 (5) 如果 $\lim f(x)=\infty,\lim g(x)=\infty$, 则由于

$$\lim[f(x)-g(x)]=\lim\left(\frac{1}{\dfrac{1}{f(x)}}-\frac{1}{\dfrac{1}{g(x)}}\right)=\lim\frac{\dfrac{1}{g(x)}-\dfrac{1}{f(x)}}{\dfrac{1}{f(x)g(x)}}\left(\frac{0}{0}\text{型}\right),$$

所以, 两个无穷大量之差的极限也是因题而异, 会出现各种不同的结果. 因此把两个无穷大量之差的极限称为 $\infty-\infty$ 型的不定式或未定式, 求这类极限问题的方法是将其变形为一个分式, 此分式一般是 $\dfrac{0}{0}$ 型或 $\dfrac{\infty}{\infty}$ 型的未定式, 再按 $\dfrac{0}{0}$ 型或 $\dfrac{\infty}{\infty}$ 型的处理方法计算, 例 12 和例 13 就是这样处理的.

注意 同号的两个无穷大量之和或异号的两个无穷大量之差仍为无穷大量, 不属于未定式.

例 14 求 $\lim\limits_{n\to\infty}\left(\dfrac{1}{n^2}+\dfrac{2}{n^2}+\cdots+\dfrac{n-1}{n^2}\right)$.

解 虽然每一项的极限都是 0, 但其项数随 $n\to\infty$ 而趋于无穷, 故不能用代数和的极限运算法则, 用等差数列前 n 项的求和公式先计算分子的和再计算极限.

$$\lim_{n\to\infty}\left(\frac{1}{n^2}+\frac{2}{n^2}+\cdots+\frac{n-1}{n^2}\right)=\lim_{n\to\infty}\frac{1+2+\cdots+(n-1)}{n^2}$$

$$= \lim_{n\to\infty}\frac{n(n-1)}{2n^2} = \frac{1}{2}.$$

例 15　设 $f(x) = \begin{cases} \dfrac{x+1}{x-1}, & x<0, \\ \dfrac{x^2+3x-1}{x^3+1}, & x \geqslant 0, \end{cases}$ 求 (1) $\lim\limits_{x\to 0} f(x)$; (2) $\lim\limits_{x\to -1} f(x)$; (3) $\lim\limits_{x\to 2} f(x)$; (4) $\lim\limits_{x\to -\infty} f(x)$; (5) $\lim\limits_{x\to +\infty} f(x)$.

解　(1) $\lim\limits_{x\to 0^-} f(x) = \lim\limits_{x\to 0^-}\dfrac{x+1}{x-1} = -1$, $\lim\limits_{x\to 0^+} f(x) = \lim\limits_{x\to 0^+}\dfrac{x^2+3x-1}{x^3+1} = -1$, 所以 $\lim\limits_{x\to 0} f(x) = -1$;

(2) $\lim\limits_{x\to -1} f(x) = \lim\limits_{x\to -1}\dfrac{x+1}{x-1} = 0$;

(3) $\lim\limits_{x\to 2} f(x) = \lim\limits_{x\to 2}\dfrac{x^2+3x-1}{x^3+1} = 1$;

(4) $\lim\limits_{x\to -\infty} f(x) = \lim\limits_{x\to -\infty}\dfrac{x+1}{x-1} = 1$;

(5) $\lim\limits_{x\to +\infty} f(x) = \lim\limits_{x\to +\infty}\dfrac{x^2+3x-1}{x^3+1} = 0$.

(请注意本题各极限所用的表达式)

例 16　求 $\lim\limits_{x\to\infty}\left(\dfrac{3x^2+2x}{x^2-3}\right)^{\frac{1}{x}+2}$.

解　$\lim\limits_{x\to\infty}\dfrac{3x^2+2x}{x^2-3} = 3$, $\lim\limits_{x\to\infty}\left(\dfrac{1}{x}+2\right) = 2$, 根据定理 2.9 的推论 1 得

$$\text{原式} = 3^2 = 9.$$

例 17　填空:

(1) $\lim\limits_{x\to +\infty}\arctan\lg x =$ ＿＿＿＿＿＿;

(2) $\lim\limits_{x\to 0^+}\lg\sin\arctan\dfrac{1}{x} =$ ＿＿＿＿＿＿.

解　(1) 根据复合函数的极限法则 (定理 2.9) 有

$$\text{原式} \xlongequal{\text{令}\lg x=u} \lim_{u\to +\infty}\arctan u = \frac{\pi}{2}.$$

(2) 原式 $\xlongequal{\text{令}\ \frac{1}{x}=u} \lim\limits_{u\to +\infty}\lg\sin\arctan u \xlongequal{\text{令}\ \arctan u=v} \lim\limits_{v\to \frac{\pi}{2}^-}\lg\sin v$

$$\xlongequal{\text{令}\sin v=w} \lim_{w\to 1^-}\lg w = 0.$$

2.6 极限存在的两个准则, 两个重要极限

2.6.1 极限存在的两个准则

准则 (I) (两边夹法则) 如果在同一变化过程中, 三个函数 $h(x), f(x), g(x)$ 满足

(1) 在某时刻之后恒有 $h(x) \leqslant f(x) \leqslant g(x)$;

(2) $\lim h(x) = \lim g(x) = A$,

则

$$\lim f(x) = A.$$

证明 $\forall \varepsilon > 0$, 由 $\lim h(x) = A$, 存在另一时刻, 使得在此时刻之后, 恒有

$$|h(x) - A| < \varepsilon,$$

即

$$A - \varepsilon < h(x) < A + \varepsilon. \tag{2.3}$$

又由 $\lim g(x) = A$, 存在某个时刻, 使在此时刻之后恒有 $|g(x) - A| < \varepsilon$, 即

$$A - \varepsilon < g(x) < A + \varepsilon. \tag{2.4}$$

再由已知, 在某个时刻之后,

$$h(x) \leqslant f(x) \leqslant g(x). \tag{2.5}$$

因此, 在上述三个时刻中较晚的那个时刻之后, 式 (2.3) ~ 式 (2.5) 同时成立, 从而恒有

$$A - \varepsilon < h(x) \leqslant f(x) \leqslant g(x) < A + \varepsilon, \quad \text{即} \quad |f(x) - A| < \varepsilon.$$

所以

$$\lim f(x) = A.$$

准则 (II) 单调有界数列必有极限.

对准则 (II), 我们不做严格的理论证明, 只在几何上做一个直观的说明: 单调数列排列在数轴上是一列只向一个方向 (由左向右或由右向左) 移动的 (无穷多个) 一列点, 那么它的变化趋势只有两种可能: 要么沿数轴趋向无穷远方, 要么无

限地接近某一个定点. 又由于数列是有界的, 所以不可能出现第一种情形, 因而它只能趋于某个定点, 此点的坐标就是数列的极限.

定理 2.4 指出, 收敛数列必有界, 但有界数列不一定收敛, 准则 (Ⅱ) 则表明, 有界数列再加单调条件就一定收敛.

例 1 求 $\lim\limits_{n\to\infty}\left(\dfrac{1}{\sqrt{n^2+n+1}}+\dfrac{1}{\sqrt{n^2+n+2}}+\cdots+\dfrac{1}{\sqrt{n^2+n+n}}\right)$.

解
$$\begin{aligned}\frac{n}{\sqrt{n^2+n+n}}&\leqslant\frac{1}{\sqrt{n^2+n+1}}+\frac{1}{\sqrt{n^2+n+2}}+\cdots+\frac{1}{\sqrt{n^2+n+n}}\\&\leqslant\frac{n}{\sqrt{n^2+n+1}},\end{aligned}$$

$$\lim_{n\to\infty}\frac{n}{\sqrt{n^2+n+n}}=\lim_{n\to\infty}\frac{1}{\sqrt{1+\dfrac{2}{n}}}=1,\quad \lim_{n\to\infty}\frac{n}{\sqrt{n^2+n+1}}=1.$$

根据两边夹法则, 原式 $=1$.

例 2 设 $x_1=\sqrt{3},x_2=\sqrt{3+\sqrt{3}},\cdots,x_n=\sqrt{3+\sqrt{3+\cdots+\sqrt{3}}}$ (共 n 层根号), 求 $\lim\limits_{n\to\infty}x_n$.

解 显然 x_n 单调增加.

又因 $x_1=\sqrt{3}<3$, 若设 $x_k<3$, 则 $x_{k+1}=\sqrt{3+x_k}<\sqrt{6}<3$. 根据数学归纳法, 对所有的 $n\in\mathbf{N}$, 有 $x_n<3$. 所以 $\sqrt{3}<x_n<3, x_n$ 有界. 再根据准则 (Ⅱ), $\lim\limits_{n\to\infty}x_n$ 存在. 设 $\lim\limits_{n\to\infty}x_n=A$, 在递推公式 $x_{n+1}=\sqrt{3+x_n}$ 两边取极限: $\lim\limits_{n\to\infty}x_{n+1}=\lim\limits_{n\to\infty}\sqrt{3+x_n}, A=\sqrt{3+A}, A=\dfrac{1\pm\sqrt{13}}{2}$, 由于 $\sqrt{3}<x_n\leqslant 3$, 所以 $\sqrt{3}\leqslant A\leqslant 3$ (定理 2.3 的推论), 于是

$$A=\frac{1+\sqrt{13}}{2}.$$

注意 若 $\lim\limits_{n\to\infty}x_n=A$, 则 $\lim\limits_{n\to\infty}x_{n\pm m}=A$.

2.6.2 两个重要极限

1. $\lim\limits_{x\to 0}\dfrac{\sin x}{x}=1$

证明 因为 $\dfrac{\sin x}{x}$ 是偶函数, 所以只要讨论 x 在点 0 的右侧趋于零的情形. 不妨限制 $0<x<\dfrac{\pi}{2}$. 如图 2.18 所示, $BC=\sin x, AD=\tan x, \overset{\frown}{AB}=x\cdot 1=x$,

$$S_{\triangle AOB}<S_{扇 AOB}<S_{\triangle AOD},$$

即

$$\frac{1}{2}\cdot 1\cdot \sin x<\frac{1}{2}\cdot x\cdot 1<\frac{1}{2}\cdot 1\cdot \tan x,$$

$$\sin x<x<\tan x,\quad 1<\frac{x}{\sin x}<\frac{1}{\cos x},$$

$$\cos x<\frac{\sin x}{x}<1,$$

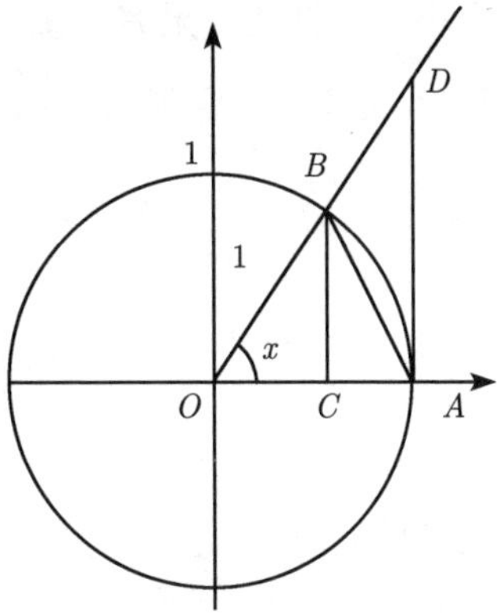

图 2.18

而

$$\lim_{x\to 0}\cos x=1,\quad \lim_{x\to 0}1=1,$$

所以

$$\lim_{x\to 0}\frac{\sin x}{x}=1.$$

更一般地有, 如果 $\lim \varphi(x)=0$, 则 $\lim \dfrac{\sin \varphi(x)}{\varphi(x)}=1$.

证明 根据复合函数的极限法则 (定理 2.9), 令 $\varphi(x)=t$,

$$\lim \frac{\sin \varphi(x)}{\varphi(x)}=\lim_{t\to 0}\frac{\sin t}{t}=1.$$

此重要极限表明: 当 $x\to 0$ 时, $\sin x\sim x$; 当 $\varphi(x)\to 0$ 时, $\sin \varphi(x)\sim \varphi(x)$.

例 3 求 $\lim\limits_{x\to 0}\dfrac{\tan x}{x}$.

解 $\lim\limits_{x\to 0}\dfrac{\tan x}{x}=\lim\limits_{x\to 0}\dfrac{\sin x}{x}\cdot\dfrac{1}{\cos x}=\lim\limits_{x\to 0}\dfrac{\sin x}{x}\cdot\lim\limits_{x\to 0}\dfrac{1}{\cos x}=1.$

由此例得: 当 $x\to 0$ 时, $\tan x\sim x$.

例 4 求 $\lim\limits_{x\to 0}\dfrac{\sin 5x}{\sin 7x}$.

解 $\lim\limits_{x\to 0}\dfrac{\sin 5x}{\sin 7x}=\lim\limits_{x\to 0}\dfrac{5\dfrac{\sin 5x}{5x}}{7\dfrac{\sin 7x}{7x}}=\dfrac{5}{7}.$

例 5 求 $\lim\limits_{x\to\infty}x\sin\dfrac{1}{x}$.

解 由于 $\lim\limits_{x\to\infty}x=\infty$(不存在), $\lim\limits_{x\to\infty}\sin\dfrac{1}{x}=0$(无穷小量), 即本题是一个无穷大量与无穷小量乘积的极限. 首先不能用乘积的极限运算法则; 其次也不能用无穷小量的性质: 无穷小量与有界函数的乘积是无穷小量, 因为无穷大量是无界的变量. 这里, 注意到当 $x \to \infty$ 时, 正弦的角度 $\frac{1}{x} \to 0$, 可用第一个重要极限, 所以

$$\lim_{x \to \infty} x \sin \frac{1}{x} = \lim_{x \to \infty} \frac{\sin \frac{1}{x}}{\frac{1}{x}} = 1.$$

一般地, 一个无穷小量与一个无穷大量乘积的极限问题, 根据无穷小量与无穷大量的关系, 相当于两个无穷小量的比值或两个无穷大量的比值的极限问题, 也是一种不定式, 称为 $0 \cdot \infty$ 型的不定式, $0 \cdot \infty$ 型的极限问题的解决方法是将其变形为分式的形式, 化为 $\frac{0}{0}$ 型或 $\frac{\infty}{\infty}$ 型再计算.

例 6　求 $\lim\limits_{x \to 0} \dfrac{1-\cos x}{\frac{1}{2}x^2}$.

解　原式 $= \lim\limits_{x \to 0} \dfrac{2\left(\sin \frac{x}{2}\right)^2}{\frac{1}{2}x^2} = \lim\limits_{x \to 0} \left(\dfrac{\sin \frac{x}{2}}{\frac{x}{2}}\right) = 1^2 = 1.$

由此例得: 当 $x \to 0$ 时, $1-\cos x \sim \frac{1}{2}x^2$.

例 7　$\lim\limits_{x \to 0} \dfrac{\arcsin x}{x}$.

解　令 $\arcsin x = t$, 则 $x = \sin t$, 当 $x \to 0$ 时 $t \to 0$, 所以

$$\lim_{x \to 0} \frac{\arcsin x}{x} = \lim_{t \to 0} \frac{t}{\sin t} = 1.$$

由此例可得: 当 $x \to 0$ 时, $\arcsin x \sim x$.

同理可得: 当 $x \to 0$ 时, $\arctan x \sim x$.

例 8　$\lim\limits_{x \to 0} \dfrac{x+\sin x}{x-\sin x}$.

解　$\lim\limits_{x \to 0} \dfrac{x+\sin x}{x-\sin x} = \lim\limits_{x \to 0} \dfrac{1+\dfrac{\sin x}{x}}{1-\dfrac{\sin x}{x}} = \infty.$

第一个重要极限属于“$\frac{0}{0}$ 型”的未定式, 一般地, 许多与三角函数有关的“$\frac{0}{0}$ 型”的未定式都可用第一个重要极限得到解决.

2. $\lim\limits_{n\to\infty}\left(1+\dfrac{1}{n}\right)^n$

根据 (牛顿) 二项式定理

$$\begin{aligned}x_n=&\left(1+\frac{1}{n}\right)^n=1+\mathrm{C}_n^1\cdot\frac{1}{n}+\mathrm{C}_n^2\cdot\left(\frac{1}{n}\right)^2+\cdots+\mathrm{C}_n^n\cdot\left(\frac{1}{n}\right)^n\\=&1+1+\frac{n(n-1)}{2!}\cdot\frac{1}{n^2}+\frac{n(n-1)(n-2)}{3!}\cdot\frac{1}{n^3}+\cdots\\&+\frac{n(n-1)(n-2)\cdots(n-(n-1))}{n!}\cdot\frac{1}{n^n}\\=&1+1+\frac{1}{2!}\left(1-\frac{1}{n}\right)+\frac{1}{3!}\left(1-\frac{1}{n}\right)\left(1-\frac{2}{n}\right)+\cdots\\&+\frac{1}{n!}\left(1-\frac{1}{n}\right)\left(1-\frac{2}{n}\right)\cdots\left(1-\frac{n-1}{n}\right),\end{aligned}$$

$$\begin{aligned}x_{n+1}=&\left(1+\frac{1}{n+1}\right)^{n+1}\\=&1+1+\frac{1}{2!}\left(1-\frac{1}{n+1}\right)+\frac{1}{3!}\left(1-\frac{1}{n+1}\right)\left(1-\frac{2}{n+1}\right)+\cdots\\&+\frac{1}{n!}\left(1-\frac{1}{n+1}\right)\left(1-\frac{2}{n+1}\right)\cdots\left(1-\frac{n-1}{n+1}\right)+\frac{1}{(n+1)^{n+1}},\end{aligned}$$

将 x_n 与 x_{n+1} 的展开式逐项比较, 除前两项均为 1 外, 从第 3 项起, x_n 的每一项都小于 x_{n+1} 的对应项, 且 x_{n+1} 还多了最后一个正项 $\dfrac{1}{(n+1)^{n+1}}$, 因此, $\forall n\in\mathbf{N}, x_n<x_{n+1}$, 即 $x_n=\left(1+\dfrac{1}{n}\right)^n$ 是单调递增的数列.

再将 x_n 的展开式逐项放大,

$$\begin{aligned}x_n&\leqslant 1+1+\frac{1}{2!}+\frac{1}{3!}+\cdots+\frac{1}{n!}\leqslant 1+1+\frac{1}{2}+\frac{1}{2^2}+\cdots+\frac{1}{2^{n-1}}\\&=1+\frac{1-\dfrac{1}{2^n}}{1-\dfrac{1}{2}}=3-\frac{1}{2^{n-1}}<3,\end{aligned}$$

所以, $\forall n\in\mathbf{N}, 2\leqslant x_n=\left(1+\dfrac{1}{n}\right)^n<3$, 即数列 $x_n=\left(1+\dfrac{1}{n}\right)^n$ 有界.

根据准则 (Ⅱ), $\lim\limits_{n\to\infty}\left(1+\dfrac{1}{n}\right)^n$ 必存在, 用一个专用字母 e 表示此数列的极限, 即

$$\lim_{n\to\infty}\left(1+\frac{1}{n}\right)^n=\mathrm{e},$$

常数 e 是无理数: $\mathrm{e}=2.718281828459045\cdots$.

在高等数学中, 常用以 e 为底的对数函数 $y=\ln x$(称为自然对数) 和以 e 为底的指数函数 $y=\mathrm{e}^x$, 这两个函数互为反函数.

利用两边夹法则, 可以证明, 对连续自变量 x 也有

$$\lim_{x\to\infty}\left(1+\frac{1}{x}\right)^x=\mathrm{e}\quad(\text{留给读者证明}).$$

根据复合函数的极限法则 (定理 2.9) 可得更宽泛的结论.

如果 $\lim\varphi(x)=\infty$, 则

$$\lim\left[1+\frac{1}{\varphi(x)}\right]^{\varphi(x)}=\mathrm{e}.$$

证明 令 $\varphi(x)=t$ 可得

$$\lim\left[1+\frac{1}{\varphi(x)}\right]^{\varphi(x)}=\lim_{t\to\infty}\left(1+\frac{1}{t}\right)^t=\mathrm{e}.$$

例 9 求 $\lim\limits_{x\to\infty}\left(1-\dfrac{1}{x}\right)^x$.

解 $\lim\limits_{x\to\infty}\left(1-\dfrac{1}{x}\right)^x=\lim\limits_{x\to\infty}\left[\left(1+\dfrac{1}{-x}\right)^{-x}\right]^{-1}=\mathrm{e}^{-1}=\dfrac{1}{\mathrm{e}}$.

例 10 $\lim\limits_{x\to 0}(1+\sin x)^{\frac{1}{x}}$.

解
$$\lim_{x\to 0}(1+\sin x)^{\frac{1}{x}}=\lim_{x\to 0}(1+\sin x)^{\frac{1}{\sin x}\cdot\frac{\sin x}{x}}=\lim_{x\to 0}\left[(1+\sin x)^{\frac{1}{\sin x}}\right]^{\frac{\sin x}{x}}$$
$$=\lim_{x\to 0}\left[(1+\sin x)^{\frac{1}{\sin x}}\right]^{\lim\limits_{x\to 0}\frac{\sin x}{x}}=\mathrm{e}^1=\mathrm{e}.$$

第二个重要极限 $\lim\limits_{x\to\infty}\left(1+\dfrac{1}{x}\right)^x$ 及例 9、例 10 都是幂指函数的极限, 且底数均趋于 1, 指数均趋于 ∞, 但它们的极限却各有不同. 一般地, 如果 $\lim f(x)=1,\lim g(x)=\infty$, 则极限 $\lim[f(x)]^{g(x)}$ 因题而异, 会出现各种不同的结果. 因此称

这一类型的极限为 1^{∞} 型的不定式或未定式.1^{∞} 型的不定式往往都可用第二个重要极限得到解决. 下面再举几例.

例 11 $\lim\limits_{x\to 1} x^{\frac{3}{1-x^2}}$.

解 本题属 1^{∞} 型的未定式,

$$\lim_{x\to 1} x^{\frac{3}{1-x^2}} = \lim_{x\to 1}[1+(x-1)]^{\frac{3}{1-x^2}} = \lim_{x\to 1}[1+(x-1)]^{\frac{1}{x-1}\cdot\frac{-3}{1+x}}$$
$$= \lim_{x\to 1}\left\{[1+(x-1)]^{\frac{1}{x-1}}\right\}^{\frac{-3}{1+x}} = \mathrm{e}^{-\frac{3}{2}}.$$

例 12 $\lim\limits_{x\to\infty}\left(\dfrac{x^2+3x-1}{x^2+7}\right)^{3x+2}$.

解 本题属 1^{∞} 型的未定式.

$$\lim_{x\to\infty}\left(\frac{x^2+3x-1}{x^2+7}\right)^{3x+2} = \lim_{x\to\infty}\left(1+\frac{3x-8}{x^2+7}\right)^{3x+2}$$
$$= \lim_{x\to\infty}\left(1+\frac{3x-8}{x^2+7}\right)^{\frac{x^2+7}{3x-8}\cdot\frac{(3x-8)(3x+2)}{x^2+7}}$$
$$= \lim_{x\to\infty}\left[\left(1+\frac{3x-8}{x^2+7}\right)^{\frac{x^2+7}{3x-8}}\right]^{\frac{(3x-8)(3x+2)}{x^2+7}} = \mathrm{e}^9.$$

例 13 $\lim\limits_{x\to 0}\dfrac{\ln(1+x)}{x}$.

解 本题属 $\dfrac{0}{0}$ 型的未定式, 但不能用消去无穷小公因子的方法求解, 可利用对数性质化为第二个重要极限.

$$\lim_{x\to 0}\frac{\ln(1+x)}{x} = \lim_{x\to 0}\frac{1}{x}\ln(1+x)$$
$$= \lim_{x\to 0}\ln(1+x)^{\frac{1}{x}}$$
$$\xlongequal{\text{令}(1+x)^{\frac{1}{x}}=u} \lim_{u\to \mathrm{e}}\ln u = 1.$$

由本题可得: 当 $x\to 0$ 时, $\ln(1+x)\sim x$.

例 14 $\lim\limits_{x\to 0}\dfrac{\mathrm{e}^x-1}{x}$.

解 本题属 $\dfrac{0}{0}$ 型的未定式, 也不能用化无穷小公因子的方法. 利用指数与对数互为反函数的关系, 用换元法化为对数形式.

令 $e^x - 1 = t$, 则 $x = \ln(1+t)$, 当 $x \to 0$ 时 $t \to 0$, 所以

$$\lim_{x\to 0}\frac{e^x-1}{x} = \lim_{x\to 0}\frac{t}{\ln(1+t)} = 1(\ln(1+t) \sim t).$$

由本题可得: 当 $x \to 0$ 时, $e^x - 1 \sim x$.

例 15 证明: 当 $x \to 0$ 时, $(1+x)^\alpha - 1 \sim \alpha x$ (其中 α 是实数).

证明 根据对数恒等式: $M = e^{\ln M}(M > 0)$, 可得

$$(1+x)^\alpha = e^{\ln(1+x)^\alpha} = e^{\alpha\ln(1+x)},$$

当 $x \to 0$ 时, $\alpha\ln(1+x) \to 0$, 从而由例 1 和例 13 可得

$$(1+x)^\alpha - 1 = e^{\alpha\ln(1+x)} - 1 \sim \alpha\ln(1+x) \sim \alpha x.$$

再由等价关系的传递性有: 当 $x \to 0$ 时, $(1+x)^\alpha - 1 \sim \alpha x$.

例 16 连续复利问题. 设本金为 A, 年利率为 r.

如果每年结算一次, 则一年年末本利和为 $A_1 = A_0(1+r)$, 称为一年按单利结算.

如果每月结算一次, 则月利率为 $\dfrac{r}{12}$, 且每月的利息计入下月的本金, 则一年年末本金和为 $A_1 = A_0\left(1+\dfrac{r}{12}\right)^{12}$, 称为分月按复利结算.

如果每年结算 n 次, 则每期利率为 $\dfrac{r}{n}$; 按复利结算, 一年年末本利和应为 $A_1 = A_0\left(1+\dfrac{r}{n}\right)^n$, 称为分 n 次按复利结算.

从理论上说, 资金每时每刻都在增值, 应当立即产生立即结算, 即每年应结算无穷多次, 一年年末本利和应为

$$A_1 = \lim_{n\to\infty} A_0\left(1+\frac{r}{n}\right)^n = A_0\lim_{n\to\infty}\left[\left(1+\frac{r}{n}\right)^{\frac{n}{r}}\right]^r = A_0e^r,$$

这种算法称为按连续复利结算.

按连续复利计算, t 年年末本利和为 $A_t = A_0e^{rt}$, A_t 称为 A_0 的将来值, 而 A_0 称为 A_t 的现值, $A_0 = A_te^{-rt}$.

2.7 利用等价无穷小量因子代换求极限

2.7.1 三组常用的等价无穷小量

在 2.6 节中, 我们发现了许多等价无穷小量, 归纳起来共有下列三组:

当 $x \to 0$ 时,

(1) $\sin x \sim \tan x \sim \arcsin x \sim \arctan x \sim \ln(1+x) \sim \mathrm{e}^x - 1 \sim x$;

(2) $1-\cos x \sim \dfrac{1}{2}x^2$;

(3) $(1+x)^\alpha - 1 \sim \alpha x$.

再根据复合函数的极限运算法则, 将其中的 x 换成某个函数 $\varphi(x)$, 只要在某个变化过程中 $\varphi(x) \to 0$, 上述结论仍然成立. 具体地说, 就是: 无论变化过程是哪一种, 只要在该变化过程中, $\lim \varphi(x) = 0$, 则有

(1) $\sin \varphi(x) \sim \tan \varphi(x) \sim \arcsin \varphi(x) \sim \arctan \varphi(x) \sim \ln[1+\varphi(x)] \sim \mathrm{e}^{\varphi(x)} - 1 \sim \varphi(x)$;

(2) $1-\cos \varphi(x) \sim \dfrac{1}{2}\varphi^2(x)$;

(3) $[1+\varphi(x)]^\alpha - 1 \sim \alpha\varphi(x)$.

证明 这里仅当 $\varphi(x) \to 0$ 时, $\mathrm{e}^{\varphi(x)} - 1 \sim \varphi(x)$ 给予证明, 其余完全类似.

令 $\varphi(x) = u, \lim \dfrac{\mathrm{e}^{\varphi(x)} - 1}{\varphi(x)} = \lim\limits_{u \to 0} \dfrac{\mathrm{e}^u - 1}{u} = 1$, 所以当 $\lim \varphi(x) = 0$ 时, $\mathrm{e}^{\varphi(x)} - 1 \sim \varphi(x)$.

例如, 当 $x \to 1$ 时, $\ln x = \ln[1+(x-1)] \sim x - 1$;

当 $x \to \infty$ 时, $\sin \dfrac{1}{x} \sim \dfrac{1}{x}$;

当 $x \to \pi, \sin x = \sin(\pi - x) \sim \pi - x$;

当 $x \to 0$ 时, $\sqrt{1-3x^2} - 1 = [1+(-3x^2)]^{\frac{1}{2}} - 1 \sim \dfrac{1}{2}(-3x^2) = -\dfrac{3}{2}x^2$;

当 $x \to 0$ 时, $a^x - 1 = \mathrm{e}^{x\ln a} - 1 \sim x\ln a$.

2.7.2 利用等价无穷小量因子代换求极限的例子

等价无穷小量有一个很重要的性质, 即得如下定理.

定理 2.10 设 α 与 β 是同一变化过程中的两个无穷小量. 如果 $\alpha \sim \beta$, 则有

$$\lim \alpha f(x) = \lim \beta f(x), \quad \lim \frac{f(x)}{\alpha} = \lim \frac{f(x)}{\beta}.$$

证明 $\lim \alpha f(x) = \lim \dfrac{\alpha}{\beta} \cdot \beta f(x) = \lim \beta f(x)$.

$$\lim \frac{f(x)}{\alpha} = \lim \frac{\beta}{\alpha} \cdot \frac{f(x)}{\beta} = \lim \frac{f(x)}{\beta}.$$

定理 2.10 表明, 在求极限时, 可以把一个无穷小量因子 (无论是分子上的因子还是分母上的因子) 换成与它等价的无穷小量而不影响极限值. 用这种方法可以大大简化极限运算.

例 1 求下列极限:

(1) $\lim\limits_{x \to 0} \dfrac{\sin 3x}{\sin 5x}$;　　(2) $\lim\limits_{x \to 0} \dfrac{\arcsin 3x \cdot \ln(1-2x^2)}{(\mathrm{e}^{4x}-1)\sin 5x^2}$;

(3) $\lim\limits_{x \to 0} \dfrac{1-\cos 2x}{\sqrt[5]{1+x\tan x}-1}$;　　(4) $\lim\limits_{x \to 1} \dfrac{\sqrt[3]{x}-1}{\sqrt[7]{x}-1}$;

(5) $\lim\limits_{x \to 0} \dfrac{\tan x - \sin x}{\sin^3 x}$.

解 (1) 当 $x \to 0$ 时, $\sin 3x \sim 3x, \sin 5x \sim 5x$, 所以

$$原式 = \lim_{x \to 0} \frac{3x}{5x} = \frac{3}{5}.$$

(2) 当 $x \to 0$ 时, $\arcsin 3x \sim 3x, \ln(1-2x^2) \sim -2x^2, \mathrm{e}^{4x}-1 \sim 4x, \sin 5x^2 \sim 5x^2$,

$$原式 = \lim_{x \to 0} \frac{3x \cdot (-2x^2)}{4x \cdot 5x^2} = \lim_{x \to 0} \left(-\frac{3}{10}\right) = -\frac{3}{10}.$$

(3) 当 $x \to 0$ 时, $1-\cos 2x \sim \dfrac{1}{2}(2x)^2 = 2x^2$, $\sqrt[5]{1+x\tan x}-1 \sim \dfrac{1}{5}x\tan x \sim \dfrac{1}{5}x^2$,

$$原式 = \lim_{x \to 0} \frac{\frac{1}{2}(2x)^2}{\frac{1}{5}x\tan x} = \lim_{x \to 0} \frac{2x^2}{\frac{1}{5}x^2} = 10.$$

(4) 当 $x \to 1$ 时, $x-1 \to 0$, $\sqrt[3]{x}-1 = \sqrt[3]{1+(x-1)}-1 \sim \dfrac{1}{3}(x-1)$,

$$\sqrt[7]{x}-1 = \sqrt[7]{1+(x-1)}-1 \sim \frac{1}{7}(x-1),$$

$$\text{原式} = \lim_{x\to1}\frac{\sqrt[3]{1+(x-1)}-1}{\sqrt[7]{1+(x-1)}-1} = \lim_{x\to1}\frac{\dfrac{1}{3}(x-1)}{\dfrac{1}{7}(x-1)} = \frac{7}{3}.$$

(5) $$\lim_{x\to0}\frac{\tan x-\sin x}{\sin^3 x} = \lim_{x\to0}\frac{\sin x\left(\dfrac{1}{\cos x}-1\right)}{\sin^3 x} = \lim_{x\to0}\frac{\sin x(1-\cos x)}{\sin^3 x\cos x}$$

$$= \lim_{x\to0}\frac{x\cdot\dfrac{1}{2}x^2}{x^3\cos x} = \frac{1}{2}\lim_{x\to0}\frac{1}{\cos x} = \frac{1}{2}.$$

注意 本题用下面的方法是错误的:

$$\lim_{x\to0}\frac{\tan x-\sin x}{\sin^3 x} = \lim_{x\to0}\frac{x-x}{\sin^3 x} = \lim_{x\to0}0 = 0.$$

因为分子中的 $\tan x$ 与 $\sin x$ 都不是分子的因子, 等价无穷小量代换只能用于乘除形式, 所以对加减项的无穷小量不能随意代换.

例 2 求下列极限:

(1) $\lim\limits_{h\to0}\dfrac{(x+h)^\alpha-x^\alpha}{h}, \alpha\subset\mathbf{R}$; (2) $\lim\limits_{h\to0}\dfrac{a^{x+h}-a^x}{h}$;

(3) $\lim\limits_{h\to0}\dfrac{\log_a(x+h)-\log_{ax}}{h}$.

解 (1) $$\lim_{h\to0}\frac{(x+h)^\alpha-x^\alpha}{h} = \lim_{h\to0}\frac{x^\alpha\left[\left(1+\dfrac{h}{x}\right)^\alpha-1\right]}{h} = \lim_{h\to0}\frac{x^\alpha\cdot\alpha\cdot\dfrac{h}{x}}{h}$$

$$= \alpha x^{\alpha-1};$$

(2) $$\lim_{h\to0}\frac{a^{x+h}-a^x}{h} = \lim_{h\to0}\frac{a^x(a^h-1)}{h} = a^x\lim_{h\to0}\frac{\mathrm{e}^{h\ln a}-1}{h}$$

$$= a^x\lim_{h\to0}\frac{h\ln a}{h} = a^x\lim_{h\to0}\ln a = a^x\ln a;$$

(3) $$\lim_{h\to0}\frac{\log_a(x+h)-\log_{ax}}{h} = \lim_{h\to0}\frac{\log_a\left(1+\dfrac{h}{x}\right)}{h}$$

$$= \lim_{h\to0}\frac{1}{h}\frac{\ln\left(1+\dfrac{h}{x}\right)}{\ln a} \quad \text{(换底公式)}$$

$$= \lim_{h\to0}\frac{1}{h}\cdot\frac{\dfrac{h}{x}}{\ln a} = \frac{1}{x\ln a}.$$

例 3 (2005 年)　若 $x \to 0$ 时, $\sqrt{1+x\arcsin x}-\sqrt{\cos x} \sim kx^2$, 则 $k=$ ______.

解　$$1=\lim_{x\to 0}\frac{\sqrt{1+x\arcsin x}-\sqrt{\cos x}}{kx^2}$$
$$=\lim_{x\to 0}\frac{1+x\arcsin x-\cos x}{kx^2}\cdot\frac{1}{\sqrt{1+x\arcsin x}+\sqrt{\cos x}}$$
$$=\frac{1}{2k}\lim_{x\to 0}\left(\frac{1-\cos x}{x^2}+\frac{\arcsin x}{x}\right)$$
$$=\frac{1}{2k}\left(\lim_{x\to 0}\frac{1-\cos x}{x^2}+\lim_{x\to 0}\frac{\arcsin x}{x}\right)$$
$$=\frac{1}{2k}\left(\lim_{x\to 0}\frac{\frac{1}{2}x^2}{x^2}+1\right)=\frac{1}{2k}\left(\frac{1}{2}+1\right)=\frac{3}{4k},$$

因此,

$$k=\frac{3}{4}.$$

利用等价无穷小量代换可以得到一个求 1^∞ 型极限的公式.

如果 $\lim f(x)=1, \lim g(x)=\infty$, 则 $\lim f(x)^{g(x)}=\mathrm{e}^{\lim g(x)[f(x)-1]}$.

证明　$$\lim f(x)^{g(x)}=\mathrm{e}^{\lim g(x)\ln f(x)}=\mathrm{e}^{\lim g(x)\ln\{1+[f(x)-1]\}}$$
$$=\mathrm{e}^{\lim g(x)[f(x)-1]}(\text{由于} \ln\{1+[f(x)-1]\}\sim f(x)-1).$$

例 4　求下列极限:

(1) $\lim\limits_{x\to 0}(1+\sin x)^{\frac{1}{x}}$(2.6 节例 10);　　(2) $\lim\limits_{x\to 1}x^{\frac{3}{1-x^2}}$(2.6 节例 11);

(3) $\lim\limits_{x\to\infty}\left(\dfrac{x^2+3x-1}{x^2+7}\right)^{3x+2}$(2.6 节例 12);

(4) $\lim\limits_{x\to 0}\left(\dfrac{a^x+b^x+c^x}{3}\right)^{\frac{3}{x}}$.

解　(1) $\lim\limits_{x\to 0}(1+\sin x)^{\frac{1}{x}}=\mathrm{e}^{\lim\limits_{x\to 0}\frac{\sin x}{x}}=\mathrm{e}^1=\mathrm{e}$;

(2) $\lim\limits_{x\to 1}x^{\frac{3}{1-x^2}}=\mathrm{e}^{\lim\limits_{x\to 1}\frac{3(x-1)}{1-x^2}}=\mathrm{e}^{\lim\limits_{x\to 1}-\frac{3}{1+x}}=\mathrm{e}^{-\frac{3}{2}}$;

(3) $$\lim_{x\to\infty}\left(\frac{x^2+3x-1}{x^2+7}\right)^{3x+2}=\mathrm{e}^{\lim\limits_{x\to\infty}(3x+2)\left(\frac{x^2+3x-1}{x^2+7}-1\right)}$$
$$=\mathrm{e}^{\lim\limits_{x\to\infty}\frac{(3x+2)(3x-81)}{x^2+7}}=\mathrm{e}^9;$$

(4) $$\lim_{x\to 0}\left(\frac{a^x+b^x+c^x}{3}\right)^{\frac{3}{x}}=\mathrm{e}^{\lim\limits_{x\to 0}\frac{3}{x}\left(\frac{a^x+b^x+c^x}{3}-1\right)}=\mathrm{e}^{\lim\limits_{x\to 0}\frac{a^x+b^x+c^x-3}{x}}$$

$$=\mathrm{e}^{\lim\limits_{x\to 0}\left(\frac{a^x-1}{x}+\frac{b^x-1}{x}+\frac{c^x-1}{x}\right)}$$

$$=\mathrm{e}^{\lim\limits_{x\to 0}\frac{a^x-1}{x}+\lim\limits_{x\to 0}\frac{b^x-1}{x}+\lim\limits_{x\to 0}\frac{c^x-1}{x}}$$

$$=\mathrm{e}^{\lim\limits_{x\to 0}\frac{x\ln a}{x}+\lim\limits_{x\to 0}\frac{x\ln b}{x}+\lim\limits_{x\to 0}\frac{x\ln c}{x}}$$

$$=\mathrm{e}^{\ln a+\ln b+\ln c}=\mathrm{e}^{\ln abc}=abc.$$

2.8 函数的连续性

自然界中有很多变量的变化是连续不断的, 如气温、物体运动的路程、植物生长的高度等. 这类现象反映在数学上就是函数的连续性, 它是微积分中又一重要的基本概念. 下面首先引入改变量 (或增量) 的概念及记号, 然后用其描述连续性, 引出连续和间断的定义, 最后讨论连续函数的性质.

2.8.1 函数的改变量 (或增量)

若变量 u 从它的某个值 u_0(称为初值) 变到另一个值 u_1(称为终值), 终值与初值之差 u_1-u_0 称为变量 u 在 (初值)u_0 处的**改变量** (或称**增量**), 记为 Δu, 即 $\Delta u=u_1-u_0$. Δu 可以是正的, 也可以是负的.

对于函数 $y=f(x)$, 当自变量 x 在点 x_0 处取得改变量 Δx, 即 x 从 x_0 变到 $x_0+\Delta x$, 则因变量 y 就从 $f(x_0)$ 变到 $f(x_0+\Delta x)$, 因变量 y(即函数 $f(x)$) 就取得相应的改变量 $\Delta y=f(x_0+\Delta x)-f(x_0)$(图 2.19). 当点 x_0 固定时, Δy 一般是 Δx 的函数.

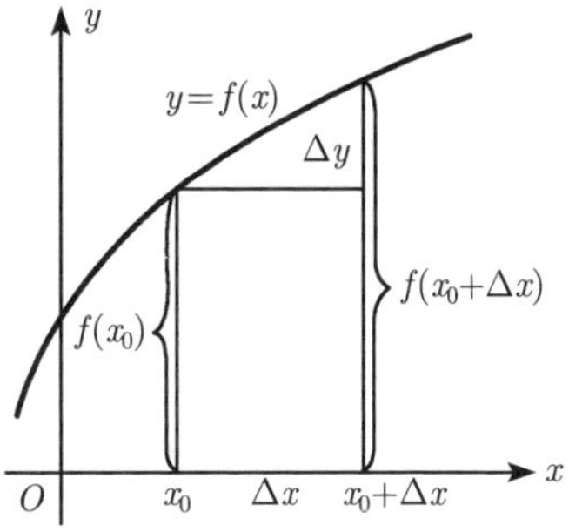

图 2.19

例 1 设 $y=f(x)=x^2-2x$, 求:

(1) 当 x 在点 x_0 处取得改变量 Δx 时, 函数的改变量;

(2) 当 x 由 2 变到 2.1 时, 函数的改变量;

(3) 当 x 由 2 变到 1.8 时, 函数的改变量.

解 (1)$\Delta y=f(x_0+\Delta x)-f(x_0)=(x_0+\Delta x)^2-2(x_0+\Delta x)-x_0^2+2x_0$

$$=(2x_0-2)\Delta x+(\Delta x)^2.$$

(2) x 由 2 变到 2.1, 即在 (1) 中取 $x_0=2,\Delta x=0.1$, 则

$$\Delta y=(2\times 2-2)\times 0.1+0.1^2=0.21.$$

(3) x 由 2 变到 1.8, 即在 (1) 中取 $x_0=2,\Delta x=-0.2$, 则

$$\Delta y=(2\times 2-2)\times(-0.2)+(-0.2)^2=-0.36.$$

2.8.2 函数连续性的概念

以植物生长的高度变化为例来确切地、定量地说明 "连续" 这一概念. 从数学上看植物的生长高度 h 是时间 t 的函数 $h=f(t)$. 所谓高度 h 在任一时刻 t_0 连续变化是指: 在时刻 t_0, 当 t 变化不大时, h 的变化也不大, 即时间 t 在时刻 t_0 的改变量 Δt 极其微小时, 在 t_0 到 $t_0+\Delta t$ 这段时间内植物生长的高度, 即 h 的改变量 $\Delta h=f(t_0+\Delta t)-f(t_0)$ 也极其微小. 更精确地说, 就是当 $\Delta t\to 0$ 时, Δh 也趋于零. 由此抽象出函数连续性定义.

定义 2.9 设函数 $y=f(x)$ 在点 x_0 的某邻域内有定义. 如果当自变量 x 在点 x_0 处取得的改变量 Δx 趋于零时, 函数相应的改变量 Δy 也趋于零, 即

$$\lim_{\Delta x\to 0}\Delta y=\lim_{\Delta x\to 0}[f(x_0+\Delta x)-f(x_0)]=0,$$

则称函数 $y=f(x)$ 在点 x_0 处**连续**.

函数 $y=f(x)$ 在点 x_0 处连续的几何意义是: 函数的图像在点 $(x_0,f(x_0))$ 处左右衔接而没有断开 (图 2.20). 而图 2.21 中的曲线表示当 $\Delta x\to 0$ 时, 函数 $y=g(x)$ 的改变量 Δy 不趋于零, 在点 x_0 处不连续.

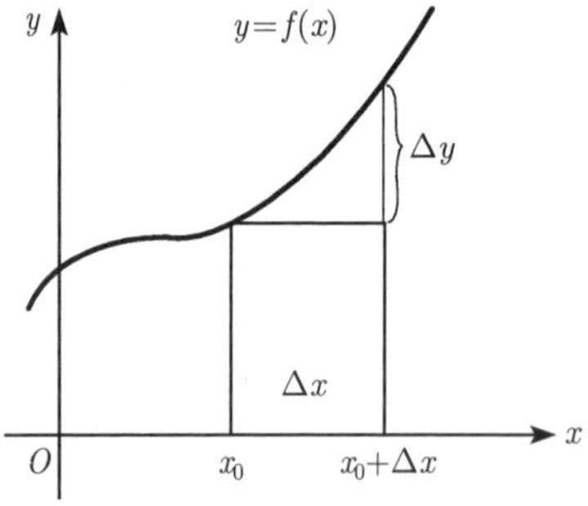

图 2.20

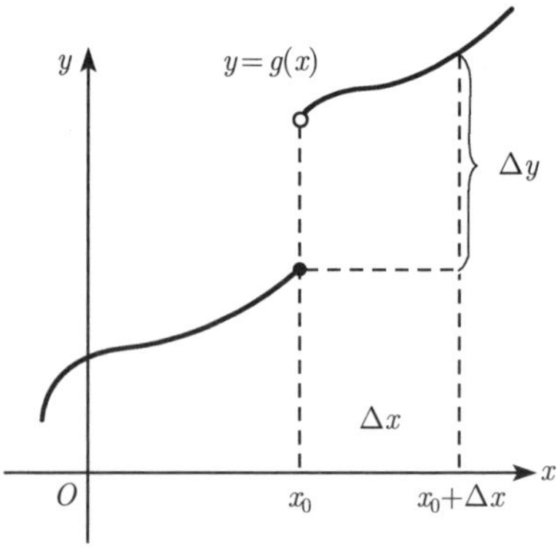

图 2.21

例 2 证明函数 $y=\sqrt{x}$ 在任一点 $x_0(x_0>0)$ 连续.

证明 当 x 在 x_0 处取得改变量 Δx 时, 函数 $y=\sqrt{x}$ 的相应改变量为

$$\Delta y=\sqrt{x_0+\Delta x}-\sqrt{x_0}.$$

因为

$$\lim_{\Delta x\to 0}\Delta y=\lim_{\Delta x\to 0}(\sqrt{x_0+\Delta x}-\sqrt{x_0})=\sqrt{x_0}-\sqrt{x_0}=0,$$

所以函数 $y=\sqrt{x}$ 在任一点 $x_0(x_0>0)$ 连续.

在定义 2.9 中, 令 $x_0+\Delta x=x$, 则 $\Delta x\to 0\Leftrightarrow x\to x_0$, 因此, 极限

$$\lim_{\Delta x\to 0}\Delta y=\lim_{\Delta x\to 0}[f(x_0+\Delta x)-f(x_0)]=0$$

等价于

$$\lim_{x\to x_0}[f(x)-f(x_0)]=0\Leftrightarrow\lim_{x\to x_0}f(x)=f(x_0).$$

因此, 定义 2.9 等价于如下定义.

定义 2.9′ 设函数 $y=f(x)$ 在点 x_0 的某邻域内有定义. 如果

$$\lim_{x\to x_0}f(x)=f(x_0),$$

则称函数 $y=f(x)$ 在点 x_0 处连续.

根据定义 2.9′, 函数 $y=f(x)$ 在点 x_0 处连续需满足下列三条:

(1) $f(x)$ 在点 x_0 及其邻近有定义;

(2) $\lim\limits_{x\to x_0}f(x)$ 存在;

(3) $\lim\limits_{x\to x_0}f(x)=f(x_0)$.

定义 2.10 设函数 $f(x)$ 在点 x_0 及其某个左半邻域内有定义. 如果 $\lim\limits_{x\to x_0^-}f(x)=f(x_0)$, 则称 $f(x)$ 在点 x_0 处**左连续**; 如果函数 $f(x)$ 在点 x_0 处及其某个右半邻域内有定义, 且 $\lim\limits_{x\to x_0^+}f(x)=f(x_0)$, 则称 $f(x)$ 在点 x_0 处**右连续**.

根据左、右极限定理, 显然 $f(x)$ 在点 x_0 处连续的充分必要条件是: $f(x)$ 在点 x_0 处左、右都连续.

定义 2.11 如果函数 $f(x)$ 在开区间 (a,b) 内每一点都连续, 则称 $f(x)$ 在开区间 (a,b) 内连续, 此时也称 $f(x)$ 是开区间 (a,b) 内的连续函数; 如果函数 $f(x)$ 在闭区间 $[a,b]$ 内部的每一点都连续, 且在左端点处右连续 (即 $\lim\limits_{x\to a^+}f(x)=f(a)$),

在右端点处左连续 (即 $\lim\limits_{x\to b^-}f(x)=f(b)$), 则称函数 $f(x)$ 在闭区间 $[a,b]$ 上连续, 或称 $f(x)$ 是闭区间 $[a,b]$ 上的连续函数.

根据函数在一点连续的几何意义, 显然函数在某区间 I 上连续的几何意义是它在区间 I 上的图像是一条连续不断的曲线.

例 3　证明函数 $y=\sin x$ 在 $(-\infty,+\infty)$ 内连续.

证明　$\forall x_0\in(-\infty,+\infty)$, 则

$$\lim_{\Delta x\to 0}\Delta y=\lim_{\Delta x\to 0}[\sin(x_0+\Delta x)-\sin x_0]=\lim_{\Delta x\to 0}2\cos\left(x_0+\frac{\Delta x}{2}\right)\sin\frac{\Delta x}{2},$$

因为

$$\lim_{\Delta x\to 0}\sin\frac{\Delta x}{2}=0,\quad \left|2\cos\left(x_0+\frac{\Delta x}{2}\right)\right|\leqslant 2,$$

根据无穷小量与有界函数的乘积仍为无穷小量, 所以, $\lim\limits_{\Delta x\to 0}2\cos\left(x_0+\dfrac{\Delta x}{2}\right)\sin\dfrac{\Delta x}{2}=0$, 即 $\lim\limits_{\Delta x\to 0}\Delta y=0$.

因此, 函数 $y=\sin x$ 在点 x_0 处连续, 再由 x_0 的任意性, 从而 $y=\sin x$ 在 $(-\infty,+\infty)$ 上连续.

同理可证: $y=\cos x$ 在 $(-\infty,+\infty)$ 内连续.

2.8.3　函数的间断点及其分类

定义 2.12　设函数 $f(x)$ 在点 x_0 的某去心邻域内有定义, 在此前提下, 如果函数 $f(x)$ 在点 x_0 处不满足连续三个条件中的任何一条, 即出现下列三种情形之一:

(1) $f(x)$ 在点 x_0 处没定义;

(2) 虽在点 x_0 处有定义, 但 $\lim\limits_{x\to x_0}f(x)$ 不存在;

(3) 虽在点 x_0 处有定义, 且 $\lim\limits_{x\to x_0}f(x)$ 也存在, 但 $\lim\limits_{x\to x_0}f(x)\neq f(x_0)$,

则称函数 $f(x)$ 在点 x_0 处不连续或**间断**, 点 x_0 称为函数 $f(x)$ 的**间断点**.

下面举例说明间断点及其分类.

例 4　考察函数 $y=f(x)=\dfrac{x^2-1}{x-1}$ 与 $y=g(x)=\begin{cases}x+1, & x\neq 1,\\ 1, & x=1\end{cases}$ 在点 $x=1$ 处的连续性.

解　$f(x)$ 在点 $x=1$ 处无定义, 所以其在 $x=1$ 处间断, 虽然 $\lim\limits_{x\to 1}f(x)=\lim\limits_{x\to 1}\dfrac{x^2-1}{x-1}=\lim\limits_{x\to 1}(x+1)=2$ 存在 (图 2.22).

$g(x)$ 在 $x=1$ 处有定义 $g(1)=1$, 且 $\lim\limits_{x\to1}g(x)=\lim\limits_{x\to1}(x+1)=2$ 也存在, 但 $\lim\limits_{x\to1}g(x)\neq g(1)$, 所以 $g(x)$ 在点 $x=1$ 处间断 (图 2.23).

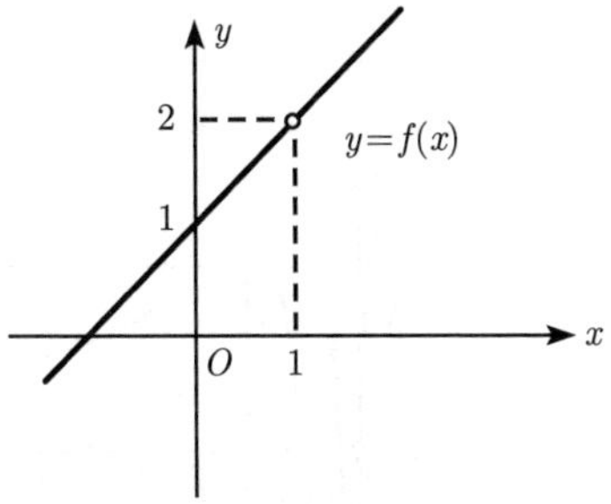

图 2.22

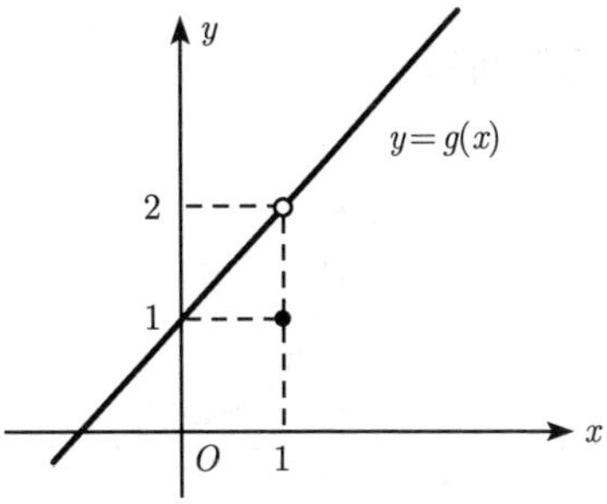

图 2.23

对于 $f(x)$, 只要补充定义 $f(1)=2$ 后, 则 $f(x)$ 在点 $x=1$ 处连续. 对于 $g(x)$ 只要改变在点 $x=1$ 处的函数值 1 为极限值 2 之后, 函数 $g(x)$ 就在点 $x=1$ 处连续. 这样的间断点称为可去型间断点.

一般地, 我们把极限值存在的间断点 (或者在该点无定义, 或有定义但定义值与极限值不等) 称为函数的**可去型间断点**.

例 5 设 $y=f(x)=\begin{cases}x^2, & x<1,\\ x+1, & x\geqslant 1,\end{cases}$ 讨论 $f(x)$ 在点 $x=1$ 处的连续性.

解 $f(x)$ 在点 $x=1$ 处有定义, 且 $f(1)=2$, 但

$$\lim_{x\to1^-}f(x)=\lim_{x\to1^-}x^2=1,$$

$$\lim_{x\to1^+}f(x)=\lim_{x\to1^+}(x+1)=2,$$

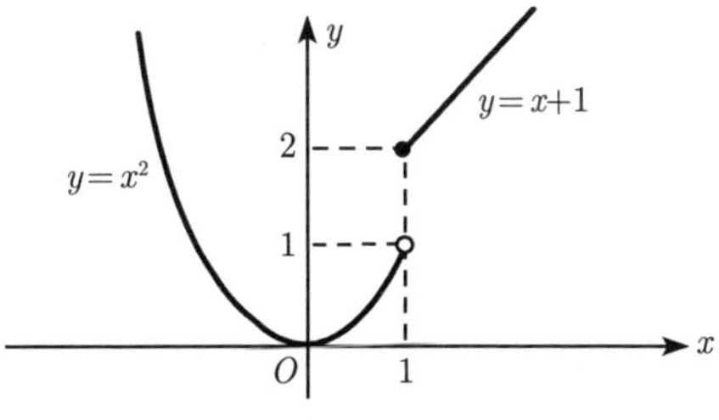

图 2.24

因为左、右极限不等, 所以 $\lim\limits_{x\to1}f(x)$ 不存在, 于是 $f(x)$ 在点 $x=1$ 处间断 (图 2.24). 图形在点 $x=1$ 处产生跳跃现象, 称 $x=1$ 为 $f(x)$ 的跳跃型间断点.

一般地, 把左、右极限存在但不等的点称为**跳跃型间断点**.

例 6 函数 $y=\dfrac{1}{x}$ 在点 $x=0$ 处无定义, 从而间断, 但 $\lim\limits_{x\to0}\dfrac{1}{x}=\infty$(图 2.25). 我们称 $x=0$ 是 $y=\dfrac{1}{x}$ 的无穷型间断点.

一般地, 把左、右极限有一个为 ∞ 的间断点称为函数的**无穷型间断点**.

例 7 函数 $y=\sin\dfrac{1}{x}$ 在点 $x=0$ 处无定义, 从而间断, 但 $\lim\limits_{x\to 0}\sin\dfrac{1}{x}$ 振荡不存在 (图 2.26), 由于图形在点 $x=0$ 处的邻近无限次地振荡, 称 $x=0$ 为 $y=\sin\dfrac{1}{x}$ 的振荡型间断点.

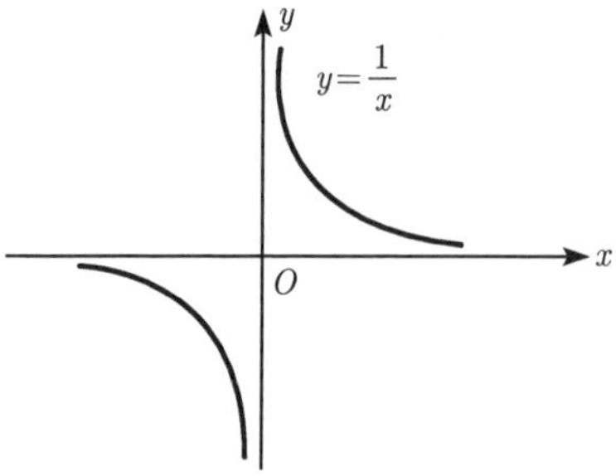

图 2.25

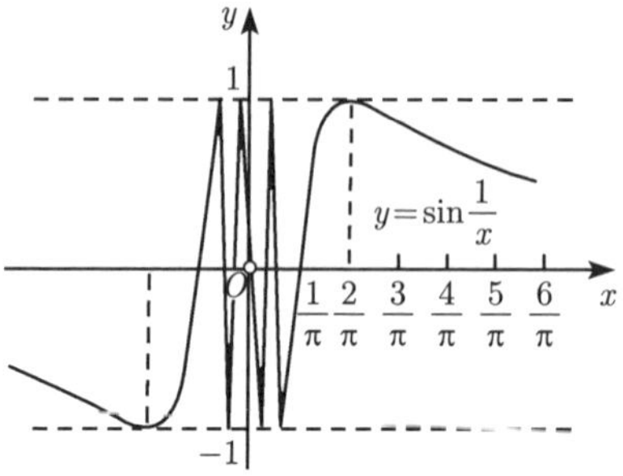

图 2.26

一般地, 把左、右极限有一个振荡不存在的间断点称为**振荡型间断点**.

可去型和跳跃型间断点统称为**第一类间断点**——左、右极限都存在的间断点. 非第一类间断点统称为**第二类间断点**——左、右极限中至少有一个不存在的点.

2.8.4 连续函数的运算法则

定理 2.11 (连续函数的四则运算法则) 如果函数 $f(x),g(x)$ 在点 x_0 处连续, 则 $f(x)\pm g(x), f(x)\cdot g(x), \dfrac{f(x)}{g(x)}(g(x_0)\neq 0)$ 均在点 x_0 处连续.

证明 因为 $f(x),g(x)$ 在点 x_0 处连续, 所以

$$\lim_{x\to x_0} f(x)=f(x_0),\quad \lim_{x\to x_0} g(x)=g(x_0).$$

根据极限的四则运算法则有

$$\lim_{x\to x_0}[f(x)\pm g(x)]=\lim_{x\to x_0} f(x)\pm\lim_{x\to x_0} g(x)=f(x_0)\pm g(x_0),$$

$$\lim_{x\to x_0}[f(x)\cdot g(x)]=\lim_{x\to x_0} f(x)\cdot\lim_{x\to x_0} g(x)=f(x_0)\cdot g(x_0),$$

$$\lim_{x\to x_0}\frac{f(x)}{g(x)}=\frac{\lim\limits_{x\to x_0} f(x)}{\lim\limits_{x\to x_0} g(x)}=\frac{f(x_0)}{g(x_0)}(g(x_0)\neq 0),$$

所以, $f(x)\pm g(x), f(x)\cdot g(x), \dfrac{f(x)}{g(x)}(g(x)\neq 0)$ 均在点 x_0 处连续.

定理 2.12 (反函数的连续性) 单调连续函数的反函数仍然是单调连续函数.

证明从略. 不过, 读者根据反函数的图像和直接函数的图像关系从几何直观上很容易明白这一点.

定理 2.13 (复合函数的连续性) 若函数 $u=\varphi(x)$ 在点 x_0 处连续, 而 $y=f(u)$ 在点 $u_0=\varphi(x_0)$ 连续, 则复合函数 $y=f[\varphi(x)]$ 也在点 x_0 处也连续.

证明 由 $u=\varphi(x)$ 在点 x_0 处连续, 则

$$\lim_{u\to u_0}\varphi(x)=\varphi(x_0)=u_0.$$

而 $y=f(x)$ 在点 $u_0=\varphi(x_0)$ 连续, 则

$$\lim_{u\to u_0}f(u)=f(u_0).$$

根据复合函数的极限法则 (定理 2.9) 有

$$\lim_{x\to x_0}f[\varphi(x)]=\lim_{u\to u_0}f(u)=f(u_0)=f[\varphi(x_0)],$$

所以 $f(\varphi(x))$ 在点 x_0 处也连续.

常数函数 $y=c$ 在其定义域 $(-\infty,+\infty)$ 内连续, 因为

$$\forall x_0\in(-\infty,+\infty),\ \lim_{x\to x_0}c=c.$$

指数函数 $y=a^x$ 在其定义域 $(-\infty,+\infty)$ 内单调连续, 证明从略.

根据定理 2.12 及指数函数的连续性得到: 对数函数 $y=\log_a x$ 在其定义域 $(0,+\infty)$ 内连续.

幂函数 $y=x^\alpha$ 的定义域随 α 而异, 但无论 α 为何值, 均在 $(0,+\infty)$ 内有定义. 又由于 $y=x^\alpha=\mathrm{e}^{\alpha\ln x}$, 由指数函数与对数函数的连续性, 根据定理 2.13 可知幂函数 $y=x^\alpha$ 在 $(0,+\infty)$ 内连续. 再根据 α 取各种不同值分别加以讨论, 就可得到幂函数 $y=x^\alpha$ 在其定义域内连续.

前面证明了 $y=\sin x, y=\cos x$ 在其定义域 $(-\infty,+\infty)$ 内连续, 根据定理 2.11 可得: $y=\tan x=\dfrac{\sin x}{\cos x}, y=\cot x=\dfrac{\cos x}{\sin x}, y=\sec x=\dfrac{1}{\cos x}, y=\csc x=\dfrac{1}{\sin x}$ 在分母不为零的点亦即各自的定义域内连续. 根据定理 2.12 可知, $y=\arcsin x, y=\arccos x, y=\arctan x, y=\operatorname{arccot} x$ 均在各自定义域内连续.

综上所述, 我们得到: 六种基本初等函数在其定义域内处处连续.

根据定理 2.11 和定理 2.13, 由初等函数的定义及基本初等函数的连续性可得结论: **初等函数在其定义区间内处处连续**.

初等函数是一个 (有限的) 解析表达式表示的函数, 而分段函数是几个不同的解析表达式分段表示的函数, 它往往不是初等函数, 它在其定义域内不一定处处连续. 但在每一段内部考察时, 它均是一个初等函数, 所以它在每段内部各点都是连续的. 因此考察分段函数的连续性时, 只需考察它在各分段点处的连续性即可.

例 8　考察函数 $y=f(x)=\begin{cases}|x|, & |x|\leqslant 1,\\ \dfrac{x}{|x|}, & 1<|x|\leqslant 3\end{cases}$ 的连续性.

解　$y=f(x)=\begin{cases}-1, & -3\leqslant x<-1,\\ -x, & -1\leqslant x<0,\\ x, & 0\leqslant x\leqslant 1,\\ 1, & 1<x\leqslant 3,\end{cases}$ 其定义域为闭区间 $[-3,3]$, 分段点为 $x=-1, x=0, x=1$.

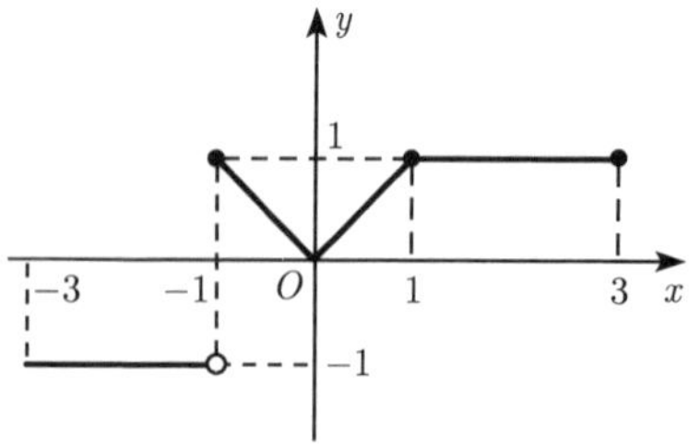

图 2.27

在点 $x=-1$ 处, $f(-1)=1$, $\lim\limits_{x\to-1^-}f(x)=-1$, $\lim\limits_{x\to-1^+}f(x)=1$, $x=-1$ 是函数的跳跃型间断点.

在点 $x=0$ 处, $\lim\limits_{x\to0^-}f(x)=\lim\limits_{x\to0^+}f(x)=f(0)=0$, 所以函数在点 $x=0$ 处连续.

在点 $x=1$ 处, $\lim\limits_{x\to1^-}f(x)=\lim\limits_{x\to1^+}f(x)=f(1)=1$, 所以函数在点 $x=1$ 处连续.

综上所述, 函数 $f(x)$ 在其定义域 $[-3,3]$ 上除在点 $x=-1$ 间断外处处连续 (图 2.27).

2.8.5　连续函数的极限

若函数 $f(x)$ 在点 x_0 连续, 则 $\lim\limits_{x\to x_0}f(x)=f(x_0)$, 即函数在连续点处的极限就等于该点的函数值.

例如, 由于初等函数 $\sin\left(3x^2-2x-\dfrac{\pi}{4}\right)$ 在点 $x=0$ 有定义, 从而连续, 则

$$\lim_{x\to0}\sin\left(3x^2-2x-\frac{\pi}{4}\right)=\sin\left(3\cdot0^2-2\cdot0-\frac{\pi}{4}\right)=\sin\left(-\frac{\pi}{4}\right)=-\frac{\sqrt{2}}{2}.$$

如果在某变化过程中, $\lim\varphi(x)=u_0$, 而函数 $f(u)$ 在点 u_0 处连续, 根据复合函数的极限法则有

$$\lim f[\varphi(x)]=\lim_{u\to u_0}f(u)=f[\lim\varphi(x)],$$

即在此条件下, 极限运算和函数运算可交换运算次序.

例如, $\lim\limits_{x\to 0}\dfrac{\ln(1+x)}{x}=\lim\limits_{x\to 0}\ln(1+x)^{\frac{1}{x}}$, 由于 $\lim\limits_{x\to 0}(1+x)^{\frac{1}{x}}=\mathrm{e}$, 而函数 $\ln u$ 在点 $u=\mathrm{e}$ 处连续, 从而

$$\lim_{x\to 0}\frac{\ln(1+x)}{x}=\lim_{x\to 0}\ln(1+x)^{\frac{1}{x}}=\ln[\lim_{x\to 0}(1+x)^{\frac{1}{x}}]=\ln\mathrm{e}=1.$$

2.8.6 闭区间上连续函数的性质

下面介绍闭区间上连续函数的三个常用性质, 其严格的理论证明超出大纲要求, 故从略. 但通过函数的图像从几何直观上很容易理解.

定理 2.14 (最大值、最小值定理) 如果函数 $f(x)$ 在闭区间 $[a,b]$ 上连续, 则它在 $[a,b]$ 上一定有最大值和最小值.

闭区间上的连续函数的图像是一段包括两个端点的连续曲线, 从几何直观上看, 这样的曲线段上至少有一个最高点和一个最低点, 这两个点的纵坐标就是函数在闭区间上的最大值和最小值. 如图 2.28 所示的函数分别在点 x_1 和 x_2 处取得最大值 M 和最小值 m.

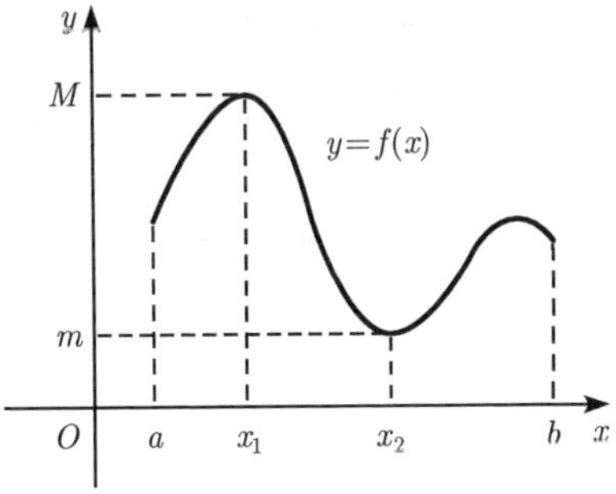

图 2.28

注意 (1) 如果定理 2.14 中的区间不是封闭的, 则结论不一定成立. 例如, $y=x$ 在开区间 $(0,1)$ 内连续, 但它在开区间 $(0,1)$ 内没有最大值和最小值 (图 2.29).

(2) 如果函数在闭区间有间断点, 定理的结论也可能不成立. 例如, $y=\dfrac{1}{x}$ 在 $[-1,1]$ 内虽只有一个间断点 $x=0$, 但它在 $[-1,1]$ 上无最大值和最小值 (图 2.30).

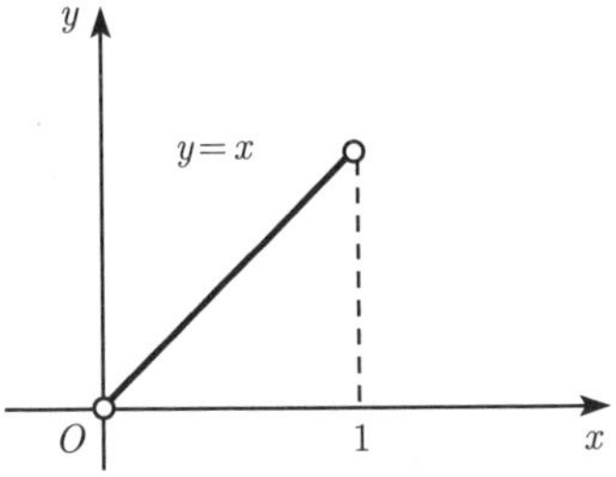

图 2.29

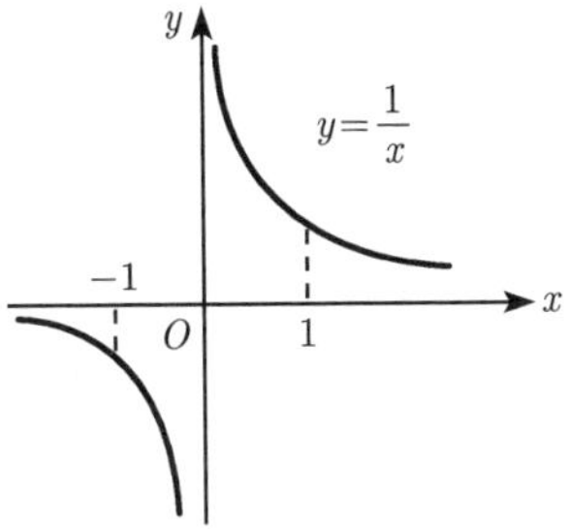

图 2.30

定理 2.15 (有界性定理) 如果函数 $f(x)$ 在 $[a,b]$ 上连续, 则 $f(x)$ 在 $[a,b]$ 上必有界.

定理 2.15 实际上是定理 2.14 的直接推论.

定理 2.16 (介值定理)　如果函数 $f(x)$ 在 $[a,b]$ 上连续, m 与 M 分别是 $f(x)$ 在 $[a,b]$ 上的最小值和最大值, 则 $\forall c\in(m,M)$, 在开区间 (a,b) 内至少存在一点 ξ, 使得 $f(\xi)=c$ (图 2.31).

推论 (零点存在定理)　若函数 $f(x)$ 在 $[a,b]$ 上连续, 且 $f(a)\cdot f(b)<0$, 则在开区间 (a,b) 内至少存在一点 ξ, 使 $f(\xi)=0$ (图 2.32).

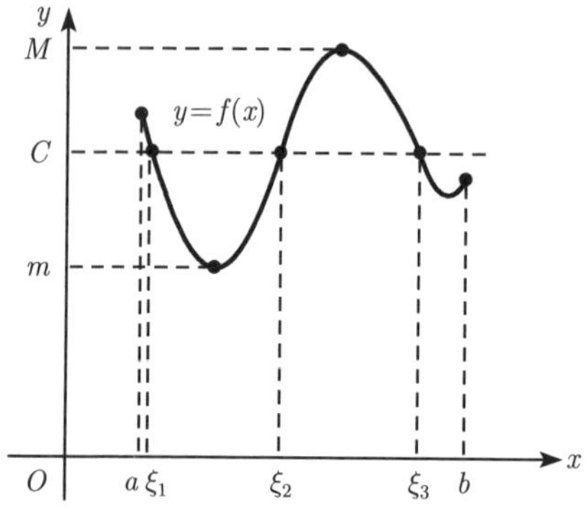

图 2.31

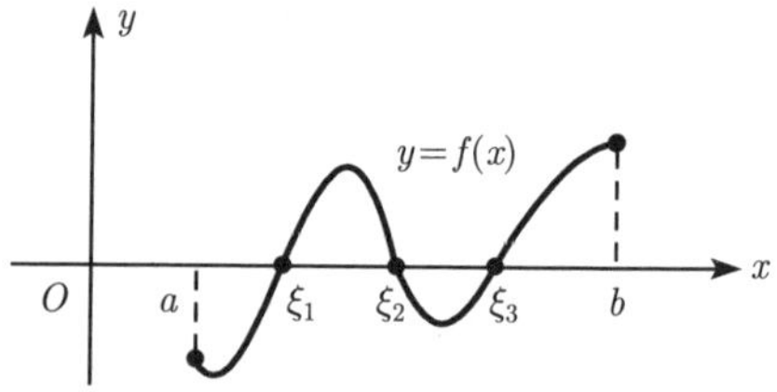

图 2.32

证明　设 m 和 M 分别是 $f(x)$ 在 $[a,b]$ 上的最小值和最大值. 由于 $f(a)$ 与 $f(b)$ 异号, 所以 $m<0<M$, 根据介值定理, 存在 $\xi\in(a,b)$, 使 $f(\xi)=0$.

函数 $f(x)$ 的零点就是方程 $f(x)=0$ 的实根, 因此零点存在定理经常用来判断代数方程是否有实根的问题.

例 9　证明方程 $2x^3-3x^2-3x+2=0$ 在区间 $(-2,0),(0,1)$ 以及 $(1,3)$ 内各有一个实根.

证明　令

$$f(x)=2x^3-3x^2-3x+2.$$

根据初等函数的连续性, $f(x)$ 在 $(-\infty,+\infty)$ 内连续, 当然在子区间 $[-2,0]$, [0,1] 及 [1,3] 上都连续. 又因为 $f(-2)=-20<0, f(0)=2>0, f(1)=-2<0, f(3)=20>0$, 根据零点存在定理, $f(x)$ 在 $(-2,0),(0,1)$ 以及 $(1,3)$ 内至少各有一个零点, 即原方程在三个区间内至少各有一个实根. 又由于三次代数方程最多只有三个实根, 所以各区间内只有一个实根.

习　题　2

(A)

1. 写出下列数列的前 5 项:

(1) $x_n=\dfrac{1+(-1)^n}{n}$;　　　　(2) $x_n=\sin\dfrac{n\pi}{2}$;

(3) $x_n = \left(1+\dfrac{1}{n}\right)^n$;　　(4) $x_n = \dfrac{m(m-1)(m-2)\cdots(m-n+1)}{n!}$.

2. 当 $n \to \infty$ 时, 观察下列数列的变化趋势, 指出哪些收敛, 极限值是多少? 哪些发散, 是哪种类型的发散?

(1) $x_n = \dfrac{1}{3^n}$;　　(2) $x_n = (-1)^{n-1}\dfrac{2n-1}{n}$;

(3) $x_n = \dfrac{1}{n}\sin\left[(2n-1)\cdot\dfrac{\pi}{2}\right]$;　　(4) $x_n = \dfrac{n^2+1}{n}$.

3. 根据数列极限定义证明下列极限:

(1) $\lim\limits_{n\to\infty}\dfrac{(-1)^{n-1}}{\sqrt{n}} = 0$;　　(2) $\lim\limits_{n\to\infty}\sqrt[n]{a} = 1(0<a<1)$;

(3) $\lim\limits_{n\to\infty}\dfrac{\sin n}{n} = 0$;　　(4) $\lim\limits_{n\to\infty} q^n = 0(|q|<1)$.

4. 用函数极限定义证明下列极限:

(1) $\lim\limits_{x\to\infty}\dfrac{3x-1}{x+2} = 3$;　　(2) $\lim\limits_{x\to-\infty} a^x = 0(a>1)$;

(3) $\lim\limits_{x\to 2} x^2 = 4$;　　(4) $\lim\limits_{x\to 0} a^x = 1(0<a\neq 1)$.

5. 利用左、右极限定理, 讨论下列分段函数在分段点处的极限是否存在, 并作出函数的图形:

(1) $f(x) = \begin{cases} x+1, & x<1, \\ 0, & x=1, \\ x-1 & x>1; \end{cases}$　　(2) $f(x) = \begin{cases} x^2, & x\leqslant 0, \\ x, & 0<x\leqslant 1, \\ 2x, & 1<x\leqslant 2. \end{cases}$

6. 下列各种说法是否正确?

(1) 无穷小量是 0;

(2) 0 是一个无穷小量;

(3) $-\infty$ 是无穷大量;

(4) 无穷小量是非常非常小的正数;

(5) 极限定义中的 ε 是无穷小量;

(6) $\dfrac{1}{x}$ 是无穷小量.

7. 指出下列函数中哪些是所给变化过程中的无穷小量, 哪些是无穷大量?

(1) $\mathrm{e}^{\frac{1}{x}} - 1(x\to\infty)$;　　(2) $\dfrac{3x+1}{x}(x\to 0)$;

(3) $\dfrac{x^2-1}{x-1}(x\to 1)$;　　(4) $\log_2 x(x\to 0^+)$.

8. 下列函数在哪个变化过程中是无穷小量?

(1) $\dfrac{2x+1}{x^2+3}$;　　(2) $\ln(2-x)$;　　(3) $2^{\frac{1}{x}}$;　　(4) $\ln\tan x$.

9. 下列函数在哪个变化过程中是无穷大量?

(1) $\dfrac{1}{x^2-2}$;　　(2) $\tan x$;

(3) $\log_a \tan x$;　　(4) $\ln\cos\arctan\dfrac{1}{x}$.

10. 求下列各极限:

(1) $\lim\limits_{x\to 2}(5x^3-3x^2+2x-4)$;

(2) $\lim\limits_{x\to 0}\dfrac{2x+1}{x-5}$;

(3) $\lim\limits_{x\to 4}\dfrac{5x+2}{x-4}$;

(4) $\lim\limits_{x\to 0}\dfrac{x^2-2x}{x^3-x}$;

(5) $\lim\limits_{x\to 1}\dfrac{x^3-1}{2x^2-x-1}$;

(6) $\lim\limits_{x\to 1}\dfrac{x^n-1}{x^m-1}$($m,n$ 均是正整数);

(7) $\lim\limits_{h\to 0}\dfrac{(x+h)^3-x^3}{h}$;

(8) $\lim\limits_{x\to 0}\dfrac{\sqrt{1+x^2}-1}{x}$;

(9) $\lim\limits_{x\to 4}\dfrac{\sqrt{2x+1}-3}{\sqrt{x}-2}$;

(10) $\lim\limits_{x\to -8}\dfrac{2+\sqrt[3]{x}}{\sqrt{1-x}-3}$;

(11) $\lim\limits_{x\to 2}\left(\dfrac{1}{2-x}-\dfrac{12}{8-x^3}\right)$;

(12) $\lim\limits_{x\to \infty}\dfrac{1-x-3x^2}{1+x+3x^2}$;

(13) $\lim\limits_{x\to \infty}\dfrac{2x-3}{(x-1)^2}$;

(14) $\lim\limits_{n\to \infty}\dfrac{3n^2+2}{5n+4}$;

(15) $\lim\limits_{x\to +\infty}\dfrac{4\cdot 3^x+5\cdot 2^x}{3^{x+1}-2^{x+1}}$;

(16) $\lim\limits_{x\to +\infty}\dfrac{\sqrt[5]{1+x^4}}{\sqrt[6]{x^5-1}+\sqrt[4]{x^3}}$;

(17) $\lim\limits_{x\to +\infty}(\sqrt{x^2+x-1}-\sqrt{x^2-x+1})$;

(18) $\lim\limits_{x\to -\infty}(\sqrt{x^2+x-1}-\sqrt{x^2-x+1})$;

(19) $\lim\limits_{x\to +\infty}(\sqrt{(x+p)(x+q)}-x)$;

(20) $\lim\limits_{x\to -\infty}(\sqrt{(x+p)(x+q)}-x)$;

(21) $\lim\limits_{n\to \infty}\left[\dfrac{1}{1\cdot 2}+\dfrac{1}{2\cdot 3}+\cdots+\dfrac{1}{n\cdot(n+1)}\right]$;

(22) $\lim\limits_{n\to \infty}\dfrac{1+a+a^2+\cdots+a^n}{1+b+b^2+\cdots+b^n}(|a|<1,|b|<1)$;

(23) $\lim\limits_{x\to \infty}\cos x\sin\dfrac{1}{x}$;

(24) $\lim\limits_{x\to \infty}\dfrac{3x^2-2x+4}{x^3+5x+2}(3-2\cos 3x)$;

(25) $x_n=0.\underbrace{123123\cdots123}_{\text{共}n\text{个循环节}}$, 求 $\lim\limits_{n\to\infty}x_n$;

(26) 设 $f(x)=3x^2-2x+1$, 求 $\lim\limits_{h\to 0}\dfrac{f(x+h)-f(x)}{h}$.

11. 设 $f(x)=\begin{cases}\dfrac{1+x}{1-x}, & x<-1,\\ x^2-1, & -1\leqslant x\leqslant 1,\\ \dfrac{x-1}{x+1}, & x>1,\end{cases}$ 求 $\lim\limits_{x\to-\infty}f(x)$, $\lim\limits_{x\to+\infty}f(x)$, $\lim\limits_{x\to-1}f(x)$, $\lim\limits_{x\to1}f(x)$, $\lim\limits_{x\to-2}f(x)$, $\lim\limits_{x\to0}f(x)$, $\lim\limits_{x\to2}f(x)$.

12. 若 $\lim\limits_{x\to 1}\dfrac{2x^2-5x+k}{x^2-1}=-\dfrac{1}{2}$, 求 k 的值.

13. 若 $\lim\limits_{x\to 3}\dfrac{x^2+ax+b}{x-3}=4$, 求 a,b 的值.

14. 若 $\lim\limits_{x\to 4}\dfrac{x^2+ax-12}{\sqrt{x}-2}=b$, 求 a,b 的值.

15. 若 $\lim\limits_{x\to\infty}\left(\dfrac{x^2-3x+2}{2x+1}+ax-b\right)=0$, 求 a,b 的值.

16. 设 $f(x)=\dfrac{px^2+2}{x^2+1}+qx-1$, 当 $x\to\infty$ 时,

(1) p,q 为何值时 $f(x)$ 是无穷小量?

(2) p,q 为何值时 $f(x)$ 是无穷大量?

(3) p,q 为何值时 $\lim\limits_{x\to\infty}f(x)=1$?

17. (单项选择) $\lim\limits_{x\to\infty}\dfrac{1}{x}\sqrt{\dfrac{x^3}{x+1}}$(　　).

(A) 等于 1;　　(B) 等于 -1;　　(C) 等于 ∞;　　(D) 不存在.

18. 利用极限存在的准则求下列极限:

(1) $\lim\limits_{n\to\infty}\dfrac{1}{\sqrt{n^4+2}}+\dfrac{3}{\sqrt{n^4+4}}+\dfrac{5}{\sqrt{n^4+6}}+\cdots+\dfrac{2n-1}{\sqrt{n^4+2n}}$;

(2) 设 $x_1=\sqrt{2},x_2=\sqrt{2+\sqrt{2}},\cdots,x_n=\sqrt{2+\sqrt{2+\cdots+\sqrt{2}}}$(共 n 层根号), 求 $\lim\limits_{n\to\infty}x_n$.

19. 求下列极限:

(1) $\lim\limits_{x\to0}\dfrac{\sin x}{\tan\frac{x}{2}}$;　　(2) $\lim\limits_{x\to0}\dfrac{\arctan x}{x}$;

(3) $\lim\limits_{x\to0}\dfrac{\tan x-\sin x}{x^3}$;　　(4) $\lim\limits_{x\to\infty}\dfrac{x^2+1}{x-1}\sin\dfrac{1}{x+2}$;

(5) $\lim\limits_{x\to1}\dfrac{\sin(x^2-1)}{\sqrt{x}-1}$;　　(6) $\lim\limits_{x\to0}\dfrac{\sin\sin 2x-\tan x}{x}$.

20. 求下列极限:

(1) $\lim\limits_{x\to\infty}\left(\dfrac{x}{x+1}\right)^{x-2}$;　　(2) $\lim\limits_{x\to+\infty}\left(1-\dfrac{1}{x}\right)^{\sqrt{x}}$;

(3) $\lim\limits_{x\to0}(1+x)^{\cot x}$;　　(4) $\lim\limits_{x\to2}(3-x)^{\frac{3}{2-x}}$;

(5) $\lim\limits_{x\to\infty}\left(\dfrac{x^2-1}{x^2+1}\right)^{3x^2-x}$;　　(6) $\lim\limits_{x\to+\infty}x[\ln(x+3)-\ln x]$.

21. 利用等价无穷小量因子代换求下列极限:

(1) $\lim\limits_{x\to0}\dfrac{(\mathrm{e}^{2x^2}-1)\cdot\arctan 3x^2\cdot(\sqrt{1+x}-1)}{x^2\cdot\sin 2x\cdot\ln(1+x^2)}$;

(2) $\lim\limits_{x\to0}\dfrac{1-\cos 2x}{\sqrt{1+x\sin x}-1}$;

(3) $\lim\limits_{x\to0}\dfrac{\tan 3x-\sin 3x}{(2-\cos x-\cos^2 x)\arcsin x}$;

(4) $\lim\limits_{x\to a}\dfrac{\sin x-\sin a}{x-a}$;

(5) $\lim\limits_{x\to0}(x+\mathrm{e}^{2x})^{-\frac{1}{x}}$;

(6) $\lim\limits_{x\to 0}\dfrac{\sqrt[n]{1+x}-\sqrt[n]{1-x}}{\sqrt[m]{1+x}-\sqrt[m]{1-x}}(m,n\in\mathbf{N})$.

22. 比较下列各对无穷小量的阶:

(1) $\sqrt{x+1}-\sqrt{x}$ 与 $\dfrac{1}{\sqrt{x}}(x\to+\infty)$;

(2) $x\sin\sqrt{x}$ 与 $x^{\frac{3}{2}}(x\to 0^+)$;

(3) 2^x-1 与 $x(x\to 0)$;

(4) $\ln(1+x)-\sin x$ 与 $x(x\to 0)$.

23. 设 α,β 是同一变化过程中的两个无穷小量. 如果 $\alpha\sim\beta$, 证明

$$\alpha-\beta=o(\alpha),\quad \alpha-\beta=o(\beta).$$

24. 设函数 $f(x)=\begin{cases}x^2, & x<0,\\ \sqrt{x}, & x\geqslant 0,\end{cases}$ 讨论 $f(x)$ 在点 $x=0$ 处的连续性, 并作出 $f(x)$ 的图形.

25. 给下列函数 $f(x)$ 补充定义 $f(0)$ 等于何值, 能使补充后的函数在 $x=0$ 处连续?

(1) $f(x)=\dfrac{\sqrt{1+x}-\sqrt{1-x}}{x}$;　　(2) $f(x)=\dfrac{\sin 2x}{x}$;

(3) $f(x)=(1+2x)^{\frac{2}{x}}$;　　(4) $f(x)=\sin x\cos\dfrac{1}{x}$.

26. 求下列函数的间断点, 并判断其类型:

(1) $y=\dfrac{x^2-1}{x^2-3x+2}$;　　(2) $y=\dfrac{\sin x}{x}$;

(3) $y=\dfrac{x(x^2-1)}{\sin\pi x}$;　　(4) $y=\begin{cases}0, & x<1,\\ 2x+1, & 1\leqslant x<2,\\ 1+x^2, & x\geqslant 2.\end{cases}$

27. 设

$$f(x)=\begin{cases}\dfrac{1}{x}\sin x, & x<0,\\ k, & x=0,\\ x\sin\dfrac{1}{x}+1, & x>0.\end{cases}$$

当 k 为何值时, $f(x)$ 在其定义域内连续?

28. 求函数

$$f(x)=\begin{cases}-2, & -3<x\leqslant -1,\\ x-1, & -1<x<0,\\ \sqrt{1-x^2}, & 0\leqslant x\leqslant 1\end{cases}$$

的连续区间.

29. 证明: 方程 $x^5-3x=1$ 在 1 与 2 之间至少有一个实根.

30. 证明: 方程 $x = a\sin x + b\ (a > 0, b > 0)$ 至少有一个不超过 $a + b$ 的正根.

31. 证明: 任何三次代数方程

$$x^3 + bx^2 + cx + d = 0 \quad (b, c, d \text{ 均为常数})$$

至少有一个实根.

(B)

1. (2014) 设 $\lim\limits_{n\to\infty} a_n = a$, 且 $a \neq 0$, 则当 n 充分大时有 (　　).

(A) $|a_n| > \dfrac{|a|}{2}$; (B) $|a_n| < \dfrac{|a|}{2}$; (C) $a_n > a - \dfrac{1}{n}$; (D) $a_n < a - \dfrac{1}{n}$.

2. (2014) 设 $p(x) = a + bx + cx^2 + dx^3$. 当 $x \to 0$ 时, 若 $p(x) - \tan x$ 是比 x^3 高阶的无穷小, 则下列选项中错误的是 (　　).

(A) $a = 0$; (B) $b = 1$; (C) $c = 0$; (D) $d = \dfrac{1}{6}$.

3. (2015) 设 $\{x_n\}$ 是数列, 下列命题中不正确的是 (　　).

(A) 若 $\lim\limits_{n\to\infty} x_n = a$, 则 $\lim\limits_{n\to\infty} x_{2n} = \lim\limits_{n\to\infty} x_{2n+1} = a$;

(B) 若 $\lim\limits_{n\to\infty} x_{2n} = \lim\limits_{n\to\infty} x_{2n+1} = a$, 则 $\lim\limits_{n\to\infty} x_n = a$;

(C) 若 $\lim\limits_{n\to\infty} x_n = a$, 则 $\lim\limits_{n\to\infty} x_{3n} = \lim\limits_{n\to\infty} x_{3n+1} = a$;

(D) 则 $\lim\limits_{n\to\infty} x_{3n} = \lim\limits_{n\to\infty} x_{3n+1} = a$, 则 $\lim\limits_{n\to\infty} x_n = a$.

4. (2017) 若函数 $f(x) = \begin{cases} \dfrac{1 - \cos\sqrt{x}}{ax}, & x > 0, \\ b, & x \leqslant 0 \end{cases}$ 在 $x = 0$ 处连续, 则 (　　).

(A) $ab = \dfrac{1}{2}$; (B) $ab = -\dfrac{1}{2}$; (C) $ab = 0$; (D) $ab = 2$.

5. (2019) 当 $x \to 0$ 时, 若 $x - \tan x$ 与 x^k 是同阶无穷小, 则 $k =$(　　).

(A) 1; (B) 2; (C) 3; (D) 4.

6. (2020) 函数 $f(x) = \dfrac{\mathrm{e}^{\frac{1}{x-1}} \ln|1 + x|}{(\mathrm{e}^x - 1)(x - 2)}$ 的第二类间断点的个数为 (　　).

(A) 1; (B) 2; (C) 3; (D) 4.

7. (2021) 设函数 $f(x) = ax - b\ln x\ (a > 0)$ 有 2 个零点, 则 $\dfrac{b}{a}$ 的取值范围是 (　　).

(A) $(\mathrm{e}, +\infty)$; (B) $(0, \mathrm{e})$; (C) $\left(0, \dfrac{1}{\mathrm{e}}\right)$; (D) $\left(\dfrac{1}{\mathrm{e}}, +\infty\right)$.

8. (2022) 当 $x \to 0$ 时, $\alpha(x), \beta(x)$ 是非零无穷小量, 给出以下四个命题:

① 若 $\alpha(x) \sim \beta(x)$, 则 $\alpha^2(x) \sim \beta^2(x)$;

② 若 $\alpha^2(x) \sim \beta^2(x)$, 则 $\alpha(x) \sim \beta(x)$;

③ 若 $\alpha(x) \sim \beta(x)$, 则 $\alpha(x) - \beta(x) = o(\alpha(x))$;

④ 若 $\alpha(x) - \beta(x) = o(\alpha(x))$, 则 $\alpha(x) \sim \beta(x)$.

其中所有真命题的序号是 (　　).

(A) ①③; (B) ①④; (C) ①③④; (D) ②③④.

9. (2024) 设函数 $f(x)=\lim\limits_{n\to\infty}\dfrac{1+x}{1+nx^{2n}}$, 则 $f(x)$( ).

(A) 在 $x=1$, $x=-1$ 处都连续;

(B) 在 $x=1$ 处连续, 在 $x=-1$ 处不连续;

(C) 在 $x=1$, $x=-1$ 处都不连续;

(D) 在 $x=1$ 处不连续, 在 $x=-1$ 处连续.

10.(2016) 已知函数 $f(x)$ 满足 $\lim\limits_{x\to0}\dfrac{\sqrt{1+f(x)\sin 2x}-1}{\mathrm{e}^{3x}-1}=2$, 则 $\lim\limits_{x\to0}f(x)=$__________.

11. (2016) 极限 $\lim\limits_{n\to\infty}\dfrac{1}{n^2}\left(\sin\dfrac{1}{n}+2\sin\dfrac{2}{n}+\cdots+n\sin\dfrac{n}{n}\right)=$__________.

12. (2019) $\lim\limits_{n\to\infty}\left[\dfrac{1}{1\times2}+\dfrac{1}{2\times3}+\cdots+\dfrac{1}{n\times(n+1)}\right]^n=$__________.

13. (2021) 若 $y-\cos\mathrm{e}^{-\sqrt{x}}$, 则 $\left.\dfrac{\mathrm{d}y}{\mathrm{d}x}\right|_{x=1}=$__________.

14. (2022) $\lim\limits_{x\to0}\left(\dfrac{1+\mathrm{e}^x}{2}\right)^{\cot x}=$__________.

15. (2023) $\lim\limits_{x\to\infty}x^2\left(2-x\sin\dfrac{1}{x}-\cos\dfrac{1}{x}\right)=$__________.

16. (2015) 设函数 $f(x)=x+a\ln(1+x)+bx\sin x$, $g(x)=kx^3$, 若 $f(x)$ 与 $g(x)$ 在 $x\to0$ 时是等价无穷小, 求 a,b,k 的值.

17. (2018) 已知实数 a,b 满足 $\lim\limits_{x\to+\infty}\left[(a\mathrm{e}+b)^{\frac{1}{x}}-x\right]=2$, 求 a,b.

18. (2020) 已知 a,b 为常数, 若 $\left(1+\dfrac{1}{n}\right)^n-\mathrm{e}$ 与 $\dfrac{b}{n^a}$ 在 $n\to\infty$ 时是等价无穷小, 求 a,b.

19. (2021) 已知 $\lim\limits_{x\to0}\left[a\arctan\dfrac{1}{x}+(1+|x|)^{\frac{1}{x}}\right]$ 存在, 求 a 的值.

20. 设 $x_1=10$, $x_{n+1}=\sqrt{6+x_n}$ $(n=1,2,\cdots)$, 试证数列 $\{x_n\}$ 极限存在, 并求此极限.

21. 设函数 $f(x)$ 在闭区间 $[0,1]$ 上连续, 且 $f(1)=0$, $f\left(\dfrac{1}{2}\right)=1$, 试证: 存在 $\eta\in\left(\dfrac{1}{2},1\right)$, 使 $f(\eta)=\eta$.

22. 设函数 $f(x)$ 在闭区间 $[0,a]$ 上连续, 且 $f(0)=f(a)$, 则方程 $f(x)=f\left(x+\dfrac{a}{2}\right)$ 在 $(0,a)$ 内至少有一个实根.

第2章自测题

第 3 章

导数与微分

微分学是微积分的重要组成部分, 导数与微分以及它们的应用是微分学的主要内容. 本章主要介绍导数与微分这两个基本概念, 以及它们的计算方法.

3.1 导数概念

导数是用极限方法研究函数中因变量随自变量变化的快慢程度, 即"速度"问题, 它是从许多实际问题的需要中抽象出来的一个重要概念.

3.1.1 引出导数概念的实例

1. 直线运动的速度问题

设某物体做变速直线运动, 已知其路程 s 与时间 t 的函数关系为 $s=s(t)$. 求该物体在 $t=t_0$ 时的速度.

当时间由 t_0 变到 $t_0+\Delta t$ 时, 物体在 Δt 这段时间内所经过的路程为

$$\Delta s=s(t_0+\Delta t)-s(t_0),$$

则物体在 Δt 这段时间内的平均速度为

$$\bar{v}=\frac{\Delta s}{\Delta t}=\frac{s(t_0+\Delta t)-s(t_0)}{\Delta t}.$$

当 Δt 很小时, $\bar{v}$ 反映了物体在区间 $[t_0,t_0+\Delta t]$ 上变化的快慢程度. 当 $\Delta t\to 0$ 时, 区间 $[t_0,t_0+\Delta t]$ 缩于一点 t_0. 如果 $\lim\limits_{\Delta t\to 0}\dfrac{\Delta s}{\Delta t}$ 存在, 就称此极限为物体在 t_0 时刻的瞬时速度, 即

$$\begin{aligned}v(t_0)&=\lim_{\Delta t\to 0}\frac{\Delta s}{\Delta t}\\&=\lim_{\Delta t\to 0}\frac{s(t_0+\Delta t)-s(t_0)}{\Delta t}.\end{aligned}$$

由此可见, 物体在 t_0 时刻的瞬时速度 $v(t_0)$ 是 $\Delta t\to 0$ 时, 路程函数 $s=s(t)$ 的改变量 Δs 与自变量 t 的改变量 Δt 的比值 $\dfrac{\Delta s}{\Delta t}$ 的极限.

2. 平面曲线的切线斜率问题

已知平面曲线的方程为 $y = f(x)$, 求该曲线在点 $M_0(x_0, y_0)$ 处的切线斜率, 其中 $y_0 = f(x_0)$. 如图 3.1 所示, 在曲线上另取一点 $M(x_0 + \Delta x, y_0 + \Delta y)$, 作割线 M_0M, 并设其倾角为 φ, 则其斜率为

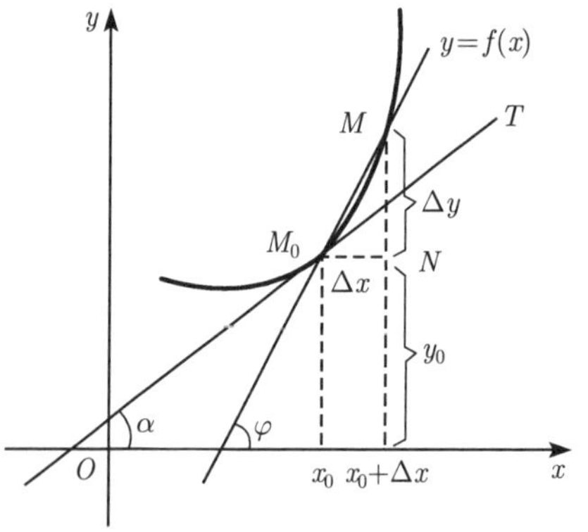

图 3.1

$$\tan\varphi = \frac{\Delta y}{\Delta x} = \frac{f(x_0 + \Delta x) - f(x_0)}{\Delta x}.$$

当 $\Delta x \to 0$ 时, 点 M 将沿曲线趋向于定点 M_0. 从而割线 M_0M 的极限位置 M_0T, 就是曲线在点 M_0 处的切线. 因此曲线在 M_0 点的切线斜率为

$$\begin{aligned}\tan\alpha &= \lim_{\Delta x\to 0}\tan\varphi \\ &= \lim_{\Delta x\to 0}\frac{\Delta y}{\Delta x} \\ &= \lim_{\Delta x\to 0}\frac{f(x_0 + \Delta x) - f(x_0)}{\Delta x}.\end{aligned}$$

由此可见, 曲线 $y = f(x)$ 在点 $M_0(x_0, y_0)$ 处的切线斜率是 $\Delta x \to 0$ 时, 在点 x_0 处函数 $y = f(x)$ 的改变量 Δy 与自变量 x 的改变量 Δx 的比值 $\dfrac{\Delta y}{\Delta x}$ 的极限.

以上两个例题, 虽然实际意义完全不同, 但从抽象的数量关系来看, 它们的实质是一样的, 都可以归结为计算函数改变量与自变量改变量之比在自变量的改变量趋于零时的极限. 我们把这种特殊类型的极限称为函数的导数.

3.1.2　导数的定义

定义 3.1　设函数 $y = f(x)$ 在点 x_0 的某个邻域内有定义. 当自变量在点 x_0 处取得改变量 Δx(点 $x_0 + \Delta x$ 仍在该邻域内, 且 $\Delta x \neq 0$) 时, 函数 $f(x)$ 相应地取得改变量

$$\Delta y = f(x_0 + \Delta x) - f(x_0).$$

如果当 $\Delta x \to 0$ 时, 极限

$$\lim_{\Delta x\to 0}\frac{\Delta y}{\Delta x} = \lim_{\Delta x\to 0}\frac{f(x_0 + \Delta x) - f(x_0)}{\Delta x}$$

存在, 则称函数 $f(x)$ 在点 x_0 **处可导或具有导数**, 并称此极限为函数 $f(x)$ 在点 x_0 处的**导数**, 记为

$$f'(x_0), y'|_{x=x_0}, \left.\frac{\mathrm{d}y}{\mathrm{d}x}\right|_{x=x_0}, \quad \text{或} \quad \left.\frac{\mathrm{d}f}{\mathrm{d}x}\right|_{x=x_0},$$

即

$$f'(x_0) = \lim_{\Delta x \to 0} \frac{\Delta y}{\Delta x} = \lim_{\Delta x \to 0} \frac{f(x_0 + \Delta x) - f(x_0)}{\Delta x}.$$

如果定义 3.1 中的极限不存在, 则称函数 $y = f(x)$ 在点 x_0 处**不可导**, 且称点 x_0 为函数 $f(x)$ 的**不可导点**. 如果此时极限为 ∞, 有时为了方便, 称函数 $y = f(x)$ 在点 x_0 处的**导数为无穷大**.

由定义 3.1 不难理解,

$$\frac{\Delta y}{\Delta x} = \frac{f(x_0 + \Delta x) - f(x_0)}{\Delta x}$$

反映了在点 x_0 处到点 $x_0 + \Delta x$ 处之间, y 随着 x 变化的平均快慢程度, 称其为函数 $y = f(x)$ 在 x_0 处到 $x_0 + \Delta x$ 处之间的平均变化率. 而导数 $f'(x_0) = \lim\limits_{\Delta x \to 0} \dfrac{\Delta y}{\Delta x}$ 反映了在点 x_0 处 y 随着 x 变化的快慢程度, 也称其为函数 $y = f(x)$ 在点 x_0 处的变化率或“速度”.

导数的定义有时为了方便也可以写成其他的形式, 如果令 $\Delta x = h$ 时, 则有

$$f'(x_0) = \lim_{h \to 0} \frac{f(x_0 + h) - f(x_0)}{h}.$$

如果令 $x = x_0 + \Delta x$, 则有

$$f'(x_0) = \lim_{x \to x_0} \frac{f(x) - f(x_0)}{x - x_0}.$$

由定义 3.1 易知前面两个例子中, 瞬时速度 $v(t_0) = s'(t_0)$, 曲线斜率 $\tan\varphi = f'(x_0)$.

例 1 求函数 $y = x^2$ 在点 $x = 1$ 处的导数.

解法 1 由于

$$\Delta y = f(1 + \Delta x) - f(1) = (1 + \Delta x)^2 - 1^2 = 2\Delta x + (\Delta x)^2,$$

所以

$$f'(1)=\lim_{\Delta x\to 0}\frac{\Delta y}{\Delta x}=\lim_{\Delta x\to 0}(2+\Delta x)=2.$$

解法 2 $f'(1)=\lim\limits_{x\to 1}\dfrac{f(x)-f(1)}{x-1}=\lim\limits_{x\to 1}\dfrac{x^2-1}{x-1}=\lim\limits_{x\to 1}(x+1)=2.$

若函数 $y=f(x)$ 在开区间 (a,b) 内每一点都可导, 则称函数 $f(x)$ 在 (a,b) 内可导. 这时, 对于 (a,b) 内的每一个值 x, 都有唯一的确定的值 $f'(x)$. 所以导数 $f'(x)$ 仍是 (a,b) 内自变量为 x 的一个函数, 称其为函数 $f(x)$ 的**导函数**, 简称**导数**. 记为 $f'(x), y', \dfrac{\mathrm{d}y}{\mathrm{d}x}$ 或 $\dfrac{\mathrm{d}f}{\mathrm{d}x}$, 即

$$f'(x)=\lim_{\Delta x\to 0}\frac{\Delta y}{\Delta x}=\lim_{\Delta x\to 0}\frac{f(x+\Delta x)-f(x)}{\Delta x},\quad x\in(a,b).$$

显然, 函数 $y=f(x)$ 在点 x_0 处的导数 $f'(x_0)$ 就是其导函数 $f'(x)$ 在点 x_0 处的函数值.

3.1.3 单侧导数

定义 3.2 设函数 $y=f(x)$ 在点 x_0 的某个左半邻域内有定义, 如果

$$\lim_{\Delta x\to 0^-}\frac{f(x_0+\Delta x)-f(x_0)}{\Delta x}$$

存在, 则称其为函数 $f(x)$ 在点 x_0 处的**左导数**, 记作 $f'_-(x_0)$, 即

$$f'_-(x_0)=\lim_{\Delta x\to 0^-}\frac{\Delta y}{\Delta x}=\lim_{\Delta x\to 0^-}\frac{f(x_0+\Delta x)-f(x_0)}{\Delta x}=\lim_{x\to x_0^-}\frac{f(x)-f(x_0)}{x-x_0}.$$

类似可以定义函数 $f(x)$ 在点 x_0 处的右导数 $f'_+(x_0)$, 即

$$f'_+(x_0)=\lim_{\Delta x\to 0^+}\frac{\Delta y}{\Delta x}=\lim_{\Delta x\to 0^+}\frac{f(x_0+\Delta x)-f(x_0)}{\Delta x}=\lim_{x\to x_0^+}\frac{f(x)-f(x_0)}{x-x_0}.$$

函数 $f(x)$ 在点 x_0 处的左导数 $f'_-(x_0)$ 与右导数 $f'_+(x_0)$ 统称为函数 $f(x)$ 在点 x_0 处的**单侧导数**.

根据左右极限定义可知: 函数 $f(x)$ 在点 x_0 处可导的充分必要条件是函数 $f(x)$ 在点 x_0 处的左右导数均存在且相等, 即

$$f'(x_0)=A\Leftrightarrow f'_-(x_0)=f'_+(x_0)=A.$$

例 2 求函数 $f(x)=\begin{cases}\sin x, & x<0,\\ x, & x\geqslant 0\end{cases}$ 在点 $x=0$ 处的导数.

解 因为

$$f'_-(0)=\lim_{x\to 0^-}\frac{\sin x-0}{x-0}=1,\quad f'_+(0)=\lim_{x\to 0^+}\frac{x-0}{x-0}=1,$$

即

$$f'_-(0)=f'_+(0)=1.$$

所以

$$f'(0)=1.$$

3.1.4 用导数的定义计算导数

导数的定义给出了求导数的方法, 下面就根据导数的定义来求部分基本初等函数的导数公式.

例 3 求函数 $f(x)=C$ 的导数.

解
$$f'(x)=\lim_{h\to 0}\frac{f(x+h)-f(x)}{h}=\lim_{h\to 0}\frac{0-0}{h}=0,$$

即常量函数的导数为

$$(C)'=0.$$

例 4 求函数 $f(x)=x^\alpha$ 的导数.

解
$$f'(x)=\lim_{h\to 0}\frac{(x+h)^\alpha-x^\alpha}{h}=x^\alpha\lim_{h\to 0}\frac{\left(1+\dfrac{h}{x}\right)^\alpha-1}{h}$$

$$=x^\alpha\lim_{h\to 0}\frac{\alpha\cdot\dfrac{h}{x}}{h}=x^\alpha\lim_{h\to 0}\frac{\alpha}{x}=\alpha x^\alpha,$$

即幂函数的导数为

$$(x^\alpha)'=\alpha x^{\alpha-1}.$$

利用幂函数的导数公式求导时, 要注意先把函数化为 x 的幂函数 x^α 的形式, 然后再求导, 例如,

$$(\sqrt{x})' = (x^{\frac{1}{2}})' = \frac{1}{2}x^{-\frac{1}{2}} = \frac{1}{2\sqrt{x}};$$

$$\left(\frac{1}{x}\right)' = (x^{-1})' = -x^{-2} = -\frac{1}{x^2}.$$

例 5　求函数 $f(x) = \sin x$ 的导数.

解　$$f'(x) = \lim_{h\to 0}\frac{\sin(x+h)-\sin x}{h} = \lim_{h\to 0}\frac{2\cos\left(x+\frac{h}{2}\right)\sin\frac{h}{2}}{h}$$

$$= \lim_{h\to 0}\cos\left(x+\frac{h}{2}\right) = \cos x,$$

即正弦函数的导数为

$$(\sin x)' = \cos x.$$

同理可得余弦函数的导数为

$$(\cos x)' = -\sin x.$$

例 6　求函数 $f(x) = a^x (a>0, a\neq 1)$ 的导数.

解　$$f'(x) = \lim_{h\to 0}\frac{a^{x+h}-a^x}{h} = a^x\lim_{h\to 0}\frac{a^h-1}{h}$$

$$= a^x\lim_{h\to 0}\frac{h\ln a}{h} = a^x\ln a,$$

即指数函数的导数为

$$(a^x)' = a^x\ln a.$$

特别地, 当 $a = \mathrm{e}$ 时,

$$(\mathrm{e}^x)' = \mathrm{e}^x.$$

例 7　求函数 $f(x) = \log_a x (a>0, a\neq 1)$ 的导数.

解　$$f'(x) = \lim_{h\to 0}\frac{\log_a(x+h)-\log_a x}{h} = \lim_{h\to 0}\frac{\log_a\left(1+\frac{h}{x}\right)}{h}$$

$$= \lim_{h \to 0} \log_a \left(1 + \frac{h}{x}\right)^{\frac{1}{h}} = \log_a e^{\frac{1}{x}} = \frac{1}{x}\log_a e = \frac{1}{x \ln a},$$

即对数函数的导数为

$$(\log_a x)' = \frac{1}{x \ln a}.$$

特别地, 当 $a = e$ 时,

$$(\ln x)' = \frac{1}{x}.$$

3.1.5 导数的几何意义

由前面讨论平面曲线的切线斜率问题可知, 如果函数 $f(x)$ 在点 x_0 处可导, 则其导数 $f'(x_0)$ 的几何意义为曲线 $y = f(x)$ 在点 $M_0(x_0, y_0)$ 处的切线斜率 (图 3.1), 即

$$k = \tan \alpha = f'(x_0).$$

由导数的几何意义及直线的点斜式方程可知, 曲线 $y = f(x)$ 在点 $M_0(x_0, y_0)$ 处的切线方程为

$$y - y_0 = f'(x_0)(x - x_0).$$

法线方程为

$$y - y_0 = -\frac{1}{f'(x_0)}(x - x_0).$$

如果 $f'(x_0) = 0$, 则切线方程为 $y = y_0$, 即切线平行于 x 轴;

如果 $f'(x_0) = \infty$, 则切线方程为 $x = x_0$, 即切线垂直于 x 轴.

例 8 求曲线 $y = \sqrt{x}$ 在点 $(1, 1)$ 处的切线方程和法线方程.

解 因为

$$y' = (\sqrt{x})' = \frac{1}{2\sqrt{x}}, \quad y'|_{x=1} = \frac{1}{2},$$

所以所求切线方程为

$$y - 1 = \frac{1}{2}(x - 1),$$

即

$$x - 2y + 1 = 0.$$

所求法线方程为

$$y - 1 = -2(x - 1),$$

即

$$2x + y - 3 = 0.$$

3.1.6　可导与连续的关系

定理 3.1　如果函数 $y = f(x)$ 在点 x_0 处可导, 则它在点 x_0 处一定连续.

证明　因为函数 $y = f(x)$ 在点 x_0 处可导, 所以有

$$\lim_{\Delta x \to 0} \frac{\Delta y}{\Delta x} = f'(x_0).$$

从而

$$\begin{aligned}\lim_{\Delta x \to 0} \Delta y &= \lim_{\Delta x \to 0} \frac{\Delta y}{\Delta x} \cdot \Delta x = \lim_{\Delta x \to 0} \frac{\Delta y}{\Delta x} \cdot \lim_{\Delta x \to 0} \Delta x \\ &= f'(x_0) \cdot 0 = 0.\end{aligned}$$

故函数 $f(x)$ 在点 x_0 处连续.

但定理 3.1 的逆定理不成立, 即如果函数 $f(x)$ 在点 x_0 处连续, 但它在点 x_0 处不一定可导. 也就是说, 函数 $f(x)$ 在点 x_0 处连续是它在该点可导的必要条件, 但不是充分条件. 下面通过例题来说明.

例 9　讨论函数 $y = f(x) = |x| = \begin{cases} x, & x \geqslant 0, \\ -x, & x < 0 \end{cases}$ 在点 $x = 0$ 处的连续性与可导性.

解　连续性. 因为

$$\lim_{x \to 0^-} f(x) = \lim_{x \to 0^-} |x| = \lim_{x \to 0^-} (-x) = 0;$$

$$\lim_{x \to 0^+} f(x) = \lim_{x \to 0^+} |x| = \lim_{x \to 0^+} x = 0,$$

即

$$\lim_{x \to 0} f(x) = 0 = f(0).$$

所以函数 $y = f(x)$ 在点 $x = 0$ 处连续.

可导性. 因为

$$f'_-(0)=\lim_{x\to0^-}\frac{f(x)-f(0)}{x-0}=\lim_{x\to0^-}\frac{-x-0}{x-0}=-1;$$

$$f'_+(0)=\lim_{x\to0^+}\frac{f(x)-f(0)}{x-0}=\lim_{x\to0^+}\frac{x-0}{x-0}=1,$$

即 $f'_-(0)\neq f'_+(0)$. 所以函数 $y=f(x)$ 在点 $x=0$ 处不可导.

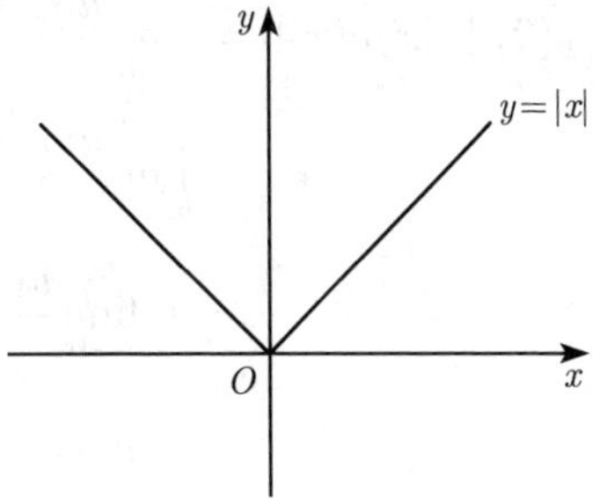

图 3.2

这个结果从图 3.2 上很容易看出. 显然曲线 $y=f(x)$ 在点 $x=0$ 处连续, 但因为在点 $x=0$ 处曲线不光滑, 出现了“尖点”, 所以该点不存在切线, 从而函数 $y=f(x)$ 在点 $x=0$ 处不可导.

3.2 求导法则

导数定义虽然给出了求导的方法, 但用定义求导数要涉及很烦琐的极限运算. 我们研究的主要对象是初等函数, 而初等函数是由六种基本初等函数经过有限次的四则运算和复合运算得到的函数. 因此解决求导运算的思路是: 先用导数的定义推导出六种基本初等函数的求导公式, 再建立起导数的四则运算法则和复合函数的求导法则. 根据公式和法则可求出所有初等函数的导数. 在 3.1 节中我们利用导数的定义, 得出了几个基本初等函数的导数公式, 在本节我们将得出其余基本初等函数的导数公式, 并建立导数的运算法则和复合函数的求导法则, 以解决较复杂的求导问题.

3.2.1 导数的四则运算法则

定理 3.2 若函数 $u(x),v(x)$ 均在点 x 处可导, 则它们的和、差、积、商 (分母不为零) 都在点 x 处可导, 且有

(1) $[u(x)\pm v(x)]'=u'(x)\pm v'(x)$;

(2) $[u(x)v(x)]'=u'(x)v(x)+u(x)v'(x)$;

(3) $\left[\dfrac{u(x)}{v(x)}\right]'=\dfrac{u'(x)v(x)-u(x)v'(x)}{v^2(x)}(v(x)\neq0)$.

证明 (1) $$[u(x)\pm v(x)]'=\lim_{h\to0}\frac{[u(x+h)\pm v(x+h)]-[u(x)\pm v(x)]}{h}$$

$$=\lim_{h\to0}\frac{u(x+h)-u(x)}{h}\pm\lim_{h\to0}\frac{v(x+h)-v(x)}{h}$$

$$=u'(x)\pm v'(x).$$

$$
\begin{aligned}
(2)\ [u(x)v(x)]' &= \lim_{h\to 0}\frac{u(x+h)v(x+h)-u(x)v(x)}{h}\\
&= \lim_{h\to 0}\frac{u(x+h)v(x+h)-u(x)v(x+h)}{h}\\
&\quad + \lim_{h\to 0}\frac{u(x)v(x+h)-u(x)v(x)}{h}\\
&= \lim_{h\to 0}\frac{u(x+h)-u(x)}{h}v(x+h)\\
&\quad + \lim_{h\to 0}u(x)\frac{v(x+h)-v(x)}{h}\\
&= u'(x)v(x)+u(x)v'(x).
\end{aligned}
$$

$$
\begin{aligned}
(3)\ \left[\frac{u(x)}{v(x)}\right]' &= \lim_{h\to 0}\frac{\dfrac{u(x+h)}{v(x+h)}-\dfrac{u(x)}{v(x)}}{h} = \lim_{h\to 0}\frac{\dfrac{u(x+h)v(x)-u(x)v(x+h)}{h}}{v(x+h)v(x)}\\
&= \lim_{h\to 0}\frac{\dfrac{u(x+h)v(x)-u(x)v(x)+u(x)v(x)-u(x)v(x+h)}{h}}{v(x+h)v(x)}\\
&= \lim_{h\to 0}\frac{\dfrac{u(x+h)-u(x)}{h}v(x)-u(x)\dfrac{v(x+h)-v(x)}{h}}{v(x+h)v(x)}\\
&= \frac{u'(x)v(x)-u(x)v'(x)}{v^2(x)}.
\end{aligned}
$$

定理 3.2 中的法则 (1) 和 (2) 可推广到有限多个可导函数的情形. 例如, 设 $u_i=u_i(x)(i=1,2,3,\cdots,n)$ 均可导, 则有

$$(u_1\pm u_2\pm\cdots\pm u_n)'=u_1'\pm u_2'\pm\cdots\pm u_n',$$

$$(u_1u_2\cdots u_n)'=u_1'u_2\cdots u_n+u_1u_2'\cdots u_n+\cdots+u_1u_2\cdots u_n'.$$

在法则 (2) 和 (3) 中, 若设 $u(x)=C$(C 为常数) 时, 则有

$$(Cv)'=Cv',\quad \left(\frac{C}{v}\right)'=-\frac{Cv'}{v^2}.$$

例 1　求函数 $y=3x^2-\dfrac{1}{x^2}+\log_a x+\mathrm{e}$ 的导数.

解 $y' = (3x^2)' - \left(\dfrac{1}{x^2}\right)' + (\log_a x)' + (\mathrm{e})'$

$$= 3(x^2)' - (x^{-2})' + (\log_a x)' + (\mathrm{e})'$$

$$= 6x + 2x^{-3} + \frac{1}{x\ln a} = 6x + \frac{2}{x^3} + \frac{1}{x\ln a}.$$

例 2 求函数 $y = 2^x + \sin x - \cos x$ 的导数, 并求 $y'(0)$.

解 因为

$$y' = (2^x)' + (\sin x)' - (\cos x)'$$
$$= 2^x \ln 2 + \cos x + \sin x,$$

所以

$$y'(0) = 2^0 \ln 2 + \cos 0 + \sin 0 = \ln 2 + 1.$$

例 3 求函数 $y = (x\sin\alpha + \cos\alpha)(x\cos\alpha - \sin\alpha)$ 的导数.

解 $y' = (x\sin\alpha+\cos\alpha)'(x\cos\alpha-\sin\alpha)+(x\sin\alpha+\cos\alpha)(x\cos\alpha-\sin\alpha)'$

$$= [(x\sin\alpha)' + (\cos\alpha)'](x\cos\alpha - \sin\alpha)$$
$$+ (x\sin\alpha + \cos\alpha)[(x\cos\alpha)' - (\sin\alpha)']$$
$$= \sin\alpha(x\cos\alpha - \sin\alpha) + (x\sin\alpha + \cos\alpha)\cos\alpha.$$
$$= x\sin 2\alpha + \cos 2\alpha.$$

例 4 求函数 $y = \tan x$ 的导数.

解 $y' = (\tan x)' = \left(\dfrac{\sin x}{\cos x}\right)' = \dfrac{(\sin x)'\cos x - \sin x(\cos x)'}{\cos^2 x}$

$$= \frac{\cos x\cos x - \sin x(-\sin x)}{\cos^2 x} = \frac{\cos^2 x + \sin^2 x}{\cos^2 x}$$
$$= \frac{1}{\cos^2 x} = \sec^2 x,$$

即正切函数的导数为

$$(\tan x)' = \sec^2 x.$$

同理可得, 余切函数的导数为 $(\cot x)' = -\csc^2 x$.

例 5 求函数 $y = \sec x$ 的导数.

解　$y' = (\sec x)' = \left(\frac{1}{\cos}\right)' = \frac{-(\cos x)'}{\cos^2 x} = \frac{\sin x}{\cos^2 x}$

$$= \frac{1}{\cos x} \cdot \frac{\sin x}{\cos x} = \sec x \tan x,$$

即正割函数的导数为

$$(\sec x)' = \sec x \tan x.$$

同理可得, 余割函数的导数为

$$(\csc x)' = -\csc x \cot x.$$

3.2.2　反函数的求导法则

定理 3.3　若函数 $x = \varphi(y)$ 在某一区间内单调、可导且 $\varphi'(y) \neq 0$, 则它的反函数 $y = f(x)$ 在对应区间内也可导, 且有

$$y' = f'(x) = \frac{1}{\varphi'(y)} \quad 或 \quad \frac{\mathrm{d}y}{\mathrm{d}x} = \frac{1}{\frac{\mathrm{d}x}{\mathrm{d}y}},$$

即反函数的导数等于其原函数导数的倒数.

证明　因为函数 $x = \varphi(y)$ 在某一区间内单调连续. 先给 x 以增量 $\Delta x \neq 0$. 由 $y = f(x)$ 的单调性可知

$$\Delta y = f(x + \Delta x) - f(x) \neq 0,$$

于是有等式

$$\frac{\Delta y}{\Delta x} = \frac{1}{\frac{\Delta x}{\Delta y}}.$$

因为 $y = f(x)$ 连续, 所以 $\lim\limits_{\Delta x \to 0} \Delta y = 0$. 从而有

$$y' = f'(x) = \lim_{\Delta x \to 0} \frac{\Delta y}{\Delta x} = \lim_{\Delta x \to 0} \frac{1}{\frac{\Delta x}{\Delta y}} = \frac{1}{\varphi'(y)}.$$

利用反函数的求导法则就可以计算反三角函数的导数.

例 6　求函数 $y = \arcsin x \left(-1 < x < 1, -\frac{\pi}{2} < y < \frac{\pi}{2}\right)$ 的导数.

解 由 $y=\arcsin x$ 得 $x=\sin y$.

由反函数的求导法则得

$$(\arcsin x)'=\frac{1}{(\sin y)'}=\frac{1}{\cos y}=\frac{1}{\sqrt{1-x^2}}\quad\left(-1<x<1,-\frac{\pi}{2}<y<\frac{\pi}{2}\right),$$

即反正弦函数的导数为

$$(\arcsin x)'=\frac{1}{\sqrt{1-x^2}}.$$

同理可得反余弦函数的导数为 $(\arccos x)'=-\dfrac{1}{\sqrt{1-x^2}}$.

例 7 求函数 $y=\arctan x\left(-\infty<x<+\infty,-\dfrac{\pi}{2}<y<\dfrac{\pi}{2}\right)$ 的导数.

解 由 $y=\arctan x$ 得

$$x=\tan y.$$

由反函数的求导法则, 得

$$(\arctan x)'=\frac{1}{(\tan y)'}=\frac{1}{\sec^2 y}=\frac{1}{1+x^2}\left(-\infty<x<+\infty,-\frac{\pi}{2}<y<\frac{\pi}{2}\right),$$

即反正切函数的导数为

$$(\arctan x)'=\frac{1}{1+x^2}.$$

同理可得, 反余切函数的导数为

$$(\mathrm{arccot} x)'=-\frac{1}{1+x^2}.$$

3.2.3 复合函数的求导法则

定理 3.4 若函数 $u=g(x)$ 在点 x 处可导, 函数 $y=f(u)$ 在相应的点 $u=g(x)$ 处可导, 则复合函数 $y=f[g(x)]$ 在点 x 处可导, 且有

$$\frac{\mathrm{d}y}{\mathrm{d}x}=\frac{\mathrm{d}y}{\mathrm{d}u}\cdot\frac{\mathrm{d}u}{\mathrm{d}x}\quad 或\quad \frac{\mathrm{d}y}{\mathrm{d}x}=f'(u)\cdot g'(x).$$

证明 因为函数 $y=f(u)$ 在点 u 处可导, 所以有

$$\lim_{\Delta u\to 0}\frac{\Delta y}{\Delta u}=f'(u).$$

根据极限和无穷小量的关系有

$$\frac{\Delta y}{\Delta u} = f'(u) + \alpha(\text{其中} \lim_{\Delta u \to 0} \alpha = 0).$$

当 $\Delta u \neq 0$ 时, 则有

$$\Delta y = f'(u)\Delta u + \alpha \Delta u. \tag{3.1}$$

当 $\Delta u = 0$ 时, 则有

$$\Delta y = f(u + \Delta u) - f(u) = 0,$$

故式 (3.1) 仍然成立 (此时 $\alpha = 0$). 用 $\Delta x \neq 0$ 除式 (3.1) 两边, 且求 $\Delta x \to 0$ 时的极限, 得

$$\begin{aligned}\frac{\mathrm{d}y}{\mathrm{d}x} &= \lim_{\Delta x \to 0} \frac{\Delta y}{\Delta x} = \lim_{\Delta x \to 0} \frac{f'(u)\Delta u + \alpha \Delta u}{\Delta x} \\ &= f'(u) \lim_{\Delta x \to 0} \frac{\Delta u}{\Delta x} + \lim_{\Delta x \to 0} \alpha \frac{\Delta u}{\Delta x}.\end{aligned} \tag{3.2}$$

由于函数 $u = g(x)$ 在点 x 处可导, 所以函数 $u = g(x)$ 在点 x 处连续, 故当 $\Delta x \to 0$ 时, 有

$$\Delta u = g(x + \Delta x) - g(x) \to 0,$$

从而有

$$\lim_{\Delta x \to 0} \alpha = 0,$$

则由式 (3.2) 即得

$$\frac{\mathrm{d}y}{\mathrm{d}x} = f'(u) \cdot g'(x) \quad \text{或} \quad \frac{\mathrm{d}y}{\mathrm{d}x} = \frac{\mathrm{d}y}{\mathrm{d}u} \cdot \frac{\mathrm{d}u}{\mathrm{d}x}.$$

由此可见, 复合函数 y 关于自变量 x 的导数, 就是复合函数 y 关于中间变量 u 的导数乘以中间变量 u 关于自变量 x 的导数, 这就是复合函数的求导法则. 这一法则又称为**链式法则**. 它在导数运算中有着很重要的作用.

例 8　求函数 $y = \mathrm{e}^{x^2}$ 的导数.

解　此函数可以看成由 $y = \mathrm{e}^u, u = x^2$ 复合而成的. 所以

$$\frac{\mathrm{d}y}{\mathrm{d}x} = \frac{\mathrm{d}y}{\mathrm{d}u} \cdot \frac{\mathrm{d}u}{\mathrm{d}x} = \mathrm{e}^u \cdot 2x = 2x\mathrm{e}^{x^2}.$$

复合函数的求导法则可推广到多个中间变量的情形. 例如, 设 $y=f(u), u=\varphi(v), v=\psi(x)$, 则复合函数 $y=\{\varphi[\psi(x)]\}$ 的导数为

$$\frac{\mathrm{d}y}{\mathrm{d}x}=\frac{\mathrm{d}y}{\mathrm{d}u}\cdot\frac{\mathrm{d}u}{\mathrm{d}v}\cdot\frac{\mathrm{d}v}{\mathrm{d}x}.$$

这里假定上式右端所出现的导数在相应点都存在.

例 9 求函数 $y=\arcsin\sqrt{2x}$ 的导数.

解 此函数可以看成由 $y=\arcsin u, u=\sqrt{v}, v=2x$ 复合而成的. 所以

$$\frac{\mathrm{d}y}{\mathrm{d}x}=\frac{\mathrm{d}y}{\mathrm{d}u}\cdot\frac{\mathrm{d}u}{\mathrm{d}v}\cdot\frac{\mathrm{d}v}{\mathrm{d}x}=\frac{1}{\sqrt{1-u^2}}\cdot\frac{1}{2\sqrt{v}}\cdot 2=\frac{1}{\sqrt{2x(1-2x)}}.$$

对复合函数的分解及运算比较熟悉后, 就不必写出中间变量.

例 10 求函数 $y=\ln\sin x$ 的导数.

解 $y'=\frac{1}{\sin x}\cdot(\sin x)'=\frac{\cos x}{\sin x}=\cot x.$

例 11 求函数 $y=\sin[\sin(\sin x)]$ 的导数.

解
$$\begin{aligned}y'&=\cos[\sin(\sin x)]\cdot[\sin(\sin x)]'\\&=\cos[\sin(\sin x)]\cdot\cos(\sin x)\cdot(\sin x)'\\&=\cos[\sin(\sin x)]\cos(\sin x)\cos x.\end{aligned}$$

例 12 求函数 $y=\ln(x+\sqrt{a^2+x^2})$ 的导数.

解
$$\begin{aligned}y'&=\frac{1}{x+\sqrt{a^2+x^2}}(x+\sqrt{a^2+x^2})'\\&=\frac{1}{x+\sqrt{a^2+x^2}}\left[1+\frac{1}{2\sqrt{a^2+x^2}}\cdot(a^2+x^2)'\right]\\&=\frac{1}{x+\sqrt{a^2+x^2}}\left(1+\frac{x}{\sqrt{a^2+x^2}}\right)=\frac{1}{\sqrt{a^2+x^2}}.\end{aligned}$$

例 13 求函数 $y=\log_a|x|(a>0, a\neq 1)$ 的导数.

解 当 $x>0$ 时,

$$y'=(\log_a x)'=\frac{1}{x\ln a}\quad(\text{前面已证明});$$

当 $x<0$ 时, $\log_a|x|=\log_a(-x)$, 所以

$$(\log_a|x|)'=[\log_a(-x)]'=\frac{1}{-x\ln a}\cdot(-x)'=\frac{1}{x\ln a},$$

即对数函数的导数为

$$(\log_a|x|)' = \frac{1}{x\ln a}.$$

特别地, 当 $a=\mathrm{e}$ 时

$$(\ln|x|)' = \frac{1}{x}.$$

例 14 求函数 $y=x\,[\sin(\ln x)+\cos(\ln x)]$ 的导数.

解 $y' = [\sin(\ln x)+\cos(\ln x)] + x\{[\sin(\ln x)]' + [\cos(\ln x)]'\}$

$$= \sin(\ln x)+\cos(\ln x) + x\,[\cos(\ln x)\cdot(\ln x)' - \sin(\ln x)\cdot(\ln x)']$$

$$- \sin(\ln x)+\cos(\ln x) + x\cdot\frac{1}{x}\,[\cos(\ln x)-\sin(\ln x)]$$

$$= 2\cos(\ln x).$$

例 15 已知 $f(u)$ 可导, 求函数 $y=f(\sin^2 x)$ 的导数.

解 $y' = f'(\sin^2 x)\cdot(\sin^2 x)' = f'(\sin^2 x)\cdot 2\sin x\cdot\cos x = f'(\sin^2 x)\sin 2x.$

注意 记号 $[f(\sin^2 x)]'$ 与 $f'(\sin^2 x)$ 的区别.

例 16 求函数 $y=f(x)=\begin{cases} x^2, & x\leqslant 0, \\ \sin 2x, & x>0 \end{cases}$ 的导数.

解 当 $x<0$ 时, $y'=f'(x)=(x^2)'=2x$;

当 $x>0$ 时, $y'=f'(x)=(\sin 2x)'=2\cos 2x$;

当 $x=0$ 时,

$$f'_-(0) = \lim_{x\to 0^-}\frac{f(x)-f(0)}{x-0} = \lim_{x\to 0^-}\frac{x^2}{x} = 0,$$

$$f'_+(0) = \lim_{x\to 0^+}\frac{f(x)-f(0)}{x-0} = \lim_{x\to 0^+}\frac{\sin 2x}{x} = 2.$$

因为 $f'_-(0)\neq f'_+(0)$, 所以 $f'(0)$ 不存在. 故

$$y'=f'(x)=\begin{cases} 2x, & x<0, \\ 2\cos 2x, & x>0. \end{cases}$$

注意 求分段函数的导数时, 每一段内的导数可按求导法则求导, 但在分界点的导数必须按导数定义求导.

3.3 基本初等函数的求导公式

基本初等函数的导数公式及运算法则, 在初等函数的求导运算中有着非常重要的作用, 必须熟练地掌握它们. 为了便于记忆和使用, 我们把基本初等函数公式和运算法则归结如下.

3.3.1 基本初等函数的导数公式

(1) $(C)'=0(C$ 为常数); (2) $(x^{\alpha})'=\alpha x^{\alpha-1}$;

(3) $(a^x)'=a^x\ln a\ (a>0,a\neq 1)$; (4) $(\mathrm{e}^x)'=\mathrm{e}^x$;

(5) $(\log_a|x|)'=\dfrac{1}{x\ln a}\ (a>0,a\neq 1)$; (6) $(\ln|x|)'=\dfrac{1}{x}$;

(7) $(\sin x)'=\cos x$; (8) $(\cos x)'=-\sin x$;

(9) $(\tan x)'=\sec^2 x$; (10) $(\cot x)'=-\csc^2 x$;

(11) $(\sec x)'=\sec x\cdot\tan x$; (12) $(\csc x)'=-\csc x\cdot\cot x$;

(13) $(\arcsin x)'=\dfrac{1}{\sqrt{1-x^2}}$; (14) $(\arccos x)'=-\dfrac{1}{\sqrt{1-x^2}}$;

(15) $(\arctan x)'=\dfrac{1}{1+x^2}$; (16) $(\mathrm{arccot} x)'=-\dfrac{1}{1+x^2}$.

3.3.2 函数的和、差、积、商的求导法则

设 $u=u(x),v=v(x)$ 都可导, 则

(1) $[u(x)\pm v(x)]'=u'(x)\pm v'(x)$;

(2) $(Cu)'=Cu'(C$ 是常数);

(3) $[u(x)v(x)]'=u'(x)v(x)+u(x)v'(x)$;

(4) $\left[\dfrac{u(x)}{v(x)}\right]'=\dfrac{u'(x)v(x)-u(x)v'(x)}{v^2(x)}(v(x)\neq 0)$.

3.3.3 复合函数的求导法则

设 $y=f(u)$, 而 $u=g(x)$, 则复合函数 $y=f[g(x)]$ 的导数为

$$\frac{\mathrm{d}y}{\mathrm{d}x}=\frac{\mathrm{d}y}{\mathrm{d}u}\cdot\frac{\mathrm{d}u}{\mathrm{d}x}\quad 或\quad \frac{\mathrm{d}y}{\mathrm{d}x}=f'(u)\cdot g'(x).$$

下面举两个综合利用求导公式和运算法则的例题.

例 1 求函数 $y=\sin nx\cdot\sin^n x$ 的导数.

解 $y' = (\sin nx)' \sin^n x + \sin nx (\sin^n x)'$

$$= n\cos nx \cdot \sin^n x + \sin nx \cdot n\sin^{n-1} x \cdot \cos x$$

$$= n\sin^{n-1} x(\cos nx \cdot \sin x + \sin nx \cdot \cos x)$$

$$= n\sin^{n-1} x \sin(n+1)x.$$

例 2 求函数 $y = \frac{x}{2}\sqrt{9-x^2} + \frac{9}{2}\arcsin\frac{x}{3}$ 的导数.

解 $y' = \frac{1}{2}x'\sqrt{9-x^2} + \frac{x}{2}(\sqrt{9-x^2})' + \frac{9}{2}\left(\arcsin\frac{x}{3}\right)'$

$$= \frac{1}{2}\sqrt{9-x^2} + \frac{x}{2}\cdot\frac{1}{2\sqrt{9-x^2}}\cdot(-2x) + \frac{9}{2}\frac{1}{\sqrt{1-\frac{x^2}{9}}}\cdot\frac{1}{3}$$

$$= \frac{1}{2}\sqrt{9-x^2} - \frac{x^2}{2\sqrt{9-x^2}} + \frac{9}{2}\frac{1}{\sqrt{9-x^2}}$$

$$= \sqrt{9-x^2}.$$

3.4 隐函数求导数与对数求导法

3.4.1 隐函数的导数

前面遇到的函数, 如 $y = x^3 + 1, y = \ln(x + \sqrt{1+x^2})$ 等都是 $y = f(x)$ 的形式. 这种表达式的特点是: 等号左端是因变量的符号, 而右端是含有自变量的式子. 这种表达式表示的函数称为**显函数**. 但有些函数的表达式却不是这样. 例如, 二元方程 $y = 1 + x\mathrm{e}^y$, 它也表示一个函数. 因为当变量在 $(-\infty, +\infty)$ 内取值时, 变量 y 有确定的值与之对应, 这样的函数称为隐函数, 即由二元方程 $F(x, y) = 0$ 所确定的 y 与 x 的函数关系称为**隐函数**.

一个方程可以确定一个或多个隐函数, 也可能不存在任何隐函数, 且隐函数中的 y 不一定能用 x 表示出来.

对于隐函数可以采用下面的求导方法: 将方程 $F(x, y) = 0$ 两端对 x 求导 (求导过程中视 y 为 x 的函数), 求导之后得到一个关于 y' 的方程, 解此方程, 则得 y' 的表达式, 表达式中允许含有 y.

例 1 求由方程 $y = \sin(x+y)$ 所确定的隐函数的导数 $\frac{\mathrm{d}y}{\mathrm{d}x}$.

解 将方程两端对 x 求导, 得

$$y' = \cos(x+y)\cdot(1+y'),$$

解得

$$y' = \frac{\cos(x+y)}{1-\cos(x+y)}.$$

例 2 求由函数 $y = 1 + xe^y$ 所确定的隐函数在点 $x = 0$ 处的导数 $y'|_{x=0}$.

解 将方程两端对 x 求导, 得

$$y' = e^y + xe^y \cdot y',$$

解得

$$y' = \frac{e^y}{1 - xe^y}.$$

因为当 $x = 0$ 时, 由原方程解得 $y = 1$. 所以

$$y'|_{x=0} = e.$$

例 3 求曲线 $x^2 + xy + y^2 = 4$ 在点 $(2, -2)$ 处的切线方程及法线方程.

解 方程两边对 x 求导, 得

$$2x + y + xy' + 2y \cdot y' = 0,$$

解得

$$y' = -\frac{2x+y}{x+2y}.$$

将 $(2, -2)$ 代入上式, 得

$$y'\Big|_{\substack{x=2\\y=-2}} = 1.$$

所以在点 $(2, -2)$ 处的切线方程为

$$y - (-2) = 1 \cdot (x - 2),$$

即

$$x - y - 4 = 0.$$

在点 $(2, -2)$ 处的法线方程为

$$y - (-2) = -1 \cdot (x - 2),$$

即

$$x + y = 0.$$

3.4.2　对数求导法

对于一类特殊类型的函数 $y=[u(x)]^{v(x)}$, 直接使用前面介绍的求导方法, 不能将其导数得出. 我们称这类函数为**幂指函数**.

幂指函数的求导方法可以采用先两边取对数, 然后在等式两边同时对自变量 x 求导, 最后解出所求导数. 这种求导方法称为**对数求导法**. 另外, 对数求导法还可以用来求多个函数连乘积的导数.

例 4　求函数 $y=x^{\sin x}(x>0)$ 的导数.

解　等式两边取对数, 得

$$\ln y=\sin x\cdot\ln x.$$

等式两边对 x 求导, 得

$$\frac{1}{y}\cdot\frac{\mathrm{d}y}{\mathrm{d}x}=\cos x\cdot\ln x+\frac{\sin x}{x}.$$

于是有

$$y'=y\left(\cos x\ln x+\frac{\sin x}{x}\right)=x^{\sin x}\left(\cos x\ln x+\frac{\sin x}{x}\right).$$

对于一般形式的幂指函数 $y=[u(x)]^{v(x)}$, 在等式两边取对数, 得

$$\ln y=v\ln u.$$

等式两边对 x 求导, 得

$$\frac{1}{y}\cdot y=v'\ln u+v\cdot\frac{1}{u}\cdot u'.$$

于是有

$$y'=y\left(v'\cdot\ln u+\frac{vu'}{u}\right)=u^v\left(v'\ln u+\frac{vu'}{u}\right).$$

有时也可把幂指函数 $y=u^v$ 表示成

$$y=\mathrm{e}^{v\ln u}.$$

这样就可以直接求导, 得

$$y'=(\mathrm{e}^{v\ln u})'=\mathrm{e}^{v\ln u}\left(v'\ln u+\frac{vu'}{u}\right)=u^v\left(v'\ln u+\frac{vu'}{u}\right).$$

例如, 例 4 可直接求导, 得

$$
\begin{aligned}
y' &= (\mathrm{e}^{\sin x \ln x})' = \mathrm{e}^{\sin x \ln x}\left(\cos x \ln x + \frac{\sin x}{x}\right) \\
&= x^{\sin x}\left(\cos x \ln x + \frac{\sin x}{x}\right).
\end{aligned}
$$

例 5 求 $y=\sqrt{\dfrac{(x-1)(x-2)}{(x-3)(x-4)}}$ 的导数.

解 等式两边取对数, 得

$$
\ln y = \frac{1}{2}\left[\ln|x-1| + \ln|x-2| - \ln|x-3| - \ln|x-4|\right].
$$

等式两边对 x 求导, 得

$$
\frac{1}{y}\cdot y' = \frac{1}{2}\left[\frac{1}{x-1}+\frac{1}{x-2}-\frac{1}{x-3}-\frac{1}{x-4}\right].
$$

于是有

$$
\begin{aligned}
y' &= \frac{y}{2}\left[\frac{1}{x-1}+\frac{1}{x-2}-\frac{1}{x-3}-\frac{1}{x-4}\right] \\
&= \frac{1}{2}\sqrt{\frac{(x-1)(x-2)}{(x-3)(x-4)}}\left[\frac{1}{x-1}+\frac{1}{x-2}-\frac{1}{x-3}-\frac{1}{x-4}\right].
\end{aligned}
$$

3.5 高阶导数

由前面所学可知, 函数 $f(x)$ 的导数 $f'(x)$ 仍为 x 的函数, 这就需要进一步研究 $f'(x)$ 是否可导的问题. 如果函数 $f'(x)$ 的导数存在, 就称其为函数 $f(x)$ 的二阶导数.

本章开始讲过的物体做变速直线运动的速度问题, 如果物体的路程函数为 $s=s(t)$, 则物体在 t 时刻的瞬时速度 $v(t)$ 就是路程函数 $s(t)$, 对时间 t 的导数, 即

$$
v=\frac{\mathrm{d}s}{\mathrm{d}t} \quad 或 \quad v=s'(t).
$$

如果 $v=s'(t)$ 仍是时间 t 的函数, 则它对 t 的导数称为物体在时刻 t 的瞬时加速度 a, 即

$$
a=\frac{\mathrm{d}v}{\mathrm{d}t}=\frac{\mathrm{d}}{\mathrm{d}t}\left(\frac{\mathrm{d}s}{\mathrm{d}t}\right) \quad 或 \quad a=(s')'.
$$

于是直线运动的加速度 a 是路程 s 关于时间 t 的导数的导数, 称其为路程 s 关于时间 t 的二阶导数.

一般地, 如果函数 $y=f(x)$ 的导数 $f'(x)$ 在点 x 处可导, 则称 $f'(x)$ 在点 x 处导数为函数 $f(x)$ 在点 x 处的**二阶导数**, 记作

$$y'',\quad f''(x),\quad \frac{\mathrm{d}^2y}{\mathrm{d}x^2}\quad 或\quad \frac{\mathrm{d}^2f(x)}{\mathrm{d}x^2}.$$

此时

$$f''(x)=\lim_{\Delta x\to 0}\frac{f'(x+\Delta x)-f'(x)}{\Delta x}.$$

相应地, 称函数 $y=f(x)$ 的导数 $f'(x)$ 为函数 $y=f(x)$ 的**一阶导数**.

类似地, 二阶导数的导数, 称为**三阶导数**, 记作

$$y''',\quad f'''(x),\quad \frac{\mathrm{d}^3y}{\mathrm{d}x^3}\quad 或\quad \frac{\mathrm{d}^3f(x)}{\mathrm{d}x^3}.$$

此时

$$f'''(x)=\lim_{\Delta x\to 0}\frac{f''(x+\Delta x)-f''(x)}{\Delta x}.$$

一般地, 如果函数 $y=f(x)$ 的 $n-1$ 阶导数存在且可导, 则称 $f(x)$ 的 $n-1$ 阶导数的导数为函数 $y=f(x)$ 的 n **阶导数**, 记作

$$y^{(n)},\quad f^{(n)}(x),\quad \frac{\mathrm{d}^ny}{\mathrm{d}x^n}\quad 或\quad \frac{\mathrm{d}^nf(x)}{\mathrm{d}x^n},$$

即

$$f^{(n)}(x)=[f^{(n-1)}(x)]'=\lim_{\Delta x\to 0}\frac{f^{(n-1)}(x+\Delta x)-f^{(n-1)}(x)}{\Delta x}.$$

二阶和二阶以上的导数统称为**高阶导数**.

从高阶导数的定义可以看出, 求高阶导数就是对函数连续依次的求导. 一般可通过从低阶导数找规律, 得到函数的 n 阶导数. 所以前面学过的求导方法仍可用来计算高阶导数.

函数 $f(x)$ 的各阶导数在 $x=x_0$ 处的函数值记为

$$y'|_{x=x_0},\quad y''|_{x=x_0},\quad \cdots,\quad y^{(n)}|_{x=x_0};$$

或

$$f'(x_0),\quad f''(x_0),\quad \cdots,\quad f^{(n)}(x_0);$$

或

$$\left.\frac{\mathrm{d}y}{\mathrm{d}x}\right|_{x=x_0},\quad \left.\frac{\mathrm{d}^2y}{\mathrm{d}x^2}\right|_{x=x_0},\quad \cdots,\quad \left.\frac{\mathrm{d}^ny}{\mathrm{d}x^n}\right|_{x=x_0};$$

或

$$\left.\frac{\mathrm{d}f}{\mathrm{d}x}\right|_{x=x_0},\quad \left.\frac{\mathrm{d}^2f}{\mathrm{d}x^2}\right|_{x=x_0},\quad \cdots,\quad \left.\frac{\mathrm{d}^nf}{\mathrm{d}x^n}\right|_{x=x_0}.$$

例 1 设函数 $y=ax+b$(a 和 b 为常数), 求 y''.

解 $y'=a, y''=0$.

例 2 求函数 $y=\mathrm{e}^{ax}(a\neq 0)$ 的 n 阶导数.

解 $y'=a\mathrm{e}^{ax}, y''=a^2\mathrm{e}^{ax}, y'''=a^3\mathrm{e}^{ax}$.

一般地, 有

$$y^{(n)}=a^n\mathrm{e}^{ax}.$$

特别地, 当 $a=1$ 时, 有

$$y^{(n)}=(\mathrm{e}^x)^{(n)}=\mathrm{e}^x.$$

例 3 求函数 $y=\sin x$ 的 n 阶导数.

解 $y'=\cos x=\sin\left(x+\dfrac{\pi}{2}\right),\quad y''=-\sin x=\sin\left(x+2\cdot\dfrac{\pi}{2}\right),$

$$y'''=-\cos x=\sin\left(x+3\cdot\frac{\pi}{2}\right),\quad y^{(4)}=\sin x=\sin\left(x+4\cdot\frac{\pi}{2}\right).$$

一般地, 有

$$y^{(n)}=(\sin x)^{(n)}=\sin\left(x+n\cdot\frac{\pi}{2}\right).$$

同理可得

$$(\cos x)^{(n)}=\cos\left(x+n\cdot\frac{\pi}{2}\right).$$

例 4　求函数 $y=\ln(1+x)$ 的 n 阶导数.

解　$y'=\dfrac{1}{1+x}$,　$y''=-\dfrac{1}{(1+x)^2}$,　$y'''=\dfrac{1\cdot 2}{(1+x)^3}$,　$y^{(4)}=-\dfrac{1\cdot 2\cdot 3}{(1+x)^4}$, 一般地, 有

$$y^{(n)}=(\ln(x+1))^{(n)}=(-1)^{n-1}\frac{(n-1)!}{(1+x)^n}.$$

例 5　若函数 $f(x)$ 存在二阶导数, 求函数 $y=f(\ln x)$ 的二阶导数.

解　$y'=f'(\ln x)\cdot(\ln x)'=\dfrac{1}{x}f'(\ln x)$,

$$y''=\frac{f''(\ln x)\cdot\frac{1}{x}\cdot x-f'(\ln x)}{x^2}=\frac{f''(\ln x)-f'(\ln x)}{x^2}.$$

例 6　求由方程 $y=x+\ln y$ 所确定的隐函数 $y=f(x)$ 的二阶导数.

解　方程两边对 x 求导, 得

$$y'=1+\frac{1}{y}\cdot y',$$

即

$$yy'=y+y',\tag{3.3}$$

解得

$$y'=\frac{y}{y-1}.\tag{3.4}$$

再对式 (3.3) 两边对 x 求导, 得

$$y'\cdot y'+y\cdot y''=y'+y''.\tag{3.5}$$

将式 (3.4) 代入式 (3.5) 并化简, 得

$$y''=-\frac{y}{(y-1)^3}.$$

如果函数 $u=u(x), v=v(x)$ 都在点 x 处具有 n 阶导数, 则显然有

$$(u+v)^{(n)}=u^{(n)}+v^{(n)}.$$

但乘积 $u(x)\cdot v(x)$ 的 n 阶导数是比较复杂的, 其一阶导数为

$$(uv)'=u'v+uv',$$

二阶导数为

$$(uv)''=u''v+2u'v'+uv'',$$

三阶导数为

$$(uv)'''=u'''v+3u''v'+3u'v''+uv'''.$$

一般地, 可以用数学归纳法证明 $u(x)\cdot v(x)$ 的 n 阶导数为

$$\begin{aligned}(uv)^{(n)}&=u^{(n)}v+nu^{(n-1)}v'+\frac{n(n-1)}{2!}u^{(n-2)}v''+\cdots\\&\quad+\frac{n(n-1)\cdots(n-k+1)}{k!}u^{(n-k)}v^{(k)}+\cdots+uv^{(n)}\\&=\sum_{k=0}^{n}\mathrm{C}_n^k u^{(n-k)}v^{(k)},\end{aligned}$$

上式称为**莱布尼茨** (Leibniz) **公式**. 该公式可依照二项式定理记忆. 二项式定理为

$$\begin{aligned}(u+v)^n&=u^n+nu^{n-1}v+\frac{n(n-1)}{2!}u^{n-2}v^2+\cdots\\&\quad+\frac{n(n-1)\cdots(n-k+1)}{k!}u^{n-k}v^k+\cdots+v^{(n)}.\end{aligned}$$

不难看出, 莱布尼茨公式的各项系数与二项式定理中的各项系数相同. 所以只要把二项式定理中的 k 次幂换成 k 阶导数 (零阶导数理解为函数本身), 再把左端的 $u+v$ 换成 uv, 即得莱布尼茨公式:

$$(uv)^{(n)}=\sum_{k=0}^{n}\mathrm{C}_n^k u^{(n-k)}v^{(k)}\quad 或\quad (uv)^{(n)}=\sum_{k=0}^{n}\mathrm{C}_n^k u^{(k)}v^{(n-k)}.$$

例 7 设 $y=\dfrac{1}{x^2+3x+2}$, 求 $y^{(n)}$.

解 因为

$$y=\frac{1}{x^2+3x+2}=\frac{1}{x+1}-\frac{1}{x+2},$$

所以

$$y^{(n)}=\left(\frac{1}{x+1}\right)^{(n)}-\left(\frac{1}{x+2}\right)^{(n)}.$$

由例 4 不难得出

$$\left(\frac{1}{x+1}\right)^{(n)}=(-1)^n\frac{n!}{(x+1)^{n+1}},\ \left(\frac{1}{x+2}\right)^{(n)}=(-1)^n\frac{n!}{(x+2)^{n+1}}.$$

故

$$y^{(n)}=(-1)^n n!\left[\frac{1}{(x+1)^{n+1}}-\frac{1}{(x+2)^{n+1}}\right].$$

例 8　设 $y=x^3\mathrm{e}^x$, 求 $y^{(10)}$.

解　设 $u=x^3, v=\mathrm{e}^x$, 则

$$u'=(x^3)'=3x^2,\quad u''=6x,\quad u'''=6,\quad u^{(k)}=0\quad(k=4,5,\cdots,10),$$

$$v^{(k)}=\mathrm{e}^x\quad(k=1,2,\cdots,10),$$

代入莱布尼茨公式, 得

$$\begin{aligned}y^{(10)}&=(x^3\mathrm{e}^x)^{(10)}\\&=x^3\cdot\mathrm{e}^x+10\cdot 3x^2\cdot\mathrm{e}^x+\frac{10\cdot 9}{2!}\cdot 6x\cdot\mathrm{e}^x+\frac{10\cdot 9\cdot 8}{3!}\cdot 6\cdot\mathrm{e}^x\\&=\mathrm{e}^x(x^3+30x^2+270x+720).\end{aligned}$$

3.6 微分

3.6.1 微分的定义

前面所讲的导数描述的是函数在点 x 处变化的快慢程度, 在许多实际问题中, 经常要用 Δx 去计算 $\Delta y=f(x+\Delta x)-f(x)$. 一般地, Δy 是 Δx 的一个复杂函数, 于是人们提出能否用 Δx 的一个简单函数来近似地代替 Δy.

先分析一个具体问题.

边长为 x 的正方形, 其面积为 $S=x^2$. 如果边长由 x 变到 $x+\Delta x$(图 3.3), 则正方形的面积有相应的改变量

$$\Delta S=(x+\Delta x)^2-x^2=2x\Delta x+(\Delta x)^2.$$

上式由两部分组成. 第一部分 $2x\Delta x$ 是 Δx 的线性函数, 即图 3.3 中带有斜线的两个矩形的面积之和; 第二部分 $(\Delta x)^2$ 是图 3.3 中带有交叉斜线的小正方形的面积. 当 $\Delta x \to 0$ 时, $(\Delta x)^2$ 是比 Δx 高阶的无穷小量. 当 $|\Delta x|$ 很小时, ΔS 主要取决于第一部分, 第二部分对它的影响相对较小, 因此可以用第一部分 $2x\Delta x$ 近似表示 ΔS, 而将第二部分 $(\Delta x)^2$ 这个高阶无穷小量忽略掉, 即

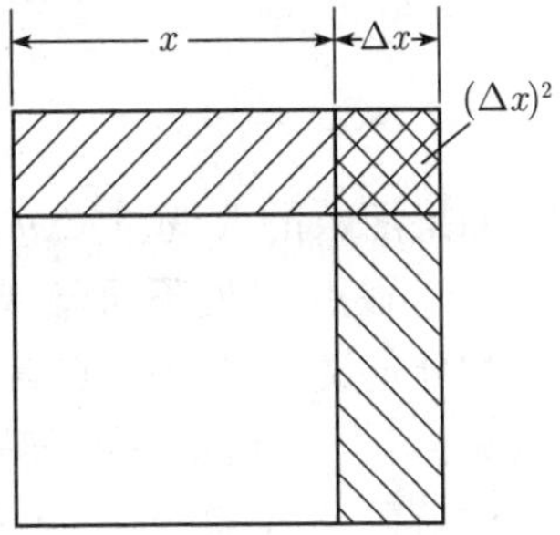

图 3.3

$$\Delta S \approx 2x\Delta x.$$

由此想到, 对于一般函数, 能否用 Δx 的线性函数近似代替 Δy 呢? 即能否把 Δy 表示为

$$\Delta y = A\Delta x + o(\Delta x).$$

为此引进下面关于微分的定义.

定义 3.3 设函数 $y = f(x)$ 在 x 点的某邻域内有定义, 如果对于自变量在点 x 处的改变量 Δx(x 及 $x + \Delta x$ 在此邻域内), 函数 $y = f(x)$ 的相应改变量

$$\Delta y = f(x + \Delta x) - f(x)$$

可表示为

$$\Delta y = A\Delta x + o(\Delta x), \tag{3.6}$$

其中 A 与 Δx 无关, $o(\Delta x)$ 是在 $\Delta x \to 0$ 时比 Δx 高阶的无穷小量, 则称函数 $y = f(x)$ 在点 x 处**可微**, 并称 $A\Delta x$ 为函数在点 x 处的**微分**, 记作 $\mathrm{d}y$ 或 $\mathrm{d}f(x)$, 即

$$\mathrm{d}y = A\Delta x \quad 或 \quad \mathrm{d}f(x) = A\Delta x.$$

由微分定义可以看出, 函数 $y = f(x)$ 在点 x 处微分是自变量的改变量 Δx 的线性函数. 当 $|\Delta x|$ 很小时, 由式 (3.6) 可知

$$\Delta y - \mathrm{d}y = o(\Delta x),$$

即函数的改变量与微分的差是一个比 Δx 高阶的无穷小量 $o(\Delta x)$, 此时

$$\Delta y = \mathrm{d}y + o(\Delta x).$$

通常称微分 $\mathrm{d}y$ 是函数改变量 Δy 的**线性主部**. 因此当 $|\Delta x|$ 很小时

$$\Delta y \approx \mathrm{d}y.$$

如果函数的改变量 Δy 不能表示成 $\Delta y = A\Delta x + o(\Delta x)$ 的形式, 则称函数 $y = f(x)$ 在点 x 处**不可微**或**微分不存在**.

微分定义中只告诉了 A 与 Δx 无关, 那么 A 是怎样的量, 以及怎样的函数才可微呢? 下面来讨论这些问题.

设函数 $y = f(x)$ 在点 x 处可微, 则由定义 3.3 可知, 式 (3.6) 成立. 现将式 (3.6) 两边同除以 $\Delta x(\Delta x \neq 0)$, 得

$$\frac{\Delta y}{\Delta x} = A + \frac{o(\Delta x)}{\Delta x},$$

又

$$\lim_{\Delta x \to 0} \frac{o(\Delta x)}{\Delta x} = 0.$$

所以

$$y' = f'(x) = \lim_{\Delta x \to 0} \frac{\Delta y}{\Delta x} = A.$$

因此, 如果函数 $y = f(x)$ 在点 x 处可微, 则它在点 x 处也一定可导, 而且

$$\mathrm{d}y = f'(x)\Delta x.$$

反之, 如果函数 $y = f(x)$ 在点 x 处可导, 即

$$\lim_{\Delta x \to 0} \frac{\Delta y}{\Delta x} = f'(x).$$

根据极限与无穷小量的关系, 上式可写成

$$\frac{\Delta y}{\Delta x} = f'(x) + \alpha,$$

其中 $\lim\limits_{\Delta x \to 0} \alpha = 0$, 所以

$$\Delta y = f'(x)\Delta x + \alpha\Delta x,$$

这里, $f'(x)\Delta x$ 是 Δx 的线性函数, $f'(x)$ 与 Δx 无关, 而 $\alpha\Delta x$ 是 $\Delta x \to 0$ 时的高阶无穷小量 ($\alpha\Delta x = o(\Delta x)$), 所以函数 $y = f(x)$ 在点 x 处可微, 且微分为 $\mathrm{d}y = f'(x)\Delta x$.

由以上讨论可知: **函数可微必可导, 可导必可微**, 即函数 $y = f(x)$ 在点 x 处可微的充要条件是函数在点 x 处可导. 当函数 $y = f(x)$ 在 x 处可微时, 其微分就是函数的导数与自变量改变量的乘积, 即

$$\mathrm{d}y = f'(x)\Delta x.$$

我们通常称自变量 x 的增量 Δx 为自变量的微分, 记作 $\mathrm{d}x$, 即 $\mathrm{d}x = \Delta x$. 于是, 函数的微分可以写成

$$\mathrm{d}y = f'(x)\mathrm{d}x.$$

从而有

$$\frac{\mathrm{d}y}{\mathrm{d}x} = f'(x),$$

即函数微分 $\mathrm{d}y$ 与自变量微分 $\mathrm{d}x$ 之商等于该函数的导数, 因此导数也称为**微商**.

例 1 设 $y = \dfrac{1}{x}$, 求 $\mathrm{d}y$.

解 $\mathrm{d}y = \left(\dfrac{1}{x}\right)'\mathrm{d}x = -\dfrac{1}{x^2}\mathrm{d}x.$

例 2 求函数 $y = x^2$ 当 $x = 3$ 和 $\Delta x = 0.01$ 时的微分.

解 先求函数在任意点 x 的微分

$$\mathrm{d}y = (x^2)'\mathrm{d}x = 2x\mathrm{d}x.$$

将 $x = 3$ 和 $\mathrm{d}x = \Delta x = 0.01$ 代入上式, 得

$$\mathrm{d}y\Big|_{\substack{x=3\\ \Delta x=0.001}} = 2 \times 3 \times 0.01 = 0.06.$$

3.6.2 微分的几何意义

在直角坐标系中, 可微函数 $y = f(x)$ 的图形是一条曲线 (图 3.4), 曲线在点 $M(x, y)$ 处的切线 MT 的斜率为

$$k = f'(x) = \tan\alpha.$$

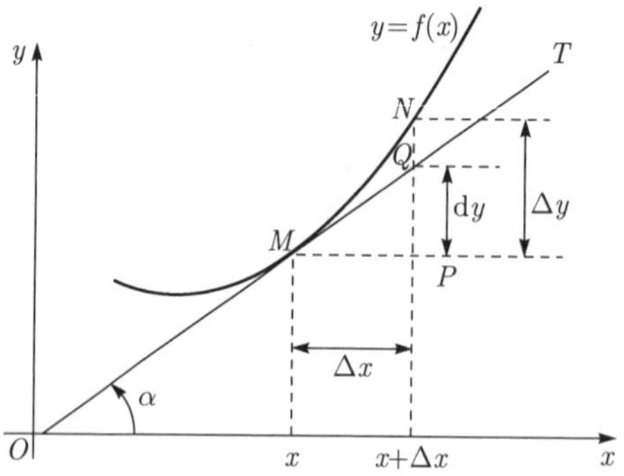

图 3.4

当自变量在点 x 处取得改变量 Δx 时, 就得到了曲线上另一点 $N(x+\Delta x, y+\Delta y)$. 图 3.4 中, $MP=\Delta x$ 表示自变量的改变量, $PN=\Delta y$ 表示函数增量, $PQ=MP\cdot\tan\alpha=f'(x)\Delta x=\mathrm{d}y$ 表示函数的微分.

由此可见, 函数 $y=f(x)$ 的微分 $\mathrm{d}y$ 就是曲线在点 $M(x,y)$ 处的切线的纵坐标对应于 Δx 的改变量. 图中 QN 就是 Δy 与 $\mathrm{d}y$ 之差. 当 $|\Delta x|$ 很小时, $\Delta y\approx\mathrm{d}y$. 这也就是说在点 M 附近, 我们可以用切线段 MQ 来近似代替曲线段 $\widehat{MN}$.

3.6.3 微分的基本公式与运算法则

根据微分的表达式

$$\mathrm{d}y=f'(x)\mathrm{d}x$$

可知, 要计算微分, 只要求出函数导数 $f'(x)$, 再乘以自变量的微分 $\mathrm{d}x$ 即可. 由此可得微分如下的基本公式与运算法则.

1. 基本初等函数的微分公式

(1) $\mathrm{d}(C)=0$ (C 为常数);　(2) $\mathrm{d}(x^\alpha)=\alpha x^{\alpha-1}\mathrm{d}x$;

(3) $\mathrm{d}(\sin x)=\cos x\mathrm{d}x$;　(4) $\mathrm{d}(\cos x)=-\sin x\mathrm{d}x$;

(5) $\mathrm{d}(\tan x)=\sec^2 x\mathrm{d}x$;　(6) $\mathrm{d}(\cot x)=-\csc^2 x\mathrm{d}x$;

(7) $\mathrm{d}(\sec x)=\sec x\cdot\tan x\mathrm{d}x$;　(8) $\mathrm{d}(\csc x)=-\csc x\cdot\cot x\mathrm{d}x$;

(9) $\mathrm{d}(a^x)=a^x\ln a\mathrm{d}x\ (a>0, a\neq 1)$;　(10) $\mathrm{d}(\mathrm{e}^x)=\mathrm{e}^x\mathrm{d}x$;

(11) $\mathrm{d}(\log_a|x|)=\dfrac{1}{x\ln a}\mathrm{d}x\ (a>0, a\neq 1)$;　(12) $\mathrm{d}(\ln|x|)=\dfrac{1}{x}\mathrm{d}x$;

(13) $\mathrm{d}(\arcsin x)=\dfrac{1}{\sqrt{1-x^2}}\mathrm{d}x$;　(14) $\mathrm{d}(\arccos x)=-\dfrac{1}{\sqrt{1-x^2}}\mathrm{d}x$;

(15) $\mathrm{d}(\arctan x)=\dfrac{1}{1+x^2}\mathrm{d}x$;　(16) $\mathrm{d}(\mathrm{arccot}x)=-\dfrac{1}{1+x^2}\mathrm{d}x$.

2. 微分的运算法则

设 $u=u(x), v=v(x)$ 都可微, 则有

(1) $\mathrm{d}(u\pm v)=\mathrm{d}u\pm\mathrm{d}v$;

(2) $\mathrm{d}(uv)=v\mathrm{d}u+u\mathrm{d}v$;

(3) $\mathrm{d}\left(\dfrac{u}{v}\right)=\dfrac{v\mathrm{d}u-u\mathrm{d}v}{v^2}(v\neq 0)$.

此处只证明乘积的微分运算法则, 其他运算法则可以类似证明.

证明 根据函数微分的表达式, 有

$$\begin{aligned}\mathrm{d}(uv)&=(uv)'\mathrm{d}x=(u'v+uv')\mathrm{d}x\\&=v(u'\mathrm{d}x)+u(v'\mathrm{d}x)=v\mathrm{d}u+u\mathrm{d}v\\&=v\mathrm{d}u+u\mathrm{d}v,\end{aligned}$$

所以

$$\mathrm{d}(uv)=v\mathrm{d}u+u\mathrm{d}v.$$

3. 复合函数的微分法则

设 $y=f(u),u=g(x)$ 都可导, 则复合函数 $y=f[g(x)]$ 的微分为

$$\mathrm{d}y=\{f[g(x)]\}'\mathrm{d}x=f'[g(x)]\cdot g'(x)\mathrm{d}x.$$

由于 $\mathrm{d}u=g'(x)\mathrm{d}x$, 所以复合函数 $y=f[g(x)]$ 的微分也可以写为

$$\mathrm{d}y=f'(u)\mathrm{d}u\quad 或\quad \mathrm{d}y=y'_u\mathrm{d}u.$$

由此可见, 无论 u 是自变量还是中间变量, 函数 $f(u)$ 的微分都具有形式:

$$\mathrm{d}f(u)=f'(u)\mathrm{d}u,$$

这一性质称为**微分形式的不变性**. 这样在求复合函数的微分时, 可以类似求复合函数的导数, 不用写出中间变量.

例 3 设 $y=\sin(x^2+1)$, 求 $\mathrm{d}y$.

解法 1 设 $y=\sin u,u=x^2+1$, 则由微分形式的不变性, 得

$$\begin{aligned}\mathrm{d}y&=\mathrm{d}\sin u=\cos u\mathrm{d}u=\cos(x^2+1)\mathrm{d}(x^2+1)\\&=\cos(x^2+1)(\mathrm{d}x^2+\mathrm{d}(1))=2x\cos(x^2+1)\mathrm{d}x.\end{aligned}$$

解法 2 利用 $\mathrm{d}y=f'(x)\mathrm{d}x$, 得

$$y'=2x\cos(x^2+1).$$

所以

$$\mathrm{d}y=2x\cos(x^2+1)\mathrm{d}x.$$

例 4　求由方程 $e^x - e^y = xy$ 所确定的隐函数 $y = f(x)$ 的微分 dy.

解法 1　方程两边对 x 求导, 得

$$e^x - e^y \cdot y' = y + xy',$$

解得

$$y' = \frac{e^x - y}{x + e^y}.$$

所以

$$dy = \frac{e^x - y}{x + e^y}dx.$$

解法 2　方程两边微分, 得

$$d(e^x - e^y) = d(xy),$$

$$e^x dx - e^y dy = ydx + xdy,$$

$$(x + e^y)dy = (e^x + y)dx,$$

所以

$$dy = \frac{e^x - y}{x + e^y}dx.$$

3.6.4　微分在近似计算中的应用

设 $y = f(x)$ 在点 x_0 处可微, 则由微分定义可知, 当 $|\Delta x|$ 很小时, 有

$$\Delta y = f(x_0 + \Delta x) - f(x_0) \approx dy = f'(x_0)\Delta x.$$

由此可得, 求函数增量的近似公式

$$\Delta y \approx f'(x_0)\Delta x \quad (|\Delta x|\text{很小}). \tag{3.7}$$

求函数值的近似公式

$$f(x_0 + \Delta x) \approx f(x_0) + f'(x_0)\Delta x \quad (|\Delta x|\text{很小}). \tag{3.8}$$

在公式 (3.8) 中, 令 $x = x_0 + \Delta x, x_0 = 0$ 时, 式 (3.8) 变为

$$f(x) \approx f(0) + f'(0)x. \tag{3.9}$$

不难看出公式 (3.9) 是求函数在 $x=0$ 点附近函数值的近似公式.

例 5 半径为 5cm 的金属圆片加热后, 半径伸长了 0.01cm, 问面积增大了约多少?

解 圆面积

$$S=\pi r^2 \quad (r \text{ 为半径}),$$

令 $r=5, \Delta r=0.01$. 因为 Δr 相对于 r 较小, 所以可用微分 $\mathrm{d}S$ 近似代替 ΔS. 由公式 (3.7), 得

$$\Delta S \approx \mathrm{d}S=(\pi r^2)'\mathrm{d}r=2\pi r\mathrm{d}r.$$

代入 $r=5, \Delta r=\mathrm{d}r=0.01$, 得

$$\Delta S \approx 2\pi\cdot 5\cdot 0.01=0.1\pi(\mathrm{cm}^2),$$

即当半径伸长了 0.01cm 时, 面积增大约 $0.1\pi\mathrm{cm}^2$.

例 6 求 $\sqrt[3]{1.03}$ 的近似值.

解 设 $f(x)=\sqrt[3]{x}, x_0=1, \Delta x=0.03$, 则由公式 (3.8) 得

$$\begin{aligned} f(x_0+\Delta x)=\sqrt[3]{1.03} &\approx f(x_0)+f'(x_0)\Delta x \\ &=\sqrt[3]{1}+\frac{1}{3}\cdot 1^{-\frac{2}{3}}\cdot 0.03=1.01. \end{aligned}$$

例 7 当 $|x|$ 很小时, 证明近似公式

$$\sqrt[n]{1+x}\approx 1+\frac{1}{n}x.$$

解 设 $f(x)=\sqrt[n]{1+x}$, 则有

$$f(0)=1, f'(x)=\frac{1}{n}(1+x)^{\frac{1}{n}-1}, f'(0)=\frac{1}{n}.$$

当 $|x|$ 很小时, 由公式 (3.9) 得

$$f(x)=\sqrt[n]{1+x}\approx f(0)+f'(0)x=1+\frac{1}{n}x.$$

类似地, 可以证明, 当 $|x|$ 很小时有近似公式:

$$\sin x\approx x; \quad \tan x\approx x; \quad \mathrm{e}^x\approx 1+x; \quad \ln(1+x)\approx x.$$

习 题 3

(A)

1. 利用导数的定义求下列函数的导数:

(1) $y=\dfrac{1}{x}$; (2) $y=\sqrt[3]{x^2}$; (3) $y=\sqrt{x}$ 在点 $x=1$ 处.

2. 已知物体的运动方程为 $s=t^3$, 求该物体在 $t=2$ 时的瞬时速度.

3. 设 $f'(x_0)$ 存在, 试利用导数的定义求下列极限:

(1) $\lim\limits_{\Delta x\to 0}\dfrac{f(x_0+2\Delta x)-f(x_0)}{\Delta x}$; (2) $\lim\limits_{\Delta x\to 0}\dfrac{f(x_0-\Delta x)-f(x_0)}{\Delta x}$;

(3) $\lim\limits_{\Delta x\to 0}\dfrac{f(x_0+\Delta x)-f(x_0-2\Delta x)}{\Delta x}$; (4) $\lim\limits_{h\to 0}\dfrac{f(x_0+h)-f(x_0-h)}{h}$;

(5) $\lim\limits_{x\to 0}\dfrac{f(x)}{x}$, 其中 $f(0)=0$, 且 $f'(0)$ 存在;

(6) $\lim\limits_{x\to 0}\dfrac{f(2x)-f(x)}{x}$, 其中 $f(0)=0$, 且 $f'(0)$ 存在.

4. 求正弦函数 $y=\sin x$ 在点 $x=\pi$ 处的切线方程和法线方程.

5. 求曲线 $y=\mathrm{e}^x$ 上, 其切线与直线 $y=2x$ 平行的点.

6. a 为何值时, $y=ax^2(a>0)$ 与 $y=\ln x$ 相切.

7. 函数 $f(x)=\begin{cases}x, & x<0,\\ \ln(1+x), & x\geqslant 0\end{cases}$ 在点 $x=0$ 处是否可导? 为什么?

8. 讨论函数 $y=x|x|$ 在点 $x=0$ 处的可导性.

9. 设函数 $f(x)=(x-a)\varphi(x)$, 其中 $\varphi(x)$ 在 $x=a$ 处连续. 求 $f'(a)$.

10. 设 $f(x)=\begin{cases}x^2, & x\leqslant 1,\\ ax+b, & x>1\end{cases}$ 在点 $x=1$ 处可导, 求 a,b 的值.

11. 讨论函数 $f(x)=\begin{cases}x\sin\dfrac{1}{x}, & x\neq 0,\\ 0, & x=0\end{cases}$ 在点 $x=0$ 处的连续性与可导性.

12. 求下列函数的导数 (其中 a,b 为常数):

(1) $y=x^3-2x+6$; (2) $y=\dfrac{ax+b}{a+b}$;

(3) $y=\dfrac{x^3}{3}-\dfrac{2}{x^2}+x$; (4) $y=2\sqrt{x}-\dfrac{1}{x}+3$;

(5) $y=\log_a\sqrt{x}$; (6) $y=\mathrm{e}^x\cos x$;

(7) $y=\left(\sqrt{x}+1\right)\left(\dfrac{1}{\sqrt{x}}-1\right)$; (8) $y=\dfrac{\ln x}{x}$;

(9) $y=\dfrac{1-\ln x}{1+\ln x}$; (10) $y=\sqrt{x\sqrt{x\sqrt{x}}}$;

(11) $y=\dfrac{1+x-x^2}{1-x+x^2}$; (12) $y=x\sin x\ln x$;

(13) $y=(\sin x+\cos x)^2$; (14) $y=(x+1)(x+2)(x+3)$;

(15) $y=\dfrac{5\sin x}{1+\cos x}$; (16) $y=\dfrac{1+\mathrm{e}^x}{1-\mathrm{e}^x}$.

13. 求下列复合函数的导数:

(1) $y=(3x+1)^5$; (2) $y=\dfrac{1}{\sqrt{1-x^2}}$;

(3) $y=\ln\ln x$; (4) $y=\ln\cos x$;

(5) $y=\sqrt{x^2-a^2}$; (6) $y=\arctan\dfrac{1}{x}$;

(7) $y=\dfrac{1}{\sqrt{2}}\operatorname{arccot}\dfrac{\sqrt{2}}{x}$; (8) $y=\sqrt{1+\ln^2 x}$;

(9) $y=\ln\sqrt{x}+\sqrt{\ln x}$; (10) $y=\ln(\sec x+\tan x)$;

(11) $y=\arctan(x+\sqrt{1+x^2})$; (12) $y=\mathrm{e}^{2x}\cos\sqrt{2x}$;

(13) $y=\ln\left(\mathrm{e}^x+\sqrt{1+\mathrm{c}^{2x}}\right)$; (14) $y=x\left[\sin(\ln x)-\cos(\ln x)\right]$;

(15) $y=x\sec^2 x-\tan x$; (16) $y=\arctan\dfrac{1+x}{1-x}$;

(17) $y=x^{a^a}+a^{x^a}+a^{a^x}\,(a>0)$; (18) $y=\arctan\mathrm{e}^x-\ln\sqrt{\dfrac{\mathrm{e}^{2x}}{\mathrm{e}^{2x}+1}}$;

(19) $y=\ln\tan\dfrac{x}{2}-\cos x\ln\tan x$;

(20) $y=x(\arcsin x)^2+2\sqrt{1-x^2}\arcsin x-2x$.

14. 已知 $f\left(\dfrac{1}{x}\right)=\dfrac{x}{1+x}$, 求 $f'(x)$.

15. 设函数 $f(x)$ 可导, 求下列函数的导数:

(1) 设 $y=f(x^2)$, 求 $\dfrac{\mathrm{d}y}{\mathrm{d}x}$;

(2) 设 $y=f(2x)-f(-x)$, 求 $\left.\dfrac{\mathrm{d}y}{\mathrm{d}x}\right|_{x=0}$;

(3) 设 $y=f(\sin^2 x)+f(\cos^2 x)$, 求 $\dfrac{\mathrm{d}y}{\mathrm{d}x}$;

(4) 设 $y=f(\mathrm{e}^x)\mathrm{e}^{f(x)}$, 求 $\dfrac{\mathrm{d}y}{\mathrm{d}x}$.

16. 证明: (1) 可导的偶函数的导数是奇函数;

(2) 可导的奇函数的导数是偶函数;

(3) 可导周期函数的导数是具有相同周期的周期函数.

17. 求由下列方程所确定的隐函数 $y=f(x)$ 的导数 $\dfrac{\mathrm{d}y}{\mathrm{d}x}$:

(1) $\sqrt{x}+\sqrt{y}=\sqrt{a}(x>0,y>0,a>0)$; (2) $y\mathrm{e}^x=1$;

(3) $y=x\ln y$; (4) $\mathrm{e}^y+xy=\mathrm{e}$;

(5) $\arctan\dfrac{y}{x}=\ln\sqrt{x^2+y^2}$; (6) $x=\cos(xy)$.

18. 求曲线 $xy+\ln y=1$ 在点 $(1,1)$ 处的切线方程和法线方程.

19. 利用对数求导法求下列函数的导数:

(1) $y=x^{x^2}$; (2) $y=(\ln x)^x$; (3) $y^x=x^y$;

(4) $y=\left(\frac{b}{a}\right)^{x}\left(\frac{b}{x}\right)^{a}\left(\frac{x}{a}\right)^{b}(a>0,b>0)$;

(5) $y=\frac{(1-x)(1+2x)^2}{\sqrt[3]{1+x}}$.

20. 求下列函数的二阶导数:

(1) $y=x\ln x$; (2) $y=(1+x^2)\arctan x$; (3) $y=\frac{\mathrm{e}^x}{x}$;

(4) $y=\ln[f(x)]$; (5) $y=x+\arctan y$; (6) $y=x+\frac{1}{2}\sin y$.

21. 方程 $xy-\sin(\pi y^2)=0$ 确定了隐函数 $y=f(x)$, 求 $y'|_{(0,-1)}$ 及 $y''|_{(0,-1)}$.

22. 求下列函数的 n 阶导数:

(1) $y=\cos x$; (2) $y=\cos^2 x$; (3) $y=x\mathrm{e}^{-x}$;

(4) $y=\frac{1-x}{1+x}$; (5) $y=\frac{1}{x(1-x)}$.

23. 设函数 $y=f(x)$ 的 $n-2$ 阶导数为 $y^{(n-2)}=\frac{x}{\ln x}$, 求 $y^{(n)}$.

24. 已知 $y=x^2\mathrm{e}^{2x}$, 求 $y^{(20)}$.

25. 求下列函数的微分:

(1) $y=\sqrt{1-x^2}$; (2) $y=\ln\tan\frac{x}{2}$; (3) $y=\arcsin\sqrt{x}$;

(4) $y=x\ln x-x$; (5) $y=\frac{\ln x}{\sqrt{x}}$; (6) $y=x^x$;

(7) $xy=\sin y$; (8) $\mathrm{e}^{x+y}=y\sin x$.

26. 已知函数 $y=f(x)$ 由参数方程 $\begin{cases}x=\varphi(t),\\ y=\psi(t)\end{cases}$ 确定, 且 $\varphi'(t)\neq 0$, 求 $\frac{\mathrm{d}y}{\mathrm{d}x}$, 并利用所得结果计算由参数方程 $\begin{cases}x=\arctan t,\\ y=\ln(1+t^2)\end{cases}$ 确定的函数 $y=f(x)$ 的导数 $\frac{\mathrm{d}y}{\mathrm{d}x}$.

27. 求下列各式的近似值:

(1) $\mathrm{e}^{1.01}$; (2) $\sin 29^\circ$; (3) $\cos 151^\circ$; (4) $\arctan 1.01$.

28. 若圆半径以 2cm/s 的等速度增加, 则当圆半径 $R=10$cm 时, 圆面积增加的速度是多少?

29. 半径 $R=100$cm 及圆心角 $\alpha=\frac{\pi}{3}$ 的扇形, 若 R 增加 1cm, 求扇形面积变化的近似值.

30. 证明当 $|x|$ 很小时, 下列近似公式成立:

(1) $(1+x)^n\approx 1+nx$; (2) $\mathrm{e}^x\approx 1+x$;

(3) $\ln(1+x)\approx x$; (4) $\tan x\approx x$.

(B)

1. (2018) 下列函数中, 在 $x=0$ 处不可导的是 ( ).

(A) $f(x)=|x|\sin|x|$; (B) $f(x)=|x|\sin\sqrt{|x|}$;

(C) $f(x)=\cos|x|$; (D) $f(x)=\cos\sqrt{|x|}$.

2. (2024) 设 $I=\int_a^{a+k\pi}|\sin x|\mathrm{d}x$, k 为整数, 则 I 的值 (　　).

(A) 只与 a 有关;　　(B) 只与 k 有关;

(C) 与 a, k 均有关;　　(D) 与 a, k 均无关.

3. 设 $f(x)=\cos x$, 则 $\lim\limits_{\Delta x\to 0}\dfrac{f(a)-f(a-\Delta x)}{\Delta x}=$ (　　).

(A) $\sin a$;　　(B) $-\sin a$;

(C) $\cos a$;　　(D) $-\cos a$.

4. 在曲线 $y=\ln x$ 与直线 $x=\mathrm{e}$ 的交点处, 曲线 $y=\ln x$ 的切线方程是 (　　).

(A) $x-\mathrm{e}y=0$;　　(B) $x-\mathrm{e}y-2=0$;　　(C) $\mathrm{e}x-y=0$;　　(D) $\mathrm{e}x-y-\mathrm{e}=0$.

5. 若 $f(x)=\begin{cases} x\sin\dfrac{1}{x}, & x\neq 0, \\ 0, & x=0, \end{cases}$ $g(x)=\begin{cases} x^2\sin\dfrac{1}{x}, & x\neq 0, \\ 0, & x=0, \end{cases}$ 则在点 $x=0$ 处 (　　).

(A) $f(x)$ 可导, $g(x)$ 不可导;　　(B) $f(x)$ 不可导, $g(x)$ 可导;

(C) $f(x)$ 和 $g(x)$ 都可导;　　(D) $f(x)$ 和 $g(x)$ 都不可导.

6. 设 $y=3x^4\mathrm{e}^{10}$, 则 $y^{(10)}=$ (　　).

(A) 0;　　(B) 1;　　(C) e^{10};　　(D) e.

7. 若 $f(u)$ 可导, 且 $y=f(\mathrm{e}^x)$, 则有 $\mathrm{d}y=$ (　　).

(A) $f'(\mathrm{e}^x)\,\mathrm{d}x$;　　(B) $f'(\mathrm{e}^x)\,\mathrm{d}\mathrm{e}^x$;

(C) $[f(\mathrm{e}^x)]'\,\mathrm{d}\mathrm{e}^x$;　　(D) $[f(\mathrm{e}^x)]'\,\mathrm{e}^x\mathrm{d}x$.

8. (2021) 函数 $f(x)=\begin{cases} \dfrac{\mathrm{e}^x-1}{x}, & x\neq 0, \\ 1, & x=0 \end{cases}$ 在 $x=0$ 处 (　　).

(A) 连续且取得极大值;　　(B) 连续且取得极小值;

(C) 可导且导数等于零;　　(D) 可导且导数不为零.

9. (2020) 曲线 $x+y+\mathrm{e}^{xy}=0$ 在 $(0,-1)$ 处的切线方程为____________.

10. (2022) 已知函数 $f(x)=\mathrm{e}^{\sin x}+\mathrm{e}^{-\sin x}$, 则 $f'''(2\pi)=$____________.

11. (2015) (1) 设函数 $u(x), v(x)$ 可导, 利用导数的定义证明

$$[u(x)v(x)]'=u'(x)v(x)+u(x)v'(x).$$

(2) 设函数 $u_1(x), u_2(x), \cdots, u_n(x)$ 可导, $f(x)=u_1(x)u_2(x)\cdots u_n(x)$, 写出 $f(x)$ 的求导公式.

12. 设 $y=f\left(x^2+y\right)$, f 具有二阶导数, 且 $f'(x)\neq 1$, 求 y''.

第3章自测题

第 4 章

微分中值定理与导数的应用

第 3 章介绍了导数、微分的概念和计算方法. 本章首先介绍微分中值定理, 然后介绍导数在求未定式的极限、函数性态的研究和经济中的应用.

4.1 微分中值定理

中值定理揭示了导数值与函数值之间的内在联系, 从而提供了用导数研究函数的途径, 由于这些定理和区间内的某个中间值有关, 所以称为中值定理, 它们是导数应用的理论基础.

4.1.1 罗尔定理

定理 4.1(罗尔定理) 如果函数 $f(x)$ 满足

(1) 在闭区间 $[a,b]$ 上连续;

(2) 在开区间 (a,b) 内可导;

(3) $f(a)=f(b)$,

则在 (a,b) 内至少存在一点 ξ, 使 $f'(\xi)=0$.

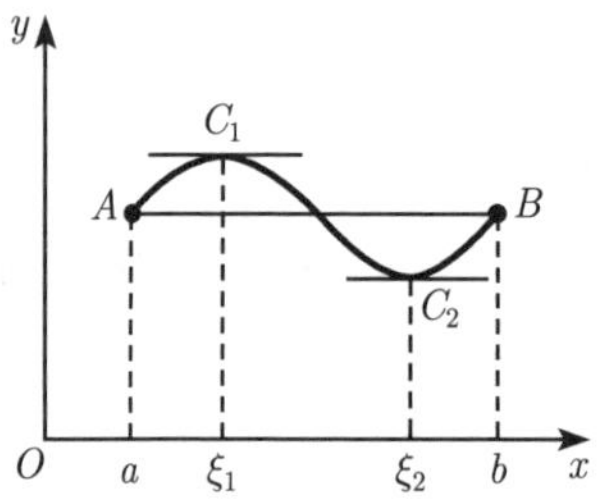

图 4.1

我们先从几何直观上找出证明思路, 再从理论上进行验证.

罗尔定理的三个条件和结论的几何意义是: 连续的、处处有不垂直于 x 轴的切线的、两个端点的纵坐标相等的曲线弧段的内部至少有一点处的切线平行于 x 轴 (图 4.1), 在最高点和最低点处的切线是水平的.

但由于定理中的 ξ 必须在开区间 (a,b) 的内部, 因此首先要证明最大值 M 和最小值 m 至少有一个在 (a,b) 的内部取得.

证明 因为 $f(x)$ 在 $[a,b]$ 上连续, 所以它在 $[a,b]$ 上必有最大值 M 和最小值 m(见定理 2.14).

(1) 若 $M=m$, 则 $f(x)$ 在 $[a,b]$ 上恒等于常数 M, 因此, 在 (a,b) 内, 恒有 $f'(x)=0$, 此时 (a,b) 内每一点都可取作 ξ. 结论当然成立.

(2) 若 $M \neq m$, 由 $f(a) = f(b)$ 可知, M 和 m 这两个值至少有一个 (比如 M) 不在端点取得, 则必在 (a,b) 内部某一点 ξ 取得, 即 $f(\xi) = M, \xi \in (a,b)$. 以下用反证法证明 $f'(\xi) = 0$.

如果 $f'(\xi) \neq 0$, 不妨设 $f'(\xi) > 0$(若 $f'(\xi) < 0$ 可类似证明), 即

$$f'(\xi) = \lim_{x \to \xi} \frac{f(x) - f(\xi)}{x - \xi} > 0,$$

根据极限的局部保号性 (定理 2.2), 在点 ξ 的某个去心邻域内, 恒有

$$\frac{f(x) - f(\xi)}{x - \xi} > 0,$$

则 x 在此邻域的右半邻域内, 有 $x - \xi > 0$, 从而

$$f(x) - f(\xi) > 0, \qquad f(x) > f(\xi) = M,$$

这与 M 是最大值矛盾, 所以 $f'(\xi) = 0$.

注意 (1) 罗尔定理的三个条件有一条不满足, 结论就可能不成立. 例如, 下面四个函数:

$$y = \frac{1}{x^2}, \quad y = \begin{cases} x, & -1 < x \leqslant 1, \\ 1, & x = -1, \end{cases} \quad y = |x|, \quad y = x$$

在闭区间 $[-1,1]$ 上不满足三条件之一, 它们在开区间 $(-1,1)$ 内都没有导数为零的点 (图 4.2).

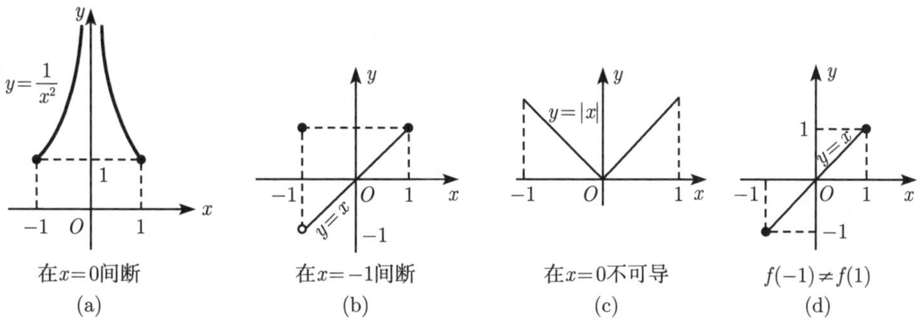

图 4.2

三个条件合起来是结论的充分而不必要条件. 比如, $y = x^2$ 在 $[-1,2]$ 上并不满足第三个条件但在 $(-1,2)$ 内, 仍有 $f'(0) = 0$.

(2) 罗尔定理只说明了结论中的 ξ 在 (a,b) 内的存在性, 并没有告诉 ξ 具体是 (a,b) 内的哪一点, 这并不影响定理的应用. 但对具体的函数和区间, ξ 一般可具体地确定.

例 1 验证函数 $f(x)=x^2-4x+3$ 在闭区间 $[0,4]$ 满足罗尔定理的条件, 并求出定理中的 ξ.

解 根据初等函数的连续性, $f(x)$ 在闭区间 $[0,4]$ 上连续, $f'(x)=2x-4$ 在开区间 $(0,4)$ 内存在, 即 $f(x)$ 在 $(0,4)$ 内可导, 且 $f(0)=f(4)=3$. $f(x)$ 在 $[0,4]$ 满足罗尔定理的三个条件.

令 $f'(x)=2x-4=0$, 解得 $x=2$, 即 $\xi=2\in(0,4)$.

例 2 试证方程 $x^3+x+c=0$ (其中 c 为任意常数) 恰有一个实根.

证明 令 $f(x)=x^3+x+c$; $f(x)$ 在 $(-\infty,+\infty)$ 内连续,

$$f(-\infty)=\lim_{x\to-\infty}f(x)=\lim_{x\to-\infty}(x^3+x+c)=-\infty<0,$$

$$f(+\infty)=\lim_{x\to+\infty}f(x)=\lim_{x\to+\infty}(x^3+x+c)=+\infty>0.$$

由零点存在定理, $f(x)$ 至少有一个零点.

假如, $f(x)$ 有两个零点: a 和 $b(a<b)$, 即 $f(a)=f(b)=0$; 又因为 $f(x)$ 在闭区间 $[a,b]$ 上连续; $f'(x)=3x^2+1$ 在开区间 (a,b) 内存在. 所以 $f(x)$ 在闭区间 $[a,b]$ 上满足罗尔定理的所有条件, 则 $\exists\xi\in(a,b)$ 使 $f'(\xi)=3\xi^2+1=0$, 与 $3\xi^2+1>0$ 矛盾. 因此 $f(x)$ 不可能有两个或两个以上零点, 即最多只有一个零点.

综上所述, $f(x)$ 恰有一个零点, 即原方程恰有一个实根.

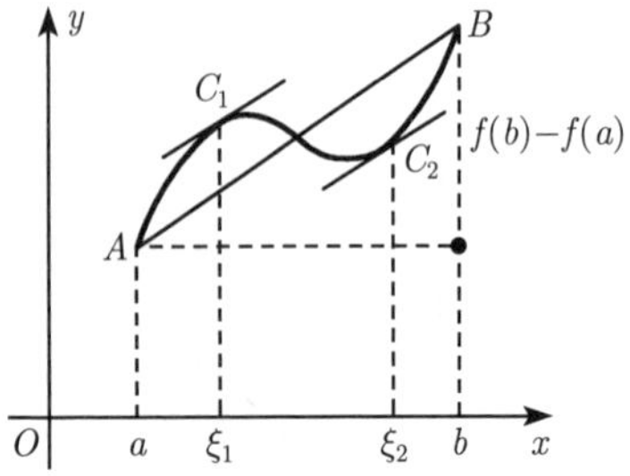

图 4.3

罗尔定理的第三个条件 $f(a)=f(b)$ 的要求相当苛刻, 一般函数大多不满足此条件. 因此罗尔定理的适用范围相当小. 从几何上看 (图 4.1) $f(a)=f(b)$ 这一条件所起的作用仅仅是曲线弧 $\widehat{AB}$ 的弦 $\overline{AB}$ 与 x 轴平行. 如果将图 4.1 曲线绕点 A(或 B) 稍微扭转一下, 变成图 4.3, 则第三个条件就不成立. 但切线和弦 $\overline{AB}$ 的平行位置关系始终不变. 因此直观上看, 罗尔定理的第三个条件可以去掉, 但结论应叙述为: 在 $\widehat{AB}$ 弧内部至少有一点的切线平行于弦 $\overline{AB}$. 而弦 $\overline{AB}$ 的斜率为 $\dfrac{f(b)-f(a)}{b-a}$, 即结论应叙述为: 在 (a,b) 内至少有一点 ξ, 使 $f'(\xi)=\dfrac{f(b)-f(a)}{b-a}$, 就得到下面的拉格朗日中值定理.

4.1.2 拉格朗日中值定理

定理 4.2 (拉格朗日中值定理) 如果函数 $f(x)$ 满足

(1) 在闭区间 $[a,b]$ 上连续;

(2) 在开区间 (a,b) 内可导,

则至少存在一点 $\xi\in(a,b)$, 使得

$$f'(\xi)=\frac{f(b)-f(a)}{b-a}. \tag{4.1}$$

分析 把要证结论改写为 $f'(\xi)-\dfrac{f(b)-f(a)}{b-a}=0$. $f'(\xi)$ 是函数 $f(x)$ 在 ξ 处的导数, 常数 $\dfrac{f(b)-f(a)}{b-a}$ 可以看成 $\dfrac{f(b)-f(a)}{b-a}(x-a)$ 在点 ξ 处的导数. 从而 $f'(\xi)-\dfrac{f(b)-f(a)}{b-a}$ 是函数 $f(x)-\dfrac{f(b)-f(a)}{b-a}(x-a)$ 在点 ξ 处的导数. 所以问题转化为要证明: $\exists\xi\in(a,b)$, 使函数 $f(x)-\dfrac{f(b)-f(a)}{b-a}(x-a)$ 在点 ξ 处的导数等于零. 而这只要证明函数 $f(x)-\dfrac{f(b)-f(a)}{b-a}(x-a)$ 在 $[a,b]$ 满足罗尔定理即可.

证明 令 $\varphi(x)=f(x)-\dfrac{f(b)-f(a)}{b-a}(x-a)$, 由条件及连续和导数的四则运算法则可得, $\varphi(x)$ 在 $[a,b]$ 上连续; 在 (a,b) 内可导; 又因为

$$\varphi(a)=\varphi(b)=f(a),$$

所以 $\varphi(x)$ 在 $[a,b]$ 上满足罗尔定理所有条件, 根据罗尔定理, $\exists\xi\in(a,b)$ 使 $\varphi'(\xi)=0$, 即

$$\varphi'(\xi)=f'(\xi)-\frac{f(b)-f(a)}{b-a}=0,\quad 即\quad f'(\xi)=\frac{f(b)-f(a)}{b-a}.$$

显然, 罗尔定理是拉格朗日中值定理当 $f(a)=f(b)$ 时的特殊情形.

拉格朗日中值定理通常被称为**微分中值定理**, 公式 (4.1) 称为**拉格朗日中值公式**. 其常用的等价形式有

$$f(b)-f(a)=f'(\xi)(b-a)\quad \xi\in(a,b). \tag{4.1$'$}$$

由于 ξ 在开区间 (a,b) 内, 可将 ξ 表示成 $\xi=a+\theta(b-a)(0<\theta<1)$. 所以公式 (4.1) 也常被写为

$$f(b)-f(a)=f'\left[a+\theta(b-a)\right](b-a)\quad(0<\theta<1),\tag{4.1''}$$

或

$$f(b)=f(a)+f'(\xi)(b-a),\quad \xi\in(a,b).$$

以 x 与 $x+\Delta x$ 为端点的闭区间上的拉格朗日中值公式为

$$\Delta y=f'(\xi)\Delta x,$$

其中 ξ 在 x 与 $x+\Delta x$ 之间.

推论 1 如果函数 $f(x)$ 在闭区间 $[a,b]$ 上连续, 在开区间 (a,b) 内可导且 $f'(x)\equiv 0$, 则在闭区间 $[a,b]$ 上, $f(x)\equiv C$(常数).

证明 设 x_1,x_2 是 $[a,b]$ 上任意两点, 则在以 x_1 与 x_2 为端点的闭区间应用拉格朗日中值定理, 可得

$$f(x_1)-f(x_2)=f'(\xi)(x_1-x_2),$$

ξ 在 x_1 与 x_2 之间. 由假设 $f'(\xi)=0$, 所以

$$f(x_1)=f(x_2),$$

即区间 $[a,b]$ 上任意两点的函数值都相等. 所以 $f(x)$ 在闭区间 $[a,b]$ 上恒等于常数.

推论 2 若 $f(x),g(x)$ 均在闭区间 $[a,b]$ 上连续, 均在开区间 (a,b) 内可导且 $f'(x)\equiv g'(x)$, 则在闭区间 $[a,b]$ 上, $f(x)$ 与 $g(x)$ 仅相差一个常数, 即

$$f(x)=g(x)+C\quad(C\text{ 为常数}).$$

证明 $[f(x)-g(x)]'=f'(x)-g'(x)\equiv 0$, 由推论 1, $f(x)-g(x)\equiv C$, 即 $f(x)=g(x)+C$(C 为常数).

例 3 验证 $f(x)=\mathrm{e}^x-x+2$ 在区间 $[0,1]$ 上满足拉格朗日中值定理的条件, 并求出定理中的 ξ.

解 由初等函数的连续性, $f(x)=\mathrm{e}^x-x+2$ 在闭区间 $[0,1]$ 上连续, $f'(x)=\mathrm{e}^x-1$ 在开区间 $(0,1)$ 内存在, 则 $\exists\xi\in(0,1)$ 使

$$f'(\xi)=\frac{f(1)-f(0)}{1-0},$$

即 $e^{\xi}-1=e+1-3, e^{\xi}=e-1, \xi=\ln(e-1)$.

例 4 证明不等式

$$\frac{1}{x+1}<\ln\left(1+\frac{1}{x}\right)<\frac{1}{x} \quad (x>0).$$

证明 $\ln\left(1+\frac{1}{x}\right)=\ln\frac{x+1}{x}=\ln(x+1)-\ln x$.

当 $x>0$ 时, 在区间 $[x, x+1]$ 上对函数 $f(x)=\ln x$ 应用拉格朗日中值定理得

$$f(1+x)-f(x)=f'(\xi)(1+x-x), \quad x<\xi<1+x,$$

即 $\ln(1+x)-\ln x=\frac{1}{\xi}$, 由 $x<\xi<1+x$ 得

$$\frac{1}{1+x}<\frac{1}{\xi}<\frac{1}{x}.$$

所以 $\frac{1}{1+x}<\ln(1+x)-\ln x<\frac{1}{x}$, 即

$$\frac{1}{x+1}<\ln\left(1+\frac{1}{x}\right)<\frac{1}{x}.$$

例 5 证明 $\arccos(-x)=\pi-\arccos x$.

证明 $\arccos(-x)+\arccos x$ 在闭区间 $[-1,1]$ 上连续, 且在开区间 $(-1,1)$ 内有

$$[\arccos(-x)+\arccos x]'=\frac{1}{\sqrt{1-x^2}}-\frac{1}{\sqrt{1-x^2}}=0.$$

由拉格朗日中值定理的推论 1 可知, 在 $[-1,1]$ 上, $\arccos(-x)+\arccos x\equiv C$(常数). 令 $x=0$, 得 $C=\pi$. 从而,

$$\arccos(-x)+\arccos x=\pi,$$

即

$$\arccos(-x)=\pi-\arccos x.$$

4.1.3 柯西中值定理

定理 4.3(柯西中值定理)　若函数 $f(x)$ 和 $g(x)$ 满足

(1) 在闭区间 $[a,b]$ 上都是连续函数;

(2) 均在开区间 (a,b) 内可导, 且 $g'(x)\neq 0$, 则至少存在一点 $\xi\in(a,b)$ 使得

$$\frac{f(b)-f(a)}{g(b)-g(a)}=\frac{f'(\xi)}{g'(\xi)}.$$

分析　将要证的结论改写为

$$\frac{f(b)-f(a)}{g(b)-g(a)}g'(\xi)-f'(\xi)=\left\{\frac{f(b)-f(a)}{g(b)-g(a)}[g(x)-g(a)]-f(x)\right\}'_{x=\xi}=0.$$

证明　因为 $g'(x)$ 在 (a,b) 内恒不为零, 由拉格朗日中值定理可得

$$g(b)-g(a)=g'(\eta)(b-a)\neq 0,\quad \eta\in(a,b).$$

作辅助函数

$$\varphi(x)=\frac{f(b)-f(a)}{g(b)-g(a)}[g(x)-g(a)]-f(x),$$

由已知条件可得, $\varphi(x)$ 在闭区间 $[a,b]$ 上连续, 在开区间 (a,b) 内可导. 且 $\varphi(a)=\varphi(b)=-f(a)$. 根据罗尔定理, 至少存在一点 $\xi\in(a,b)$ 使得 $\varphi'(\xi)=0$. 由

$$\varphi'(x)=\frac{f(b)-f(a)}{g(b)-g(a)}g'(x)-f'(x)$$

得

$$\varphi'(\xi)=\frac{f(b)-f(a)}{g(b)-g(a)}g'(\xi)-f'(\xi)=0.$$

又 $g'(\xi)\neq 0$, 所以

$$\frac{f(b)-f(a)}{g(b)-g(a)}=\frac{f'(\xi)}{g'(\xi)},\quad \xi\in(a,b).$$

在柯西中值定理中, 若取 $g(x)=x$, 则 $g'(x)=1$, 于是定理的结论为 $\dfrac{f(b)-f(a)}{b-a}=f'(\xi)$, 这恰好是拉格朗日中值定理的结论. 因此, 拉格朗日中值定理只是柯西中值定理当 $g(x)=x$ 时的特殊情形.

4.2 洛必达法则

本节介绍导数在求极限中的应用. 过去我们只解决了某些不定式的极限, 本节我们用中值定理推导出一个求不定式极限的根本方法——洛必达法则.

4.2.1 洛必达法则的两种基本形式

定理 4.4 (洛必达法则) 在 x 的某个变化过程中, 如果极限 $\lim \dfrac{f(x)}{g(x)}$ 满足

(1) 它是 $\dfrac{0}{0}$ 型或 $\dfrac{\infty}{\infty}$ 型的未定式;

(2) 在某时刻之后, $f(x)$ 与 $g(x)$ 均可导, 且 $g'(x) \neq 0$;

(3) $\lim \dfrac{f'(x)}{g'(x)} = A$ (或 ∞),

则必有

$$\lim \frac{f(x)}{g(x)} = \lim \frac{f'(x)}{g'(x)} = A \text{ (或 } \infty).$$

证明 我们仅就变化过程为 $x \to x_0$ 时的 $\dfrac{0}{0}$ 型的情形加以证明, 其余从略. 这时定理的条件是: $\lim\limits_{x \to x_0} f(x) = \lim\limits_{x \to x_0} g(x) = 0, f(x)$ 与 $g(x)$ 均在 x_0 的某去心邻域内可导, 且 $g'(x) \neq 0$; $\lim\limits_{x \to x_0} \dfrac{f'(x)}{g'(x)} = A$ (或 ∞).

补充定义: $f(x_0) = 0, g(x_0) = 0$(这并不影响在 x_0 的极限). 对于该去心邻域内任一点 x, 函数 $f(x)$ 与 $g(x)$ 均在以 x_0 和 x 为端点的闭区间上满足柯西中值定理的所有条件, 则有

$$\frac{f(x)}{g(x)} = \frac{f(x) - f(x_0)}{g(x) - g(x_0)} = \frac{f'(\xi)}{g'(\xi)}, \quad \xi \text{ 在} x_0 \text{ 与 } x \text{ 之间}.$$

当 $x \to x_0$ 时, $\xi \to x_0$. 在上式两边取极限可得

$$\lim_{x \to x_0} \frac{f(x)}{g(x)} = \lim_{\xi \to x_0} \frac{f'(\xi)}{g'(\xi)} = \lim_{x \to x_0} \frac{f'(x)}{g'(x)} = A \text{ (或} \infty).$$

注意 证明的最后一步中 $\dfrac{f'(\xi)}{g'(\xi)}$ 是 $\dfrac{f'(x)}{g'(x)}$ 的子列. 当 $\lim \dfrac{f'(x)}{g'(x)} = A$(或 ∞) 时, 当然有 $\lim \dfrac{f'(\xi)}{g'(\xi)} = \lim \dfrac{f'(x)}{g'(x)} = A$(或 ∞). 但是, $\lim \dfrac{f'(x)}{g'(x)}$ 不是常数 A 也不

是 ∞, 比如, 当振荡不存在时, 而其子列的极限 $\lim \dfrac{f'(\xi)}{g'(\xi)}$ 却有可能存在. 因此, 当 $\lim \dfrac{f'(x)}{g'(x)}$ 不是常数 A 也不是 ∞ 时, 极限 $\lim \dfrac{f(x)}{g(x)}$ 与 $\lim \dfrac{f'(x)}{g'(x)}$ 不一定相同, 此时洛必达法则不能使用 (称为法则失效), 需要用其他方法计算.

在条件满足时, 洛必达法则将 $\dfrac{0}{0}$ 型或是 $\dfrac{\infty}{\infty}$ 型的极限 $\lim \dfrac{f(x)}{g(x)}$ 转化为求 $\lim \dfrac{f'(x)}{g'(x)}$, 如果 $\lim \dfrac{f'(x)}{g'(x)}$ 仍为 $\dfrac{0}{0}$ 型或 $\dfrac{\infty}{\infty}$ 型且条件满足时还可再继续使用洛必达法则, 依次类推, 即有

$$\lim \frac{f(x)}{g(x)} = \lim \frac{f'(x)}{g'(x)} = \lim \frac{f''(x)}{g''(x)} = \cdots = A \ (\text{或 } \infty).$$

但要注意, 上述计算中必须保证导数比的极限是 $\dfrac{0}{0}$ 型或 $\dfrac{\infty}{\infty}$ 型的, 否则终止求导计算.

例 1 求下列极限:

(1) $\lim\limits_{x\to a} \dfrac{x^\alpha - a^\alpha}{x^\beta - a^\beta} (a>0, \alpha, \beta$ 均为实常数且 $\beta \neq 0)$;

(2) $\lim\limits_{x\to 0} \dfrac{x - \sin x}{\sin^3 x}$; (3) $\lim\limits_{x\to 0} \dfrac{\ln\cos x + \frac{1}{2}x^2}{x^2 \ln(1-x^2)}$;

(4) $\lim\limits_{x\to 0} \dfrac{6\mathrm{e}^x - x^3 - 3x^2 - 6x - 6}{x(\sqrt{1+x}-1)\ln(1+x^2)}$; (5) $\lim\limits_{x\to \frac{\pi}{2}} \dfrac{\tan x}{\tan 3x}$;

(6) $\lim\limits_{x\to 0^+} \dfrac{\ln\cot x}{\ln x}$; (7) $\lim\limits_{x\to +\infty} \dfrac{x^n}{\mathrm{e}^x} (n \in \mathbf{N})$;

(8) $\lim\limits_{x\to +\infty} \dfrac{\ln x}{x^\alpha} (\alpha > 0)$.

解 (1) $\lim\limits_{x\to a} \dfrac{x^\alpha - a^\alpha}{x^\beta - a^\beta} \left(\dfrac{0}{0} \text{ 型}\right) = \lim\limits_{x\to a} \dfrac{\alpha x^{\alpha-1}}{\beta x^{\beta-1}} = \dfrac{\alpha}{\beta} a^{\alpha-\beta}$;

(2)
$$\lim_{x\to 0} \frac{x - \sin x}{\sin^3 x} \left(\frac{0}{0} \text{ 型}\right) = \lim_{x\to 0} \frac{x - \sin x}{x^3}$$
$$= \lim_{x\to 0} \frac{1-\cos x}{3x^2} = \lim_{x\to 0} \frac{\frac{1}{2}x^2}{3x^2} = \frac{1}{6};$$

$$(3)\ \lim_{x\to 0}\frac{\ln\cos x+\frac{1}{2}x^2}{x^2\ln(1-x^2)}\left(\frac{0}{0}\text{型}\right)=\lim_{x\to 0}\frac{\ln\cos x+\frac{1}{2}x^2}{-x^4}$$

$$=\lim_{x\to 0}\frac{-\frac{\sin x}{\cos x}+x}{-4x^3}$$

$$=\lim_{x\to 0}\frac{-\sin x+x\cos x}{-4x^3\cos x}\left(\frac{0}{0}\text{型}\right)$$

$$=\lim_{x\to 0}\frac{-\sin x+x\cos x}{-4x^3}\lim_{x\to 0}\frac{1}{\cos x}$$

$$=\lim_{x\to 0}\frac{-x\sin x}{-12x^2}$$

$$=\frac{1}{12}\lim_{x\to 0}\frac{\sin x}{x}=\frac{1}{12};$$

$$(4)\quad \lim_{x\to 0}\frac{6\mathrm{e}^x-x^3-3x^2-6x-6}{x(\sqrt{1+x}-1)\ln(1+x^2)}\left(\frac{0}{0}\text{型}\right)$$

$$=\lim_{x\to 0}\frac{6\mathrm{e}^x-x^3-3x^2-6x-6}{\frac{1}{2}x^4}$$

$$=\lim_{x\to 0}\frac{6\mathrm{e}^x-3x^2-6x-6}{2x^3}\left(\frac{0}{0}\text{型}\right)=\lim_{x\to 0}\frac{6\mathrm{e}^x-6x-6}{6x^2}\left(\frac{0}{0}\text{型}\right)$$

$$=\lim_{x\to 0}\frac{\mathrm{e}^x-x-1}{x^2}\left(\frac{0}{0}\text{型}\right)=\lim_{x\to 0}\frac{\mathrm{e}^x-1}{2x}\left(\frac{0}{0}\text{型}\right)=\lim_{x\to 0}\frac{\mathrm{e}^x}{2}=\frac{1}{2};$$

(5) **解法 1** $\lim\limits_{x\to\frac{\pi}{2}}\dfrac{\tan x}{\tan 3x}\left(\dfrac{\infty}{\infty}\text{型}\right)=\lim\limits_{x\to\frac{\pi}{2}}\dfrac{\sec^2x}{3\sec^2 3x}$

$$=\frac{1}{3}\lim_{x\to\frac{\pi}{2}}\frac{\cos^2(3x)}{\cos^2 x}\left(\frac{0}{0}\text{型}\right)=\frac{1}{3}\left(\lim_{x\to\frac{\pi}{2}}\frac{\cos 3x}{\cos x}\right)^2$$

$$=\frac{1}{3}\left(\lim_{x\to\frac{\pi}{2}}\frac{-3\sin 3x}{-\sin x}\right)^2=\frac{1}{3}\cdot\left(\frac{-3}{1}\right)^2=3,$$

解法 2 $\lim\limits_{x\to\frac{\pi}{2}}\dfrac{\tan x}{\tan 3x}\left(\dfrac{\infty}{\infty}\text{型}\right)=\lim\limits_{x\to\frac{\pi}{2}}\dfrac{\sin x}{\sin 3x}\cdot\dfrac{\cos 3x}{\cos x}$

$$=\lim_{x\to\frac{\pi}{2}}\frac{\sin x}{\sin 3x}\cdot\lim_{x\to\frac{\pi}{2}}\frac{\cos 3x}{\cos x}=-\lim_{x\to\frac{\pi}{2}}\frac{-3\sin 3x}{-\sin x}=3;$$

$$(6)\ \lim_{x\to0^+}\frac{\ln\cot x}{\ln x}\left(\frac{\infty}{\infty}\text{型}\right)=\lim_{x\to0^+}\frac{\dfrac{1}{\cot x}(-\csc^2x)}{\dfrac{1}{x}}=\lim_{x\to0^+}\frac{-x}{\sin x\cos x}$$

$$=\lim_{x\to0^+}\frac{-x}{x\cos x}=\lim_{x\to0^+}\frac{-1}{\cos x}=-1;$$

$$(7)\ \lim_{x\to+\infty}\frac{x^n}{\mathrm{e}^x}\left(\frac{\infty}{\infty}\text{型}\right)=\lim_{x\to+\infty}\frac{nx^{n-1}}{\mathrm{e}^x}\left(\frac{\infty}{\infty}\text{型}\right)$$

$$=\lim_{x\to+\infty}\frac{n(n-1)x^{n-2}}{\mathrm{e}^x}\left(\frac{\infty}{\infty}\text{型}\right)=\cdots$$

$$=\lim_{x\to+\infty}\frac{n!}{\mathrm{e}^x}=0\quad(\text{共用}n\text{ 次洛必达法则});$$

$$(8)\ \lim_{x\to+\infty}\frac{\ln x}{x^\alpha}\left(\frac{\infty}{\infty}\text{型}\right)=\lim_{x\to+\infty}\frac{\dfrac{1}{x}}{\alpha x^{\alpha-1}}=\lim_{x\to+\infty}\frac{1}{\alpha x^\alpha}=0.$$

(7) 和 (8) 说明, 当 $x\to+\infty$ 时, $\mathrm{e}^x, x^\alpha(\alpha>0), \ln x$ 虽然都趋于正无穷大, 但是相比较而言, e^x 的增大速度最快, 其次是幂函数 x^α, 最慢的是对数函数 $\ln x$.

例 2 求下列极限:

(1) $\lim\limits_{x\to0}\dfrac{x^2\sin\dfrac{1}{x}}{\sin x}$;　　　　(2) $\lim\limits_{x\to+\infty}\dfrac{x}{\sqrt{1+x^2}}$.

解 (1) 本题是 $\dfrac{0}{0}$ 型的未定式, 但 $\lim\limits_{x\to0}\dfrac{\left(x^2\sin\dfrac{1}{x}\right)'}{(\sin x)'}=\lim\limits_{x\to0}\dfrac{2x\sin\dfrac{1}{x}-\cos\dfrac{1}{x}}{\cos x}$ 振荡不存在 (既不是常数也不是 ∞), 不满足洛必达法则的第三个条件, 洛必达法则失效, 需要用其他方法.

$$\lim_{x\to0}\frac{x^2\sin\dfrac{1}{x}}{\sin x}=\lim_{x\to0}\frac{x^2\sin\dfrac{1}{x}}{x}=\lim_{x\to0}x\sin\frac{1}{x}=0.$$

$$(2)\ \lim_{x\to+\infty}\frac{x}{\sqrt{1+x^2}}\left(\frac{\infty}{\infty}\text{型}\right)=\lim_{x\to+\infty}\frac{1}{\dfrac{2x}{2\sqrt{1+x^2}}}=\lim_{x\to+\infty}\frac{\sqrt{1+x^2}}{x}\left(\frac{\infty}{\infty}\text{型}\right)$$

$$=\lim_{x\to+\infty}\frac{\dfrac{2x}{2\sqrt{1+x^2}}}{1}=\lim_{x\to+\infty}\frac{x}{\sqrt{1+x^2}}.$$

使用了两次洛必达法则之后又回到原极限, 这是一种 “恶性” 循环, 得不到结

果, 需要用其他方法. 事实上,

$$\lim_{x\to+\infty}\frac{x}{\sqrt{1+x^2}}=\lim_{x\to+\infty}\frac{1}{\sqrt{\dfrac{1}{x^2}+1}}=1.$$

4.2.2 其他不定式

不定式共有七种: $\dfrac{0}{0}$ 型、$\dfrac{\infty}{\infty}$ 型、$0\cdot\infty$ 型、$\infty-\infty$ 型、1^{∞} 型、0^0 型和 ∞^0 型.

前五种在 2.4 节 ~ 2.6 节中曾分别作过说明, 现在对这七种不定式 $f(x+\Delta x)-f(x)=f'(\xi)\Delta x$ 再作一个集中说明.

设 $f(x)$ 与 $g(x)$ 是两个函数, 在某一变化过程中:

若 $f(x)\to 0, g(x)\to 0$, 则称 $\lim\dfrac{f(x)}{g(x)}$ 为 $\dfrac{0}{0}$ 型的不定式;

若 $f(x)\to\infty, g(x)\to\infty$, 则称 $\lim\dfrac{f(x)}{g(x)}$ 为 $\dfrac{\infty}{\infty}$ 型的不定式;

若 $f(x)\to 0, g(x)\to\infty$, 则称 $\lim f(x)\cdot g(x)$ 为 $0\cdot\infty$ 型的不定式;

若 $f(x)\to\infty, g(x)\to\infty$, 则称 $\lim[f(x)-g(x)]$ 为 $\infty-\infty$ 型的不定式;

若 $f(x)\to 1, g(x)\to\infty$, 则称 $\lim f(x)^{g(x)}$ 为 1^{∞} 型的不定式;

若 $f(x)\to 0^+, g(x)\to 0$, 则称 $\lim f(x)^{g(x)}$ 为 0^0 型的不定式;

若 $f(x)\to+\infty, g(x)\to 0$, 则称 $\lim f(x)^{g(x)}$ 为 ∞^0 型的不定式;

$\dfrac{0}{0}$ 型与 $\dfrac{\infty}{\infty}$ 型的不定式可直接用洛必达法则计算, 而其他不定式均可转化为 $\dfrac{0}{0}$ 型或 $\dfrac{\infty}{\infty}$ 型. 因此, $\dfrac{0}{0}$ 型与 $\dfrac{\infty}{\infty}$ 型的不定式也称为基本不定式. 下面分别给出其转化方法.

对 $0\cdot\infty$ 型和 $\infty-\infty$ 型, 将其变形为分式, 此分式一般是 $\dfrac{0}{0}$ 型或 $\dfrac{\infty}{\infty}$ 型的不定式.

对 1^{∞} 型、0^0 型及 ∞^0 型, 均可用对数恒等式转化为 $0\cdot\infty$ 型的不定式, 即

$$\lim f(x)^{g(x)}=\lim \mathrm{e}^{g(x)\ln f(x)}=\mathrm{e}^{\lim g(x)\ln f(x)}(0\cdot\infty\text{ 型}),$$

然后再将 $\lim f(x)\cdot g(x)(0\cdot\infty$ 型) 转化为 $\dfrac{0}{0}$ 型或 $\dfrac{\infty}{\infty}$ 型的不定式.

例 3 求 $\lim\limits_{x\to+\infty}x\left(\dfrac{\pi}{2}-\arctan x\right)$.

解 $\lim\limits_{x\to+\infty} x\left(\dfrac{\pi}{2}-\arctan x\right)$ $(0\cdot\infty$ 型$)$

$$=\lim_{x\to+\infty}\frac{\dfrac{\pi}{2}-\arctan x}{\dfrac{1}{x}}\left(\frac{0}{0}\text{ 型}\right)$$

$$=\lim_{x\to+\infty}\frac{\left(\dfrac{\pi}{2}-\arctan x\right)'}{\left(\dfrac{1}{x}\right)'}=\lim_{x\to+\infty}\frac{-\dfrac{1}{1+x^2}}{-\dfrac{1}{x^2}}=\lim_{x\to\infty}\frac{x^2}{1+x^2}\left(\frac{\infty}{\infty}\text{ 型}\right)$$

$$=1.$$

例 4 (2008)　求 $\lim\limits_{x\to0}\dfrac{1}{x^2}\ln\dfrac{\sin x}{x}$.

解法 1 $\lim\limits_{x\to0}\dfrac{1}{x^2}\ln\dfrac{\sin x}{x}(0\cdot\infty\text{ 型})=\lim\limits_{x\to0}\dfrac{\ln\dfrac{\sin x}{x}}{x^2}\left(\dfrac{0}{0}\text{ 型}\right)$

$$=\lim_{x\to0}\frac{\dfrac{x}{\sin x}\cdot\dfrac{x\cos x-\sin x}{x^2}}{2x}$$

$$=\lim_{x\to0}\frac{x\cos x-\sin x}{2x^2\sin x}\left(\frac{0}{0}\text{ 型}\right)$$

$$=\lim_{x\to0}\frac{x\cos x-\sin x}{2x^3}=\lim_{x\to0}\frac{-x\sin x}{6x^2}$$

$$=\lim_{x\to0}\frac{-\sin x}{6x}=-\frac{1}{6}.$$

解法 2 $\lim\limits_{x\to0}\dfrac{1}{x^2}\ln\dfrac{\sin x}{x}$

$$=\lim_{x\to0}\frac{1}{x^2}\ln\left(1+\left(\frac{\sin x}{x}-1\right)\right)\left(\frac{0}{0}\text{ 型}\right)$$

$$=\lim_{x\to0}\frac{1}{x^2}\left(\frac{\sin x}{x}-1\right)=\lim_{x\to0}\frac{\sin x-x}{x^3}$$

$$=\lim_{x\to0}\frac{\cos x-1}{3x^2}=\lim_{x\to0}\frac{-\dfrac{1}{2}x^2}{3x^2}=-\frac{1}{6}.$$

例 5 (2005) 求 $\lim\limits_{x\to 0}\left(\dfrac{1+x}{1-\mathrm{e}^{-x}}-\dfrac{1}{x}\right)$.

解 $$\lim_{x\to 0}\left(\frac{1+x}{1-\mathrm{e}^{-x}}-\frac{1}{x}\right)(\infty-\infty\text{ 型})$$
$$=\lim_{x\to 0}\frac{x+x^2-1+\mathrm{e}^{-x}}{(1-\mathrm{e}^{-x})x}\left(\frac{0}{0}\text{ 型}\right)$$
$$=\lim_{x\to 0}\frac{x^2+\mathrm{e}^{-x}+x-1}{x^2}\left(\frac{0}{0}\text{ 型}\right)$$
$$=\lim_{x\to 0}\frac{2x-\mathrm{e}^{-x}+1}{2x}\left(\frac{0}{0}\text{ 型}\right)$$
$$=\lim_{x\to 0}\frac{2+\mathrm{e}^{-x}}{2}\left(\frac{0}{0}\text{ 型}\right)$$
$$=\frac{3}{2}.$$

例 6 求 $\lim\limits_{x\to 0^+}x^x$.

解 $$\lim_{x\to 0^+}x^x(0^0\text{ 型})=\lim_{x\to 0^+}\mathrm{e}^{x\ln x}=\mathrm{e}^{\lim\limits_{x\to 0^+}x\ln x(0\cdot\infty\text{ 型})}$$
$$=\mathrm{e}^{\lim\limits_{x\to 0^+}\frac{\ln x}{\frac{1}{x}}\left(\frac{\infty}{\infty}\text{ 型}\right)}=\mathrm{e}^{\lim\limits_{x\to 0^+}\frac{\frac{1}{x}}{-\frac{1}{x^2}}}=\mathrm{e}^{\lim\limits_{x\to 0^+}(-x)}=\mathrm{e}^0=1.$$

例 7 求 $\lim\limits_{x\to 0^+}(\cot x)^{\frac{1}{\ln x}}$.

解 $$\lim_{x\to 0^+}(\cot x)^{\frac{1}{\ln x}}(\infty^0\text{ 型})=\lim_{x\to 0^+}\mathrm{e}^{\frac{\ln\cot x}{\ln x}}=\mathrm{e}^{\lim\limits_{x\to 0^+}\frac{\ln\cot x}{\ln x}\left(\frac{\infty}{\infty}\text{ 型}\right)}$$
$$=\mathrm{e}^{\lim\limits_{x\to 0^+}\frac{\frac{1}{\cot x}(-\csc^2 x)}{\frac{1}{x}}}=\mathrm{e}^{\lim\limits_{x\to 0^+}\frac{-x}{\sin x\cos x}}$$
$$=\mathrm{e}^{\lim\limits_{x\to 0^+}\frac{-x}{x\cos x}}=\mathrm{e}^{\lim\limits_{x\to 0^+}\frac{-1}{\cos x}}=\mathrm{e}^{-1}.$$

例 8 求 $\lim\limits_{x\to\infty}\left[x-x^2\ln\left(1+\dfrac{1}{x}\right)\right]$.

解法 1

$$\lim_{x\to\infty}\left[x-x^2\ln\left(1+\frac{1}{x}\right)\right]\ (\infty-\infty\ 型)$$

$$=\lim_{x\to\infty}x^2\left[\frac{1}{x}-\ln\left(1+\frac{1}{x}\right)\right]\ (0\cdot\infty\ 型)$$

$$=\lim_{x\to\infty}\frac{\dfrac{1}{x}-\ln\left(1+\dfrac{1}{x}\right)}{\dfrac{1}{x^2}}\ \left(\frac{0}{0}\ 型\right)$$

$$=\lim_{x\to\infty}\frac{-\dfrac{1}{x^2}-\dfrac{x}{1+x}\left(-\dfrac{1}{x^2}\right)}{-\dfrac{2}{x^3}}=\lim_{x\to\infty}\frac{x}{2(1+x)}=\frac{1}{2}.$$

解法 2　令 $x=\dfrac{1}{t}$,

$$\lim_{x\to\infty}\left[x-x^2\ln\left(1+\frac{1}{x}\right)\right]$$

$$=\lim_{t\to 0}\left[\frac{1}{t}-\frac{1}{t^2}\ln(1+t)\right]=\lim_{t\to 0}\frac{t-\ln(1+t)}{t^2}\ \left(\frac{0}{0}\ 型\right)$$

$$=\lim_{t\to 0}\frac{1-\dfrac{1}{1+t}}{2t}=\lim_{t\to 0}\frac{1}{2(1+t)}=\frac{1}{2}.$$

4.3 函数的单调性与极值

4.3.1 函数的单调增减区间与极值的求法

1. 单调性和极值的概念

第 1 章里我们给出了函数在一个区间单调增减的定义, 一般来说, 直接按定义判断函数的单调性是非常困难的. 本节将介绍用导数判别函数单调性的一种简便有效的方法.

函数在整个定义域内一般并非一直单调增加或一直单调减少, 而是在定义域的某些子区间上单调增加 (简称单增), 某些子区间上单调减少 (简称单减). 所谓判别函数的单调性, 就是求出单增区间和单减区间, 而找出这些区间的关键是找出单增区间和单减区间的分界点, 如图 4.4 所示的 x_1,x_2,x_4,x_5,x_6 和 x_7. 而单增区间和单减区间的分界点有什么特征? 从点 x_1 的左边到右边, 函数由单增变为单减, 则 x_1 处的函数值 $f(x_1)$ 比点 x_1 左、右邻近的函数值都大, 称 $f(x_1)$ 为 $f(x)$ 的一个极大值; 在点 x_2 的左边到右边函数值由单减变化为单增, 则在 x_2 的函数值 $f(x_2)$ 比 x_2 邻近的函数值都小, 称 $f(x_2)$ 为 $f(x)$ 的一个极小值. 具体地说有如下定义.

定义 4.1 (极值定义) 设函数 $f(x)$ 在点 x_0 的某一邻域内有定义. 如果对该邻域内任一点 $x(x \neq x_0)$ 都有 $f(x) < f(x_0)$(或 $f(x) > f(x_0)$), 则称 $f(x_0)$ 是函数 $f(x)$ 的极大值 (或极小值), 并称 x_0 是函数 $f(x)$ 的极大值点 (或极小值点). 极大值和极小值通称为函数的极值, 极大值点和极小值点通称为函数的极值点.

注意 (1) 极值点首先是定义区间的内点, 不会是区间端点;

(2) 极值概念是一个局部概念, 不同于函数的最值概念;

(3) 极大值对应于函数图像上的峰顶, 极小值对应于谷底;

(4) 单增区间和单减区间的分界点就是函数的极值点或没有定义的点 (但必须在该点的某去心邻域内有定义, 如图 4.4 所示中的点 x_6).

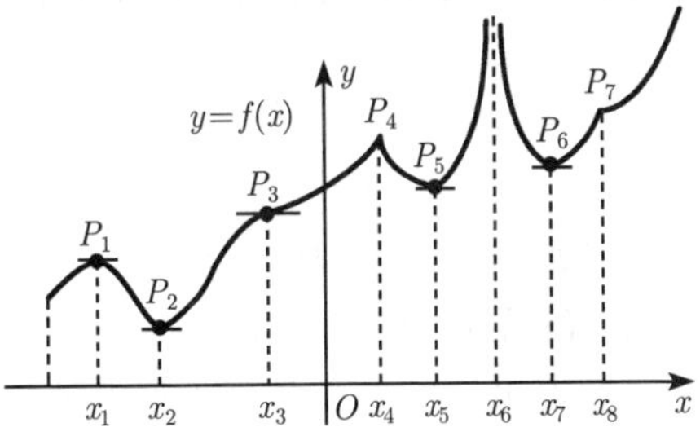

图 4.4

2. 单调性和极值的判别定理

定理 4.5 (增减性判别定理) 设函数 $f(x)$ 在闭区间 $[a,b]$ 上连续, 在开区间 (a,b) 内可导.

(1) 如果在 (a,b) 内恒有 $f'(x) > 0$, 则 $f(x)$ 在闭区间 $[a,b]$ 上 (严格) 单调增加;

(2) 如果在 (a,b) 内恒有 $f'(x) < 0$, 则 $f(x)$ 在闭区间 $[a,b]$ 上 (严格) 单调减少.

证明 设 x_1, x_2 是 $[a,b]$ 上任意两点, 且 $x_1 < x_2$, 在 $[x_1, x_2]$ 上应用拉格朗日中值定理有

$$f(x_2) - f(x_1) = f'(\xi)(x_2 - x_1), \quad \xi \in (x_1, x_2).$$

(1) 由条件知 $f'(\xi) > 0, x_2 - x_1 > 0$, 从而, $f(x_2) - f(x_1) > 0$, 即 $f(x_1) < f(x_2)$. 所以, $f(x)$ 在闭区间 $[a,b]$ 上单调增加.

(2) 同理可证.

定理 4.5 表明, 导数的符号决定了函数的增减区间, 即导数为正的区间是函数的单增区间, 导数为负的区间是函数的单减区间.

定理 4.6 (极值存在的必要条件)　如果函数 $f(x)$ 在点 x_0 处取得极值, 则必有

$$f'(x_0)=0 \quad \text{或者} \quad f'(x_0)\ \text{不存在}.$$

证明　若 $f(x_0)$ 是极大值, 如果 $f(x)$ 在点 x_0 处不可导, 则定理的结论自然成立. 如果 $f(x)$ 在点 x_0 处可导, 用反证法证明. 假如 $f'(x_0)\neq 0$, 不妨设 $f'(x_0)>0(f'(x_0)<0$ 的证法类似), 即

$$\lim_{x\to x_0}\frac{f(x)-f(x_0)}{x-x_0}=f'(x_0)>0,$$

根据极限的局部保号性 (定理 2.2), 在 x_0 的某去心邻域内恒有

$$\frac{f(x)-f(x_0)}{x-x_0}>0,$$

由此推得, 在右半邻域内, 即当 $x-x_0>0$ 时有 $f(x)-f(x_0)>0$, 即 $f(x)>f(x_0)$, 这与 $f(x_0)$ 是极大值矛盾. 所以, $f(x_0)=0$.

同理可证 $f(x_0)$ 是极小值的情形.

使 $f'(x_0)=0$ 的点 x_0 称为函数 $f(x)$ 的**驻点**. 定理 4.6 说明, 函数的极值点一定是驻点或不可导点. 但反之不成立, 即驻点和不可导点不一定是极值点. 例如, $y=x^3, y'=3x^2, y'(0)=0$, 但 $y(0)=0$ 并非极值, 如图 4.5 所示.

再如, $y=\begin{cases}x^2, & x\leqslant 1,\\ x, & x>1\end{cases}$ 在点 $x=1$ 处不可导, 但 $y(1)=1$ 非极值, 如图 4.6 所示.

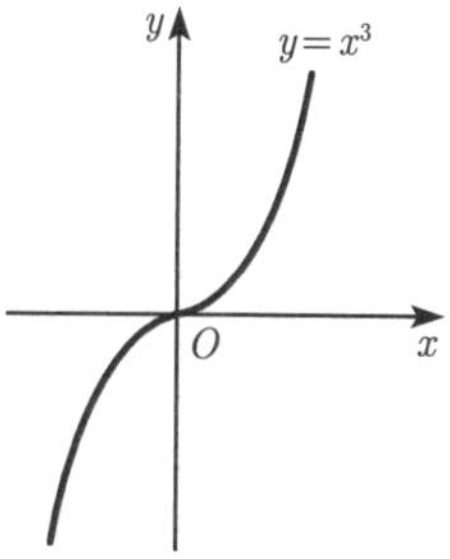

图 4.5

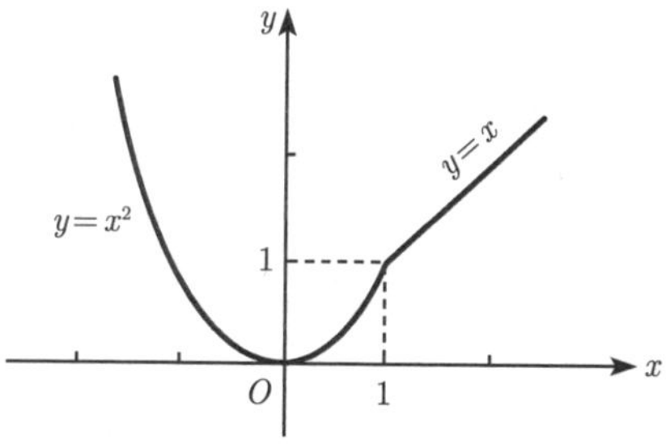

图 4.6

定理 4.6 从几何直观看, 就是峰顶或谷底处要么有水平切线 (图 4.4 中的 P_1, P_2, P_5, P_6), 要么没切线 (图 4.4 中的 P_4). 但有水平切线的点或没有切线的点不一定是峰顶或谷底 (图 4.4 中的 P_3 和 P_7).

根据定理 4.6, 驻点和不可导点是极值点的所有可能的嫌疑点, 也就是增减区间所有可能的分界点. 而这两类点可根据导函数 $f'(x)$ 求出: 驻点就是方程 $f'(x)=0$ 在定义域 D_f 内的实根, 而不可导点是 D_f 内使 $f'(x)$ 无意义的点. 剩下的问题就是如何判别这些嫌疑点哪些是极值点? 是极大值点还是极小值点? 哪些不是极值点? 这一点由极大值和极小值的特征很容易判别.

定理 4.7 (极值的一阶充分条件) 设函数 $f(x)$ 在点 x_0 的某去心邻域内可导, 且在点 x_0 处连续.

(1) 如果在 x_0 的左半邻域内恒有 $f'(x)>0$, 右半邻域内恒有 $f'(x)<0$, 则 x_0 是 $f(x)$ 的极大值点;

(2) 如果在 x_0 的左半邻域内恒有 $f'(x)<0$, 右半邻域内恒有 $f'(x)>0$, 则 x_0 是 $f(x)$ 的极小值点;

(3) 如果在 x_0 的左、右两半邻域内导数 $f'(x)$ 的符号不变, 则 x_0 不是 $f(x)$ 的极值点.

证明 (1) 由条件和增减性判别定理 4.5 知, 在点 x_0 的左边到右边, $f(x)$ 由单增变为单减, 按极值定义, x_0 是极大值点.

(2) 同理可证.

(3) 在 x_0 的左、右邻域内, 导数 $f'(x)$ 的符号不变, 则在 x_0 的左、右领域两边, $f(x)$ 的增减性相同, 图像在点 x_0 处既非峰顶, 也非谷底, 所以 x_0 不可能是极值点.

根据定理 4.5 ~ 定理 4.7 这三个定理, 我们可总结出下面的求函数的增减区间和极值的一般方法.

3. 求函数的单调区间和极值的一般方法 (步骤)

(1) 求导数 $f'(x)$, 并求出 D_f 内的所有驻点和不可导点, 即使 $f'(x)=0$ 的点和使 $f'(x)$ 无意义的点;

(2) 用上述各点将 D_f 分为若干子区间, 并确定每个子区间内导数 $f'(x)$ 的符号;

(3) 根据增减性判别定理 (定理 4.5) 和极值的一阶充分条件 (定理 4.7), 判别出增减区间和极值点, 并计算极值点处的函数值而得到相应的极值.

例 1 求函数 $f(x)=x^3(x-1)^2$ 的单调区间和极值.

解 (1) $D_f=(-\infty,+\infty)$,

$$f'(x)=3x^2(x-1)^2+2x^3(x-1)=x^2(x-1)(5x-3),$$

令 $f'(x)=0$, 解得驻点: $x_1=0, x_2=\dfrac{3}{5}, x_3=1$; 无不可导点.

(2) 用 $x_1=0,x_2=\dfrac{3}{5},x_3=1$ 将 $D_f=(-\infty,+\infty)$ 分为 4 个子区间, 每个子区间内 $f'(x)$ 的符号如下:

f'	$+$	0	$+$	$\frac{3}{5}$	$-$	1	$+$	
f	↗	非极值点	↗	极大点	↘	极小点	↗	x

(3) 单增区间为 $\left(-\infty,\dfrac{3}{5}\right]$ 和 $[1,+\infty)$; 单减区间为 $\left[\dfrac{3}{5},1\right]$; 极大值: $f\left(\dfrac{3}{5}\right)=\dfrac{108}{3125}$, 极小值 $f(1)=0$.

例 2　求 $y=\sqrt[3]{(2x-x^2)^2}$ 的单调区间和极值.

解　(1) $D_f=(-\infty,+\infty)$,

$$y'=\left[(2x-x^2)^{\frac{2}{3}}\right]'=\frac{2}{3}(2x-x^2)^{-\frac{1}{3}}(2-2x)=\frac{4(1-x)}{3\sqrt[3]{x(2-x)}},$$

令 $y'=0$ 得驻点是 $x_1=1$; 不可导点有 $x_2=0,x_3=2$.

(2) 用驻点及不可导点划分定义域区间, 确定 y' 的符号如下:

y'	$-$	0	$+$	1	$-$	2	$+$	
y	↘	极小点	↗	极大点	↘	极小点	↗	x

(3) 单增区间是 [0,1] 和 $[2,+\infty)$; 单减区间是 $(-\infty,0]$ 和 [1,2]; 极大值是 $f(1)=1$, 极小值是 $f(0)=0,f(2)=0$.

注意　有一个特殊情形: 如果在某区间 I 上恒有 $f'(x)\geqslant 0$ (或 $f'(x)\leqslant 0$), 但等号仅在某些孤立点处成立, 则可断定函数在整个区间 I 上是 (严格) 单增 (单减) 的, 在 I 内无极值. 例如, $y=x^3$ 在 $(-\infty,+\infty)$ 内恒有 $y'=3x^2\geqslant 0$, 但仅在 $x=0$ 处 $y'=0$, 则 $y=x^3$ 在 $(-\infty,+\infty)$ 内单增无极值.

例 3　求 $f(x)=x-\sin x$ 的单调区间和极值.

解　在 $D_f=(-\infty,+\infty)$ 上恒有 $f'(x)=1-\cos x\geqslant 0$, 当 $x=2k\pi(k=0,\pm1,\pm2,\cdots)$ 时, $f'(x)=0$. 所以, $f(x)=x-\sin x$ 在 $(-\infty,+\infty)$ 内单增无极值.

当函数在驻点处二阶可导时, 还有下述的更为简便的判别极值的方法.

定理 4.8 (极值的二阶充分条件)　若 $f'(x_0)=0,f''(x_0)$ 存在, 则

(1) 当 $f''(x_0)>0,x_0$ 为 $f(x)$ 的极小值点;

(2) 当 $f''(x_0)<0,x_0$ 为 $f(x)$ 的极大值点;

(3) 当 $f''(x_0)=0,x_0$ 是否为 $f(x)$ 的极值点都有可能, 还需要另外的方法 (比如, 第一充分条件或定义) 判别.

证明 (1)
$$f''(x_0)=\lim_{x\to x_0}\frac{f'(x)-f'(x_0)}{x-x_0}=\lim_{x\to x_0}\frac{f'(x)}{x-x_0}>0.$$

由极限的局部保号性 (定理 2.2), 在点 x_0 的某去心邻域内恒有 $\dfrac{f'(x)}{x-x_0}>0$, 由此推得, 在左半邻域内, $x-x_0<0$, 则 $f'(x)<0$; 在右半邻域内, $x-x_0>0$, 则 $f'(x)>0$. 根据极值的一阶充分条件 (定理 4.6) 可知, x_0 为 $f(x)$ 的极小值点.

(2) 同理可证.

(3) 反例: $y=x^3, y'=3x^2, y''=6x, y'(0)=0, y''(0)=0$, 但在 $x=0$ 的左、右邻域两边, $y'=3x^2$ 同为正, 根据一阶充分条件, $x=0$ 不是极值点.

正例: $y=x^4, y'=4x^3, y''=12x^2, y'(0)=0, y''(0)=0$, 但 $y=x^4\geqslant 0=y(0)$, 根据定义, $x=0$ 是极小值点.

例 4 求函数 $f(x)=x^3-6x^2+9x+1$ 的极值.

解
$$f'(x)=3x^2-12x+9=3(x-1)(x-3).$$

令 $f'(x)=0$, 得 $x_1=1, x_2=3$, 又因为 $f''(x)=6x-12, f''(1)=-6<0, f''(3)=6>0$, 根据极值的二阶充分条件, $f(x)$ 在 $x=1$ 处取得极大值 $f(1)=5$, 在点 $x=3$ 处取得极小值 $f(3)=1$.

4.3.2 极值的应用

1. 闭区间上连续函数的最值求法

如果函数 $f(x)$ 在闭区间 $[a,b]$ 上连续, 则 $f(x)$ 在 $[a,b]$ 上必存在最大值和最小值 (定理 2.14), 此定理只说明最值的存在性, 并没有给出最值的具体计算方法. 现在我们根据最值与极值的关系来研究最值的求法.

最值和极值是两个不同的概念, 首先最值是一个区间上的全局概念. 极值是一个点邻近的局部概念; 其次最值有可能在区间端点处取得, 而极值只能在区间内部的点取得; 最后, 最大值最小值存在时一定是唯一的, 而极大值和极小值却可能有很多, 甚至有些极小值比极大值还大. 但是最值和极值还是有联系的. 如果最大值或最小值在区间内部取得, 则此最大值或最小值当然也是极大值或极小值, 也就是说, 最值点一定是区间内部的极值点或区间端点, 但极值点只可能是区间内部的驻点和不可导点. 由此, 最值点只可能是区间内部的驻点、不可导点和区间的端点这三类点, 剩下的问题就是如何判别这些点中究竟哪一个是最小值点? 哪一个是最大值点? 因为最大 (小) 值是全区间上所有函数值中的最大 (小) 者, 当然也是这三类点的函数值中的最大 (小) 者. 因此, 只要计算出这些点的函数值, 加以比较, 其中最大者就是函数在区间上的最大值, 其中最小者就是函数在区间

上的最小值. 于是, 我们就得到了在闭区间 $[a,b]$ 上连续函数 $f(x)$ 的最值计算方法 (步骤) 如下:

(1) 求导数 $f'(x)$, 并求出区间 (a,b) 内部的所有驻点和不可导点;

(2) 直接计算上述各点的函数值及两个端点的函数值 $f(a),f(b)$;

(3) 将上述函数值进行比较, 其中最大者即为所求最大值, 其中最小者即为所求最小值.

例 5 求函数 $f(x)=x^4-8x^2+1$ 在 $[-1,3]$ 上的最大值和最小值.

解 $f'(x)=4x^3-16x=4x(x^2-4)$, 令 $f'(x)=0$ 得驻点:

$$x_1=-2\ (\text{不在开区间 } (-1,3) \text{ 内应舍去}),\quad x_2=0,\quad x_3=2.$$

$$f(0)=1,\quad f(2)=-15,\quad f(-1)=-6,\quad f(3)=10,$$

比较得最大值为 $f(3)=10$, 最小值为 $f(2)=-15$.

常见的两种特殊情形值得注意:

(1) 若 $f(x)$ 在闭区间 $[a,b]$ 上单调增加 (单调减少), 则函数的最大值为 $f(b)(f(a))$, 最小值为 $f(a)(f(b))$;

(2) 若某区间 I(I 可以是任何区间) 上的连续函数只有一个极大 (小) 值, 而无极小 (大) 值, 则此极大 (小) 值就是函数在区间 I 上的最大 (小) 值 (图 4.7).

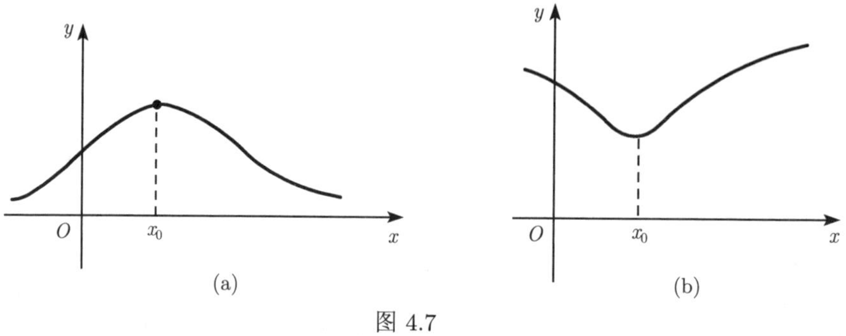

(a) (b)

图 4.7

2. 极 (最) 值应用举例

例 6 (1996) 设某酒厂有一批新酿的好酒, 如果现在 (假定 $t=0$) 就售出, 总收入为 R_0(元), 如果窖藏起来待来日按陈酒价格出售, t 年年末总收入为 $R=R_0\mathrm{e}^{\frac{2}{5}\sqrt{t}}$(元). 假定银行的年利率为 r, 并以连续复利计息, 试求窖藏多少年售出可使总收入的现值最大, 并求 $r=0.06$ 时 t 的值.

解 设窖藏 t 年年末总收入 R 的现值为 $A(t)$, 则

$$A(t) = R\mathrm{e}^{-rt} \quad (\text{见 2.6 节例 16 连续复利问题})$$
$$= R_0\mathrm{e}^{\frac{2}{5}\sqrt{t}} \cdot \mathrm{e}^{-rt} = R_0\mathrm{e}^{\frac{2}{5}\sqrt{t}-rt} \quad (t \geqslant 0),$$

$A'(t) = R_0\mathrm{e}^{\frac{2}{5}\sqrt{t}-rt}\left(\dfrac{1}{5\sqrt{t}} - r\right)$, 令 $A'(t) = 0$, 得驻点 $t = \dfrac{1}{25r^2}$.

当 $0 \leqslant t < \dfrac{1}{25r^2}$ 时, $A'(t) > 0$, 当 $t > \dfrac{1}{25r^2}$ 时, $A'(t) < 0$, 根据极值的一阶充分条件可知, 当 $t = \dfrac{1}{25r^2}$(年) 时, $A(t)$ 取得极大值即最大值.

当 $r = 0.06$ 时, $t = \dfrac{100}{9} \approx 11$(年).

例 7 (1997) 一商家销售某种商品, 当销售价格为 P(万元/吨) 时, 可售出 $Q = 35 - 5P$(吨), 商品的成本函数为 $C = 3Q + 1$(万元), 每销售一吨商品, 政府要征税 t 万元.

(1) 当售价定为多少时, 商家可获得最大利润 (税后), 此时的销售量是多少?

(2) 在保证商家获利最大的前提下, t 为何值时政府税收总额最大?

解 (1) 将税后利润表示为价格 P 的函数:

$$L(P) = PQ - 3Q - 1 - tQ = P(35 - 5P) - 3(35 - 5P) - 1 - t(35 - 5P)$$
$$= (50 + 5t)P - 5P^2 - 35t - 106(t \text{ 为常数}),$$
$$L'(P) = 50 + 5t - 10P,$$

令 $L'(P) = 0$, 得驻点 $P = 5 + 0.5t$.

又由于 $L''(P) = -10 < 0$, 所以当 $P = 5 + 0.5t$(万元/吨) 时, 利润 $L(P)$ 取得极大值即最大值. 此时的销售量

$$Q = 35 - 5P = 35 - 5(5 + 0.5t) = 10 - 2.5t(\text{吨}).$$

(2) 商家获得最大利润时, 政府税收总额为

$$y = tQ = t(10 - 2.5t) = 10t - 2.5t^2,$$

$y' = 10 - 5t$, 令 $y' = 0$ 得驻点 $t = 2$.

又因为 $y'' = -5 < 0$, 所以当 $t = 2$(万元) 时, y 取得极大值即为最大值.

利用函数的最值, 还可以证明一些不等式. 因为在某区间 I 上证明不等式 $f(x) \leqslant 0$ 的问题等价于证明 $f(x)$ 在区间 I 上的最大值 $M \leqslant 0$ 的问题.

例 8 证明下列不等式:

(1) 在 $(-\infty, +\infty)$ 内, $\mathrm{e}^x \geqslant x + 1$;

(2) 当 $x>1$ 时, $2\sqrt{x}+\dfrac{1}{x}>3$.

证明 (1) 将原不等式变形为 $x+1-\mathrm{e}^x\leqslant 0$. 令 $f(x)=x+1-\mathrm{e}^x$, 求函数 $f(x)$ 在 $(-\infty,+\infty)$ 内的最大值.

$f'(x)=1-\mathrm{e}^x$, 令 $f'(x)=0$ 得驻点 $x=0$. 由于 $f''(x)=-\mathrm{e}^x<0$, 所以当 $x=0$ 时 $f(x)$ 取得极大值, 即最大值 $f(0)=0$. 所以, 在 $(-\infty,+\infty)$ 内有 $f(x)\leqslant 0$, 即

$$\mathrm{e}^x\geqslant x+1.$$

(2) 将原不等式变形为 $3-2\sqrt{x}-\dfrac{1}{x}<0$.

令 $f(x)=3-2\sqrt{x}-\dfrac{1}{x}$, 求函数 $f(x)$ 在区间 $[1,+\infty)$ 上的最大值.

$f'(x)=-\dfrac{1}{\sqrt{x}}+\dfrac{1}{x^2}=\dfrac{1-x\sqrt{x}}{x^2}$, 在 $(1,+\infty)$ 内恒有 $f'(x)<0$, 所以函数 $f(x)$ 在区间 $[1,+\infty)$ 上 (严格) 单调减少, 从而, 函数的最大值为 $f(1)=0$.

所以, 当 $x>1$ 时, $f(x)<f(1)=0$, 即 $3-2\sqrt{x}-\dfrac{1}{x}<0$, 亦即当 $x>1$ 时,

$$2\sqrt{x}+\frac{1}{x}>3.$$

4.4 曲线的凹向与拐点

4.4.1 凹向与拐点的概念

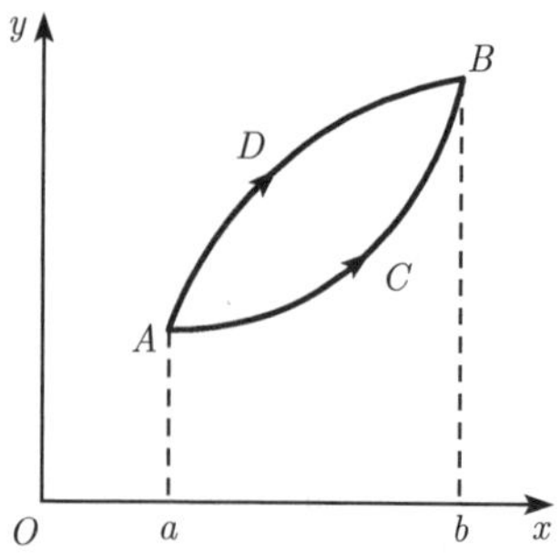

图 4.8

4.3 节我们看到, 函数的导数及其符号决定了函数的单调区间和极值, 但是仅知道函数在一个区间上的单调性对函数在该区间上的性态描述还是远远不够的. 例如, 图 4.8 中的两条曲线虽然在 $[a,b]$ 上都是由 A 上升到 B, 但它们的性态差别很大, 主要是弯曲方向不同, 弧 $\overset{\frown}{ACB}$ 向上弯曲 (向上凹), 而弧 $\overset{\frown}{ADB}$ 向下弯曲 (向下凹). 如何区分这两种不同的弯曲方向? 从几何直观上看, 向上弯曲的曲线弧整个位于其上任意一点切线的上方, 而向下弯曲的曲线弧整个位于其上任意一点切线的下方 (图 4.9).

为了区别这两种不同的弯曲方向, 给出下面的定义.

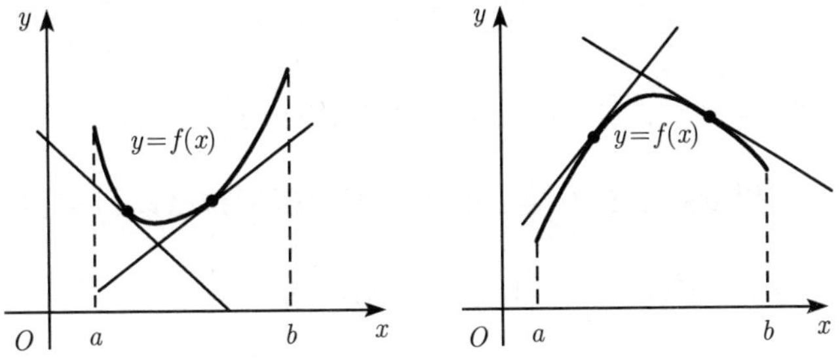

(a) (b)

图 4.9

定义 4.2 如果在某区间内, 曲线弧整个位于其上任一点切线的上方 (下方), 则称曲线在该区间内**上凹** (**下凹**), 该区间称为曲线的**上凹区间** (**下凹区间**); 曲线上凹和下凹的分界点称为曲线的**拐点** (图 4.10 的点 P_1, P_2 和 P_3). (有些书上用 "凸", 上凹 = 下凸 ="凹", 下凹 = 上凸 ="凸".)

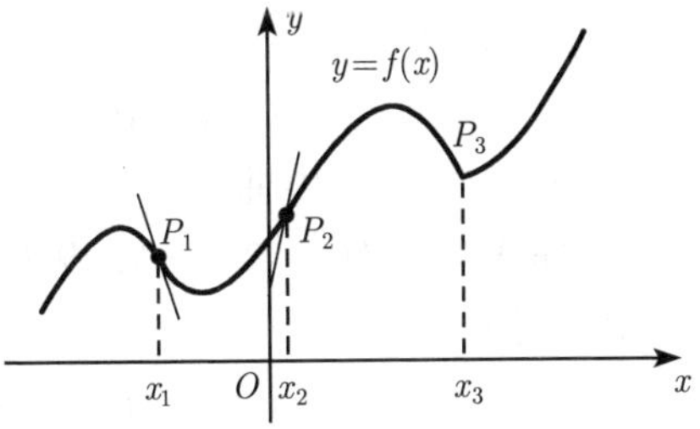

图 4.10

4.4.2 凹向与拐点的判别定理

定理 4.9 (凹向判别定理) 设函数 $f(x)$ 在区间 (a,b) 内二阶可导, 则

(1) 若在 (a,b) 内恒有 $f''(x)>0$, 则曲线 $y=f(x)$ 在 (a,b) 内上凹;

(2) 若在 (a,b) 内恒有 $f''(x)<0$, 则曲线 $y=f(x)$ 在 (a,b) 内下凹.

证明 设 x_0 是 (a,b) 内任意一点, 曲线 $y=f(x)$ 在点 $(x_0,f(x_0))$ 处的切线方程为

$$y=f(x_0)+f'(x_0)(x-x_0).$$

曲线 $y=f(x)$ 与该切线在区间 (a,b) 内的纵坐标之差为

$$\Delta=f(x)-f(x_0)-f'(x_0)(x-x_0),\quad x\in(a,b),$$

在点 $x=x_0$ 处 $\Delta=0$.

当 $x\in(a,b)$ 且 $x\neq x_0$ 时, 对函数 $f(x)$ 在以 x_0 与 x 为端点的闭区间上应用拉格朗日中值定理可得

$$f(x)-f(x_0)=f'(\xi)(x-x_0),\quad \xi\text{在 } x_0 \text{ 与 } x \text{ 之间},$$

则

$$\Delta = f'(\xi)(x-x_0) - f'(x_0)(x-x_0) = [f'(\xi) - f'(x_0)](x-x_0), \quad x \neq x_0,$$

再对函数 $f'(x)$ 在以 x_0 与 ξ 为端点的闭区间上应用拉格朗日中值定理可得

$$f'(\xi) - f'(x_0) = f''(\eta)(\xi - x_0), \quad \eta\text{在 } x_0 \text{ 与 } \xi \text{ 之间},$$

则

$$\Delta = f''(\eta)(\xi - x_0)(x - x_0), \quad x \neq x_0.$$

(1) 由于 $f''(\eta) > 0, \xi - x_0$ 与 $x - x_0$ 同号 (ξ 与 x 位于 x_0 的同侧), 所以, 当 $x \in (a,b)$ 且 $x \neq x_0$ 时, $\Delta > 0$.

因此, 在 (a,b) 内曲线 $y = f(x)$ 整个位于其上任意一点切线的上方, 根据定义 4.2, 曲线 $y = f(x)$ 在 (a,b) 内上凹.

(2) 同理可证.

定理 4.9 表明: 二阶导数的符号决定了曲线的凹向, 二阶导数为正的区间是上凹区间, 二阶导数为负的区间是下凹区间, 而上下凹区间的分界点是拐点的横坐标. 如何寻找拐点呢?

定理 4.10 (拐点存在的必要条件) 若点 $(x_0, f(x_0))$ 是曲线 $y = f(x)$ 的拐点, 则当 $f''(x)$ 在 x_0 处连续时必有 $f''(x_0) = 0$.

证明 反证法. 假如 $f''(x_0) \neq 0$, 不妨设 $f''(x_0) > 0(f''(x_0) < 0$ 的情形证法类似). 由于 $f''(x)$ 在点 x_0 连续, 即 $\lim\limits_{x \to x_0} f''(x) = f''(x_0) > 0$, 由极限的局部保号性定理知, 在 x_0 的某去心邻域内恒有 $f''(x) > 0$, 于是, 在该去心邻域内 $y = f(x)$ 上凹, 也就是说, 在点 x_0 左、右两半邻域凹向一致, 则 $(x_0, f(x_0))$ 不是上下凹的分界点, 亦即不是拐点, 矛盾. 所以 $f''(x_0) = 0$.

另外, 拐点也可能在二阶不可导点处取得 (图 4.10 中的点 x_3). 例如, $y = \begin{cases} x^2, & x \leqslant 0, \\ \sqrt{x}, & x > 0 \end{cases}$ 在点 $x = 0$ 处, y' 不存在, 当然 y'' 也不存在, 但点 $x = 0$ 处取得拐点 $(0,0)$ (图 4.11).

因此, 拐点一定在二阶导数等于零的点 (若 $f''(x)$ 在该点连续) 或二阶不可导点处取得, 但反之不然, 即二阶导数为 0 的点或二阶不可导点不一定取得拐点. 例如, $y = x^4, y' = 4x^3, y'' = 12x^2, y''(0) = 0$, 但在 $x = 0$ 点的左、右两边, y'' 同为正, 凹向相同, 在 $x = 0$ 处不是拐点. 再如, $y = |\sin x|$ 在 $x = 0$ 处一、二阶导数均不存在, 但 $x = 0$ 点不是拐点 (图 4.12).

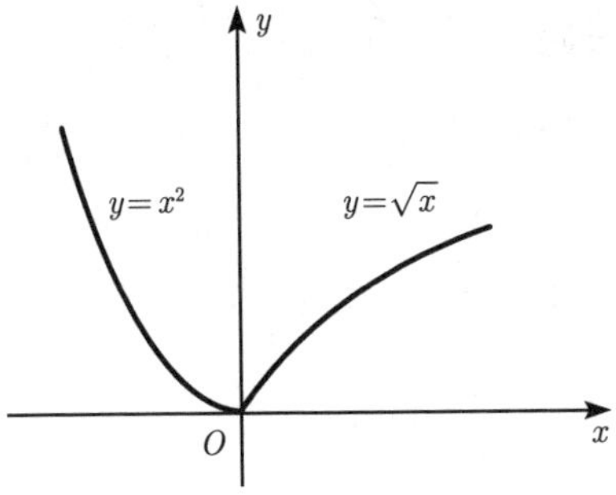

图 4.11

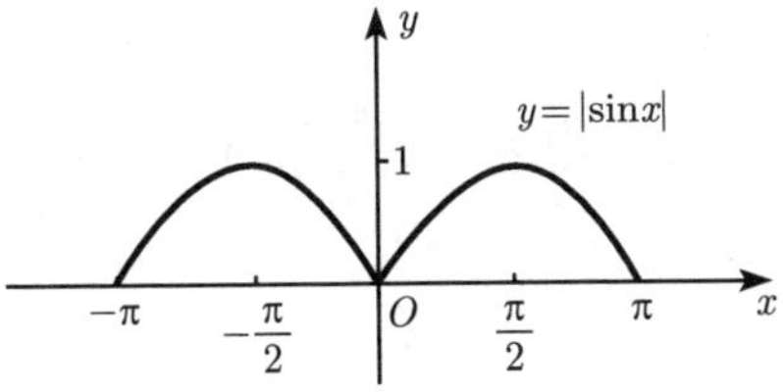

图 4.12

定理 4.11 (拐点判别定理) 设 $f(x)$ 在点 x_0 的某去心邻域内二阶可导, 且在点 x_0 处连续, 则

(1) 若在点 x_0 的左、右两半邻域 $f''(x)$ 异号, 则 $(x_0, f(x_0))$ 是曲线 $y = f(x)$ 的拐点.

(2) 若在点 x_0 的左、右两半邻域 $f''(x)$ 同号, 则 $(x_0, f(x_0))$ 不是曲线 $y = f(x)$ 的拐点.

证明 根据凹向判别定理 4.9 和拐点的定义, 立即得证.

根据定理 4.9 ~ 定理 4.11, 可得到求上、下凹区间及拐点的一般方法.

4.4.3 求曲线的上下凹区间及拐点的一般方法 (步骤)

(1) 求二阶导数 $f''(x)$, 并求出 D_f 内所有二阶导数为 0 和二阶不可导点;

(2) 用上述各点将 D_f 分为若干子区间, 并确定每个子区间内 $f''(x)$ 的符号;

(3) 根据凹向判别定理 4.9 和拐点判别定理 4.11 判别出上、下凹区间及拐点.

例 1 求曲线 $y = 3x^5 - 15x^4 + 20x^3 + x + 1$ 的上、下凹区间及拐点.

解 $y' = 15x^4 - 60x^3 + 60x^2 + 1$,

$$y'' = 60x^3 - 180x^2 + 120x = 60x(x^2 - 3x + 2) = 60x(x-1)(x-2),$$

令 $y'' = 0$ 得 $x_1 = 0, x_2 = 1, x_3 = 2$, 如下:

y''	$-$	0	$+$	1	$-$	2	$+$	
y	$\cap$	有拐点	$\cup$	有拐点	$\cap$	有拐点	$\cup$	x

由上表可见: 上凹区间为 $(0,1)$ 和 $(2,+\infty)$, 下凹区间为 $(-\infty,0)$ 和 $(1,2)$, 拐点是 $(0,1), (1,10)$ 和 $(2,19)$ 三个点.

例 2 求曲线 $y = x^{\frac{5}{3}}(x-4)$ 的上、下凹区间及拐点.

解
$$y = x^{\frac{8}{3}} - 4x^{\frac{5}{3}}, \quad y' = \frac{8}{3}x^{\frac{5}{3}} - \frac{20}{3}x^{\frac{2}{3}},$$

$$y'' = \frac{40}{9}x^{\frac{2}{3}} - \frac{40}{9}x^{-\frac{1}{3}} = \frac{40(x-1)}{9\sqrt[3]{x}}.$$

令 $y''=0$ 得 $x=1$; 二阶不可导点是 $x=0$, 如下:

y''	+	0	−	1	+	
y	∪	有拐点	∩	有拐点	∪	x

上凹区间是 $(-\infty,0)$ 和 $(1,+\infty)$; 下凹区间是 $(0,1)$, 拐点是 $(0,0)$ 和 $(1,-3)$.

4.5 函数图形的作法

4.5.1 曲线的渐近线

定义 4.3 (渐近线定义) 如果曲线 C 上的点 M 沿曲线 C 趋于无穷远时, 点 M 与某定直线 L 的距离 $|MN| \to 0$, 则称直线 L 为曲线 C 的一条**渐近线** (图 4.13).

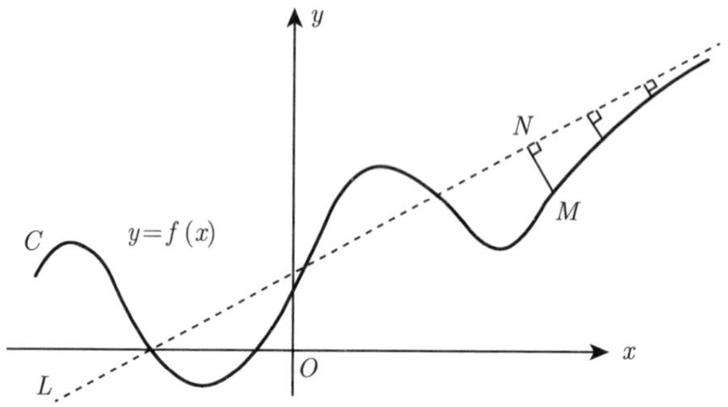

图 4.13

渐近线按照其与 x 轴的位置关系可分为下列三类: 与 x 轴平行的渐近线称为**水平渐近线**; 与 x 轴垂直的渐近线称为**铅直渐近线**; 与 x 轴既不平行也不垂直的渐近线称为**斜渐近线**.

如果曲线方程已给定为 $y=f(x)$, 如何判定它是否有渐近线? 如果有, 则渐近线的方程是什么? 下面按渐近线的类型分别讨论.

1. 水平渐近线

如果 $\lim\limits_{x\to-\infty} f(x) = b$ 或 $\lim\limits_{x\to+\infty} f(x) = b$, 则直线 $y=b$ 为曲线 $y=f(x)$ 的一

条水平渐近线 (图 4.14).

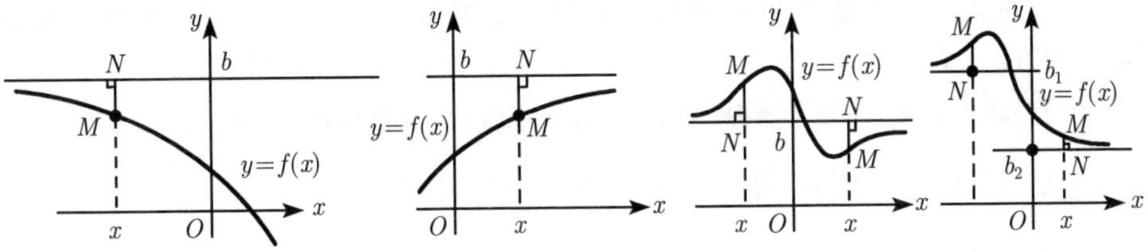

(a) (b) (c) (d)

图 4.14

注意 如果 $\lim\limits_{x\to-\infty} f(x)=b_1$, $\lim\limits_{x\to+\infty} f(x)=b_2$, 且 $b_1\neq b_2$, 则曲线 $y=f(x)$ 有两条水平渐近线 $y=b_1$ 和 $y=b_2$(图 4.14(d)). 如果 $\lim\limits_{x\to-\infty} f(x)$ 与 $\lim\limits_{x\to+\infty} f(x)$ 都不存在, 则曲线 $y=f(x)$ 没有水平渐近线, 例如, $y=x^2$ 无水平渐近线.

2. 铅直渐近线

如果 $\lim\limits_{x\to c^-} f(x)=\infty$ 或 $\lim\limits_{x\to c^+} f(x)=\infty$, 则直线 $x=C$ 是曲线 $y=f(x)$ 的一条铅直渐近线 (图 4.15).

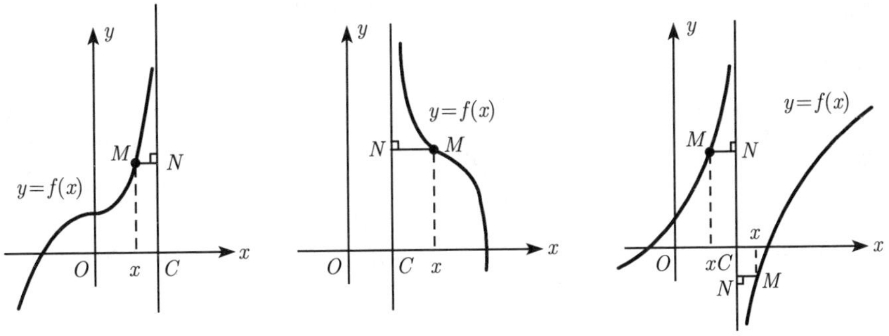

(a) (b) (c)

图 4.15

注意 点 C 是函数 $f(x)$ 的无穷型间断点, 也就是说, 在函数 $f(x)$ 的每个无穷型间断点处必有一条铅直渐近线. 因此, 求曲线 $y=f(x)$ 的铅直渐近线就是求函数 $f(x)$ 的无穷型间断点. 例如, $y=\tan x$ 有无穷多个无穷型间断点 $x=k\pi+\dfrac{\pi}{2}(k=0,\pm1,\pm2,\cdots)$, 所以, 正切曲线 $y=\tan x$ 就有无穷多条铅直渐近线, 它们的方程就是 $x=k\pi+\dfrac{\pi}{2}(k=0,\pm1,\pm2,\cdots)$.

3. 斜渐近线

与 x 轴既不平行也不垂直的直线方程一定可写为 $y=kx+b(k\neq 0)$ 的形式，按渐近线的定义可知

直线 $y=kx+b(k\neq 0)$ 是曲线 $y=f(x)$ 的渐近线

$\Leftrightarrow$ 点 $M(x,f(x))$ 与直线 $y=kx+b$ 的距离 $|MN|=\dfrac{|f(x)-kx-b|}{\sqrt{1+k^2}}\to 0$($M$ 趋于无穷远)

$$\Leftrightarrow \lim_{\substack{x\to-\infty\\(x\to+\infty)}}[f(x)-kx-b]=0$$

$$\Leftrightarrow \begin{cases}\lim\limits_{\substack{x\to-\infty\\(x\to+\infty)}}[f(x)-kx]=b\Rightarrow \lim\limits_{\substack{x\to-\infty\\(x\to+\infty)}}\dfrac{f(x)}{x}-k=\lim\limits_{\substack{x\to-\infty\\(x\to+\infty)}}\dfrac{1}{x}(f(x)-kx)=0,\\ \lim\limits_{\substack{x\to-\infty\\(x\to+\infty)}}\dfrac{f(x)}{x}=k.\end{cases}$$

由此，我们得到斜渐近线的求法.

如果极限 $\lim\limits_{\substack{x\to-\infty\\(x\to+\infty)}}\dfrac{f(x)}{x}=k$ 与 $\lim\limits_{\substack{x\to-\infty\\(x\to+\infty)}}[f(x)-kx]=b$ 都存在且 $k\neq 0$，则直线 $y=kx+b$ 就是曲线 $y=f(x)$ 的一条斜渐近线 (图 4.16(a), (b), (c)).

注意 如果 $x\to-\infty$ 与 $x\to+\infty$ 时求出的 k 和 b 都存在但不全相同，则左、右两边各有一条斜渐近线 (图 4.16(d)).

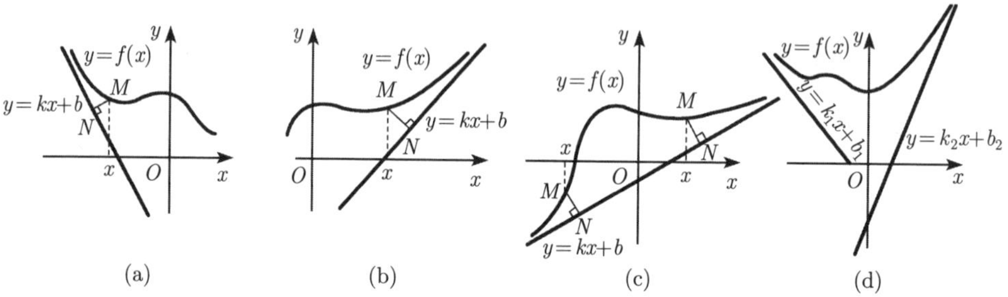

图 4.16

例 1 求曲线 $y=\dfrac{x^2+1}{x^2-1}$ 的渐近线.

解 (1) $\lim\limits_{x\to\infty}\dfrac{x^2+1}{x^2-1}=1, y=1$ 是一条水平渐近线.

(2) $\lim\limits_{x\to 1}\dfrac{x^2+1}{x^2-1}=\infty$, $\lim\limits_{x\to -1}\dfrac{x^2+1}{x^2-1}=\infty$ 有两条铅直渐近线: $x=-1$ 和 $x=1$.

(3) $k=\lim\limits_{x\to\infty}\dfrac{f(x)}{x}=\lim\limits_{x\to\infty}\dfrac{x^2+1}{(x^2-1)x}=0$ 无斜渐近线.

例 2 求 $y=\dfrac{2}{e^x-1}$ 的渐近线.

解 (1) $\lim\limits_{x\to-\infty}\dfrac{2}{e^x-1}=-2, y=-2$ 是一条水平渐近线,

$\lim\limits_{x\to+\infty}\dfrac{2}{e^x-1}=0, y=0$ 也是一条水平渐近线;

(2) $\lim\limits_{x\to0}\dfrac{2}{e^x-1}=\infty, x=0$ 是一条铅直渐近线;

(3) $k=\lim\limits_{x\to\infty}\dfrac{f(x)}{x}=\lim\limits_{x\to\infty}\dfrac{2}{(e^x-1)x}=0$, 无斜渐近线.

例 3 求 $y=(2x-1)e^{\frac{1}{x}}$ 的渐近线.

解 (1) $\lim\limits_{x\to\infty}(2x-1)e^{\frac{1}{x}}=\infty$, 无水平渐近线;

(2) $\lim\limits_{x\to0^-}(2x-1)e^{\frac{1}{x}}=0$, $\lim\limits_{x\to0^+}(2x-1)e^{\frac{1}{x}}=-\infty, x=0$ 是一条铅直渐近线;

(3) $k=\lim\limits_{x\to\infty}\dfrac{(2x-1)e^{\frac{1}{x}}}{x}=2,$

$$b=\lim_{x\to\infty}[(2x-1)e^{\frac{1}{x}}-2x](\infty-\infty\text{型})$$

$$=\lim_{x\to\infty}2x\left(e^{\frac{1}{x}}-1\right)-\lim_{x\to\infty}e^{\frac{1}{x}}=\lim_{x\to\infty}2x\cdot\frac{1}{x}-1=1,$$

$y=2x+1$ 是一条斜渐近线.

4.5.2 函数作图的步骤

一阶导数及其符号决定了曲线的增减性和极值; 二阶导数及其符号决定了曲线的弯曲方向及拐点; 而渐近线则控制了曲线在无穷远方的变化趋势. 有了这些知识, 就可以掌握函数的性态, 并把函数的图形描绘比较准确, 不仅形似, 而且神似.

用导数描绘函数图形的基本步骤如下:

(1) 确定函数 $f(x)$ 的定义域 D_f、对称性 (奇偶性) 和周期性等.

(2) 求一阶、二阶导数 $f'(x), f''(x)$, 并求出 D_f 内所有一阶导数为零的点和二阶导数为零的点, 以及一、二阶导数不存在的点.

(3) 用上述各点把定义域分为若干子区间, 并确定每个子区间内一、二阶导数的符号, 判断出增减区间与极值、凹向与拐点 (列表讨论).

(4) 确定曲线的渐近线.

(5) 由曲线方程计算出一些辅助点的坐标 (视需要而定).

(6) 先将 (3) 中的关键点 (峰顶、谷底、拐点) 和 (5) 中的点、(4) 中的渐近线画在坐标系中, 然后根据 (3) 中的性态 (增减性、凹向等) 描绘图像.

例 4　作函数 $\varphi(x)=\dfrac{1}{\sqrt{2\pi}}\mathrm{e}^{-\frac{x^2}{2}}$ 的图形.

解　(1) $D_\varphi=(-\infty,+\infty)$, 函数 $\varphi(x)$ 是偶函数, 图形对称于 y 轴.

(2) $\varphi'(x)=\dfrac{1}{\sqrt{2\pi}}\mathrm{e}^{-\frac{x^2}{2}}(-x),\varphi''(x)=\dfrac{1}{\sqrt{2\pi}}\mathrm{e}^{-\frac{x^2}{2}}(x^2-1)$, 令 $\varphi'(x)=0$ 得 $x=0$, 令 $\varphi''(x)=0$ 得 $x=\pm1$.

(3) 增减性与极值、凹向与拐点列表如下:

x	$(-\infty,-1)$	-1	$(-1,0)$	0	(0,1)	1	$(1,+\infty)$
$\varphi'(x)$	+		+	0	−		−
$\varphi''(x)$	+	0	−		−	0	+
$\varphi(x)$	↗ ∪	$\dfrac{1}{\sqrt{2\pi\mathrm{e}}}$ 拐点	↗ ∩	$\dfrac{1}{\sqrt{2\pi}}$ 极大值	↘ ∩	$\dfrac{1}{\sqrt{2\pi\mathrm{e}}}$ 拐点	↘ ∪

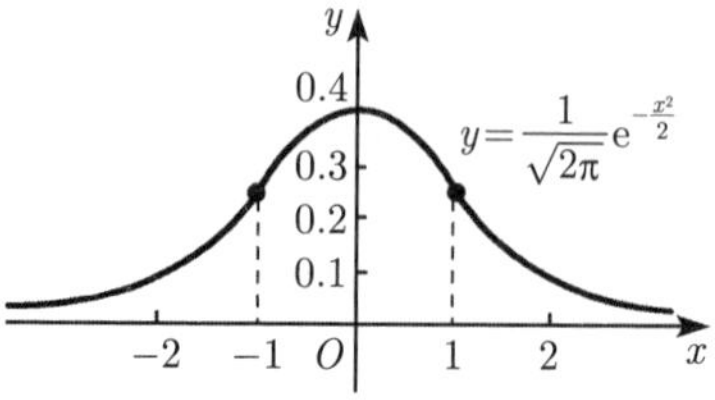

图 4.17

(4) 渐近线: $\lim\limits_{x\to\infty}\dfrac{1}{\sqrt{2\pi}}\mathrm{e}^{-\frac{x^2}{2}}=0, y=0$ 是水平渐近线.

(5) 绘图 (图 4.17).

例 5　作函数 $y=x+\dfrac{1}{x}$ 的图形.

解　(1) $D_f=(-\infty,0)\cup(0,+\infty)$, 函数是奇函数, 图形对称于原点.

(2) $y'=1-\dfrac{1}{x^2}, y''=\dfrac{2}{x^3}$, 令 $y'=0$ 得 $x=\pm1$.

(3) 单调性与极值、凹向与拐点列表如下:

x	$(-\infty,-1)$	-1	$(-1,0)$	0	(0,1)	1	$(1,+\infty)$
y'	+	0	−	不存在	−	0	+
y''	−		−	不存在	+		+
y	↗ ∩	-2 极大值	↘ ∩	没定义	↘ ∪	2 极小值	↗ ∪

(4) 渐近线: $\lim\limits_{x\to0}\left(x+\dfrac{1}{x}\right)=\infty$, 有铅直渐近线 $x=0$;

$$k=\lim_{x\to\infty}\frac{x+\dfrac{1}{x}}{x}=1,$$

$$b=\lim_{x\to\infty}\left(x+\frac{1}{x}-x\right)=0,$$

有斜渐近线 $y=x$.

(5) 辅助点: $\left(\frac{1}{2},\frac{5}{2}\right)$, $\left(-\frac{1}{2},-\frac{5}{2}\right)$, $\left(2,\frac{5}{2}\right)$, $\left(-2,-\frac{5}{2}\right)$, $\left(-4,-\frac{17}{4}\right)$, $\left(4,\frac{17}{4}\right)$.

(6) 描图 (图 4.18).

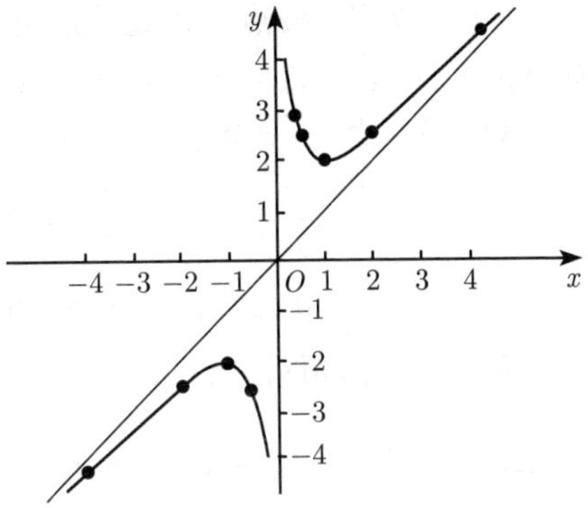

图 4.18

4.6 导数在经济学中的应用

4.6.1 函数的变化率——边际函数

在经济学中, 把函数 $y=f(x)$ 的导数 (变化率)$f'(x)$ 称为**边际函数**, 一点 x_0 处的导数值 $f'(x_0)$ 称为函数 $f(x)$ 在 x_0 处的**边际函数值**.

成本函数 $C=C(Q)$ 的导数 $C'(Q)$ 称为边际成本; 收益函数 $R=R(Q)$ 的导数 $R'(Q)$ 称为边际收益; 利润函数 $L=L(Q)$ 的导数 $L'(Q)$ 称为边际利润; 需求函数 $Q=f(P)$ 的导数 $f'(Q)$ 称为边际需求; 供应函数 $Q=\varphi(Q)$ 的导数 $\varphi'(Q)$ 称为边际供应.

首先分析导数的意义, 进而给出上述边际函数的经济意义.

在点 x 处, 当自变量取得改变量 Δx 时, 因变量 y 取得相应的改变量 $\Delta y=f(x+\Delta x)-f(x)$, Δx, Δy 分别表示了在点 x 处, x 和 y 的变动值的大小, Δx 和 Δy 也分别称为 x 和 y 的绝对改变量.

$\dfrac{\Delta y}{\Delta x}$ 表示在 x 到 $x+\Delta x$ 之间自变量 x 每改变一个单位时, 因变量 y 平均改变的单位数, 反映了在 x 到 $x+\Delta x$ 之间 y 随 x 变化的平均快慢程度, 称为函数 $y=f(x)$ 在 x 到 $x+\Delta x$ 之间的平均变化率或平均 “速度”.

$f'(x)=\lim\limits_{\Delta x\to 0}\dfrac{\Delta y}{\Delta x}$ 称为函数 $y=f(x)$ 在点 x 处的变化率或 “速度”, 它反映了点 x 处因变量 y 随自变量 x 变化的快慢程度 (速度大小),$f'(x)$ 表示在点 x 处自变量 x 若改变一个单位, 因变量 y(按此点处的速度计算) 将改变的单位数 (并非实际改变的单位数), 比如, $f(x)=x^2$, $f'(x)=2x$, $f'(10)=20$ 表示当 $x=10$ 时若 x 增加一个单位, 按在点 $x=10$ 处的速度计算, y 将增加 20 个单位, 而 y 实际

增加值为 $\Delta y=f(11)-f(10)=21$ 个单位, $f'(-3)=-6$ 表示当 $x=-3$ 时, 若 x 增加一个单位, 按点 -3 处的速度计算, y 将减少 6 个单位, 而 y 的实际增加值为 $\Delta y=f(-3+1)-f(-3)=(-2)^2-(-3)^2=-5$, 即实际减少了 5 个单位. 在点 x 处, 当 x 增加一个单位时, y 的实际增加值

$$\Delta y=f(x+\Delta x)-f(x)$$

是区间 $[x,x+1]$ 上各个点处速度 "积累" 的结果. 当 x 的 "单位" 很小或 x 的 "一个单位" 与 x 值相对来说很小时,

$$\Delta y=f(x+\Delta x)-f(x)\approx \mathrm{d}y=f'(x)\mathrm{d}x=f'(x)\quad (\mathrm{d}x=\Delta x=1\text{个单位}).$$

把导数的意义具体到经济学中的五个常用函数中, 就得到上述五个边际函数的经济意义.

边际成本 $C'(Q)$ 的经济意义是: 当产量为 Q 时, 产量改变 (增加或减少) 一个单位时成本改变的单位数, 即已经生产了 Q 个单位产品时再生产一个单位产品所花的成本数, 或已经生产了 Q 个单位产品时最后一个单位产品所花的成本数, 亦即生产第 Q 或第 $Q+1$ 个单位产品所花的成本数. 若 $C'(x)$ 较大时, 则产量在 x 水平上再增产时所花的成本较大, 表明增产潜力 (或空间) 较小; 若 $C'(x)$ 较小时, 则产量在 x 水平上再增产时所花的成本较小, 表明增产潜力 (或空间) 较大; 同理可得如下结论.

边际收益 $R'(Q)$ 的经济意义是: 销售第 Q 或第 $Q+1$ 个单位商品所获得的收益数.

边际利润 $L'(Q)$ 的经济意义是: 生产 (或销售) 第 Q 或第 $Q+1$ 个单位产品所获得的利润数.

边际需求 $\dfrac{\mathrm{d}Q}{\mathrm{d}P}=f'(P)(<0)$ 的经济意义是: 价格为 P 时, 涨价 (或降价) 一个单位时需求量将减少 (或增加) 的单位数.

边际供应 $\dfrac{\mathrm{d}Q}{\mathrm{d}p}=\varphi'(P)(>0)$ 的经济意义是: 价格为 P 时, 涨价 (或降价) 一个单位时, 供应量将增加 (或减少) 的单位数.

例 1　已知某产品的需求函数为 $Q=100-10P$, 成本函数为 $C=50+2Q+\dfrac{1}{10}Q^2$, 其中 Q 为产量 (单位: 件), P 为价格 (单位: 元/件). 求:

(1) 当 $Q=10$ 件时的边际成本、边际收益和边际利润, 并解释它们的经济意义;

(2) 当 $P=5$(元/件) 时的边际需求, 并解释其经济意义;

(3) 当获得最大利润时的产量、价格及最大利润.

解 (1) 边际成本: $C' = 2 + \frac{1}{5}Q, C'(10) = 4$(元/件), 表明生产第 10 件 (或第 11 件) 产品花的成本是 4 元.

由 $Q = 100 - 10P$ 得 $P = 10 - \frac{1}{10}Q$, 总收益函数为

$$R = PQ = \left(10 - \frac{1}{10}Q\right)Q = 10Q - \frac{1}{10}Q^2.$$

边际收益: $R'(Q) = 10 - \frac{1}{5}Q, R'(10) = 8$(元/件), 表明销售第 10 件或第 11 件产品获得的收益为 8 元.

利润函数: $L = R - C = 8Q - \frac{1}{5}Q^2 - 50$, 边际利润为 $L' = 8 - \frac{2}{5}Q, L'(10) = 4$(元/件), 表明销售第 10 件或第 11 件产品获得的利润为 4 元.

(2) 边际需求: $Q' = -10, Q'(10) = -10$, 表明价格为 10 元/件时, 若涨价 (降价)1 元, 需求量将减少 (或增加)10 件.

(3) 总利润: $L = 8Q - \frac{1}{5}Q^2 - 50, L' = 8 - \frac{2}{5}Q$, 令 $L' = 0$ 得驻点 $Q = 20$, 又因为 $L'' = -\frac{2}{5} < 0$, 所以当 $Q = 20$ 件时利润极大即最大, 此时的价格 $P = 8$(元/件), 最大利润为 $L(20) = 30$ 元.

4.6.2 函数的相对变化率——函数的弹性

函数 $y = f(x)$ 在点 x 处的变化率 $f'(x) = \lim\limits_{\Delta x \to 0} \frac{\Delta y}{\Delta x}$ 是在点 x 处 y 与 x 的绝对改变量比值的极限, 绝对改变量 $\Delta x, \Delta y$ 的大小反映了在点 x 处自变量和因变量变动值的大小, 但它们不能反映出因自变量变动幅度的大小. 例如, 甲商品的单价为 10 元, 涨价 1 元, 乙商品的单价为 1000 元, 也涨价 1 元, 两种商品价格的绝对改变量都是 $\Delta P = 1$ 元, 但涨价幅度 (价格的增值与原价的比值) 分别为 $\frac{1}{10} = 1\%$ 和 $\frac{1}{1000} = 0.1\%$, 两者相差很大. 为此, 引入相对改变量的概念: $\frac{\Delta x}{x}$ 与 $\frac{\Delta y}{y} = \frac{\Delta y}{f(x)}$ 分别称为自变量 x 与因变量 y 在点 x 处的**相对改变量**, 相对改变量是百分数, 其大小描述了变量变化幅度的大小.

相对改变量的比值 $\frac{\Delta y/y}{\Delta x/x}$ 表示在 x 到 $x + \Delta x$ 之间 x 每改变 1%(或 1 个百分点) 时 y 平均改变的百分数 (或百分点数), 反映了在 x 到 $x + \Delta x$ 之间 y 随 x 变化的平均幅度, 称其为函数 $y = f(x)$ 在 x 到 $x + \Delta x$ 之间的**平均相对变化率**或**平均弹性**.

平均变化率的极限 $\lim\limits_{\Delta x\to 0}\dfrac{\Delta y/y}{\Delta x/x}$ 表示在点 x 处自变量 x 若改变 1%, 对应的 y 值 (函数值) 将改变的百分数, 它反映了在点 x 处 y 随 x 变动的幅度大小, 我们称此极限为函数 $y=f(x)$ 在点 x 处的**相对变化率或弹性**.

定义 4.4 设函数 $y=f(x)$ 在点 x 处可导, 当自变量 x 在点 x 处取得改变量 Δx 时, 函数 y 的相应改变量为 $\Delta y=f(x+\Delta x)-f(x)$. 称极限 $\lim\limits_{\Delta x\to 0}\dfrac{\Delta y/y}{\Delta x/x}$ 为函数 $y=f(x)$ 在点 x 处的相对变化率或弹性, 记为 $\dfrac{Ey}{Ex}$, 即 $\dfrac{Ey}{Ex}=\lim\limits_{\Delta x\to 0}\dfrac{\Delta y/y}{\Delta x/x}$.

根据导数定义, 立即得到弹性的计算公式:

$$\frac{Ey}{Ex}=\lim_{\Delta x\to 0}\frac{\Delta y/y}{\Delta x/x}=\lim_{\Delta x\to 0}\frac{x}{y}\cdot\frac{\Delta y}{\Delta x}=\frac{x}{y}y'=\frac{x}{y}\frac{\mathrm{d}y}{\mathrm{d}x}=\frac{x}{f(x)}f'(x).$$

例 2 求 $y=10\mathrm{e}^{-5x}$ 的弹性及在 $x=3$ 时弹性值, 并解释其意义.

解 $\dfrac{Ey}{Ex}=\dfrac{x}{y}y'=\dfrac{x}{10\mathrm{e}^{-5x}}\cdot 10\mathrm{e}^{-5x}(-5)=-5x$, $\left.\dfrac{Ey}{Ex}\right|_{x=3}=-15$.

其意义是: 当 $x=3$ 时, x 增加 (或减少)1 个百分点, 对应的 y 值将减少 (或增加)15 个百分点, 即在 $x=3$ 处, x 若增加 (或减少)1 个百分点, 对应的 y 值将减少 (或增加)15 个百分点.

函数的弹性刻画了因变量 y 随自变量 x 变化幅度的大小, 反映了当 x 变化时, 对 y 影响的强烈程度, 或者 x 变化时 y 反应的灵敏程度, 所以弹性有时也称为**灵敏度**.

需求量 Q 是价格 P 的减函数 $Q=f(P)$, 需求函数的弹性也称为需求量对价格的弹性, 常记为 $\eta(P)$ 或 ε_{QP}, 即

$$\eta(P)=\varepsilon_{QP}=\frac{EQ}{EP}=\frac{P}{Q}\frac{\mathrm{d}Q}{\mathrm{d}P}=\frac{P}{f(P)}f'(P),$$

它是负值 (在许多场合, 用其绝对值进行分析, 规定 $\eta(P)=-\dfrac{EQ}{EP}=-\dfrac{P}{Q}Q'$).

其经济意义是: 当价格为 P 时若涨 (降) 价 1 个百分点, 需求量将减少 (增加) 的百分点数.

同理, $\dfrac{ER}{EP}=\dfrac{P}{R(P)}R'(P)$ 表示收益对价格的弹性, 其经济意义是: 在价格为 P 的水平下, 若涨 (降) 价 1 个百分点, 总收益将变化的百分点数. $\dfrac{ER}{EQ}=\dfrac{Q}{R(Q)}R'(Q)$ 是收益对产量的弹性等.

例 3 设某产品的需求量 Q(吨) 与价格 P(元/吨) 的关系为 $Q=100\mathrm{e}^{-0.5P}$.

(1) 求当 $P=10$ 元时的边际需求, 并解释其经济意义;

(2) 求当 $P=10$ 元时的需求弹性, 并解释其经济意义;

(3) 求当 $P=10$ 元时若涨价 1 个百分点总收益将变化几个百分点?

解 (1) $Q'=-50\mathrm{e}^{-0.5P}, Q'|_{P=10}=-50\mathrm{e}^{-5}$, 其经济意义是: 当价格为 10 元时, 若涨价 (或降价)1 元需求量将减少 (或增加)$50\mathrm{e}^{-5}$ 吨.

(2) $\dfrac{EQ}{EP}=\dfrac{P}{Q}Q'=\dfrac{P}{100\mathrm{e}^{-0.5P}}\cdot(-50\mathrm{e}^{-0.5P})=-0.5P, \left.\dfrac{EQ}{EP}\right|_{P=10}=-5.$

其经济意义是: 当价格为 10 元时, 若涨价 (或降价)1 个百分点需求量将减少 (或增加)5 个百分点.

(3) 收益 $R=P\cdot Q=P\cdot 100\mathrm{e}^{-0.5P}=100P\mathrm{e}^{-0.5P}$,

$$\frac{ER}{EP}=\frac{P}{R}\cdot R'=\frac{P}{100P\mathrm{e}^{-0.5P}}\cdot 100\mathrm{e}^{-0.5P}(1-0.5P)=1-0.5P, \left.\frac{ER}{EP}\right|_{p=10}=-4.$$

其经济意义是: 价格为 10 元时, 若涨价 1 个百分点, 总收益将减少 4 个百分点.

例 4 (2004) 设某商品的需求函数为 $Q=100-5P$, 其中价格 $P\in(0,20)$, Q 为需求量.

(1) 求需求量对价格的弹性 $\eta(P)(\eta(P)>0)$.

(2) 推导 $\dfrac{\mathrm{d}R}{\mathrm{d}P}=Q[1-\eta(P)]$, 其中 R 为收益, 并用弹性 $\eta(P)$ 说明价格在何范围变化时, 降低价格反而使收益增加.

解 (1) $\eta(P)=-\dfrac{EQ}{EP}=-\dfrac{P}{Q}Q'=\dfrac{5P}{100-5P}=\dfrac{P}{20-P}$.

(2) 总收益 $R(P)=P\cdot Q=P\cdot f(P)$,

$$\frac{\mathrm{d}R}{\mathrm{d}P}=Q+PQ'=Q\left(1+\frac{P}{Q}Q'\right)=Q[1-\eta(P)].$$

当 $\eta(P)>1$ 时, $\dfrac{\mathrm{d}R}{\mathrm{d}P}<0$, 即 R 单调减少, 由 $\eta(P)=\dfrac{P}{20-P}>1$ 得 $10<P<20$, 即当 $10<P<20$ 时, 降低价格反而使收益增加.

习 题 4

(A)

1. 验证下列函数在指定区间上是否满足罗尔定理的条件, 如果满足, 请求出定理中的 ξ:

(1) $f(x)=x(x-4), [0,4]$;

(2) $f(x)=\dfrac{1}{|x|},[-1,1]$;

(3) $f(x)=\ln\cos x,\left[-\dfrac{\pi}{3},\dfrac{\pi}{3}\right]$.

2. 验证下列函数在指定的区间上是否满足拉格朗日中值定理的条件; 若满足, 请求出定理中的 ξ:

(1) $f(x)=px^2+qx+r(p\neq 0),[a,b]$;

(2) $f(x)=\ln x,[2,4]$;

(3) $f(x)=x^3,[-1,0]$.

3. 验证函数 $f(x)=x^3$ 与 $g(x)=x^2+1$ 在区间 [1,2] 满足柯西中值定理的条件, 并求出定理中的 ξ.

4. 设函数 $f(x)=x(x-1)(x-2)\cdots(x-2010)$, 不求导数, 说明方程 $f'(x)=0$ 有几个根? 并指出它们所在的区间.

5. 若函数 $f(x)$ 在 $(a,+\infty)$ 内可导, 且恒有 $f'(x)>0$, 且在点 a 右连续. 用拉格朗日定理证明: 当 $x>a$ 时 $f(x)>f(a)$.

6. 证明: 当 $x\geqslant 1$ 时, 有 $2\arctan x+\arcsin\dfrac{2x}{1+x^2}=\pi$.

7. 证明: 方程 $\dfrac{1}{3}x^3+x^2+5x-6=0$ 只有一个实根.

8. 用拉格朗日中值定理证明下列不等式:

(1) 当 $x>0$ 时, 有 $\dfrac{x}{1+x}<\ln(1+x)<x$;

(2) 当 $x>1$ 时, 有 $\mathrm{e}^x>\mathrm{e}x$;

(3) 当 $a>b>0,n>1$ 时, 有 $nb^{n-1}(a-b)<a^n-b^n<na^{n-1}(a-b)$;

(4) $|\arctan a-\arctan b|\leqslant|a-b|$.

9. 利用洛必达法则求下列极限:

(1) $\lim\limits_{x\to 0}\dfrac{\mathrm{e}^x+\mathrm{e}^{-x}-2}{x^2}$;

(2) $\lim\limits_{x\to 2}\dfrac{x^4-16}{x^3+5x^2-6x-16}$;

(3) $\lim\limits_{x\to 0}\dfrac{\tan x-x}{x-\sin x}$;

(4) $\lim\limits_{x\to 0}\dfrac{\mathrm{e}^x-\cos x}{x\sin x}$;

(5) $\lim\limits_{x\to 0^+}\dfrac{\ln\sin lx}{\ln px}(l>0,p>0)$;

(6) $\lim\limits_{x\to+\infty}\dfrac{\ln(1+\mathrm{e}^x)}{\sqrt{1+x^2}}$;

(7) $\lim\limits_{x\to 0^+}\sqrt[3]{x}\ln x$;

(8) $\lim\limits_{n\to\infty}n^3(a^{\frac{1}{n}}-a^{\sin\frac{1}{n}})(a>0,a\neq 1)$;

(9) $\lim\limits_{x\to 0}\left[\dfrac{1}{\ln(1+x)}-\dfrac{1}{x}\right]$;

(10) $\lim\limits_{x\to 0^+}\left(\dfrac{1}{x}-\dfrac{1-\pi x}{\arctan x}\right)$;

(11) $\lim\limits_{x\to 0^+}\left(\ln\dfrac{1}{x}\right)^x$;

(12) $\lim\limits_{x\to 0^+}x^{\sin x}$;

(13) $\lim\limits_{x\to+\infty}\left(\dfrac{2}{\pi}\arctan x\right)^x$;

(14) $\lim\limits_{x\to 0^+}\dfrac{\sqrt{1+x^3}-1}{1-\cos\sqrt{x-\sin x}}$.

10. 求下列函数的单调区间和极值:

(1) $y=2x^3-6x^2-18x+7$;

(2) $y=x+\dfrac{1}{x}$;

(3) $y=\dfrac{1}{4x^3-9x^2+6x}$; (4) $y=(x-1)^2(x+1)^3$;

(5) $y=(x-5)^2\sqrt[3]{(x+1)^2}$; (6) $y=x+\cos x$;

(7) $y=\sqrt{2+x-x^2}$; (8) $y=x^2\mathrm{e}^{-x}$.

11. 利用极值的二阶充分条件求下列函数的极值:

(1) $y=x^3-3x^2-9x+5$; (2) $y=2\mathrm{e}^x+\mathrm{e}^{-x}$.

12. 求下列函数在给定区间上的最大值和最小值:

(1) $y=2x^3-6x^2-18x+7, [1,4]$;

(2) $y=x+\sqrt{x}, [0,4]$;

(3) $y=|x^2-3x+2|, [-10,10]$;

(4) $y=2\tan x-\tan^2 x, \left[0,\dfrac{\pi}{2}\right)$.

13. 利用最值证明下列不等式:

(1) $2\tan x-\tan^2 x\leqslant 1, 0\leqslant x<\dfrac{\pi}{2}$;

(2) $|3x-x^3|\leqslant 2, x\in[-2,2]$;

(3) $x^\alpha\leqslant 1-\alpha+\alpha x, x\in(0,+\infty), 0<\alpha<1$.

14. 将边长为 a 的正方形铁皮, 四角各截去一个大小相同的小正方形, 然后折成一个无盖方盒. 问截掉的小正方形边长为多大时, 所得方盒容积最大?

15. 要做一个容积为 V 的圆柱形罐头筒, 怎样设计用料最省?

16. 某厂生产某种产品, 年产量为 24000 件, 分若干批次进行生产, 每批次的生产准备费为 64 元. 设产品均匀投入市场且上一批用完后立即生产下一批 (即平均库存量为每批生产数量的一半), 设每年每件的库存费为 4.8 元, 问每批生产数量为多少件、分为多少批生产能使全年的生产准备费与库存费之和最小?

17. 设某产品的需求函数为 $x=12-0.5P$, 总成本函数为 $C(x)=x^2+5$, 其中 x 为产量, P 为价格, 求:

(1) 收益最大时的产出水平与价格;

(2) 利润最大时的产出水平与价格.

18. 已知某商品的成本函数为 $C(x)=100+\dfrac{Q^2}{4}$, 求:

(1) 当 $Q=10$ 时总成本、平均成本;

(2) 当 Q 为多少时, 平均成本最低? 最低平均成本是多少?

19. 一房地产公司有 50 套公寓要出租, 当月租金定为 1000 元时, 公寓会全部租出去, 当月租金每增加 50 元时就会多一套公寓租不出去, 而租出去的公寓每月需花费 100 元的维修费, 试问房租定为多少可获得最大收入?

20. 求下列函数的上、下凹区间及拐点:

(1) $y=x^2-x^3$; (2) $y=3x^4-4x^3$;

(3) $y=x\mathrm{e}^{-x}$; (4) $y=2-|x^5-1|$.

21. 若曲线 $y=ax^3+bx^2+cx+d$ 在点 $x=0$ 处取得极大值 0, 且点 $(1,1)$ 为拐点, 求 a,b,c,d 的值.

22. 求曲线 $y=x^3-3x^2+24x-19$ 在拐点处的切线方程.

23. 求下列曲线的渐近线:

(1) $y=x^2$;
(2) $y=\dfrac{1}{1-x^2}$;
(3) $y=\dfrac{2}{\mathrm{e}^x-1}$;
(4) $y=\dfrac{x}{\sqrt{x^2-1}}$;
(5) $y=x+\arctan x$.

24. 作下列函数的图形:

(1) $y=\dfrac{4(x+1)}{x^2}-2$;
(2) $y=\dfrac{x^2}{x+1}$;
(3) $y=1+\dfrac{36x}{(x+3)^2}$;
(4) $y=(x-1)^2+\dfrac{2}{x-1}$.

25. 某厂生产某产品, 总成本 C(元) 是产量 Q(吨) 的函数, $C=C(Q)=1000+7Q+50\sqrt{Q}$.

(1) 求产量为 100 吨时边际成本, 并解释其经济意义;

(2) 生产 100 吨到 121 吨时总成本的平均变化率并解释其经济意义.

26. 某厂生产某种产品的成本函数为 $C(Q)=5Q+200$, 收益函数为 $R(Q)=10Q-0.01Q^2$.

(1) 求边际成本、边际收益和边际利润;

(2) 求产量为 200 时的边际成本、边际收益和边际利润值, 并分别解释它们的经济意义;

(3) 求利润最大时的产出水平.

27. 某商品的需求函数为 $Q=f(P)=75-P^2$.

(1) 求当 $P=4$ 时的边际需求, 并说明其经济意义;

(2) 求当 $P=4$ 时的需求弹性, 并说明其经济意义;

(3) 求当 $P=4$ 时, 若涨价 1%, 总收益将变化百分之几?

(4) 求当 $P=6$ 时, 若涨价 1%, 总收益将变化几个百分点?

(5) P 为多少时总收益最大?

(B)

1. (2014) 下列曲线中有渐近线的是 ( ).

(A) $y=x+\sin x$;
(B) $y=x^2+\sin x$;
(C) $y=x+\sin\dfrac{1}{x}$;
(D) $y=x^2+\sin\dfrac{1}{x}$.

2. (2017) 设函数 $f(x)$ 可导, 且 $f(x)f'(x)>0$, 则 ( ).

(A) $f(1)>f(-1)$;
(B) $f(1)<f(-1)$;
(C) $|f(1)|>|f(-1)|$;
(D) $|f(1)|<|f(-1)|$.

3. (2019) 已知方程 $x^5-5x+k=0$ 有 3 个不同的实根, 则 k 的取值范围为 ( ).

(A) $(-\infty,-4)$; (B) $(4,+\infty)$; (C) $\{-4,4\}$; (D) $(-4,4)$.

4. (2020) 设 $\lim\limits_{x\to a}\dfrac{f(x)-a}{x-a}=b$, 则 $\lim\limits_{x\to a}\dfrac{\sin f(x)-\sin a}{x-a}=$( ).

(A) $b\sin a$; (B) $b\cos a$; (C) $b\sin f(a)$; (D) $b\cos f(a)$.

5. 函数 $f(x)$ 在 x_0 取得极大值, 则必有 ( ).

(A) $f'(x_0)=0$;
(B) $f''(x_0)<0$;
(C) $f'(x_0)=0$ 且 $f''(x_0)<0$;
(D) $f'(x_0)=0$ 或 $f'(x_0)$ 不存在.

6. “$f''(x_0)=0$” 是 $f(x)$ 的图形在 $x=x_0$ 处有拐点的 (　　) 条件.

(A) 充要;　　(B) 充分非必要;　　(C) 必要非充分;　　(D) 既非必要也非充分.

7. (2015) $\lim\limits_{x\to 0}\dfrac{\ln(\cos x)}{x^2}=$__________.

8. (2017) 设生产某产品的平均成本 $\overline{C}(Q)=1+\mathrm{e}^{-Q}$, 其中 Q 为产量, 则边际成本为__________.

9. (2018) 曲线 $y=x^2+2\ln x$ 在其拐点的切线方程是__________.

10. (2019) 曲线 $y=x\sin x+2\cos x\left(-\dfrac{\pi}{2}<x<\dfrac{\pi}{2}\right)$ 的拐点坐标为__________.

11. (2024) 某产品的价格函数为 $p=\begin{cases}25-0.25Q, & Q\leqslant 20,\\ 35-0.75Q, & Q>20\end{cases}$ (p 为单价, 单位: 万元; Q 为产量, 单位: 件), 总成本函数为 $C=150+5Q+0.25Q^2$(万元), 则经营该产品可获得的最大利润为__________(万元).

12. 设在 $[0,1]$ 上 $f''(x)>0$, 则 $f'(0), f(1)-f(0), f'(1)$ 几个数的大小顺序是__________.

13. (2015) 为了实现利润最大化, 厂商需要对某商品确定其定价模型, 设 Q 为该商品的需求量, P 为价格, MC 为边际成本, η 为需求弹性 $(\eta>0)$.

(1) 证明定价模型为 $P=\dfrac{\mathrm{MC}}{1-\dfrac{1}{\eta}}$;

(2) 若该商品的成本函数为 $C(Q)=1600+Q^2$, 需求函数为 $Q=40-P$, 试由 (1) 中的定价模型确定此商品的价格.

14. (2016) 设某商品最大需求量为 1200 件, 该商品的需求函数 $Q=Q(P)$, 需求弹性 $\eta=\dfrac{P}{120-P}, \eta>0$, P 为单价 (单位: 万元).

(1) 求需求函数的表达式.

(2) 求 $P=100$ 万元时的边际收益, 并说明其经济意义.

15. (2017) 已知方程 $\dfrac{1}{\ln(1+x)}-\dfrac{1}{x}=k$ 在区间 $(0,1)$ 内有实根, 确定常数 k 的取值范围.

16. (2018) 设数列 $\{x_n\}$ 满足: $x_1>0, x_n\mathrm{e}^{x_{n+1}}=\mathrm{e}^{x_n}(n=1,2,\cdots)$. 证明数列 $\{x_n\}$ 收敛, 并求 $\lim\limits_{n\to\infty}x_n$.

17. (2019) 已知函数 $f(x)=\begin{cases}x^{2x}, & x>0,\\ x\mathrm{e}^x+1, & x\leqslant 0,\end{cases}$ 求 $f'(x)$, 并求 $f(x)$ 点的极值.

18. (2019) 求曲线 $y=\mathrm{e}^{-x}\sin x\,(x\geqslant 0)$ 与 x 轴之间图形的面积.

19. (2023) 已知可导函数 $y=y(x)$ 满足 $a\mathrm{e}^x+y^2+y-\ln(1+x)\cos y+b=0$, 且 $y(0)=0, y'(0)=0$.

(1) 求 a,b 的值.

(2) 判断 $x=0$ 是否为 $y(x)$ 的极值点.

20. 求下列函数的极限:

(1) $\lim\limits_{x\to 0^+}x^{x^x-1}$;　　　　(2) $\lim\limits_{x\to 0}\dfrac{(1+x)^{\frac{1}{x}}-\mathrm{e}}{x}$;

(3) $\lim\limits_{x\to+\infty} x^{\frac{3}{2}}(\sqrt{x+1}+\sqrt{x-1}-2\sqrt{x})$; (4) $\lim\limits_{x\to+\infty}\left[\left(x^3-x^2-\dfrac{x}{2}\right)\mathrm{e}^{\frac{1}{x}}-\sqrt{x^{6+1}}\right]$.

21. (2020) 设函数 $f(x)$ 在区间 $[0,2]$ 上具有连续导数, $f(0)=f(2)=0$, $M=\max\{|f(x)|\}$, 证明:

(1) 存在 $\xi\in(0,2)$, 使得 $|f'(\xi)|\geqslant M$.

(2) 若对任意的 $x\in(0,2)$, $|f'(x)|\leqslant M$, 则 $M=0$.

22. (2023) 设函数 $f(x)$ 在 $[-a,a]$ 上具有 2 阶连续导数, 证明:

(1) 若 $f(0)=0$, 则存在 $\xi\in(-a,a)$, 使得 $f''(\xi)=\dfrac{1}{a^2}[f(a)+f(-a)]$.

(2) 若 $f(x)$ 在 $(-a,a)$ 内取得极值, 则存在 $\eta\in(-a,a)$, 使得

$$|f''(\eta)|\geqslant\frac{1}{2a^2}|f(a)-f(-a)|.$$

23. 设函数 $f(x)$ 在 $[a,b]$ 上连续, 在 (a,b) 内可导, 且 $f(a)=f(b)=0$. 证明: $\exists\xi\in(a,b)$ 使 $f'(\xi)=f(\xi)$.

24. 已知函数 $f(x)$ 在区间 $[0,1]$ 上连续, 在开区间 $(0,1)$ 内可导, 且 $f(1)=0$. 证明: $\exists\xi\in(0,1)$ 使得 $f'(\xi)+\dfrac{1}{\xi}f(\xi)=0$.

25. 已知函数 $f(x)$ 在 $[a,b]$ 上连续, 在 (a,b) 内可导, 且 $f(a)=f(b)=0$. 证明: $\exists\xi\in(a,b)$ 使 $f'(\xi)+f(\xi)=0$.

第4章自测题

第 5 章

不定积分

在微分学中, 我们讨论了求已知函数的导数 (或微分) 的问题. 但是, 在科学、技术和经济领域的许多问题中, 常常需要解决相反的问题, 就是已知一个函数的导数 (或微分), 求出这个函数本身, 即由导函数 $F'(x)$ 或微分 $\mathrm{d}F(x)$, 求出原来的函数 $F(x)$. 这就是不定积分的任务.

本章介绍不定积分的概念、性质及基本积分法.

5.1 不定积分的概念

数学中很多运算都是互逆的, 如加法与减法、乘方与开方、指数运算与对数运算等. 求导运算也存在逆运算, 例如, 我们知道变速直线运动物体的路程函数 $s(t)$, 与其在时刻 t 的瞬时速度 $v(t)$ 有如下关系: $v(t) = s'(t)$; 那么反过来, 如果已知物体在时刻 t 的瞬时速度 $v(t)$, 如何求出路程 $s(t)$?

具体地说, 这个问题就是已知导函数, 求原函数的问题.

再如, 在经济活动中, 如果已知某产品的产量 Q 是时间 t 的函数 $Q(t)$, 则该产品产量的变化率 $f(t)$ 是产量 Q 对时间 t 的导数, 即 $Q'(t) = f(t)$. 反过来, 如果已知某产量的变化率是时间 t 的函数 $f(t)$, 求该产品的产量函数 $Q(t)$, 也是一个已知导函数求原函数的问题.

推而广之, 在许多实际问题中, 往往要解决这样一类问题: 即已知函数 $f(x)$, 找一个函数 $F(x)$, 使得 $F'(x) = f(x)$? 像这样的问题, 就是积分学要解决的第一类问题: 求“原函数”.

5.1.1 原函数的概念

定义 5.1 设 $f(x)$ 是定义在某区间上的已知函数, 如果存在一个函数 $F(x)$, 对于该区间上的每一点 x 都有 $F'(x) = f(x)$, 或 $\mathrm{d}F(x) = f(x)\mathrm{d}x$, 则称函数 $F(x)$ 是 $f(x)$ 在该区间上的一个**原函数**.

例 1 求 $f(x) = 3x^2$ 的原函数.

解 因为 $(x^3)' = 3x^2$, 所以 x^3 是 $3x^2$ 在 $(-\infty, +\infty)$ 上的一个原函数, 同理, x^3+1, x^3+2, x^3-2 也是 x^3 的原函数. 更一般地, $x^3 + C$(C 为任意常数) 都是

$3x^2$ 的原函数, 可见, $3x^2$ 的原函数有无穷多个.

一般地, 如果函数 $F(x)$ 是 $f(x)$ 的一个原函数, 则 $F(x)+C$(C 为任意实数) 也是 $f(x)$ 的原函数. 另外, 函数 $f(x)$ 除了有形如 $F(x)+C$ 的原函数外, 是否还有其他形式的原函数呢? 下面的定理将回答这个问题.

定理 5.1 若 $F(x)$ 是 $f(x)$ 在区间 I 内的一个原函数, 则 $F(x)+C$ 是 $f(x)$ 的全体原函数, 其中 C 为任意实数.

证明 设 $G(x)$ 是 $f(x)$ 的另一个原函数, 即 $G'(x)=f(x)$, 则

$$[G(x)-F(x)]'=G'(x)-F'(x)=f(x)-f(x)=0.$$

由拉格朗日中值定理可知, 导数恒等于零的函数必是常数, 从而

$$G(x)-F(x)=C, \quad 即\ G(x)=F(x)+C.$$

定理 5.1 告诉我们, 只要找到 $f(x)$ 的一个原函数 $F(x)$, 则 $f(x)$ 的其他任何原函数都可用 $F(x)$ 与一个常数之和来表示.

函数有原函数要具备一定的条件, 那么具备什么样性质的函数存在原函数呢? 这个问题需要第 6 章的知识才能讨论, 这里只给出一个结论.

定理 5.2 (原函数存在定理) 若 $f(x)$ 在区间 I 上连续, 则在 I 上一定存在原函数.

也就是说, **连续函数一定有原函数**.

由于初等函数在其定义域上都是连续的, 所以, **初等函数在其定义区间上都有原函数**. 需要指出的是初等函数的导函数一定是初等函数, 但初等函数的原函数不一定是初等函数.

例 2 问 $\frac{1}{2}\sin^2 x, -\frac{1}{4}\cos 2x, -\frac{1}{2}\cos^2 x$ 是否为同一个函数的原函数.

解 由原函数的定义, 经验证, $\frac{1}{2}\sin^2 x, -\frac{1}{4}\cos 2x, -\frac{1}{2}\cos^2 x$ 都有相同的导函数 $\sin x\cos x$, 故它们是同一个函数 $\sin x\cos x$ 的原函数.

5.1.2 不定积分的定义与几何意义

1. 不定积分的定义

定义 5.2 如果函数 $f(x)$ 存在原函数, 则它的全体原函数称为 $f(x)$ 的不定积分, 记作 $\int f(x)\mathrm{d}x$, 其中, 符号 $\int$ 称为**积分号**, $f(x)$ 称为**被积函数**, $f(x)\mathrm{d}x$ 称为**被积表达式**, x 称为**积分变量**.

如果 $F(x)$ 是 $f(x)$ 的全体原函数中的任意一个, C 是任意常数, 那么, 由定理 5.1 可知, $f(x)$ 的全体原函数就是 $F(x)+C$, 即

$$\int f(x)\mathrm{d}x = F(x) + C,$$

其中 C 称为**积分常数**.

例 3 求不定积分 $\int \sin x\mathrm{d}x$.

解 因为 $(-\cos x)' = \sin x$, 所以

$$\int \sin x\mathrm{d}x = -\cos x + C.$$

例 4 求不定积分 $\int \frac{1}{x}\mathrm{d}x$.

解 因为当 $x > 0$ 时, $(\ln x)' = \frac{1}{x}$, 所以

$$\int \frac{1}{x}\mathrm{d}x = \ln x + C;$$

当 $x < 0$ 时, $[\ln(-x)]' = \frac{1}{-x}(-x)' = \frac{1}{x}$, 所以

$$\int \frac{1}{x}\mathrm{d}x = \ln(-x) + C.$$

合并上面两式, 得到

$$\int \frac{1}{x}\mathrm{d}x = \ln|x| + C.$$

例 5 已知某产品的产量 Q 是时间 t 的函数, 其变化率为 $Q'(t) = 2t + 10$, 且 $Q(0) = 0$. 求此产品的产量函数 $Q(t)$.

解 依题意, $Q(t)$ 是其变化率的原函数, 所以有

$$Q(t) = \int (2t + 10)\mathrm{d}t = t^2 + 10t + C,$$

又由 $Q(0) = 0$, 得 $C = 0$. 因此, 该产品的产量函数为 $Q(t) = t^2 + 10t$.

2. 不定积分的几何意义

在几何上, 我们把 $f(x)$ 的一个原函数 $F(x)$ 的图形称为 $f(x)$ 的一条积分曲线. 这样, 不定积分 $\int f(x)\mathrm{d}x = F(x) + C$ 就表示为一簇积分曲线, 即 $f(x)$ 的积分曲线簇. 由于 C 是任意常数, 给定一个 C, 就有一条积分曲线. 所以, 这一簇积

分曲线有无穷多条. 由 $[F(x)+C]'=f(x)$ 可知, $f(x)$ 正是这些积分曲线的切线斜率. 所以, 在积分曲线簇上横坐标相同的点处作切线, 这些切线的斜率都是相等的, 因此, 这些切线是互相平行的. 我们还看到, 任意两条积分曲线的纵坐标之间相差某一常数, 所以积分曲线簇 $F(x)+C$ 中的任一条曲线都可由曲线 $y=F(x)$ 沿 y 轴向上、向下平行移动而得到. 因此, 不定积分在几何上表示为: 被积函数 $f(x)$ 的全部积分曲线所组成的平行曲线簇 (图 5.1).

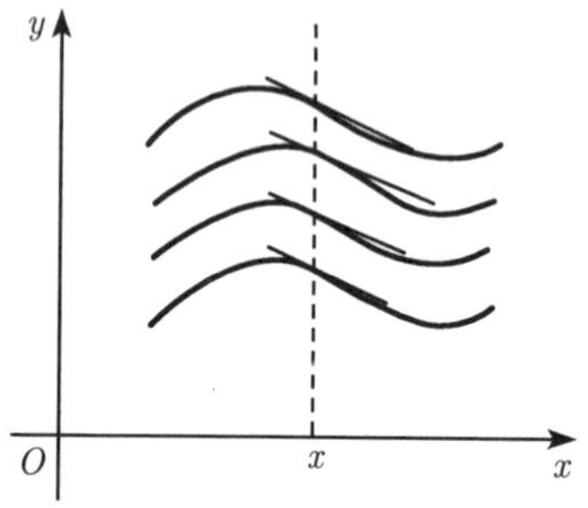

图 5.1

例 6　设一曲线经过点 $(-1,2)$, 且其上任一点 (x,y) 处的切线斜率为 $3x^2$, 求此曲线方程.

解　由题设可知, 所求曲线方程为

$$y=\int 3x^2\mathrm{d}x=x^3+C,$$

将定点 $(-1,2)$ 代入上式, 得 $C=3$, 于是所求的曲线为

$$y=x^3+3.$$

5.2 不定积分的基本公式和运算法则

由不定积分的定义可知, 求原函数 (或不定积分) 与求导数 (或求微分) 互为逆运算, 但与以前学过的算术中的逆运算有所不同, 比如, 把某数先加后减同一个数后, 还原到原来的数, 但把某函数先微分后积分就不一定是原来的函数, 它们的关系是

(1) $\dfrac{\mathrm{d}}{\mathrm{d}x}\left[\int f(x)\mathrm{d}x\right]=f(x)$;　　(2) $\mathrm{d}\left[\int f(x)\mathrm{d}x\right]=f(x)\mathrm{d}x$;

(3) $\int F'(x)\mathrm{d}x=F(x)+C$;　　(4) $\int \mathrm{d}F(x)=F(x)+C$.

由此可见, 先积分后求导是它本身, 先积分后微分是它本身乘以 $\mathrm{d}x$, 先求导或微分再积分是它本身加一个任意常数 C.

既然积分运算和导数运算是互逆的, 那么很自然地想到从导数公式可以得到相应的积分公式.

例如, $\left(\dfrac{x^{\alpha+1}}{\alpha+1}\right)'=x^\alpha$, 即 $\dfrac{x^{\alpha+1}}{\alpha+1}$ 是 x^α 的一个原函数, 于是有积分公式

$$\int x^\alpha\mathrm{d}x=\frac{1}{\alpha+1}x^{\alpha+1}+C\quad(\alpha\neq-1).$$

类似地, 可以得到其他积分公式, 下面我们把一些基本的积分公式列成一个表, 这个表通常称为**基本积分表**.

5.2.1 基本积分表

(1) $\int k\mathrm{d}x = kx + C$($k$ 为常数);

(2) $\int x^\alpha \mathrm{d}x = \dfrac{1}{\alpha+1}x^{\alpha+1} + C(\alpha \neq -1)$;

(3) $\int \dfrac{1}{x}\mathrm{d}x = \ln|x| + C$;

(4) $\int \mathrm{e}^x \mathrm{d}x = \mathrm{e}^x + C$;

(5) $\int a^x \mathrm{d}x = \dfrac{1}{\ln a}a^x + C(a > 0, a \neq 1)$;

(6) $\int \cos x\mathrm{d}x = \sin x + C$;

(7) $\int \sin x\mathrm{d}x = -\cos x + C$;

(8) $\int \dfrac{1}{\cos^2 x}\mathrm{d}x = \int \sec^2 x\mathrm{d}x = \tan x + C$;

(9) $\int \dfrac{1}{\sin^2 x}\mathrm{d}x = \int \csc^2 x\mathrm{d}x = -\cot x + C$;

(10) $\int \sec x\tan x\mathrm{d}x = \sec x + C$;

(11) $\int \csc x\cot x\mathrm{d}x = -\csc x + C$;

(12) $\int \dfrac{1}{1+x^2}\mathrm{d}x = \arctan x + C$;

(13) $\int \dfrac{1}{\sqrt{1-x^2}}\mathrm{d}x = \arcsin x + C$.

以上这十三个基本积分公式, 是求不定积分的基础, 必须要熟记, 以便灵活运用.

5.2.2 不定积分的运算法则

(1) $\int kf(x)\mathrm{d}x = k\int f(x)\mathrm{d}x$, 即非零的常数因子可以提到积分符号外面.

证明 因为

$$\left[k\int f(x)\mathrm{d}x\right]' = k\left[\int f(x)\mathrm{d}x\right]' = kf(x),$$

所以, 由不定积分的定义可得

$$\int kf(x)\mathrm{d}x = k\int f(x)\mathrm{d}x(k \neq 0).$$

(2) $\int[f(x) \pm g(x)]\mathrm{d}x = \int f(x)\mathrm{d}x \pm \int g(x)\mathrm{d}x$, 即两个函数之和 (或差) 的不定积分等于这两个函数的不定积分之和 (或差)(证明从略), 此运算法则可以推广到有限多个函数的代数和的情况, 例如,

$$\int[af(x) + bg(x) - ch(x)]\mathrm{d}x = a\int f(x)\mathrm{d}x + b\int g(x)\mathrm{d}x - c\int h(x)\mathrm{d}x,$$

其中 a, b, c 为任意常数.

利用不定积分的定义、基本积分公式及基本运算法则可以求出一些简单函数的不定积分.

例 1 求不定积分 $\int \sqrt{x}(x^2 - 5)\mathrm{d}x$.

解 $$\int \sqrt{x}(x^2 - 5)\mathrm{d}x = \int(x^{\frac{5}{2}} - 5x^{\frac{1}{2}})\mathrm{d}x = \int x^{\frac{5}{2}}\mathrm{d}x - 5\int x^{\frac{1}{2}}\mathrm{d}x$$
$$= \frac{2}{7}x^{\frac{7}{2}} - 5 \cdot \frac{2}{3}x^{\frac{3}{2}} + C = \frac{2}{7}x^{\frac{7}{2}} - \frac{10}{3}x^{\frac{3}{2}} + C.$$

例 2 求不定积分 $\int \frac{x^4}{1 + x^2}\mathrm{d}x$.

解 $$\int \frac{x^4}{1 + x^2}\mathrm{d}x = \int \frac{x^4 - 1 + 1}{1 + x^2}\mathrm{d}x = \int \left(\frac{x^4 - 1}{1 + x^2} + \frac{1}{1 + x^2}\right)\mathrm{d}x$$
$$= \int \left(x^2 - 1 + \frac{1}{1 + x^2}\right)\mathrm{d}x$$
$$= \int x^2\mathrm{d}x - \int 1\mathrm{d}x + \int \frac{1}{1 + x^2}\mathrm{d}x$$
$$= \frac{1}{3}x^3 - x + \arctan x + C.$$

例 3 求不定积分 $\int \sin^2 \frac{x}{2}\mathrm{d}x$.

解 $$\int \sin^2 \frac{x}{2}\mathrm{d}x = \int \frac{1 - \cos x}{2}\mathrm{d}x = \frac{1}{2}\int \mathrm{d}x - \frac{1}{2}\int \cos x\mathrm{d}x$$
$$= \frac{1}{2}x - \frac{1}{2}\sin x + C.$$

例 4 求不定积分 $\displaystyle\int \frac{1}{\sin^2 x\cos^2 x}\mathrm{d}x$.

解
$$\begin{aligned}\int \frac{1}{\sin^2 x\cos^2 x}\mathrm{d}x &= \int \frac{\sin^2 x+\cos^2 x}{\sin^2 x\cos^2 x}\mathrm{d}x\\ &= \int \frac{1}{\cos^2 x}\mathrm{d}x + \int \frac{1}{\sin^2 x}\mathrm{d}x\\ &= \tan x - \cot x + C.\end{aligned}$$

例 5 求不定积分 $\displaystyle\int 2^x(\mathrm{e}^x-1)\mathrm{d}x$.

解
$$\begin{aligned}\int 2^x(\mathrm{e}^x-1)\mathrm{d}x &= \int [(2\mathrm{e})^x - 2^x]\mathrm{d}x\\ &= \int (2\mathrm{e})^x\mathrm{d}x - \int 2^x\mathrm{d}x\\ &= \frac{1}{\ln 2\mathrm{e}}(2\mathrm{e})^x - \frac{1}{\ln 2}2^x + C\\ &= \frac{1}{1+\ln 2}(2\mathrm{e})^x - \frac{1}{\ln 2}2^x + C.\end{aligned}$$

例 6 求不定积分 $\displaystyle\int \frac{1+x+x^2}{x(1+x^2)}\mathrm{d}x$.

解
$$\begin{aligned}\int \frac{1+x+x^2}{x(1+x^2)}\mathrm{d}x &= \int \frac{x+(1+x^2)}{x(1+x^2)}\mathrm{d}x\\ &= \int\left(\frac{1}{1+x^2}+\frac{1}{x}\right)\mathrm{d}x\\ &= \int \frac{1}{1+x^2}\mathrm{d}x + \int \frac{1}{x}\mathrm{d}x\\ &= \arctan x + \ln|x| + C.\end{aligned}$$

例 7 已知 $\displaystyle\int f(x)\mathrm{d}x = \frac{1}{2}x\mathrm{e}^{-x}+C$, 求不定积分 $\displaystyle\int \frac{x-1}{f(x)}\mathrm{d}x$.

解 由不定积分的定义, 我们知道 $\frac{1}{2}x\mathrm{e}^{-x}$ 是 $f(x)$ 的一个原函数, 因此

$$f(x) = \left(\frac{1}{2}x\mathrm{e}^{-x}\right)' = \frac{1}{2}(1-x)\mathrm{e}^{-x},$$

这时

$$\int \frac{x-1}{f(x)}\mathrm{d}x = \int(-2\mathrm{e}^x)\mathrm{d}x = -2\int \mathrm{e}^x\mathrm{d}x = -2\mathrm{e}^x + C.$$

故

$$\int \frac{x-1}{f(x)}\mathrm{d}x = -2\mathrm{e}^x + C.$$

例 8　某产品的边际成本为 $C'(x) = 160x^{-\frac{1}{3}}$, 其中 x 为产品的产量, 现知产量 $x = 512$ 件时, 总成本 $C(512) = 17240$ 元, 求这种产品的总成本函数 $C(x)$.

解　因为边际成本 $C'(x)$ 是总成本 $C(x)$ 对 x 的变化率, 所以由不定积分的定义, 有

$$C(x) = \int 160x^{-\frac{1}{3}}\mathrm{d}x = 240x^{\frac{2}{3}} + C,$$

将 $C(512) = 17240$ 代入上式, 得

$$17240 = 240 \cdot 512^{\frac{2}{3}} + C,$$

解得 $C = 1880$, 所以, 这种产品的总成本函数为

$$C(x) = 240x^{\frac{2}{3}} + 1880(\text{元}).$$

从例 8 可以看出, 在实际问题中, 可以根据问题的具体条件确定积分常数的一个对应值. 本例中的 1880 元表示固定成本. 前面所举的例子都是直接或者通过代数或三角恒等变形后利用基本积分公式求出不定积分的, 通常把这种求不定积分的方法称为**直接积分法**.

5.3 换元积分法

利用基本积分表与不定积分的运算法则所能计算的不定积分是非常有限的. 因此, 有必要进一步研究不定积分的求法. 本节将把复合函数的微分法反过来用于求不定积分, 利用中间变量的代换, 得到复合函数的积分法, 称为换元积分法. 换元积分法通常分为两类, 第一类是如果被积函数中含有 $f[\varphi(x)]$, 则把被积函数中的一部分连同 $\mathrm{d}x$ 凑成 $\mathrm{d}\varphi(x)$, 再令 $u = \varphi(x)$ 进行换元; 第二类是如果被积函数中含有 $f(x)$, 则直接令 $x = \varphi(t)$, 从而将复杂的被积函数化为较简单的类型, 进而利用基本积分表与积分运算法则求出不定积分.

5.3.1 第一换元法 (凑微分法)

定理 5.3 如果 $\int f(x)\mathrm{d}x = F(x)+C$, 则 $\int f(u)\mathrm{d}u = F(u)+C$, 其中 $u=\varphi(x)$ 是 x 的可微函数.

证明 由 $\int f(x)\mathrm{d}x = F(x)+C$, 可知, $F'(x)=f(x)$, 则

$$F'(u)=f(u),$$

故

$$\int f(u)\mathrm{d}u = F(u)+C.$$

定理 5.3 说明积分变量无论是自变量或是中间变量, 积分公式的形式都不变, 这一特性称为**积分形式不变性**. 由这个定理可知, 基本积分公式中的 x 可以看成自变量, 也可以看成函数 (可微函数), 这就大大地扩充了基本积分公式的应用范围.

第一换元法的求解过程, 可用下列等式表示:

$$\begin{aligned}\int f[\varphi(x)]\varphi'(x)\mathrm{d}x &= \int f[\varphi(x)]\mathrm{d}\varphi(x)(令\varphi(x)=u)\\ &= \int f(u)\mathrm{d}u = F(u)+C\\ &= F[\varphi(x)]+C.\end{aligned}$$

例 1 求不定积分 $\int \sin 3x\mathrm{d}x$.

解 $\int \sin 3x\mathrm{d}x = \frac{1}{3}\int \sin 3x\mathrm{d}(3x) = -\frac{1}{3}\cos 3x + C.$

例 2 求不定积分 $\int x\mathrm{e}^{x^2}\mathrm{d}x$.

解 $\int x\mathrm{e}^{x^2}\mathrm{d}x = \frac{1}{2}\int \mathrm{e}^{x^2}\mathrm{d}(x^2) = \frac{1}{2}\mathrm{e}^{x^2}+C.$

例 3 求不定积分 $\int (2x+5)^9\mathrm{d}x$.

解

$$\begin{aligned}\int (2x+5)^9\mathrm{d}x &= \frac{1}{2}\int (2x+5)^9\mathrm{d}(2x) = \frac{1}{2}\int (2x+5)^9\mathrm{d}(2x+5)\\ &= \frac{1}{20}(2x+5)^{10}+C.\end{aligned}$$

例 4　求不定积分 $\int x^2\sqrt{x^3-4}\mathrm{d}x$.

解　$\int x^2\sqrt{x^3-4}\mathrm{d}x=\frac{1}{3}\int (x^3-4)^{\frac{1}{2}}\mathrm{d}(x^3-4)=\frac{2}{9}(x^3-4)^{\frac{3}{2}}+C$.

例 5　求不定积分 $\int \frac{(\ln x)^2}{x}\mathrm{d}x$.

解　$\int \frac{(\ln x)^2}{x}\mathrm{d}x=\int (\ln x)^2\mathrm{d}(\ln x)=\frac{1}{3}(\ln x)^3+C$.

例 6　求不定积分 $\int \tan x\mathrm{d}x$.

解　$\int \tan x\mathrm{d}x=\int \frac{\sin x}{\cos x}\mathrm{d}x=-\int \frac{1}{\cos x}\mathrm{d}(\cos x)=-\ln|\cos x|+C$.

类似地, 可得 $\int \cot x\mathrm{d}x=\ln|\sin x|+C$.

例 7　求不定积分 $\int \frac{1}{a^2+x^2}\mathrm{d}x(a>0)$.

解　$\int \frac{1}{a^2+x^2}\mathrm{d}x=\frac{1}{a}\int \frac{1}{1+\left(\frac{x}{a}\right)^2}\mathrm{d}\left(\frac{x}{a}\right)=\frac{1}{a}\arctan\frac{x}{a}+C$.

例 8　求不定积分 $\int \frac{1}{\sqrt{a^2-x^2}}\mathrm{d}x(a>0)$.

解　$\int \frac{1}{\sqrt{a^2-x^2}}\mathrm{d}x=\int \frac{1}{\sqrt{1-\left(\frac{x}{a}\right)^2}}\mathrm{d}\left(\frac{x}{a}\right)=\arcsin\frac{x}{a}+C$.

例 9　求不定积分 $\int \frac{1}{a^2-x^2}\mathrm{d}x(a>0)$.

解

$$\begin{aligned}\int \frac{1}{a^2-x^2}\mathrm{d}x&=\frac{1}{2a}\int \left(\frac{1}{a+x}+\frac{1}{a-x}\right)\mathrm{d}x\\&=\frac{1}{2a}\int \frac{1}{a+x}\mathrm{d}x+\frac{1}{2a}\int \frac{1}{a-x}\mathrm{d}x\\&=\frac{1}{2a}\ln|a+x|-\frac{1}{2a}\ln|a-x|+C\\&=\frac{1}{2a}\ln\left|\frac{a+x}{a-x}\right|+C.\end{aligned}$$

例 10　求不定积分 $\int \sec x\mathrm{d}x$.

解 $\displaystyle\int \sec x\mathrm{d}x = \int \frac{1}{\cos x}\mathrm{d}x = \int \frac{\cos x}{\cos^2 x}\mathrm{d}x$

$$= \int \frac{\mathrm{d}\sin x}{1-\sin^2 x} = \frac{1}{2}\ln\left|\frac{1+\sin x}{1-\sin x}\right| + C$$

$$= \frac{1}{2}\ln\left|\frac{(1+\sin x)^2}{\cos^2 x}\right| + C = \ln|\sec x + \tan x| + C.$$

类似地, 有

$$\int \csc x\mathrm{d}x = \ln|\csc x - \cot x| + C.$$

例 11 求不定积分 $\displaystyle\int \sin x\cos 2x\mathrm{d}x$.

解 $\displaystyle\int \sin x\cos 2x\mathrm{d}x = \frac{1}{2}\int [\sin 3x + \sin(-x)]\mathrm{d}x$

$$= \frac{1}{6}\int \sin 3x\mathrm{d}(3x) - \frac{1}{2}\int \sin x\mathrm{d}x$$

$$= -\frac{1}{6}\cos 3x + \frac{1}{2}\cos x + C.$$

例 12 求不定积分 $\displaystyle\int \frac{\arcsin\sqrt{x}}{\sqrt{x-x^2}}\mathrm{d}x$.

解 $\displaystyle\int \frac{\arcsin\sqrt{x}}{\sqrt{x-x^2}}\mathrm{d}x = \int \frac{\arcsin\sqrt{x}}{\sqrt{x}\sqrt{1-x}}\mathrm{d}x = 2\int \frac{\arcsin\sqrt{x}}{\sqrt{1-(\sqrt{x})^2}}\mathrm{d}\sqrt{x}$

$$= 2\int \arcsin\sqrt{x}\mathrm{d}\arcsin\sqrt{x}$$

$$= (\arcsin\sqrt{x})^2 + C.$$

例 13 求不定积分 $\displaystyle\int \frac{1}{x\ln x\ln\ln x}\mathrm{d}x$.

解 $\displaystyle\int \frac{1}{x\ln x\ln\ln x}\mathrm{d}x = \int \frac{1}{\ln x\ln\ln x}\cdot\frac{1}{x}\mathrm{d}x$

$$= \int \frac{1}{\ln\ln x}\cdot\frac{1}{\ln x}\mathrm{d}\ln x$$

$$= \int \frac{1}{\ln\ln x}\mathrm{d}\ln\ln x$$

$$= \ln|\ln\ln x| + C.$$

利用换元积分法求不定积分时, 常见的凑微分类型如下所示.

(1) $\int f(ax+b)\mathrm{d}x=\frac{1}{a}\int f(ax+b)\mathrm{d}(ax+b)(a\neq 0)$;

(2) $\int f(ax^b)x^{b-1}\mathrm{d}x=\frac{1}{ab}\int f(ax^b)\mathrm{d}(ax^b)(ab\neq 0)$;

(3) $\int f(\mathrm{e}^x)\mathrm{e}^x\mathrm{d}x=\int f(\mathrm{e}^x)\mathrm{d}\mathrm{e}^x$;

(4) $\int f(\ln x)\frac{1}{x}\mathrm{d}x=\int f(\ln x)\mathrm{d}\ln x$;

(5) $\int f(\sin x)\cos x\mathrm{d}x=\int f(\sin x)\mathrm{d}\sin x$;

(6) $\int f(\cos x)\sin x\mathrm{d}x=-\int f(\cos x)\mathrm{d}\cos x$;

(7) $\int f(\arctan x)\frac{1}{1+x^2}\mathrm{d}x=\int f(\arctan x)\mathrm{d}\arctan x$;

(8) $\int f(\tan x)\sec^2 x\mathrm{d}x=\int f(\tan x)\mathrm{d}\tan x$;

(9) $\int f(\cot x)\csc^2 x\mathrm{d}x=-\int f(\cot x)\mathrm{d}\cot x$;

(10) $\int f(\arcsin x)\frac{1}{\sqrt{1-x^2}}\mathrm{d}x=\int f(\arcsin x)\mathrm{d}\arcsin x$;

(11) $\int f\left(\sqrt{a^2+x^2}\right)\frac{x}{\sqrt{a^2+x^2}}\mathrm{d}x=\int f(\sqrt{a^2+x^2})\mathrm{d}\sqrt{a^2+x^2}$;

(12) $\int f\left(\sqrt{a^2-x^2}\right)\frac{x}{\sqrt{a^2-x^2}}\mathrm{d}x=-\int f(\sqrt{a^2-x^2})\mathrm{d}\sqrt{a^2-x^2}$.

上述各例用的都是第一类换元法, 但在许多情况下, 用上述方法积分并不一定有效, 因此, 有必要掌握一些其他的积分方法.

5.3.2 第二换元法

定理 5.4 设函数 $x=\varphi(t)$ 单调可微, 且 $\varphi'(t)\neq 0$, 其反函数为 $t=\varphi^{-1}(x)$, 若 $f[\varphi(t)]\varphi'(t)$ 具有原函数 $F(t)$, 则有

$$\int f(x)\mathrm{d}x=F[\varphi^{-1}(x)]+C.$$

证明 因 $F(t)$ 为 $f[\varphi(t)]\varphi'(t)$ 的原函数, 故由复合函数与反函数求导公式, 有

$$\begin{aligned}\{F[\varphi^{-1}(x)]\}'&=F'[\varphi^{-1}(x)][\varphi^{-1}(x)]'\\&=F'(t)\frac{1}{\varphi'(t)}\end{aligned}$$

$$= f[\varphi(t)]\varphi'(t)\frac{1}{\varphi'(t)} = f(x),$$

即 $F[\varphi^{-1}(x)]$ 是 $f(x)$ 的一个原函数, 故由定义 5.2 可知, 结论成立.

第二换元法的具体求解过程, 可用下列等式表示:

$$\begin{aligned}\int f(x)\mathrm{d}x &= \int f[\varphi(t)]\varphi'(t)\mathrm{d}t(\text{ 令 } x = \varphi(t))\\ &= F(t) + C = F[\varphi^{-1}(x)] + C.\end{aligned}$$

利用定理 5.4 来进行积分运算的变量换元法非常多, 如果选择得当, 会使积分运算非常容易, 常用的主要有简单无理函数代换、三角代换和倒代换法. 对一些技巧性很强的一般想不到的特殊代换法, 如万能代换, 这里不作过多的介绍, 只举一些简单的例子说明.

1. 简单无理函数代换

当被积函数含有一次函数的根式或两个一次函数之比的根式时, 如

$$\sqrt[n]{ax+b}(a \neq 0), \quad \text{可作代换 } \sqrt[n]{ax+b} = t\ (t > 0);$$

$$\sqrt[n]{\frac{ax+b}{cx+d}}\left(\frac{a}{c} \neq \frac{b}{d}\right), \quad \text{可作代换 } \sqrt[n]{\frac{ax+b}{cx+d}} = t.$$

再从中解出 x 为 t 的有理函数, 从而可将无理函数的积分化为有理函数的积分.

例 14 求不定积分 $\int x\sqrt{x-6}\,\mathrm{d}x$.

解 令 $\sqrt{x-6} = t$, 则 $x = t^2 + 6(t \geqslant 0), \mathrm{d}x = 2t\mathrm{d}t$. 从而

$$\begin{aligned}\int x\sqrt{x-6}\mathrm{d}x &= \int (t^2+6)t2t\mathrm{d}t = 2\int t^4\mathrm{d}t + 12\int t^2\mathrm{d}t\\ &= \frac{2}{5}t^5 + 4t^3 + C\\ &= \frac{2}{5}(x-6)^{\frac{5}{2}} + 4(x-6)^{\frac{3}{2}} + C.\end{aligned}$$

例 15 求不定积分 $\int \frac{1}{\sqrt{x}(1+\sqrt[3]{x})}\mathrm{d}x$.

解 此题的关键是设法作一个代换, 使其能同时消去两个根式. 为此, 令 $t=\sqrt[6]{x}$, 于是 $x=t^6, \mathrm{d}x=6t^5\mathrm{d}t$. 从而

$$\begin{aligned}\int \frac{1}{\sqrt{x}\,(1+\sqrt[3]{x})}\mathrm{d}x &= \int \frac{1}{t^3(1+t^2)}6t^5\mathrm{d}t \\ &= 6\int \frac{t^2}{1+t^2}\mathrm{d}t = 6\int \left(1-\frac{1}{1+t^2}\right)\mathrm{d}t \\ &= 6t-6\arctan t+C \\ &= 6\sqrt[6]{x}-6\arctan\sqrt[6]{x}+C.\end{aligned}$$

例 16 求不定积分 $\displaystyle\int \frac{1}{\sqrt{(x-1)(2-x)}}\mathrm{d}x$.

解 由于被积函数的定义域为 $(1,2)$, 且 $x\in(1,2)$ 时, $\sqrt{(x-1)(x-2)}=(x-1)\sqrt{\dfrac{2-x}{x-1}}$, 于是, 可令 $t=\sqrt{\dfrac{2-x}{x-1}}$, 则 $x=\dfrac{t^2+2}{t^2+1}=1+\dfrac{1}{t^2+1}, \mathrm{d}x=-\dfrac{2t}{(t^2+1)^2}\mathrm{d}t$, 从而

$$\begin{aligned}\int \frac{1}{\sqrt{(x-1)(2-x)}}\mathrm{d}x &= \int \frac{1}{t\dfrac{1}{1+t^2}}\left[-\frac{2t}{(1+t^2)^2}\right]\mathrm{d}t \\ &= -2\int \frac{1}{1+t^2}\mathrm{d}t = -2\arctan t+C \\ &= -2\arctan\sqrt{\frac{2-x}{x-1}}+C.\end{aligned}$$

注意 此题若用配方法更简单.

$$\begin{aligned}\int \frac{1}{\sqrt{(x-1)(2-x)}}\mathrm{d}x &= \int \frac{1}{\sqrt{3x-x^2-2}}\mathrm{d}x = \int \frac{1}{\sqrt{\dfrac{1}{4}-\left(x-\dfrac{3}{2}\right)^2}}\mathrm{d}x \\ &= \arcsin\frac{x-\dfrac{3}{2}}{\dfrac{1}{2}}+C = \arcsin(2x-3)+C.\end{aligned}$$

比较两种积分结果很不一样, 互化也困难, 但两者都正确, 可以用求导的方法来验证, 它们都是被积函数的原函数.

2. 三角代换法

当被积函数含有二次根式时, 为了消去根号, 通常用三角函数换元, 其换元法是:

(1) 被积函数含有 $\sqrt{a^2-x^2}$ 时, 可令 $x=a\sin t\left(|t|\leqslant\dfrac{\pi}{2}\right)$;

(2) 被积函数含有 $\sqrt{a^2+x^2}$ 时, 可令 $x=a\tan t\left(|t|<\dfrac{\pi}{2}\right)$;

(3) 被积函数含有 $\sqrt{x^2-a^2}$ 时, 可令 $x=a\sec t$(当 $x\geqslant a$ 时, $0\leqslant t<\dfrac{\pi}{2}$; 当 $x\leqslant -a$ 时, $\dfrac{\pi}{2}<t\leqslant\pi$).

对于非上述的标准二次根式, 可先配方化成标准二次根式再换元.

例 17 求不定积分 $\int\sqrt{a^2-x^2}\mathrm{d}x(a>0)$.

解 令 $x=a\sin t\left(|t|\leqslant\dfrac{\pi}{2}\right)$, 则 $\mathrm{d}x=a\cos t\mathrm{d}t$, 于是

$$
\begin{aligned}
\int\sqrt{a^2-x^2}\mathrm{d}x&=\int a\cos t\cdot a\cos t\mathrm{d}t\\
&=\int a^2\cos^2 t\mathrm{d}t\\
&=a^2\int\frac{1+\cos 2t}{2}\mathrm{d}t\\
&=\frac{a^2}{2}\left(t+\frac{1}{2}\sin 2t\right)+C\\
&=\frac{a^2}{2}t+\frac{a^2}{2}\sin t\cos t+C.
\end{aligned}
$$

为了把变量还原, 可直接利用三角函数之间的关系或采用简便的 “三角形法”(图 5.2). 此直角三角形的边角关系有

$$
\sin t=\frac{x}{a},\quad \cos t=\frac{\sqrt{a^2-x^2}}{a},\quad t=\arcsin\frac{x}{a}.
$$

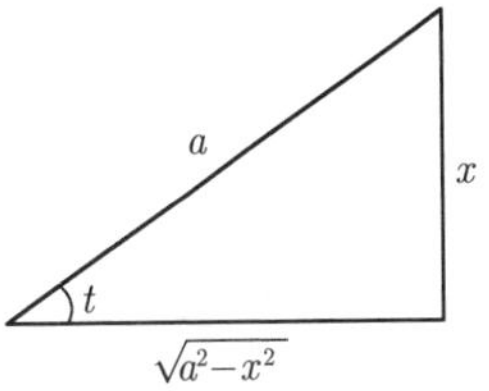

图 5.2

于是, 所求的积分为

$$
\int\sqrt{a^2-x^2}\mathrm{d}x=\frac{a^2}{2}\arcsin\frac{x}{a}+\frac{x}{2}\sqrt{a^2-x^2}+C.
$$

例 18 求不定积分 $\int\dfrac{1}{\sqrt{x^2+a^2}}\mathrm{d}x(a>0)$.

解　令 $x=a\tan t\left(|t|<\dfrac{\pi}{2}\right)$, 则 $\mathrm{d}x=a\sec^2 t\mathrm{d}t$, 于是

$$\int\frac{1}{\sqrt{x^2+a^2}}\mathrm{d}x=\int\frac{a\sec^2 t}{\sqrt{a^2+a^2\tan^2 t}}\mathrm{d}t=\int\sec t\mathrm{d}t$$
$$=\ln|\sec t+\tan t|+C_1.$$

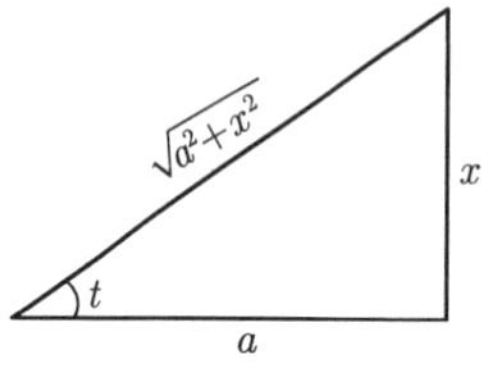

图 5.3

根据代换 $x=a\tan t$, 作直角三角形 (图 5.3), 这样就有 $\tan t=\dfrac{x}{a},\sec t=\dfrac{\sqrt{a^2+x^2}}{a}$, 于是

$$\int\frac{1}{\sqrt{x^2+a^2}}\mathrm{d}x=\ln\left|\frac{\sqrt{a^2+x^2}}{a}+\frac{x}{a}\right|+C_1$$
$$=\ln|x+\sqrt{a^2+x^2}|+C,$$

其中 $C=C_1-\ln a$.

例 19　求不定积分 $\displaystyle\int\frac{1}{\sqrt{x^2-a^2}}\mathrm{d}x(a>0)$.

解　当 $x>a$ 时, 令 $x=a\sec t\left(0<t<\dfrac{\pi}{2}\right)$, 则 $\mathrm{d}x=a\sec t\cdot\tan t\mathrm{d}t$, 于是

$$\int\frac{1}{\sqrt{x^2-a^2}}\mathrm{d}x=\int\frac{1}{a\tan t}\cdot a\sec t\cdot\tan t\mathrm{d}t$$
$$=\int\sec t\mathrm{d}t=\ln|\sec t+\tan t|+C_1.$$

根据代换 $x=a\sec t$, 作直角三角形 (图 5.4), 这样就有

$$\tan t=\frac{\sqrt{x^2-a^2}}{a},\quad \sec t=\frac{x}{a},$$

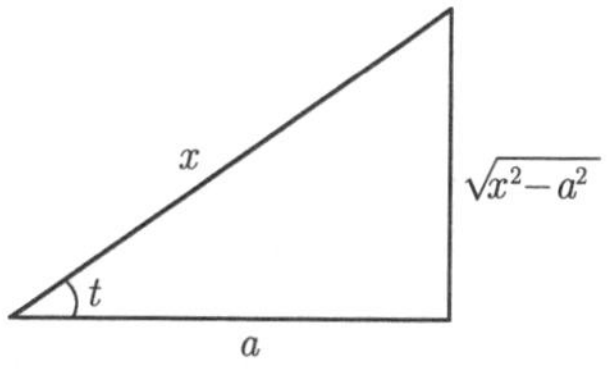

图 5.4

于是 $$\int\frac{1}{\sqrt{x^2-a^2}}\mathrm{d}x=\ln\left|\frac{x}{a}+\frac{\sqrt{x^2-a^2}}{a}\right|+C_1$$
$$=\ln|x+\sqrt{x^2-a^2}|+C,$$

其中 $C=C_1-\ln a$.

当 $x<-a$ 时, 可令 $x=-u$, 那么 $u>a$, 利用上述结果, 得

$$\int\frac{1}{\sqrt{x^2-a^2}}\mathrm{d}x=-\int\frac{\mathrm{d}u}{\sqrt{u^2-a^2}}=-\ln|u+\sqrt{u^2-a^2}|+C_2$$

$$
\begin{aligned}
&= -\ln|-x+\sqrt{x^2-a^2}|+C_2 \\
&= \ln\left|\frac{-x-\sqrt{x^2-a^2}}{a^2}\right|+C_2 \\
&= \ln|-x-\sqrt{x^2-a^2}|+C_2-\ln a^2 \\
&= \ln|x+\sqrt{x^2-a^2}|+C.
\end{aligned}
$$

从而

$$
\int \frac{1}{\sqrt{x^2-a^2}}\mathrm{d}x = \ln|x+\sqrt{x^2-a^2}|+C.
$$

例 20 求不定积分 $\int \frac{\sqrt{x^2-1}}{x}\mathrm{d}x$.

解 (1) 当 $x \geqslant 1$ 时, 令 $x=\sec t\left(0\leqslant t<\frac{\pi}{2}\right)$, 则 $\mathrm{d}x=\sec t\tan t\mathrm{d}t$,

$$
\begin{aligned}
\int \frac{\sqrt{x^2-1}}{x}\mathrm{d}x &= \int \frac{\sqrt{\sec^2 t-1}}{\sec t}\sec t\tan t\mathrm{d}t \\
&= \int \tan^2 t\mathrm{d}t = \int \sec^2 t\mathrm{d}t - \int 1\mathrm{d}t \\
&= \tan t - t + C \\
&= \sqrt{x^2-1} - \arccos\frac{1}{x} + C.
\end{aligned}
$$

(2) 当 $x \leqslant -1$ 时, 令 $x=-u$, 则 $u \geqslant 1$. 利用 (1) 的结果得

$$
\begin{aligned}
\int \frac{\sqrt{x^2-1}}{x}\mathrm{d}x &= \int \frac{\sqrt{u^2-1}}{u}\mathrm{d}u \\
&= \sqrt{u^2-1} - \arccos\frac{1}{u} + C \\
&= \sqrt{x^2-1} - \arccos\frac{1}{-x} + C.
\end{aligned}
$$

所以, $\int \frac{\sqrt{x^2-1}}{x}\mathrm{d}x = \sqrt{x^2-1} - \arccos\frac{1}{|x|} + C$.

例 21 求不定积分 $\int x\sqrt{1+2x-x^2}\mathrm{d}x$.

解 由于 $\sqrt{1+2x-x^2}=\sqrt{2-(x-1)^2}$, 可令 $x-1=\sqrt{2}\sin t\left(|t|<\dfrac{\pi}{2}\right)$, 则 $\mathrm{d}x=\sqrt{2}\cos t\mathrm{d}t$, 于是

$$\begin{aligned}\int x\sqrt{1+2x-x^2}\mathrm{d}x&=\int(1+\sqrt{2}\sin t)\sqrt{2}\cos t\sqrt{2}\cos t\mathrm{d}t\\&=\int(2\cos^2 t+2\sqrt{2}\cos^2 t\sin t)\mathrm{d}t\\&=\int(1+\cos 2t)\mathrm{d}t-2\sqrt{2}\int\cos^2 t\mathrm{d}\cos t\\&=t+\frac{1}{2}\sin 2t-\frac{2\sqrt{2}}{3}\cos^3 t+C\\&=\arcsin\frac{x-1}{\sqrt{2}}+\frac{1}{2}(x-1)\sqrt{1+2x-x^2}-\frac{1}{3}(1+2x-x^2)^{\frac{3}{2}}+C.\end{aligned}$$

在上面的例题中, 有些不定积分的结果以后经常会用到, 所以它们通常也当作公式使用. 在此, 再添加下面的一些积分公式 (其中常数 $a>0$).

(13) $\displaystyle\int\tan x\mathrm{d}x=-\ln|\cos x|+C$;

(14) $\displaystyle\int\cot x\mathrm{d}x=\ln|\sin x|+C$;

(15) $\displaystyle\int\sec x\mathrm{d}x=\ln|\sec x+\tan x|+C$;

(16) $\displaystyle\int\csc x\mathrm{d}x=\ln|\csc x-\cot x|+C$;

(17) $\displaystyle\int\frac{1}{a^2+x^2}\mathrm{d}x=\frac{1}{a}\arctan\frac{x}{a}+C$;

(18) $\displaystyle\int\frac{1}{a^2-x^2}\mathrm{d}x=\frac{1}{2a}\ln\left|\frac{a+x}{a-x}\right|+C$;

(19) $\displaystyle\int\frac{1}{\sqrt{a^2-x^2}}\mathrm{d}x=\arcsin\frac{x}{a}+C$;

(20) $\displaystyle\int\frac{1}{\sqrt{x^2+a^2}}\mathrm{d}x=\ln(x+\sqrt{x^2+a^2})+C$;

(21) $\displaystyle\int\frac{1}{\sqrt{x^2-a^2}}\mathrm{d}x=\ln(x+\sqrt{x^2-a^2})+C$;

(22) $\displaystyle\int\sqrt{a^2-x^2}\mathrm{d}x=\frac{x}{2}\sqrt{a^2-x^2}+\frac{a^2}{2}\arcsin\frac{x}{a}+C$.

在熟练掌握积分公式后, 许多积分可以很容易解决.

例 22 求不定积分 $\int \frac{1}{\sqrt{4x^2+9}}\mathrm{d}x$.

解
$$\int \frac{1}{\sqrt{4x^2+9}}\mathrm{d}x = \frac{1}{2}\int \frac{1}{\sqrt{(2x)^2+3^2}}\mathrm{d}(2x)$$
$$= \frac{1}{2}\ln|2x+\sqrt{4x^2+9}|+C.$$

例 23 求不定积分 $\int \frac{x}{\sqrt{3-x^4+2x^2}}\mathrm{d}x$.

解
$$\int \frac{x}{\sqrt{3-x^4+2x^2}}\mathrm{d}x = \frac{1}{2}\int \frac{1}{\sqrt{4-(x^2-1)^2}}\mathrm{d}x^2 = \frac{1}{2}\arcsin\frac{x^2-1}{2}+C.$$

3. 倒代换法

所谓倒代换法, 就是令 $x=\frac{1}{t}$, 或 $t=\frac{1}{x}$, 使用倒代换时, 会使被积函数产生显著变化, 能否使变化有利于积分运算, 这就要多看多练.

一般而言, 以下类型的积分都可用倒代换.

$$\int \frac{1}{x\sqrt{a^2\pm x^2}}\mathrm{d}x,\quad \int \frac{1}{x^2\sqrt{a^2\pm x^2}}\mathrm{d}x,\quad \int \frac{1}{x\sqrt{x^2-a^2}}\mathrm{d}x,$$
$$\int \frac{1}{x^2\sqrt{x^2-a^2}}\mathrm{d}x,\quad \int \frac{\sqrt{a^2\pm x^2}}{x^4}\mathrm{d}x,\quad \int \frac{\sqrt{x^2-a^2}}{x^4}\mathrm{d}x.$$

例 24 求不定积分 $\int \frac{1}{x(x^n+1)}\mathrm{d}x(n\in\mathbf{N})$.

解 令 $x=\frac{1}{t}$, 则 $\mathrm{d}x=-\frac{1}{t^2}\mathrm{d}t$, 于是

$$\int \frac{1}{x(x^n+1)}\mathrm{d}x = \int \frac{-\frac{1}{t^2}}{\frac{1}{t}\left(\frac{1}{t^n}+1\right)}\mathrm{d}t = -\int \frac{t^{n-1}}{1+t^n}\mathrm{d}t$$
$$= -\frac{1}{n}\int \frac{1}{1+t^n}\mathrm{d}(1+t^n)$$
$$= -\frac{1}{n}\ln|1+t^n|+C$$
$$= -\frac{1}{n}\ln\left|1+\frac{1}{x^n}\right|+C.$$

例 25 求不定积分 $\int \frac{1}{x\sqrt{x^2-1}}\mathrm{d}x(x>1)$.

解 令 $x=\frac{1}{t}$, 则 $\mathrm{d}x=-\frac{1}{t^2}\mathrm{d}t$. 于是

$$\begin{aligned}\int \frac{1}{x\sqrt{x^2-1}}\mathrm{d}x&=-\int \frac{1}{\sqrt{1-t^2}}\mathrm{d}t\\&=-\arcsin t+C=-\arcsin\frac{1}{x}+C.\end{aligned}$$

4. 万能代换法

对于被积函数由三角函数 $\sin x,\cos x,\tan x,\cot x,\sec x,\csc x$ 及其运算所组成的不定积分, 可通过万能代换 $t=\tan\frac{x}{2}$ 转化成 t 的有理函数的不定积分, 再进行计算. 若令 $t=\tan\frac{x}{2}$, 则 $x=2\arctan t,\mathrm{d}x=\frac{2}{1+t^2}\mathrm{d}t,\sin x=\frac{2t}{1+t^2},\cos x=\frac{1-t^2}{1+t^2}$.

例 26 求不定积分 $\int \frac{\tan x}{1+\cos x}\mathrm{d}x$.

解 令 $t=\tan\frac{x}{2}$, 则 $x=2\arctan t,\mathrm{d}x=\frac{2}{1+t^2}\mathrm{d}t,\cos x=\frac{1-t^2}{1+t^2},\tan x=\frac{2t}{1-t^2}$. 于是

$$\begin{aligned}\int \frac{\tan x}{1+\cos x}\mathrm{d}x&=\int \frac{2t}{1-t^2}\mathrm{d}t=-\int \frac{1}{1-t^2}\mathrm{d}(1-t^2)\\&=-\ln|1-t^2|+C=-\ln\left|1-\tan^2\frac{x}{2}\right|+C.\end{aligned}$$

本题也可以利用三角函数之间的关系, 先对被积函数进行化简, 再计算.

$$\begin{aligned}\int \frac{\tan x}{1+\cos x}\mathrm{d}x&=\int \frac{\sin x\mathrm{d}x}{\cos x(1+\cos x)}\\&=-\int \frac{\mathrm{d}\cos x}{\cos x(1+\cos x)}=-\left[\int \frac{\mathrm{d}\cos x}{\cos x}-\int \frac{\mathrm{d}(\cos x+1)}{\cos x+1}\right]\\&=\ln\left|\frac{1+\cos x}{\cos x}\right|+C=\ln|1+\sec x|+C.\end{aligned}$$

万能代换虽然能把三角函数的积分化为有理函数的积分, 但一般比较麻烦, 所以, 要灵活运用.

例 27 求不定积分 $\displaystyle\int \frac{x+1}{x^2+x\ln x}\mathrm{d}x$.

解 令 $\ln x = t$, 则 $x=\mathrm{e}^t, \mathrm{d}x=\mathrm{e}^t\mathrm{d}t$, 于是

$$\begin{aligned}\int \frac{x+1}{x^2+x\ln x}\mathrm{d}x &= \int \frac{\mathrm{e}^t+1}{\mathrm{e}^{2t}+t\mathrm{e}^t}\mathrm{e}^t\mathrm{d}t \\ &= \int \frac{\mathrm{e}^t+1}{\mathrm{e}^t+t}\mathrm{d}t = \int \frac{1}{\mathrm{e}^t+t}\mathrm{d}(\mathrm{e}^t+t) \\ &= \ln|\mathrm{e}^t+t|+C = \ln|x+\ln x|+C.\end{aligned}$$

此例也属于第二换元法的情况. 在含有 $x, \ln x$ 等问题中, 可令 $t=\ln x$; 在含有 x, e^x 等问题中, 可令 $t=\mathrm{e}^x$.

5.4 分部积分法

定理 5.5 设 $u=u(x), v=v(x)$ 有连续的导数, 则有分部积分公式

$$\int u(x)v'(x)\mathrm{d}x = u(x)v(x) - \int v(x)u'(x)\mathrm{d}x \tag{5.1}$$

或者简写成

$$\int u\mathrm{d}v = uv - \int v\mathrm{d}u. \tag{5.2}$$

证明 由函数乘积的微分公式

$$\mathrm{d}(uv) = u\mathrm{d}v + v\mathrm{d}u,$$

移项得

$$u\mathrm{d}v = \mathrm{d}(uv) - v\mathrm{d}u,$$

两边积分, 即得

$$\int u\mathrm{d}v = uv - \int v\mathrm{d}u.$$

例 1 求不定积分 $\displaystyle\int x\cos x\mathrm{d}x$.

解 设 $u=x, \mathrm{d}v=\cos x\mathrm{d}x$, 则利用分部积分公式, 得

$$\begin{aligned}\int x\cos x\mathrm{d}x&=\int xd\sin x=x\sin x-\int\sin x\mathrm{d}x\\&=x\sin x+\cos x+C.\end{aligned}$$

如果设 $u=\cos x,\mathrm{d}v=x\mathrm{d}x$, 则利用分部积分公式, 得

$$\int x\cos x\mathrm{d}x=\int\cos x\mathrm{d}\left(\frac{x^2}{2}\right)=\frac{x^2}{2}\cos x+\frac{1}{2}\int x^2\sin x\mathrm{d}x.$$

由于得到的积分 $\int x^2\sin x\mathrm{d}x$ 比原来的积分 $\int x\cos x\mathrm{d}x$ 还要复杂. 因此, 这种选择 $u,\mathrm{d}v$ 的方法不成功. 由此可见, 如果 $u,\mathrm{d}v$ 选择不当可能计算比较复杂, 甚至很难求出结果. 所以, 应用分部积分公式求不定积分时, 关键是选择 $u,\mathrm{d}v$, 把所求积分 $\int f(x)\mathrm{d}x$ 化为 $\int u\mathrm{d}v$ 的形式, 然后用公式 (5.2) 再转化为求 $\int v\mathrm{d}u$. 而这后一积分应当是较易计算的.

例 2 求不定积分 $\int x\mathrm{e}^x\mathrm{d}x$.

解 设 $u=x,\mathrm{d}v=\mathrm{e}^x\mathrm{d}x$, 则利用分部积分公式, 得

$$\int x\mathrm{e}^x\mathrm{d}x=\int x\mathrm{d}\mathrm{e}^x=x\mathrm{e}^x-\int\mathrm{e}^x\mathrm{d}x=x\mathrm{e}^x-\mathrm{e}^x+C.$$

计算熟练后, 分部积分法的替换过程可以省略, 只需将 $\int f(x)\mathrm{d}x$ 化为 $\int u\mathrm{d}v$ 的形式就可直接用公式 (5.2).

例 3 求不定积分 $\int x\ln x\mathrm{d}x$.

解 $$\begin{aligned}\int x\ln x\mathrm{d}x&=\int\ln x\mathrm{d}\left(\frac{x^2}{2}\right)=\frac{x^2}{2}\ln x-\int\frac{x^2}{2}\mathrm{d}\ln x\\&=\frac{x^2}{2}\ln x-\int\frac{1}{x}\cdot\frac{x^2}{2}\mathrm{d}x\\&=\frac{x^2}{2}\ln x-\frac{x^2}{4}+C.\end{aligned}$$

例 4 求不定积分 $\int x\arctan x\mathrm{d}x$.

解 $$\int x\arctan x\mathrm{d}x=\int \arctan x\mathrm{d}\left(\frac{x^2+1}{2}\right)$$
$$=\frac{x^2+1}{2}\arctan x-\frac{1}{2}\int \mathrm{d}x$$
$$=\frac{x^2+1}{2}\arctan x-\frac{1}{2}x+C.$$

例 5 求不定积分 $\int \frac{\ln x}{x^2}\mathrm{d}x$.

解 $$\int \frac{\ln x}{x^2}\mathrm{d}x=-\int \ln x\mathrm{d}\left(\frac{1}{x}\right)=-\frac{1}{x}\ln x+\int \frac{1}{x}\mathrm{d}\ln x$$
$$=-\frac{1}{x}\ln x+\int \frac{1}{x^2}\mathrm{d}x=-\frac{1}{x}\ln x-\frac{1}{x}+C.$$

在计算有些不定积分时, 需要连续使用分部积分公式.

例 6 求不定积分 $\int \mathrm{e}^x\sin x\mathrm{d}x$.

解 $$\int \mathrm{e}^x\sin x\mathrm{d}x=\int \sin x\mathrm{d}\mathrm{e}^x=\mathrm{e}^x\sin x-\int \mathrm{e}^x\cos x\mathrm{d}x$$
$$=\mathrm{e}^x\sin x-\int \cos x\mathrm{d}\mathrm{e}^x$$
$$=\mathrm{e}^x\sin x-\left[\mathrm{e}^x\cos x-\int \mathrm{e}^x\mathrm{d}\cos x\right]$$
$$=\mathrm{e}^x\sin x-\mathrm{e}^x\cos x-\int \mathrm{e}^x\sin x\mathrm{d}x.$$

移项, 得

$$\int \mathrm{e}^x\sin x\mathrm{d}x=\frac{1}{2}\mathrm{e}^x(\sin x-\cos x)+C.$$

这里也可选 $u=\mathrm{e}^x$, 其计算过程与此类似.

当被积函数是单个函数时, 有时也用分部积分公式计算.

例 7 求不定积分 $\int \ln x\mathrm{d}x$.

解 $$\int \ln x\mathrm{d}x=x\ln x-\int x\mathrm{d}\ln x=x\ln x-x+C.$$

例 8 求不定积分 $\int \arcsin x\mathrm{d}x$.

解 $\int \arcsin x\mathrm{d}x = x\arcsin x - \int x\mathrm{d}(\arcsin x)$

$$= x\arcsin x - \int \frac{x}{\sqrt{1-x^2}}\mathrm{d}x$$

$$= x\arcsin x + \frac{1}{2}\int \frac{1}{\sqrt{1-x^2}}\mathrm{d}(1-x^2)$$

$$= x\arcsin x + \sqrt{1-x^2} + C.$$

例 9　求不定积分 $\int \sec^3 x\mathrm{d}x$.

解 $\int \sec^3 x\mathrm{d}x = \int \sec x(1+\tan^2 x)\mathrm{d}x$

$$= \int \sec x\mathrm{d}x + \int \sec x\tan^2 x\mathrm{d}x$$

$$= \int \sec x\mathrm{d}x + \int \tan x\mathrm{d}(\sec x)$$

$$= \int \sec x\mathrm{d}x + \tan x\cdot\sec x - \int \sec^3 x\mathrm{d}x.$$

移项整理得

$$\int \sec^3 x\mathrm{d}x = \frac{1}{2}\tan x\cdot\sec x + \frac{1}{2}\int \sec x\mathrm{d}x$$

$$= \frac{1}{2}\tan x\sec x + \frac{1}{2}\ln|\sec x+\tan x| + C.$$

例 10　求不定积分 $\int \sqrt{x^2+a^2}\mathrm{d}x(a>0)$.

解　令 $u=\sqrt{x^2+a^2},\mathrm{d}v=\mathrm{d}x$, 则利用分部积分公式, 得

$$\int \sqrt{x^2+a^2}\mathrm{d}x = x\sqrt{x^2+a^2} - \int x\frac{x}{\sqrt{x^2+a^2}}\mathrm{d}x$$

$$= x\sqrt{x^2+a^2} - \int \frac{x^2+a^2-a^2}{\sqrt{x^2+a^2}}\mathrm{d}x$$

$$= x\sqrt{x^2+a^2} - \int \sqrt{x^2+a^2}\mathrm{d}x + a^2\int \frac{1}{\sqrt{x^2+a^2}}\mathrm{d}x$$

$$= x\sqrt{x^2+a^2} - \int \sqrt{x^2+a^2}\mathrm{d}x + a^2\ln|x+\sqrt{x^2+a^2}|.$$

移项整理得

$$\int \sqrt{x^2+a^2}\mathrm{d}x = \frac{x}{2}\sqrt{x^2+a^2} + \frac{a^2}{2}\ln|x+\sqrt{x^2+a^2}| + C.$$

类似地, 可得

$$\int \sqrt{x^2-a^2}\mathrm{d}x = \frac{x}{2}\sqrt{x^2-a^2} - \frac{a^2}{2}\ln|x+\sqrt{x^2-a^2}| + C.$$

对于有些题, 既要用到换元积分法又要用到分部积分法.

例 11 求不定积分 $\int \frac{x\arcsin x}{\sqrt{1-x^2}}\mathrm{d}x$.

解 令 $x=\sin t$, 则 $t=\arcsin x, \mathrm{d}x=\cos t\mathrm{d}t$, 于是, 有

$$\begin{aligned}\int \frac{x\arcsin x}{\sqrt{1-x^2}}\mathrm{d}x &= \int \frac{\sin t\cdot t}{\cos t}\cos t\mathrm{d}t \\ &= \int t\sin t\mathrm{d}t = -\int t\mathrm{d}(\cos t) \\ &= -t\cos t+\sin t+C \\ &= -\sqrt{1-x^2}\arcsin x + x + C.\end{aligned}$$

例 12 已知 $f'(\mathrm{e}^x)=1+x$, 求 $f(x)$.

解 令 $\mathrm{e}^x=t$, 则 $f'(t)=1+\ln t$, 于是, 有

$$\begin{aligned}f(t) &= \int(1+\ln t)\mathrm{d}t = t+\int \ln t\mathrm{d}t \\ &= t+t\ln t-\int t\frac{1}{t}\mathrm{d}t = t\ln t+C.\end{aligned}$$

所以

$$f(x)=x\ln x+C.$$

利用分部积分法还可以求出一些不定积分的递推公式.

例 13 求 $I_n=\int x^n\mathrm{e}^x\mathrm{d}x$ 的递推公式, 其中 n 为非负整数, 并求出 I_1, I_2.

解

$$\begin{aligned}I_n &= \int x^n\mathrm{e}^x\mathrm{d}x = x^n\mathrm{e}^x - \int \mathrm{e}^x\mathrm{d}x^n \\ &= x^n\mathrm{e}^x - n\int x^{n-1}\mathrm{e}^x\mathrm{d}x \\ &= x^n\mathrm{e}^x - nI_{n-1}.\end{aligned}$$

因此, 可得 $I_n = \int x^n\mathrm{e}^x\mathrm{d}x$ 的递推公式为

$$\begin{aligned}&I_n = x^n\mathrm{e}^x - nI_{n-1} \quad (n = 1, 2, 3, \cdots), \\ &I_0 = \int \mathrm{e}^x\mathrm{d}x = \mathrm{e}^x + C, \\ &I_1 = x\mathrm{e}^x - I_0 = x\mathrm{e}^x - \mathrm{e}^x + C_1, \\ &I_2 = x^2\mathrm{e}^x - 2I_1 = x^2\mathrm{e}^x - 2(x\mathrm{e}^x - \mathrm{e}^x + C_1) \\ &= x^2\mathrm{e}^x - 2x\mathrm{e}^x + 2\mathrm{e}^x + C,\end{aligned}$$

其中 $C = -2C_1$.

5.5 有理函数的积分

5.5.1 化有理真分式为部分分式之和

1. 有理函数

有理函数是指由两个多项式的商所表示的函数, 其一般形式是

$$R = \frac{P(x)}{Q(x)} = \frac{a_0x^n + a_1x^{n-1} + \cdots + a_{n-1}x + a_n}{b_0x^m + b_1x^{m-1} + \cdots + b_{m-1}x + b_m},$$

其中 m 为正整数, n 为非负整数, $a_0, a_1, \cdots, a_n$ 与 $b_0, b_1, \cdots, b_m$ 均为常数, 且 $a_0 \neq 0, b_0 \neq 0$, 并且总假定 $P(x)$ 与 $Q(x)$ 无公因子. 若 $m \leqslant n$, 则称它为假分式, 若 $m > n$, 则称它为真分式. 例如

$$\frac{x^3 + x - 1}{x^2 + 2x}, \quad \frac{x^2 + 1}{x^2 - 5x + 6}$$

等都是有理函数 (或有理分式) 且为假分式, 而

$$\frac{x - 1}{x^2 - 5x + 6}, \quad \frac{3x + 1}{(x - 1)(x - 2)}$$

等都是真分式.

2. 化假分式为多项式与真分式之和

由多项式的除法可知, 一个假分式总可以化为一个多项式与一个真分式之和. 例如,

$$\frac{x^3+1}{x^2+x+1}=x-1+\frac{2}{x^2+x+1}.$$

由于其中多项式容易积分, 所以只需研究真分式的积分.

3. 化真分式为部分分式

前面我们已经计算了一些真分式的不定积分, 如 $\int \frac{1}{x^2-a^2}\mathrm{d}x$, 在计算 $\int \frac{1}{x^2-a^2}\mathrm{d}x$ 时, 是将分式 $\frac{1}{x^2-a^2}$ 先化为两个简单真分式之和, 即

$$\frac{1}{x^2-a^2}=\frac{1}{(x-a)(x+a)}=\frac{1}{2a}\left(\frac{1}{x-a}-\frac{1}{x+a}\right).$$

这样, 就容易求得积分. 这就启发我们设法把真分式 $R(x)=\frac{P(x)}{Q(x)}$ 的分母 $Q(x)$ 进行因式分解, 然后再把真分式 $R(x)=\frac{P(x)}{Q(x)}$ 拆成以 $Q(x)$ 的因式为分母的简单真分式之和.

下面从理论上介绍一种分法, 称为部分分式法.

按照代数学的基本原理, 我们总可以把分母 $Q(x)$ 在实数范围里分成若干个一次因式 (可以重复) 及若干个不可分解的二次因式 (可以重复) 的乘积, 然后按照分母中因式的情况, 写出部分分式的形式.

(1) 当分母中含有因式 $(x+a)^k$ 时, 部分分式形式中所含的对应项为

$$\frac{A_1}{x+a}+\frac{A_2}{(x+a)^2}+\cdots+\frac{A_k}{(x+a)^k}.$$

(2) 当分母中含有因式 $(x^2+px+q)^h$ 其中 $(p^2-4q<0)$ 时, 部分分式形式中所含的对应项为

$$\frac{B_1x+C_1}{x^2+px+q}+\frac{B_2x+C_2}{(x^2+px+q)^2}+\cdots+\frac{B_hx+C_h}{(x^2+px+q)^h}.$$

我们把所有对应的项加在一起, 就是部分分式形式, 然后依照恒等关系求出待定系数. 这样, 有理函数的积分就比较容易的计算.

5.5.2 有理函数的积分方法

例 1 求不定积分 $\int \frac{x+3}{x^2-5x+6}\mathrm{d}x$.

解 这是真分式的积分, 将分母分解因式, 得 $x^2-5x+6=(x-2)(x-3)$, 于是, 有

$$\frac{x+3}{x^2-5x+6}=\frac{A}{x-2}+\frac{B}{x-3},$$

其中 A, B 为待定常数. 确定待定常数的方法通常有两种: 一种是将分解式两端消去分母, 得到一个关于 x 的恒等式, 比较恒等式两端 x 同次幂项的系数, 可得方程组. 解此方程组, 即得待定常数, 如例 1, 去分母后, 得

$$x+3=(A+B)x-(3A+2B),$$

于是, 得方程组

$$\begin{cases} A+B=1, \\ 3A+2B=-3. \end{cases}$$

解得 $A=-5, B=6$, 于是得部分分式的形式为

$$\frac{x+3}{x^2-5x+6}=\frac{-5}{x-2}+\frac{6}{x-3}.$$

求待定常数的另一种方法是将分解式两端消去分母后, 给 x 以适当的值代入恒等式, 从而得到一个方程组, 解方程组即可. 例如, 例 1, 去分母后, 整理得

$$x+3=A(x-3)+B(x-2).$$

令 $x=2$, 得 $A=-5$, 令 $x=3$, 得 $B=6$, 与前面结果一致.

$$\begin{aligned}\int \frac{x+3}{x^2-5x+6}\mathrm{d}x &= \int\left(\frac{-5}{x-2}+\frac{6}{x-3}\right)\mathrm{d}x \\ &= -5\int \frac{1}{x-2}\mathrm{d}(x-2)+6\int\frac{1}{x-3}\mathrm{d}(x-3) \\ &= -5\ln|x-2|+6\ln|x-3|+C.\end{aligned}$$

例 2 求不定积分 $\int \frac{2x+2}{(x-1)(x^2+1)^2}\mathrm{d}x$.

解 这是真分式的积分, 分母已经被分解成了最简一次式与最简二次式平方之积, 下面我们将真分式分解成部分分式之和.

$$\frac{2x+2}{(x-1)(x^2+1)^2}=\frac{A}{x-1}+\frac{Bx+C}{x^2+1}+\frac{Dx+E}{(x^2+1)^2},$$

去分母, 整理后, 得

$$\begin{aligned}2x+2=&(A+B)x^4+(C-B)x^3+(2A+B-C+D)x^2\\&+(-B+C-D+E)x+A-C-E.\end{aligned}$$

比较等式两边, 对应项系数相等, 得

$$\begin{cases}A+B=0,\\C-B=0,\\2A+B-C+D=0,\\-B+C-D+E=2,\\A-C-E=2.\end{cases}$$

解方程组, 得

$$A=1,\quad B=-1,\quad C=-1,\quad D=-2,\quad E=0.$$

于是得分解式

$$\frac{2x+2}{(x-1)(x^2+1)^2}=\frac{1}{x-1}-\frac{x+1}{x^2+1}-\frac{2x}{(x^2+1)^2}.$$

从而

$$\begin{aligned}&\int\frac{2x+2}{(x-1)(x^2+1)^2}\mathrm{d}x\\=&\int\left[\frac{1}{x-1}-\frac{x+1}{x^2+1}-\frac{2x}{(x^2+1)^2}\right]\mathrm{d}x\\=&\int\frac{1}{x-1}\mathrm{d}x-\int\frac{x}{x^2+1}\mathrm{d}x-\int\frac{1}{x^2+1}\mathrm{d}x-\int\frac{1}{(x^2+1)^2}\mathrm{d}(x^2+1)\\=&\ln|x-1|-\frac{1}{2}\ln(x^2+1)-\arctan x+\frac{1}{1+x^2}+C.\end{aligned}$$

例 3　求不定积分 $\displaystyle\int \frac{x+1}{x^2-2x+2}\mathrm{d}x$.

解　这是最简真分式的积分, 分母在实数范围内无法再分解. 观察到分子是一次式、分母是二次式, 不妨将分子凑成分母的导数进行计算.

$$\begin{aligned}\int \frac{x+1}{x^2-2x+2}\mathrm{d}x &= \frac{1}{2}\int \frac{2x-2+4}{x^2-2x+2}\mathrm{d}x\\ &= \frac{1}{2}\int \frac{2x-2}{x^2-2x+2}\mathrm{d}x + 2\int \frac{1}{x^2-2x+2}\mathrm{d}x\\ &= \frac{1}{2}\int \frac{1}{x^2-2x+2}\mathrm{d}(x^2-2x+2) + 2\int \frac{1}{(x-1)^2+1}\mathrm{d}(x-1)\\ &= \frac{1}{2}\ln|x^2-2x+2| + 2\arctan(x-1) + C.\end{aligned}$$

例 4　求不定积分 $\displaystyle\int \frac{3x^3+1}{x^2-1}\mathrm{d}x$.

解　这是假分式的积分, 用多项式除法将假分式分解为多项式与真分式之和.

$$\frac{3x^3+1}{x^2-1} = 3x + \frac{3x+1}{x^2-1},$$

再将真分式分解为部分分式之和.

$$\frac{3x+1}{x^2-1} = \frac{3x+1}{(x-1)(x+1)} = \frac{A}{x-1} + \frac{B}{x+1},$$

去分母, 整理后, 得

$$3x+1 = A(x+1) + B(x-1),$$

等式两端对应项系数相等, 得 $A=2, B=1$ 然后再积分.

$$\begin{aligned}\int \frac{3x^3+1}{x^2-1}\mathrm{d}x &= \int 3x\mathrm{d}x + \int \frac{2}{x-1}\mathrm{d}x + \int \frac{1}{x+1}\mathrm{d}x\\ &= \frac{3}{2}x^2 + 2\ln|x-1| + \ln|x+1| + C.\end{aligned}$$

需要指出的是, 大多数有理函数的不定积分非常灵活, 具体问题要灵活处理, 例如

$$\begin{aligned}\int \frac{1}{x(1+x^5)}\mathrm{d}x &= \int \frac{(1+x^5)-x^5}{x(1+x^5)}\mathrm{d}x = \int \left(\frac{1}{x} - \frac{x^4}{1+x^5}\right)\mathrm{d}x\\ &= \int \frac{1}{x}\mathrm{d}x - \int \frac{x^4}{1+x^5}\mathrm{d}x = \ln|x| - \frac{1}{5}\ln(1+x^5) + C.\end{aligned}$$

习 题 5

(A)

1. 求函数 $f(x)$, 使 $f'(x)=(2x-3)(3x+2)$, 且 $f(2)=2$.

2. 已知一条曲线经过点 $(2,1)$, 且在其上任一点 (x,y) 处的切线斜率等于 $3x$, 求此曲线的方程.

3. 一个质点做直线运动, 已知其加速度 $\dfrac{\mathrm{d}^2s}{\mathrm{d}t^2}=3t^2-\sin t$, 如果初速度 $v_0=3$, 初始位移 $s_0=2$, 求

(1) v 和 t 间的函数关系;

(2) s 和 t 间的函数关系.

4. 某商品的需求量 Q 为价格 p 的函数, 该商品的最大需求量为 1000(即 $p=0$ 时, $Q=1000$), 已知需求量的变化率为: $Q'(p)=-1000\ln 3\left(\dfrac{1}{3}\right)^p$, 求该商品的需求函数.

5. 求下列不定积分:

(1) $\displaystyle\int\left(\frac{1}{3}\cos x+\frac{2}{1+x^2}\right)\mathrm{d}x$;

(2) $\displaystyle\int\frac{2x+1}{\sqrt{x}}\mathrm{d}x$;

(3) $\displaystyle\int\frac{2x^2+1}{x^2(1+x^2)}\mathrm{d}x$;

(4) $\displaystyle\int\left(\sin^2\frac{x}{2}-\frac{1}{\sqrt{1-x^2}}\right)\mathrm{d}x$;

(5) $\displaystyle\int\frac{\sqrt{x}-x^3\mathrm{e}^x+x^2}{x^3}\mathrm{d}x$;

(6) $\displaystyle\int\frac{x^2-2\sqrt{2}x+2}{x-\sqrt{2}}\mathrm{d}x$;

(7) $\displaystyle\int\left(1-\frac{1}{x^2}\right)\sqrt{x\sqrt{x}}\mathrm{d}x$;

(8) $\displaystyle\int\frac{\cos 2x}{\cos x-\sin x}\mathrm{d}x$;

(9) $\displaystyle\int\frac{(1-x)^2}{\sqrt[3]{x}}\mathrm{d}x$;

(10) $\displaystyle\int 3^x\mathrm{e}^x\mathrm{d}x$;

(11) $\displaystyle\int\frac{2\cdot 3^x-5\cdot 2^x}{3^x}\mathrm{d}x$;

(12) $\displaystyle\int\frac{\cos 2x}{\cos^2 x\cdot\sin^2 x}\mathrm{d}x$;

(13) $\displaystyle\int\frac{1+\cos^2 x}{1+\cos 2x}\mathrm{d}x$;

(14) $\displaystyle\int\frac{\mathrm{e}^{3x}+1}{\mathrm{e}^x+1}\mathrm{d}x$;

(15) $\displaystyle\int(\mathrm{e}^x+3^x)(1+2^x)\mathrm{d}x$;

(16) $\displaystyle\int\left(\sqrt{\frac{1+x}{1-x}}+\sqrt{\frac{1-x}{1+x}}\right)\mathrm{d}x$.

6. 用换元法中的凑微分法计算下列积分:

(1) $\displaystyle\int(2x-3)^{10}\mathrm{d}x$;

(2) $\displaystyle\int\sqrt[3]{1-3x}\mathrm{d}x$;

(3) $\displaystyle\int\frac{1}{\sqrt{2-5x}}\mathrm{d}x$;

(4) $\displaystyle\int\frac{\sqrt[5]{1-2x+x^2}}{1-x}\mathrm{d}x$;

(5) $\displaystyle\int\frac{1}{\sqrt{2-3x^2}}\mathrm{d}x$;

(6) $\displaystyle\int\frac{1}{\sqrt{3x^2-2}}\mathrm{d}x$;

(7) $\displaystyle\int\frac{x}{\sqrt{1-x^2}}\mathrm{d}x$;

(8) $\displaystyle\int\frac{x}{3-2x^2}\mathrm{d}x$;

(9) $\displaystyle\int\frac{1}{\sqrt{x}(1+x)}\mathrm{d}x$;

(10) $\displaystyle\int\frac{2x^2}{1+x^2}\mathrm{d}x$;

(11) $\int \frac{x^3}{1+x^2}dx$;

(12) $\int \frac{1}{e^x+e^{-x}}dx$;

(13) $\int \frac{1}{x\ln x\ln\ln x}dx$;

(14) $\int \frac{1}{x^2+2x-3}dx$;

(15) $\int x^3\sqrt[3]{1+x^2}dx$;

(16) $\int \frac{1}{(\arcsin x)^2\sqrt{1-x^2}}dx$;

(17) $\int \frac{\sin x-\cos x}{(\cos x+\sin x)^5}dx$;

(18) $\int (x-1)e^{x^2-2x}dx$;

(19) $\int \sin^5 x\cos x dx$;

(20) $\int \cos^4 x dx$;

(21) $\int \sec^4 x dx$;

(22) $\int \tan^4 x dx$.

7. 用换元法计算下列积分:

(1) $\int \frac{1}{\sqrt{x+1}(2+x)}dx$;

(2) $\int \frac{\sqrt{x}}{\sqrt[3]{x^2}-\sqrt{x}}dx$;

(3) $\int \frac{\ln x}{x\sqrt{1+\ln x}}dx$;

(4) $\int \frac{1}{\sqrt{e^x+1}}dx$;

(5) $\int \frac{\arctan\sqrt{x}}{\sqrt{x}}\frac{1}{1+x}dx$;

(6) $\int \frac{1}{1-x^2}\ln\frac{1+x}{1-x}dx$;

(7) $\int \frac{1}{(1-x^2)^{\frac{3}{2}}}dx$;

(8) $\int \frac{x^2}{\sqrt{x^2-2}}dx$;

(9) $\int \frac{1}{(x^2+a^2)^{\frac{3}{2}}}dx$;

(10) $\int \frac{1}{x\sqrt{a^2-x^2}}dx$;

(11) $\int \frac{1}{x\sqrt{x^2-1}}dx\ (x>1)$;

(12) $\int \frac{1}{\sqrt{x}\sin\sqrt{x}\cos\sqrt{x}}dx$;

(13) $\int \frac{x^3}{\sqrt{x^2+1}}dx$;

(14) $\int \frac{1}{x^2\sqrt{x^2+1}}dx$;

(15) $\int \frac{x+1}{x^2+x+1}dx$;

(16) $\int \frac{1}{\sqrt{1-2x-x^2}}dx$;

(17) $\int \frac{1}{\sqrt{x^2+x}}dx$;

(18) $\int \frac{1}{x^4\sqrt{x^2+1}}dx$;

(19) $\int \frac{1}{3+2^x}dx$;

(20) $\int \frac{1}{2^x(1+4^x)}dx$.

8. 用万能代换求下列积分:

(1) $\int \frac{1+\sin x}{\sin x(1+\cos x)}dx$;

(2) $\int \frac{1}{1+\cos x}dx$;

(3) $\int \frac{1}{\sin x+\cos x}dx$;

(4) $\int \frac{1}{\sin x}dx$.

9. 用分部积分法求下列积分:

(1) $\int x^2\sin x dx$;

(2) $\int x^2 e^{-x}dx$;

(3) $\int \ln^2 x dx$;

(4) $\int x^3\ln x dx$;

(5) $\int \arctan x \mathrm{d}x$;

(6) $\int x^2 \ln(1+x)\mathrm{d}x$;

(7) $\int (\arcsin x)^2 \mathrm{d}x$;

(8) $\int \ln(x+\sqrt{1+x^2})\mathrm{d}x$;

(9) $\int \frac{x\mathrm{e}^x}{(x+1)^2}\mathrm{d}x$;

(10) $\int \sin(\ln x)\mathrm{d}x$;

(11) $\int \sec^3 x\mathrm{d}x$;

(12) $\int x\sec^2 x\mathrm{d}x$;

(13) $\int \frac{\ln\sin x}{\cos^2 x}\mathrm{d}x$;

(14) $\int \frac{\ln^3 x}{x^2}\mathrm{d}x$;

(15) $\int \frac{x^2}{1+x^2}\cdot\arctan x\mathrm{d}x$;

(16) $\int \frac{x}{\sqrt{1-x^2}}\cdot\arccos x\mathrm{d}x$;

(17) $\int x\sqrt{1-x^2}\arcsin x\mathrm{d}x$;

(18) $\int \sin 2x\cdot\ln\tan x\mathrm{d}x$;

(19) $\int \sin x\ln\sec x\mathrm{d}x$;

(20) $\int \sqrt{x}\sin\sqrt{x}\mathrm{d}x$;

(21) $\int \frac{x}{\sin^2 x\cos^2 x}\mathrm{d}x$;

(22) $\int \frac{x\sin x}{\cos^3 x}\mathrm{d}x$.

10. 设 $I_n=\int \sin^n x\mathrm{d}x$, 证明:

$$I_n=-\frac{1}{n}\sin^{n-1}x\cos x+\frac{n-1}{n}I_{n-2}.$$

11. 如果 $\frac{\sin x}{x}$ 是 $f(x)$ 的一个原函数, 证明:

$$\int xf'(x)\mathrm{d}x=\cos x-\frac{2\sin x}{x}+C.$$

12. 计算下列有理函数的积分:

(1) $\int \frac{x+1}{x^2+x+1}\mathrm{d}x$;

(2) $\int \frac{1}{x^2(1+2x)}\mathrm{d}x$;

(3) $\int \frac{1}{x(2x+3)^2}\mathrm{d}x$;

(4) $\int \frac{1}{(x-1)(x-2)(x-3)}\mathrm{d}x$;

(5) $\int \frac{x}{x^3-x^2+x-1}\mathrm{d}x$;

(6) $\int \frac{x^4}{x^3+x^2+x+1}\mathrm{d}x$;

(7) $\int \frac{2x+3}{x^2+2x-3}\mathrm{d}x$;

(8) $\int \frac{x^2}{(x^2+2x+2)^2}\mathrm{d}x$.

(B)

1. (2023) 函数 $f(x)=\begin{cases}\frac{1}{\sqrt{1+x^2}}, & x\leqslant 0,\\ (x+1)\cos x, & x>0\end{cases}$ 的一个原函数为 (   ).

(A) $F(x)=\begin{cases}\ln(\sqrt{1+x^2}-x), & x\leqslant 0,\\ (x+1)\cos x-\sin x, & x>0;\end{cases}$

(B) $F(x)=\begin{cases}\ln(\sqrt{1+x^2}-x)+1, & x\leqslant 0,\\ (x+1)\cos x-\sin x, & x>0;\end{cases}$

(C) $F(x)=\begin{cases}\ln(\sqrt{1+x^2}+x), & x\leqslant 0,\\ (x+1)\sin x+\cos x, & x>0;\end{cases}$

(D) $F(x)=\begin{cases}\ln(\sqrt{1+x^2}+x)+1, & x\leqslant 0,\\ (x+1)\sin x+\cos x, & x>0.\end{cases}$

2. 设 $f(x)=\mathrm{e}^{-x}$, 则 $\int\frac{f'(\ln x)}{x}\mathrm{d}x=($ $)$.

(A) $-\frac{1}{x}+C$; (B) $-\ln x+C$;

(C) $\frac{1}{x}+C$; (D) $\ln x+C$.

3. 若 $F'(x)=f(x)$, 则 $\int\frac{f(-\sqrt{x})}{\sqrt{x}}\mathrm{d}x=($ $)$.

(A) $\frac{1}{2}F(-\sqrt{x})+C$; (B) $-\frac{1}{2}F(-\sqrt{x})+C$;

(C) $-F(\sqrt{x})+C$; (D) $-2F(-\sqrt{x})+C$.

4. 若 $f(x)$ 的一个原函数是 $\frac{\ln x}{x}$, 则 $\int xf'(x)\mathrm{d}x=($ $)$.

(A) $\frac{\ln x}{x}+C$; (B) $\frac{1-\ln x}{x^2}+C$;

(C) $\frac{1}{x}+C$; (D) $\frac{1-2\ln x}{x^2}+C$.

5. (2018) $\int\mathrm{e}^x\arcsin\sqrt{1-\mathrm{e}^x}\mathrm{d}x=$____________.

6. 设 $f'(x^2)=\frac{1}{x}\,(x>0)$, 则 $f(x)=$____________.

7. $\int xf''(x)\mathrm{d}x=$____________.

8. 求下列不定积分:

(1) $\int\frac{\ln x}{x\sqrt{2+\ln x}}\mathrm{d}x$; (2) $\int\frac{x+1}{x^2+x\ln x}\mathrm{d}x$;

(3) $\int\frac{\arctan\frac{1}{x}}{1+x^2}\mathrm{d}x$; (4) $\int\sqrt{\frac{\arcsin\sqrt{x}}{x(1-x)}}\mathrm{d}x$;

(5) $\int\sqrt{\frac{x}{1-x^3}}\mathrm{d}x$; (6) $\int\frac{1}{x\ln x(\ln^2 x+1)}\mathrm{d}x$;

(7) $\int\frac{1}{(\sin x+2\cos x)^2}\mathrm{d}x$; (8) $\int\frac{1}{\sqrt{1+x}+\left(\sqrt{1+x}\right)^3}\mathrm{d}x$;

(9) $\int\ln(1+\sqrt[3]{x})\mathrm{d}x$; (10) $\int\frac{(1-x)\arcsin(1-x)}{\sqrt{2x-x^2}}\mathrm{d}x$;

(11) $\int \frac{\sin \ln x}{x^2} \mathrm{d}x$;

(12) $\int \frac{\ln(1+\mathrm{e}^x)}{\mathrm{e}^x} \mathrm{d}x$;

(13) $\int x^5 \ln^2 x \mathrm{d}x$;

(14) $\int \mathrm{e}^{2x} \sec^2 \mathrm{e}^x \mathrm{d}x$;

(15) $\int x^2 \arctan \sqrt{x} \mathrm{d}x$;

(16) $\int \frac{1}{\mathrm{e}^x(1+\mathrm{e}^{2x})} \mathrm{d}x$;

(17) $\int \frac{1}{1+x^2} \arctan \frac{1+x}{1-x} \mathrm{d}x$;

(18) $\int \frac{1}{1-x^2} \ln \frac{1+x}{1-x} \mathrm{d}x$;

(19) $\int \frac{x+1}{\sqrt{x^2+x+1}} \mathrm{d}x$;

(20) $\int \mathrm{e}^{2x}(1+\tan x)^2 \mathrm{d}x$;

(21) $\int \frac{\arcsin x}{x^2\sqrt{1-x^2}} \mathrm{d}x$;

(22) $\int \frac{\arctan x}{1+x^2} \mathrm{e}^{\arctan x} \mathrm{d}x$;

(23) $\int \frac{x}{x^4+3x^2+2} \mathrm{d}x$;

(24) $\int \frac{x^2+1}{x^3+4x^2+5x+2} \mathrm{d}x$;

(25) $\int \frac{1}{3+\sqrt{9-x^2}} \mathrm{d}x$;

(26) $\int \frac{\sqrt{1-x}}{\sqrt{x}} \mathrm{d}x$;

(27) $\int \frac{1}{\sin x - \cos x - 5} \mathrm{d}x$;

(28) $\int \frac{1}{\sin^4 x \cos^4 x} \mathrm{d}x$;

(29) $\int \frac{x}{\sqrt{1-x^2}} \mathrm{e}^{\arcsin x} \mathrm{d}x$;

(30) $\int \frac{x-\cos x}{1+\sin x} \mathrm{d}x$.

9. 设 $F(x) = \int \frac{\sin x}{a \sin x + b \cos x} \mathrm{d}x, G(x) = \int \frac{\cos x}{a \sin x + b \cos x} \mathrm{d}x$. 求: $aF(x)+bG(x)$; $aG(x)-bF(x)$; $F(x)$; $G(x)$.

10. 设 $F(x) = \int \frac{\sin^2 x}{\sin x + \cos x} \mathrm{d}x, G(x) = \int \frac{\cos^2 x}{\sin x + \cos x} \mathrm{d}x$, 求: $F(x)+G(x)$; $G(x)-F(x)$; $F(x)$; $G(x)$.

11. 求 $I_n = \int \sin^n x \mathrm{d}x$ 的递推公式.

12. 求 $\int (\arcsin x)^n \mathrm{d}x$ 的递推公式.

13. 设 $F(x)$ 为 $f(x)$ 的原函数, 且当 $x \geqslant 0$ 时,

$$f(x)F(x) = \frac{x\mathrm{e}^x}{2(1+x)^2}.$$

已知 $F(0)=1$, $F(x)>0$, 试求 $f(x)$.

第5章自测题

第 6 章

定 积 分

一元函数积分学包含两个基本问题, 定积分是第二个基本问题. 定积分有非常广泛的实际背景, 如求平面图形的面积、立体的体积、变速直线运动的物体所走的路程和经济学中的总产量等问题, 定积分的概念是作为某种和的极限引入的, 不定积分的概念是求全体原函数, 表面上看它们是两类不同的问题, 在历史上, 它们的发展也是相互独立的. 实际上, 在 17 世纪, 牛顿和莱布尼茨分别发现了不定积分和定积分的内在联系, 使定积分的计算大大地简化, 从而推动了定积分的发展.

本章介绍定积分的概念和基本性质、不定积分和定积分的关系、定积分的计算与简单应用以及简单的广义积分.

6.1 定积分的概念

6.1.1 定积分概念的引入——两个实例

1. 曲边梯形的面积

在初等数学中, 我们只会计算有规则的多边形的面积, 但是在实际问题中, 往往需要计算任意曲线围成的平面图形的面积, 而任意曲线围成的平面图形的面积依赖于曲边梯形的面积, 那么, 什么是曲边梯形呢?

由曲线 $y = f(x)$(非负), 直线 $x = a, x = b(a < b)$ 和 $y = 0$ 所围成的平面图形 $aABb$ 称为**曲边梯形** (图 6.1).

图 6.2 的图形也可以看成是曲边梯形, 它是一条平行边退化成一点, 称为**曲边三角形**.

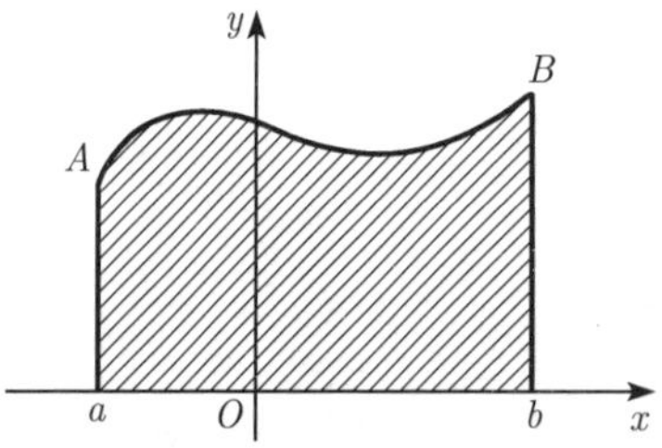

图 6.1

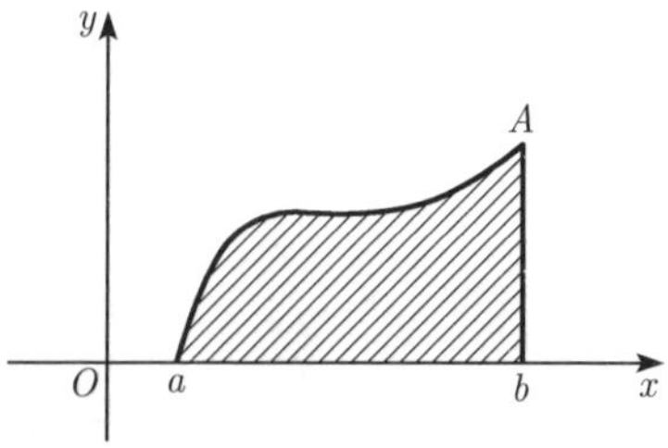

图 6.2

曲边梯形有一条边为曲线 $y = f(x)$, 它可以理解为曲边梯形的高, 由于高是变动的, 故不能用初等数学的方法来计算面积. 我们采用“分割—近似求和—取极限”的过程来解决这一问题.

(1) **分割** 用 $n+1$ 个分点 $a = x_0 < x_1 < x_2 < \cdots < x_{n-1} < x_n = b$ 将区间 $[a,b]$ 分成 n 个小区间 $[x_0,x_1],[x_1,x_2],\cdots,[x_{n-1},x_n]$, 每个小区间的长度记为 $\Delta x_i = x_i - x_{i-1}, i=1,2,\cdots,n$. 过分点 x_i 作 y 轴的平行线, 将曲边梯形 $aABb$ 分成 n 个小曲边梯形 (图 6.3), 第 i 个小曲边梯形的面积记作 $\Delta S_i, i=1,2,\cdots,n$, 则有

$$S = \Delta S_1 + \Delta S_2 + \cdots + \Delta S_n = \sum_{i=1}^{n} \Delta S_i.$$

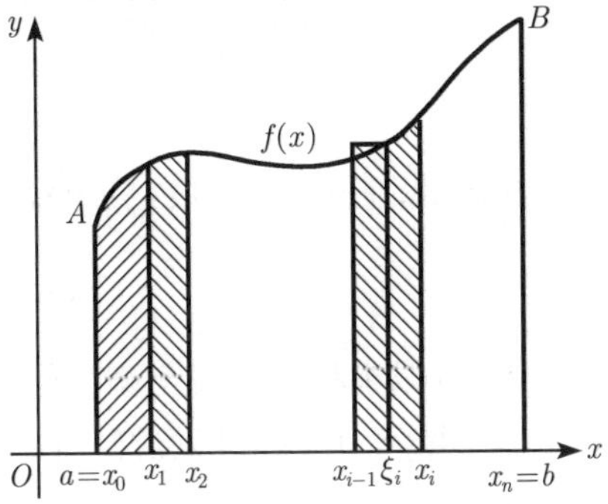

图 6.3

(2) **近似求和** (以直代曲, 即用小矩形的面积近似代替小曲边梯形的面积).

在每个小区间 $[x_{i-1},x_i]$ 上任取一点 $\xi_i, i=1,2,\cdots,n$, 用与小曲边梯形同底, 以 $f(\xi_i)$ 为高的小矩形的面积 $f(\xi_i)\Delta x_i$ 近似表示小曲边梯形的面积 (图 6.3 阴影部分), 即 $\Delta S_i \approx f(\xi_i)\Delta x_i, i=1,2,\cdots,n$. 将 n 个小矩形的面积加起来, 得到一个和式

$$S_n = f(\xi_1)\Delta x_1 + f(\xi_2)\Delta x_2 + \cdots + f(\xi_n)\Delta x_n = \sum_{i=1}^{n} f(\xi_i)\Delta x_i.$$

S_n 是曲边梯形 $aABb$ 面积 S 的一个近似值, 即 $S \approx S_n = \sum\limits_{i=1}^{n} f(\xi_i)\Delta x_i$. 分割越细, 近似程度越高, 分割无限变细, 能无限接近.

(3) **取极限** 当分点 n 无限增多 (即 $n \to \infty$) 时, 所有小区间中最大区间的长度 $\lambda(\lambda = \max\limits_{1\leqslant i\leqslant n}\{\Delta x_i\})$ 无限趋于 0 时, 总和 S_n 的极限就定义为曲边梯形 $aABb$ 的面积 S, 即

$$S = \lim_{\lambda\to 0} \sum_{i=1}^{n} f(\xi_i)\Delta x_i.$$

2. 变速直线运动的路程

当物体做匀速直线运动时, 其运动的路程等于速度乘时间. 现设物体运动的速度 v 随时间 t 而变化, 即 v 是时间 t 的函数 $v = v(t)$, 求物体在时间区间 $[T_0,T]$ 内运动的路程 S.

(1) **分割** 用 $n+1$ 分点 $T_0=t_0<t_1<t_2<\cdots<t_{n-1}<t_n=T$, 将时间区间 $[T_0,T]$ 分成 n 个小区间 $[t_0,t_1],[t_1,t_2],\cdots,[t_{n-1},t_n]$(图 6.4), 则每个小区间的长分别为: $\Delta t_1=t_1-t_0,\Delta t_2=t_2-t_1,\cdots,\Delta t_n=t_n-t_{n-1}$.

图 6.4

相应地, 在各段时间内物体经过的路程依次为

$$\Delta S_1,\Delta S_2,\cdots,\Delta S_n.$$

(2) **近似求和** 在每个小区间 $[t_{i-1},t_i],i=1,2,\cdots,n$ 上任取一时刻 $\eta_i(t_{i-1}\leqslant\eta_i\leqslant t_i)$, 以 $v(\eta_i)\Delta t_i$ 作为物体在小时间间隔 $[t_{i-1},t_i]$ 上运动的路程 ΔS_i 的近似值, 即

$$\Delta S_i\approx v(\eta_i)\Delta t_i\quad(i=1,2,\cdots,n).$$

总路程

$$S=\sum_{i=1}^{n}\Delta S_i\approx\sum_{i=1}^{n}v(\eta_i)\Delta t_i$$

分割越细, 近似程度越高, 分割无限变细, 能无限接近.

(3) **取极限** 当分点 n 无限增多 (即 $n\to\infty$) 时, 所有小时间间隔中最大的间隔长度 $\lambda(\lambda=\max\limits_{1\leqslant i\leqslant n}\{\Delta t_i\})$ 无限趋于 0 时, 总和 S_n 的极限就定义为变速直线运动的路程, 即

$$S=\lim_{\lambda\to 0}\sum_{i=1}^{n}v(\eta_i)\Delta t_i.$$

以上两个实际例子, 一个是几何问题, 求曲边梯形的面积; 另一个是物理问题, 求变速直线运动的路程. 两个例子虽属不同范畴的问题, 但解决问题的方法却完全相同. 这一类问题的例子很多, 如物理学中变力所做的功和液体的侧压力; 几何学中旋转体的体积和平面曲线的弧长; 经济学中的收益问题, 等等, 都是采取分割、近似求和及取极限的方法. 人们将这一方法加以概括抽象, 就得到了定积分的概念.

6.1.2 定积分的定义与几何意义

1. 定积分定义

定义 6.1 设函数 $f(x)$ 在闭区间 $[a,b]$ 上有定义, 用 $n+1$ 个分点 $a=x_0<x_1<x_2<\cdots<x_{n-1}<x_n=b$ 将区间 $[a,b]$ 任意分割成 n 个小区间 $[x_{i-1},x_i],i=$

$1, 2, \cdots, n$, 其小区间的长为 $\Delta x_i = x_i - x_{i-1} (i = 1, 2, \cdots, n)$. 记 $\lambda = \max\limits_{1 \leqslant i \leqslant n} \{\Delta x_i\}$, 在每个小区间 $[x_{i-1}, x_i]$ 上任取一点 ξ_i, 作乘积 $f(\xi_i)\Delta x_i, (i = 1, 2, \cdots, n)$. 作和

$$S_n = \sum_{i=1}^{n} f(\xi_i)\Delta x_i.$$

如果极限

$$\lim_{\lambda \to 0} S_n = \lim_{\lambda \to 0} \sum_{i=1}^{n} f(\xi_i)\Delta x_i$$

存在, 且与区间 $[a, b]$ 如何分割, 点 ξ_i 如何取法无关, 则称此极限值为函数 $f(x)$ 在区间 $[a, b]$ 上的**定积分**, 记作 $\int_a^b f(x)\mathrm{d}x$, 即

$$\int_a^b f(x)\mathrm{d}x = \lim_{\lambda \to 0} \sum_{i=1}^{n} f(\xi_i)\Delta x_i.$$

这时称函数 $f(x)$ 在区间 $[a, b]$ 上可积, $f(x)$ 称为**被积函数**, $f(x)\mathrm{d}x$ 称为**被积表达式**, x 称为**积分变量**, a 称为**积分下限**, b 称为**积分上限**, $[a, b]$ 称为**积分区间**.

按定积分定义, 6.1 节所举的例题可表述如下.

(1) 曲边梯形的面积 S 是曲边函数 $y = f(x)$ 在区间 $[a, b]$ 上的定积分, 即

$$S = \int_a^b f(x)\mathrm{d}x \quad (f(x) \geqslant 0).$$

(2) 物体做变速直线运动所经过的路程 S 是速度函数 $v = v(t)$ 在时间区间 $[T_0, T]$ 上的定积分, 即

$$S = \int_{T_0}^{T} v(t)\mathrm{d}t.$$

注意 (1) 由定积分的定义可知, 它是一个和式的极限, 因此表示一个数值, 这个值的大小取决于被积函数 $f(x)$ 和积分区间 $[a, b]$, 而与积分变量用什么字母表示无关, 故有

$$\int_a^b f(x)\mathrm{d}x = \int_a^b f(t)\mathrm{d}t.$$

(2) 在定积分的定义中, 假定 $a < b$, 如果 $a > b$, 规定

$$\int_a^b f(x)\mathrm{d}x = -\int_b^a f(x)\mathrm{d}x,$$

即定积分的上限与下限互换时, 定积分要变号. 特别地, 当 $a=b$ 时, 有

$$\int_a^a f(x)\mathrm{d}x = 0.$$

(3) 关于函数 $f(x)$ 的可积性, 问题比较复杂, 只给出如下结论:

若函数 $f(x)$ 在区间 $[a,b]$ 上连续, 则 $f(x)$ 在区间 $[a,b]$ 上可积;

若函数 $f(x)$ 在区间 $[a,b]$ 上有界, 且只有有限个间断点, 则 $f(x)$ 在区间 $[a,b]$ 上可积;

若函数 $f(x)$ 在区间 $[a,b]$ 上单调, 则 $f(x)$ 在区间 $[a,b]$ 上可积.

以上三个条件都是充分条件, 但不是必要条件.

2. 定积分的几何意义

由定积分的定义可知, 当 $f(x)\geqslant 0$ 时, 定积分 $\int_a^b f(x)\mathrm{d}x$ 表示由曲线 $y=f(x)$, 直线 $x=a, x=b, y=0$ 所围成的曲边梯形的面积 S, 即

$$S=\int_a^b f(x)\mathrm{d}x.$$

在区间 $[a,b]$ 上, 若 $f(x)\leqslant 0$, 由曲线 $y=f(x)$, 直线 $x=a, x=b, y=0$ 所围成的曲边梯形在 x 轴的下方, $\int_a^b f(x)\mathrm{d}x$ 的值是负数, 所以, 面积为

$$S=-\int_a^b f(x)\mathrm{d}x.$$

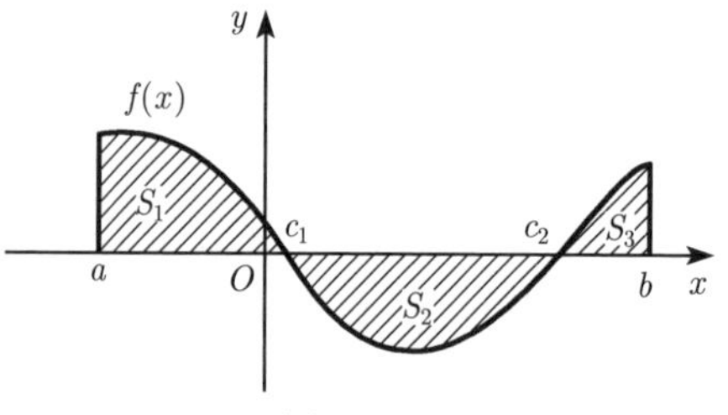

图 6.5

在区间 $[a,b]$ 上, 若 $f(x)$ 有正有负 (图 6.5), 则

$$\int_a^b f(x)\mathrm{d}x = S_1 - S_2 + S_3 = S_{上} - S_{下},$$

$S_{上}$ 和 $S_{下}$ 分别表示区间 $[a,b]$ 上由 $y=f(x)$ 和 x 轴所围成的位于 x 轴上方的总面积和位于 x 轴下方的总面积.

例 1　计算由曲线 $y=x^2$, 直线 $x=1$ 和 x 轴所围曲边梯形的面积.

解　所求曲边梯形的面积为 (图 6.6)

$$S=\int_a^b x^2\mathrm{d}x.$$

由于 x^2 是区间 [0,1] 上的连续函数, 因而是可积函数, 故 $\int_a^b x^2 \mathrm{d}x$ 的值与区间的分法、ξ_i 的取法无关. 因此不妨将区间 [0,1] 分成 n 等份, ξ_i 取区间 $[x_{i-1}, x_i]$ 的右端点 $x_i = \dfrac{i}{n}$, 小区间长 $\Delta x_i = \dfrac{1}{n}, \lambda = \dfrac{1}{n}$, 则曲边梯形面积的近似值为

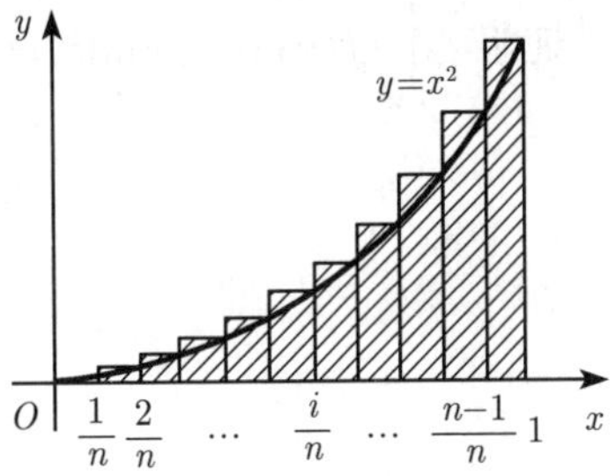

图 6.6

$$S_n = \sum_{i=1}^{n} f(\xi_i)\Delta x_i = \sum_{i=1}^{n} \left(\frac{i}{n}\right)^2 \frac{1}{n} = \frac{1}{n^3}\sum_{i=1}^{n} i^2.$$

由于

$$1^2 + 2^2 + 3^2 + \cdots + n^2 = \frac{n(n+1)(2n+1)}{6},$$

所以当 $\lambda \to 0$, 即 $n \to \infty$ 时

$$S = \int_a^b x^2 \mathrm{d}x = \lim_{n\to\infty} S_n = \lim_{n\to\infty} \frac{n(n+1)(2n+1)}{6n^3} = \frac{1}{3}.$$

于是所求曲边梯形的面积为 $\dfrac{1}{3}$.

6.2 定积分的性质

在下面的讨论中, 总假设函数在所讨论的区间上都是可积的.

性质 1 常数因子可以提到积分号前, 即

$$\int_a^b kf(x)\mathrm{d}x = k\int_a^b f(x)\mathrm{d}x \quad (k \text{ 为常数}).$$

证明 $\displaystyle\int_a^b kf(x)\mathrm{d}x = \lim_{\lambda\to 0}\sum_{i=1}^{n} kf(\xi_i)\Delta x_i$

$$= k\lim_{\lambda\to 0}\sum_{i=1}^{n} f(\xi_i)\Delta x_i = k\int_a^b f(x)\mathrm{d}x.$$

性质 2 代数和的积分等于积分的代数和, 即

$$\int_a^b [f(x) \pm g(x)]\mathrm{d}x = \int_a^b f(x)\mathrm{d}x \pm \int_a^b g(x)\mathrm{d}x.$$

证明 $$\int_a^b [f(x) \pm g(x)]\mathrm{d}x = \lim_{\lambda \to 0} \sum_{i=1}^{n} [f(\xi_i) \pm g(\xi_i)]\Delta x_i$$

$$= \lim_{\lambda \to 0} \sum_{i=1}^{n} f(\xi_i)\Delta x_i \pm \lim_{\lambda \to 0} \sum_{i=1}^{n} g(\xi_i)\Delta x_i$$

$$= \int_a^b f(x)\mathrm{d}x \pm \int_a^b g(x)\mathrm{d}x.$$

性质 2 可以推广到有限多个函数的代数和的情形, 如

$$\int_a^b [k_1 f(x) + k_2 g(x) - k_3 h(x)]\mathrm{d}x$$

$$- k_1 \int_a^b f(x)\mathrm{d}x + k_2 \int_a^b g(x)\mathrm{d}x - k_3 \int_a^b h(x)\mathrm{d}x,$$

其中 k_1, k_2, k_3 为任意常数.

性质 3 (定积分的可加性)　如果积分区间 $[a, b]$ 被点 c 分成两个小区间 $[a, c]$ 与 $[c, b]$, 则

$$\int_a^b f(x)\mathrm{d}x = \int_a^c f(x)\mathrm{d}x + \int_c^b f(x)\mathrm{d}x.$$

证明　由于定积分的值与区间 $[a, b]$ 的分法无关, 所以, 总可以将点 c 作为区间的一个分点, 比如, 取 $x_k = c$ (图 6.7), 即 $a = x_0 < x_1 < x_2 < \cdots < x_{k-1} < x_k = c < \cdots < x_{n-1} < x_n = b$, 得到

$$\sum_{i=1}^{n} f(\xi_i)\Delta x_i = \sum_{i=1}^{k} f(\xi_i)\Delta x_i + \sum_{i=k+1}^{n} f(\xi_i)\Delta x_i.$$

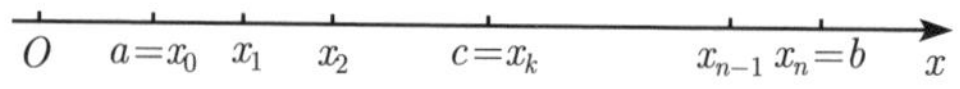

图 6.7

因为函数 $f(x)$ 在区间 $[a, b]$ 上可积, 所以 $f(x)$ 在区间 $[a, c]$ 与区间 $[c, b]$ 上也可积. 因此, 当分点数 $n \to \infty, \lambda \to 0$ 时, 上式两端的极限都存在, 即

$$\int_a^b f(x)\mathrm{d}x = \int_a^c f(x)\mathrm{d}x + \int_c^b f(x)\mathrm{d}x.$$

注意　当 c 不在 a, b 之间时, 定积分的可加性仍然成立.

如果 $a<b<c$, 这时, 只要 $f(x)$ 在 $[a,c]$ 上可积, 则

$$\int_a^c f(x)\mathrm{d}x=\int_a^b f(x)\mathrm{d}x+\int_b^c f(x)\mathrm{d}x,$$

移项, 得

$$\begin{aligned}\int_a^b f(x)\mathrm{d}x&=\int_a^c f(x)\mathrm{d}x-\int_b^c f(x)\mathrm{d}x\\&=\int_a^c f(x)\mathrm{d}x+\int_c^b f(x)\mathrm{d}x.\end{aligned}$$

如果 $c<a<b$, 则结论仍然成立.

性质 4 (区间长度公式) 如果被积函数 $f(x)=1$, 则有 $\int_a^b 1\mathrm{d}x=b-a$.

证明 按定义

$$\int_a^b 1\mathrm{d}x=\lim_{\lambda\to 0}\sum_{i=1}^{n}\Delta x_i=b-a.$$

性质 5 (定积分的单调性) 如果函数 $f(x)$ 与 $g(x)$ 在区间 $[a,b]$ 上总满足条件 $f(x)\leqslant g(x)$, 则 $\int_a^b f(x)\mathrm{d}x\leqslant\int_a^b g(x)\mathrm{d}x$.

证明 $\int_a^b g(x)\mathrm{d}x-\int_a^b f(x)\mathrm{d}x=\int_a^b[g(x)-f(x)]\mathrm{d}x$

$$=\lim_{\lambda\to 0}\sum_{i=1}^{n}[g(\xi_i)-f(\xi_i)]\Delta x_i.$$

因为 $g(\xi_i)-f(\xi_i)\geqslant 0,\Delta x_i\geqslant 0(i=1,2,\cdots,n)$, 所以有

$$\lim_{\lambda\to 0}\sum_{i=1}^{n}[g(\xi_i)-f(\xi_i)]\Delta x_i\geqslant 0,$$

即

$$\int_a^b f(x)\mathrm{d}x\leqslant\int_a^b g(x)\mathrm{d}x.$$

注意 当 $f(x),g(x)$ 均为连续函数时, 当且仅当 $f(x)=g(x)$ 时等号成立.

推论 1 若 $f(x)\geqslant 0(\leqslant 0),x\in[a,b]$, 则有 $\int_a^b f(x)\mathrm{d}x\geqslant 0(\leqslant 0)$.

推论 2 若 $f(x)$ 在 $[a,b]$ 上可积, 则有

$$\left|\int_a^b f(x)\mathrm{d}x\right| \leqslant \int_a^b |f(x)|\mathrm{d}x.$$

性质 6 (估值定理) 如果函数 $f(x)$ 在区间 $[a,b]$ 上的最大值与最小值分别为 M 和 m, 则

$$m(b-a) \leqslant \int_a^b f(x)\mathrm{d}x \leqslant M(b-a).$$

证明 因为 $m \leqslant f(x) \leqslant M$, 所以由性质 4 可得

$$\int_a^b m\mathrm{d}x \leqslant \int_a^b f(x)\mathrm{d}x \leqslant \int_a^b M\mathrm{d}x.$$

再由性质 1 和性质 5 得

$$m(b-a) \leqslant \int_a^b f(x)\mathrm{d}x \leqslant M(b-a).$$

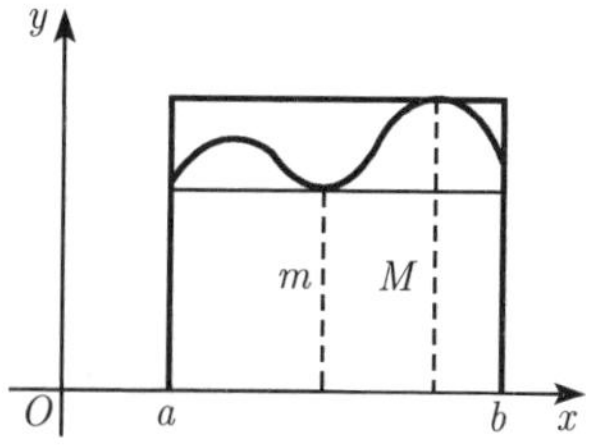

图 6.8

性质 6 的几何意义是: 由曲线 $y = f(x), x = a, x = b$ 和 x 轴所围成的曲边梯形面积, 介于以区间 $[a,b]$ 为底, 以最小纵坐标 m 为高的矩形面积及以最大纵坐标 M 为高的矩形面积之间 (图 6.8).

性质 7 (积分中值定理) 如果函数 $f(x)$ 在区间 $[a,b]$ 上连续, 则在 $[a,b]$ 内至少有一点 ξ, 使得

$$\int_a^b f(x)\mathrm{d}x = f(\xi)(b-a), \quad \xi \in [a,b].$$

证明 由性质 6 可知, 不等式各项都除以 $b-a(>0)$, 得

$$m \leqslant \frac{1}{b-a}\int_a^b f(x)\mathrm{d}x \leqslant M.$$

实数 $\dfrac{1}{b-a}\displaystyle\int_a^b f(x)\mathrm{d}x$ 介于函数 $f(x)$ 的最大值 M 和最小值 m 之间. 因为函数 $f(x)$ 在 $[a,b]$ 内连续, 所以由连续函数的介值定理可知, 至少存在一点 $\xi \in [a,b]$, 使得

$$f(\xi) = \frac{1}{b-a}\int_a^b f(x)\mathrm{d}x.$$

因此

$$\int_a^b f(x)\mathrm{d}x = f(\xi)(b-a), \quad \xi \in [a,b]$$

成立.

该定理的几何意义是: 由曲线 $y=f(x)$, $x=a, x=b$ 和 x 轴所围成的曲边梯形面积, 等于以区间 $[a,b]$ 为底, 以这个区间上某一点处曲线 $y=f(x)$ 的纵坐标 $f(\xi)$ 为高的矩形面积 (图 6.9).

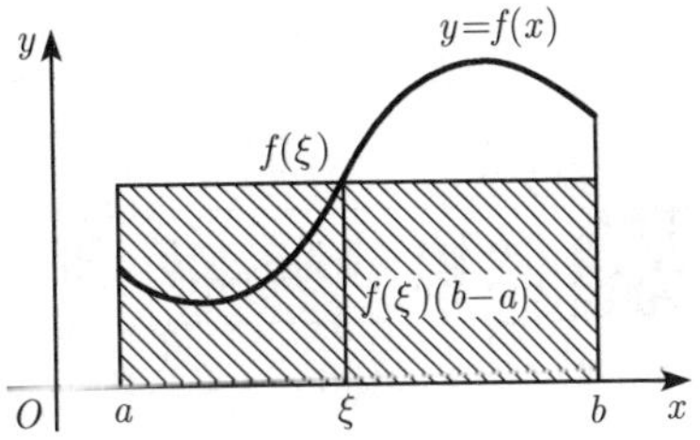

图 6.9

$\dfrac{1}{b-a}\displaystyle\int_a^b f(x)\mathrm{d}x$ 称为函数 $f(x)$ 在区间 $[a,b]$ 上的**平均值**.

例 1 不计算积分, 比较下列定积分的大小.

(1) $\displaystyle\int_0^1 \mathrm{e}^{-x}\mathrm{d}x$ 与 $\displaystyle\int_0^1 \mathrm{e}^{-x^2}\mathrm{d}x$; (2) $\displaystyle\int_0^1 \frac{x}{1+x}\mathrm{d}x$ 与 $\displaystyle\int_0^1 \ln(1+x)\mathrm{d}x$.

解 (1) 因为当 $x\in[0,1]$ 时, $\mathrm{e}^{-x} \leqslant \mathrm{e}^{-x^2}$, 且 e^{-x} 不恒等于 e^{-x^2}, 所以

$$\int_0^1 \mathrm{e}^{-x}\mathrm{d}x < \int_0^1 \mathrm{e}^{-x^2}\mathrm{d}x.$$

(2) 设 $f(x)=\dfrac{x}{1+x}-\ln(1+x)$, 则

$$f'(x)=\frac{1}{(1+x)^2}-\frac{1}{1+x}=-\frac{x}{(1+x)^2},$$

从而在区间 [0,1] 上, $f'(x)\leqslant 0$, 故 $f(x)$ 在区间 [0,1] 上单调减少. 又因 $f(0)=0$, 故

$$f(x)=\frac{x}{1+x}-\ln(1+x)\leqslant f(0)=0,$$

又因在区间 [0,1] 上, $\dfrac{x}{1+x}$ 不恒等于 $\ln(1+x)$, 故有

$$\int_0^1 \frac{x}{1+x}\mathrm{d}x < \int_0^1 \ln(1+x)\mathrm{d}x.$$

例 2 估计积分值 $\displaystyle\int_{-1}^2 x^4\mathrm{d}x$ 的大小.

解 首先求出 $f(x)=x^4$ 在区间 $[-1,2]$ 上的最大值和最小值.

令 $f'(x)=4x^3=0$, 得 $x=0$, 又由于

$$f(0)=0,\quad f(-1)=1,\quad f(2)=16,$$

所以, $f(x)=x^4$ 在区间 $[-1,2]$ 上的最大值 $M=16$, 最小值 $m=0$.

故由性质 6 可知

$$0\leqslant\int_{-1}^{2}x^4\mathrm{d}x\leqslant 48.$$

6.3 微积分基本定理

在 6.1 节中, 举过利用定义计算的定积分 $\int_0^1 x^2\mathrm{d}x$ 的例子. 从这个例子看到, 被积函数虽然是简单的二次幂函数 $f(x)=x^2$, 但直接按定义来计算它的定积分已经不是一件容易的事. 如果被积函数是较复杂的函数, 其困难就更大了. 因此, 我们有必要寻求计算定积分的其他方法.

6.3.1 原函数存在定理

1. 变上限的定积分

设函数 $f(x)$ 在区间 $[a,b]$ 上连续, x 为区间 $[a,b]$ 上任意一点. 由于 $f(x)$ 在区间 $[a,b]$ 上连续, 因而在区间 $[a,x]$ 上也连续, 由定积分存在定理可知, 定积分 $\int_a^x f(t)\mathrm{d}t$ 存在. 并且, x 每取定一个值, 相应地 $\int_a^x f(t)\mathrm{d}t$ 就有唯一确定的值和它对应, 因此它是定义在区间 $[a,b]$ 上的函数, 随上限 x 的变化而变化, 因而称其为 $f(x)$ 的**变上限定积分**. 记作 $\varPhi(x)=\int_a^x f(t)\mathrm{d}t, x\in[a,b]$.

2. 原函数存在定理

定理 6.1 设 $f(x)$ 在区间 $[a,b]$ 上连续, 则变上限定积分

$$\varPhi(x)=\int_a^x f(t)\mathrm{d}t,\quad x\in[a,b],$$

在区间 $[a,b]$ 上可导, 且其导数

$$\varPhi'(x)=\left[\int_a^x f(t)\mathrm{d}t\right]'=f(x).$$

证明 由导数定义, 给 x 以改变量 Δx, 得到函数增量 $\Delta\varPhi$,

$$\begin{aligned}\Delta\Phi=\Phi(x+\Delta x)-\Phi(x)&=\int_a^{x+\Delta x}f(t)\mathrm{d}t-\int_a^x f(t)\mathrm{d}t\\&=\int_a^x f(t)\mathrm{d}t+\int_x^{x+\Delta x}f(t)\mathrm{d}t-\int_a^x f(t)\mathrm{d}t\\&=\int_x^{x+\Delta x}f(t)\mathrm{d}t,\end{aligned}$$

由积分中值定理, 有

$$\int_x^{x+\Delta x}f(t)\mathrm{d}t=f(\xi)\Delta x,$$

其中, ξ 介于 x 与 $x+\Delta x$ 之间,

$$\lim_{\Delta x\to 0}\frac{\Delta\Phi}{\Delta x}=\lim_{\Delta x\to 0}\frac{\Phi(x+\Delta x)-\Phi(x)}{\Delta x}=\lim_{\Delta x\to 0}f(\xi).$$

由夹逼定理可知, 当 $\Delta x\to 0$ 时, $\xi\to x$. 又 $f(x)$ 在区间 $[a,b]$ 上连续, 故

$$\lim_{\Delta x\to 0}f(\xi)=\lim_{\xi\to x}f(\xi)=f(x),$$

所以

$$\Phi'(x)=\left[\int_a^x f(t)\mathrm{d}t\right]'=f(x).$$

由定理 6.1 的结论, 联想到原函数的定义. 我们立即得到下面的重要定理.

定理 6.2 (原函数存在定理) 如果函数 $f(x)$ 在区间 $[a,b]$ 上连续, 则

$$\Phi(x)=\int_a^x f(t)\mathrm{d}t$$

就是 $f(x)$ 在区间 $[a,b]$ 上的一个原函数.

定理 6.2 肯定了连续函数一定存在原函数, 而且初步揭示了定积分与原函数之间的联系.

例 1 求 $\dfrac{\mathrm{d}}{\mathrm{d}x}\left[\int_0^x \sin t\mathrm{d}t\right]$.

解 $\dfrac{\mathrm{d}}{\mathrm{d}x}\left[\int_0^x \sin t\mathrm{d}t\right]=\sin x.$

例 2 求 $\dfrac{\mathrm{d}}{\mathrm{d}x}\left[\int_x^{\frac{\pi}{4}} \cos^2 t\mathrm{d}t\right]$.

解
$$\frac{\mathrm{d}}{\mathrm{d}x}\left[\int_x^{\frac{\pi}{4}}\cos^2 t\mathrm{d}t\right]=\frac{\mathrm{d}}{\mathrm{d}x}\left[-\int_{\frac{\pi}{4}}^x\cos^2 t\mathrm{d}t\right]$$
$$=-\frac{\mathrm{d}}{\mathrm{d}x}\left[\int_{\frac{\pi}{4}}^x\cos^2 t\mathrm{d}t\right]=-\cos^2 x.$$

例 3 求极限 $\lim\limits_{x\to 0}\frac{1}{x^2}\int_0^x\arctan t\mathrm{d}t$.

解 当 $x\to 0$ 时, $\frac{1}{x^2}\int_0^x\arctan t\mathrm{d}t$ 是 $\frac{0}{0}$ 待定型的极限, 所以, 利用洛必达法则, 得

$$\lim_{x\to 0}\frac{1}{x^2}\int_0^x\arctan t\mathrm{d}t=\lim_{x\to 0}\frac{\int_0^x\arctan t\mathrm{d}t}{x^2}$$
$$=\lim_{x\to 0}\frac{\arctan x}{2x}=\lim_{x\to 0}\frac{\frac{1}{1+x^2}}{2}=\frac{1}{2}.$$

例 4 求极限 $\lim\limits_{x\to+\infty}\frac{\int_0^x\arctan t\mathrm{d}t}{\sqrt{1+x^2}}$.

解 这是 $\frac{\infty}{\infty}$ 待定型的极限, 于是

$$\lim_{x\to+\infty}\frac{\int_0^x\arctan t\mathrm{d}t}{\sqrt{1+x^2}}=\lim_{x\to+\infty}\frac{\arctan x}{\frac{x}{\sqrt{1+x^2}}}=\frac{\pi}{2}.$$

例 5 求极限 $\lim\limits_{x\to 0}\frac{\int_0^x f(t)(x-t)\mathrm{d}t}{x^2}$, 其中 $f(x)$ 是 $(-\infty,+\infty)$ 内的连续函数.

解 由于

$$\int_0^x f(t)(x-t)\mathrm{d}t=x\int_0^x f(t)\mathrm{d}t-\int_0^x tf(t)\mathrm{d}t,$$

而

$$\lim_{x\to 0}\int_0^x f(t)\mathrm{d}t=0,\quad \lim_{x\to 0}\int_0^x tf(t)\mathrm{d}t=0,$$

因此, 利用洛必达法则, 得

$$\lim_{x\to 0}\frac{\int_0^x f(t)(x-t)\mathrm{d}t}{x^2}=\lim_{x\to 0}\frac{x\int_0^x f(t)\mathrm{d}t-\int_0^x tf(t)\mathrm{d}t}{x^2}$$
$$=\lim_{x\to 0}\frac{\int_0^x f(t)\mathrm{d}t+xf(x)-xf(x)}{2x}$$
$$=\lim_{x\to 0}\frac{\int_0^x f(t)\mathrm{d}t}{2x}$$
$$=\frac{1}{2}\lim_{x\to 0}f(x)=\frac{1}{2}f(0).$$

由定理 6.2 可推出变上、下定积分的求导公式.

推论 设 $f(x)$ 在区间 $[a,b]$ 上连续, $\alpha(x),\beta(x)$ 在区间 $[a,b]$ 上可导, 且

$$a\leqslant\alpha(x),\quad \beta(x)\leqslant b,\quad x\in[a,b],$$

则有

$$\left(\int_{\alpha(x)}^{\beta(x)}f(t)\mathrm{d}t\right)'=f[\beta(x)]\cdot\beta'(x)-f[\alpha(x)]\cdot\alpha'(x).$$

证明 设 $\varPhi(x)=\int_a^x f(t)\mathrm{d}t$, 则 $\varPhi'(x)=f(x),\varPhi'[\beta(x)]=f[\beta(x)],\varPhi'[\alpha(x)]=f[\alpha(x)]$, 由定积分的可加性, 可知

$$\int_{\alpha(x)}^{\beta(x)}f(t)\mathrm{d}t=\int_{\alpha(x)}^{a}f(t)\mathrm{d}t+\int_a^{\beta(x)}f(t)\mathrm{d}t$$
$$=\int_a^{\beta(x)}f(t)\mathrm{d}t-\int_a^{\alpha(x)}f(t)\mathrm{d}t$$
$$=\varPhi[\beta(x)]-\varPhi[\alpha(x)],$$

两边求导, 得

$$\left(\int_{\alpha(x)}^{\beta(x)}f(t)\mathrm{d}t\right)'=\{\varPhi[\beta(x)]\}'-\{\varPhi[\alpha(x)]\}'$$
$$=\varPhi'[\beta(x)]\beta'(x)-\varPhi'[\alpha(x)]\alpha'(x)$$
$$=f[\beta(x)]\beta'(x)-f[\alpha(x)]\alpha'(x).$$

例 6 求 $\dfrac{\mathrm{d}}{\mathrm{d}x}\left[\displaystyle\int_x^{x^2}\sin t\mathrm{d}t\right]$.

解 $\dfrac{\mathrm{d}}{\mathrm{d}x}\left[\displaystyle\int_x^{x^2}\sin t\mathrm{d}t\right]=\sin x^2\cdot(x^2)'-\sin x\cdot x'=2x\sin x^2-\sin x.$

例 7 求极限 $\lim\limits_{x\to 0}\dfrac{1}{x}\displaystyle\int_0^{\sin x}\mathrm{e}^t\mathrm{d}t$.

解 这是 $\dfrac{0}{0}$ 待定型的极限, 于是

$$\lim_{x\to 0}\frac{1}{x}\int_0^{\sin x}\mathrm{e}^t\mathrm{d}t=\lim_{x\to 0}\frac{\displaystyle\int_0^{\sin x}\mathrm{e}^t\mathrm{d}t}{x}=\lim_{x\to 0}\frac{\left[\displaystyle\int_0^{\sin x}\mathrm{e}^t\mathrm{d}t\right]'}{x'}$$

$$=\lim_{x\to 0}\frac{\mathrm{e}^{\sin x}(\sin x)'}{1}=\lim_{x\to 0}\mathrm{e}^{\sin x}\cos x=1.$$

例 8 设 $f(x)$ 在区间 $[a,b]$ 上连续, 在区间 (a,b) 内可导, 且 $f'(x)\leqslant 0$, 求证:

$$F(x)=\frac{1}{x-a}\int_a^x f(t)\mathrm{d}t$$

在区间 (a,b) 内满足 $F'(x)\leqslant 0$.

证明 由于 $f(x)$ 在区间 $[a,b]$ 上连续, 变上限定积分可导, 则 $F(x)$ 在区间 (a,b) 内可导, 且导数为

$$F'(x)=\frac{(x-a)f(x)-\displaystyle\int_a^x f(t)\mathrm{d}t}{(x-a)^2}$$

$$=\frac{1}{x-a}\left[f(x)-\frac{1}{x-a}\int_a^x f(t)\mathrm{d}t\right].$$

对变上限定积分 $\displaystyle\int_a^x f(t)\mathrm{d}t$, 由积分中值定理可知, 存在 $\xi\in[a,x]$, 使

$$f(\xi)=\frac{1}{x-a}\int_a^x f(t)\mathrm{d}t.$$

因此

$$F'(x)=\frac{1}{x-a}[f(x)-f(\xi)].$$

当 $\xi = x$ 时, $F'(x) = 0$; 当 $\xi < x$ 时, 由 $f'(x) \leqslant 0$ 知, $f(x) \leqslant f(\xi)$, 从而 $F'(x) \leqslant 0$, 故当 $x \in (a, b)$ 时

$$F'(x) \leqslant 0.$$

6.3.2 牛顿-莱布尼茨公式

定理 6.3 设函数 $f(x)$ 在 $[a, b]$ 上连续, 且 $F(x)$ 是 $f(x)$ 的一个原函数, 则

$$\int_a^b f(x)\mathrm{d}x = F(b) - F(a). \tag{6.1}$$

证明 由题设可知, $F(x)$ 是 $f(x)$ 的一个原函数, 又由定理 6.2 可知, $\Phi(x) = \int_a^x f(t)\mathrm{d}t$ 也是 $f(x)$ 的一个原函数, 又知道两个原函数之间最多相差一个常数 C, 于是

$$\int_a^x f(t)\mathrm{d}t = F(x) + C.$$

在上式中, 令 $x = a$, 得

$$\int_a^a f(t)\mathrm{d}t = F(a) + C = 0,$$

所以

$$C = -F(a),$$

即

$$\int_a^x f(t)\mathrm{d}t = F(x) - F(a),$$

再令 $x = b$, 得

$$\int_a^b f(t)\mathrm{d}t = F(b) - F(a),$$

即

$$\int_a^b f(x)\mathrm{d}x = F(b) - F(a).$$

记

$$F(x)\Big|_a^b = F(b) - F(a),$$

则式 (6.1) 常写成

$$\int_a^b f(x)\mathrm{d}x = F(x)\Big|_a^b = F(b) - F(a).$$

公式 (6.1) 称为**牛顿-莱布尼茨公式**, 通常也称为**微积分基本公式**.

公式 (6.1) 表明, 求已知函数 $f(x)$ 在区间 $[a,b]$ 上的定积分, 只需要求出 $f(x)$ 在区间 $[a,b]$ 上的一个原函数 $F(x)$, 并计算函数值 $F(b)-F(a)$ 之差即可. 这样就使定积分的计算大大地简化了.

例 9　求定积分 $\int_0^1 x^2\mathrm{d}x$.

解　$\int_0^1 x^2\mathrm{d}x = \frac{1}{3}x^3\Big|_0^1 = \frac{1}{3}$.

例 10　求定积分 $\int_{-1}^{\sqrt{3}} \frac{1}{1+x^2}\mathrm{d}x$.

解
$$\int_{-1}^{\sqrt{3}} \frac{1}{1+x^2}\mathrm{d}x = \arctan x\Big|_{-1}^{\sqrt{3}} = \arctan\sqrt{3} - \arctan(-1)$$
$$= \frac{\pi}{3} - \left(-\frac{\pi}{4}\right) = \frac{7}{12}\pi.$$

例 11　求定积分 $\int_{-2}^{-1} \frac{1}{x}\mathrm{d}x$.

解　$\int_{-2}^{-1} \frac{1}{x}\mathrm{d}x = \ln|x|\Big|_{-2}^{-1} = \ln|-1| - \ln|-2| = -\ln 2$.

例 12　求定积分 $\int_0^{2\pi} |\sin x|\mathrm{d}x$.

解　由于
$$|\sin x| = \begin{cases} \sin x, & 0 \leqslant x \leqslant \pi, \\ -\sin x, & \pi \leqslant x \leqslant 2\pi. \end{cases}$$
于是, 由定积分的可加性, 得
$$\int_0^{2\pi} |\sin x|\mathrm{d}x = \int_0^{\pi} \sin x\mathrm{d}x - \int_{\pi}^{2\pi} \sin x\mathrm{d}x$$
$$= -\cos x\Big|_0^{\pi} + \cos x\Big|_{\pi}^{2\pi}$$
$$= -(-1-1) + [1-(-1)] = 4.$$

例 13　求函数 $f(x) = \int_0^x (t-1)\mathrm{d}t$ 的极值.

解　因 $f'(x) = x-1$, 于是, 令 $f'(x) = 0$, 得 $x = 1$.

又 $f''(x)=1, f''(1)=1>0$, 所以 $f(x)$ 在 $x=1$ 处有极小值, 且极小值为

$$f(1)=\int_0^1(t-1)\mathrm{d}t=\left(\frac{t^2}{2}-t\right)\Big|_0^1=-\frac{1}{2}.$$

例 14 设 $f(x)$ 在区间 [0,1] 上连续, 且满足 $f(x)=x\int_0^1 f(t)\mathrm{d}t-1$. 求 $\int_0^1 f(x)\mathrm{d}x$ 及 $f(x)$.

解 由于 $\int_0^1 f(x)\mathrm{d}x$ 是一个常数, 不妨记为 A, 于是

$$f(x)=x\int_0^1 f(t)\mathrm{d}t-1$$

可写成

$$f(x)=Ax-1,$$

两端同时取定积分, 得

$$\int_0^1 f(x)\mathrm{d}x=\int_0^1(Ax-1)\mathrm{d}x=A\int_0^1 x\mathrm{d}x-\int_0^1\mathrm{d}x=\frac{A}{2}-1,$$

即

$$A=\frac{A}{2}-1,$$

$$A=\int_0^1 f(x)\mathrm{d}x=-2.$$

故

$$f(x)=-2x-1.$$

注意 如果函数在所讨论的区间上不满足连续的条件, 则牛顿-莱布尼茨公式不能用. 例如, $\int_{-1}^1\frac{1}{x^2}\mathrm{d}x$, 按牛顿-莱布尼茨公式, 得

$$\int_{-1}^1\frac{1}{x^2}\mathrm{d}x=-\left.\frac{1}{x}\right|_{-1}^1=-1-1=-2.$$

上述做法是错误的, 函数 $f(x)=\frac{1}{x^2}$ 在区间 $[-1,1]$ 内的点 $x=0$ 处间断. 事实上, $f(x)=\frac{1}{x^2}$ 在区间 $[-1,1]$ 上无界, 且 $\int_{-1}^1\frac{1}{x^2}\mathrm{d}x$ 不存在.

6.4 定积分的换元积分法

定理 6.4　设 $f(x)$ 在区间 $[a,b]$ 上连续, 函数 $x=\varphi(t)$ 满足

(1) $\varphi(\alpha)=a, \varphi(\beta)=b$;

(2) $\varphi(t)$ 在 $[\alpha,\beta]$ 或 $[\beta,\alpha]$ 上单调, 且导数 $\varphi'(t)$ 连续, 则

$$\int_a^b f(x)\mathrm{d}x=\int_\alpha^\beta f[\varphi(t)]\varphi'(t)\mathrm{d}t. \tag{6.2}$$

证明　由假设可知, 式 (6.2) 两边的定积分都存在, 而且被积函数的原函数也都存在, 所以

$$\int f(x)\mathrm{d}x=F(x)+C,$$

则

$$\int_a^b f(x)\mathrm{d}x=F(b)-F(a).$$

在 $\int f(x)\mathrm{d}x=F(x)+C$ 中, 令 $x=\varphi(t)$, 得

$$\int f[\varphi(t)]\mathrm{d}\varphi(t)=F[\varphi(t)]+C,$$

于是

$$\int_\alpha^\beta f[\varphi(x)]\mathrm{d}\varphi(x)=F[\varphi(\beta)]-F[\varphi(\alpha)]=F(b)-F(a),$$

所以

$$\int_a^b f(x)\mathrm{d}x=\int_\alpha^\beta f[\varphi(t)]\varphi'(t)\mathrm{d}t.$$

注意　由定理 6.4 可知, 定积分的换元法与不定积分的换元法有所不同, 不定积分换元后不需要换积分限, 而定积分换元后必须换积分限; 不定积分换元后积分变量需要还原, 而定积分换元后积分变量不需要还原.

例 1　求定积分 $\int_0^8 \frac{1}{1+\sqrt[3]{x}}\mathrm{d}x$.

解　令 $x=t^3$, 则 $\mathrm{d}x=3t^2\mathrm{d}t$, 当 x 从 0 变到 8 时, t 从 0 变到 2, 所以

$$\int_0^8 \frac{1}{1+\sqrt[3]{x}}\mathrm{d}x=\int_0^2 \frac{3t^2}{1+t}\mathrm{d}t=3\int_0^2\left(t-1+\frac{1}{1+t}\right)\mathrm{d}t$$

$$= 3\left[\frac{t^2}{2} - t + \ln(1+t)\right]\Big|_0^2 = 3\ln 3.$$

例 2 求定积分 $\int_0^a \sqrt{a^2 - x^2}\mathrm{d}x(a > 0)$.

解 令 $x = a\sin t$, 则 $\mathrm{d}x = a\cos t\mathrm{d}t$, 当 x 从 0 变到 a 时, t 从 0 变到 $\frac{\pi}{2}$, 所以

$$\int_0^a \sqrt{a^2 - x^2}\mathrm{d}x = \int_0^{\frac{\pi}{2}} a\cos t \cdot a\cos t\mathrm{d}t = a^2\int_0^{\frac{\pi}{2}} \frac{1+\cos 2t}{2}\mathrm{d}t$$
$$= \frac{a^2}{2}\int_0^{\frac{\pi}{2}} \mathrm{d}t + \frac{a^2}{4}\int_0^{\frac{\pi}{2}} \cos 2t\mathrm{d}2t$$
$$= \frac{\pi a^2}{4} + \frac{a^2}{4}\sin 2t\Big|_0^{\frac{\pi}{2}} = \frac{1}{4}\pi a^2.$$

例 3 求定积分 $\int_0^{\frac{\pi}{2}} x\sin x^2\mathrm{d}x$.

解 $\int_0^{\frac{\pi}{2}} x\sin x^2\mathrm{d}x = \frac{1}{2}\int_0^{\frac{\pi}{2}} \sin x^2\mathrm{d}x^2 = -\frac{1}{2}\cos x^2\Big|_0^{\frac{\pi}{2}} = \frac{1}{2} - \frac{1}{2}\cos\frac{\pi^2}{4}$.

注意 在 $\int_0^{\frac{\pi}{2}} \sin x^2\mathrm{d}x^2$ 中也可令 $x^2 = t$, 但是积分上、下限必须作相应的改变, 这时

$$\int_0^{\frac{\pi}{2}} \sin x^2\mathrm{d}x^2 = \int_0^{\frac{\pi^2}{4}} \sin t\mathrm{d}t = -\cos t\Big|_0^{\frac{\pi^2}{4}} = 1 - \cos\frac{\pi^2}{4}.$$

在作代换时, 选取的代换 $x = \varphi(t)$ 必须满足定理 6.4 的条件, 不然会导致错误的结果.

例 4 求定积分 $\int_{-1}^1 \frac{1}{x^2+x+1}\mathrm{d}x$.

解 $$\int_{-1}^1 \frac{1}{x^2+x+1}\mathrm{d}x = \int_{-1}^1 \frac{1}{\left(x+\frac{1}{2}\right)^2 + \left(\frac{\sqrt{3}}{2}\right)^2}\mathrm{d}\left(x+\frac{1}{2}\right)$$
$$= \frac{2}{\sqrt{3}}\arctan\frac{2x+1}{\sqrt{3}}\Big|_{-1}^1 = \frac{\sqrt{3}}{3}\pi.$$

注意 若作代换 $x = \frac{1}{t}$, 则有

$$\int_{-1}^{1}\frac{1}{x^2+x+1}\mathrm{d}x=\int_{-1}^{1}\frac{1}{\left(\frac{1}{t}\right)^2+\frac{1}{t}+1}\left(-\frac{1}{t^2}\right)\mathrm{d}t$$

$$=-\int_{-1}^{1}\frac{1}{t^2+t+1}\mathrm{d}t=-\int_{-1}^{1}\frac{1}{x^2+x+1}\mathrm{d}x.$$

移项, 得

$$\int_{-1}^{1}\frac{1}{x^2+x+1}\mathrm{d}x=0.$$

这个结果是错误的, 因为代换 $x=\dfrac{1}{t}$ 在 $t=0$ 处不连续.

例 5　求证:

(1) 若 $f(x)$ 在区间 $[-a,a]$ 上连续且为偶函数, 则 $\displaystyle\int_{-a}^{a}f(x)\mathrm{d}x=2\int_{0}^{a}f(x)\mathrm{d}x$;

(2) 若 $f(x)$ 在区间 $[-a,a]$ 上连续且为奇函数, 则 $\displaystyle\int_{-a}^{a}f(x)\mathrm{d}x=0$.

证明　(1) 因为

$$\int_{-a}^{a}f(x)\mathrm{d}x=\int_{-a}^{0}f(x)\mathrm{d}x+\int_{0}^{a}f(x)\mathrm{d}x.$$

对积分 $\displaystyle\int_{-a}^{0}f(x)\mathrm{d}x$ 作代换 $x=-t$, 得

$$\int_{-a}^{0}f(x)\mathrm{d}x=\int_{a}^{0}f(-t)(-\mathrm{d}t)=\int_{0}^{a}f(t)\mathrm{d}t=\int_{0}^{a}f(x)\mathrm{d}x.$$

从而

$$\int_{-a}^{a}f(x)\mathrm{d}x=2\int_{0}^{a}f(x)\mathrm{d}x.$$

(2) 证明略.

利用例 5 的结论, 可以简化奇、偶函数在关于原点对称区间上的定积分. 例如, $\displaystyle\int_{-5}^{5}x^3\sqrt{1+x^2}\mathrm{d}x=0$.

例 6　设 $f(x)$ 是以 $T(T>0)$ 为周期的连续函数, 证明: 对任意常数 a, 有

$$\int_{a}^{a+T}f(x)\mathrm{d}x=\int_{0}^{T}f(x)\mathrm{d}x.$$

证明 由定积分的可加性, 可知

$$\int_a^{a+T} f(x)\mathrm{d}x = \int_a^0 f(x)\mathrm{d}x + \int_0^T f(x)\mathrm{d}x + \int_T^{a+T} f(x)\mathrm{d}x.$$

在 $\int_T^{a+T} f(x)\mathrm{d}x$ 中作代换 $x = t + T$, 则

$$\int_T^{a+T} f(x)\mathrm{d}x = \int_0^a f(t+T)\mathrm{d}t = \int_0^a f(t)\mathrm{d}t = \int_0^a f(x)\mathrm{d}x.$$

由于

$$\int_a^0 f(x)\mathrm{d}x + \int_0^a f(x)\mathrm{d}x = 0,$$

因此

$$\int_T^{a+T} f(x)\mathrm{d}x = \int_0^T f(x)\mathrm{d}x.$$

利用例 6 的结论, 可以简化周期函数的定积分, 如

$$\int_0^{2\pi} \sin nx \cos mx \mathrm{d}x = \int_{-\pi}^{\pi} \sin nx \cos mx \mathrm{d}x = 0 \quad (m, n \in \mathbf{N}).$$

例 7 若 $f(x)$ 在区间 [0,1] 上连续, 证明:

(1) $\int_0^{\frac{\pi}{2}} f(\sin x)\mathrm{d}x = \int_0^{\frac{\pi}{2}} f(\cos x)\mathrm{d}x$;

(2) $\int_0^{\pi} x f(\sin x)\mathrm{d}x = \frac{\pi}{2}\int_0^{\pi} f(\sin x)\mathrm{d}x$.

证明 (1) 令 $x = \frac{\pi}{2} - t$, 则

$$\begin{aligned}\int_0^{\frac{\pi}{2}} f(\sin x)\mathrm{d}x &= \int_{\frac{\pi}{2}}^0 f\left[\sin\left(\frac{\pi}{2} - t\right)\right](-\mathrm{d}t) \\ &= -\int_0^{\frac{\pi}{2}} f(\cos t)(-\mathrm{d}t) = \int_0^{\frac{\pi}{2}} f(\cos t)\mathrm{d}t = \int_0^{\frac{\pi}{2}} f(\cos x)\mathrm{d}x.\end{aligned}$$

利用 (1) 的结论, 立即可得

$$\int_0^{\frac{\pi}{2}} \sin^n x\mathrm{d}x = \int_0^{\frac{\pi}{2}} \cos^n x\mathrm{d}x.$$

(2) 令 $x=\pi-t$, 则

$$\begin{aligned}\int_0^{\pi} xf(\sin x)\mathrm{d}x &= \int_{\pi}^{0}(\pi-t)f[\sin(\pi-t)](-\mathrm{d}t)\\&=-\int_0^{\pi}(\pi-t)f(\sin t)(-\mathrm{d}t)\\&=\int_0^{\pi}(\pi-x)f(\sin x)\mathrm{d}x\\&=\pi\int_0^{\pi}f(\sin x)\mathrm{d}x-\int_0^{\pi}xf(\sin x)\mathrm{d}x.\end{aligned}$$

移项, 得

$$\int_0^{\pi} xf(\sin x)\mathrm{d}x=\frac{\pi}{2}\int_0^{\pi}f(\sin x)\mathrm{d}x.$$

利用 (2) 的结论, 注意到 $\cos^2 x=1-\sin^2 x$, 有

$$\begin{aligned}\int_0^{\pi}\frac{x\sin x}{1+\cos^2 x}\mathrm{d}x&=\frac{\pi}{2}\int_0^{\pi}\frac{\sin x}{1+\cos^2 x}\mathrm{d}x\\&=-\frac{\pi}{2}\int_0^{\pi}\frac{1}{1+\cos^2 x}\mathrm{d}\cos x=-\frac{\pi}{2}[\arctan(\cos x)]\Big|_0^{\pi}\\&=-\frac{\pi}{2}[\arctan(-1)-\arctan 1]=\frac{\pi^2}{4}.\end{aligned}$$

例 8 设 $f(x)$ 在区间 $[-1,1]$ 上连续, 且满足方程 $f(x)+\int_0^1 f(x)\mathrm{d}x=1-x^3$, 求 $\int_{-1}^{1}f(x)\sqrt{1-x^2}\mathrm{d}x$.

解 先对等式两边积分, 得

$$\int_0^1 f(x)\mathrm{d}x+\int_0^1\left[\int_0^1 f(x)\mathrm{d}x\right]\mathrm{d}x=\int_0^1(1-x^3)\mathrm{d}x,$$

即

$$\int_0^1 f(x)\mathrm{d}x+\int_0^1 f(x)\mathrm{d}x\int_0^1\mathrm{d}x=\int_0^1(1-x^3)\mathrm{d}x,$$

于是

$$\int_0^1 f(x)\mathrm{d}x=\frac{3}{8}.$$

所以

$$f(x)=1-x^3-\frac{3}{8}=\frac{5}{8}-x^3.$$

从而

$$\begin{aligned}\int_{-1}^{1}f(x)\sqrt{1-x^2}\mathrm{d}x&=\int_{-1}^{1}\left(\frac{5}{8}-x^3\right)\sqrt{1-x^2}\mathrm{d}x\\&=\int_{-1}^{1}\frac{5}{8}\sqrt{1-x^2}\mathrm{d}x-\int_{-1}^{1}x^3\sqrt{1-x^2}\mathrm{d}x\\&=\frac{5}{8}\cdot 2\int_{0}^{1}\sqrt{1-x^2}\mathrm{d}x-0=\frac{5\pi}{16}.\end{aligned}$$

6.5 定积分的分部积分法

定积分的分部积分法与不定积分的分部积分法有类似的公式.

定理 6.5 设函数 $u=u(x),v=v(x)$ 在区间 $[a,b]$ 上有连续的导数, 则有定积分的分部积分公式

$$\int_a^b u(x)\mathrm{d}v(x)=[u(x)v(x)]\Big|_a^b-\int_a^b v(x)\mathrm{d}u(x),$$

可简写为

$$\int_a^b u\mathrm{d}v=(uv)\Big|_a^b-\int_a^b v\mathrm{d}u.$$

例 1 求定积分 $\displaystyle\int_0^1 x\mathrm{e}^x\mathrm{d}x$.

解 $\displaystyle\int_0^1 x\mathrm{e}^x\mathrm{d}x=\int_0^1 x\mathrm{d}\mathrm{e}^x=x\mathrm{e}^x\Big|_0^1-\int_0^1\mathrm{e}^x\mathrm{d}x=x\mathrm{e}^x\Big|_0^1-\mathrm{e}^x\Big|_0^1=1.$

例 2 求定积分 $\displaystyle\int_0^1 \arctan x\mathrm{d}x$.

解

$$\begin{aligned}\int_0^1\arctan x\mathrm{d}x&=(x\arctan x)\Big|_0^1-\int_0^1 x\mathrm{d}\arctan x\\&=\frac{\pi}{4}-\int_0^1\frac{x}{1+x^2}\mathrm{d}x=\frac{\pi}{4}-\frac{1}{2}\int_0^1\frac{1}{1+x^2}\mathrm{d}x^2\\&=\frac{\pi}{4}-\frac{1}{2}\ln(1+x^2)\Big|_0^1=\frac{\pi}{4}-\frac{1}{2}\ln 2.\end{aligned}$$

例 3　求定积分 $\int_{-\frac{\pi}{4}}^{\frac{\pi}{4}} \frac{x\sin x}{\cos^2 x}\mathrm{d}x$.

解　$\int_{-\frac{\pi}{4}}^{\frac{\pi}{4}} \frac{x\sin x}{\cos^2 x}\mathrm{d}x = -2\int_0^{\frac{\pi}{4}} x\frac{1}{\cos^2 x}\mathrm{d}\cos x = 2\int_0^{\frac{\pi}{4}} x\mathrm{d}\frac{1}{\cos x}$

$$= 2\left[x\,\frac{1}{\cos x}\bigg|_0^{\frac{\pi}{4}} - \int_0^{\frac{\pi}{4}} \frac{1}{\cos x}\mathrm{d}x\right]$$

$$= 2\left[\frac{\pi}{4}\sqrt{2} - \ln(\sec x + \tan x)\bigg|_0^{\frac{\pi}{4}}\right]$$

$$= \frac{\sqrt{2}}{2}\pi - 2\ln\left(\sqrt{2}+1\right).$$

例 4　求定积分 $\int_0^{\frac{1}{2}} \frac{x\arcsin x}{\sqrt{1-x^2}}\mathrm{d}x$.

解　令 $x = \sin t$, 则 $\mathrm{d}x = \cos t\mathrm{d}t$, 于是

$$\int_0^{\frac{1}{2}} \frac{x\arcsin x}{\sqrt{1-x^2}}\mathrm{d}x = \int_0^{\frac{\pi}{6}} t\sin t\mathrm{d}t = -\int_0^{\frac{\pi}{6}} t\mathrm{d}\cos t$$

$$= -t\cos t\bigg|_0^{\frac{\pi}{6}} + \int_0^{\frac{\pi}{6}} \cos t\mathrm{d}t$$

$$= -\frac{\sqrt{3}\pi}{12} + \frac{1}{2}.$$

例 5　设 $f'(x)$ 在 [0,1] 上连续, 求 $\int_0^1 [1+xf'(x)]\mathrm{e}^{f(x)}\mathrm{d}x$.

解　$\int_0^1 [1+xf'(x)]\mathrm{e}^{f(x)}\mathrm{d}x = \int_0^1 \mathrm{e}^{f(x)}\mathrm{d}x + \int_0^1 x\mathrm{e}^{f(x)}\mathrm{d}f(x)$

$$= \int_0^1 \mathrm{e}^{f(x)}\mathrm{d}x + \int_0^1 x\mathrm{d}\mathrm{e}^{f(x)}$$

$$= \int_0^1 \mathrm{e}^{f(x)}\mathrm{d}x + x\mathrm{e}^{f(x)}\bigg|_0^1 - \int_0^1 \mathrm{e}^{f(x)}\mathrm{d}x$$

$$= \mathrm{e}^{f(1)}.$$

例 6　设 $f(x) = \int_{\pi}^{x} \frac{\sin t}{t}\mathrm{d}t$, 求 $\int_0^{\pi} f(x)\mathrm{d}x$.

解 $\int_0^{\pi} f(x)\mathrm{d}x = xf(x)\Big|_0^{\pi} - \int_0^{\pi} x\mathrm{d}f(x)$. 由于

$$xf(x)\Big|_0^{\pi} = \pi f(\pi) = \pi\int_{\pi}^{\pi}\frac{\sin t}{t}\mathrm{d}t = 0,$$

$$\mathrm{d}f(x) = f'(x)\mathrm{d}x = \left(\int_{\pi}^{x}\frac{\sin t}{t}\mathrm{d}t\right)'\mathrm{d}x = \frac{\sin x}{x}\mathrm{d}x,$$

代入上式, 即得

$$\int_0^{\pi} f(x)\mathrm{d}x = -\int_0^{\pi} x\frac{\sin x}{x}\mathrm{d}x = -\int_0^{\pi}\sin x\mathrm{d}x = \cos x\Big|_0^{\pi} = -2.$$

例 7 设 $F(x) = \int_0^{x} f(t)f'(2a-t)\mathrm{d}t$, 且 $f'(x)$ 连续, 求证:

$$F(2a) - 2F(a) = f^2(a) - f(0)f(2a).$$

证明 $F(2a) - 2F(a)$

$$\begin{aligned}
&= \int_0^{2a} f(t)f'(2a-t)\mathrm{d}t - 2\int_0^{a} f(t)f'(2a-t)\mathrm{d}t\\
&= \int_0^{a} f(t)f'(2a-t)\mathrm{d}t + \int_a^{2a} f(t)f'(2a-t)\mathrm{d}t - 2\int_0^{a} f(t)f'(2a-t)\mathrm{d}t\\
&= \int_a^{2a} f(t)f'(2a-t)\mathrm{d}t - \int_0^{a} f(t)f'(2a-t)\mathrm{d}t.
\end{aligned}$$

令 $2a-t=u$, 则 $\mathrm{d}t = -\mathrm{d}u$, 当 t 由 a 变到 $2a$ 时, u 由 a 变到 0. 于是

$$\begin{aligned}
\int_a^{2a} f(t)f'(2a-t)\mathrm{d}t &= -\int_a^{0} f(2a-u)f'(u)\mathrm{d}u = \int_0^{a} f(2a-u)\mathrm{d}f(u)\\
&= [f(u)f(2a-u)]\big|_0^{a} - \int_0^{a} f(u)f'(2a-u)(-\mathrm{d}u)\\
&= f^2(a) - f(0)f(2a) + \int_0^{a} f(u)f'(2a-u)\mathrm{d}u.
\end{aligned}$$

故

$$F(2a) - 2F(a) = f^2(a) - f(0)f(2a).$$

6.6 定积分的应用

6.6.1 平面图形的面积

由定积分的几何意义知道, 如果函数 $y=f(x)$ 在区间 $[a,b]$ 上连续且非负, 则由曲线 $y=f(x)$, 直线 $x=a,x=b$ 及 x 轴所围成的曲边梯形的面积为

$$S=\int_a^b f(x)\mathrm{d}x.$$

下面讨论一般情况下平面图形面积的计算.

(1) 由连续函数 $y=f(x)$ 和直线 $x=a,x=b(a<b)$ 及 x 轴所围区域的面积为

$$S=\int_a^b |f(x)|\mathrm{d}x.$$

若曲线如图 6.10 所示, 则阴影部分的面积为

$$S=\int_a^b |f(x)|\mathrm{d}x=\int_a^{c_1} f(x)\mathrm{d}x-\int_{c_1}^{c_2} f(x)\mathrm{d}x+\int_{c_2}^b f(x)\mathrm{d}x.$$

(2) 由连续曲线 $y=f(x),y=g(x)$ 和直线 $x=a,x=b(a<b)$ 所围区域的面积为

$$S=\int_a^b |f(x)-g(x)|\mathrm{d}x.$$

若曲线如图 6.11 所示时, 则阴影部分的面积为

$$S=\int_a^b [f(x)-g(x)]\mathrm{d}x.$$

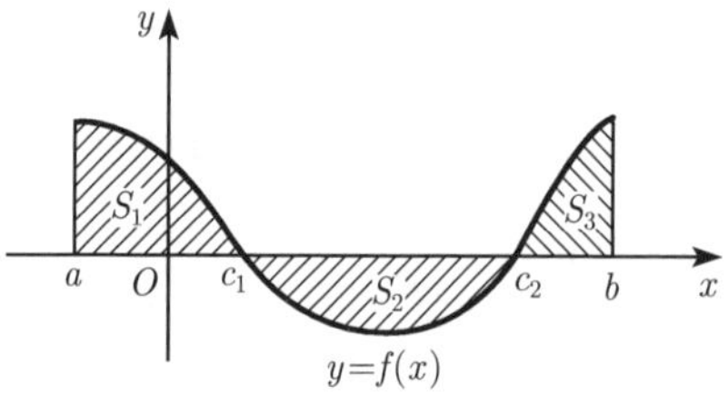

图 6.10

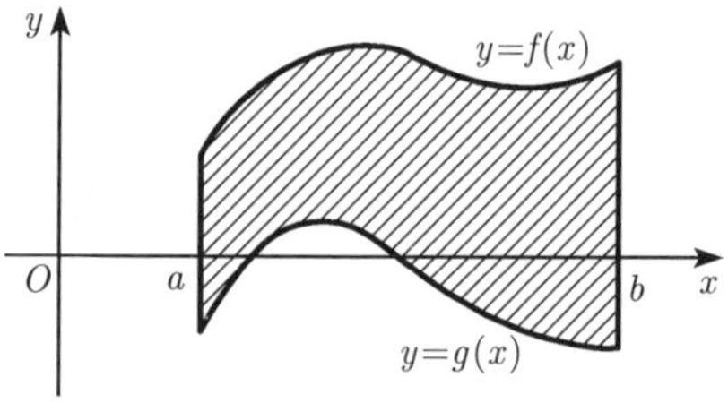

图 6.11

若曲线如图 6.12 所示, 则阴影部分的面积为

$$S=\int_a^b |f(x)-g(x)|\mathrm{d}x=\int_a^c [f(x)-g(x)]\mathrm{d}x+\int_c^b [g(x)-f(x)]\mathrm{d}x.$$

(3) 由连续曲线 $x=\varphi(y)$ 和直线 $y=c, y=d(c<d)$ 及 y 轴所围区域的面积为

$$S=\int_c^d|\varphi(y)|\mathrm{d}y.$$

若曲线如图 6.13 所示, 则阴影部分的面积为

$$S=\int_c^d\varphi(y)\mathrm{d}y.$$

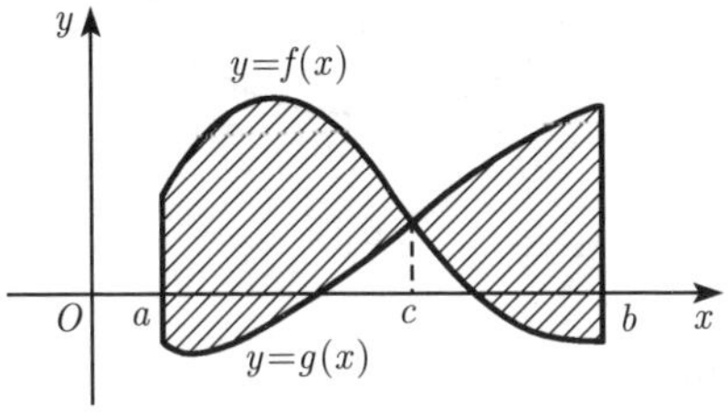

图 6.12

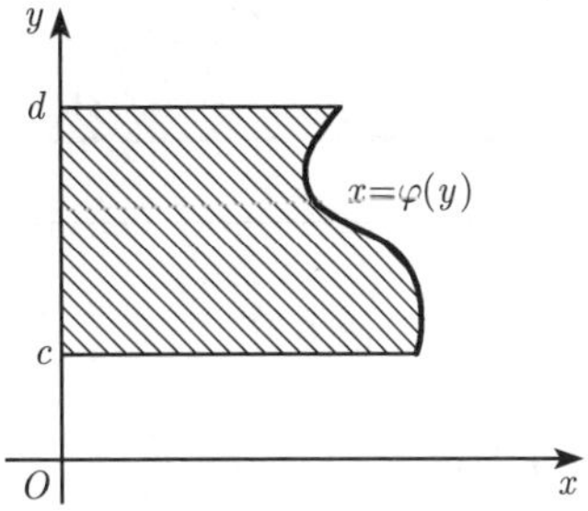

图 6.13

若曲线如图 6.14 所示, 则阴影部分的面积为

$$S=\int_c^h\varphi(y)\mathrm{d}y-\int_h^d\varphi(y)\mathrm{d}y.$$

(4) 由连续曲线 $x=\varphi(y), x=\psi(y)$ 及直线 $y=c, y=d(c<d)$ 所围区域的面积为

$$S=\int_c^d|\varphi(y)-\psi(y)|\mathrm{d}y.$$

若曲线如图 6.15 所示, 则阴影部分的面积为

$$S=\int_c^d[\varphi(y)-\psi(y)]\mathrm{d}y.$$

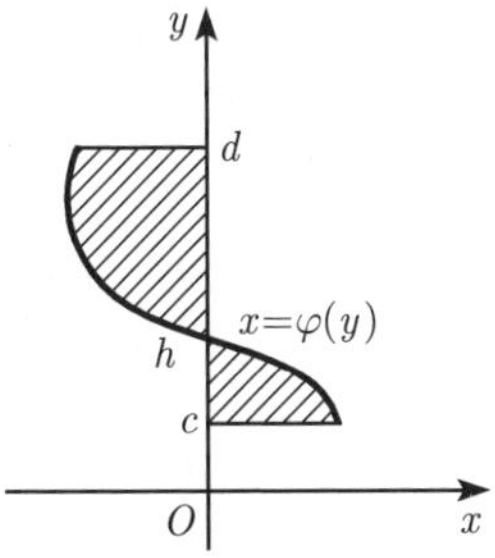

图 6.14

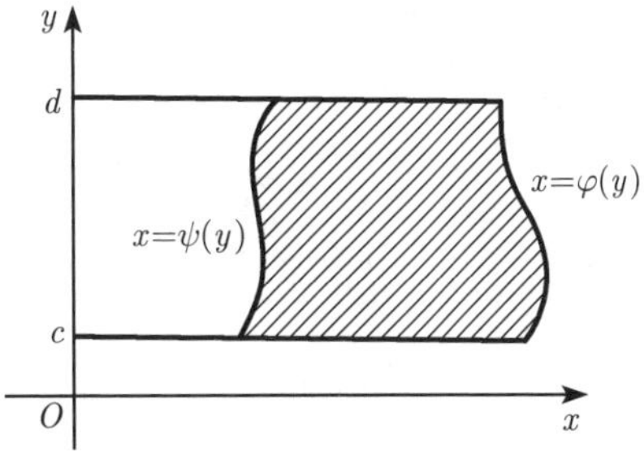

图 6.15

若曲线如图 6.16 所示, 则阴影部分的面积为

$$S=\int_c^h[\varphi(y)-\psi(y)]\mathrm{d}y+\int_h^d[\psi(y)-\varphi(y)]\mathrm{d}y.$$

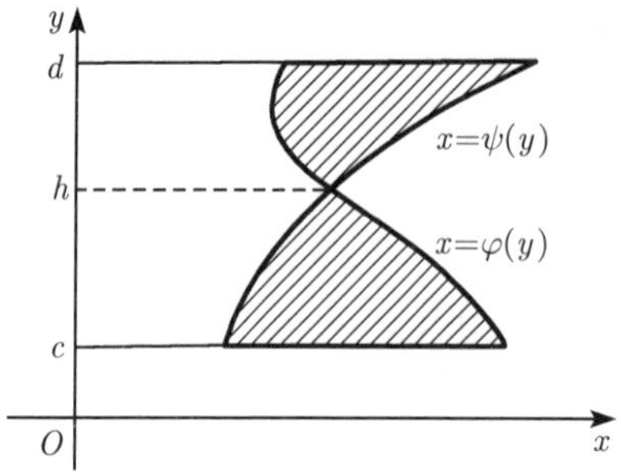

图 6.16

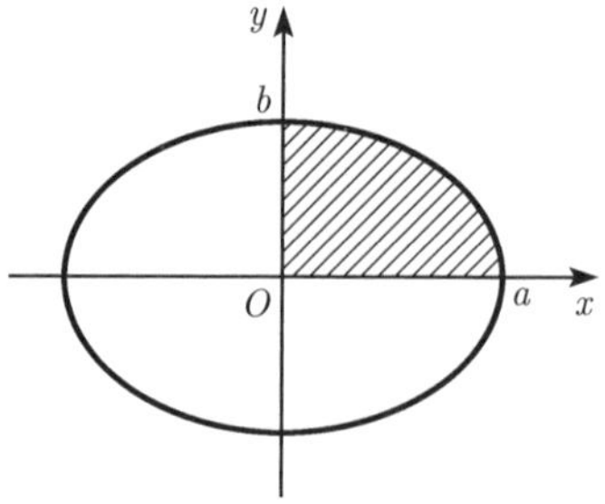

图 6.17

例 1　求椭圆 $\dfrac{x^2}{a^2}+\dfrac{y^2}{b^2}\leqslant 1$ 的面积 (图 6.17).

解　由对称性, 只需求出第一象限部分的面积乘以 4 倍即可.

$$S=4\int_0^a\frac{b}{a}\sqrt{a^2-x^2}\mathrm{d}x=\pi ab.$$

例 2　求由曲线 $x=0, x=\pi, y=\sin x, y=\cos x$ 所围平面图形的面积 (图 6.18).

解　$S=\displaystyle\int_0^{\frac{\pi}{4}}(\cos x-\sin x)\mathrm{d}x+\int_{\frac{\pi}{4}}^{\pi}(\sin x-\cos x)\mathrm{d}x$

$$=(\sin x+\cos x)\Big|_0^{\frac{\pi}{4}}+(-\cos x-\sin x)\Big|_{\frac{\pi}{4}}^{\pi}=2\sqrt{2}.$$

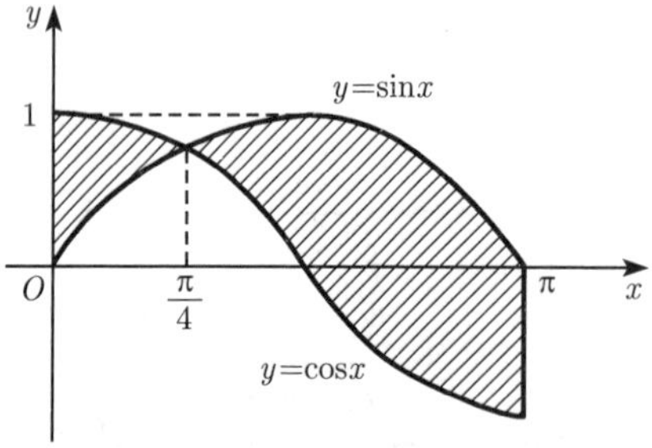

图 6.18

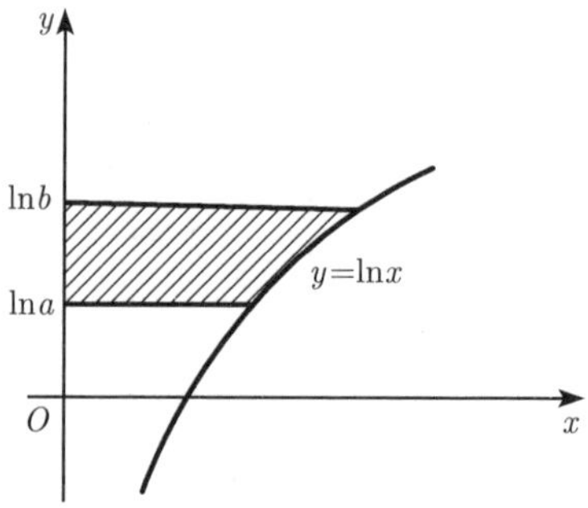

图 6.19

例 3　求由曲线 $y=\ln x$, y 轴与直线 $y=\ln a, y=\ln b\ (b>a>0)$ 所围区域的面积 (图 6.19).

解 $S=\int_{\ln a}^{\ln b}\mathrm{e}^y\mathrm{d}y=\mathrm{e}^y\Big|_{\ln a}^{\ln b}=b-a.$

例 4 求由曲线 $y^2=2x+1$ 与直线 $y=x-1$ 所围图形的面积 (图 6.20).

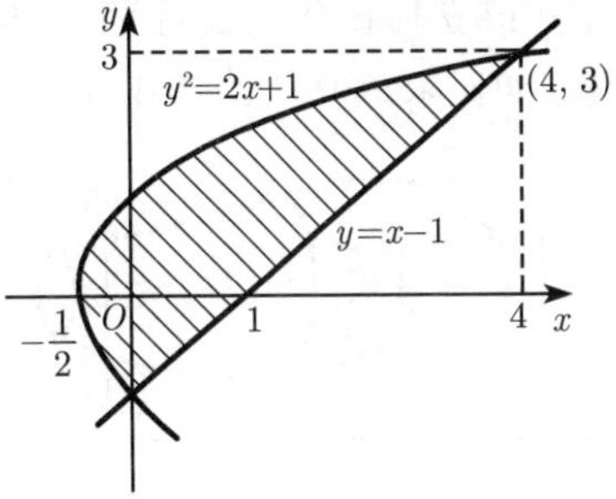

图 6.20

解 求曲线的交点, 解方程组 $\begin{cases} y^2=2x+1, \\ y=x-1, \end{cases}$ 得交点 $(0,-1),(4,3)$.

由图形特点, 选 y 为积分变量比较简单, 其面积为

$$S=\int_{-1}^{3}\left[y+1-\frac{1}{2}(y^2-1)\right]\mathrm{d}y$$
$$=\left(\frac{1}{2}y^2+y-\frac{1}{6}y^3+\frac{1}{2}y\right)\Big|_{-1}^{3}=\frac{16}{3}.$$

通过以上例题可以看出, 求面积一般应画草图, 先求曲线的交点, 再确定积分限和积分变量, 最后计算其值.

6.6.2 立体的体积

首先介绍一种解决此类实际问题的一般方法——定积分的元素法.

如果某一实际问题中的所求量 U 满足下列条件:

(1) U 与某区间 $[a,b]$ 相关联, 并对区间具有可加性, 即当区间 $[a,b]$ 分为若干子区间时, U 相应地分成若干部分量, U 等于各子区间上对应的部分量的总和.

(2) 在区间 $[a,b]$ 上的任一无限小的子区间 $[x,x+\mathrm{d}x]$ 上, 量 U 对应的部分量 $\mathrm{d}U$(称为 U 的**元素或微分**), 可表示为区间 $[a,b]$ 上的一个连续函数在 x 处的值 $f(x)$ 与 $\mathrm{d}x$ 的乘积, 即

$$\mathrm{d}U=f(x)\mathrm{d}x,$$

则所求量 U 可表示为

$$U=\int_a^b\mathrm{d}U=\int_a^b f(x)\mathrm{d}x.$$

这个方法通常称为定积分**元素法**. 下面运用这个方法来讨论几何中的一些问题.

1. 已知平行截面面积求立体的体积

设空间某立体由一曲面和垂直于 x 轴的两个平面 $x=a$ 和 $x=b$ 围成 (图 6.21), 过区间 $[a,b]$ 上任一点 x, 用平行于这两个平面且垂直于 x 轴的平面

去截该立体得到的截面面积 $S(x)$ 均已知, 则称此立体为已知平行截面面积的立体. 如何求该立体的体积 V?

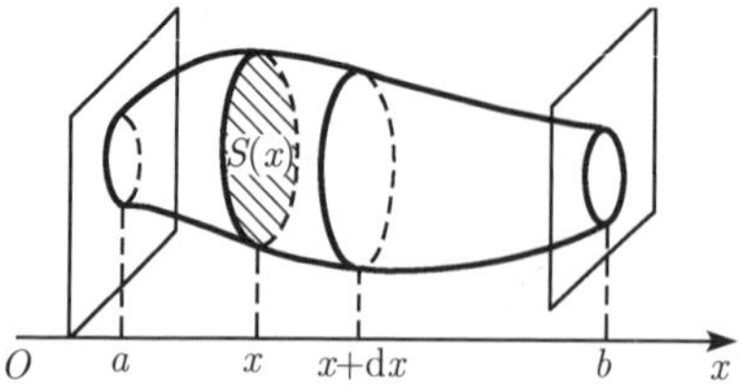

图 6.21

V 对区间具有可加性: 用一组垂直于 x 轴的平行平面将此立体切割为无穷多个无限薄的小薄片, 位于子区间 $[x, x+\mathrm{d}x] \subset [a, b]$ 上的小薄片的体积, 即体积元素 $\mathrm{d}V = S(x)\mathrm{d}x$.

根据元素法, 便得所求立体的体积

$$V = \int_a^b \mathrm{d}V = \int_a^b S(x)\mathrm{d}x. \tag{6.3}$$

式 (6.3) 表明: 平行截面面积函数的定积分是立体的体积.

例 5 求椭球 $\dfrac{x^2}{a^2} + \dfrac{y^2}{b^2} + \dfrac{z^2}{c^2} \leqslant 1(a > 0, b > 0, c > 0)$ 的体积.

解 如图 6.22 所示, 取 x 为积分变量, 则 $x \in [-a, a]$; 与 x 轴垂直的平面截得椭球截面为椭圆 (在 x 处), 其方程为

$$\frac{y^2}{b^2\left(1-\dfrac{x^2}{a^2}\right)} + \frac{z^2}{c^2\left(1-\dfrac{x^2}{a^2}\right)} \leqslant 1.$$

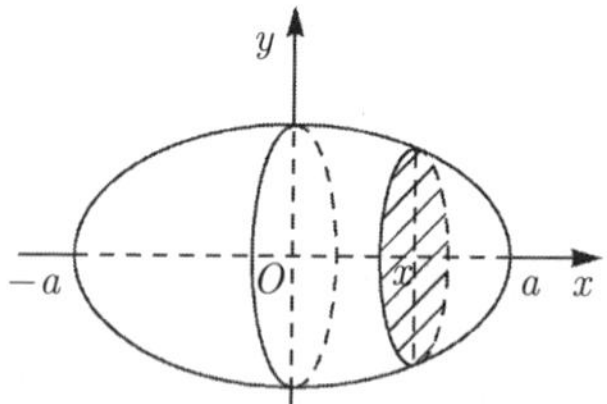

图 6.22

由例 1 的结论, 容易计算出该椭圆的面积为

$$S(x) = \pi bc\left(1 - \frac{x^2}{a^2}\right).$$

再利用式 (6.3), 得出所求立体的体积为

$$V = \int_{-a}^{a} S(x)\mathrm{d}x = \int_{-a}^{a} \pi bc\left(1-\frac{x^2}{a^2}\right)\mathrm{d}x = 2\pi bc\int_0^a\left(1-\frac{x^2}{a^2}\right)\mathrm{d}x = \frac{4\pi}{3}abc.$$

特殊情况, 当 $a = b = c$ 时, 椭球 $\dfrac{x^2}{a^2} + \dfrac{y^2}{b^2} + \dfrac{z^2}{c^2} \leqslant 1$ 变为球 $x^2 + y^2 + z^2 \leqslant a^2$, 该球的体积为 $V = \dfrac{4\pi}{3}a^3$.

2. 旋转体的体积

旋转体是由一个平面图形绕这个平面内一条直线旋转一周而成的立体. 这直线称为旋转轴. 比如, 圆柱可以看成矩形绕它的一条边旋转一周而成的立体, 圆锥

可以看成直角三角形绕它的一条直角边旋转一周而成的立体. 旋转体是一类特殊的已知平行截面面积的立体. 下面讨论几种旋转体的体积.

(1) 由连续曲线 $y=f(x)$, 直线 $x=a,x=b$ 以及 x 轴所围成的平面图形绕 x 轴旋转一周所得的立体体积 (图 6.23).

在区间 $[a,b]$ 内任意一点 x 处, 用垂直于 x 轴的平面去截旋转体, 截面是一个以 $f(x)$ 为半径的圆, 截面面积为

$$S(x)=\pi f^2(x).$$

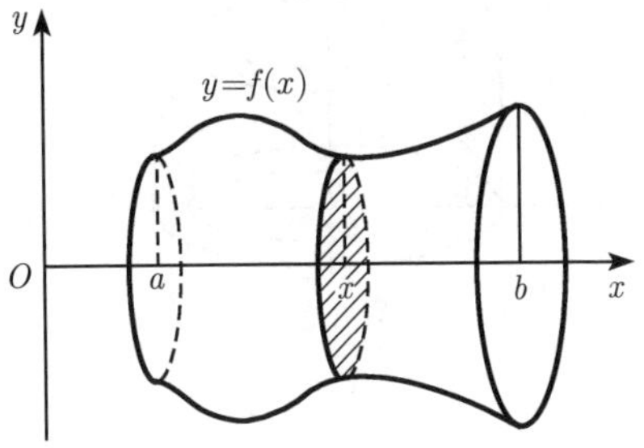

图 6.23

所以, 旋转体的体积公式为

$$V_x=\int_a^b S(x)\mathrm{d}x=\pi\int_a^b f^2(x)\mathrm{d}x. \tag{6.4}$$

(2) 由连续曲线 $x=\varphi(y)$, 直线 $y=c,y=d$ 以及 y 轴所围成的平面图形绕 y 轴旋转一周所得的立体体积 (图 6.24).

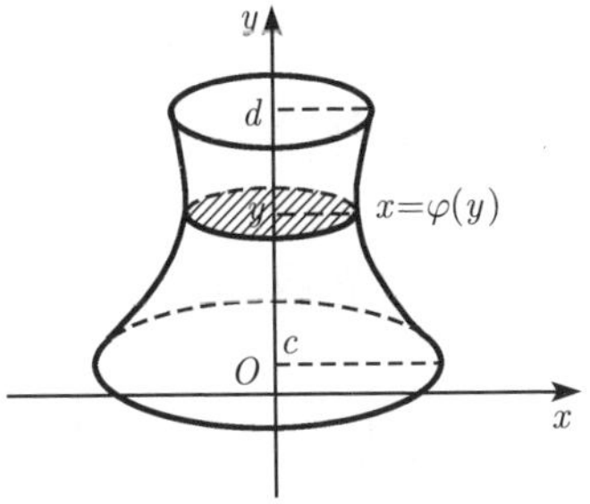

图 6.24

类似地, 可得到旋转体的体积公式为

$$V_y=\int_c^d S(y)\mathrm{d}y=\pi\int_c^d \varphi^2(y)\mathrm{d}y. \tag{6.5}$$

(3) 由连续曲线 $y=f(x),y=g(x)$, 直线 $x=a,x=b$, 且满足 $f(x)\geqslant g(x)\geqslant 0$ 所围成的平面图形绕 x 轴旋转一周所得的立体体积为 (图 6.25)

$$V_x=\pi\int_a^b[f^2(x)-g^2(x)]\mathrm{d}x. \tag{6.6}$$

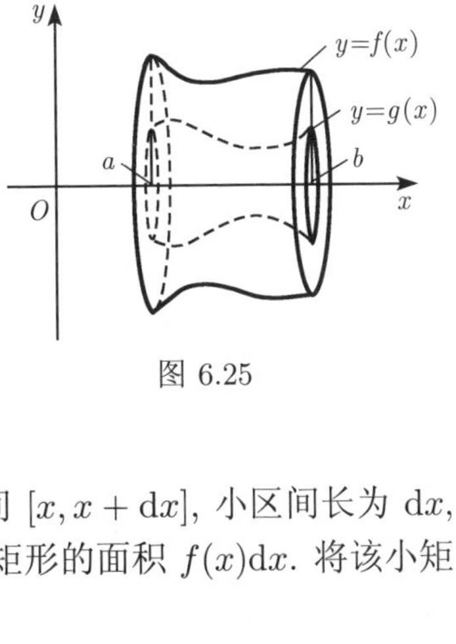

图 6.25

(4) 由连续曲线 $y=f(x)$, 直线 $x=a,x=b$ 以及 x 轴所围成的平面图形绕 y 轴旋转一周所得的立体体积公式为

$$V_y=2\pi\int_a^b|xf(x)|\mathrm{d}x. \tag{6.7}$$

证明 设 $f(x)\geqslant 0$, 在区间 $[a,b]$ 上任取小区间 $[x,x+\mathrm{d}x]$, 小区间长为 $\mathrm{d}x$, 它在平面上截得的小曲边梯形的面积近似地等于小矩形的面积 $f(x)\mathrm{d}x$. 将该小矩

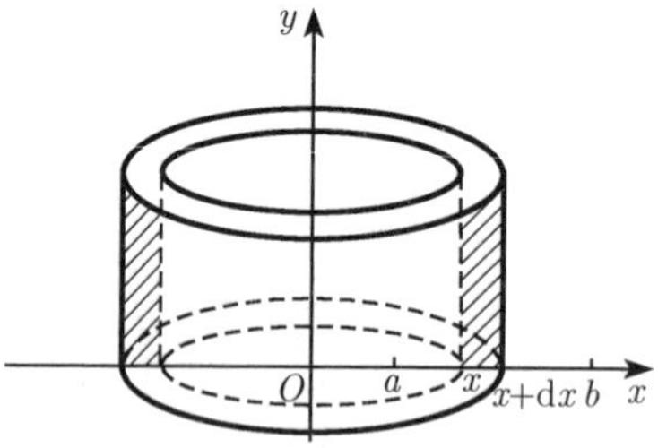

图 6.26

形绕 y 轴旋转一周, 得到一个以 $|x|$ 为半径, 厚度为 $\mathrm{d}x$, 高度为 $f(x)$ 的桶状柱体 (图 6.26), 由于 $\mathrm{d}x$ 无限小, 将其沿母线剪开拉直后是个长为 $2\pi|x|$, 宽为 $f(x)$, 厚为 $\mathrm{d}x$ 的长方体. 其体积, 即体积微元为

$$\mathrm{d}V = 2\pi|x|f(x)\mathrm{d}x,$$

因此, 该立体的体积为

$$V_y = \int_a^b \mathrm{d}V = 2\pi\int_a^b |x|\, f(x)\mathrm{d}x.$$

当 $f(x)$ 没有非负条件限制时, 则体积公式为

$$V_y = 2\pi\int_a^b |xf(x)|\mathrm{d}x.$$

对于单调函数 $y = f(x)$, 可以解出反函数 $x = f^{-1}(y)$, 用公式 (6.5) 方便, 但是, 当 $y = f(x)$ 不单调时, 用公式 (6.7) 会非常方便.

例 6　求曲线 $y = \sin x, x \in [0,\pi]$, 与 x 轴所围成的平面图形分别绕 x 轴和 y 轴旋转一周所得旋转体的体积 (图 6.27).

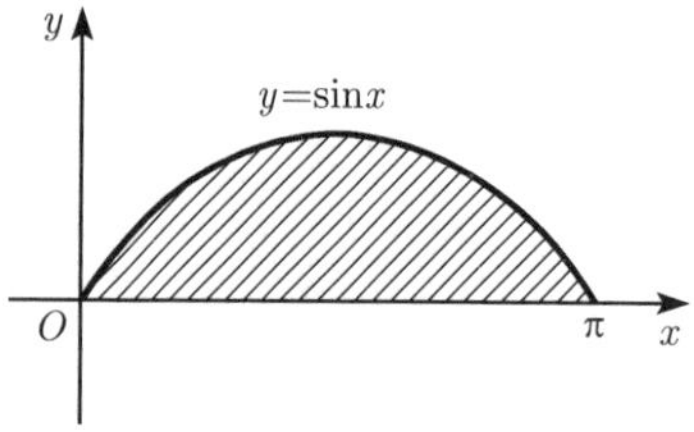

图 6.27

解　绕 x 轴旋转所得体积为

$$V_x = \pi\int_0^\pi \sin^2 x\mathrm{d}x = \frac{\pi}{2}\int_0^\pi (1-\cos 2x)\mathrm{d}x$$

$$= \frac{\pi}{2}\left(x - \frac{1}{2}\sin 2x\right)\bigg|_0^\pi = \frac{\pi^2}{2}.$$

由于 $y = \sin x$ 在 $[0,\pi]$ 上不是单调函数, 所以, 绕 y 轴旋转体的体积用公式 (6.7) 方便.

$$V_y = 2\pi\int_0^\pi x\sin x\mathrm{d}x = -2\pi\int_0^\pi x\mathrm{d}\cos x$$

$$= -2\pi x\cos x\bigg|_0^\pi + 2\pi\int_0^\pi \cos x\mathrm{d}x$$

$$= 2\pi^2 + 2\pi\sin x\bigg|_0^\pi = 2\pi^2.$$

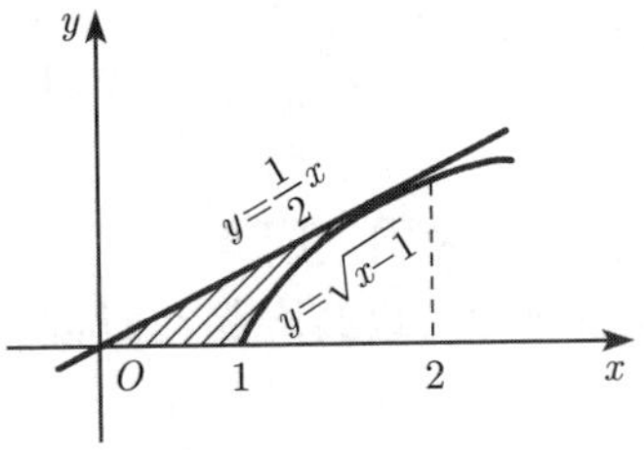

图 6.28

例 7 求由曲线 $y=\sqrt{x-1}, y=\frac{1}{2}x$ 与 x 轴所围成的平面图形 (图 6.28) 绕 x 轴及 y 轴旋转一周所得旋转体的体积.

解 $y=\sqrt{x-1}$ 与 $y=\frac{1}{2}x$ 的交点是 $(2,1)$. 于是

$$V_x=\pi\int_0^2\left(\frac{1}{2}x\right)^2\mathrm{d}x-\pi\int_1^2\left(\sqrt{x-1}\right)^2\mathrm{d}x=\left.\frac{\pi x^3}{12}\right|_0^2-\left.\frac{\pi(x-1)^2}{2}\right|_1^2=\frac{\pi}{6},$$

$$V_y=\pi\int_0^1[(y^2+1)^2-(2y)^2]\mathrm{d}y=\pi\int_0^1(y^4-2y^2+1)\mathrm{d}y=\frac{8\pi}{15},$$

也可取 x 为积分变量, 则

$$V_y=2\pi\int_0^2 x\frac{1}{2}x\mathrm{d}x-2\pi\int_1^2 x\sqrt{x-1}\mathrm{d}x=\pi\int_0^2 x^2\mathrm{d}x-2\pi\int_1^2 x\sqrt{x-1}\mathrm{d}x,$$

在 $\int_1^2 x\sqrt{x-1}\mathrm{d}x$ 中, 令 $t=\sqrt{x-1}$, 可得

$$\int_1^2 x\sqrt{x-1}\mathrm{d}x=\int_0^1(t^2+1)t2t\mathrm{d}t=\frac{16}{15},$$

因此

$$V_y=\left.\frac{\pi x^3}{3}\right|_0^2-\frac{32\pi}{15}=\frac{8\pi}{15}.$$

3. 经济应用问题举例

由边际函数求总函数, 已知总成本函数 $C=C(Q)$, 总收益函数 $R=R(Q)$, 由微分学可得边际成本函数为 $C'(Q)$; 边际收益函数为 $R'(Q)$. 因此, 总成本函数可以表示为

$$C(Q)=\int_0^Q C'(Q)\mathrm{d}Q+C_0.$$

总收益函数可以表示为

$$R(Q)=\int_0^Q R'(Q)\mathrm{d}Q.$$

总利润函数可以表示为

$$L(Q)=\int_0^Q [R'(Q)-C'(Q)]\mathrm{d}Q-C_0,$$

其中 C_0 为固定成本.

例 8　设某产品在时刻 t 总产量 $Q(t)$ 的变化率为

$$f(t)=100+12t-0.6t^2(\text{单位/时}).$$

求从 $t=2$ 到 $t=4$ 这两个小时的总产量.

解　因为总产量 $Q(t)$ 是它的变化率的原函数, 所以 $t=2$ 到 $t=4$ 这两小时的总产量为

$$\begin{aligned}\int_2^4 f(t)\mathrm{d}t&=\int_2^4(100+12t-0.6t^2)\mathrm{d}t\\&=(100t+6t^2-0.2t^3)\big|_2^4=260.8(\text{单位}).\end{aligned}$$

例 9　设某种商品每天生产 q 件时, 固定成本为 20 元, 边际成本函数为 $C'(q)=0.4q+2$(元/件), 求总成本函数 $C(q)$. 如果商品的销售单价为 18 元, 且产品可以全部售出, 求每天生产多少件时, 才能获得最大利润, 并求最大利润是多少?

解　由题意知, $C_0=20$, 每天生产 q 件产品时的总成本 $C(q)$ 是

$$C(q)=\int_0^q C'(q)\mathrm{d}q+C_0=\int_0^q(0.4t+2)\mathrm{d}t+20=0.2q^2+2q+20.$$

又设销售 q 件商品得到的总收益为 $R(q)$, 则 $R(q)=18q$. 从而

$$L(q)=18q-(0.2q^2+2q+20)=-0.2q^2+16q-20.$$

由极值存在的必要条件得

$$L'(q)=-0.4q+16=0,\quad \text{解得}q=40(\text{件}).$$

又因为 $L''(40)=-0.4<0$, 所以, 每天生产 40 件时才能获最大利润. 最大利润为

$$L(40)=-0.2\cdot 40^2+16\cdot 40-20=300(\text{元}).$$

例 10　某煤矿投资 2000 万元建成, 开工采煤以后, 在时刻 t 的追加成本和增加的收益分别为

$$C'(t) = 6 + 2t^{\frac{2}{3}}(\text{百万元/年}), \quad R'(t) = 18 - t^{\frac{2}{3}}(\text{百万元/年}).$$

试确定该煤矿在何时停止生产方可获最大利润? 最大利润是多少?

解 由极值存在的必要条件 $R'(t) - C'(t) = 0$, 得

$$18 - t^{\frac{2}{3}} - (6 + 2t^{\frac{2}{3}}) = 0,$$

解得

$$t = 8.$$

又 $R''(t) - C''(t) = -\dfrac{2}{3}t^{-\frac{1}{3}} - \dfrac{4}{3}t^{-\frac{1}{3}}$, 从而 $R''(8) - C''(8) < 0$, 故 $t = 8$, 即该煤矿在第 8 年结束时停止生产, 方可获最大利润. 此时的利润为

$$\begin{aligned} L(8) &= \int_0^8 [R'(t) - C'(t)]\mathrm{d}t - 20 \\ &= \int_0^8 \left[\left(18 - t^{\frac{2}{3}}\right) - \left(6 + 2t^{\frac{2}{3}}\right)\right] \mathrm{d}t - 20 \\ &= \left(12t - \frac{9}{5}t^{\frac{5}{3}}\right)\Bigg|_0^8 - 20 = 18.4(\text{百万元}). \end{aligned}$$

6.7 广义积分及 Γ 函数

前面讨论的定积分, 都是有界函数在有限区间上的积分, 但在实际应用和理论研究中, 常常会遇到积分区间是无限的, 或者积分区间有限但被积函数无界的情形, 这时需对定积分概念加以推广. 对无限区间上的积分称为**无穷限积分**, 对无界函数的积分称为无界函数的积分 (或**瑕积分**), 将它们统称为**广义积分**.

6.7.1 无穷限积分

定义 6.2 设函数 $f(x)$ 在区间 $[a, +\infty)$ 上连续, 如果极限

$$\lim_{t \to +\infty} \int_a^t f(x)\mathrm{d}x \quad (a < t)$$

存在, 则称此极限值为 $f(x)$ 在区间 $[a, +\infty)$ 上的广义积分, 记作 $\displaystyle\int_a^{+\infty} f(x)\mathrm{d}x$, 即

$$\int_a^{+\infty} f(x)\mathrm{d}x = \lim_{t \to +\infty} \int_a^t f(x)\mathrm{d}x.$$

这时称广义积分 $\int_a^{+\infty} f(x)\mathrm{d}x$ **存在或收敛**. 如果 $\lim\limits_{t\to+\infty}\int_a^t f(x)\mathrm{d}x$ 不存在, 就称 $\int_a^{+\infty} f(x)\mathrm{d}x$ **不存在或发散**.

类似地, 可以定义 $f(x)$ 在 $(-\infty,b]$ 及 $(-\infty,+\infty)$ 上的广义积分

$$\int_{-\infty}^b f(x)\mathrm{d}x = \lim_{t\to-\infty}\int_t^b f(x)\mathrm{d}x,$$

$$\int_{-\infty}^{+\infty} f(x)\mathrm{d}x = \int_{-\infty}^c f(x)\mathrm{d}x + \int_c^{+\infty} f(x)\mathrm{d}x,$$

其中 $c\in(-\infty,+\infty)$.

对于广义积分 $\int_{-\infty}^{+\infty} f(x)\mathrm{d}x$, 其收敛的充要条件是: $\int_{-\infty}^c f(x)\mathrm{d}x$ 与 $\int_c^{+\infty} f(x)\mathrm{d}x$ 都收敛.

若 $f(x)$ 在 $[a,+\infty)$ 上的原函数为 $F(x)$, 则有

$$\int_a^{+\infty} f(x)\mathrm{d}x = \lim_{t\to+\infty}\int_a^t f(x)\mathrm{d}x = \lim_{t\to+\infty}[F(t)-F(a)] = F(+\infty)-F(a).$$

记

$$F(+\infty)-F(a) = F(x)|_a^{+\infty},$$

则

$$\int_a^{+\infty} f(x)\mathrm{d}x = F(x)|_a^{+\infty} = F(+\infty)-F(a), \tag{6.8}$$

其中 $F(+\infty)=\lim\limits_{t\to+\infty}F(t)$.

同理

$$\int_{-\infty}^b f(x)\mathrm{d}x = F(x)|_{-\infty}^b = F(b)-F(-\infty), \tag{6.9}$$

$$\int_{-\infty}^{+\infty} f(x)\mathrm{d}x = F(x)|_{-\infty}^{+\infty} = F(+\infty)-F(-\infty), \tag{6.10}$$

其中 $F(-\infty)=\lim\limits_{t\to-\infty}F(t)$.

上面三个公式 (6.8) ~ 公式 (6.10) 也称为无穷限积分的牛顿-莱布尼茨公式.

例 1　讨论下列无穷限积分的敛散性:

(1) $\int_0^{+\infty}\frac{1}{1+x^2}\mathrm{d}x$; (2) $\int_{-\infty}^0\mathrm{e}^x\mathrm{d}x$; (3) $\int_{-\infty}^{+\infty}\sin x\mathrm{d}x$.

解 (1) $\int_0^{+\infty}\frac{1}{1+x^2}\mathrm{d}x=\arctan x|_0^{+\infty}=\lim\limits_{x\to+\infty}\arctan x-\arctan 0=\frac{\pi}{2}$.

因此 $\int_0^{+\infty}\frac{1}{1+x^2}\mathrm{d}x$ 是收敛的, 并且收敛于 $\frac{\pi}{2}$.

(2) $\int_{-\infty}^0\mathrm{e}^x\mathrm{d}x=\mathrm{e}^x|_{-\infty}^0=\mathrm{e}^0-\lim\limits_{x\to-\infty}\mathrm{e}^x=1$. 因此 $\int_{-\infty}^0\mathrm{e}^x\mathrm{d}x$ 是收敛的, 并且收敛于 1.

(3) $\int_{-\infty}^{+\infty}\sin x\mathrm{d}x=-\cos x|_{-\infty}^{+\infty}=-\lim\limits_{x\to+\infty}\cos x+\lim\limits_{x\to-\infty}\cos x$, 由于 $\lim\limits_{x\to+\infty}\cos x$ 不存在, 因此 $\int_{-\infty}^{+\infty}\sin x\mathrm{d}x$ 发散.

例 2 证明: 广义积分 $\int_a^{+\infty}\frac{1}{x^p}\mathrm{d}x(a>0)$, 当 $p>1$ 时收敛; 当 $p\leqslant 1$ 时发散.

证明 当 $p=1$ 时, $\int_a^{+\infty}\frac{1}{x}\mathrm{d}x=\ln x|_a^{+\infty}=+\infty$.

当 $p\neq 1$ 时

$$\int_a^{+\infty}\frac{1}{x^p}\mathrm{d}x=\left.\frac{x^{1-p}}{1-p}\right|_a^{+\infty}=\begin{cases}+\infty, & p<1,\\ \dfrac{a^{1-p}}{p-1}, & p>1.\end{cases}$$

因此, 当 $p>1$ 时, 广义积分 $\int_a^{+\infty}\frac{1}{x^p}\mathrm{d}x$ 收敛; 当 $p\leqslant 1$ 时, 广义积分 $\int_a^{+\infty}\frac{1}{x^p}\mathrm{d}x$ 发散.

用此结论可判断出一些广义积分的敛散性. 例如, $\int_1^{+\infty}\frac{1}{\sqrt{x}}\mathrm{d}x$ 发散, $\int_2^{+\infty}\frac{1}{x\sqrt{x}}\mathrm{d}x$ 收敛.

例 3 讨论广义积分 $\int_1^{+\infty}\frac{1}{x^2+x}\mathrm{d}x$ 的敛散性.

解

$$\int_1^{+\infty}\frac{1}{x^2+x}\mathrm{d}x=\int_1^{+\infty}\frac{1}{x(1+x)}\mathrm{d}x=\int_1^{+\infty}\left(\frac{1}{x}-\frac{1}{1+x}\right)\mathrm{d}x$$

$$=\ln\left|\frac{x}{x+1}\right|\Bigg|_1^{+\infty}=\ln 2.$$

所以该广义积分收敛.

6.7.2　无界函数的积分 (瑕积分)

定义 6.3　设函数 $f(x)$ 在区间 $(a,b]$ 上连续, 且 $\lim\limits_{x\to a^+} f(x)=\infty$, 如果 $\lim\limits_{t\to a^+}\int_t^b f(x)\mathrm{d}x(a<t\leqslant b)$ 存在, 则称此极限值为无界函数 $f(x)$ 在 $(a,b]$ 上的**广义积分**或**瑕积分**, a 称为**瑕点**, 记为

$$\int_a^b f(x)\mathrm{d}x=\lim_{t\to a^+}\int_t^b f(x)\mathrm{d}x.$$

这时, 也称广义积分 $\int_a^b f(x)\mathrm{d}x$ **存在**或**收敛**.

如果 $\lim\limits_{t\to a^+}\int_t^b f(x)\mathrm{d}x$ 不存在, 则称广义积分 $\int_a^b f(x)\mathrm{d}x$ **不存在**或**发散**.

类似地, 如果 $f(x)$ 在区间 $[a,b)$ 上连续, 且 $\lim\limits_{x\to b^-} f(x)=\infty$($b$ 为瑕点), 则

$$\int_a^b f(x)\mathrm{d}x=\lim_{t\to b^-}\int_a^t f(x)\mathrm{d}x\quad(a\leqslant t<b);$$

如果 $f(x)$ 在区间 $[a,b]$ 上除 c 点外连续, 且 $\lim\limits_{x\to c} f(x)=\infty$($c$ 为瑕点), 则

$$\int_a^b f(x)\mathrm{d}x=\int_a^c f(x)\mathrm{d}x+\int_c^b f(x)\mathrm{d}x.$$

对于 c 为瑕点的广义积分 $\int_a^b f(x)\mathrm{d}x$ 存在的充要条件是

$$\int_a^c f(x)\mathrm{d}x \text{ 与 } \int_c^b f(x)\mathrm{d}x$$

都收敛.

一般地, 称函数的无穷型间断点为**函数的瑕点**, 在积分区间上有瑕点的积分称为**瑕积分**.

计算无界函数的广义积分, 也可借助于牛顿-莱布尼茨公式.

设 $x=a$ 为 $f(x)$ 的瑕点, 在 $(a,b]$ 上有 $F'(x)=f(x)$, 则广义积分

$$\int_a^b f(x)\mathrm{d}x=\lim_{t\to a^+}\int_t^b f(x)\mathrm{d}x=\lim_{t\to a^+}[F(b)-F(t)]=F(b)-F(a+0).$$

记

$$F(b)-F(a+0)=F(x)\big|_{a+0}^{b},$$

则

$$\int_a^b f(x)\mathrm{d}x=F(x)\big|_{a+0}^{b}=F(b)-F(a+0),\tag{6.11}$$

其中 $F(a+0)=\lim\limits_{x\to a^+}F(x)$. 若 $F(a+0)$ 存在, 则瑕积分 $\int_a^b f(x)\mathrm{d}x$ 收敛. 若 $F(a+0)$ 不存在, 则瑕积分 $\int_a^b f(x)\mathrm{d}x$ 发散.

同理, $x=b$ 为 $f(x)$ 的瑕点, 在 $[a,b)$ 上有 $F'(x)=f(x)$, 则广义积分

$$\int_a^b f(x)\mathrm{d}x=F(x)\big|_a^{b-0}=F(b-0)-F(a).\tag{6.12}$$

若 $F(b-0)=\lim\limits_{x\to b^-}F(x)$ 存在, 则瑕积分 $\int_a^b f(x)\mathrm{d}x$ 收敛. 若 $F(b-0)$ 不存在, 则瑕积分 $\int_a^b f(x)\mathrm{d}x$ 发散.

公式 (6.11) 和公式 (6.12) 也称为瑕积分的牛顿-莱布尼茨公式.

例 4 讨论下列无界函数积分的敛散性:

(1) $\int_0^1\frac{1}{\sqrt{x}}\mathrm{d}x$; (2) $\int_0^1\ln x\mathrm{d}x$; (3) $\int_{-1}^1\frac{1}{x}\mathrm{d}x$.

解 (1) 因为 $\lim\limits_{x\to0^+}\frac{1}{\sqrt{x}}=+\infty$, 所以 $x=0$ 是瑕点, $\int_0^1\frac{1}{\sqrt{x}}\mathrm{d}x=2\sqrt{x}\big|_{0+0}^1=2-2\lim\limits_{x\to0^+}\sqrt{x}=2$. 故 $\int_0^1\frac{1}{\sqrt{x}}\mathrm{d}x$ 收敛.

(2) $\lim\limits_{x\to0^+}\ln x=-\infty$, 所以 $x=0$ 是瑕点,

$$\begin{aligned}\int_0^1\ln x\mathrm{d}x&=x\ln x\big|_{0+0}^1-\int_0^1 x\mathrm{d}\ln x\\&=-\lim_{x\to0^+}x\ln x-\int_0^1 x\cdot\frac{1}{x}\mathrm{d}x\\&=-\lim_{x\to0^+}\frac{\ln x}{\frac{1}{x}}-1\ (\text{用洛必达法则})\\&=-\lim_{x\to0^+}\frac{\frac{1}{x}}{-\frac{1}{x^2}}-1=-1.\end{aligned}$$

故 $\int_0^1 \ln x \mathrm{d}x$ 收敛.

(3) 因为 $\lim\limits_{x\to 0}\frac{1}{x}=\infty$, 所以 $x=0$ 是瑕点, $\int_{-1}^1 \frac{1}{x}\mathrm{d}x=\int_{-1}^0 \frac{1}{x}\mathrm{d}x+\int_0^1 \frac{1}{x}\mathrm{d}x$. 由于 $\int_0^1 \frac{1}{x}\mathrm{d}x=\ln|x|\Big|_{0+0}^1=+\infty$, 发散. 所以, 瑕积分 $\int_{-1}^1 \frac{1}{x}\mathrm{d}x$ 发散.

例 5 计算广义积分 $\int_0^a \frac{\mathrm{d}x}{\sqrt{a^2-x^2}}(a>0)$.

解 $\lim\limits_{x\to a^-}\frac{1}{\sqrt{a^2-x^2}}=+\infty$, 所以 $x=a$ 是瑕点, 于是

$$\int_0^a \frac{\mathrm{d}x}{\sqrt{a^2-x^2}}=\arcsin\frac{x}{a}\Big|_0^{a-0}=\lim_{x\to a^-}\arcsin\frac{x}{a}-0=\frac{\pi}{2}.$$

例 6 讨论广义积分 $\int_0^a \frac{1}{x^p}\mathrm{d}x(a>0,p>0)$ 的敛散性.

解 显然 $x=0$ 为瑕点.

当 $p=1$ 时, $\int_0^a \frac{1}{x}\mathrm{d}x=\ln x|_{0+0}^a=\ln a-\lim\limits_{x\to 0^+}\ln x=\infty$.

当 $p\neq 1$ 时,

$$\int_0^a \frac{1}{x^p}\mathrm{d}x=\frac{1}{1-p}x^{1-p}\Big|_0^a=\begin{cases}\dfrac{1}{1-p}a^{1-p}, & p<1,\\ +\infty, & p>1.\end{cases}$$

综上所述, 当 $p<1$ 时, $\int_0^a \frac{1}{x^p}\mathrm{d}x$ 收敛, 当 $p\geqslant 1$ 时, $\int_0^a \frac{1}{x^p}\mathrm{d}x$ 发散.

用此结论可判断一些广义积分的敛散性, 如 $\int_0^1 \frac{1}{\sqrt{x^3}}\mathrm{d}x$ 发散, $\int_0^1 \frac{1}{\sqrt[3]{x}}\mathrm{d}x$ 收敛, $\int_1^5 \frac{1}{\sqrt[3]{x-1}}\mathrm{d}x$ 收敛.

例 7 计算广义积分 $\int_0^1 \frac{\arcsin\sqrt{x}}{\sqrt{x(1-x)}}\mathrm{d}x$.

解 被积函数有两个间断点: $x=0$ 和 $x=1$.

$\lim\limits_{x\to 0^+}\frac{\arcsin\sqrt{x}}{\sqrt{x(1-x)}}=1$, 所以 $x=0$ 为可去间断点, 不是瑕点, 而 $\lim\limits_{x\to 1^-}\frac{\arcsin\sqrt{x}}{\sqrt{x(1-x)}}=+\infty$, 所以 $x=1$ 为瑕点, 于是

$$\int_0^1 \frac{\arcsin\sqrt{x}}{\sqrt{x(1-x)}}\mathrm{d}x=\int_0^1 \frac{\arcsin\sqrt{x}}{\sqrt{1-x}}2\mathrm{d}\sqrt{x}=2\int_0^1 \arcsin\sqrt{x}\mathrm{d}\arcsin\sqrt{x}$$

$$= (\arcsin\sqrt{x})^2\Big|_0^{1-0} = \lim_{x\to 1^-}(\arcsin\sqrt{x})^2 = \frac{\pi^2}{4}.$$

6.7.3 Γ 函数

下面讨论在理论上和应用上都有重要意义的 Γ 函数.

定义 6.4 积分 $\Gamma(r) = \int_0^{+\infty} x^{r-1}\mathrm{e}^{-x}\mathrm{d}x(r>0)$ 是参变量 r 的函数, 称为 **Γ 函数**.

可以证明当 $r>0$ 时, Γ 函数收敛, 当 $r\leqslant 0$ 时, Γ 函数发散 (证明略), 且 Γ 函数有如下性质:

(1) $\Gamma(r+1) = r\Gamma(r)(r>0)$;

(2) $\Gamma(1) = 1$;

(3) $\Gamma(n+1) = n!(n\in\mathbf{N})$.

证明 (1) 由定义, 得

$$\begin{aligned}\Gamma(r+1) &= \int_0^{+\infty} x^r\mathrm{e}^{-x}\mathrm{d}x = -\int_0^{+\infty} x^r\mathrm{d}\mathrm{e}^{-x}\\ &= (-x^r\mathrm{e}^{-x})|_0^{+\infty} + \int_0^{+\infty}\mathrm{e}^{-x}\mathrm{d}x^r\\ &= r\int_0^{+\infty} x^{r-1}\mathrm{e}^{-x}\mathrm{d}x = r\Gamma(r).\end{aligned}$$

(2) $\Gamma(1) = \int_0^{+\infty}\mathrm{e}^{-x}\mathrm{d}x = -\lim_{t\to+\infty}\int_0^t \mathrm{e}^{-x}\mathrm{d}(-x) = -\lim_{t\to+\infty}\mathrm{e}^{-x}|_0^t = 1$.

(3) 利用上述递推公式, 当 n 为正整数时, 可得

$$\begin{aligned}\Gamma(n+1) &= n\Gamma(n) = n\Gamma[(n-1)+1] = n(n-1)\Gamma(n-1)\\ &= n(n-1)(n-2)\cdots 3\cdot 2\cdot 1\Gamma(1) = n!\Gamma(1) = n!.\end{aligned}$$

利用递推公式 $\Gamma(r+1) = r\Gamma(r)$, 可将 Γ 函数的任意一个函数值转化为求 Γ 函数在 $(0,1]$ 上的函数值. 例如,

$$\Gamma(2.3) = \Gamma(1.3+1) = 1.3\Gamma(1.3) = 1.3\Gamma(0.3+1) = 1.3\cdot 0.3\Gamma(0.3).$$

在定义 6.4 中, 令 $x=t^2$, 则得到 Γ 函数的另一种常见表达式

$$\Gamma(r) = 2\int_0^{+\infty} t^{2r-1}\mathrm{e}^{-t^2}\mathrm{d}t.$$

此外我们将在二重积分的学习中可以证明

$$\Gamma\left(\frac{1}{2}\right)=2\int_0^{+\infty}\mathrm{e}^{-t^2}\mathrm{d}t=\sqrt{\pi}.$$

例 8　计算下列各题:

(1) $\dfrac{\Gamma(5)}{\Gamma(3)}$;　　(2) $\dfrac{\Gamma\left(\frac{5}{2}\right)}{\Gamma\left(\frac{3}{2}\right)}$.

解　(1) $\dfrac{\Gamma(5)}{\Gamma(3)}=\dfrac{4!}{2!}=12$.

(2) $\dfrac{\Gamma\left(\frac{5}{2}\right)}{\Gamma\left(\frac{3}{2}\right)}=\dfrac{\frac{3}{2}\Gamma\left(\frac{3}{2}\right)}{\Gamma\left(\frac{3}{2}\right)}=\dfrac{3}{2}$.

例 9　计算下列积分的值:

(1) $\displaystyle\int_0^{+\infty}x^2\mathrm{e}^{-2x}\mathrm{d}x$;　　(2) $\displaystyle\int_0^{+\infty}x^6\mathrm{e}^{-x^2}\mathrm{d}x$.

解　(1) 令 $2x=t$, 则

$$\begin{aligned}\int_0^{+\infty}x^2\mathrm{e}^{-2x}\mathrm{d}x&=\int_0^{+\infty}\left(\frac{t}{2}\right)^2\mathrm{e}^{-t}\frac{1}{2}\mathrm{d}t\\&=\frac{1}{8}\int_0^{+\infty}t^2\mathrm{e}^{-t}\mathrm{d}t=\frac{1}{8}\Gamma(3)=\frac{1}{4}.\end{aligned}$$

(2) 令 $x^2=t$, 则

$$\begin{aligned}\int_0^{+\infty}x^6\mathrm{e}^{-x^2}\mathrm{d}x&=\frac{1}{2}\int_0^{+\infty}x^5\mathrm{e}^{-x^2}\mathrm{d}x^2=\frac{1}{2}\int_0^{+\infty}t^{\frac{5}{2}}\mathrm{e}^{-t}\mathrm{d}t\\&=\frac{1}{2}\Gamma\left(\frac{5}{2}+1\right)=\frac{1}{2}\cdot\frac{5}{2}\cdot\frac{3}{2}\cdot\frac{1}{2}\Gamma\left(\frac{1}{2}\right)\\&=\frac{15}{16}\sqrt{\pi}.\end{aligned}$$

习　题　6

(A)

1. 利用定积分定义计算下列积分:

(1) $\displaystyle\int_0^4(2x+3)\mathrm{d}x$;　　(2) $\displaystyle\int_0^1\mathrm{e}^x\mathrm{d}x$.

2. 根据定积分的几何意义, 说明下列各式的正确性:

(1) $\int_0^{2\pi}\sin x\mathrm{d}x=0$; (2) $\int_0^1\sqrt{1-x^2}\mathrm{d}x=\frac{\pi}{4}$;

(3) $\int_{-1}^1 x^3\mathrm{d}x=0$; (4) $\int_{-1}^1(x^2+1)\mathrm{d}x=2\int_0^1(x^2+1)\mathrm{d}x$.

3. 不计算积分, 比较下列各积分的大小:

(1) $\int_0^1 x^2\mathrm{d}x$ 与 $\int_0^1 x^3\mathrm{d}x$; (2) $\int_1^2 x^2\mathrm{d}x$ 与 $\int_1^2 x^3\mathrm{d}x$;

(3) $\int_3^4\ln x\mathrm{d}x$ 与 $\int_3^4(\ln x)^2\mathrm{d}x$; (4) $\int_0^1\mathrm{e}^x\mathrm{d}x$ 与 $\int_0^1\mathrm{e}^{x^2}\mathrm{d}x$;

(5) $\int_0^{\frac{\pi}{2}}\sin x\mathrm{d}x$ 与 $\int_0^{\frac{\pi}{2}}x\mathrm{d}x$; (6) $\int_{-\frac{\pi}{2}}^0\cos x\mathrm{d}x$ 与 $\int_0^{\frac{\pi}{2}}\cos x\mathrm{d}x$.

4. 估计下列定积分值的范围:

(1) $\int_0^3(x^2-2x+3)\mathrm{d}x$; (2) $\int_1^2(2x^3-x^4)\mathrm{d}x$;

(3) $\int_{\frac{\pi}{6}}^{\pi}(x+2\cos x)\mathrm{d}x$; (4) $\int_{\frac{1}{\sqrt{3}}}^{\sqrt{3}}x\arctan x\mathrm{d}x$;

(5) $\int_0^2\mathrm{e}^{x^2-x}\mathrm{d}x$; (6) $\int_0^{\frac{\pi}{2}}\frac{\sin x}{x}\mathrm{d}x$.

5. 求下列函数的导数:

(1) $f(x)=\int_0^x\sqrt{1+t}\mathrm{d}t$; (2) $f(x)=\int_x^{-1}t\mathrm{e}^{-t}\mathrm{d}t$;

(3) $f(x)=\int_0^x x\mathrm{e}^{-t}\mathrm{d}t$; (4) $f(x)=\int_{\sin x}^{x^2}2t\mathrm{d}t$;

(5) $f(x)=\int_{x^2}^1\ln(1+t^2)\mathrm{d}t$; (6) $f(x)=\int_0^x(t^3-x^3)\sin t\mathrm{d}t$.

6. 求下列函数的极限:

(1) $\lim\limits_{x\to0}\frac{\int_0^x\arctan t\mathrm{d}t}{x^2}$; (2) $\lim\limits_{x\to0}\frac{1}{x^3}\int_0^x\sin t^2\mathrm{d}t$;

(3) $\lim\limits_{x\to0}\frac{\int_0^{\sin^2x}\ln(1+t)\mathrm{d}t}{x^4}$; (4) $\lim\limits_{x\to1}\frac{\int_1^x\frac{\ln t}{1+t}\mathrm{d}t}{(x-1)^2}$;

(5) $\lim\limits_{h\to0^+}\frac{1}{h}\int_{x-h}^{x+h}\cos t^2\mathrm{d}t(h>0)$; (6) $\lim\limits_{x\to0}\frac{1}{x}\int_0^x(1+t^2)\mathrm{e}^{t^2-x^2}\mathrm{d}t$.

7. 设 $F(x)$ 在区间 $[a,b]$ 上连续, 且 $f(x)>0,F(x)=\int_a^x f(t)\mathrm{d}t+\int_b^x\frac{1}{f(t)}\mathrm{d}t$. 求证: (1) $F'(x)\geqslant2$; (2) $F(x)$ 在区间 $[a,b]$ 内有且仅有一个零点.

8. 设 $f(x)$ 为连续函数, 且存在常数 a 满足 $\mathrm{e}^{x-1}-x=\int_x^a f(t)\mathrm{d}t$. 求 $f(x)$ 及 a 的值.

9. 求函数 $F(x)=\int_0^x t^3\mathrm{e}^{-t^2}\mathrm{d}t$ 的极值.

10. 设 $f(x)$ 在 $(-\infty,+\infty)$ 上连续, $f(x)=\mathrm{e}^x+\frac{1}{\mathrm{e}}\int_0^1 f(x)\mathrm{d}x$, 求 $f(x)$.

11. 设 $f(x)=\frac{1}{1+x^2}+\sqrt{1-x^2}\int_0^1 f(x)\mathrm{d}x$, 求 $\int_0^1 f(x)\mathrm{d}x$.

12. 设 $f(x)=\int_0^x t(1-t)\mathrm{e}^{-2t}\mathrm{d}t$, 问 x 取何值时, $f(x)$ 有极大值和极小值.

13. 求由方程 $\int_0^y \mathrm{e}^t\mathrm{d}t+\int_0^x \cos t\mathrm{d}t=0$ 所确定的隐函数 $y=y(x)$ 的导数 $\frac{\mathrm{d}y}{\mathrm{d}x}$.

14. 用牛顿-莱布尼茨公式计算下列定积分:

(1) $\int_{-1}^1 \frac{1}{\sqrt{4-x^2}}\mathrm{d}x$;　(2) $\int_{\frac{\pi}{6}}^{\frac{\pi}{3}} \tan x\mathrm{d}x$;

(3) $\int_0^2 \frac{1}{4+x^2}\mathrm{d}x$;　(4) $\int_{\frac{\pi}{4}}^{\frac{\pi}{3}} \frac{1}{\sin x\cos x}\mathrm{d}x$;

(5) $\int_{\frac{\pi}{6}}^{\frac{\pi}{3}} \tan^2 x\mathrm{d}x$;　(6) $\int_0^{\pi} \sqrt{1-\sin 2x}\mathrm{d}x$;

(7) $\int_2^3 \frac{1}{x^4-x^2}\mathrm{d}x$;　(8) $\int_{-2}^3 \max\{1,x^4\}\mathrm{d}x$;

(9) $\int_0^{\frac{3\pi}{2}} |\cos x|\mathrm{d}x$;　(10) $\int_0^{\frac{\pi}{2}} |\sin x-\cos x|\mathrm{d}x$;

(11) $\int_{-1}^1 f(x)\mathrm{d}x$, 其中 $f(x)=\begin{cases} 2^x, & -1\leqslant x<0, \\ \sqrt{1-x^2}, & 0\leqslant x\leqslant 1. \end{cases}$

15. 用换元法计算下列积分:

(1) $\int_1^2 \frac{1}{(3x-1)^2}\mathrm{d}x$;　(2) $\int_0^{\frac{\sqrt{2}}{3}} \sqrt{2-9x^2}\mathrm{d}x$;

(3) $\int_0^{\ln 2} \mathrm{e}^x(1+\mathrm{e}^x)^2\mathrm{d}x$;　(4) $\int_1^{\mathrm{e}^2} \frac{(\ln x)^2}{x}\mathrm{d}x$;

(5) $\int_0^{\sqrt{2}} x\sqrt{2-x^2}\mathrm{d}x$;　(6) $\int_0^{\pi} \frac{\sin x}{1+\cos^2 x}\mathrm{d}x$;

(7) $\int_0^{\frac{\pi}{4}} \tan x\cdot\ln\cos x\mathrm{d}x$;　(8) $\int_{-1}^0 \frac{(1+x)\mathrm{e}^x}{\sqrt{1+x\mathrm{e}^x}}\mathrm{d}x$;

(9) $\int_4^9 \frac{\sqrt{x}}{\sqrt{x}-1}\mathrm{d}x$;　(10) $\int_0^1 \frac{\sqrt{\mathrm{e}^x}}{\sqrt{\mathrm{e}^x+\mathrm{e}^{-x}}}\mathrm{d}x$;

(11) $\int_{-1}^1 \frac{1}{1+\sqrt{1-x^2}}\mathrm{d}x$;　(12) $\int_1^2 \frac{\sqrt{x^2-1}}{x}\mathrm{d}x$;

(13) $\int_0^{-\ln 2} \sqrt{1-\mathrm{e}^{2x}}\mathrm{d}x$;　(14) $\int_0^{\pi} \sqrt{\sin x-\sin^3 x}\mathrm{d}x$;

(15) $\int_{-2}^{-1} \frac{\sqrt{x^2-1}}{x}\mathrm{d}x$;　(16) $\int_1^{\mathrm{e}^2} \frac{1}{x\sqrt{1+\ln x}}\mathrm{d}x$.

16. 用分部积分法计算下列积分:

(1) $\int_0^{\frac{\pi}{4}} x\cos 2x\mathrm{d}x$; (2) $\int_0^{\mathrm{e}-1} (1+x)\ln^2(1+x)\mathrm{d}x$;

(3) $\int_0^{\frac{\pi}{2}} \mathrm{e}^{-x}\sin 2x\mathrm{d}x$; (4) $\int_0^{\sqrt{\ln 2}} x^3\mathrm{e}^{-x^2}\mathrm{d}x$;

(5) $\int_{-1}^{1} x\arccos x\mathrm{d}x$; (6) $\int_{-1}^{0} x^2(x+1)^5\mathrm{d}x$;

(7) $\int_{\mathrm{e}}^{\mathrm{e}^2} \frac{\ln x}{(x-1)^2}\mathrm{d}x$; (8) $\int_{\frac{1}{\mathrm{e}}}^{\mathrm{e}} |\ln x|\mathrm{d}x$;

(9) $\int_0^1 x\sqrt{1-x^2}\arcsin x\mathrm{d}x$; (10) $\int_1^{\mathrm{e}^{\frac{\pi}{2}}} \frac{\sin(\ln x)}{x^2}\mathrm{d}x$.

17. 已知 $\int_0^1 \frac{\mathrm{e}^x}{1+x}\mathrm{d}x = A$, 求 $\int_{a-1}^{a} \frac{\mathrm{e}^{-x}}{x-a-1}\mathrm{d}x$.

18. 设连续函数 $f(x)$ 满足 $\int_0^x f(x-t)\mathrm{d}t = \mathrm{e}^{-2x}-1$, 求定积分 $\int_0^1 f(x)\mathrm{d}x$.

19. 求不定积分: (1) $\int_0^{\frac{\pi}{2}} \frac{\cos x}{\sin x+\cos x}\mathrm{d}x$; (2) $\int_0^{\frac{\pi}{2}} \frac{1}{1+(\tan x)^2}\mathrm{d}x$.

20. 设 $f(x) = \int_1^x \frac{\ln(1+t)}{t}\mathrm{d}t(x>0)$, 求 $f(x)+f\left(\frac{1}{x}\right)$.

21. 利用函数奇偶性计算下列积分:

(1) $\int_{-\frac{\pi}{2}}^{\frac{\pi}{2}} \sin^2 x\ln(x+\sqrt{1+x^2})\mathrm{d}x$; (2) $\int_{-\frac{\pi}{2}}^{\frac{\pi}{2}} \frac{x}{1+\cos x}\mathrm{d}x$;

(3) $\int_{-1}^{1} \frac{1}{\sqrt{4-x^2}}\left(\frac{1}{1+\mathrm{e}^x}-\frac{1}{2}\right)\mathrm{d}x$ $\left(\text{提示: } \frac{1}{1+\mathrm{e}^x}-\frac{1}{2}\text{是奇函数}\right)$;

(4) $\int_{-1}^{1} \cos x\arccos x\mathrm{d}x$ $\left(\text{利用}\arcsin x+\arccos x=\frac{\pi}{2}, \text{其中}\arcsin x\text{是奇函数}\right)$.

22. 求下列各题中平面图形的面积:

(1) 曲线 $y=a-x^2(a>0)$ 与 x 轴所围成的图形;

(2) 曲线 $y=x^2+3$ 在区间 [0,1] 上的曲边梯形;

(3) 曲线 $y=x^2$ 与 $y=2-x^2$ 所围成的图形;

(4) 曲线 $y=x^3$ 与直线 $x=0, y=1$ 所围成的图形;

(5) 在区间 $\left[0,\frac{\pi}{2}\right]$ 上, 曲线 $y=\sin x$ 与直线 $x=0, y=1$ 所围成的图形;

(6) 曲线 $y=\frac{1}{x}$ 与直线 $x=2, y=x$ 所围成的图形;

(7) 曲线 $y=x^2-8$ 与直线 $2x+y+8=0, y=-4$ 所围成的图形;

(8) 曲线 $y=x^3-3x+2$ 在 x 轴上介于两极值点间的曲边梯形;

(9) 介于抛物线 $y^2=2x$ 与圆 $y^2=4x-x^2$ 之间的三块图形;

(10) 曲线 $y=x^2, 4y=x^2$ 与直线 $y=1$ 所围成的图形;

(11) 曲线 $y=x^3$ 与 $y=\sqrt[3]{x}$ 所围成的图形;

(12) 抛物线 $y=x^2$ 与直线 $y=\frac{x}{2}+\frac{1}{2}$ 所围成的图形及由 $y=x^2, y=\frac{x}{2}+\frac{1}{2}$ 与 $y=2$ 所围成第一象限的图形.

23. 求曲线 $y=\ln x$ 在区间 $(2,6)$ 内的一点, 使该点的切线与直线 $x=2, x=6$ 以及 $y=\ln x$ 所围成的图形面积最小.

24. 过原点作曲线 $y=\ln x$ 的切线, 求切线、x 轴以及 $y=\ln x$ 所围成的图形面积.

25. 设直线 $y=ax$ 与抛物线 $y=x^2$ 所围成的图形的面积为 S_1, 它们与直线 $x=1$ 所围成的图形面积为 S_2, 并且 $0<a<1$.

(1) 试确定 a 的值, 使 S_1+S_2 达到最小, 并求出最小值;

(2) 求该最小值所对应的图形绕 x 轴旋转一周所得旋转体体积.

26. 求由下列曲线所围成的图形绕指定的坐标轴旋转一周所得旋转体体积:

(1) $xy=a^2, y=0, x=a, x=2a(a>0)$, 求 V_x;

(2) $y=\sin x, x=0, x=\frac{\pi}{2}, y=0$, 求 V_x, V_y;

(3) $y=x^2, x=y^2$, 求 V_y;

(4) $y=\mathrm{e}^{-x^2}, x=0, x=1$ 及 x 轴, 求 V_y;

(5) $y=\ln x, y=0, x=\mathrm{e}$, 求 V_x, V_y;

(6) $y=\cos x, y=0, x=0, x=\pi$, 求 V_y.

27. 过点 $p(1,0)$ 作抛物线 $y=\sqrt{x-2}$ 的切线, 该切线与上述抛物线及 x 轴围成的图形, 求此图形分别绕 x 轴和 y 轴各一周所得旋转体体积.

28. 已知某产品的边际收益函数为 $R'(q)=10(10-q)\mathrm{e}^{-\frac{q}{10}}$, 其中 q 为销售量, $R=R(q)$ 为总收益, 求该产品的总收益函数 $R(q)$.

29. 已知生产某产品 x 单位 (百台) 的边际成本和边际收益函数分别为

$$MC=3+\frac{1}{3}x(\text{万元/百台}),\quad MR=7-x(\text{万元/百台}).$$

(1) 若固定成本 $C_0=1$(万元), 求总成本函数, 总收益函数和总利润函数;

(2) 当产量从 100 台增加到 500 台时, 求总成本与总收益;

(3) 产量为多少时总利润最大? 最大利润为多少?

30. 判断下列广义积分的敛散性:

(1) $\int_0^{+\infty}\mathrm{e}^{-x}\mathrm{d}x$;

(2) $\int_1^{+\infty}\frac{1}{\sqrt{x}}\mathrm{d}x$;

(3) $\int_0^{+\infty}x^3\mathrm{e}^{-x^2}\mathrm{d}x$;

(4) $\int_{-\infty}^{+\infty}\frac{x}{\sqrt{1+x^2}}\mathrm{d}x$;

(5) $\int_1^{+\infty}\frac{1}{x(1+x^2)}\mathrm{d}x$;

(6) $\int_1^{+\infty}\frac{\arctan x}{x^2}\mathrm{d}x$;

(7) $\int_{-\infty}^{+\infty}\frac{1}{x^2+4x+9}\mathrm{d}x$.

31. 判断下列广义积分的敛散性:

(1) $\int_0^1\frac{1}{\sqrt{1-x}}\mathrm{d}x$;

(2) $\int_{-1}^1\frac{1}{\sqrt{1-x^2}}\mathrm{d}x$;

(3) $\int_0^2 \frac{1}{(x-1)^2}\mathrm{d}x$;

(4) $\int_0^2 \frac{1}{x^2-4x+3}\mathrm{d}x$;

(5) $\int_1^{\mathrm{e}} \frac{1}{x\sqrt{1-\ln^2 x}}\mathrm{d}x$;

(6) $\int_0^1 \frac{1}{(2-x)\sqrt{1-x}}\mathrm{d}x$;

(7) $\int_0^2 \frac{1}{\sqrt[3]{(x-1)^2}}\mathrm{d}x$;

(8) $\int_0^1 \frac{\ln x}{\sqrt{x}}\mathrm{d}x$.

32. 计算下列 Γ 函数的值:

(1) $\frac{\Gamma(2)\Gamma\left(\frac{3}{2}\right)}{\Gamma\left(\frac{7}{2}\right)}$;

(2) $\Gamma\left(\frac{1}{2}+n\right)$;

(3) $\int_0^{+\infty} x^2\mathrm{e}^{-2x^2}\mathrm{d}x$;

(4) $\int_0^{+\infty} x^{\frac{7}{2}}\mathrm{e}^{-\lambda x}\mathrm{d}x(\lambda>0)$.

(B)

1. (2018) 设函数 $f(x)$ 在 $[0,1]$ 上二阶可导, 且 $\int_0^1 f(x)\mathrm{d}x=0$, 则 (　　).

(A) 当 $f'(x)<0$ 时, $f\left(\frac{1}{2}\right)<0$;

(B) 当 $f''(x)<0$ 时, $f\left(\frac{1}{2}\right)<0$;

(C) 当 $f'(x)>0$ 时, $f\left(\frac{1}{2}\right)<0$;

(D) 当 $f''(x)>0$ 时, $f\left(\frac{1}{2}\right)<0$.

2. (2018) 设 $M=\int_{-\frac{\pi}{2}}^{\frac{\pi}{2}} \frac{(1+x)^2}{1+x^2}\mathrm{d}x$, $N=\int_{-\frac{\pi}{2}}^{\frac{\pi}{2}} \frac{1+x}{\mathrm{e}^x}\mathrm{d}x$, $K=\int_{-\frac{\pi}{2}}^{\frac{\pi}{2}} \left(1+\sqrt{\cos x}\right)\mathrm{d}x$, 则 (　　).

(A) $M>N>K$;

(B) $M>K>N$;

(C) $K>M>N$;

(D) $K>N>M$.

3. (2020) 设函数 $f(x)$ 在 $(-\infty,+\infty)$ 上具有连续导数, 则 (　　).

(A) $\int_0^x [\cos f(t)+f'(t)]\mathrm{d}t$ 是奇函数;

(B) $\int_0^x [\cos f(t)+f'(t)]\mathrm{d}t$ 是偶函数;

(C) $\int_0^x [\cos f'(t)+f(t)]\mathrm{d}t$ 是奇函数;

(D) $\int_0^x [\cos f'(t)+f(t)]\mathrm{d}t$ 是偶函数.

4. (2021) 当 $x\to 0$ 时, $\int_0^{x^2} \left(\mathrm{e}^{t^3}-1\right)\mathrm{d}t$ 是 x^7 的 (　　).

(A) 低阶无穷小;

(B) 等阶无穷小;

(C) 高阶无穷小;

(D) 同阶但非等阶无穷小.

5. (2022) 已知 $I_1=\int_0^1 \frac{x}{2(1+\cos x)}\mathrm{d}x$, $I_2=\int_0^1 \frac{\ln(1+x)}{1+\cos x}\mathrm{d}x$, $I_3=\int_0^1 \frac{2x}{1+\sin x}\mathrm{d}x$, 则 (　　).

(A) $I_1<I_2<I_3$;

(B) $I_2<I_1<I_3$;

(C) $I_1<I_3<I_2$;

(D) $I_3<I_2<I_1$.

6. (2015) 设函数 $f(x)$ 连续, $\varphi(x)=\int_0^{x^2} xf(t)\,\mathrm{d}t$, 若 $\varphi(1)=1$, $\varphi'(1)=5$, 则 $f(1)=$ ________.

7. (2017) $\int_{-\pi}^{\pi}\left(\sin^3 x+\sqrt{\pi^2-x^2}\right)\mathrm{d}x=$ ________.

8. (2019) 已知函数 $f(x)=\int_1^x \sqrt{1+t^4}\mathrm{d}t$ 时, 则 $\int_0^1 x^2 f(x)\,\mathrm{d}x=$ ________.

9. (2020) 设平面区域 $D=\left\{(x,y)\left|\dfrac{x}{2}\leqslant y\leqslant\dfrac{1}{1+x^2},0\leqslant x\leqslant 1\right.\right\}$, 则 D 绕 y 轴旋转所成的旋转体的体积为________.

10. (2021) 设平面区域 D 由曲线段 $y=\sqrt{x}\sin\pi x\,(0\leqslant x\leqslant 1)$ 与 x 轴围成, 则 D 绕 x 轴旋转所成旋转体的体积为________.

11. (2023) 设某公司在 t 时刻的资产为 $f(t)$, 从 0 时刻到 t 时刻的平均资产等于 $\dfrac{f(t)}{t}-t$, 假设 $f(t)$ 连续且 $f(0)=0$, 则 $f(t)=$ ________.

12. (2024) 当 $x\to 0$ 时, $\int_0^x \dfrac{(1+t^2)\sin t^2}{1+\cos^2 t}\mathrm{d}t$ 与 x^k 是同阶无穷小, 则 $k=$ ________.

13. (2024) $\int_2^{+\infty}\dfrac{5}{x^4+3x^2-4}\mathrm{d}x=$ ________.

14. (2016) 设函数 $f(x)$ 连续, 且满足 $\int_0^x f(x-t)\mathrm{d}t=\int_0^x (x-t)f(t)\mathrm{d}t+\mathrm{e}^{-x}-1$, 求 $f(x)$.

15. (2017) 求 $\lim\limits_{x\to 0^+}\dfrac{\int_0^x\sqrt{x-t}\,\mathrm{e}^t\mathrm{d}t}{\sqrt{x^3}}$.

16. (2017) 求 $\lim\limits_{n\to\infty}\sum\limits_{k=1}^{n}\dfrac{k}{n^2}\ln\left(1+\dfrac{k}{n}\right)$.

17. (2023) 已知平面区域 $D=\left\{(x,y)\left|0\leqslant y\leqslant\dfrac{1}{x\sqrt{1+x^2}},x\geqslant 1\right.\right\}$.

(1) 求 D 的面积.

(2) 求 D 绕 x 轴旋转所成旋转体的体积.

18. 计算下列积分:

(1) $\int_0^{\pi}\dfrac{x\sin x}{1+\cos^2 x}\mathrm{d}x$;　　(2) $\int_{-\frac{\pi}{4}}^{\frac{\pi}{4}}\mathrm{e}^{\frac{x}{2}}\dfrac{\cos x-\sin x}{\sqrt{\cos x}}\mathrm{d}x$.

19. 设 $f(x)=\int_0^x\dfrac{\sin t}{\pi-t}\mathrm{d}t$, 求 $\int_0^{\pi}f(x)\mathrm{d}x$.

20. 设 $f(x)=\int_0^x \mathrm{e}^{-t^2+2t}\mathrm{d}t$, 求 $\int_0^1 (x-1)^2 f(x)\mathrm{d}x$.

21. 设连续函数 $f(x)$ 满足 $f(1)=2$, 且 $\int_0^x f(2x-t)t\mathrm{d}t=x^2$, 求定积分 $\int_1^2 f(x)\mathrm{d}x$.

22. 设 $f(x)=\int_1^{\sqrt{x}}\mathrm{e}^{-t^2}\mathrm{d}t$, 求 $\int_0^1\dfrac{f(x)}{\sqrt{x}}\mathrm{d}x$.

23. 设 $f(x)=\begin{cases}1+x^2, & x<0,\\ \mathrm{e}^{-x}, & x\geqslant 0,\end{cases}$ 求 $\int_1^3 f(x-2)\mathrm{d}x$.

24. (2024) 设函数 $f(x)$ 具有 2 阶导数, 且 $f'(0)=f'(1)$, $|f''(x)|\leqslant 1$. 证明:

(1) 当 $x\in(0,1)$ 时, $|f(x)-f(0)(1-x)-f(1)x|\leqslant\dfrac{x(1-x)}{2}$;

(2) $\left|\int_0^1 f(x)\mathrm{d}x-\dfrac{f(0)+f(1)}{2}\right|\leqslant\dfrac{1}{12}$.

25. 设 $f(x)$ 在区间 [0,1] 上连续, 在区间 $(0,1)$ 内可导, 且 $f(1)=2\int_0^{\frac{1}{2}}xf(x)\mathrm{d}x$, 试证: 存在一点 $\xi\in(0,1)$, 使 $f(\xi)+\xi f'(\xi)=0$.

26. 设 $a<b$, 证明不等式 $\left[\int_a^b f(x)g(x)\mathrm{d}x\right]^2\leqslant\int_a^b f^2(x)\mathrm{d}x\int_a^b g^2(x)\mathrm{d}x$. 提示: 考虑关于 λ 的二次三项式 $\int_a^b[f(x)+\lambda g(x)]^2\mathrm{d}x$ 的符号.

27. 设 $f(x),g(x)$ 在区间 $[a,b]$ 上连续, 且 $g(x)>0$, 利用闭区间上连续函数的性质证明: 存在一点 $\xi\in[a,b]$, 使

$$\int_a^b f(x)g(x)\mathrm{d}x=f(\xi)\int_a^b g(x)\mathrm{d}x.$$

28. 设 $f(x)$ 是以 $T(T>0)$ 为周期的连续函数, 且满足 $\int_0^T f(x)\mathrm{d}x=0$. 证明: $f(x)$ 的原函数也是以 T 为周期的周期函数.

29. 设 $f(x),g(x)$ 在区间 $[-a,a](a>0)$ 上连续, $g(x)$ 为偶函数, $f(x)$ 满足 $f(x)+f(-x)=A$(A 为常数). 试证 $\int_{-a}^a f(x)g(x)\mathrm{d}x=A\int_0^a g(x)\mathrm{d}x$.

并用该等式计算积分:

(1) $\int_{-\frac{\pi}{2}}^{\frac{\pi}{2}}|\sin x|\arctan \mathrm{e}^x\mathrm{d}x$; (2) $\int_{-1}^1\dfrac{x^2}{1+\mathrm{e}^{\frac{1}{x}}}\mathrm{d}x$.

30. 证明公式: $\int_a^b f(x)\mathrm{d}x=\dfrac{1}{2}\int_a^b[f(x)+f(a+b-x)]\mathrm{d}x$, 并用该等式计算积分:

(1) $\int_0^{\frac{\pi}{2}}\dfrac{\cos^3 x}{\sin x+\cos x}\mathrm{d}x$; (2) $\int_2^4\dfrac{\ln(9-x)}{\ln(9-x)+\ln(3+x)}\mathrm{d}x$.

第6章自测题

第 7 章

多元函数微积分

在前面 6 章中, 我们讨论的是一个自变量的函数, 称为一元函数. 但在许多实际问题中, 往往涉及多个方面的因素, 反映到数学上, 就是考虑一个变量 (因变量) 与另外多个变量 (自变量) 之间的依赖关系. 这就需要讨论多元函数的微积分学. 由于二元函数的概念和方法大都比较直观, 便于理解, 所以本章主要以二元函数为主, 二元以上的多元函数可以类推.

本章开始, 首先简单介绍一些空间解析几何的知识.

7.1 空间解析几何基础知识

7.1.1 空间直角坐标系

实数与数轴上的点是一一对应的. 二元有序数组与平面直角坐标系中的点一一对应, 从而可以把平面上的图形与二元方程对应起来. 类似地, 为了把三元有序数组与空间中的点一一对应起来, 从而可以建立空间图形与三元方程对应关系, 方便用代数方法来研究几何图形, 这就需要引进空间直角坐标系.

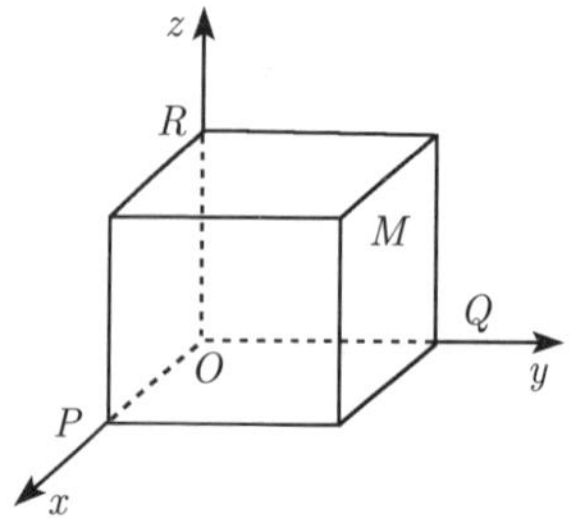

图 7.1

在空间中取定一点 O, 过 O 点作三条互相垂直的直线 Ox, Oy 和 Oz, 都以 O 点为原点, 取相同的单位长度, 并按右手系规定其正方向, 即将右手伸直, 拇指朝上为 Oz 的正方向, 其余四指的指向为 Ox 的正方向, 四指弯曲 $90°$ 后指向 Oy 的正方向. 这样的三条直线分别称为 x 轴 (横轴)、y 轴 (纵轴) 和 z 轴 (竖轴). 它们统称为**坐标轴**. 通常把 x 轴和 y 轴置于水平面上, z 轴则是铅垂线, 则这三条坐标轴就组成了一个空间直角坐标系 (图 7.1). 点 O 称为**坐标原点**.

三条坐标轴中任意两条可以确定一个平面, 称为**坐标面**. 由 x 轴和 y 轴确定的平面称为 xOy **平面**, 由 y 轴和 z 轴确定的平面称为 yOz **平面**, 由 z 轴和 x 轴确定的平面称为 xOz **平面** (图 7.1). 这三个坐标面将空间分成八个部分, 称为八个卦限. 含有 x 轴、y 轴与 z 轴正半轴的那个卦限为第 I 卦限, 其他第 Ⅱ、Ⅲ 和

Ⅳ 卦限在 xOy 面的上方, 按逆时针方向确定; 第 Ⅴ 至第 Ⅷ 卦限在 xOy 面的下方, 第一卦限之下的是第五卦限, 按逆时针方向确定.

在取定空间直角坐标系后, 对于空间中任意一点 M, 过点 M 作三个平面, 分别垂直于 x 轴、y 轴与 z 轴, 且与这三个轴分别交于 P,Q 和 R 三点 (图 7.1). 设 $OP=x, OQ=y, OR=z$, 则点 M 唯一确定了一个三元有序数组 (x,y,z); 反之, 对任意一个三元有序数组 (x,y,z), 在 x 轴、y 轴和 z 轴上分别取点 P,Q 和 R, 使 $OP=x, OQ=y, OR=z$, 然后过 P,Q 和 R 三点分别作垂直于 x 轴、y 轴和 z 轴的平面, 这三个平面相交于一点 M, 则有一个三元有序数组 (x,y,z) 唯一地确定了空间中的一个点 M. 于是, 空间中任意一点 M 和一个三元有序数组 (x,y,z) 之间就建立了一一对应的关系, 称这个三元有序数组为点 M 的坐标, 记为 $M(x,y,z)$.

显然, 在空间直角坐标系中坐标原点的坐标为 $(0,0,0)$; x 轴、y 轴和 z 轴上点的坐标分别为 $(x,0,0),(0,y,0)$ 和 $(0,0,z)$; xOy 平面、yOz 平面和 xOz 平面上点的坐标分别为 $(x,y,0),(x,y,0)$ 和 $(x,0,z)$.

7.1.2 空间两点间的距离

设 $M_1(x_1,y_1,z_1)$ 和 $M_2(x_2,y_2,z_2)$ 是空间中的任意两点, 过点 M_1 和 M_2 分别作垂直于三个坐标轴的三个平面, 这六个平面围成一个以线段 M_1M_2 为一条对角线的长方体 (图 7.2). 由图 7.2 可以看出

$$
\begin{aligned}
|M_1M_2|^2 &= |M_1S|^2+|M_2S|^2 \\
&= |M_1N|^2+|NS|^2+|M_2S|^2.
\end{aligned}
$$

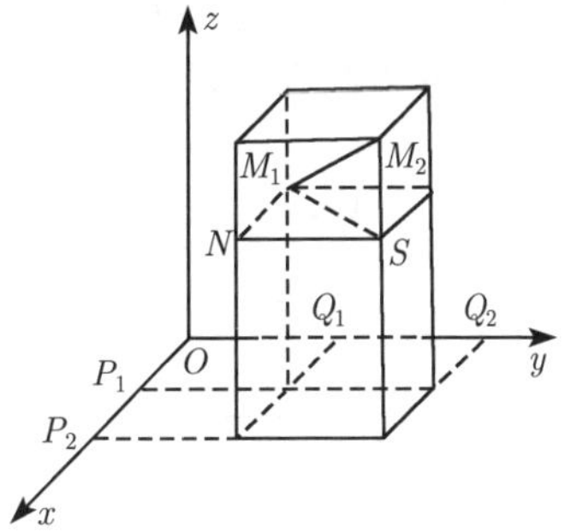

图 7.2

由于

$$
|M_1N|=|P_1P_2|=|x_2-x_1|,
$$

$$
|NS|=|y_2-y_1|,
$$

$$
|M_2S|=|z_2-z_1|.
$$

因此得

$$
\begin{aligned}
|M_1M_2|^2 &= |x_2-x_1|^2+|y_2-y_1|^2+|z_2-z_1|^2 \\
&= (x_2-x_1)^2+(y_2-y_1)^2+(z_2-z_1)^2.
\end{aligned}
$$

于是, 求得空间中任意两点 $M_1(x_1,y_1,z_1)$ 和 $M_2(x_2,y_2,z_2)$ 之间的距离公式为

$$
|M_1M_2|=\sqrt{(x_2-x_1)^2+(y_2-y_1)^2+(z_2-z_1)^2}.
$$

特别地, 空间中任意一点 $M(x,y,z)$ 到坐标原点 $O(0,0,0)$ 的距离为

$$|OM|=\sqrt{x^2+y^2+z^2}.$$

例 1　在 z 轴上求一点, 使该点与点 $A(-1,0,2)$ 和 $B(2,1,3)$ 的距离相等.

解　因为所求的点在 z 轴上, 所以可设该点为 $M(0,0,z)$, 由题意有

$$|MA|=|MB|,$$

即

$$\sqrt{(0+1)^2+(0-0)^2+(z-2)^2}=\sqrt{(0-2)^2+(0-1)^2+(z-3)^2},$$

解得 $z=\dfrac{9}{2}$, 故所求点为 $M\left(0,0,\dfrac{9}{2}\right)$.

7.1.3　空间曲面及其方程

在空间直角坐标系中, 空间的点与三元有序数组是一一对应的, 类似于在平面解析几何中建立曲线与方程的对应关系一样, 可以建立空间曲面与三元方程的对应关系.

定义 7.1　如果曲面 S 上任意一点 M 的坐标都满足方程 $F(x,y,z)=0$, 而不在曲面 S 上点的坐标都不满足方程 $F(x,y,z)=0$, 则称方程 $F(x,y,z)=0$ 为**曲面 S 的方程**, 而称曲面 S 称为方程 $F(x,y,z)=0$ 的**图形** (图 7.3). 由此还可以看出三元方程在空间中通常为一张曲面.

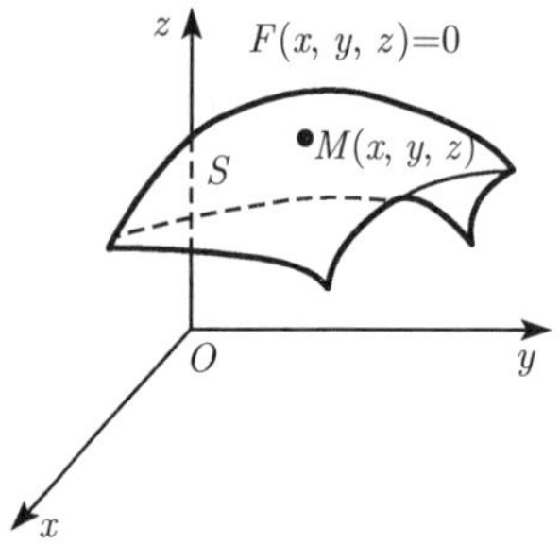

图 7.3

例 2　建立球心在点 $M_0(x_0,y_0,z_0)$, 半径为 R 的球面方程.

解　设 $M(x,y,z)$ 是球面上的任一点, 则有

$$|M_0M|=R,$$

由两点间距离公式, 得

$$\sqrt{(x-x_0)^2+(y-y_0)^2+(z-z_0)^2}=R,$$

化简得球面方程为

$$(x-x_0)^2+(y-y_0)^2+(z-z_0)^2=R^2.$$

特别地, 当球心为原点时, 球面方程为

$$x^2+y^2+z^2=R^2.$$

例 3 方程 $x^2+y^2+z^2-6x+8z=0$ 表示怎样的曲面?

解 原方程配方, 得

$$(x-3)^2+y^2+(z+4)^2=5^2.$$

所以原方程表示球心在点 $(3,0,-4)$, 半径为 5 的球面方程.

例 2 和例 3 表明, 空间曲面可以用三元方程来表示, 而三元方程通常表示一曲面. 所以, 在空间解析几何中关于曲面的研究, 主要有下列两个基本问题:

(1) 已知一曲面作为点的几何轨迹时, 建立这曲面的方程, 如例 1;

(2) 已知曲面方程, 研究这方程所表示的曲面的形状, 如例 2.

常见的空间曲面主要有平面、柱面和二次曲面等. 其中平面与柱面是关于基本问题 (1) 的例子, 而二次曲面是关于基本问题 (2) 的例子. 下面分别介绍它们的方程及图形.

1. 平面

空间平面是空间曲面的特例, 空间平面方程是三元一次方程, 其一般形式为

$$Ax+By+Cz+D=0,$$

其中 A,B,C 是不全为零的常数.

例如, 当 $D=0$ 时, 表示通过坐标原点的平面 $Ax+By+Cz=0$; 当 $C=0$ 时, 表示平行于 Oz 轴的平面 $Ax+By+D=0$; 当 $C=D=0$ 时, 表示通过 Oz 轴的平面 $Ax+By=0$; 当 $A=B=0$ 时, 表示平行于 xOy 面的平面 $Cz+D=0$; 当 $A=B=D=0$ 时, 表示坐标平面 xOy 面.

2. 柱面

平行于定直线并沿定曲线 C 移动的直线 L 所形成的轨迹称为**柱面**. 定曲线 C 称为柱面的**准线**, 动直线 L 称为柱面的**母线**.

一般地, 只含 x,y 而不含 z 的方程 $F(x,y)=0$, 在空间直角坐标系中表示母线平行于 z 轴的柱面. 类似地, 方程 $F(x,z)=0$ 表示母线平行于 y 轴的柱面; 方程 $F(y,z)=0$ 表示母线平行于 x 轴的柱面.

例如, 圆柱面 $x^2+y^2=R^2$, 它的母线平行于 Oz 轴, 准线是 xOy 面上的圆 $x^2+y^2=R^2$(图 7.4); 再如抛物柱面 $y^2=x$, 它的母线平行于 Oz 轴, 准线是 xOy 面上的抛物线 $y^2=x$(图 7.5). 另外, 还有椭圆柱面 $\dfrac{x^2}{a^2}+\dfrac{y^2}{b^2}=1(a,b>0)$(图 7.6), 双曲柱面 $\dfrac{x^2}{a^2}-\dfrac{y^2}{b^2}=1(a,b>0)$(图 7.7) 等.

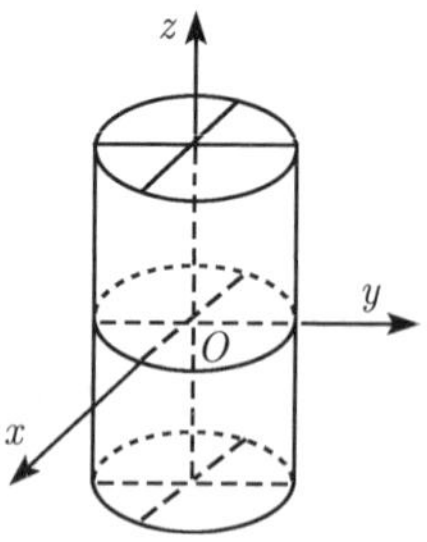

图 7.4

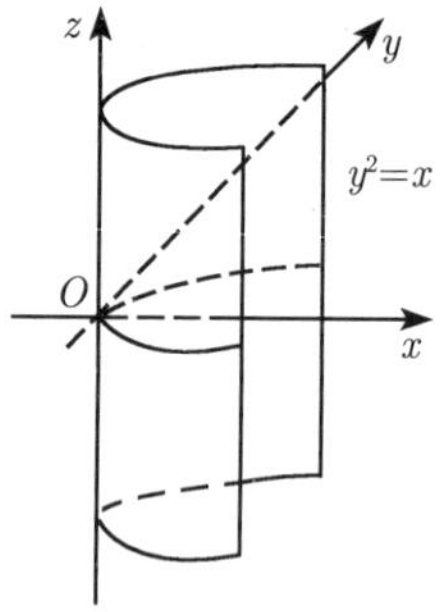

图 7.5

平面也是柱面的特例, 如 $x-y=0$, 它的母线平行于 Oz 轴, 准线是 xOy 面上的直线 $y=x$(图 7.8).

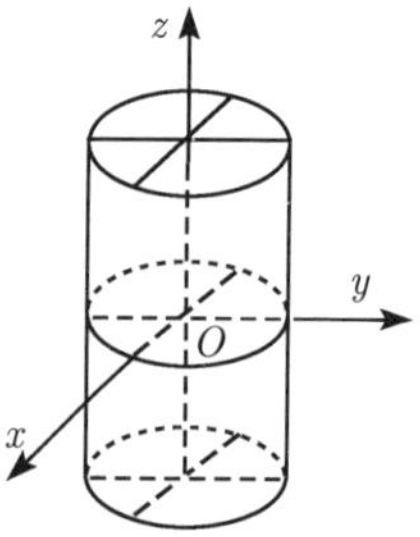

图 7.6

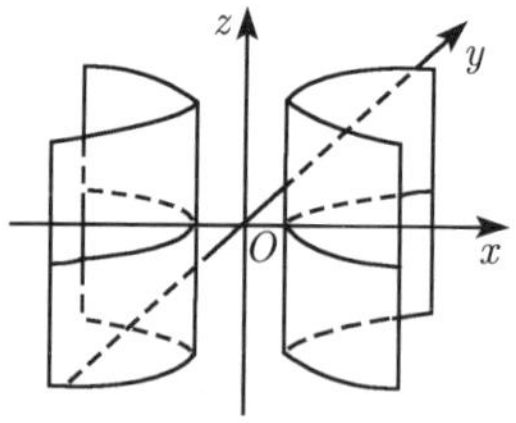

图 7.7

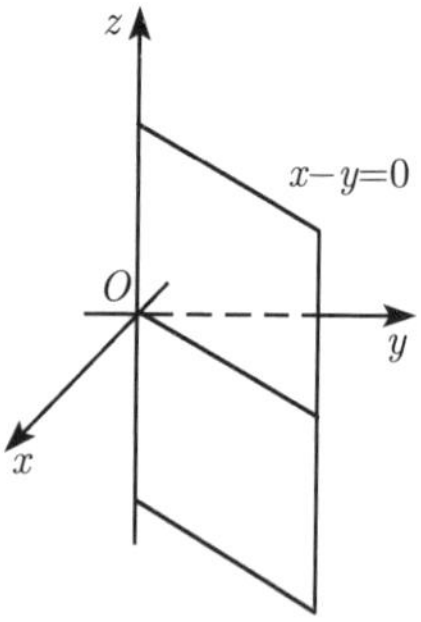

图 7.8

3. 二次曲面

前面把三元一次方程所表示的空间曲面称为一次曲面 (即平面). 那么, 相应地把三元二次方程所表示的曲面称为**二次曲面**.

二次曲面有九种, 如下所示.

(1) 椭球面 (图 7.9): $\dfrac{x^2}{a^2}+\dfrac{y^2}{b^2}+\dfrac{z^2}{c^2}=1(a,b,c>0)$.

(2) 椭圆锥面 (图 7.10): $\dfrac{x^2}{a^2}+\dfrac{y^2}{b^2}=z^2(a,b>0)$.

(3) 单叶双曲面 (图 7.11): $\dfrac{x^2}{a^2}+\dfrac{y^2}{b^2}-\dfrac{z^2}{c^2}=1(a,b,c>0)$.

(4) 双叶双曲面 (图 7.12): $\dfrac{x^2}{a^2}-\dfrac{y^2}{b^2}-\dfrac{z^2}{c^2}=1(a,b,c>0)$.

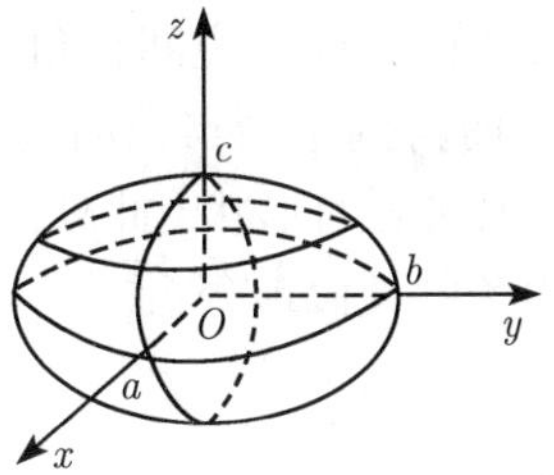

图 7.9

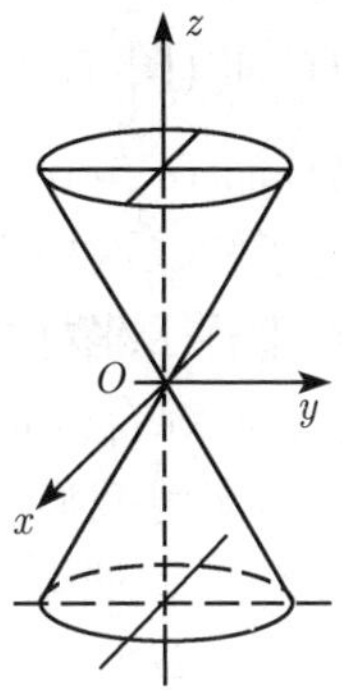

图 7.10

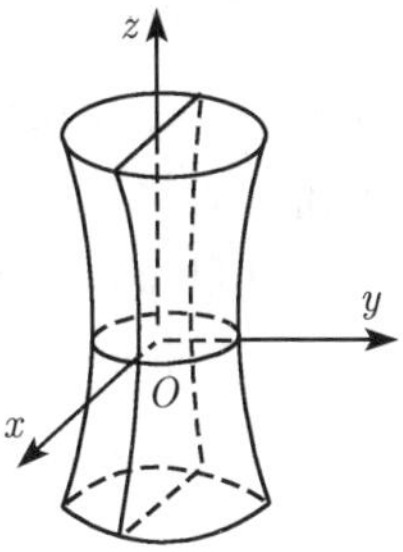

图 7.11

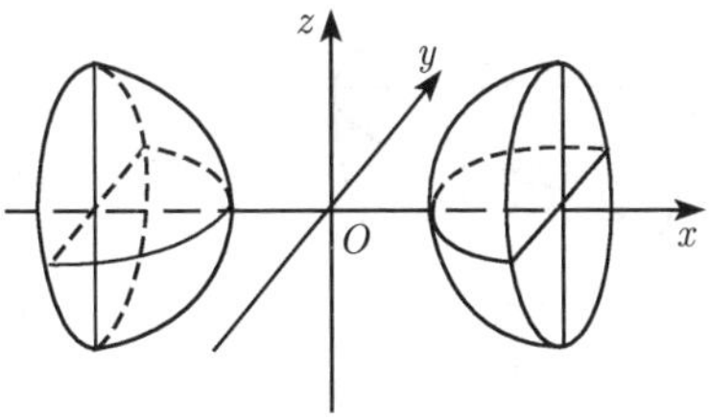

图 7.12

(5) 椭圆抛物面 (图 7.13): $\dfrac{x^2}{a^2}+\dfrac{y^2}{b^2}=z(a,b>0)$.

(6) 双曲抛物面 (通常称为马鞍面, 图 7.14): $\dfrac{x^2}{a^2}-\dfrac{y^2}{b^2}=z(a,b>0)$.

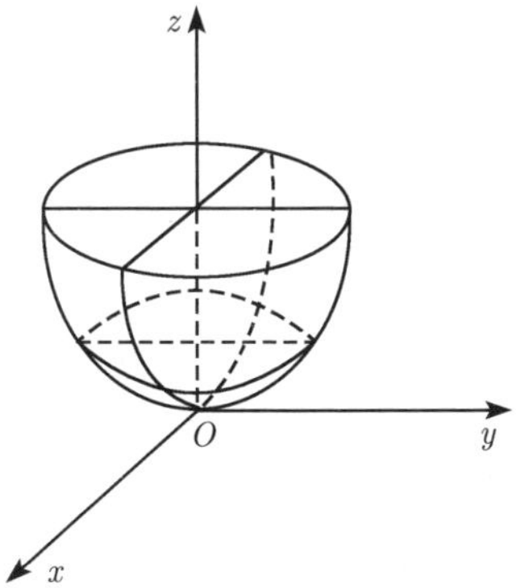

图 7.13

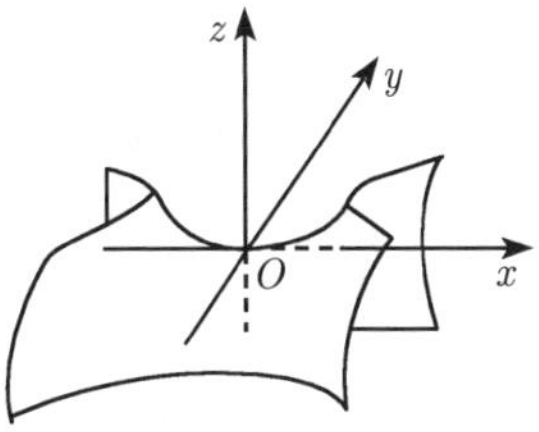

图 7.14

(7) 椭圆柱面 (图 7.6): $\dfrac{x^2}{a^2}+\dfrac{y^2}{b^2}=1(a,b>0)$.

(8) 双曲柱面 (图 7.7): $\dfrac{x^2}{a^2}-\dfrac{y^2}{b^2}=1(a,b>0)$.

(9) 抛物柱面 ($a>0$ 时, 图 7.5): $y^2=ax$.

那么怎样了解二次曲面的形状呢? 通常采取**截痕法**, 即在空间直角坐标系中, 用坐标平面和平行于坐标平面的平面去截曲面, 从而得到平面与曲面的一系列交线 (即截痕), 然后综合分析这些截痕的形状, 来认识曲面的形状. 此处, 我们只选取两个二次曲面来用截痕法分析. 其余二次曲面读者可类似地分析.

例 4　讨论 $z=x^2+y^2$ 的图形.

解　用平面 $z=c$ 去截该曲面, 其截痕方程为

$$\begin{cases} x^2+y^2=c, \\ z=c. \end{cases}$$

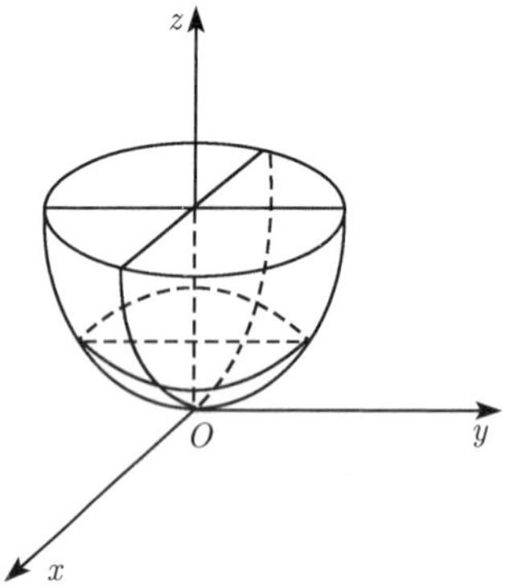

图 7.15

当 $c=0$ 时, 其截痕为点 $(0,0,0)$;

当 $c>0$ 时, 其截痕为平面 $z=c$ 上的圆 $x^2+y^2=c$, 且 c 越大, 其截痕的圆也越大;

当 $c<0$ 时, 平面与该曲面无交点. 再用平面 $x=0$ 去截, 则截痕为抛物线:

$$\begin{cases} x=0, \\ z=y^2. \end{cases}$$

综上分析可知 $z=x^2+y^2$ 是一个旋转抛物面 (图 7.15).

例 5　讨论 $z=y^2-x^2$ 的图形.

解　用平面 $z=c$ 去截该曲面, 其截痕方程为

$$\begin{cases} z=y^2-x^2, \\ z=c. \end{cases}$$

当 $c=0$ 时, 其截痕为平面 $z=0$(即 xOy 面) 上两条相交于原点的直线

$$y-x=0;\quad y+x=0;$$

当 $c\neq 0$ 时, 其截痕为双曲线;

当用平面 $x=c$ 或 $y=c$ 去截该曲面时, 其截痕均为抛物线

$$\begin{cases} z=y^2-x^2, \\ x=c, \end{cases} \text{或} \begin{cases} z=y^2-x^2, \\ y=c. \end{cases}$$

综上分析可知 $z=y^2-x^2$ 是一个双曲抛物面, 也成为马鞍面 (图 7.16).

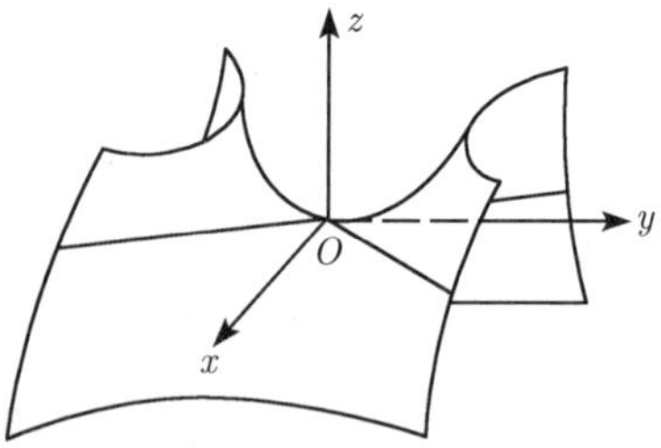

图 7.16

7.2 多元函数的基本概念

7.2.1 平面点集与区域

学习一元函数时, 其定义域是在数轴上进行讨论的. 为了将一元函数微积分推广到多元情形, 我们需要引入平面点集与区域的一些基本概念, 从而将有关概念从一元函数的情形推广到二元函数, 以便进一步推广到多元函数中.

1. 平面点集

平面点集是指平面上满足某个条件 P 的一切点构成的集合, 记为

$$E=\{(x,y)|(x,y)\text{满足条件}P\}.$$

例如, 平面点集

$$E=\{(x,y)|x^2+y^2<1\}$$

表示平面上以原点为中心, 1 为半径的圆的内部点的集合.

有了点集和距离公式, 就可以引入平面上某点的邻域的概念.

2. 邻域

在 xOy 平面上, 以点 $P_0(x_0,y_0)$ 为中心、$\delta>0$ 为半径的圆的内部点的全体, 称为**点 P_0 的 δ 邻域**. 记作 $U(P_0,\delta)$, 即

$$U(P_0,\delta)=\left\{(x,y)|\sqrt{(x-x_0)^2+(y-y_0)^2}<\delta\right\}.$$

并称点 P_0 为邻域的中心, $\delta>0$ 为邻域的半径. $U(P_0,\delta)$ 中除去点 P_0 后称为点 P_0 的**去心 δ 邻域**, 记作 $U(P_0,\delta)$, 即

$$U(P_0,\delta)=\left\{(x,y)|0<\sqrt{(x-x_0)^2+(y-y_0)^2}<\delta\right\}.$$

如果不需要强调邻域的半径, 可用 $U(P_0)$ 或 $U(P_0)$ 分别表示点 P_0 的某个邻域或某个去心邻域.

有了邻域的概念, 就可以描述点和点集的关系 (内点、外点及边界点).

3. 设有点集 E 和任一点 P

(1) **内点** 如果存在某个邻域 $U(P)\subset E$, 则称点 P 是 E 的内点 (图 7.17 中, 点 P_1 为 E 的内点);

(2) **外点** 如果存在某个邻域 $U(P)\cap E=\varnothing$, 则称点 P 是 E 的外点 (图 7.17 中, 点 P_2 为 E 的外点);

(3) **边界点** 如果点 P 的任何邻域内既含有属于 E 的点, 又含有不属于 E 的点, 则称点 P 为 E 的边界点 (图 7.17 中, 点 P_3 为 E 的边界点). 点集 E 的所有边界点的集合称为 E 的边界.

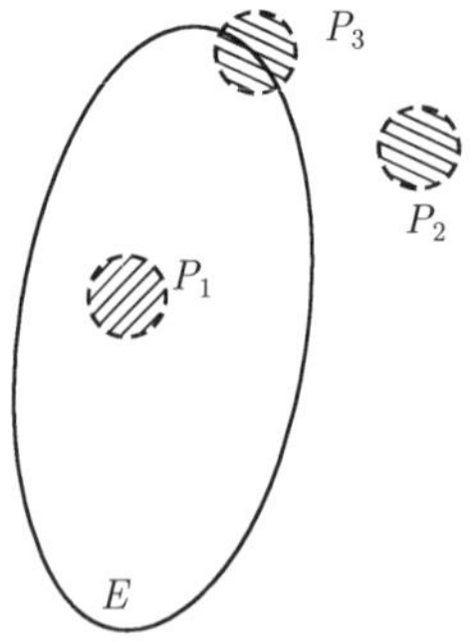

图 7.17

不难看出, 点集 E 的内点必定属于 E; E 的外点必不属于 E; 而 E 的边界点可能属于 E, 也可能不属于 E.

例如, 设有平面点集

$$E=\{(x,y)|1<x^2+y^2\leqslant 2\},$$

则满足 $1<x^2+y^2<2$ 的一切点都是 E 的内点; 满足 $x^2+y^2<1$ 或 $x^2+y^2>2$ 的一切点都是 E 的外点; 满足 $x^2+y^2=1$ 或 $x^2+y^2=2$ 的点均为 E 的边界点, 但 $x^2+y^2=1$ 上的点都不属于 E, 而 $x^2+y^2=2$ 上的点都属于 E.

根据点集所属点的特征, 我们再定义一些平面点集.

4. (1) **开集** 如果点集 E 的点都是它的内点, 则称 E 为开集.

(2) **闭集** 开集连同它的边界所构成的点集称为闭集.

(3) **连通集** 如果点集 E 内任何两点, 都可以用折线连结起来, 且该折线上的点都属于 E, 则称 E 为连通集.

例如, 集合 $\{(x,y)|1<x^2+y^2<2\}$ 是开集; 集合 $\{(x,y)|1\leqslant x^2+y^2\leqslant 2\}$ 是闭集; 而集合 $\{(x,y)|1<x^2+y^2\leqslant 2\}$ 既不是开集, 也不是闭集.

5. (1) **开区域** 连通的开集称为开区域 (或区域).

(2) **闭区域** 开区域连同它的边界一起构成的点集称为闭区域.

(3) **有界区域、无界区域** 如果区域 E 可以包含在以原点为中心的某一个圆内, 则称它是有界区域. 否则, 就称为无界区域.

例如, 集合 $\{(x,y)|1\leqslant x^2+y^2\leqslant 2\}$ 为有界闭区域; 集合 $\{(x,y)|x^2+y^2>1\}$ 为无界区域.

7.2.2 多元函数概念

前面我们所讨论的对象都是一元函数, 就是说, 函数只依赖一个自变量. 但在许多自然现象以及实际问题中, 变量之间的对应关系不是依赖一个自变量, 而是依赖几个自变量. 这就需要引入多元函数的概念.

例 1 设长方体的长、宽和高分别为 x,y 和 z, 则其体积为

$$v=xyz\quad (x,y,z>0),$$

这里变量 v 随 x, y 和 z 的变化而变化. 当取定一个三元有序数组 $(x,y,z)(x,y,z>0)$ 时, v 的对应值就随之确定了.

例 2 设某商品的销售量为 Q, 价格为 p, 则该商品的收入函数为

$$R = Qp \quad (Q, p > 0),$$

这里 R 随 Q, p 的变化而变化. 当取定一个二元有序数组 $(Q,p)(Q,p>0)$ 时, R 的对应值就随之确定了.

上述两例, 虽然具体含义各不相同, 但是它们有共同的性质, 即其中一个变量是依赖于其他几个变量的变化而变化的. 抽出这些共性就可以给出二元函数的定义.

定义 7.2 设 D 是 xOy 平面上的一个非空点集, f 为一对应规则, 如果对于 D 内任一点 (x,y), 都能由 f 唯一确定一个实数 z, 则称对应规则 f 为定义在 D 上的**二元函数**, 记为

$$z = f(x,y), \quad (x,y) \in D,$$

其中 x, y 称为**自变量**, z 称为**因变量**, 点集 D 称为函数的**定义域**, 数集

$$\{z | z = f(x,y), (x,y) \in D\}$$

称为该函数的**值域**.

由 7.1 节可知, 二元函数的几何意义表示空间中的一张曲面. 例如, 7.1 节中的旋转抛物面 $z = x^2 + y^2$ (图 7.15). 二元函数的定义域 D 为该曲面在 xOy 平面上的投影.

类似地, 可定义三元及三元以上的函数. 一般地, 把 n 元函数记为

$$y = f(x_1, x_2, \cdots, x_n), \quad (x_1, x_2, \cdots, x_n) \in D,$$

其中 $x_1, x_2, \cdots, x_n$ 为自变量, y 为因变量, D 为定义域.

二元及二元以上的函数统称为**多元函数**.

当 $n = 1$ 时, n 元函数就是一元函数. 当 $n \geqslant 2$ 时, n 元函数统称为多元函数. 特别地, 当 $n = 2$ 时, 习惯上用 x, y 表示自变量, 把二元函数记作

$$z = f(x,y), \quad (x,y) \in D.$$

关于多元函数的定义域, 与一元函数类似. 当函数没有明确给出其定义域时, 该函数的定义域是指使该函数有意义的一切点组成的集合. 通常称其为**自然定义域**. 二元函数 $z = f(x,y)$ 的定义域是一个平面点集; 而三元函数 $u = f(x,y,z)$ 的定义域是一个空间点集.

例 3 求函数 $z=\ln(x+y)$ 的定义域.

解 由对数函数的性质可知该函数的定义域为

$$D=\{(x,y)|x+y>0\}.$$

这是一个无界开区域 (图 7.18).

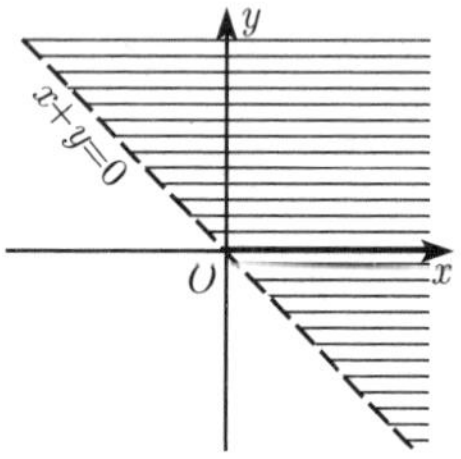

图 7.18

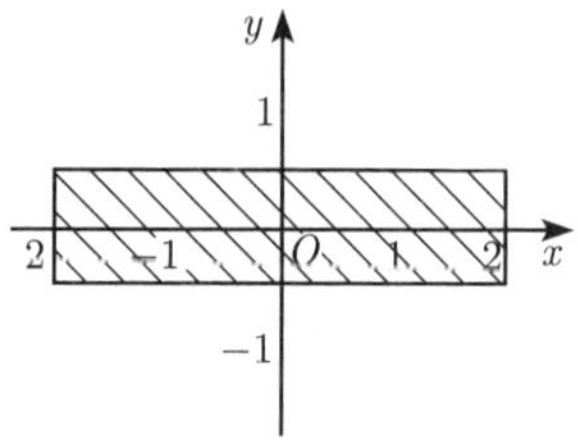

图 7.19

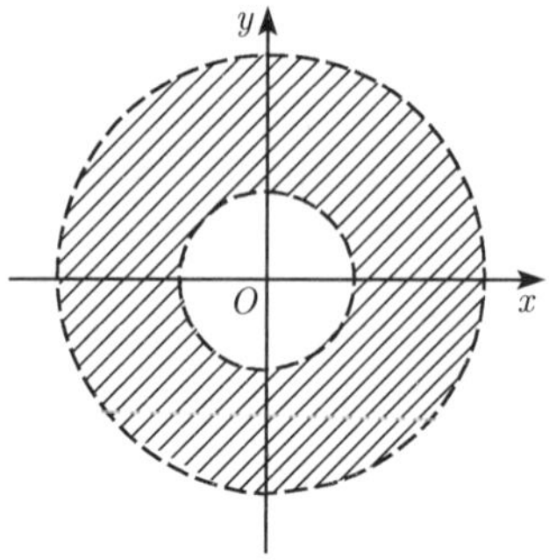

图 7.20

例 4 求函数 $z=\arcsin\dfrac{x}{2}+\arccos 2y$ 的定义域.

解 由题意, 得

$$\begin{cases}-1\leqslant\dfrac{x}{2}\leqslant 1,\\ -1\leqslant 2y\leqslant 1,\end{cases}$$

解得

$$\begin{cases}-2\leqslant x\leqslant 2,\\ -\dfrac{1}{2}\leqslant y\leqslant\dfrac{1}{2}.\end{cases}$$

故所求函数的定义域为

$$D=\left\{(x,y)\left|-2\leqslant x\leqslant 2,-\frac{1}{2}\leqslant y\leqslant\frac{1}{2}\right.\right\}.$$

这是一个有界闭区域 (图 7.19).

例 5 求函数 $z=\dfrac{1}{\sqrt{x^2+y^2-1}}+\ln(9-x^2-y^2)$ 的定义域.

解 由题意, 得

$$\begin{cases}x^2+y^2-1>0,\\ 9-x^2-y^2>0,\end{cases}$$

解得

$$1 < x^2 + y^2 < 9.$$

故所求函数的定义域为

$$D = \left\{(x,y)|1 < x^2 + y^2 < 9\right\}.$$

这是一个有界开区域 (图 7.20).

7.2.3 二元函数的极限

与一元函数极限概念类似, 如果在 $P(x,y) \to P_0(x_0,y_0)$ 的过程中, 对应的函数值 $f(x,y)$ 无限接近于一个确定的常数 A, 就说 A 为函数 $f(x,y)$ 在 $P(x,y) \to P_0(x_0,y_0)$ 时的**极限**. 下面用 "ε-δ" 语言来描述二元函数极限的概念.

定义 7.3 设函数 $z = f(x,y)$ 在点 $P_0(x_0,y_0)$ 的某去心邻域内有定义, A 为常数. 如果对 $\forall\varepsilon > 0, \exists\delta > 0$, 使当 $0 < \sqrt{(x-x_0)^2 + (y-y_0)^2} < \delta$ 时, 恒有

$$|f(x,y) - A| < \varepsilon$$

成立, 则称常数 A 为函数 $z = f(x,y)$ 在 $P(x,y) \to P_0(x_0,y_0)$ 时的**极限**, 记为

$$\lim_{P\to P_0} f(P) = A \quad 或 \quad \lim_{(x,y)\to(x_0,y_0)} f(x,y) = A \quad 或 \quad \lim_{\substack{x\to x_0\\ y\to y_0}} f(x,y) = A$$

或者 $f(P) \to A(P \to P_0)$ 或 $f(x,y) \to A((x,y) \to (x_0,y_0))$.

为了区别于一元函数的极限, 我们称二元函数的极限为**二重极限**.

在定义 7.3 中, 需要特别注意的是, 动点 $P(x,y)$ 是以任意方式趋于定点 $P_0(x_0,y_0)$ 的. 当点 $P(x,y)$ 按某种特殊方式趋于点 $P_0(x_0,y_0)$ 时, 如果函数 $f(x,y)$ 极限存在, 这并不能断定在 $P(x,y) \to P_0(x_0,y_0)$ 时函数 $f(x,y)$ 的极限也存在. 但我们常用这个命题的逆否命题来证明一个二元函数的极限不存在, 即如果当 $P(x,y)$ 以不同方式趋于 $P_0(x_0,y_0)$ 时, $f(x,y)$ 趋于不同的常数, 便能断定 $f(x,y)$ 的极限不存在.

二元函数的极限有与一元函数的极限类似的运算法则.

例 6 求极限 $\displaystyle\lim_{(x,y)\to(0,2)} \frac{\sin xy}{x}$.

解 当 $(x,y) \to (0,2)$ 时, $xy \to 0$, 从而 $\sin xy \sim xy$, 于是

$$\lim_{(x,y)\to(0,2)} \frac{\sin xy}{x} = \lim_{(x,y)\to(0,2)} \frac{xy}{x} = \lim_{(x,y)\to(0,2)} y = 2.$$

例 7 求极限 $\displaystyle\lim_{(x,y)\to(0,0)} \frac{xy}{2-\sqrt{xy+4}}$.

解
$$\lim_{(x,y)\to(0,0)}\frac{xy}{2-\sqrt{xy+4}}=\lim_{(x,y)\to(0,0)}\frac{xy(2+\sqrt{xy+4})}{(2-\sqrt{xy+4})(2+\sqrt{xy+4})}$$
$$=\lim_{(x,y)\to(0,0)}\frac{xy(2+\sqrt{xy+4})}{-xy}=-4.$$

例 8 求极限 $\lim\limits_{(x,y)\to(0,0)}\dfrac{xy^2}{x^2+y^2}$.

解 当 $(x,y)\to(0,0)$ 时, $\left|\dfrac{y^2}{x^2+y^2}\right|\leqslant 1$, 即 $\dfrac{y^2}{x^2+y^2}$ 是有界变量. 所以

$$\lim_{(x,y)\to(0,0)}\frac{xy^2}{x^2+y^2}=\lim_{(x,y)\to(0,0)}x\cdot\frac{y^2}{x^2+y^2}=0.$$

例 9 求极限 $\lim\limits_{(x,y)\to(0,0)}\dfrac{xy}{x^2+y^2}$.

解 当点 (x,y) 沿直线 $y=kx$(k 为常数) 趋向于点 $(0,0)$ 时, 有

$$\lim_{(x,y)\to(0,0)}\frac{xy}{x^2+y^2}=\lim_{\substack{(x,y)\to(0,0)\\ y=kx}}\frac{xy}{x^2+y^2}=\lim_{x\to 0}\frac{kx^2}{x^2+k^2x^2}=\frac{k}{1+k^2}.$$

显然, 极限值随 k 的变化而变化, 所以该极限不存在.

7.2.4 二元函数的连续性

有了二元函数极限的概念, 就很容易给出二元函数连续性的概念.

定义 7.4 设二元函数 $z=f(x,y)$ 在点 $P_0(x_0,y_0)$ 的某个邻域内有定义, 如果

$$\lim_{(x,y)\to(x_0,y_0)}f(x,y)=f(x_0,y_0),$$

则称函数 $z=f(x,y)$ 在点 $P_0(x_0,y_0)$ 处**连续**. 否则, 称 $z=f(x,y)$ 在 $P_0(x_0,y_0)$ 处**间断**或**不连续**, 点 $P_0(x_0,y_0)$ 称为**间断点**或**不连续点**.

由例 8 和例 9 可知, 函数

$$f(x,y)=\begin{cases}\dfrac{xy^2}{x^2+y^2}, & (x,y)\neq(0,0),\\ 0 & (x,y)=(0,0)\end{cases}$$

在点 $(0,0)$ 处连续. 而函数

$$f(x,y)=\begin{cases}\dfrac{xy}{x^2+y^2}, & (x,y)\neq(0,0),\\ 0 & (x,y)=(0,0)\end{cases}$$

在点 $(0,0)$ 处不连续 (间断).

如果 $f(x,y)$ 在某一区域 D 内每一点都连续, 则称该函数**在区域 D 内连续**, 或称 $f(x,y)$ 是 **D 上的连续函数**.

与一元函数类似, 二元连续函数的和、差、积和商 (在分母不为零处) 仍是连续函数; 二元连续函数的复合函数也是连续函数; 一切二元初等函数在其定义区域内也是连续的.

一元连续函数在闭区间上的性质, 可推广到二元函数在有界闭区域 D 上.

(1) **最值定理** 如果函数 $f(x,y)$ 在有界闭区域 D 上连续, 则它在 D 上必有最大值和最小值.

(2) **有界性定理** 如果函数 $f(x,y)$ 在有界闭区域 D 上连续, 则它在 D 上必有界.

(3) **介值定理** 如果函数 $f(x,y)$ 在有界闭区域 D 上连续, $f(x,y)$ 的最小值和最大值分别为 m 和 M, 则对任意的 $C\in[m,M]$ 必存在点 $(\xi,\eta)\in D$, 使得 $f(\xi,\eta)=C$.

推论 如果函数 $f(x,y)$ 在有界闭区域 D 上连续, 且它在 D 上至少有两个点的函数值异号, 则必存在点 $(\xi,\eta)\in D$, 使得 $f(\xi,\eta)=0$.

7.3 偏导数

7.3.1 偏导数的定义及其计算

一元函数的导数是通过讨论函数的变化率引入的, 同样对于多元函数也需要讨论它的变化率. 但多元函数的自变量不止一个, 因变量与自变量的关系比一元函数复杂得多. 为了简化问题, 本节只考虑多元函数关于其中一个自变量的变化率问题, 熟悉了这种情况, 就容易掌握当所有自变量都变化时, 因变量的变化规律了.

例如, 在二元函数 $z=f(x,y)$ 中, 如果固定自变量 $y=y_0$ 时, 函数 $z=f(x,y_0)$ 就是一元函数. 该函数对 x 的导数, 就称为函数 $f(x,y)$ 关于 x 的**偏导数**.

为了更好地理解偏导数, 先介绍几个关于多元函数改变量的概念.

设函数 $z=f(x,y)$ 在点 (x_0,y_0) 的某一邻域内有定义, 当固定 $y=y_0$, 而自变量 x 在点 x_0 取得改变量 $\Delta x(\neq 0)$ 时, 函数 z 有相应的改变量

$$\Delta_x z=f(x_0+\Delta x,y_0)-f(x_0,y_0),$$

称为函数 $f(x,y)$ **关于 x 的偏改变量或偏增量**. 类似地, 可以定义函数 $f(x,y)$ **关于 y 的偏改变量或偏增量**

$$\Delta_y z=f(x_0,y_0+\Delta y)-f(x_0,y_0).$$

当自变量分别在点 x_0,y_0 取得改变量 $\Delta x,\Delta y$ 时, 函数 $f(x,y)$ 的相应的改变量

$$\Delta z = f(x_0+\Delta x, y_0+\Delta y) - f(x_0, y_0),$$

称为函数 $f(x,y)$ 的**全改变量或全增量**.

定义 7.5　设函数 $z=f(x,y)$ 在点 (x_0,y_0) 的某一邻域内有定义, 当固定 y 在 y_0, 而 x 在 x_0 处取得增量 $\Delta x(\Delta x \neq 0)$ 时, 函数有相应的偏增量

$$\Delta_x z = f(x_0+\Delta x, y_0) - f(x_0, y_0).$$

如果极限

$$\lim_{\Delta x\to 0}\frac{\Delta_x z}{\Delta x} = \lim_{\Delta x\to 0}\frac{f(x_0+\Delta x, y_0)-f(x_0,y_0)}{\Delta x}$$

存在, 则称此极限为函数 $z=f(x,y)$ 在点 (x_0,y_0) 处**对 x 的偏导数**, 记作

$$f'_x(x_0,y_0),\quad z'_x\big|_{(x_0,y_0)},\quad \left.\frac{\partial z}{\partial x}\right|_{(x_0,y_0)} \quad 或 \quad \left.\frac{\partial f}{\partial x}\right|_{(x_0,y_0)},$$

即

$$f'_x(x_0,y_0) = \lim_{\Delta x\to 0}\frac{\Delta_x z}{\Delta x} = \lim_{\Delta x\to 0}\frac{f(x_0+\Delta x, y_0)-f(x_0,y_0)}{\Delta x}.$$

类似地, 函数 $z=f(x,y)$ 在点 (x_0,y_0) 处**对 y 的偏导数**为

$$f'_y(x_0,y_0) = \lim_{\Delta y\to 0}\frac{\Delta_y z}{\Delta y} = \lim_{\Delta y\to 0}\frac{f(x_0, y_0+\Delta y)-f(x_0,y_0)}{\Delta y}$$

或记为

$$z'_y\big|_{(x_0,y_0)},\quad \left.\frac{\partial z}{\partial y}\right|_{(x_0,y_0)} \quad 或 \quad \left.\frac{\partial f}{\partial y}\right|_{(x_0,y_0)}.$$

当函数 $z=f(x,y)$ 在点 (x_0,y_0) 处对 x 和 y 的偏导数都存在时, 我们称 $f(x,y)$ 在点 (x_0,y_0) 处**可偏导**.

如果函数 $z=f(x,y)$ 在某区域 D 内任一点 (x,y) 处对 x(或 y) 的偏导数 $f'_x(x,y)$(或 $f'_y(x,y)$) 都存在, 那么这两个偏导数仍然是 x,y 的二元函数, 则称其为函数 $f(x,y)$ 分别对 x 和 y 的**偏导函数**, 简称为**偏导数**. 记作

$$z'_x,\quad f'_x(x,y),\quad \frac{\partial z}{\partial x} \quad 或 \quad \frac{\partial f}{\partial x}\left(或 z'_y, f'_y(x,y), \frac{\partial z}{\partial y}或\frac{\partial f}{\partial y}\right).$$

显然, $f'_x(x_0,y_0)$(或 $f'_y(x_0,y_0)$) 就是偏导数 $f'_x(x,y)$(或 $f'_y(x,y)$) 在点 (x_0,y_0) 处的函数值.

偏导数的概念可以推广到二元以上的函数. 例如, 三元函数 $u=f(x,y,z)$ 在点 (x,y,z) 处的偏导数为

$$\frac{\partial u}{\partial x}=\lim_{\Delta x\to 0}\frac{\Delta_x u}{\Delta x}=\lim_{\Delta x\to 0}\frac{f(x+\Delta x,y,z)-f(x,y,z)}{\Delta x};$$
$$\frac{\partial u}{\partial y}=\lim_{\Delta y\to 0}\frac{\Delta_y u}{\Delta y}=\lim_{\Delta y\to 0}\frac{f(x,y+\Delta y,z)-f(x,y,z)}{\Delta y};$$
$$\frac{\partial u}{\partial z}=\lim_{\Delta z\to 0}\frac{\Delta_z u}{\Delta z}=\lim_{\Delta z\to 0}\frac{f(x,y,z+\Delta z)-f(x,y,z)}{\Delta z}.$$

在一元函数中, 导数 $\frac{\mathrm{d}y}{\mathrm{d}x}$ 可看成函数的微分 $\mathrm{d}y$ 与自变量的微分 $\mathrm{d}x$ 的商. 但在多元函数中, 偏导数的记号是一个整体.

从偏导数的定义可以看出, 在求多元函数对某个自变量的偏导数时, 只需把其他自变量看成常数, 然后直接按照一元函数的求导法则来计算.

例 1 求函数 $z=x^3+xy-y^2$ 在点 $(0,1)$ 处的偏导数.

解 将 y 看成常数, 对 x 求导得

$$\frac{\partial z}{\partial x}=3x^2+y.$$

将 x 看成常数, 对 y 求导得

$$\frac{\partial z}{\partial y}=x-2y.$$

所以

$$\left.\frac{\partial z}{\partial x}\right|_{(0,1)}=1,\quad \left.\frac{\partial z}{\partial y}\right|_{(0,1)}=-2.$$

例 2 求函数 $z=x^y(x>0,x\neq 1)$ 的偏导数.

解 $z'_x=(x^y)'_x=yx^{y-1},\quad z'_y=(x^y)'_y=x^y\ln x.$

例 3 求函数 $z=y\mathrm{e}^{xy}$ 偏导数.

解 $z'_x=y\mathrm{e}^{xy}\cdot(xy)'_x=y^2\mathrm{e}^{xy};\quad z'_y=\mathrm{e}^{xy}+y\mathrm{e}^{xy}\cdot(xy)'_y=(1+xy)\mathrm{e}^{xy}.$

例 4 求函数 $u=\sqrt{x^2+y^2+z^2}$ 的偏导数.

解 $$\frac{\partial u}{\partial x}=\frac{x}{\sqrt{x^2+y^2+z^2}}=\frac{x}{u};$$
$$\frac{\partial u}{\partial y}=\frac{y}{\sqrt{x^2+y^2+z^2}}=\frac{y}{u};$$
$$\frac{\partial u}{\partial z}=\frac{z}{\sqrt{x^2+y^2+z^2}}=\frac{z}{u}.$$

例 5 求函数 $f(x,y)=\begin{cases}\dfrac{xy}{x^2+y^2}, & (x,y)\neq(0,0),\\ 0, & (x,y)=(0,0)\end{cases}$ 的偏导数.

解　当 $(x,y)\neq(0,0)$ 时, 有

$$\frac{\partial f}{\partial x}=\frac{y(y^2-x^2)}{(x^2+y^2)^2},\quad \frac{\partial f}{\partial y}=\frac{x(x^2-y^2)}{(x^2+y^2)^2}.$$

当 $(x,y)=(0,0)$ 时, 有

$$f'_x(0,0)=\lim_{\Delta x\to 0}\frac{f(0+\Delta x,0)-f(0,0)}{\Delta x}=\lim_{\Delta x\to 0}\frac{0}{\Delta x}=0,$$

$$f'_y(0,0)=\lim_{\Delta y\to 0}\frac{f(0,0+\Delta y)-f(0,0)}{\Delta y}=\lim_{\Delta y\to 0}\frac{0}{\Delta y}=0.$$

例 5 表明, 多元分段函数在分界点的偏导数要利用偏导数的定义来计算, 这与一元函数类似.

1. 偏导数的几何意义

设点 $M_0(x_0,y_0,f(x_0,y_0))$ 是曲面 $z=f(x,y)$ 上一点. 过点 M_0 作平面 $y=y_0$, 截此曲面得平面 $y=y_0$ 上的一条曲线 $z=f(x,y_0)$. 由于偏导数 $f'_x(x_0,y_0)$ 可以看成一元函数 $z=f(x,y_0)$ 在点 x_0 处的导数, 故由一元函数导数的几何意义可知, 偏导数 $f'_x(x_0,y_0)$ 表示曲线 $z=f(x,y_0)$ 在点 M_0 处的切线 M_0T_x 的斜率 (图 7.21). 同理, 偏导数 $f'_y(x_0,y_0)$ 表示曲面 $z=f(x,y)$ 被平面 $x=x_0$ 所截得的曲线 $z=f(x_0,y)$ 在点 M_0 处的切线 M_0T_y 的斜率 (图 7.21).

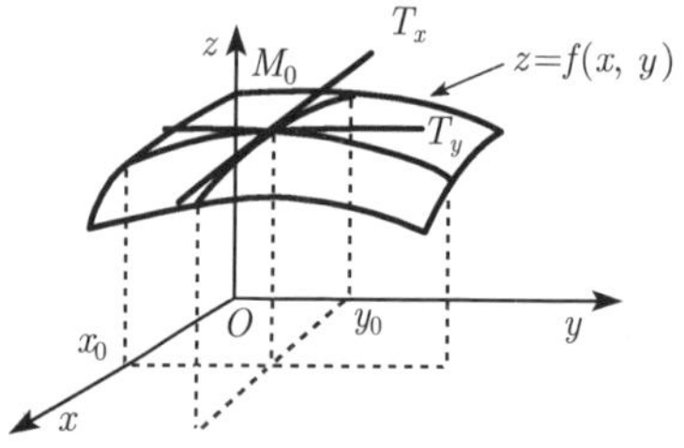

图 7.21

在一元函数中, 如果函数在某点具有导数, 则它在该点必定连续. 但对于二元函数而言, 即使在某点的偏导数都存在, 也不能保证函数在该点连续, 如例 5 中函数在点 $(0,0)$ 处的偏导数 $f'_x(0,0), f'_y(0,0)$ 都存在, 但函数在点 $(0,0)$ 处不连续. 这是因为偏导数存在只能保证点 P 沿着平行于坐标的方向趋于点 P_0 时, 函数值 $f(P)$ 趋于 $f(P_0)$, 但不能保证点 P 按任何方式趋近于点 P_0 时, 函数值 $f(P)$ 都趋近于 $f(P_0)$.

2. 偏导数的经济意义

与一元函数类似, 我们可以定义多元函数的边际和弹性概念.

设某商品的需求函数为 $Q=Q(P,M)$, 其中 P 为价格, M 为消费者收入, 则 $\dfrac{\partial Q}{\partial P}$ 是**需求量 Q 关于价格 P 的边际需求**, 表示当价格 P 变化时, 需求量 Q 的变化率.

$\frac{\partial Q}{\partial M}$ 是**需求量 Q 关于收入 M 的边际需求**, 表示当收入 M 变化时, 需求量 Q 的变化率.

如果记需求量 Q 对价格 P 和收入 M 的偏增量分别为

$$\Delta_p Q = Q(P+\Delta P, M) - Q(P, M),$$

$$\Delta_M Q = Q(P, M+\Delta M) - Q(P, M),$$

则当收入 M 不变而价格 P 变化时, 称

$$\varepsilon_p = \frac{P}{Q}\frac{\partial Q}{\partial P}$$

为**需求量 Q 对价格 P 的偏弹性**. 它表示当收入 M 不变而价格 P 上涨 (或下降)1%时, 需求量 Q 将减少 (或增加) 约 $|\varepsilon_P|\%$. 而称

$$\varepsilon_M = \frac{M}{Q}\frac{\partial Q}{\partial M}$$

为**需求量 Q 对收入 M 的偏弹性**. 它表示当价格 P 不变而收入 M 增加 (或减少)1%时, 需求量 Q 将增加 (或减少) 约 $|\varepsilon_M|\%$.

7.3.2 高阶偏导数

设函数 $z=f(x,y)$ 在区域 D 内处处存在偏导数 $f'_x(x,y)$ 和 $f'_y(x,y)$, 则在 D 内 $f'_x(x,y)$ 和 $f'_y(x,y)$ 都是关于 x,y 的函数. 如果这两个偏导数仍可偏导, 则称它们的偏导数是函数 $z=f(x,y)$ 的二阶偏导数. 二元函数的二阶偏导数共有四个, 即

$$\frac{\partial}{\partial x}\left(\frac{\partial z}{\partial x}\right) = \frac{\partial^2 z}{\partial x^2} = \frac{\partial^2 f}{\partial x^2} = f''_{xx}(x,y) = z''_{xx}(x,y),$$

$$\frac{\partial}{\partial y}\left(\frac{\partial z}{\partial x}\right) = \frac{\partial^2 z}{\partial x\partial y} = \frac{\partial^2 f}{\partial x\partial y} = f''_{xy}(x,y) = z''_{xy}(x,y),$$

$$\frac{\partial}{\partial x}\left(\frac{\partial z}{\partial y}\right) = \frac{\partial^2 z}{\partial y\partial x} = \frac{\partial^2 f}{\partial y\partial x} = f''_{yx}(x,y) = z''_{yx}(x,y),$$

$$\frac{\partial}{\partial y}\left(\frac{\partial z}{\partial y}\right) = \frac{\partial^2 z}{\partial y^2} = \frac{\partial^2 f}{\partial y^2} = f''_{yy}(x,y) = z''_{yy}(x,y),$$

其中称偏导数 $f''_{xy}(x,y), f''_{yx}(x,y)$ 为**二阶混合偏导数**.

二元函数更高阶的偏导数也可以类似定义. 例如

$$\frac{\partial}{\partial x}\left(\frac{\partial^2 z}{\partial x^2}\right)=\frac{\partial^3 z}{\partial x^3},\quad \frac{\partial}{\partial y}\left(\frac{\partial^2 z}{\partial x^2}\right)=\frac{\partial^3 z}{\partial x^2\partial y},\quad \frac{\partial}{\partial x}\left(\frac{\partial^2 z}{\partial x\partial y}\right)=\frac{\partial^3 z}{\partial x\partial y\partial x},\cdots.$$

二阶及二阶以上的偏导数统称为**高阶偏导数**.

例 6　求函数 $z=x^3+y^3-xy^2+1$ 的二阶偏导数.

解

$$\frac{\partial z}{\partial x}=3x^2-y^2,\quad \frac{\partial z}{\partial y}=3y^2-2xy,$$

$$\frac{\partial^2 z}{\partial x^2}=6x,\quad \frac{\partial^2 z}{\partial x\partial y}=-2y,$$

$$\frac{\partial^2 z}{\partial y\partial x}=-2y,\quad \frac{\partial^2 z}{\partial y^2}=6y-2x.$$

例 7　求函数 $z=\ln\sqrt{x^2+y^2}$ 的二阶偏导数.

解　因为

$$z=\ln\sqrt{x^2+y^2}=\frac{1}{2}\ln(x^2+y^2),$$

所以

$$\frac{\partial z}{\partial x}=\frac{x}{x^2+y^2},\quad \frac{\partial z}{\partial y}=\frac{y}{x^2+y^2},$$

$$\frac{\partial^2 z}{\partial x^2}=\frac{(x^2+y^2)-x\cdot 2x}{(x^2+y^2)^2}=\frac{y^2-x^2}{(x^2+y^2)^2},$$

$$\frac{\partial^2 z}{\partial x\partial y}=-\frac{2xy}{(x^2+y^2)^2},\quad \frac{\partial^2 z}{\partial y\partial x}=-\frac{2xy}{(x^2+y^2)^2},$$

$$\frac{\partial^2 z}{\partial y^2}=\frac{(x^2+y^2)-y\cdot 2y}{(x^2+y^2)^2}=\frac{x^2-y^2}{(x^2+y^2)^2}.$$

例 6 和例 7 中, 两个二阶混合偏导数都相等, 即 $f''_{xy}(x,y)=f''_{yx}(x,y)$, 这并非偶然. 可以证明: 当函数 $z=f(x,y)$ 的两个二阶混合偏导数 $f''_{xy}(x,y)$ 及 $f''_{yx}(x,y)$ 在区域 D 内连续时, 在 D 内必有 $f''_{xy}(x,y)=f''_{yx}(x,y)$.

例 8　设 $u=f(x,y,z)=xy^2+yz^2+zx^2$, 求 $f''_{xx}(0,0,1), f''_{xz}(1,0,2), f''_{yz}(0,-1,0)$ 及 $f'''_{zzx}(2,0,1)$.

解　因为

$$f'_x=y^2+2xz,\quad f'_y=2xy+z^2,\quad f'_z=2yz+x^2,$$

$$f''_{xx}=2z,\quad f''_{xz}=2x,\quad f''_{yz}=2z,\quad f''_{zz}=2y,\quad f'''_{zzx}=0.$$

所以

$$f''_{xx}(0,0,1)=2,\quad f''_{xz}(1,0,2)=2,\quad f''_{yz}(0,-1,0)=0,\quad f'''_{zzx}(2,0,1)=0.$$

7.4 全微分

7.4.1 全微分的定义

二元函数对某个自变量的偏导数表示当其中一个自变量固定时, 因变量对另一个自变量的变化率. 根据一元函数微分学中增量与微分的关系, 可得二元函数对 x 和 y 的偏增量分别为

$$\Delta_x z = f(x+\Delta x, y) - f(x,y) \approx f'_x(x,y)\Delta x,$$

$$\Delta_y z = f(x, y+\Delta y) - f(x,y) \approx f'_y(x,y)\Delta y.$$

但在实际问题中, 有时需要讨论多元函数中所有自变量都取得增量时, 因变量所得的增量, 即全增量的问题. 一般说来, Δz 的计算往往比较复杂. 联想一元函数的情形, 我们设想能否用自变量增量 Δx 与 Δy 的线性函数来近似地代替全增量. 这就需要引入全微分的概念. 为此, 先看下面的例子.

设矩形的边长分别为 x 和 y, 则其面积 S 是关于 x, y 的二元函数 $S = xy$, 如果边长 x 和 y 分别取得增量 Δx 和 Δy, 则面积 S 有相应的改变量

$$\Delta S = (x+\Delta x)(y+\Delta y) - xy = y\Delta x + x\Delta y + \Delta x\Delta y,$$

上式包含两部分, 一部分为 $y\Delta x + x\Delta y$, 它是关于 Δx 和 Δy 的线性函数, 即图 7.22 中带斜线阴影的两个矩形面积之和, 它是 ΔS 的线性主部; 另一部分为 $\Delta x\Delta y$, 即图 7.22 中带交叉线阴影的小矩形面积, 当 $\Delta x \to 0, \Delta y \to 0$ 时, 它是比 $\rho = \sqrt{(\Delta x)^2 + (\Delta y)^2}$ 高阶的无穷小量. 显然, 当 $|\Delta x|, |\Delta y|$ 很小时, 面积的改变量 ΔS 可用其线性主部近似表示, 即

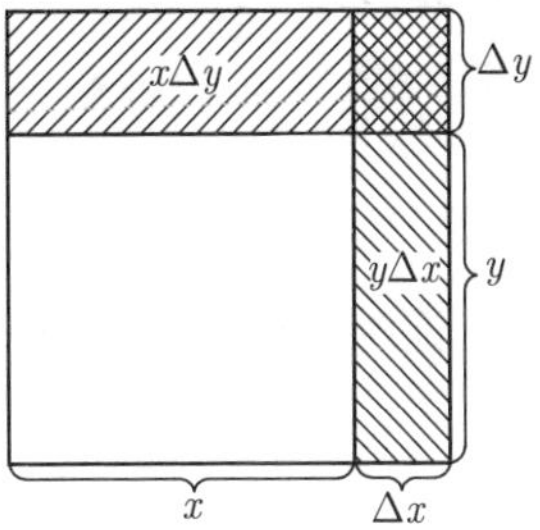

图 7.22

$$\Delta S \approx y\Delta x + x\Delta y.$$

其差 $\Delta S - (y\Delta x + x\Delta y)$ 是一个比 ρ 高阶的无穷小量. 我们把这个线性主部 $y\Delta x + x\Delta y$ 称为函数 $S = xy$ 在点 (x,y) 处的全微分.

下面给出二元函数全微分的定义.

定义 7.6 如果函数 $z = f(x,y)$ 在点 (x,y) 的全增量

$$\Delta z = f(x+\Delta x, y+\Delta y) - f(x,y)$$

可以表示为

$$\Delta z = A\Delta x + B\Delta y + o(\rho),$$

其中, A,B 与 $\Delta x,\Delta y$ 无关, $\rho=\sqrt{\Delta x^2+\Delta y^2}$, $o(\rho)$ 是比 $\rho(\rho\to 0)$ 高阶的无穷小量, 则称函数 $z=f(x,y)$ 在点 (x,y) 处**可微分**, 且称 $A\Delta x+B\Delta y$ 称为函数 $z=f(x,y)$ 在点 (x,y) 处的**全微分**, 记作 $\mathrm{d}z$, 即

$$\mathrm{d}z=A\Delta x+B\Delta y.$$

在一元函数中, 可微与可导是等价的, 且可导必连续. 那么在多元函数中, 全微分、偏导数和连续性之间是什么关系呢? 下面用三个定理来回答这些问题.

定理 7.1 如果函数 $z=f(x,y)$ 在点 (x,y) 处可微分, 则该函数在点 (x,y) 处连续.

证明 因为函数 $z=f(x,y)$ 在点 (x,y) 处可微分, 所以由定义 7.6 可知

$$\lim_{(\Delta x,\Delta y)\to(0,0)}\Delta z=\lim_{(\Delta x,\Delta y)\to(0,0)}[A\Delta x+B\Delta y+o(\rho)]=0.$$

又因为 $\Delta z=f(x+\Delta x,y+\Delta y)-f(x,y)$, 所以有

$$\lim_{(\Delta x,\Delta y)\to(0,0)}f(x+\Delta x,y+\Delta y)=f(x,y).$$

故函数在点 (x,y) 处连续.

定理 7.2 如果函数 $z=f(x,y)$ 在点 (x,y) 处可微分, 则该函数在点 (x,y) 处的偏导数 $\dfrac{\partial z}{\partial x},\dfrac{\partial z}{\partial y}$ 必存在, 且 $A=\dfrac{\partial z}{\partial x}, B=\dfrac{\partial z}{\partial y}$, 即全微分

$$\mathrm{d}z=\frac{\partial z}{\partial x}\Delta x+\frac{\partial z}{\partial y}\Delta y.$$

证明 因为函数 $z=f(x,y)$ 在点 (x,y) 可微分, 所以

$$\Delta z=A\Delta x+B\Delta y+o(\rho). \tag{7.1}$$

令 $\Delta y=0$, 则 $\rho=|\Delta x|$ 且式 (7.1) 可写为

$$\Delta_x z=f(x+\Delta x,y)-f(x,y)=A\Delta x+o(|\Delta x|). \tag{7.2}$$

式 (7.2) 两端除以 Δx, 令 $\Delta x\to 0$ 并取极限, 得

$$\lim_{\Delta x\to 0}\frac{\Delta_x z}{\Delta x}=\lim_{\Delta x\to 0}\frac{f(x+\Delta x,y)-f(x,y)}{\Delta x}=\lim_{\Delta x\to 0}\left[A+\frac{o(|\Delta x|)}{\Delta x}\right]=A,$$

即

$$\frac{\partial z}{\partial x}=A.$$

同理可证 $\dfrac{\partial z}{\partial y}=B$, 所以全微分

$$\mathrm{d}z=\frac{\partial z}{\partial x}\Delta x+\frac{\partial z}{\partial y}\Delta y.$$

在一元函数中, 可微与可导等价. 但在多元函数中则不然. 例如, 函数

$$f(x,y)=\begin{cases}\dfrac{xy}{\sqrt{x^2+y^2}}, & x^2+y^2\neq 0,\\ 0, & x^2+y^2=0\end{cases}$$

在点 $(0,0)$ 处有 $f_x'(0,0)=0, f_y'(0,0)=0$. 但在 7.2.3 节中知道该函数在点 $(0,0)$ 处不连续, 则有定理 7.1 可知该函数在点 $(0,0)$ 处是不可微分的.

由定理 7.2 及上例可知, 偏导数存在是可微的必要而非充分条件. 不过, 如果把条件加强一些, 就可以保证函数的可微性了. 因而有下面的定理.

定理 7.3 设函数 $z=f(x,y)$ 在点 (x,y) 处的某一邻域内有连续的偏导数 $\dfrac{\partial z}{\partial x},\dfrac{\partial z}{\partial y}$, 则该函数在点 (x,y) 处可微分.

* **证明** 函数 $z=f(x,y)$ 的全增量为

$$\begin{aligned}\Delta z&=f(x+\Delta x,y+\Delta y)-f(x,y)\\&=[f(x+\Delta x,y+\Delta y)-f(x,y+\Delta y)]+[f(x,y+\Delta y)-f(x,y)],\end{aligned}$$

由一元函数的微分中值定理及 $f_x'(x,y)$ 连续性, 得

$$\begin{aligned}&f(x+\Delta x,y+\Delta y)-f(x,y+\Delta y)\\=&f_x'(x+\theta_1\Delta x,y+\Delta y)\Delta x(0<\theta_1<1)\\=&[f_x'(x,y)+\alpha]\Delta x\\=&f_x'(x,y)\Delta x+\alpha\Delta x,\end{aligned}$$

其中 α 是 $\Delta x,\Delta y$ 的函数, 当 $\Delta x\to 0,\Delta y\to 0$ 时, $\alpha\to 0$. 同理可证

$$f(x,y+\Delta y)-f(x,y)=f_y(x,y)\Delta y+\beta\Delta y,$$

其中, 当 $\Delta y\to 0$ 时, $\beta\to 0$. 从而有

$$\Delta z=f_x'(x,y)\Delta x+f_y'(x,y)\Delta y+\alpha\Delta x+\beta\Delta y.$$

又因为

$$\begin{aligned}\frac{|\alpha\Delta x+\beta\Delta y|}{\rho}&=\frac{|\alpha\Delta x+\beta\Delta y|}{\sqrt{(\Delta x)^2+(\Delta y)^2}}\\&\leqslant\frac{|\alpha|\,|\Delta x|}{\sqrt{(\Delta x)^2+(\Delta y)^2}}+\frac{|\beta|\,|\Delta y|}{\sqrt{(\Delta x)^2+(\Delta y)^2}}\leqslant|\alpha|+|\beta|\to 0\ (\rho\to 0),\end{aligned}$$

所以, 当 $\rho\to 0$ 时, $\alpha\Delta x+\beta\Delta y$ 是比 ρ 高阶的无穷小量, 因此有

$$\Delta z=f'_x(x,y)\Delta x+f'_y(x,y)\Delta y+o(\rho).$$

于是函数在点 (x,y) 处可微.

通常我们把自变量的增量 Δx 与 Δy 写成 $\mathrm{d}x$ 与 $\mathrm{d}y$, 并分别称为自变量 x,y 的微分, 于是函数 $z=f(x,y)$ 的全微分就可表示为

$$\mathrm{d}z=\frac{\partial z}{\partial x}\mathrm{d}x+\frac{\partial z}{\partial y}\mathrm{d}y.$$

这就是全微分的计算公式, 上式右端的两项 $\dfrac{\partial z}{\partial x}\mathrm{d}x, \dfrac{\partial z}{\partial y}\mathrm{d}y$ 分别称为函数在点 (x,y) 处对 x 及 y 的**偏微分**, 所以二元函数的全微分等于它的两个偏微分之和.

二元函数全微分的概念, 可以完全类似地推广到三元及三元以上的多元函数中去. 例如, 如果三元函数 $u=f(x,y,z)$ 可微分, 那么它的全微分可表示为

$$\mathrm{d}u=\frac{\partial u}{\partial x}\mathrm{d}x+\frac{\partial u}{\partial y}\mathrm{d}y+\frac{\partial u}{\partial z}\mathrm{d}z.$$

例 1　求函数 $z=\arctan\dfrac{y}{x}$ 的全微分.

解　因为

$$\frac{\partial z}{\partial x}=-\frac{y}{x^2+y^2},\quad \frac{\partial z}{\partial y}=\frac{x}{x^2+y^2},$$

所以

$$\mathrm{d}z=\frac{x\mathrm{d}y-y\mathrm{d}x}{x^2+y^2}.$$

例 2　求函数 $z=\ln(x^2+y^2)$ 在点 $(2,1)$ 处的全微分.

解　因为

$$\frac{\partial z}{\partial x}=\frac{2x}{x^2+y^2},\quad \frac{\partial z}{\partial y}=\frac{2y}{x^2+y^2},$$

$$\left.\frac{\partial z}{\partial x}\right|_{(2,1)}=\frac{4}{5},\quad \left.\frac{\partial z}{\partial y}\right|_{(2,1)}=\frac{2}{5},$$

所以

$$\mathrm{d}z=\frac{2}{5}(2\mathrm{d}x+\mathrm{d}y).$$

例 3 求函数 $u=xy+yz+zx$ 的全微分.

解 因为

$$\frac{\partial u}{\partial x}=y+z,\quad \frac{\partial u}{\partial y}=x+z,\quad \frac{\partial u}{\partial z}=x+y,$$

所以

$$\mathrm{d}u=(y+z)\mathrm{d}x+(x+z)\mathrm{d}y+(x+y)\mathrm{d}z.$$

7.4.2 全微分在近似计算中的应用

如果二元函数 $z=f(x,y)$ 在点 (x,y) 处可微, 则有

$$\begin{aligned}\Delta z&=f(x+\Delta x,y+\Delta y)-f(x,y)\\&=f'_x(x,y)\Delta x+f'_y(x,y)\Delta y+o(\rho),\end{aligned}$$

其中 $\rho=\sqrt{(\Delta x)^2+(\Delta y)^2}$.

当 $|\Delta x|,|\Delta y|$ 很小时, 有

$$\begin{aligned}\Delta z&=f(x+\Delta x,y+\Delta y)-f(x,y)\\&\approx f'_x(x,y)\Delta x+f'_y(x,y)\Delta y.\end{aligned}$$

由此可得计算函数改变量的近似式

$$\Delta z\approx f'_x(x,y)\Delta x+f'_y(x,y)\Delta y. \tag{7.3}$$

计算函数值的近似式

$$\begin{aligned}f(x+\Delta x,y+\Delta y)&\approx f(x,y)+f'_x(x,y)\Delta x+f'_y(x,y)\Delta y\\&=f(x,y)+\mathrm{d}z.\end{aligned} \tag{7.4}$$

例 4 要做一个无盖的圆柱形容器, 其内半径为 1m, 高为 2m, 厚度都为 0.01m, 求需用材料大约多少?

解 圆柱体的体积函数为

$$V=\pi r^2h\quad (r\text{为底半径}, h\text{ 为高}),$$

由公式 (7.3), 得

$$\Delta V \approx 2\pi r h \Delta r + \pi r^2 \Delta h,$$

将 $r=1, h=2, \Delta r=\Delta h=0.01$ 代入上式, 得

$$\Delta V \approx 2\pi \cdot 1 \cdot 2 \cdot 0.01 + \pi \cdot 1^2 \cdot 0.01 = 0.05\pi(\mathrm{m}^3).$$

所以需用材料约为 $0.05\pi\mathrm{m}^3$.

例 5　计算 $(1.02)^{2.98}$ 的近似值.

解　设函数 $f(x,y)=x^y$. 于是问题变为计算函数 $f(x,y)$ 在 $x=1.02, y=2.98$ 时的近似值, 所以取

$$x=1, \quad y=3, \quad \Delta x=0.02, \quad \Delta y=-0.02.$$

由于

$$f(1,3)=1, \quad f'_x(x,y)=yx^{y-1}, \quad f'_y(x,y)=x^y\ln x,$$

$$f'_x(1,3)=3, \quad f'_y(1,3)=0.$$

所以由公式 (7.4), 得

$$\begin{aligned}(1.02)^{2.98} &= f(1.02, 2.98) = f(1+0.02, 3-0.02) \\ &\approx f(1,3) + f'_x(1,3)\cdot 0.02 + f'_y(1,3)\cdot(-0.02) \\ &= 1 + 3\cdot 0.02 + 0\cdot(-0.02) = 1.06.\end{aligned}$$

7.5 多元复合函数微分法与隐函数微分法

7.5.1 复合函数的微分法

设函数 $z=f(u,v)$ 是变量 u,v 的函数, 而 $u=\varphi(x,y), v=\psi(x,y)$ 又是 x,y 的函数, 则称

$$z=f[\varphi(x,y),\psi(x,y)]$$

是由 $z=f(u,v), u=\varphi(x,y), v=\psi(x,y)$ 复合而成的**复合函数**, 其中 x,y 仍为自变量, $u=\varphi(x,y), v=\psi(x,y)$ 为中间变量. 对于这种类型的复合函数偏导数, 有下面的定理.

定理 7.4　如果函数 $u=\varphi(x,y), v=\psi(x,y)$ 在点 (x,y) 处的偏导数 $\dfrac{\partial u}{\partial x}, \dfrac{\partial u}{\partial y}$ 及 $\dfrac{\partial v}{\partial x}, \dfrac{\partial v}{\partial y}$ 都存在, 且函数 $z=f(u,v)$ 在对应于 (x,y) 的点 (u,v) 处可微, 则复合函数 $z=f[\varphi(x,y),\psi(x,y)]$ 在点 (x,y) 处对 x 及 y 偏导数存在, 且有

$$\frac{\partial z}{\partial x}=\frac{\partial z}{\partial u}\frac{\partial u}{\partial x}+\frac{\partial z}{\partial v}\frac{\partial v}{\partial x},$$
$$\frac{\partial z}{\partial y}=\frac{\partial z}{\partial u}\frac{\partial u}{\partial y}+\frac{\partial z}{\partial v}\frac{\partial v}{\partial y}.$$

或

$$\frac{\partial z}{\partial x}=\frac{\partial f}{\partial u}\frac{\partial u}{\partial x}+\frac{\partial f}{\partial v}\frac{\partial v}{\partial x},$$
$$\frac{\partial z}{\partial y}=\frac{\partial f}{\partial u}\frac{\partial u}{\partial y}+\frac{\partial f}{\partial v}\frac{\partial v}{\partial y}.$$

证明 当固定 y 而 x 有改变量 $\Delta x(\Delta x\neq 0)$ 时, u,v 各有偏增量 $\Delta_x u,\Delta_x v$, 从而函数 $z=f[\varphi(x,y),\psi(x,y)]$ 也有偏增量 $\Delta_x z$. 因为 $f(u,v)$ 可微, 所以

$$\Delta_x z=\frac{\partial z}{\partial u}\Delta_x u+\frac{\partial z}{\partial v}\Delta_x v+o(\rho),\tag{7.5}$$

其中, $\rho=\sqrt{(\Delta_x u)^2+(\Delta_x v)^2}$, $o(\rho)$ 是比 $\rho(\rho\to 0)$ 高阶的无穷小量. 式 (7.5) 两端同除以 $\Delta x(\Delta x\neq 0)$, 得

$$\frac{\Delta_x z}{\Delta x}=\frac{\partial z}{\partial u}\frac{\Delta_x u}{\Delta x}+\frac{\partial z}{\partial v}\frac{\Delta_x v}{\Delta x}+\frac{o(\rho)}{\Delta x}.\tag{7.6}$$

由于 $u=\varphi(x,y),v=\psi(x,y)$ 关于 x 的偏导数 $\dfrac{\partial u}{\partial x},\dfrac{\partial v}{\partial x}$ 均存在, 所以当 $\Delta x\to 0$ 时, 有 $\Delta_x u\to 0,\Delta_x v\to 0$, 于是有

$$\begin{aligned}\lim_{\Delta x\to 0}\left|\frac{o(\rho)}{\Delta x}\right|&=\lim_{\Delta x\to 0}\left|\frac{o(\rho)}{\rho}\right|\left|\frac{\rho}{\Delta x}\right|\\&=\lim_{\Delta x\to 0}\left|\frac{o(\rho)}{\rho}\right|\sqrt{\left(\frac{\Delta_x u}{\Delta x}\right)^2+\left(\frac{\Delta_x v}{\Delta x}\right)^2}\\&=0\cdot\sqrt{\left(\frac{\partial u}{\partial x}\right)^2+\left(\frac{\partial v}{\partial x}\right)^2}=0,\end{aligned}$$

即

$$\lim_{\Delta x\to 0}\frac{o(\rho)}{\Delta x}=0.$$

当 $\Delta x\to 0$ 时, 式 (7.6) 两边取极限, 得

$$\frac{\partial z}{\partial x}=\lim_{\Delta x\to 0}\frac{\Delta_x z}{\Delta x}=\frac{\partial z}{\partial u}\frac{\partial u}{\partial x}+\frac{\partial z}{\partial v}\frac{\partial v}{\partial x}.$$

同理可证

$$\frac{\partial z}{\partial y}=\lim_{\Delta y\to 0}\frac{\Delta_y z}{\Delta y}=\frac{\partial z}{\partial u}\frac{\partial u}{\partial y}+\frac{\partial z}{\partial v}\frac{\partial v}{\partial y}.$$

如果多元函数的中间变量的个数或自变量的个数多于两个时, 它们的偏导数也有类似的结果.

例如, 中间变量有 3 个时, 设 $z=f(u,v,w)$, 而 $u=u(x,y),v=v(x,y),w=w(x,y)$, 则有

$$\frac{\partial z}{\partial x}=\frac{\partial z}{\partial u}\frac{\partial u}{\partial x}+\frac{\partial z}{\partial v}\frac{\partial v}{\partial x}+\frac{\partial z}{\partial w}\frac{\partial w}{\partial x},$$
$$\frac{\partial z}{\partial y}=\frac{\partial z}{\partial u}\frac{\partial u}{\partial y}+\frac{\partial z}{\partial v}\frac{\partial v}{\partial y}+\frac{\partial z}{\partial w}\frac{\partial w}{\partial y}.$$

再如自变量有 3 个时, 设 $w=f(u,v)$, 而 $u=\varphi(x,y,z),v=\psi(x,y,z)$, 则有

$$\frac{\partial w}{\partial x}=\frac{\partial w}{\partial u}\frac{\partial u}{\partial x}+\frac{\partial w}{\partial v}\frac{\partial v}{\partial x},$$
$$\frac{\partial w}{\partial y}=\frac{\partial w}{\partial u}\frac{\partial u}{\partial y}+\frac{\partial w}{\partial v}\frac{\partial v}{\partial y},$$
$$\frac{\partial w}{\partial z}=\frac{\partial w}{\partial u}\frac{\partial u}{\partial z}+\frac{\partial w}{\partial v}\frac{\partial v}{\partial z}.$$

特别地, 如果 $z=f(u,v)$, 而 $u=\varphi(x),v=\psi(x)$ 时, z 就是关于 x 的一元函数

$$z=f\left[\varphi(x),\psi(x)\right],$$

此时, 称 z 对 x 的导数为全导数, 且

$$\frac{\mathrm{d}z}{\mathrm{d}x}=\frac{\partial z}{\partial u}\frac{\mathrm{d}u}{\mathrm{d}x}+\frac{\partial z}{\partial v}\frac{\mathrm{d}v}{\mathrm{d}x}.$$

一般地, 不论多少个函数, 经过多少次复合, 如果最终的复合函数是一元函数, 则称此复合函数的导数为**全导数**.

如果 $z=f(x,y)$, 而 $y=y(x)$, 则函数 $z=f\left[x,y(x)\right]$ 的全导数为

$$\frac{\mathrm{d}z}{\mathrm{d}x}=\frac{\partial z}{\partial x}+\frac{\partial z}{\partial y}\frac{\mathrm{d}y}{\mathrm{d}x}.$$

例 1　设 $z=u^2\ln v$, 而 $u=\dfrac{y}{x},v=x+2y$, 求 $\dfrac{\partial z}{\partial x},\dfrac{\partial z}{\partial y}$.

解 $\dfrac{\partial z}{\partial x}=\dfrac{\partial z}{\partial u}\dfrac{\partial u}{\partial x}+\dfrac{\partial z}{\partial v}\dfrac{\partial v}{\partial x}=2u\ln v\cdot\left(-\dfrac{y}{x^2}\right)+\dfrac{u^2}{v}$

$$=-\frac{2y^2}{x^3}\ln(x+2y)+\frac{y^2}{x^2(x+2y)},$$

$$\frac{\partial z}{\partial y}=\frac{\partial z}{\partial u}\frac{\partial u}{\partial y}+\frac{\partial z}{\partial v}\frac{\partial v}{\partial y}=2u\ln v\cdot\frac{1}{x}+\frac{u^2}{v}\cdot 2$$

$$=\frac{2y}{x^2}\ln(x+2y)+\frac{2y^2}{x^2(x+2y)}.$$

例 2 设 $z=(x^2+y^2)^{xy}$, 求 $\dfrac{\partial z}{\partial x}$ 和 $\dfrac{\partial z}{\partial y}$.

解 设 $u=x^2+y^2, v=xy$, 则 $z=u^v$, 于是有

$$\frac{\partial z}{\partial x}=\frac{\partial z}{\partial u}\frac{\partial u}{\partial x}+\frac{\partial z}{\partial v}\frac{\partial v}{\partial x}=vu^{v-1}\cdot(2x)+u^v\ln u\cdot y$$

$$=2x^2y(x^2+y^2)^{xy-1}+y(x^2+y^2)^{xy}\ln(x^2+y^2)$$

$$=(x^2+y^2)^{xy}\left[\frac{2x^2y}{x^2+y^2}+y\ln(x^2+y^2)\right],$$

$$\frac{\partial z}{\partial y}=\frac{\partial z}{\partial u}\frac{\partial u}{\partial y}+\frac{\partial z}{\partial v}\frac{\partial v}{\partial y}=vu^{v-1}\cdot 2y+u^v\ln u\cdot x$$

$$=2xy^2(x^2+y)^{xy-1}+x(x^2+y)^{xy}\ln(x^2+y)$$

$$=(x^2+y^2)^{xy}\left[\frac{2xy^2}{x^2+y^2}+x\ln(x^2+y^2)\right].$$

例 3 设 $z=uv+\sin x$, 而 $u=\mathrm{e}^x, v=\cos x$, 求 $\dfrac{\mathrm{d}z}{\mathrm{d}x}$.

解 $\dfrac{\mathrm{d}z}{\mathrm{d}x}=\dfrac{\partial z}{\partial u}\dfrac{\mathrm{d}u}{\mathrm{d}x}+\dfrac{\partial z}{\partial v}\dfrac{\mathrm{d}v}{\mathrm{d}x}+\dfrac{\partial z}{\partial x}$

$$=v\mathrm{e}^x+u(-\sin x)+\cos x$$

$$=\mathrm{e}^x\cos x-\mathrm{e}^x\sin x+\cos x$$

$$=\mathrm{e}^x(\cos x-\sin x)+\cos x.$$

例 4 设 $z=f(x+y,xy)$, f 具有二阶连续偏导数, 求 $\dfrac{\partial z}{\partial x}, \dfrac{\partial z}{\partial y}$ 和 $\dfrac{\partial^2 z}{\partial x\partial y}$.

解 设 $u=x+y, v=xy$, 于是有

$$\frac{\partial z}{\partial x}=\frac{\partial f}{\partial u}\frac{\partial u}{\partial x}+\frac{\partial f}{\partial v}\frac{\partial v}{\partial x}=\frac{\partial f}{\partial u}\cdot 1+\frac{\partial f}{\partial v}\cdot y=\frac{\partial f}{\partial u}+y\frac{\partial f}{\partial v},$$

$$
\begin{aligned}
\frac{\partial z}{\partial y} &= \frac{\partial f}{\partial u}\frac{\partial u}{\partial y} + \frac{\partial f}{\partial v}\frac{\partial v}{\partial y} = \frac{\partial f}{\partial u}\cdot 1 + \frac{\partial f}{\partial v}\cdot x = \frac{\partial f}{\partial u} + x\frac{\partial f}{\partial v}, \\
\frac{\partial^2 z}{\partial x \partial y} &= \frac{\partial}{\partial y}\left(\frac{\partial f}{\partial u}\right) + \frac{\partial}{\partial y}\left(y\frac{\partial f}{\partial v}\right) \\
&= \frac{\partial^2 f}{\partial u^2}\cdot 1 + \frac{\partial^2 f}{\partial u \partial v}\cdot x + \frac{\partial f}{\partial v} + y\frac{\partial}{\partial y}\left(\frac{\partial f}{\partial v}\right) \\
&= \frac{\partial^2 f}{\partial u^2} + x\frac{\partial^2 f}{\partial u \partial v} + \frac{\partial f}{\partial v} + y\left(\frac{\partial^2 f}{\partial v \partial u}\cdot 1 + \frac{\partial^2 f}{\partial v^2}\cdot x\right) \\
&= \frac{\partial^2 f}{\partial u^2} + (x+y)\frac{\partial^2 f}{\partial u \partial v} + xy\frac{\partial^2 f}{\partial v^2} + \frac{\partial f}{\partial v}.
\end{aligned}
$$

例 5 设 $z = f\left(x, \frac{x}{y}, \frac{y}{x}\right)$, f 具有一阶连续偏导数, 求 $\frac{\partial z}{\partial x}$ 和 $\frac{\partial z}{\partial y}$.

解 令 $u = x, v = \frac{x}{y}, w = \frac{y}{x}$, 则 $z = f(u, v, w)$.

为了表达简便, 引入记号:

$$
f_1' = \frac{\partial f(u,v,w)}{\partial u}, \quad f_2' = \frac{\partial f(u,v,w)}{\partial v}, \quad f_3' = \frac{\partial f(u,v,w)}{\partial w},
$$

这里下标 1 表示对第一个变量 u 求偏导数, 下标 2 表示对第二个变量 v 求偏导数, 下标 3 表示对第三个变量 w 求偏导数. 同理有

$$
f_{12}' = \frac{\partial^2 f(u,v,w)}{\partial u \partial v}, f_{32}' = \frac{\partial^2 f(u,v,w)}{\partial w \partial v}, \cdots.
$$

于是

$$
\begin{aligned}
\frac{\partial z}{\partial x} &= \frac{\partial f}{\partial u}\frac{\mathrm{d}u}{\mathrm{d}x} + \frac{\partial f}{\partial v}\frac{\partial v}{\partial x} + \frac{\partial f}{\partial w}\frac{\partial w}{\partial x} = f_1' + \frac{1}{y}f_2' - \frac{y}{x^2}f_3', \\
\frac{\partial z}{\partial y} &= \frac{\partial f}{\partial v}\frac{\partial v}{\partial y} + \frac{\partial f}{\partial w}\frac{\partial w}{\partial y} = -\frac{x}{y^2}f_2' + \frac{1}{x}f_3'.
\end{aligned}
$$

例 6 设 $z = xy + xF(u)$, 而 $u = \frac{y}{x}$, $F(u)$ 为可导函数, 证明 $x\frac{\partial z}{\partial x} + y\frac{\partial z}{\partial y} = z + xy$.

证明 因为

$$
\frac{\partial z}{\partial x} = y + F(u) + xF'(u)\cdot\left(-\frac{y}{x^2}\right) = y + F(u) - uF'(u),
$$

$$
\frac{\partial z}{\partial y} = x + xF'(u)\cdot\frac{1}{x} = x + F'(u),
$$

所以

$$x\frac{\partial z}{\partial x}+y\frac{\partial z}{\partial y}=x\left[y+F(u)-uF'(u)\right]+y\left[x+F'(u)\right]$$

$$=xy+xF(u)+xy=z+xy.$$

7.5.2 全微分形式不变性

设函数 $z=f(u,v)$ 可微, 当 u 和 v 为自变量时, 其全微分为

$$\mathrm{d}z=\frac{\partial z}{\partial u}\mathrm{d}u+\frac{\partial z}{\partial v}\mathrm{d}v.$$

当 u 和 v 是关于 x,y 的可微函数 $u=\varphi(x,y),v=\psi(x,y)$ 时, 则复合函数

$$z=f[\varphi(x,y),\psi(x,y)]$$

的全微分为

$$\mathrm{d}z=\frac{\partial z}{\partial x}\mathrm{d}x+\frac{\partial z}{\partial y}\mathrm{d}y.$$

而

$$\frac{\partial z}{\partial x}=\frac{\partial z}{\partial u}\frac{\partial u}{\partial x}+\frac{\partial z}{\partial v}\frac{\partial v}{\partial x},\quad \frac{\partial z}{\partial y}=\frac{\partial z}{\partial u}\frac{\partial u}{\partial y}+\frac{\partial z}{\partial v}\frac{\partial v}{\partial y}.$$

于是有

$$\begin{aligned}\mathrm{d}z&=\left(\frac{\partial z}{\partial u}\frac{\partial u}{\partial x}+\frac{\partial z}{\partial v}\frac{\partial v}{\partial x}\right)\mathrm{d}x+\left(\frac{\partial z}{\partial u}\frac{\partial u}{\partial y}+\frac{\partial z}{\partial v}\frac{\partial v}{\partial y}\right)\mathrm{d}y\\&=\frac{\partial z}{\partial u}\left(\frac{\partial u}{\partial x}\mathrm{d}x+\frac{\partial u}{\partial y}\mathrm{d}y\right)+\frac{\partial z}{\partial v}\left(\frac{\partial v}{\partial x}\mathrm{d}x+\frac{\partial v}{\partial y}\mathrm{d}y\right)\\&=\frac{\partial z}{\partial u}\mathrm{d}u+\frac{\partial z}{\partial v}\mathrm{d}v.\end{aligned}$$

由此可见, 对于函数 $z=f(u,v)$, 无论 u,v 是自变量还是中间变量, 其全微分的形式都是

$$\mathrm{d}z=\mathrm{d}f(u,v)=\frac{\partial z}{\partial u}\mathrm{d}u+\frac{\partial z}{\partial v}\mathrm{d}v.$$

这个性质称为**全微分的形式不变性**.

利用全微分形式不变性计算全微分和偏导数时, 可以不必找出中间变量, 所以在一些问题中合理运用这一性质, 将会使问题变得简便.

例 7 设 $z=\mathrm{e}^{xy}\sin(x+y)$, 利用全微分形式不变性求 $\dfrac{\partial z}{\partial x}$ 和 $\dfrac{\partial z}{\partial y}$.

解
$$\begin{aligned}\mathrm{d}z&=\mathrm{d}\left[\mathrm{e}^{xy}\sin(x+y)\right]\\&=\sin(x+y)\mathrm{d}\mathrm{e}^{xy}+\mathrm{e}^{xy}\mathrm{d}\sin(x+y)\\&=\sin(x+y)\mathrm{e}^{xy}\mathrm{d}(xy)+\mathrm{e}^{xy}\cos(x+y)\mathrm{d}(x+y)\\&=\sin(x+y)\mathrm{e}^{xy}(y\mathrm{d}x+x\mathrm{d}y)+\mathrm{e}^{xy}\cos(x+y)(\mathrm{d}x+\mathrm{d}y)\\&=\mathrm{e}^{xy}\left[y\sin(x+y)+\cos(x+y)\right]\mathrm{d}x+\mathrm{e}^{xy}\left[x\sin(x+y)+\cos(x+y)\right]\mathrm{d}y,\end{aligned}$$

将它和公式 $\mathrm{d}z=\dfrac{\partial z}{\partial x}\mathrm{d}x+\dfrac{\partial z}{\partial y}\mathrm{d}y$ 比较, 得

$$\frac{\partial z}{\partial x}=\mathrm{e}^{xy}\left[y\sin(x+y)+\cos(x+y)\right],$$
$$\frac{\partial z}{\partial y}=\mathrm{e}^{xy}\left[x\sin(x+y)+\cos(x+y)\right].$$

7.5.3 隐函数的微分法

多元函数的隐函数与一元函数的隐函数类似, 它们都可以由方程式确定. 例如, 通过三元方程 $F(x,y,z)=0$ 可以确定二元函数 $z=f(x,y)$; 通过 $n+1$ 元方程

$$F(x_1,x_2,\cdots,x_n,y)=0$$

可以确定 n 元函数 $y=f(x_1,x_2,\cdots,x_n)$ 等. 但并不是所有方程式都能确定一个函数, 或即使确定了一个函数, 也并不能保证这个函数是连续的和可导的. 那么在什么条件下, 可以由方程式确定一个函数, 且这个函数是连续的和可导的呢? 下面给出一个定理来回答这些问题, 并给出具体的求导方法.

定理 7.5 设函数 $F(x,y,z)$ 在点 (x_0,y_0,z_0) 的某一邻域内具有连续的偏导数, 且 $F(x_0,y_0,z_0)=0, F'_z(x_0,y_0,z_0)\neq 0$, 则方程 $F(x,y,z)=0$ 在点 (x_0,y_0,z_0) 的某一邻域内恒能唯一确定一个连续且具有连续偏导数的函数 $z=f(x,y)$, 它满足 $z_0=f(x_0,y_0)$, 并有

$$\frac{\partial z}{\partial x}=-\frac{F'_x}{F'_z},\quad \frac{\partial z}{\partial y}=-\frac{F'_y}{F'_z}. \tag{7.7}$$

定理 7.5 这里不证明, 仅给出公式 (7.7) 的推导. 方程 $F(x,y,z)=0$ 两端分别对 x 和 y 求导, 得

$$F'_x+F'_z\frac{\partial z}{\partial x}=0,\quad F'_y+F'_z\frac{\partial z}{\partial y}=0,$$

因为 F'_z 连续, 且 $F'_z(x_0,y_0,z_0)\neq 0$, 所以存在点 (x_0,y_0,z_0) 的某一个邻域, 在这个邻域内 $F'_z\neq 0$, 于是得

$$\frac{\partial z}{\partial x}=-\frac{F'_x}{F'_z},\quad \frac{\partial z}{\partial y}=-\frac{F'_y}{F'_z}.$$

特别地, 对于方程 $F(x,y)=0$ 所确定的函数 $y=f(x)$, 如果 $F'_y\neq 0$, 则有

$$\frac{\mathrm{d}y}{\mathrm{d}x}=-\frac{F'_x}{F'_y}. \tag{7.8}$$

例 8 求由方程 $x+y=x\mathrm{e}^y$ 所确定的函数 $y=f(x)$ 的导数 $\dfrac{\mathrm{d}y}{\mathrm{d}x}$.

解 设 $F(x,y)=x+y-x\mathrm{e}^y$, 则

$$F'_x=1-\mathrm{e}^y,\quad F'_y=1-x\mathrm{e}^y.$$

于是由公式 (7.8), 得

$$\frac{\mathrm{d}y}{\mathrm{d}x}=-\frac{F'_x}{F'_y}=\frac{\mathrm{e}^y-1}{1-x\mathrm{e}^y}.$$

例 9 求由方程 $\mathrm{e}^z=xyz$ 所确定的函数 $z=f(x,y)$ 的偏导数 $\dfrac{\partial z}{\partial x}$ 和 $\dfrac{\partial z}{\partial y}$.

解法 1 设 $F(x,y,z)=\mathrm{e}^z-xyz$, 则

$$F'_x=-yz,\quad F'_y=-xz,\quad F'_z=\mathrm{e}^z-xy.$$

于是由公式 (7.7), 得

$$\frac{\partial z}{\partial x}=-\frac{F'_x}{F'_z}=\frac{yz}{\mathrm{e}^z-xy},\quad \frac{\partial z}{\partial y}=-\frac{F'_y}{F'_z}=\frac{xz}{\mathrm{e}^z-xy}.$$

解法 2 方程 $\mathrm{e}^z=xyz$ 两边对 x 求偏导, 得

$$\mathrm{e}^z\cdot\frac{\partial z}{\partial x}=yz+xy\cdot\frac{\partial z}{\partial x},$$

解得

$$\frac{\partial z}{\partial x}=\frac{yz}{\mathrm{e}^z-xy}.$$

同理可得

$$\frac{\partial z}{\partial y}=\frac{xz}{\mathrm{e}^z-xy}.$$

解法 3 利用全微分形式不变性, 得

$$\mathrm{d}\mathrm{e}^z = \mathrm{d}(xyz),$$

$$\mathrm{e}^z\mathrm{d}z = yz\mathrm{d}x + xz\mathrm{d}y + xy\mathrm{d}z,$$

$$(\mathrm{e}^z - xy)\mathrm{d}z = yz\mathrm{d}x + xz\mathrm{d}y,$$

于是有

$$\mathrm{d}z = \frac{yz}{\mathrm{e}^z - xy}\mathrm{d}x + \frac{xz}{\mathrm{e}^z - xy}\mathrm{d}y.$$

所以

$$\frac{\partial z}{\partial x} = \frac{yz}{\mathrm{e}^z - xy}, \quad \frac{\partial z}{\partial y} = \frac{xz}{\mathrm{e}^z - xy}.$$

例 10 设函数 $z = f(x, y)$ 是由方程 $x^2 + y^2 + z^2 = 4z$ 所确定的隐函数, 求 $\dfrac{\partial^2 z}{\partial x \partial y}$.

解 设 $F(x, y, z) = x^2 + y^2 + z^2 - 4z$, 则有

$$F'_x = 2x, \quad F'_y = 2y, \quad F'_z = 2z - 4.$$

于是有

$$\frac{\partial z}{\partial x} = -\frac{F'_x}{F'_z} = \frac{x}{2-z}, \quad \frac{\partial z}{\partial y} = -\frac{F'_y}{F'_z} = \frac{y}{2-z},$$

$$\frac{\partial^2 z}{\partial x \partial y} = \frac{\partial}{\partial y}\left(\frac{x}{2-z}\right) = \frac{x \cdot \dfrac{\partial z}{\partial y}}{(2-z)^2} = \frac{x \cdot \dfrac{y}{2-z}}{(2-z)^2} = \frac{xy}{(2-z)^3}.$$

7.6 多元函数的极值与最值

7.6.1 多元函数极值与最值及其求法

1. 极大值与极小值

与一元函数类似, 多元函数的最值与极值有着密切的关系. 本节以二元函数为例来讨论多元函数的极值问题.

定义 7.7 设函数 $z = f(x, y)$ 在点 (x_0, y_0) 的某一邻域内有定义, 如果对于该邻域内异于点 (x_0, y_0) 的任意一点 (x, y), 恒有

$$f(x, y) < f(x_0, y_0) \quad (\text{或} f(x, y) > f(x_0, y_0))$$

成立, 则称 $f(x_0, y_0)$ 是 $f(x, y)$ 的一个**极大值** (**极小值**), 极大值与极小值统称为**极值**; 点 (x_0, y_0) 称为 $f(x, y)$ 的**极大值点** (**极小值点**), 极大值点与极小值点统称为**极值点**.

例如, 函数 $z = x^2 + 3y^2$ 在点 $(0,0)$ 处取得极小值, 这是因为在点 $(0,0)$ 的邻域内的任意点 $(x, y) \neq (0,0)$, 恒有

$$f(x,y) = x^2 + 3y^2 > 0 = f(0,0)$$

成立; 再如函数 $z = -\sqrt{x^2 + y^2}$ 在点 $(0,0)$ 处取得极大值, 这是因为在点 $(0,0)$ 的邻域内的任意点 $(x, y) \neq (0,0)$, 恒有

$$f(x,y) = -\sqrt{x^2 + y^2} < 0 = f(0,0)$$

成立; 而函数 $z = xy$ 在点 $(0,0)$ 的值 $z(0,0) = 0$ 既不是极大值也不是极小值, 这是因为在点 $(0,0)$ 处的任何邻域内, 函数 $z = xy$ 既可以取得正值, 也可以取得负值.

下面来求多元函数的极值. 在上述三个例子中, 函数 $z = x^2 + 3y^2$ 在点 $(0,0)$ 处的偏导数 $z'_x\big|_{(0,0)} = z'_y\big|_{(0,0)} = 0$; 函数 $z = -\sqrt{x^2 + y^2}$ 在点 $(0,0)$ 处偏导数不存在; 函数 $z = xy$ 在点 $(0,0)$ 处的偏导数 $z'_x\big|_{(0,0)} = z'_y\big|_{(0,0)} = 0$. 这表明极值点必为一阶偏导数等于零或不存在点, 但一阶偏导数等于零或不存在点不一定是极值点. 这与一元函数的极值类似. 从而有下面关于极值存在的必要条件. 由于一阶偏导数不存在点的情况较复杂, 本节极值点只讨论一阶偏导数等于零的点的情况.

定理 7.6 (极值存在的必要条件) 设函数 $z = f(x, y)$ 在点 (x_0, y_0) 处具有一阶偏导数, 且点 (x_0, y_0) 为该函数的极值点, 则有

$$f'_x(x_0, y_0) = 0, \quad f'_y(x_0, y_0) = 0.$$

证明 如果取 $y = y_0$, 则函数 $z = f(x, y_0)$ 是 x 的一元函数. 所以当函数 $f(x, y_0)$ 在 $x = x_0$ 处取得极值时, 必有

$$f'_x(x_0, y_0) = 0.$$

同理可证

$$f'_y(x_0, y_0) = 0.$$

与一元函数类似, 通常称使函数的各一阶偏导数同时为零的点为该函数的**驻点**. 由定理 7.6 可知, 对存在偏导数的函数 $f(x, y)$ 来说, 极值点必为驻点, 但驻点不一定是极值点. 例如, 点 $(0,0)$ 是函数 $z = xy$ 的驻点, 但 $(0,0)$ 点不是该函数的极值点.

那么如何判定一个驻点是否为极值点呢？ 下面定理给出了判别二元函数 $f(x,y)$ 的驻点是否为极值点的充分条件.

定理 7.7 (极值存在的充分条件)　设函数 $z=f(x,y)$ 在点 (x_0,y_0) 的某邻域内具有二阶连续偏导数, 且 $f'_x(x_0,y_0)=f'_y(x_0,y_0)=0$ 点, 记

$$A=f''_{xx}(x_0,y_0),\quad B=f''_{xy}(x_0,y_0),\quad C=f''_{yy}(x_0,y_0).$$

(1) $B^2-AC<0$ 时, 函数 $f(x,y)$ 在点 (x_0,y_0) 处有极值, 且当 $A<0$ 时有极大值 $f(x_0,y_0)$, 当 $A>0$ 时有极小值 $f(x_0,y_0)$;

(2) $B^2-AC>0$ 时, 函数 $f(x,y)$ 在点 (x_0,y_0) 处没有极值;

(3) $B^2-AC=0$ 时, 函数 $f(x,y)$ 在点 (x_0,y_0) 处可能有极值, 也可能没有极值, 需另作讨论.

定理证明略.

根据定理 7.6 与定理 7.7, 对于具有二阶连续偏导数的函数 $z=f(x,y)$, 有如下求极值的步骤:

(1) 解方程组

$$\begin{cases} f'_x(x,y)=0, \\ f'_y(x,y)=0, \end{cases}$$

求出函数 $f(x,y)$ 的所有驻点;

(2) 对于每一个驻点 (x_0,y_0), 求出相应的二阶偏导数的值 A,B 和 C;

(3) 根据定理 7.7 判定驻点是否为极值点;

(4) 求出函数 $f(x,y)$ 在极值点处的极值.

例 1　求函数 $f(x,y)=x^3-y^3+3x^2+3y^2-9x$ 的极值.

解　解方程组

$$\begin{cases} f'_x(x,y)=3x^2+6x-9=0, \\ f'_y(x,y)=-3y^2+6y=0, \end{cases}$$

得驻点为 $(1,0),(1,2),(-3,0),(-3,2)$.

二阶偏导数为

$$f''_{xx}(x,y)=6x+6,\quad f''_{xy}(x,y)=0,\quad f''_{yy}(x,y)=-6y+6.$$

在点 $(1,0)$ 处, $B^2-AC=-72<0$ 且 $A=12>0$, 故函数在点 $(1,0)$ 处取得极小值 $f(1,0)=-5$;

在点 $(1,2)$ 处, $B^2-AC=72>0$, 故函数在点 $(1,2)$ 处没有极值;

在点 $(-3,0)$ 处, $B^2-AC=72>0$, 故函数在点 $(-3,0)$ 处没有极值;

在点 $(-3,2)$ 处, $B^2-AC=-72<0$ 且 $A=-12<0$, 故函数在点 $(-3,2)$ 处取得极大值 $f(-3,2)=31$.

2. 最大值与最小值

与一元函数类似, 我们可以利用极值来求函数的最值. 在 7.2 节中已经指出, 如果函数 $f(x,y)$ 在有界闭区域 D 上连续, 则 $f(x,y)$ 在 D 上必定取得最大值和最小值. 使函数取得最大值或最小值的点可能在 D 的内部, 也可能在 D 的边界上. 如果函数 $f(x,y)$ 在 D 内部取得最大值或最小值, 则这个最值也是函数的极值. 因此, 求函数在 D 上的最大值和最小值的一般方法是: 将函数 $f(x,y)$ 在 D 内的所有驻点或一阶偏导数不存在点的函数值与 D 的边界上的最值作比较, 其中最大的就是最大值, 最小的就是最小值. 但这种做法, 由于要求 D 边界上的最值, 所以通常是很复杂的. 在求解实际问题的最值时, 如果从问题的实际意义知道所求函数的最值存在, 且是在 D 内部取得, 当只有一个驻点时, 该驻点就是所求函数的最值点.

例 2 求函数 $f(x,y)=\sqrt{4-x^2-y^2}$ 在区域 $D=\left\{(x,y)\,|\,x^2+y^2\leqslant 1\right\}$ 内的最大值.

解 解方程组

$$\begin{cases} f'_x(x,y)=-\dfrac{x}{\sqrt{4-x^2-y^2}}=0, \\ f'_y(x,y)=-\dfrac{y}{\sqrt{4-x^2-y^2}}=0, \end{cases}$$

得驻点 $(0,0)$, 该驻点位于区域 D 内部且唯一, 其对应函数值为 $f(0,0)=2$. 显然在区域 D 边界 $x^2+y^2=1$ 上的函数值均为 $\sqrt{3}(<f(0,0)=2)$. 故驻点 $(0,0)$ 是该函数的最大值点, 且最大值为 2.

例 3 某工厂生产甲、乙两种产品, 其销售单价分别为 10 元和 9 元. 若生产 x 单位甲产品与生产 y 单位乙产品所需要的总费用为

$$400+2x+3y+0.01(3x^2+xy+3y^2)(\text{元}).$$

问当甲、乙两种产品的产量各为多少时, 获得最大利润? 并计算最大利润.

解 设 $L(x,y)$ 为该工厂的利润, 则

$$\begin{aligned} L(x,y)&=10x+9y-[400+2x+3y+0.01(3x^2+xy+3y^2)] \\ &=8x+6y-400-0.01(3x^2+xy+3y^2). \end{aligned}$$

解方程组

$$\begin{cases} L'_x(x,y)=8-0.01(6x+y)=0, \\ L'_y(x,y)=6-0.01(x+6y)=0, \end{cases}$$

得唯一驻点 (120, 80), 由于

$$A = L''_{xx}(120,80) = -0.06 < 0, \quad B = L''_{xy}(120,80) = -0.01,$$

$$C = L''_{yy}(120,80) = -0.06,$$

$$B^2 - AC = (-0.01)^2 - (-0.06)^2 < 0.$$

所以, 利润函数 $L(x,y)$ 在 $(120,80)$ 处取得极大值 $L(120,80) = 320$, 从而也是最大值, 且此时最大利润为 320 元.

7.6.2 条件极值与拉格朗日乘数法

上面所讨论的极值问题, 自变量 x 与 y 是相互独立的. 自变量除限制在函数的定义域内外, 再没有其他附加条件, 这类极值问题称为**无条件极值问题**. 但在实际问题中, 经常会遇到对函数的自变量还有附加约束的条件, 这类带有约束条件的函数极值问题称为**条件极值问题**.

求解条件极值问题一般有两种方法, 一种方法就是将条件极值化为无条件极值来处理. 例如, 求函数 $z = f(x,y)$ 在约束条件 $\varphi(x,y) = 0$ 下的极值, 可由约束条件 $\varphi(x,y) = 0$ 解出 $y = \psi_1(x)$ 或 $x = \psi_2(y)$, 代入函数 $z = f(x,y)$ 中, 使函数 $z = f(x,y)$ 变为一元函数

$$z = f(x,y) = f[x, \psi_1(x)] \quad \text{或} \quad z = f(x,y) = f[\psi_2(y), y].$$

这是无条件极值问题, 然后按一元函数求极值的方法来计算即可.

另一种求条件极值的方法是下面要介绍的拉格朗日乘数法, 这是求极值常用的方法.

求函数 $z = f(x,y)$ 在约束条件 $\varphi(x,y) = 0$ 下的极值, 一般步骤是:

(1) 用常数 λ (称为**拉格朗日乘数**) 乘以 $\varphi(x,y)$, 并与 $f(x,y)$ 相加得拉格朗日函数

$$F(x,y) = f(x,y) + \lambda\varphi(x,y);$$

(2) 求 $F(x,y)$ 对 x 和 y 的一阶偏导数, 并令它们为零, 然后与 $\varphi(x,y) = 0$ 联立, 得

$$\begin{cases} F'_x(x,y) = f'_x(x,y) + \lambda\varphi'_x(x,y) = 0, \\ F'_y(x,y) = f'_y(x,y) + \lambda\varphi'_y(x,y) = 0, \\ \varphi(x,y) = 0, \end{cases}$$

消去 λ 解出可能极值点 (x,y);

(3) 判别 (x,y) 是否是极值点. 一般由具体问题的实际意义进行判别.

其实上面所讲两种方法的基本思想是一致的, 都是先将条件极值问题化为无条件极值问题, 然后进行求解的.

同样地, 对于三元函数 $u = f(x,y,z)$ 在约束条件 $\varphi(x,y,z)=0, \psi(x,y,z)=0$ 下的极值, 可构造拉格朗日函数

$$F(x,y,z) = f(x,y,z) + \alpha\varphi(x,y,z) + \beta\psi(x,y,z),$$

其中 α, β 为拉格朗日乘数. 然后由方程组

$$\begin{cases} F'_x(x,y,z) = f'_x(x,y,z) + \alpha\varphi'_x(x,y,z) + \beta\psi'_x(x,y,z) = 0, \\ F'_y(x,y,z) = f'_y(x,y,z) + \alpha\varphi'_y(x,y,z) + \beta\psi'_y(x,y,z) = 0, \\ F'_z(x,y,z) = f'_z(x,y,z) + \alpha\varphi'_z(x,y,z) + \beta\psi'_z(x,y,z) = 0, \\ \varphi(x,y,z) = 0, \\ \psi(x,y,z) = 0 \end{cases}$$

解出可能的极值点 (x,y,z). 最后判别点 (x,y,z) 是否为极值点.

例 4 设某工厂生产甲、乙两种产品, 产品分别为 x 和 y(千件), 总成本函数为 $C(x,y) = x^2 + 2y^2 - xy$(万元), 若产品的限额为 8 千件, 问如何安排生产, 才能使总成本最小?

此题的数学语言描述为: 求函数 $C(x,y) = x^2+2y^2-xy$ 在约束条件 $x+y=8$ 下的最小值.

解法 1 由 $x+y=8$ 解出 $y=8-x$, 代入 $C(x,y)$ 得

$$C(x,y) = x^2 + 2(8-x)^2 - x(8-x) = 4x^2 - 40x + 128.$$

由 $C'(x) = 8x - 40 = 0$, 得 $x=5$. 又

$$C''(5) = 8 > 0.$$

所以 $x=5$ 是极小值点. 由于这是实际问题且只有唯一的驻点, 所以 $x=5$ 又是最小值点. 故当甲产品生产 5 千件时, 总成本最少, 且此时乙产品为 $8-5=3$ (千件).

解法 2 构造拉格朗日函数

$$F(x,y) = x^2 + 2y^2 - xy + \lambda(x+y-8),$$

消去 λ 解方程组

$$\begin{cases} F'_x(x,y) = 2x - y + \lambda = 0, \\ F'_y(x,y) = 4y - x + \lambda = 0, \\ x + y - 8 = 0, \end{cases}$$

得 $x=5, y=3$. 因驻点唯一, 且实际问题有最小值, 所以点 $(5,3)$ 是函数 $C(x,y)$ 的最小值点. 故当甲、乙两种产品分别生产 5 千件和 3 千件时, 总成本最小.

例 5　要建造一个体积为 $8\mathrm{m}^3$ 的有盖长方体箱子, 问长、宽、高选择怎样的尺寸时, 才能使用料最省?

解　用料最省即表面积最小. 设箱子的长、宽、高分别为 x, y, z, 箱子的表面积为 $S=2(xy+yz+zx)$, 则问题的数学语言描述为: 求函数 $S=2(xy+yz+zx)$ 在约束条件 $xyz=8$ 下的最小值.

构造拉格朗日函数

$$F(x,y,z)=2(xy+yz+zx)+\lambda(xyz-8),$$

消去 λ 解方程组

$$\begin{cases} F_x'(x,y)=2(y+z)+\lambda yz=0, \\ F_y'(x,y)=2(x+z)+\lambda xz=0, \\ F_x'(x,y)=2(y+x)+\lambda xy=0, \\ xyz-8=0, \end{cases}$$

得 $x=y=z=2$.

因驻点唯一, 且实际问题有最小值, 所以点 $(2,2,2)$ 是函数 $S(x,y,z)$ 的最小值点. 故当长、宽和高均为 2m 时, 用料最省.

例 6　某公司可通过电台及报纸两种方式做销售某种商品的广告, 根据统计资料, 销售收入 R(万元) 与电台广告费用 x(万元) 及报纸广告费用 y(万元) 的关系有如下经验公式为

$$R(x,y)=15+14x+32y-8xy-2x^2-10y^2.$$

(1) 在广告费用不限的情况下, 求最优广告策略;

(2) 若提供的广告费用为 1.5 万元, 求相应的最优广告策略.

解　(1) 利润函数为

$$\begin{aligned} L(x,y)&=15+14x+32y-8xy-2x^2-10y^2-(x+y) \\ &=15+13x+31y-8xy-2x^2-10y^2. \end{aligned}$$

解方程组

$$\begin{cases} L_x'(x,y)=-4x-8y+13=0, \\ L_y'(x,y)=-8x-20y+31=0, \end{cases}$$

得唯一驻点 $(0.75, 1.25)$, 且实际问题有最大值. 故用于电台广告的费用为 0.75 万元, 用于报纸广告的费用为 1.25 万元时利润最大.

(2) 若广告费用限定为 1.5 万元, 问题就转化为求利润函数 $L(x,y)$ 在 $x+y=1.5$ 时的条件极值.

作拉格朗日函数

$$L(x,y) = 15 + 13x + 31y - 8xy - 2x^2 - 10y^2 + \lambda(x+y-1.5).$$

解方程组

$$\begin{cases} L'_x(x,y) = -4x - 8y + 13 + \lambda = 0, \\ L'_y(x,y) = -8x - 20y + 31 + \lambda = 0, \\ x + y - 1.5 = 0, \end{cases}$$

得唯一驻点 $(0, 1.5)$, 且实际问题有最大值. 故将 1.5 万元全部用于报纸、广告是最优广告策略.

7.7 二重积分

第 6 章中的定积分是一种和式的极限, 其被积函数是一元函数, 积分范围是一个区间. 这种和式的极限可以推广到定义在区域上的二元函数的情形, 这就是二重积分.

7.7.1 二重积分的概念

定积分的定义是通过求曲边梯形的面积引进的, 这种思想方法同样可以推广到二重积分定义的引进.

引例 求曲顶柱体的体积.

设 $z=f(x,y)$ 是有界闭区域 D 上的非负连续函数. 我们称以 D 为底, 曲面 $z=f(x,y)$ 为顶, D 的边界曲线为准线, 母线平行于 Oz 轴的柱面所围成的空间立体为**曲顶柱体** (图 7.23).

对于平顶柱体, 它的体积公式为

$$\text{体积} = \text{底面积} \times \text{高}.$$

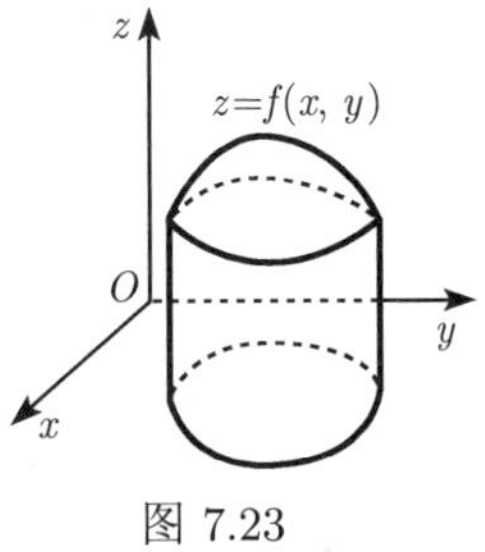

图 7.23

但曲顶柱体的高是一个变量, 所以曲顶柱体的体积不能直接利用这个公式. 这与求曲边梯形的面积时所遇到的问题类似, 因此可仿照计算曲边梯形面积的思想方法 (即分割、取近似、求和及取极限的方法) 来计算曲顶柱体的体积.

(1) **分割** 将区域 D 任意分割成 n 个小区域

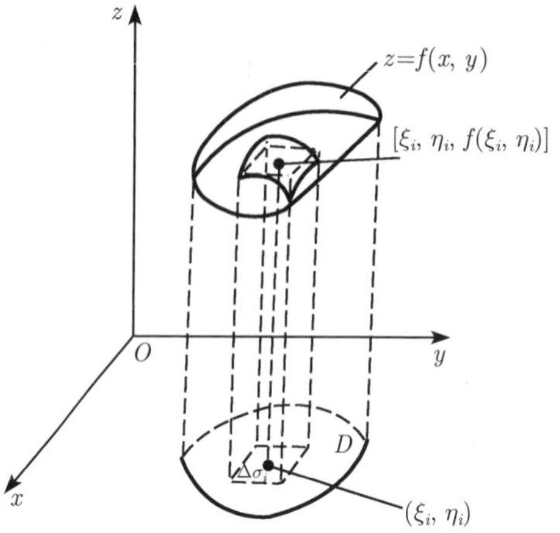

图 7.24

$$\Delta\sigma_1, \Delta\sigma_2, \cdots, \Delta\sigma_n,$$

且用 $\Delta\sigma_i (i = 1, 2, \cdots, n)$ 表示第 i 个小区域的面积 (图 7.24). 相应地, 此曲顶柱体也被分割成了 n 个小曲顶柱体. 以 Δv_i 表示以 $\Delta\sigma_i$ 为底的第 i 个小曲顶柱体的体积, 则此曲顶柱体的体积就等于这 n 个小曲顶柱体的体积之和, 即

$$V - \sum_{i=1}^{n} \Delta v_i (i = 1, 2, \cdots, n).$$

(2) **取近似** 在每个小区域 $\Delta\sigma_i (i = 1, 2, \cdots, n)$ 上任取一点 $(\xi_i, \eta_i)(i = 1, 2, \cdots, n)$, 当这些小区域的直径 (一个**闭区域的直径**是指区域上任意两点间距离的最大者) 很小时, 小曲顶柱体可以近似看成小平顶柱体, 所以对于第 i 个小曲顶柱体的体积, 可用高为 $f(\xi_i, \eta_i)$, 底为 $\Delta\sigma_i$ 的平顶柱体的体积 $f(\xi_i, \eta_i)\Delta\sigma_i$ 来近似代替, 即

$$\Delta V_i \approx f(\xi_i, \eta_i)\Delta\sigma_i \quad (i = 1, 2, \cdots, n).$$

(3) **求和** 把这些小曲顶柱体体积的近似值加起来就是所求的该曲顶柱体体积的近似值

$$V \approx \sum_{i=1}^{n} f(\xi_i, \eta_i)\Delta\sigma_i \quad (i = 1, 2, \cdots, n).$$

(4) **取极限** 为了求出体积 V 的精确值, 不妨令 λ 为 n 个小区域直径中的最大值, 当 $\lambda \to 0$ 时, 上述和式的极限就是所求曲顶柱体的体积, 即

$$V = \lim_{\lambda \to 0} \sum_{i=1}^{n} f(\xi_i, \eta_i)\Delta\sigma_i.$$

下面将一般地研究上述和式的极限, 并抽象出二重积分的定义.

定义 7.8 设 $f(x, y)$ 是定义在有界闭区域 D 上的二元函数. 将区域 D 任意分割成 n 个小区域

$$\Delta\sigma_1, \quad \Delta\sigma_2, \quad \cdots, \quad \Delta\sigma_n,$$

并以 $\Delta\sigma_i$ 和 d_i 分别表示第 i 个小区域的面积和直径, 记 $\lambda=\max\limits_{1\leqslant i\leqslant n}\{d_i\}$, 在每个小区域 $\Delta\sigma_i$ 上任取一点 $(\xi_i,\eta_i)(i=1,2,\cdots,n)$, 作乘积 $f(\xi_i,\eta_i)\Delta\sigma_i$, 并作和

$$\sum_{i=1}^{n} f(\xi_i,\eta_i)\Delta\sigma_i.$$

如果极限

$$\lim_{\pi\to 0}\sum_{i=1}^{n} f(\xi_i,\eta_i)\Delta\sigma_i$$

存在, 且极限值与区域 D 的分法及点 (ξ_i,η_i) 的取法无关, 则称函数 $f(x,y)$ 在区域 D 上**可积**, 并称该极限值为函数 $f(x,y)$ 在区域 D 上的**二重积分**, 记作 $\iint\limits_D f(x,y)\mathrm{d}\sigma$, 即

$$\iint\limits_D f(x,y)\mathrm{d}\sigma=\lim_{\lambda\to 0}\sum_{i=1}^{n} f(\xi_i,\eta_i)\Delta\sigma_i, \tag{7.9}$$

其中 $f(x,y)$ 称为**被积函数**, $f(x,y)\mathrm{d}\sigma$ 称为**被积表达式**, x 与 y 称为**积分变量**, D 称为**积分区域**, $\sum\limits_{i=1}^{n} f(\xi_i,\eta_i)\Delta\sigma_i$ 称为**积分和**, $\mathrm{d}\sigma$ 称为**面积元素**.

如果式 (7.9) 中积分和 $\sum\limits_{i=1}^{n} f(\xi_i,\eta_i)\Delta\sigma_i$ 的极限不存在, 则称函数 $f(x,y)$ 在闭区域 D 上不可积. 那么什么样的函数才可积呢? 可以证明, 如果函数 $f(x,y)$ 在有界闭区域 D 上连续, 则 $f(x,y)$ 在区域 D 上是可积的. 本节中总假定被积函数 $f(x,y)$ 在积分区域 D 上连续.

根据二重积分定义, 如果函数 $f(x,y)$ 在区域 D 上可积, 则二重积分的值与区域 D 的分法及点 (ξ_i,η_i) 的取法无关. 因此在计算二重积分时, 可以根据需要选择特殊的分割方法. 在直角坐标系中, 常用平行于 x 轴和 y 轴的两组直线来分割积分区域 D, 这样除了包含边界点的一些小闭区域, 其余小闭区域都是矩形闭区域, 设矩形闭区域 $\Delta\sigma_i$ 边长为 Δx_i 和 Δy_i(图 7.25), 则小闭区域面积为

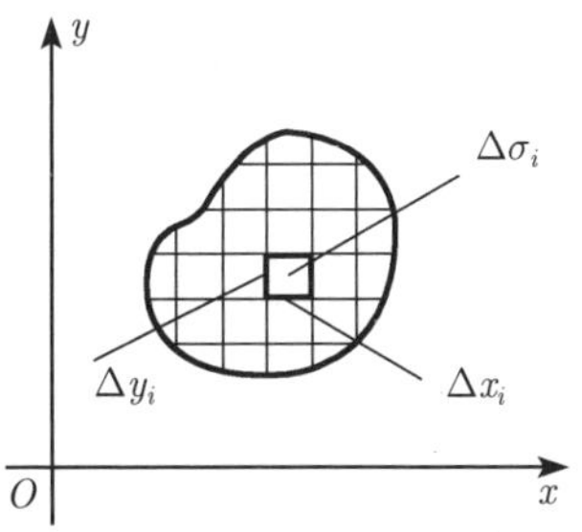

图 7.25

$$\Delta\sigma_i=\Delta x_i\Delta y_i\quad (i=1,2,\cdots,n).$$

可以证明, 取极限后, 面积元素为

$$\mathrm{d}\sigma=\mathrm{d}x\mathrm{d}y.$$

所以在直角坐标系中, 二重积分又可写为

$$\iint_D f(x,y)\mathrm{d}\sigma=\iint_D f(x,y)\mathrm{d}x\mathrm{d}y.$$

由二重积分定义可知, 引例中曲顶柱体的体积为

$$V=\iint_D f(x,y)\mathrm{d}\sigma.$$

因此, 如果 $f(x,y)\geqslant 0$, 二重积分的几何意义就是以区域 D 为底, 曲面 $z=f(x,y)$ 为顶的曲顶柱体的体积. 如果 $f(x,y)$ 是负的, 曲顶柱体就在 xOy 面的下方, 此时二重积分的绝对值仍为曲顶柱体的体积, 但二重积分的值是负的; 如果 $f(x,y)$ 在 D 的部分区域上是正的, 而在其他部分区域是负的, 则 $f(x,y)$ 在 D 上的二重积分就等于 xOy 面上方的曲顶柱体的体积减去 xOy 面下方的曲顶柱体的体积 (即 $V_{上}-V_{下}$).

由几何意义不难看出二重积分也有类似定积分的对称性.

(1) 如果积分区域 D 关于 x 轴对称, 被积函数 $f(x,y)$ 为 y 的奇偶函数, 则有:

当被积函数 $f(x,y)$ 为 y 的奇函数, 即 $f(x,-y)=-f(x,y)$ 时, 有

$$\iint_D f(x,y)\mathrm{d}\sigma=0.$$

当被积函数 $f(x,y)$ 为 y 的偶函数, 即 $f(x,-y)=f(x,y)$ 时, 有

$$\iint_D f(x,y)\mathrm{d}\sigma=2\iint_{D_1} f(x,y)\mathrm{d}\sigma,$$

其中 $D_1=\{(x,y)|(x,y)\in D,y\geqslant 0\}$.

(2) 如果积分区域 D 关于 y 轴对称, 被积函数 $f(x,y)$ 为 x 的奇偶函数, 则有:

当被积函数 $f(x,y)$ 为 x 的奇函数, 即 $f(-x,y)=-f(x,y)$ 时, 有

$$\iint_D f(x,y)\mathrm{d}\sigma=0.$$

当被积函数 $f(x,y)$ 为 x 的偶函数, 即 $f(-x,y)=f(x,y)$ 时, 有

$$\iint\limits_{D} f(x,y)\mathrm{d}\sigma = 2\iint\limits_{D_2} f(x,y)\mathrm{d}\sigma,$$

其中 $D_2 = \{(x,y)|(x,y) \in D, x \geqslant 0\}$.

(3) 如果积分区域 D 关于原点对称, 被积函数 $f(x,y)$ 为 x 与 y 的奇偶函数, 则有

当被积函数 $f(x,y)$ 为 x 与 y 的奇函数, 即 $f(-x,-y) = -f(x,y)$ 时, 有

$$\iint\limits_{D} f(x,y)\mathrm{d}\sigma = 0;$$

当被积函数 $f(x,y)$ 为 x 与 y 的偶函数, 即 $f(-x,-y) = f(x,y)$ 时, 有

$$\iint\limits_{D} f(x,y)\mathrm{d}\sigma = 2\iint\limits_{D_3} f(x,y)\mathrm{d}\sigma,$$

其中 $D_3 = \{(x,y)|(x,y) \in D, x \geqslant 0\}$ 或 $D_3 = \{(x,y)|(x,y) \in D, y \geqslant 0\}$.

利用被积函数 $f(x,y)$ 的奇偶性及积分区域 D 的对称性计算二重积分, 会使二重积分的计算大大简化, 所以应该牢记.

7.7.2 二重积分的性质

二重积分与一元函数定积分都是关于和式极限问题, 它们有类似的定义, 从而具有类似的性质, 而且其证明与定积分性质的证明也类似. 下面我们不加证明给出二重积分的性质 (假定下面所涉及函数在有界闭区域 D 上都是可积的).

性质 1 常数因子可提到积分号外面, 即

$$\iint\limits_{D} kf(x,y)\mathrm{d}\sigma = k\iint\limits_{D} f(x,y)\mathrm{d}\sigma \quad (k\text{为常数}).$$

性质 2 函数代数和的积分等于各个函数积分的代数和, 即

$$\iint\limits_{D} [f(x,y) \pm g(x,y)]\,\mathrm{d}\sigma = \iint\limits_{D} f(x,y)\mathrm{d}\sigma \pm \iint\limits_{D} g(x,y)\mathrm{d}\sigma.$$

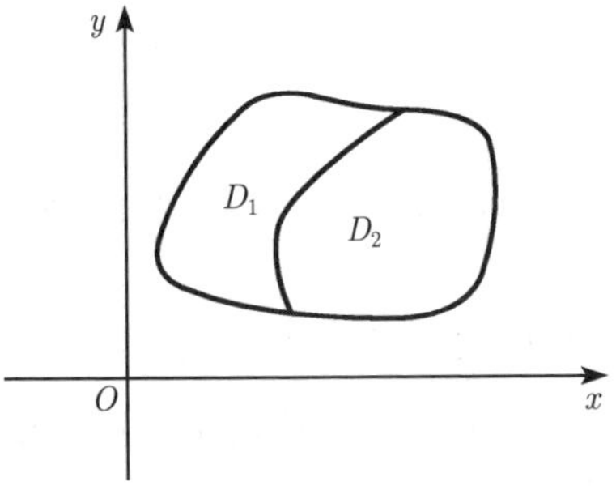

图 7.26

性质 3 (可加性) 如果积分区域 D 被一曲线分成 D_1, D_2 两个区域, 且 D_1, D_2 除边界外无公共点 (图 7.26), 则

$$\iint\limits_D f(x,y)\mathrm{d}\sigma = \iint\limits_{D_1} f(x,y)\mathrm{d}\sigma + \iint\limits_{D_2} f(x,y)\mathrm{d}\sigma,$$

这个性质表明二重积分对积分区域具有**可加性**.

性质 4　如果在闭区域 D 上有 $f(x,y)\equiv 1, \sigma$ 为 D 的面积, 则

$$\iint\limits_D \mathrm{d}\sigma = \sigma.$$

性质 5 (单调性)　如果在闭区域 D 上恒有 $f(x,y)\leqslant g(x,y)$, 则

$$\iint\limits_D f(x,y)\mathrm{d}\sigma \leqslant \iint\limits_D g(x,y)\mathrm{d}\sigma.$$

特别地, 有

$$\left|\iint\limits_D f(x,y)\mathrm{d}\sigma\right| \leqslant \iint\limits_D |f(x,y)|\mathrm{d}\sigma.$$

性质 6 (估值定理)　设 M 和 m 分别是函数 $f(x,y)$ 在闭区域 D 上的最大值和最小值, σ 是 D 的面积, 则

$$m\sigma \leqslant \iint\limits_D f(x,y)\mathrm{d}\sigma \leqslant M\sigma.$$

性质 7 (中值定理)　如果函数 $f(x,y)$ 在闭区域 D 上连续, σ 是 D 的面积, 则在 D 内至少存在一点 (ξ,η), 使得

$$\iint\limits_D f(x,y)\mathrm{d}\sigma = f(\xi,\eta)\sigma.$$

二重积分中值定理的几何意义为: 在闭区域 D 上以曲面 $z=f(x,y)$ 为顶的曲顶柱体的体积, 等于闭区域 D 上以某一点 (ξ,η) 的函数值 $f(\xi,\eta)$ 为高的平顶柱体的体积.

通常称数值 $\dfrac{1}{\sigma}\iint\limits_D f(x,y)\mathrm{d}\sigma$ 为函数 $z=f(x,y)$ 在 D 上的**平均值**.

7.7.3　二重积分的计算

利用二重积分定义计算二重积分是很繁杂的, 甚至不可能. 下面将根据二重积分的几何意义来说明二重积分的计算方法. 这种方法是将二重积分化为两次定积分 (通常称为二次积分或累次积分) 来计算.

1. 在直角坐标系下计算二重积分

设函数 $z=f(x,y)$ 在区域 D 上连续且非负, 函数的积分区域为

$$D=\{(x,y)|a\leqslant x\leqslant b,\varphi_1(x)\leqslant y\leqslant\varphi_2(x)\}.$$

如图 7.27(a) 和 (b) 所示, 其中函数 $\varphi_1(x)$ 与 $\varphi_2(x)$ 在区间 $[a,b]$ 上连续. 这种积分区域称为 X-**型区域**. 其特点是: 穿过 D 内部且平行于 y 轴的直线与 D 的边界相交不多于两点.

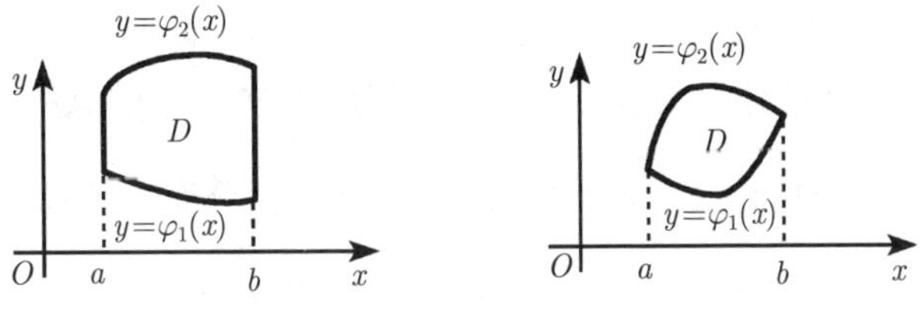

(a) (b)

图 7.27

由二重积分的几何意义可知, 二重积分 $\iint\limits_D f(x,y)\mathrm{d}\sigma$ 的值等于以 D 为底, 以曲面 $z=f(x,y)$ 为顶的曲顶柱体 (图 7.28) 的体积.

下面应用第 6 章中计算 "平行截面面积为已知的立体的体积" 的方法, 来计算这个曲顶柱体的体积. 从而导出计算二重积分的公式.

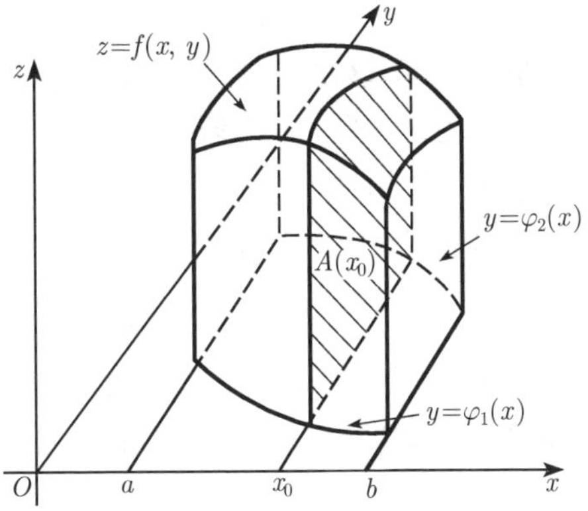

图 7.28

先计算截面的面积. 在区间 $[a,b]$ 上任取一点 x_0, 作平行于 yOz 面的平面 $x=x_0$. 该平面截曲顶柱体所得的截面是一个以区间 $[\varphi_1(x_0),\varphi_2(x_0)]$ 为底, 曲线 $z=f(x_0,y)$ 为曲边的曲边梯形 (图 7.28 中阴影部分), 所以此截面的面积为

$$A(x_0)=\int_{\varphi_1(x_0)}^{\varphi_2(x_0)}f(x_0,y)\mathrm{d}y.$$

由点 x_0 的任意性可知, 过区间 $[a,b]$ 上任一点 x 且平行于 yOz 面的平面截曲顶柱体的截面的面积为

$$A(x)=\int_{\varphi_1(x)}^{\varphi_2(x)}f(x,y)\mathrm{d}y,$$

其中 y 为积分变量, 而把 x 看成常数, 所以 $A(x)$ 是关于 x 的函数. 于是, 应用计算平行截面面积为已知的立体体积的方法, 得曲顶柱体体积为

$$V=\int_a^b A(x)\mathrm{d}x=\int_a^b\left[\int_{\varphi_1(x)}^{\varphi_2(x)}f(x,y)\mathrm{d}y\right]\mathrm{d}x.$$

由上面分析可知, 这个体积就是所求二重积分的值, 从而有

$$\iint\limits_D f(x,y)\mathrm{d}\sigma=\int_a^b\left[\int_{\varphi_1(x)}^{\varphi_2(x)}f(x,y)\mathrm{d}y\right]\mathrm{d}x.$$

上式右端的积分称为先对 y、后对 x 的二次积分 (累次积分). 这样就把二重积分化为了两次定积分. 计算时先把 x 看成常数, y 看成积分变量计算 $\int_{\varphi_1(x)}^{\varphi_2(x)}f(x,y)\mathrm{d}y$, 然后以 x 为积分变量把所得结果在区间 $[a,b]$ 上求定积分. 这个先对 y、后对 x 的二次积分也常记为

$$\int_a^b\mathrm{d}x\int_{\varphi_1(x)}^{\varphi_2(x)}f(x,y)\mathrm{d}y,$$

于是有

$$\iint\limits_D f(x,y)\mathrm{d}\sigma=\int_a^b\mathrm{d}x\int_{\varphi_1(x)}^{\varphi_2(x)}f(x,y)\mathrm{d}y. \tag{7.10}$$

这就是在 X-型区域下把二重积分化为先对 y、后对 x 的二次积分公式.

在上述讨论中, 首先假定了 $f(x,y)$ 连续且非负. 但实际上式 (7.10) 的成立并不受此条件的限制.

如果积分区域 D 为

$$D=\{(x,y)|\psi_1(y)\leqslant x\leqslant\psi_2(y),c\leqslant y\leqslant d\},$$

如图 7.29(a) 和 (b) 所示, 其中函数 $\psi_1(y)$ 与 $\psi_2(y)$ 在区间 $[c,d]$ 上连续, 则称为 **Y-型区域**, 其特点是: 穿过 D 内部且平行于 x 轴的直线与 D 的边界相交不多于两点.

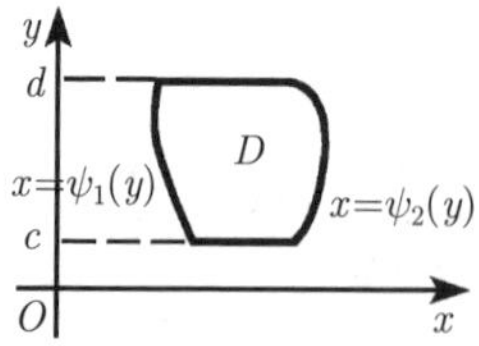

(a)

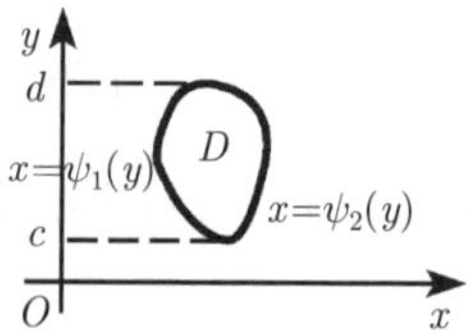

(b)

图 7.29

类似 X-型区域, 在 Y-型区域下把二重积分化为先对 x、后对 y 的二次积分公式为

$$\iint\limits_{D} f(x,y)\mathrm{d}\sigma=\int_{c}^{d}\mathrm{d}y\int_{\psi_1(y)}^{\psi_2(y)}f(x,y)\mathrm{d}x. \tag{7.11}$$

为了更好地掌握二重积分的计算, 需要注意以下三点.

(1) 如果积分区域是一矩形 (通常称为矩形域), 即

$$D=\{(x,y)|a\leqslant x\leqslant b,c\leqslant y\leqslant d\},$$

则公式 (7.10) 与公式 (7.11) 变为

$$\iint\limits_{D} f(x,y)\mathrm{d}\sigma=\int_{a}^{b}\mathrm{d}x\int_{c}^{d}f(x,y)\mathrm{d}y=\int_{c}^{d}\mathrm{d}y\int_{a}^{b}f(x,y)\mathrm{d}x,$$

或记为

$$\iint\limits_{D} f(x,y)\mathrm{d}\sigma=\int_{a}^{b}\int_{c}^{d}f(x,y)\mathrm{d}y\mathrm{d}x=\int_{c}^{d}\int_{a}^{b}f(x,y)\mathrm{d}x\mathrm{d}y. \tag{7.12}$$

特别地, 当被积函数 $f(x,y)=f_1(x)\cdot f_2(y)$ 时, 有

$$\iint\limits_{D} f(x,y)\mathrm{d}\sigma=\left(\int_{a}^{b}f_1(x)\mathrm{d}x\right)\left(\int_{c}^{d}f_2(y)\mathrm{d}y\right). \tag{7.13}$$

(2) 计算二重积分的关键是确定积分限, 而积分限是由积分区域 D 的形状确定的. 所以计算二重积分时应首先画出 D 的草图. 如果是 X-型区或 Y-型区域, 则按式 (7.10) 或式 (7.11) 计算. 如果积分区域不是标准的 X-型区域或 Y-型区域 (图 7.30), 则应先将 D 分成几部分, 使每个部分是 X-型区或是 Y-型区域, 从而每个部分区域上的二重积分可以用式 (7.10) 或式 (7.11) 计算. 如图 7.30 中将积分区域 D 分成了 D_1,D_2,D_3 三部分. 从而有

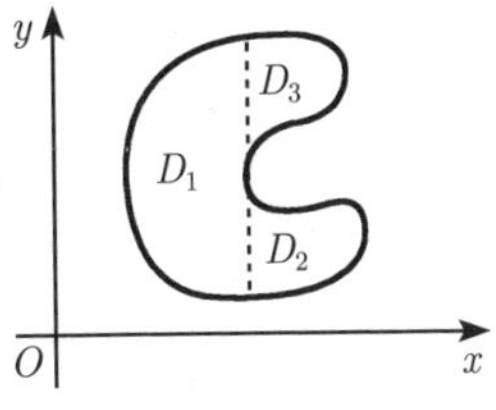

图 7.30

$$\iint\limits_{D} f(x,y)\mathrm{d}\sigma=\iint\limits_{D_1} f(x,y)\mathrm{d}\sigma+\iint\limits_{D_2} f(x,y)\mathrm{d}\sigma+\iint\limits_{D_3} f(x,y)\mathrm{d}\sigma.$$

(3) 如果积分区域 D 既是 X-型区域, 又是 Y-型区域按上面所讲, 这时既可以用式 (7.10) 计算, 又可以用式 (7.11) 计算, 但在有些题中用式 (7.10) 或式 (7.11) 计算的难易程度是不一样的, 有时甚至无法积分. 所以化二重积分为二次积分时, 要注意积分次序的选择, 必要时交换积分次序.

例 1 计算二重积分 $\iint\limits_D xy\mathrm{d}x\mathrm{d}y$, 其中 D 是由抛物线 $y=x^2, x=y^2$ 所围成的闭区域.

解法 1 画出积分区域 D(图 7.31). D 既是 X-型区域, 又是 Y-型区域. 如果将 D 视为 X-型区域, 则 D 可表示为

$$D=\left\{(x,y)|\,0\leqslant x\leqslant 1, x^2\leqslant y\leqslant\sqrt{x}\right\}.$$

于是利用公式 (7.10), 得

$$\begin{aligned}\iint\limits_D xy\mathrm{d}x\mathrm{d}y&=\int_0^1\mathrm{d}x\int_{x^2}^{\sqrt{x}}xy\mathrm{d}y=\int_0^1\frac{1}{2}xy^2\bigg|_{x^2}^{\sqrt{x}}\mathrm{d}x\\&=\frac{1}{2}\int_0^1 x(x-x^4)\mathrm{d}x=\frac{1}{2}\left(\frac{1}{3}x^3-\frac{1}{6}x^6\right)\bigg|_0^1\\&=\frac{1}{12}.\end{aligned}$$

解法 2 如果将 D 视为 Y-型区域, 则 D 可表示为

$$D=\left\{(x,y)|\,0\leqslant y\leqslant 1, y^2\leqslant x\leqslant\sqrt{y}\right\}.$$

于是利用式 (7.11), 得

$$\begin{aligned}\iint\limits_D xy\mathrm{d}x\mathrm{d}y&=\int_0^1\mathrm{d}y\int_{y^2}^{\sqrt{y}}xy\mathrm{d}x=\int_0^1\frac{1}{2}yx^2\bigg|_{y^2}^{\sqrt{y}}\mathrm{d}y\\&=\frac{1}{2}\int_0^1 y(y-y^4)\mathrm{d}y=\frac{1}{2}\left(\frac{1}{3}y^3-\frac{1}{6}y^6\right)\bigg|_0^1\\&=\frac{1}{12}.\end{aligned}$$

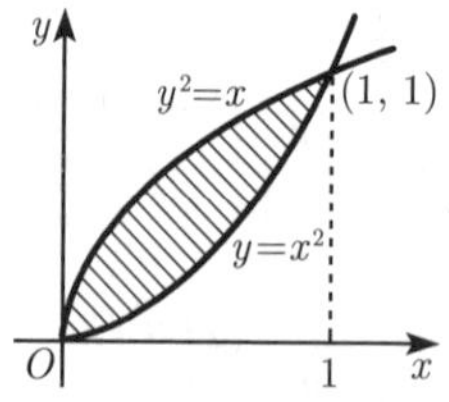

图 7.31

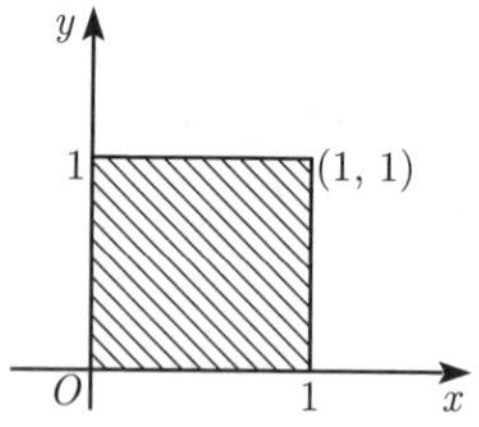

图 7.32

例 2 计算二重积分 $\iint\limits_D \mathrm{e}^{x+y}\mathrm{d}x\mathrm{d}y$, 其中 D 是由直线 $x=0, x=1, y=0$ 和 $y=1$ 所围成的闭区域.

解 画出积分区域 D(图 7.32). D 是矩形区域

$$D=\{(x,y)|0\leqslant x\leqslant 1,0\leqslant y\leqslant 1\},$$

于是利用式 (7.12), 得

$$\begin{aligned}\iint\limits_D \mathrm{e}^{x+y}\mathrm{d}x\mathrm{d}y&=\iint\limits_D \mathrm{e}^{x}\cdot\mathrm{e}^{y}\mathrm{d}x\mathrm{d}y\\&=\int_0^1\mathrm{e}^x\mathrm{d}x\int_0^1\mathrm{e}^y\mathrm{d}y\\&=(\mathrm{e}-1)^2.\end{aligned}$$

例 3 计算二重积分 $\iint\limits_D \mathrm{e}^{y^2}\mathrm{d}x\mathrm{d}y$, 其中 D 是由直线 $y=x,y=1$ 和 $x=0$ 所围成的闭区域.

解 画出积分区域 D(图 7.33). D 既是 X-型区域, 又是 Y-型区域. 如果将 D 视为 X-型区域, 则 D 可表示为

$$D=\{(x,y)|0\leqslant x\leqslant 1,x\leqslant y\leqslant 1\}.$$

于是利用式 (7.10), 得

$$\iint\limits_D \mathrm{e}^{y^2}\mathrm{d}x\mathrm{d}y=\int_0^1\mathrm{d}x\int_x^1\mathrm{e}^{y^2}\mathrm{d}y.$$

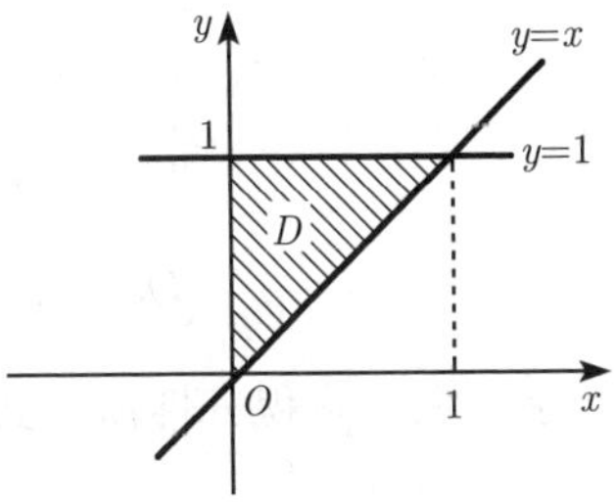

图 7.33

因为 $\int\mathrm{e}^{y^2}\mathrm{d}y$ 的原函数不能用初等函数表示, 所以应选择另一种积分次序. 将 D 视为 Y-型区域, 则 D 可表示为

$$D=\{(x,y)|0\leqslant y\leqslant 1,0\leqslant x\leqslant y\}.$$

于是利用式 (7.11), 得

$$\begin{aligned}\iint\limits_D \mathrm{e}^{y^2}\mathrm{d}x\mathrm{d}y&=\int_0^1\mathrm{d}y\int_0^y\mathrm{e}^{y^2}\mathrm{d}x=\int_0^1\mathrm{e}^{y^2}x\Big|_0^y\mathrm{d}y\\&=\int_0^1 y\mathrm{e}^{y^2}\mathrm{d}y=\frac{1}{2}\int_0^1\mathrm{e}^{y^2}\mathrm{d}y^2=\frac{1}{2}(\mathrm{e}-1).\end{aligned}$$

例 4 计算二重积分 $\iint\limits_D(2x-y)\mathrm{d}x\mathrm{d}y$, 其中 D 是由直线 $2x-y+3=0,y=1$ 及 $x+y-3=0$ 所围成的闭区域.

解 画出积分区域 D(图 7.34). 如果将 D 视为 Y-型区域, 则 D 可表示为

$$D=\left\{(x,y)\middle|1\leqslant y\leqslant 3,\frac{1}{2}(y-3)\leqslant x\leqslant 3-y\right\}.$$

于是有

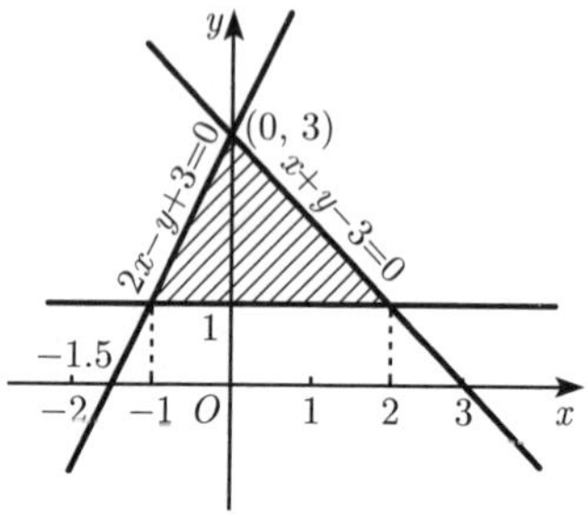

图 7.34

$$\begin{aligned}\iint\limits_D(2x-y)\mathrm{d}x\mathrm{d}y&=\int_1^3\mathrm{d}y\int_{\frac{1}{2}(y-3)}^{3-y}(2x-y)\mathrm{d}x\\&=\int_1^3(x^2-xy)\Big|_{\frac{1}{2}(y-3)}^{3-y}\mathrm{d}y\\&=\frac{9}{4}\int_1^3(y^2-4y+3)\mathrm{d}y\\&=\frac{9}{4}\left(\frac{1}{3}y^3-2y^2+3y\right)\Big|_1^3\\&=-3.\end{aligned}$$

如果将 D 视为 X-型区域, 则需将 D 分成两部分 $D_1,D_2(D=D_1+D_2)$.

$$D_1=\{(x,y)|-1\leqslant x\leqslant 0,1\leqslant y\leqslant 2x+3\},$$

$$D_2=\{(x,y)|0\leqslant x\leqslant 2,1\leqslant y\leqslant 3-x\}.$$

于是根据二重积分性质及式 (7.10), 得

$$\begin{aligned}\iint\limits_D(2x-y)\mathrm{d}x\mathrm{d}y&=\iint\limits_{D_1}(2x-y)\mathrm{d}x\mathrm{d}y+\iint\limits_{D_2}(2x-y)\mathrm{d}x\mathrm{d}y\\&=\int_{-1}^0\mathrm{d}x\int_1^{2x+3}(2x-y)\mathrm{d}y+\int_0^2\mathrm{d}x\int_1^{3-x}(2x-y)\mathrm{d}y.\end{aligned}$$

显然, 此题采用先对 x 后对 y 比先对 y 后对 x 的计算要简便得多, 所以此题应将 D 视为 Y-型区域进行计算.

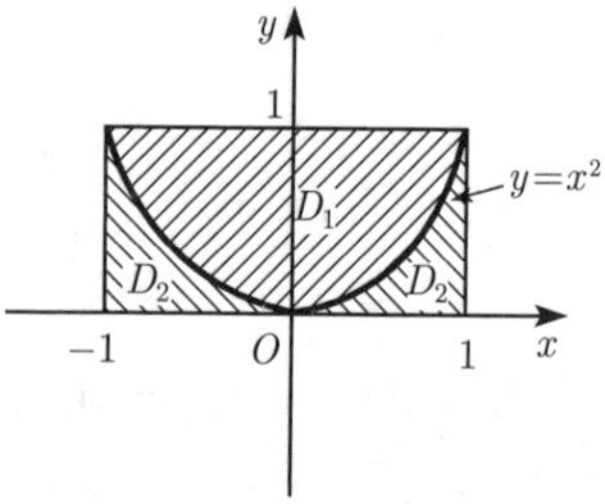

图 7.35

由例 3 和例 4 可以看出, 将二重积分化为二次积分, 选择积分次序时, 既要考虑积分区域的形状, 又要考虑被积函数的特性.

例 5 计算二重积分 $\iint\limits_D\left|y-x^2\right|\mathrm{d}x\mathrm{d}y$, 其中 D 是由直线 $x=-1,x=1,y=0$ 及 $y=1$ 所围成的闭区域.

解 画出积分区域 D(图 7.35). 对于这类含有绝对值的二重积分, 可以采用类似定积分的方法. 先根据积分区域去掉绝对值号, 从图 7.35 中可以看出, 在 D_1 上 $y \geqslant x^2$, 在 D_2 上 $y \leqslant x^2$. 将 D_1, D_2 视为 X-型区域

$$D_1 = \{(x,y) | -1 \leqslant x \leqslant 1, x^2 \leqslant y \leqslant 1\},$$

$$D_2 = \{(x,y) | -1 \leqslant x \leqslant 1, 0 \leqslant y \leqslant x^2\}.$$

于是

$$\begin{aligned}\iint\limits_D \left|y - x^2\right| \mathrm{d}x\mathrm{d}y &= \iint\limits_{D_1} (y - x^2)\mathrm{d}x\mathrm{d}y + \iint\limits_{D_2} (x^2 - y)\mathrm{d}x\mathrm{d}y \\ &= \int_{-1}^{1} \mathrm{d}x \int_{x^2}^{1} (y - x^2)\mathrm{d}y + \int_{-1}^{1} \mathrm{d}x \int_0^{x^2} (x^2 - y)\mathrm{d}y \\ &= \int_{-1}^{1} \left(\frac{1}{2} - x^2 + \frac{1}{2}x^4\right) \mathrm{d}x + \int_{-1}^{1} \frac{1}{2}x^4 \mathrm{d}x \\ &= 2\int_0^1 \left(\frac{1}{2} - x^2 + \frac{1}{2}x^4\right) \mathrm{d}x + 2\int_0^1 \frac{1}{2}x^4 \mathrm{d}x \\ &= 2\left(\frac{1}{2}x - \frac{1}{3}x^3 + \frac{1}{10}x^5\right)\Big|_0^1 + \frac{1}{10}x^5\Big|_0^1 = \frac{11}{15}.\end{aligned}$$

例 6 计算二重积分 $\displaystyle\int_0^{\frac{\pi}{6}} \mathrm{d}y \int_y^{\frac{\pi}{6}} \frac{\cos x}{x} \mathrm{d}x$.

解 因为 $\displaystyle\int \frac{\cos x}{x} \mathrm{d}x$ 的原函数不能用初等函数表示, 所以应选择另一种积分次序, 对本题而言需要首先交换积分次序.

本题积分区域 D 为 Y-型区域

$$D = \left\{(x,y) \middle| 0 \leqslant y \leqslant \frac{\pi}{6}, y \leqslant x \leqslant \frac{\pi}{6}\right\}.$$

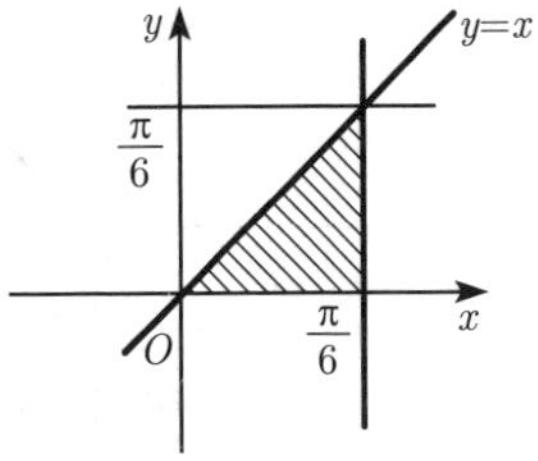

图 7.36

据此画出积分区域 D(图 7.36). 重新确定积分区域 D 为 X-型区域

$$D = \left\{(x,y) \middle| 0 \leqslant x \leqslant \frac{\pi}{6}, 0 \leqslant y \leqslant x\right\}.$$

于是

$$\int_0^{\frac{\pi}{6}} \mathrm{d}y \int_y^{\frac{\pi}{6}} \frac{\cos x}{x} \mathrm{d}x = \int_0^{\frac{\pi}{6}} \mathrm{d}x \int_0^x \frac{\cos x}{x} \mathrm{d}y = \int_0^{\frac{\pi}{6}} \frac{\cos x}{x} y\Big|_0^x \mathrm{d}x$$

$$= \int_0^{\frac{\pi}{6}} \cos x \mathrm{d}x = \sin x\Big|_0^{\frac{\pi}{6}} = \frac{1}{2}.$$

例 7 (2001)　计算二重积分 $\iint\limits_D y\left[1+x\mathrm{e}^{\frac{1}{2}(x^2+y^2)}\right]\mathrm{d}x\mathrm{d}y$, 其中 D 是由直线 $x=1, y=-1$ 及 $y=x$ 所围成的闭区域.

解　画出积分区域 D(图 7.37), 并将 D 分为四块 D_1, D_2, D_3, D_4. 显然 D_1, D_2 关于 x 轴对称, 而 $xy\mathrm{e}^{\frac{1}{2}(x^2+y^2)}$ 是关于 y 的奇函数; D_3, D_4 关于 y 轴对称, 而 $xy\mathrm{e}^{\frac{1}{2}(x^2+y^2)}$ 是关于 x 的奇函数, 则由对称区域上奇偶函数积分的性质, 得

$$\iint\limits_D xy\mathrm{e}^{\frac{1}{2}(x^2+y^2)}\mathrm{d}x\mathrm{d}y = \iint\limits_{D_1+D_2} xy\mathrm{e}^{\frac{1}{2}(x^2+y^2)}\mathrm{d}x\mathrm{d}y + \iint\limits_{D_3+D_4} xy\mathrm{e}^{\frac{1}{2}(x^2+y^2)}\mathrm{d}x\mathrm{d}y = 0,$$

$$\iint\limits_{D_1+D_2} y\mathrm{d}x\mathrm{d}y = 0.$$

于是

$$\iint\limits_D y\left[1+x\mathrm{e}^{\frac{1}{2}(x^2+y^2)}\right]\mathrm{d}x\mathrm{d}y = \iint\limits_{D_3+D_4} y\mathrm{d}x\mathrm{d}y = 2\iint\limits_{D_4} y\mathrm{d}x\mathrm{d}y = 2\int_{-1}^0 \mathrm{d}y\int_0^{-y} y\mathrm{d}y$$

$$= -2\int_{-1}^0 y^2\mathrm{d}y = -\frac{2}{3}y^3\Big|_{-1}^0 = -\frac{2}{3}.$$

此题用到了二重积分的对称性, 可以看出大大简化了计算量, 所以应该熟练掌握这一性质.

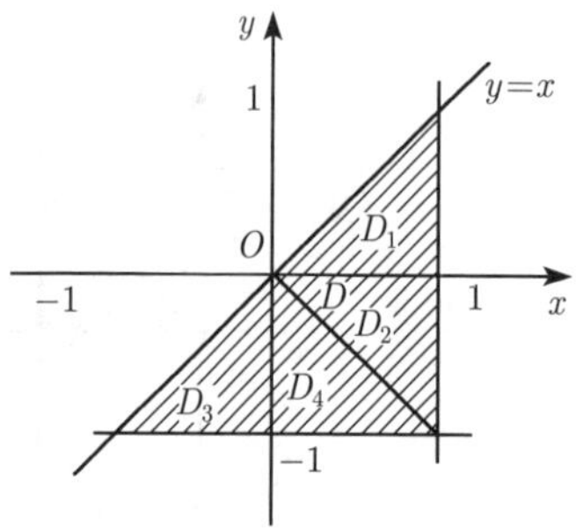

图 7.37

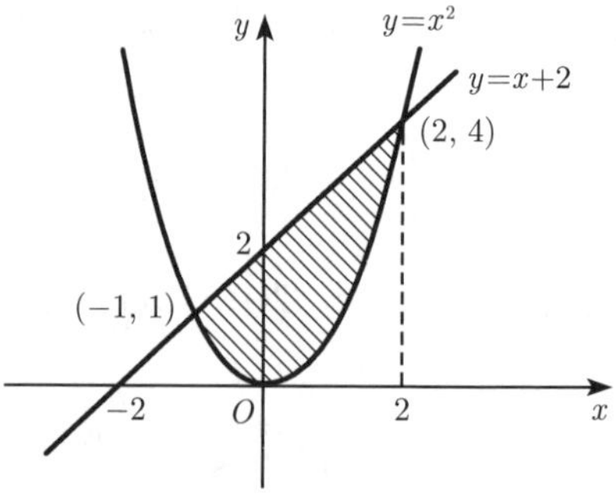

图 7.38

例 8　应用二重积分, 求在 xOy 面上由 $y=x^2$ 及 $y=x+2$ 所围成区域的面积.

解 由二重积分的性质可知, 二重积分 $\iint\limits_D \mathrm{d}x\mathrm{d}y$ 的值就是积分区域 D 的面积的数值. 由图 7.38 得

$$A=\iint\limits_D \mathrm{d}x\mathrm{d}y=\int_{-1}^{2}\mathrm{d}x\int_{x^2}^{x+2}\mathrm{d}y=\int_{-1}^{2}(x+2-x^2)\mathrm{d}x$$

$$=\left(\frac{1}{2}x^2+2x-\frac{1}{3}x^3\right)\Big|_{-1}^{2}=\frac{9}{2}.$$

因此, 由 $y=x^2$ 及 $y=x+2$ 所围成的区域的面积等于 $\dfrac{9}{2}$.

例 9 求两个圆柱面 $x^2+y^2=a^2$ 及 $x^2+z^2=a^2$ 所围成的立体体积.

解 由所求立体的对称性, 该立体的体积 V 是该立体位于第一卦限部分的体积 V_1 的 8 倍 (图 7.39). 立体在第一卦限部分可以看成一个曲顶柱体, 它的底为

$$D=\{(x,y)|0\leqslant x\leqslant a,0\leqslant y\leqslant\sqrt{a^2-x^2}\}.$$

它的顶是柱面 $z=\sqrt{a^2-x^2}$, 于是由二重积分的几何意义, 得

$$V=8V_1=8\iint\limits_D\sqrt{a^2-x^2}\mathrm{d}x\mathrm{d}y$$

$$=8\int_0^a\mathrm{d}x\int_0^{\sqrt{a^2-x^2}}\sqrt{a^2-x^2}\mathrm{d}y$$

$$=8\int_0^a(a^2-x^2)\mathrm{d}x=\frac{16}{3}a^3.$$

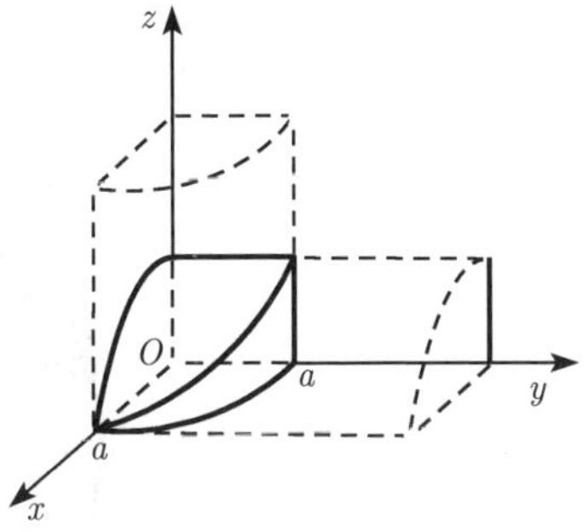

图 7.39

2. 在极坐标系下计算二重积分

如果二重积分的积分区域 D 是圆、圆环、扇形或区域的边界方程用极坐标方程表示比较简便, 或者被积函数为 $f(x^2+y^2),f\left(\dfrac{y}{x}\right)$ 等形式时, 一般采用极坐标计算二重积分比较简便.

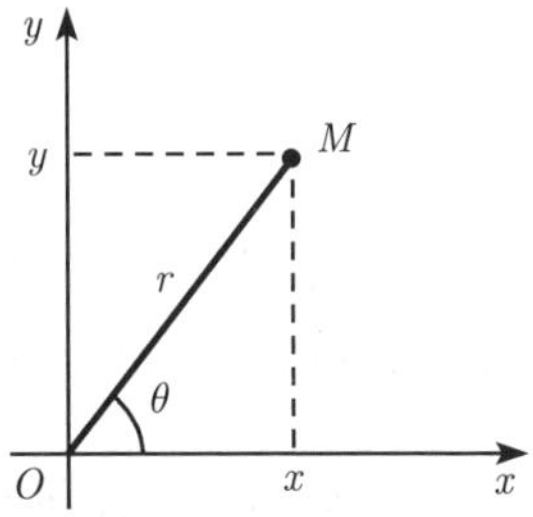

图 7.40

如果将直角坐标系中的原点 O 和 x 轴的正半轴选为极坐标系中的极点和极轴 (图 7.40), 则平面上点 M 的直角坐标 (x,y) 与其极坐标 (r,θ) 有以下的关系

$$\begin{cases} x=r\cos\theta,\\ y=r\sin\theta,\end{cases}$$

其中 r 为极径, θ 为极角.

下面讨论在极坐标系中计算二重积分的公式.

设从极点 O 出发且穿过区域 D 内部的射线与 D 的边界线相交不多于两点. 以极点为中心的一组同心圆 ($r=$ 常数) 和一组从极点出发的射线 ($\theta=$ 常数), 把区域 D 分成很多小区域 (图 7.41). 任一小区域 $\Delta\sigma$ 是由极角分别为 θ 和 $\theta+\Delta\theta$ 的两射线与半径分别为 r 和 $r+\Delta r$ 的两条圆弧所围成的区域, 则由扇形面积公式, 得

$$\Delta\sigma=\frac{1}{2}(r+\Delta r)^2\Delta\theta-\frac{1}{2}r^2\Delta\theta=r\Delta r\Delta\theta+\frac{1}{2}(\Delta r)^2\Delta\theta,$$

略去高阶无穷小量 $\frac{1}{2}(\Delta r)^2\Delta\theta$, 得

$$\Delta\sigma\approx r\Delta r\Delta\theta,$$

于是极坐标系下面积元素为

$$\mathrm{d}\sigma=r\mathrm{d}r\mathrm{d}\theta.$$

从而得到将直角坐标系下的二重积分变换为极坐标系下二重积分的变换公式

$$\iint\limits_D f(x,y)\mathrm{d}x\mathrm{d}y=\iint\limits_D f(r\cos\theta,r\sin\theta)r\mathrm{d}r\mathrm{d}\theta. \tag{7.14}$$

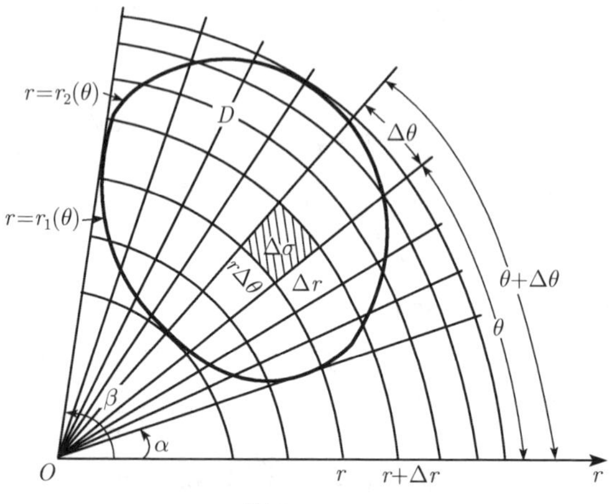

图 7.41

公式 (7.14) 表明, 要把二重积分中的变量从直角坐标系变为极坐标, 只要把被积函数中的 x,y 分别换成 $r\cos\theta, r\sin\theta$, 并把直角坐标系中的面积元素 $\mathrm{d}x\mathrm{d}y$ 换成极坐标系中的面积元素 $r\mathrm{d}r\mathrm{d}\theta$.

在极坐标系下计算二重积分, 仍需要化为二次积分来计算, 下面分三种情况进行介绍.

(1) 极点 O 在积分区域 D 之外 (图 7.42).

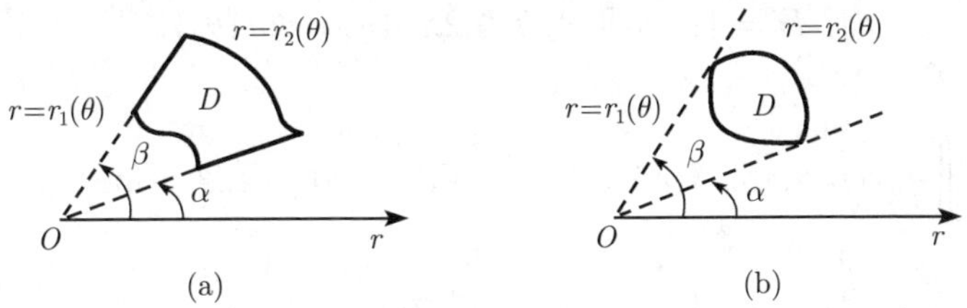

图 7.42

设区域 D 由射线 $\theta=\alpha,\theta=\beta$ 和连续曲线 $r=r_1(\theta),r=r_2(\theta)$ 所围成, 从而积分区域 D 可表示为

$$D=\{(r,\theta)|\alpha\leqslant\theta\leqslant\beta,r_1(\theta)\leqslant r\leqslant r_2(\theta)\}.$$

于是有

$$\iint_D f(r\cos\theta,r\sin\theta)r\mathrm{d}r\mathrm{d}\theta=\int_\alpha^\beta\mathrm{d}\theta\int_{r_1(\theta)}^{r_2(\theta)}f(r\cos\theta,r\sin\theta)r\mathrm{d}r.$$

(2) 极点 O 在区域 D 的边界上 (图 7.43).

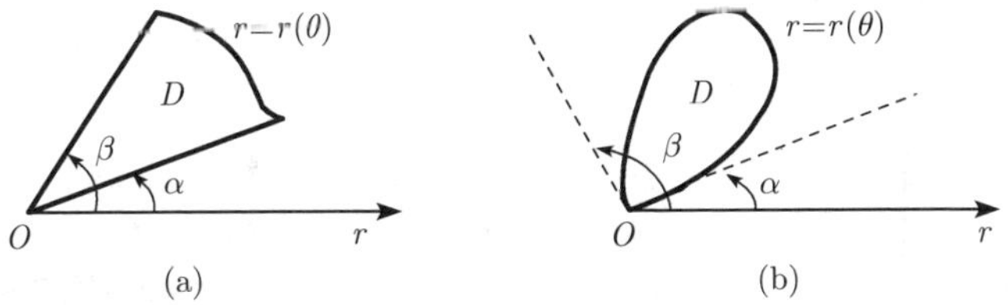

图 7.43

设区域 D 由射线 $\theta=\alpha,\theta=\beta$ 和连续曲线 $r=r(\theta)$ 所围成. 从而积分区域 D 可表示为

$$D=\{(r,\theta)|\alpha\leqslant\theta\leqslant\beta,0\leqslant r\leqslant r(\theta)\},$$

于是有

$$\begin{aligned}&\iint_D f(r\cos\theta,r\sin\theta)r\mathrm{d}r\mathrm{d}\theta\\=&\int_\alpha^\beta\mathrm{d}\theta\int_0^{r(\theta)}f(r\cos\theta,r\sin\theta)r\mathrm{d}r.\end{aligned}$$

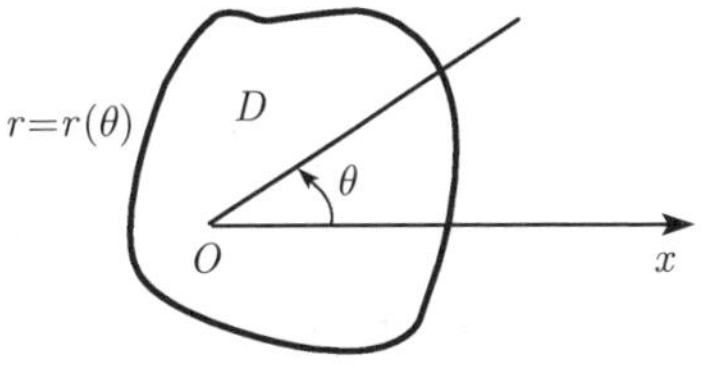

图 7.44

(3) 极点 O 在区域 D 内部 (图 7.44).

设区域 D 的边界曲线方程为 $r=r(\theta)$, 从而积分区域 D 可表示为

$$D=\{(r,\theta)|0\leqslant\theta\leqslant 2\pi,0\leqslant r\leqslant r(\theta)\}.$$

于是有

$$\iint_D f(r\cos\theta,r\sin\theta)r\mathrm{d}r\mathrm{d}\theta=\int_0^{2\pi}\mathrm{d}\theta\int_0^{r(\theta)}f(r\cos\theta,r\sin\theta)r\mathrm{d}r.$$

例 10　计算二重积分 $\iint\limits_D \mathrm{e}^{-x^2-y^2}\mathrm{d}x\mathrm{d}y$, 其中 D 是由圆 $x^2+y^2=R^2(R>0)$ 围成的闭区域.

解　画出积分区域 D(图 7.45). 在极坐标系下 D 表示为

$$D=\{(r,\theta)|0\leqslant\theta\leqslant 2\pi,0\leqslant r\leqslant R\}.$$

于是

$$\begin{aligned}\iint_D \mathrm{e}^{-x^2-y^2}\mathrm{d}x\mathrm{d}y&=\int_0^{2\pi}\mathrm{d}\theta\int_0^R\mathrm{e}^{-r^2}r\mathrm{d}r\\&=-2\pi\cdot\frac{1}{2}\int_0^R\mathrm{e}^{-r^2}\mathrm{d}\left(-r^2\right)\\&=-\pi\,\mathrm{e}^{-r^2}\Big|_0^R=\pi(1-\mathrm{e}^{-R^2}).\end{aligned}$$

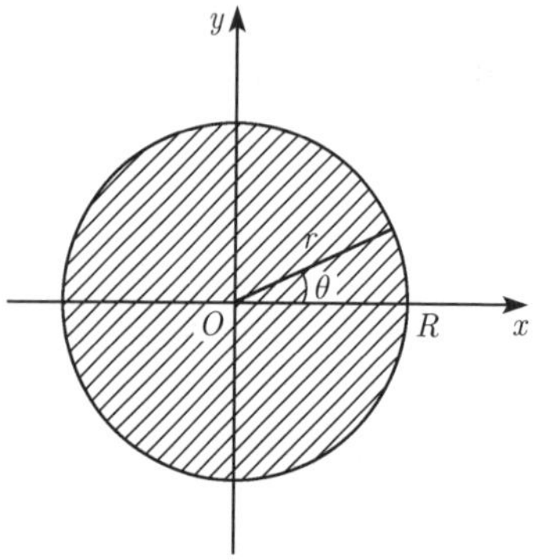

图 7.45

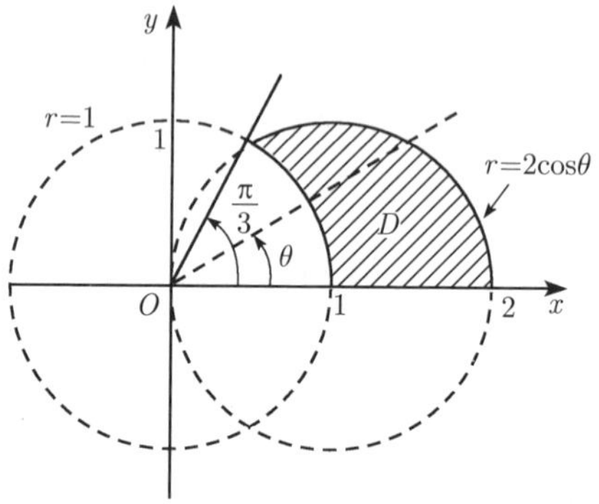

图 7.46

例 11　计算二重积分 $\iint\limits_D\sqrt{x^2+y^2}\mathrm{d}x\mathrm{d}y$, 其中 D 是由圆 $x^2+y^2\geqslant 1$ 及 $x^2+y^2\leqslant 2x$ 所围成在第一象限的闭区域.

解　画出积分区域 D(图 7.46). 在极坐标系下 D 表示为

$$D=\left\{(r,\theta)\,\middle|\,0\leqslant\theta\leqslant\frac{\pi}{3},1\leqslant r\leqslant 2\cos\theta\right\}.$$

于是

$$\iint\limits_{D}\sqrt{x^2+y^2}\mathrm{d}x\mathrm{d}y=\int_0^{\frac{\pi}{3}}\mathrm{d}\theta\int_1^{2\cos\theta}r^2\mathrm{d}r=\frac{1}{3}\int_0^{\frac{\pi}{3}}r^3\Big|_1^{2\cos\theta}\mathrm{d}\theta=\frac{8}{3}\int_0^{\frac{\pi}{3}}\cos^3\theta\mathrm{d}\theta-\frac{1}{3}\int_0^{\frac{\pi}{3}}\mathrm{d}\theta$$

$$=\frac{8}{3}\int_0^{\frac{\pi}{3}}(1-\sin^2\theta)\mathrm{d}\sin\theta-\frac{1}{3}\cdot\frac{\pi}{3}$$

$$=\frac{8}{3}\left(\sin\theta-\frac{1}{3}\sin^3\theta\right)\Big|_0^{\frac{\pi}{3}}-\frac{\pi}{9}$$

$$=\sqrt{3}-\frac{\pi}{9}.$$

与一元函数的广义积分类似, 如果二元函数的积分区域是无界的, 则可以定义二元函数的广义积分, 下面举例说明.

例 12 计算积分 $I=\int_0^{+\infty}\mathrm{e}^{-x^2}\mathrm{d}x$.

解 因为 e^{-x^2} 的原函数不能用初等函数表示, 所以无法直接利用一元函数的广义积分来计算. 现利用二重积分来计算, 其思想与一元函数的广义积分一样. 因为

$$I=\int_0^{+\infty}\mathrm{e}^{-x^2}\mathrm{d}x=\int_0^{+\infty}\mathrm{e}^{-y^2}\mathrm{d}y,$$

所以

$$I^2=\left(\int_0^{+\infty}\mathrm{e}^{-x^2}\mathrm{d}x\right)\left(\int_0^{+\infty}\mathrm{e}^{-y^2}\mathrm{d}y\right)=\iint\limits_{D}\mathrm{e}^{-(x^2+y^2)}\mathrm{d}x\mathrm{d}y,$$

这里区域 D 表示 xOy 面上整个第一象限 (图 7.47).

令 $D_1=\{(x,y)|x^2+y^2\leqslant R^2,x\geqslant 0,y\geqslant 0,R>0\}$, 则有

$$I^2=\iint\limits_{D}\mathrm{e}^{-(x^2+y^2)}\mathrm{d}x\mathrm{d}y=\lim_{D_1\to D}\iint\limits_{D_1}\mathrm{e}^{-(x^2+y^2)}\mathrm{d}x\mathrm{d}y$$

$$=\lim_{R\to+\infty}\int_0^{\frac{\pi}{2}}\mathrm{d}\theta\int_0^R\mathrm{e}^{-r^2}r\mathrm{d}r$$

$$=\frac{\pi}{4}\lim_{R\to+\infty}(1-\mathrm{e}^{-R^2})=\frac{\pi}{4}.$$

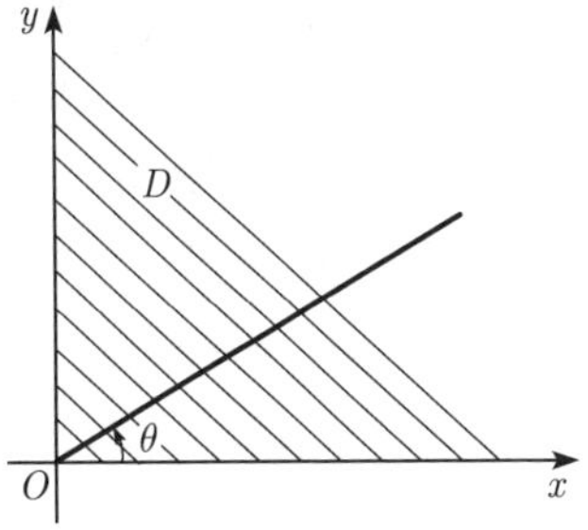

图 7.47

因此得

$$I=\int_0^{+\infty}\mathrm{e}^{-x^2}\mathrm{d}x=\frac{\sqrt{\pi}}{2}.$$

由此题可得

$$\Gamma\left(\frac{1}{2}\right)=2\int_0^{+\infty}\mathrm{e}^{-x^2}\mathrm{d}x=\sqrt{\pi}.$$

习　题　7

(A)

1. 求下列函数的定义域:

(1) $z=\dfrac{1}{x^2+2y^2}$;　(2) $z=x+\sqrt{y}$;　(3) $z=\sqrt{1-x^2}+\sqrt{y^2-1}$;

(4) $z=\sqrt{x-\sqrt{y}}$;　(5) $z=\sqrt{\sin(x^2+y^2)}$;　(6) $z=\arcsin\dfrac{x}{2}+\arccos\dfrac{y}{3}$;

(7) $z=\sqrt{x^2+y^2+1}+\ln(4-x^2-y^2)$;　(8) $z=\ln(y-x)+\dfrac{\sqrt{x}}{\sqrt{1-x^2-y^2}}$;

(9) $u=\arcsin\dfrac{z}{\sqrt{x^2+y^2}}$;　(10) $z=\begin{cases}\dfrac{xy}{2x^2+y^2}, & x^2+y^2\neq 0,\\ 0, & x^2+y^2=0.\end{cases}$

2. 判别函数 $z=\ln(x^2-y^2)$ 与 $z=\ln(x+y)+\ln(x-y)$ 是否为同一函数? 并说明理由.

3. 若 $f(x,y)=\dfrac{2xy}{x^2+y^2}$, 求 $f\left(1,\dfrac{y}{x}\right)$.

4. 设 $f(x+y,x-y)=2xy(x-y)$, 求 $f(x,y)$ 及 $f(2,1)$ 的值.

5. 设 $z=x+y+f(x-y)$, 若当 $y=0$ 时, $z=x^2$. 求函数 f 及 z.

6. 求下列函数的极限:

(1) $\lim\limits_{(x,y)\to(0,0)}(x+y)\sin\dfrac{1}{x^2+y^2}$;　(2) $\lim\limits_{(x,y)\to(1,0)}\dfrac{\ln(x+\mathrm{e}^y)}{\sqrt{x^2+y^2}}$;

(3) $\lim\limits_{(x,y)\to(0,0)}\dfrac{\sqrt{xy+1}-1}{xy}$;　(4) $\lim\limits_{(x,y)\to(0,0)}\dfrac{1-\cos(x^2+y^2)}{(x^2+y^2)\mathrm{e}^{x^2y^2}}$.

7. 讨论函数 $f(x,y)=\begin{cases}\dfrac{x^2y}{x^4+y^2}, & (x,y)\neq(0,0),\\ 0, & (x,y)=(0,0)\end{cases}$ 的连续性.

8. 求下列函数的偏导数:

(1) $z=x^2y^3+x-2y+\mathrm{e}^2$;　(2) $z=\sin(x^2+y^2)$;　(3) $z=\arctan\dfrac{y}{x}$;

(4) $z=\mathrm{e}^{\sin x}\cos y$;　(5) $z=\mathrm{e}^{-x}\sin(x+2y)$, 求 $z'_x\left(0,\dfrac{\pi}{4}\right)$, $z'_y\left(0,\dfrac{\pi}{4}\right)$;

(6) $z=\dfrac{x}{\sqrt{x^2+y^2}}$;　(7) $z=(1+xy)^y$;

(8) $z=\mathrm{e}^{xy}\sin\pi y+(x-1)\arctan\sqrt{\dfrac{x}{y}}$, 求 $z'_x(1,1)$, $z'_y(1,1)$;

(9) $u=\ln(1+x+y^2+z^3)$;　(10) $u=x^yy^zz^x$.

9. 求下列函数的高阶偏导数:

(1) $z=xy+\dfrac{x}{y}$, 求 $\dfrac{\partial^2 z}{\partial x^2}$, $\dfrac{\partial^2 z}{\partial y^2}$, $\dfrac{\partial^2 z}{\partial x\partial y}$, $\dfrac{\partial^2 z}{\partial y\partial x}$;

(2) $z=x^2\mathrm{e}^{2y}$, 求 $\dfrac{\partial^2 z}{\partial x^2},\dfrac{\partial^2 z}{\partial y^2},\dfrac{\partial^2 z}{\partial x\partial y},\dfrac{\partial^2 z}{\partial y\partial x}$;

(3) $z=x\ln(xy)$, 求 $\dfrac{\partial^2 z}{\partial x^2},\dfrac{\partial^2 z}{\partial y^2},\dfrac{\partial^2 z}{\partial x\partial y}$;

(4) $z=\arctan\dfrac{x+y}{1-xy}$, 求 $\dfrac{\partial^2 z}{\partial x^2},\dfrac{\partial^2 z}{\partial y^2},\dfrac{\partial^2 z}{\partial x\partial y}$;

(5) $u=\mathrm{e}^{xyz}$, 求 $\dfrac{\partial^3 u}{\partial x\partial y\partial z}$.

10. 证明下列各题:

(1) 设 $z=\ln(\sqrt[n]{x}+\sqrt[n]{y})$, 且 $n\geqslant 2$, 证明: $x\dfrac{\partial z}{\partial x}+y\dfrac{\partial z}{\partial y}=\dfrac{1}{n}$;

(2) 设 $z=\arctan\dfrac{x}{y}$, 证明: $x\dfrac{\partial z}{\partial x}+y\dfrac{\partial z}{\partial y}=0$;

(3) 设 $z=\ln\sqrt{(x-a)^2+(y-b)^2}$, 证明: $\dfrac{\partial^2 z}{\partial x^2}+\dfrac{\partial^2 z}{\partial y^2}=0$;

(4) 设 $u=(x-y)(y-z)(z-x)$, 证明: $\dfrac{\partial u}{\partial x}+\dfrac{\partial u}{\partial y}+\dfrac{\partial u}{\partial z}=0$.

11. 求下列函数的全微分:

(1) $z=xy^3+3x^2y^6$; (2) $z=\ln(3x-2y)$; (3) $u=\ln(x^2+y^2+z^2)$.

12. 求下列函数在给定条件下全微分的值:

(1) 设 $z=\mathrm{e}^{xy}, x=1, y=1, \Delta x=0.15, \Delta y=0.1$;

(2) 设 $z=x\ln(x+y), x=1, y=2, \Delta x=0.1, \Delta y=-0.1$.

13. 计算下列各式的近似值:

(1) $(0.97)^{1.05}$; (2) $\sqrt{(1.02)^3+(1.97)^3}$.

14. 已知边长为 $x=6\text{m}$ 与 $y=8\text{m}$ 的矩形, 如果 x 边增加 2cm, 而 y 边减少 5cm, 求这个矩形对角线变化的近似值.

15. 求下列复合函数的导数:

(1) 设 $z=\mathrm{e}^{x-2y}$, 而 $x=\sin t, y=t^3$, 求 $\dfrac{\mathrm{d}z}{\mathrm{d}t}$;

(2) 设 $z=\dfrac{v}{u}$, 而 $u=\mathrm{e}^x, v=1-\mathrm{e}^{2x}$, 求 $\dfrac{\mathrm{d}z}{\mathrm{d}x}$;

(3) 设 $z=\arctan\dfrac{u}{v}$, 而 $u=x+y, v=x-y$, 求 $\dfrac{\partial z}{\partial x},\dfrac{\partial z}{\partial y}$;

(4) 设 $z=u^2\ln v$, 而 $u=\dfrac{x}{y}, v=3x-2y$, 求 $\dfrac{\partial z}{\partial x},\dfrac{\partial z}{\partial y}$;

(5) 设 $z=(x^2+y)^{2x+3y}$, 求 $\dfrac{\partial z}{\partial x},\dfrac{\partial z}{\partial y}$.

16. 求下列函数的偏导数 (其中 f 具有一、二阶偏导数):

(1) 设 $z=f(x^2+y^2)$, 求 $\dfrac{\partial^2 z}{\partial x^2},\dfrac{\partial^2 z}{\partial y^2},\dfrac{\partial^2 z}{\partial x\partial y}$;

(2) 设 $u=f(x,xy,xyz)$, 求 $\dfrac{\partial u}{\partial x},\dfrac{\partial u}{\partial y},\dfrac{\partial u}{\partial z}$;

(3) 设 $z=f\left(x,\dfrac{x}{y}\right)$, 求 $\dfrac{\partial^2 z}{\partial x^2},\dfrac{\partial^2 z}{\partial y^2},\dfrac{\partial^2 z}{\partial x\partial y}$.

17. 证明下列各题:

(1) 设 $z=x+f(xy)$, 且 f 是可微函数, 证明: $x\dfrac{\partial z}{\partial x}-y\dfrac{\partial z}{\partial y}=x$;

(2) 设 $z=f[\mathrm{e}^{xy},\cos(xy)]$, 且 f 是可微函数, 证明: $x\dfrac{\partial z}{\partial x}-y\dfrac{\partial z}{\partial y}=0$;

(3) 设 $u=f(x-y,y-z)$, 且 f 是可微函数, 证明: $\dfrac{\partial u}{\partial x}+\dfrac{\partial u}{\partial y}+\dfrac{\partial u}{\partial z}=0$.

18. 求下列隐函数的导数:

(1) 设 $\sin y+\mathrm{e}^x=xy^2$, 求 $\dfrac{\mathrm{d}y}{\mathrm{d}x}$;

(2) 设 $x^y=y^x$, 求 $\dfrac{\mathrm{d}y}{\mathrm{d}x}$;

(3) 设 $\dfrac{x}{z}=\ln\dfrac{z}{y}$, 求 $\dfrac{\partial z}{\partial x},\dfrac{\partial z}{\partial y},\dfrac{\partial^2 z}{\partial x\partial y}$.

19. 计算下列各题:

(1) 设二元函数 $z=f(x,y)$ 是由方程 $F(x+y+z,x^2+y^2+z^2)=0$ 所确定的, $F(u,v)$ 有连续的偏导数, 求 $\dfrac{\partial z}{\partial x},\dfrac{\partial z}{\partial y}$;

(2) 设 $u=f(x,y,z)$ 有连续偏导数, $y=y(x)$ 和 $z=z(x)$ 分别由方程 $\mathrm{e}^{xy}-y=0$ 和 $\mathrm{e}^z-xz=0$ 所确定, 求 $\dfrac{\mathrm{d}u}{\mathrm{d}x}$.

20. 求下列函数的极值:

(1) $f(x,y)=x^3+y^3-3x-3y+1$;　　(2) $f(x,y)=xy(1-x-y)$;

(3) $f(x,y)=\mathrm{e}^{2x}(x+y^2+2y)$.

21. 求函数 $z=xy$ 在条件 $x+y=1$ 下的极大值.

22. 求当长、宽、高分别为多少时, 体积为 V 的立方体的表面积最小?

23. 某厂生产甲、乙两种商品, 产量分别为 x,y. 利润函数为

$$L(x,y)=64x-2x^2+4xy-4y^2+32y-14.$$

问当甲、乙两种产品分别生产多少时, 利润最大? 并求最大利润.

24. 生产某种产品的数量与所用两种原料 A,B 的数量 x,y 之间有关系式

$$p(x,y)=0.005x^2y.$$

现用 150 元购料, 已知 A,B 原料的单价分别为 1 元和 2 元. 问购进两种原料各多少时, 可使生产的数量最多?

25. 化二重积分 $\iint\limits_D f(x,y)\mathrm{d}x\mathrm{d}y$ 为二次积分 (写出两种积分次序), 其中积分区域 D 给定如下:

(1) 由直线 $x=\mathrm{e},y=0$ 及 $y=\ln x$ 所围成的闭区域;

(2) 由直线 $x=0,x+y=1$ 及 $x-y=1$ 所围成的闭区域;

(3) 由直线 $y=x, x=2$ 及曲线 $y=\dfrac{1}{x}$ 所围成的在第一象限的闭区域;

(4) 由直线 $y=0, x+y=2$ 及曲线 $x^2+y^2-2x=0$ 所围成的在第一象限的闭区域.

26. 交换下列二次积分的积分次序:

(1) $\int_0^2 \mathrm{d}x \int_0^{1-\frac{x}{2}} f(x,y)\mathrm{d}y$;

(2) $\int_0^4 \mathrm{d}x \int_x^{2\sqrt{x}} f(x,y)\mathrm{d}y$;

(3) $\int_0^2 \mathrm{d}x \int_x^{2x} f(x,y)\mathrm{d}y$;

(4) (1992) $\int_0^1 \mathrm{d}y \int_{\sqrt{y}}^{\sqrt{2-y^2}} f(x,y)\mathrm{d}x$;

(5) $\int_{-1}^1 \mathrm{d}x \int_{-\sqrt{1-x^2}}^{1-x^2} f(x,y)\mathrm{d}y$;

(6) $\int_0^{\frac{1}{4}} \mathrm{d}y \int_y^{\sqrt{y}} f(x,y)\mathrm{d}x + \int_{\frac{1}{4}}^{\frac{1}{2}} \mathrm{d}y \int_y^{\frac{1}{2}} f(x,y)\mathrm{d}x$.

27. 求证: $\int_0^1 \mathrm{d}y \int_0^{\sqrt{y}} \mathrm{e}^y f(x)\mathrm{d}x = \int_0^1 (\mathrm{e}-\mathrm{e}^{x^2}) f(x)\mathrm{d}x$.

28. 计算下列二重积分:

(1) $\iint\limits_D xy\mathrm{e}^{x^2+y^2}\mathrm{d}x\mathrm{d}y$, 其中 $D=\{(x,y)|0\leqslant x\leqslant 1, 0\leqslant y\leqslant 1\}$;

(2) $\iint\limits_D \dfrac{x}{y^2}\mathrm{d}x\mathrm{d}y$, 其中 D 是由直线 $x=2, y=x$ 及曲线 $xy=1$ 所围成的闭区域;

(3) $\iint\limits_D xy\mathrm{d}x\mathrm{d}y$, 其中 D 是由直线 $y=x-2$ 及抛物线 $y^2=x$ 所围成的闭区域;

(4) $\iint\limits_D \dfrac{\sin x}{x}\mathrm{d}x\mathrm{d}y$, 其中 D 是由直线 $y=x$ 及抛物线 $y=x^2$ 所围成的闭区域.

29. 化下列二次积分为极坐标形式的二次积分:

(1) $\int_0^1 \mathrm{d}x \int_0^{\sqrt{1-x^2}} f(x,y)\mathrm{d}y$;

(2) $\int_0^1 \mathrm{d}x \int_0^x f(x,y)\mathrm{d}y$.

30. 利用极坐标计算下列各题:

(1) $\iint\limits_D \dfrac{\mathrm{d}x\mathrm{d}y}{1+x^2+y^2}$, 其中 $D=\{(x,y)|x^2+y^2\leqslant 1\}$;

(2) $\iint\limits_D \arctan\dfrac{y}{x}\mathrm{d}x\mathrm{d}y$, 其中 D 是由直线 $y=x, y=0$ 及圆 $x^2+y^2=1, x^2+y^2=4$ 所围成的在第一象限的闭区域;

(3) $\iint\limits_D \sqrt{x^2+y^2}\mathrm{d}x\mathrm{d}y$, 其中 D 是由圆 $x^2+y^2\leqslant 2x$ 所围成的闭区域;

(4) $\iint\limits_D y\mathrm{d}x\mathrm{d}y$, 其中 D 是由直线 $y=x$ 及圆 $y=\sqrt{2x-x^2}$ 所围成的闭区域.

31. 利用积分区域的对称性和被积函数的奇偶性计算下列各题:

(1) $\iint\limits_D \frac{x}{y}\mathrm{d}x\mathrm{d}y$, 其中 D 是由圆环 $1 \leqslant x^2+y^2 \leqslant 4$ 围成且在曲线 $y=|x|$ 的上方的闭区域;

(2) $\iint\limits_D \left(|x|+\frac{y}{1+x^2}-x\mathrm{e}^{y^2}+2\right)\mathrm{d}x\mathrm{d}y$, 其中 $D=\{(x,y)||x|+|y|\leqslant 1\}$.

32. 利用二重积分计算下列曲线所围成平面图形的面积:

(1) $y=x^3, y=2x$;　　　　(2) $y=x^2, y=4x-x^2$.

33. 利用二重积分计算下列曲面所围成的立体体积:

(1) $z=1+x+y, z=0, x+y=1, x=0, y=0$;

(2) $x+y+z=3, x^2+y^2=1, z=0$.

(B)

1. (2016) 已知函数 $f(x,y)=\frac{\mathrm{e}^x}{x-y}$, 则 (　　).

(A) $f_x'-f_y'=0$;　　(B) $f_x'+f_y'=0$;　　(C) $f_x'-f_y'=f$;　　(D) $f_x'+f_y'=f$.

2. (2016) 设 $J_i=\iint\limits_{D_i}\sqrt[3]{x-y}\mathrm{d}x\mathrm{d}y, i=1,2,3$, 其中 $D_1=\{(x,y)|0\leqslant x\leqslant 1, 0\leqslant y\leqslant 1\}$, $D_2=\left\{(x,y)|0\leqslant x\leqslant 1, 0\leqslant y\leqslant \sqrt{x}\right\}$, $D_3=\left\{(x,y)|0\leqslant x\leqslant 1, x^2\leqslant y\leqslant 1\right\}$, 则 (　　).

(A) $J_1<J_2<J_3$;　　(B) $J_3<J_1<J_2$;　　(C) $J_2<J_3<J_1$;　　(D) $J_2<J_1<J_3$.

3. (2017) 二元函数 $z=xy(3-x-y)$ 的极值点是 (　　).

(A) $(0,0)$;　　(B) $(0,3)$;　　(C) $(3,0)$;　　(D) $(1,1)$.

4. (2021) 设函数 $f(x,y)$ 可微, 且 $f(x+1,\mathrm{e}^x)=x(x+1)^2$, $f(x,x^2)=2x^2\ln x$, 则 $\mathrm{d}f(1,1)=$ (　　).

(A) $\mathrm{d}x+\mathrm{d}y$;　　(B) $\mathrm{d}x-\mathrm{d}y$;　　(C) $\mathrm{d}y$;　　(D) $-\mathrm{d}y$.

5. (2021) 已知函数 $f(x,y)=\ln(y+|y|)$, 则 (　　).

(A) $\left.\frac{\partial f}{\partial x}\right|_{(0,1)}$ 不存在, $\left.\frac{\partial f}{\partial y}\right|_{(0,1)}$ 存在;　　(B) $\left.\frac{\partial f}{\partial x}\right|_{(0,1)}$ 存在, $\left.\frac{\partial f}{\partial y}\right|_{(0,1)}$ 不存在;

(C) $\left.\frac{\partial f}{\partial x}\right|_{(0,1)}$, $\left.\frac{\partial f}{\partial y}\right|_{(0,1)}$ 均存在;　　(D) $\left.\frac{\partial f}{\partial x}\right|_{(0,1)}$, $\left.\frac{\partial f}{\partial y}\right|_{(0,1)}$ 均不存在.

6. (2024) 设 $f(x,y)$ 是连续函数, 则 $\int_{\frac{\pi}{6}}^{\frac{\pi}{2}}\mathrm{d}x\int_{\sin x}^{1}f(x,y)\mathrm{d}y=$ (　　).

(A) $\int_{\frac{1}{2}}^{1}\mathrm{d}y\int_{\frac{\pi}{6}}^{\arcsin y}f(x,y)\mathrm{d}x$;　　(B) $\int_{\frac{1}{2}}^{1}\mathrm{d}y\int_{\arcsin y}^{\frac{\pi}{2}}f(x,y)\mathrm{d}x$;

(C) $\int_{0}^{\frac{1}{2}}\mathrm{d}y\int_{\frac{\pi}{6}}^{\arcsin y}f(x,y)\mathrm{d}x$;　　(D) $\int_{0}^{\frac{1}{2}}\mathrm{d}y\int_{\arcsin y}^{\frac{\pi}{2}}f(x,y)\mathrm{d}x$.

7. (2015) 若函数 $z=z(x,y)$ 由方程 $\mathrm{e}^{x+2y+3z}+xyz=1$ 确定, 则 $\mathrm{d}z|_{(0,0)}=$__________.

8. (2016) 设函数 $f(u,v)$ 可微, $z=z(x,y)$ 由方程 $(1+x)z-y^2=x^2f(x-z,y)$ 确定, 则 $\mathrm{d}z|_{(0,1)}=$__________.

9. (2016) 设 $D=\{(x,y)||x|\leqslant y\leqslant 1,-1\leqslant x\leqslant 1\}$ 则 $\iint\limits_D x^2\mathrm{e}^{-y^2}\mathrm{d}x\mathrm{d}y=$____________.

10. (2017) 设函数 $f(x,y)$ 具有一阶连续偏导数, 且 $\mathrm{d}f(x,y)=y\mathrm{e}^y\mathrm{d}x+x(1+y)\mathrm{e}^y\mathrm{d}y$, $f(0,0)=0$, 则 $f(x,y)=$____________.

11. (2020) 设 $z=\arctan[xy+\sin(x+y)]$, $\mathrm{d}z|_{(0,\pi)}=$____________.

12. (2024) 函数 $f(x,y)=2x^3-9x^2-6y^4+12x+24y$ 的极值点是____________.

13. (2014) 设平面区域 $D=\left\{(x,y)|\,1\leqslant x^2+y^2\leqslant 4,x\geqslant 0,y\geqslant 0\right\}$, 计算

$$\iint\limits_D \frac{x\sin\left(\pi\sqrt{x^2+y^2}\right)}{x+y}\mathrm{d}x\mathrm{d}y.$$

14. (2015) 计算二重积分 $\iint\limits_D x(x+y)\,\mathrm{d}x\mathrm{d}y$, 其中 $D=\left\{(x,y)|\,x^2+y^2\leqslant 2,\ y\geqslant x^2\right\}$.

15. (2017) 计算积分 $I=\iint\limits_D \dfrac{y^3}{(1+x^2+y^4)^2}\mathrm{d}x\mathrm{d}y$, 其中 D 是第一象限中以曲线 $y=\sqrt{x}$ 与 x 轴为边界的无界区域.

16. (2018) 设平面区域 D 是由曲线 $y=\sqrt{3(1-x^2)}$ 与直线 $y=\sqrt{3}x$ 及 y 轴围成, 计算二重积分 $\iint\limits_D x^2\mathrm{d}x\mathrm{d}y$.

17. (2019) 设函数 $f(u,v)$ 具有二阶连续偏导数, 函数 $g(x,y)=xy-f(x+y,x-y)$. 求 $\dfrac{\partial^2 g}{\partial x^2}+\dfrac{\partial^2 g}{\partial x\partial y}+\dfrac{\partial^2 g}{\partial y^2}$.

18. (2020) 求函数 $f(x,y)=x^3+8y^3-xy$ 的极值.

19. (2020) 设 $D=\left\{(x,y)|\,x^2+y^2\leqslant 1,y\geqslant 0\right\}$, 连续函数 $f(x,y)$ 满足

$$f(x,y)=y\sqrt{1-x^2}+x\iint\limits_D f(x,y)\mathrm{d}x\mathrm{d}y.$$

求 $\iint\limits_D xf(x,y)\mathrm{d}x\mathrm{d}y$.

20. (2021) 设有界区域 D 是由圆 $x^2+y^2=1$ 和直线 $y=x$ 及 x 轴在第一象限围成的部分. 计算二重积分 $\iint\limits_D \mathrm{e}^{(x+y)^2}\left(x^2-y^2\right)\mathrm{d}x\mathrm{d}y$.

21. (2022) 已知平面区域 $D=\left\{(x,y)|\,y-2\leqslant x\leqslant\sqrt{4-y^2},0\leqslant y\leqslant 2\right\}$, 计算

$$I=\iint\limits_D \frac{(x-y)^2}{x^2+y^2}\mathrm{d}x\mathrm{d}y.$$

22. (2023) 已知平面区域 $D=\left\{(x,y)\mid(x-1)^2+y^2\leqslant 1\right\}$, 计算二重积分

$$\iint\limits_D \left|\sqrt{x^2+y^2}-1\right|\mathrm{d}x\mathrm{d}y.$$

23. (2024) 设平面有界区域 D 位于第一象限, 由曲线 $xy=\frac{1}{3}$, $xy=3$ 与直线 $y=\frac{1}{3}x$, $y=3x$ 围成, 计算 $\iint\limits_D(1+x-y)\,\mathrm{d}x\mathrm{d}y$.

24. (2024) 设函数 $z=z(x,y)$ 由方程 $z+\mathrm{e}^x-y\ln\left(1+z^2\right)=0$ 确定, 求

$$\left(\frac{\partial^2 z}{\partial x^2}+\frac{\partial^2 z}{\partial y^2}\right)\Bigg|_{(0,0)}.$$

25. 求由曲面 $z=x^2+2y^2$ 及 $z=6-2x^2-y^2$ 所围成的立体体积.

26. 设 $f(x,y)=\begin{cases} x^2y, & 1\leqslant x\leqslant 2, 0\leqslant y\leqslant x, \\ 0, & \text{其他}, \end{cases}$ 求 $\iint\limits_D f(x,y)\,\mathrm{d}x\mathrm{d}y$, 其中 $D=\left\{(x,y)\mid x^2+y^2\geqslant 2x\right\}$.

27. 设 $f(x,y)$ 为 D 上的连续函数, 其中 $D: x^2+y^2\leqslant y$, $x\geqslant 0$, 且

$$f(x,y)=\sqrt{1-x^2-y^2}-\frac{8}{\pi}\iint\limits_D f(u,v)\,\mathrm{d}u\mathrm{d}v,$$

求 $f(x,y)$.

28. 设函数 $f(x)$ 在区间 $[0,1]$ 上连续, 并设 $\int_0^1 f(x)\,\mathrm{d}x=A$, 求 $\int_0^1\mathrm{d}x\int_x^1 f(x)f(y)\,\mathrm{d}y$.

29. 设函数 $f(x)$ 在 $[a,b]$ 上连续, 且 $f(x)>0$, 利用二重积分证明:

$$\int_a^b f(x)\,\mathrm{d}x\int_a^b\frac{1}{f(x)}\mathrm{d}x\geqslant(b-a)^2.$$

第7章自测题

第 8 章

无穷级数

无穷级数是微积分的一个重要组成部分, 本质上它是一种特殊数列的极限. 它是表示函数、研究函数的性质以及进行数值计算的一种工具. 在实际问题中有广泛应用. 本章着重讨论常数项级数, 介绍无穷级数的基本知识, 最后讨论幂级数及其应用.

8.1 常数项级数的概念和性质

8.1.1 常数项级数的概念

定义 8.1 给定一个数列 $\{u_n\}$, 则由这数列构成的表达式

$$u_1+u_2+u_3+\cdots+u_n+\cdots \tag{8.1}$$

称为**常数项无穷级数**, 简称级数, 记为 $\sum\limits_{n=1}^{\infty}u_n$, 即

$$\sum_{n=1}^{\infty}u_n=u_1+u_2+u_3+\cdots+u_n+\cdots,$$

其中第 n 项 u_n 称为级数的**一般项** (或**通项**).

上述无穷级数的定义只是一个形式上的定义, 怎样理解无穷级数中无穷多个数量相加呢? 我们可以从有限项的和出发, 观察它们的变化趋势, 由此来理解无穷多个数量相加的含义.

级数 (8.1) 的前 n 项和 $u_1+u_2+\cdots+u_n$ 称为级数的**第 n 次部分和**, 简称**部分和**, 记作 s_n, 即

$$s_n=u_1+u_2+\cdots+u_n, \tag{8.2}$$

当 n 依次取 $1,2,3,\cdots$ 时, s_n 构成一个新的数列:

$$s_1=u_1, s_2=u_1+u_2,\cdots,s_n=u_1+u_2+\cdots+u_n,\cdots,$$

称数列 $\{s_n\}$ 为级数 (8.1) 的部分和数列.

已知级数 $\sum\limits_{n=1}^{\infty} u_n$, 可写出部分和数列 $\{s_n\}$, 反之, 若已知级数 $\sum\limits_{n=1}^{\infty} u_n$ 的部分和数列 $\{s_n\}$ 也可写出此级数. 这是由于 $u_n = s_n - s_{n-1}(n = 1, 2, \cdots, s_0 = 0)$, 从而 $\sum\limits_{n=1}^{\infty} u_n = \sum\limits_{n=1}^{\infty}(s_n - s_{n-1})$, 即级数 $\sum\limits_{n=1}^{\infty} u_n$ 与其部分和数列 $\{s_n\}$ 是一一对应的.

根据部分和数列 $\{s_n\}$ 有没有极限, 引进无穷级数收敛与发散的概念.

定义 8.2 如果级数 $\sum\limits_{n=1}^{\infty} u_n$ 的部分和数列 $\{s_n\}$ 有极限 s, 即

$$\lim_{n\to\infty} s_n = s,$$

则称无穷级数 $\sum\limits_{n=1}^{\infty} u_n$ **收敛**, 并且有和数 s, 记为

$$\sum_{n=1}^{\infty} u_n = u_1 + u_2 + \cdots + u_n + \cdots = s.$$

如果部分和数列 $\{s_n\}$ 没有极限, 则称无穷级数 $\sum\limits_{n=1}^{\infty} u_n$ **发散**, 它没有和.

级数 $\sum\limits_{n=1}^{\infty} u_n$ 的敛散性, 等价于其部分和数列 $\{s_n\}$ 的敛散性. 当级数收敛时, 其部分和 s_n 是级数的和 s 的近似值, 它们之间的差值称为**级数的余项**. 用近似值 s_n 代替和 s 所产生的误差是这个余项的绝对值, 即误差是 $|r_n|$.

例 1 无穷级数

$$\sum_{n=1}^{\infty} aq^{n-1} = a + aq + aq^2 + \cdots + aq^{n-1} + \cdots \tag{8.3}$$

称为几何级数 (又称等比级数), 其中 $a \neq 0, q$ 称为级数的公比, 试讨论该级数的敛散性.

解 该级数的前 n 项部分和为

$$s_n = a + aq + \cdots + aq^{n-1} = \frac{a(1-q^n)}{1-q} \quad (q \neq 1).$$

当 $|q| < 1$ 时, 由于 $\lim\limits_{n\to\infty} q^n = 0$, 从而 $\lim\limits_{n\to\infty} s_n = \dfrac{a}{1-q}$, 因此这时级数收敛, 其和为 $\dfrac{a}{1-q}$. 当 $|q| > 1$ 时, 由于 $\lim\limits_{n\to\infty} q^n = \infty$, 从而 $\lim\limits_{n\to\infty} s_n = \infty$, 这时级数发散. 当 $|q| = 1$, 且当 $q = 1$ 时, $s_n = na, \lim\limits_{n\to\infty} s_n = \infty$, 级数发散; 当 $q = -1$ 时,

$$s_n=\begin{cases}a, & n \text{ 为奇数},\\ 0, & n \text{ 为偶数}.\end{cases}$$

从而 s_n 的极限不存在, 这时级数也发散. 故当 $|q|=1$ 时, 级数发散.

综上所述, 几何级数 $\sum\limits_{n=1}^{\infty} aq^{n-1}$ 当 $|q|<1$ 时收敛于 $\dfrac{a}{1-q}$, 当 $|q|\geqslant 1$ 时发散.

例 2 证明级数

$$1^2+2^2+3^2+\cdots+n^2+\cdots$$

是发散的.

证明 以上级数的部分和为

$$s_n=1^2+2^2+3^2+\cdots+n^2=\frac{n(n+1)(2n+1)}{6}.$$

显然, $\lim\limits_{n\to\infty} s_n=\infty$, 因此该级数是发散的.

例 3 判别级数 $\sum\limits_{n=1}^{\infty}\dfrac{1}{n(n+2)}$ 的敛散性.

解 因为 $u_n=\dfrac{1}{n(n+2)}=\dfrac{1}{2}\left(\dfrac{1}{n}-\dfrac{1}{n+2}\right)$, 于是

$$\begin{aligned}s_n&=\frac{1}{1\cdot 3}+\frac{1}{2\cdot 4}+\frac{1}{3\cdot 5}+\frac{1}{4\cdot 6}+\cdots+\frac{1}{(n-1)(n+1)}+\frac{1}{n(n+2)}\\&=\frac{1}{2}\left(1-\frac{1}{3}\right)+\frac{1}{2}\left(\frac{1}{2}-\frac{1}{4}\right)+\frac{1}{2}\left(\frac{1}{3}-\frac{1}{5}\right)+\frac{1}{2}\left(\frac{1}{4}-\frac{1}{6}\right)+\cdots\\&\quad+\frac{1}{2}\left(\frac{1}{n-1}-\frac{1}{n+1}\right)+\frac{1}{2}\left(\frac{1}{n}-\frac{1}{n+2}\right)\\&=\frac{1}{2}\left(1+\frac{1}{2}-\frac{1}{n+1}-\frac{1}{n+2}\right),\end{aligned}$$

$$\lim_{n\to\infty} s_n=\lim_{n\to\infty}\frac{1}{2}\left(1+\frac{1}{2}-\frac{1}{n+1}-\frac{1}{n+2}\right)=\frac{3}{4}.$$

所以, 该级数收敛, 且有 $\sum\limits_{n=1}^{\infty}\dfrac{1}{n(n+2)}=\dfrac{3}{4}$.

例 4 证明调和级数 $\sum\limits_{n=1}^{\infty}\dfrac{1}{n}$ 发散.

证明 在区间 $[n, n+1]$ 上对函数 $\ln x$ 使用拉格朗日微分中值定理, 有

$$\ln(n+1) - \ln n = \frac{1}{\xi_n}, \quad n < \xi_n < n+1,$$

则

$$\frac{1}{\xi_n} < \frac{1}{n}, \quad \ln(n+1) - \ln n < \frac{1}{n}.$$

利用不等式可得

$$\begin{aligned} s_n &= 1 + \frac{1}{2} + \cdots + \frac{1}{n} \\ &> (\ln 2 - \ln 1) + (\ln 3 - \ln 2) + \cdots + [\ln(n+1) - \ln n] \\ &= \ln(n+1), \end{aligned}$$

则 $\lim\limits_{n\to\infty} s_n = +\infty$. 因此调和级数 $\sum\limits_{n=1}^{\infty} \frac{1}{n}$ 发散.

8.1.2 级数的基本性质

根据无穷级数收敛、发散以及和的概念, 可以得出级数的五个基本性质.

性质 1 设 k 为非零常数, 则级数 $\sum\limits_{n=1}^{\infty} ku_n$ 与级数 $\sum\limits_{n=1}^{\infty} u_n$ 同时收敛或同时发散, 且同时收敛时, 有

$$\sum_{n=1}^{\infty} ku_n = k\sum_{n=1}^{\infty} u_n.$$

证明 设级数 $\sum\limits_{n=1}^{\infty} u_n$ 与级数 $\sum\limits_{n=1}^{\infty} ku_n$ 的部分和分别为 s_n 与 σ_n, 则

$$\sigma_n = ku_1 + ku_2 + \cdots + ku_n = ks_n,$$

于是 $\lim\limits_{n\to\infty} \sigma_n = \lim\limits_{n\to\infty} ks_n = k\lim\limits_{n\to\infty} s_n$.

σ_n 与 s_n 同时收敛或同时发散, 即级数 $\sum\limits_{n=1}^{\infty} ku_n$ 与 $\sum\limits_{n=1}^{\infty} u_n$ 同时收敛或同时发散, 且在收敛时有

$$\sum_{n=1}^{\infty} ku_n = k\sum_{n=1}^{\infty} u_n.$$

因此得出如下结论：级数的每一项同乘一个不为零的常数后，它的敛散性不会改变.

性质 2 若级数 $\sum\limits_{n=1}^{\infty}u_n$ 与级数 $\sum\limits_{n=1}^{\infty}v_n$ 都收敛，则级数 $\sum\limits_{n=1}^{\infty}(u_n\pm v_n)$ 收敛，且有

$$\sum_{n=1}^{\infty}(u_n\pm v_n)=\sum_{n=1}^{\infty}u_n\pm\sum_{n=1}^{\infty}v_n.$$

证明 设级数 $\sum\limits_{n=1}^{\infty}u_n,\sum\limits_{n=1}^{\infty}v_n$ 的部分和分别为 s_n,σ_n，则级数 $\sum\limits_{n-1}^{\infty}(u_n\pm v_n)$ 的部分和

$$\begin{aligned}\tau_n&=(u_1\pm v_1)+(u_2\pm v_2)+\cdots+(u_n\pm v_n)\\&=(u_1+u_2+\cdots+u_n)\pm(v_1+v_2+\cdots+v_n)\\&=s_n\pm\sigma_n,\end{aligned}$$

于是 $\lim\limits_{n\to\infty}\tau_n=\lim\limits_{n\to\infty}s_n\pm\lim\limits_{n\to\infty}\sigma_n$，即有 $\sum\limits_{n=1}^{\infty}(u_n\pm v_n)=\sum\limits_{n=1}^{\infty}u_n\pm\sum\limits_{n=1}^{\infty}v_n$.

性质 2 也说成：两个收敛级数可以逐项相加与逐项相减.

注意 (1) 若级数 $\sum\limits_{n=1}^{\infty}u_n$ 发散，$\sum\limits_{n=1}^{\infty}v_n$ 收敛，必有级数 $\sum\limits_{n=1}^{\infty}(u_n\pm v_n)$ 发散. 否则，若级数 $\sum\limits_{n=1}^{\infty}(u_n\pm v_n)$ 收敛，$\sum\limits_{n=1}^{\infty}v_n$ 收敛，由性质 2 可知 $\sum\limits_{n=1}^{\infty}[(u_n\pm v_n)\mp v_n]=\sum\limits_{n=1}^{\infty}u_n$ 收敛，与已知矛盾，则 $\sum\limits_{n=1}^{\infty}(u_n\pm v_n)$ 发散.

(2) 若 $\sum\limits_{n=1}^{\infty}u_n$ 与 $\sum\limits_{n=1}^{\infty}v_n$ 均发散，但 $\sum\limits_{n=1}^{\infty}(u_n\pm v_n)$ 不一定发散. 例如，$\sum\limits_{n=1}^{\infty}\dfrac{1}{n}$，$\sum\limits_{n=1}^{\infty}\left(-\dfrac{1}{n+1}\right)$ 发散，但 $\sum\limits_{n=1}^{\infty}\left[\dfrac{1}{n}+\left(-\dfrac{1}{n+1}\right)\right]=\sum\limits_{n=1}^{\infty}\dfrac{1}{n(n+1)}$ 收敛.

性质 3 去掉、增加或改变级数的有限项，不改变级数的敛散性.

证明 设原级数的部分和为 s_n，则原级数部分和数列从第 n 项开始列出，应为

$$s_n,\quad s_{n+1},\quad s_{n+2},\cdots.$$

再设在原级数前 n 项中增加 m 项, 并设这 m 项之和为 c, 则增加 m 项后所得新级数的部分和数列, 从第 $n+m$ 项开始列出为

$$s_n + c,\quad s_{n+1}+c,\quad s_{n+2}+c,\quad \cdots.$$

比较两个部分和数列可知, 两个数列或者都有极限, 或者都无极限. 这表明, 级数增加有限项后, 不会改变级数的敛散性.

同理可证, 级数去掉有限项也不会改变级数的敛散性.

例如

$$\begin{aligned}&1^2+2^2+3^2+\cdots+100^2+\frac{1}{2}+\frac{1}{2^2}+\cdots+\frac{1}{2^{n-100}}+\cdots\\&=1^2+2^2+3^2+100^2+\sum_{n=101}^{\infty}\frac{1}{2^{n-100}},\end{aligned}$$

收敛,

$$\frac{1}{4}+\frac{1}{5}+\frac{1}{6}+\cdots=\sum_{n=1}^{\infty}\frac{1}{n+3},$$

发散.

性质 4 收敛级数加括号后所形成的级数仍然为收敛级数, 且收敛于原级数的和.

证明 设级数 $\sum\limits_{n=1}^{\infty}u_n$ 收敛, 且其和为 s, 即 $u_1+u_2+\cdots+u_n+\cdots=s$. 设 $\sum\limits_{n=1}^{\infty}u_n$ 按某一规律加括号后所成的新级数为 $\sum\limits_{n=1}^{\infty}v_n$, 其中

$$\begin{aligned}&v_1=u_1+u_2+\cdots+u_{n_1}\quad(\text{共 } n_1 \text{ 项}),\\&v_2=u_{n_1+1}+u_{n_1+2}+\cdots+u_{n_2}\quad(\text{共 } n_2-n_1 \text{ 项}),\\&\qquad\cdots\cdots\\&v_n=u_{n_{k-1}+1}+u_{n_{k-1}+2}+\cdots+u_{n_k}\quad(\text{共 } n_k-n_{k-1} \text{ 项}),\end{aligned}$$

于是, $\sum\limits_{n=1}^{\infty}v_n$ 的部分和为

$$\sigma_n=v_1+v_2+\cdots+v_n=s_{n_k}.$$

显然有 $n < n_k$, 且 $n \to \infty$ 时, $n_k \to \infty$. 于是有

$$\lim_{n\to\infty} \sigma_n = \lim_{n\to\infty} s_{n_k} = s.$$

收敛级数加括号后形成的新级数仍收敛且其和不变.

注意 如果加括号后所成级数收敛, 不能断定去括号后原来的级数也收敛. 例如, 级数 $(1-1)+(1-1)+\cdots$ 收敛于零, 但级数 $1-1+1-1+\cdots$ 却是发散的.

根据性质 4 可得到如下推论: 如果加括号后所成的级数发散, 则原级数也发散. 事实上, 若原级数收敛, 根据性质 4 知, 加括号后的级数就应该收敛了.

性质 5 (级数收敛的必要条件) 如果级数 $\sum_{n=1}^{\infty} u_n$ 收敛, 则它的一般项趋近于零, 即 $\lim_{n\to\infty} u_n = 0$.

证明 由于级数 $\sum_{n=1}^{\infty} u_n$ 收敛, 故极限 $\lim_{n\to\infty} s_n$ 与 $\lim_{n\to\infty} s_{n-1}$ 都存在且相等,

$$\lim_{n\to\infty} s_n = \lim_{n\to\infty} s_{n-1} = s,$$

则

$$\lim_{n\to\infty} u_n = \lim_{n\to\infty} (s_n - s_{n-1}) = \lim_{n\to\infty} s_n - \lim_{n\to\infty} s_{n-1} = s - s = 0.$$

由性质 5 可知, 如果级数的一般项不趋近于零, 则该级数必定发散.

注意 一般项不趋近于零常用来判别级数发散. 例如, 级数

$$\frac{1}{2} + \frac{2}{3} + \frac{3}{4} + \cdots + \frac{n}{n+1} + \cdots,$$

当 $n \to \infty$ 时, 它的一般项 $u_n = \dfrac{n}{n+1}$ 不趋近于零, 因此该级数是发散的.

级数的一般项趋近于零并不是级数收敛的充分条件, 有些级数虽然一般项趋近于零, 但仍然是发散的. 例如, 调和级数 $\sum_{n=1}^{\infty} \dfrac{1}{n}$ 是发散的, 但 $\lim_{n\to\infty} u_n = \lim_{n\to\infty} \dfrac{1}{n} = 0$. 因此, $\lim_{n\to\infty} u_n = 0$ 是级数 $\sum_{n=1}^{\infty} u_n$ 收敛的必要条件, 而不是充分条件. 而 $\lim_{n\to\infty} u_n \neq 0$ 是级数 $\sum_{n=1}^{\infty} u_n$ 发散的充分条件.

8.2 正项级数

8.1 节我们讨论的都是一般的常数项级数, 级数中各项可以是正数、负数或者零. 如果级数 $\sum\limits_{n=1}^{\infty} u_n$ 的一般项 $u_n \geqslant 0$, 则称此级数为正项级数. 而 $\sum\limits_{n=1}^{\infty} u_n$ 的一般项 $u_n \leqslant 0$, 通常称为负项级数. 由于级数 $\sum\limits_{n=1}^{\infty} u_n$ 与 $\sum\limits_{n=1}^{\infty}(-u_n)$ 有相同的敛散性, 因此我们只讨论正项级数. 正项级数是级数中最简单而且最重要的一类级数.

定理 8.1 (正项级数收敛原理)　正项级数收敛的充分必要条件是它的部分和数列有上界.

证明　$\sum\limits_{n=1}^{\infty} u_n$ 是一个正项级数, 它的部分和为 s_n. 显然, 数列 $\{s_n\}$ 是一个单调递增数列:

$$s_1 \leqslant s_2 \leqslant s_3 \leqslant \cdots \leqslant s_n \leqslant s_{n+1} \leqslant \cdots .$$

若 $\{s_n\}$ 有上界, 则由 "单调有界数列必有极限" 的定理, 可知 $\lim\limits_{n\to\infty} s_n$ 存在, 从而 $\sum\limits_{n=1}^{\infty} u_n$ 收敛; 若 $\{s_n\}$ 无上界, 而 $\{s_n\}$ 又是单调递增数列, 则 $\lim\limits_{n\to\infty} s_n = +\infty$, 从而 $\sum\limits_{n=1}^{\infty} u_n$ 发散. 定理得证.

根据定理 8.1, 可得关于正项级数的比较判别法.

定理 8.2 (比较判别法)　设 $\sum\limits_{n=1}^{\infty} u_n$ 和 $\sum\limits_{n=1}^{\infty} v_n$ 都是正项级数, 且 $u_n \leqslant v_n(n = 1, 2, \cdots)$. 若级数 $\sum\limits_{n=1}^{\infty} v_n$ 收敛, 则级数 $\sum\limits_{n=1}^{\infty} u_n$ 收敛; 反之, 若级数 $\sum\limits_{n=1}^{\infty} u_n$ 发散, 则级数 $\sum\limits_{n=1}^{\infty} v_n$ 发散.

证明　设 $\sum\limits_{n=1}^{\infty} u_n$ 和 $\sum\limits_{n=1}^{\infty} v_n$ 的部分和分别为 s_n 与 σ_n, 则由 $0 \leqslant u_n \leqslant v_n(n = 1, 2, \cdots)$, 有

$$s_n = u_1 + u_2 + \cdots + u_n \leqslant v_1 + v_2 + \cdots + v_n = \sigma_n \quad (n = 1, 2, \cdots).$$

若 $\sum\limits_{n=1}^{\infty} v_n$ 收敛, 则由定理 8.1 可知 $\{\sigma_n\}$ 有上界, 从而 $\{s_n\}$ 有上界, 于是 $\sum\limits_{n=1}^{\infty} u_n$ 收敛. 反之, 设 $\sum\limits_{n=1}^{\infty} u_n$ 发散, 则 $\sum\limits_{n=1}^{\infty} v_n$ 必发散. 因为若级数 $\sum\limits_{n=1}^{\infty} v_n$ 收敛, 由上面已证明的结论, 将有级数 $\sum\limits_{n=1}^{\infty} u_n$ 也收敛, 与假设矛盾.

注意到级数的每一项同乘不为零的常数 k, 以及去掉级数前面部分的有限项不会影响级数的收敛性, 我们可得到如下推论.

推论 设 $\sum\limits_{n=1}^{\infty} u_n$ 和 $\sum\limits_{n=1}^{\infty} v_n$ 为正项级数, 且存在常数 $k>0$ 和自然数 N, 使当 $n>N$ 时, 有

$$u_n \leqslant k v_n.$$

于是,

(1) 当 $\sum\limits_{n=1}^{\infty} v_n$ 收敛时, $\sum\limits_{n=1}^{\infty} u_n$ 收敛;

(2) 当 $\sum\limits_{n=1}^{\infty} u_n$ 发散时, $\sum\limits_{n=1}^{\infty} v_n$ 发散.

例 1 讨论 p-级数 $\sum\limits_{n=1}^{\infty} \dfrac{1}{n^p}$ 的敛散性, 其中 p 为正的常数.

解 当 $p \leqslant 1$ 时, $\dfrac{1}{n^p} \geqslant \dfrac{1}{n}$, 而调和级数 $\sum\limits_{n=1}^{\infty} \dfrac{1}{n}$ 发散, 所以级数 $\sum\limits_{n=1}^{\infty} \dfrac{1}{n^p}$ 发散.

当 $p>1$ 时, 因为当 $k-1 \leqslant x \leqslant k$ 时, 有 $\dfrac{1}{k^p} \leqslant \dfrac{1}{x^p}$, 所以

$$\frac{1}{k^p} = \int_{k-1}^{k} \frac{1}{k^p}\mathrm{d}x \leqslant \int_{k-1}^{k} \frac{1}{x^p}\mathrm{d}x \ (k=2,3,\cdots),$$

则有

$$\begin{aligned} s_n &= 1+\sum_{k=2}^{n} \frac{1}{k^p} \leqslant 1+\sum_{k=2}^{n} \int_{k-1}^{k} \frac{1}{x^p}\mathrm{d}x \\ &= 1+\int_{1}^{n} \frac{1}{x^p}\mathrm{d}x = 1+\frac{1}{p-1}\left(1-\frac{1}{n^{p-1}}\right) < 1+\frac{1}{p-1} \ (n=2,3,\cdots), \end{aligned}$$

这表明部分和数列 $\{s_n\}$ 有上界, 由定理 8.1 知, 当 $p>1$ 时, p-级数收敛.

综合上述结果, 我们得到: 当 $p>1$ 时, p-级数收敛, 当 $p\leqslant 1$ 时, 发散.

p-级数和几何级数, 常常作为收敛性已知的级数用于比较判别法, 并由此可以建立更为有效的判别法, 因此我们应该熟记它们的敛散性.

例 2 判定级数 $\sum_{n=1}^{\infty}\frac{1}{(n+1)(n+4)}=\frac{1}{2\cdot 5}+\frac{1}{3\cdot 6}+\cdots+\frac{1}{(n+1)(n+4)}+\cdots$ 的敛散性.

解 因为级数的一般项 $u_n=\frac{1}{(n+1)(n+4)}$ 满足

$$0<\frac{1}{(n+1)(n+4)}<\frac{1}{n^2},$$

而级数 $\sum_{n=1}^{\infty}\frac{1}{n^2}$ 是对应于 $p=2$ 的 p-级数, 它是收敛的, 根据比较判别法知, $\sum_{n=1}^{\infty}\frac{1}{(n+1)(n+4)}$ 也是收敛的.

例 3 判别级数 $\sum_{n=1}^{\infty}\frac{1}{\sqrt{(n+1)(n+2)}}$ 的敛散性.

解 因为

$$\frac{1}{\sqrt{(n+1)(n+2)}}>\frac{1}{n+2}\ (n=1,2,\cdots),$$

且 $\sum_{n=1}^{\infty}\frac{1}{n+2}=\sum_{n=3}^{\infty}\frac{1}{n}$ 发散. 由比较判别法知, $\sum_{n=1}^{\infty}\frac{1}{\sqrt{(n+1)(n+2)}}$ 发散.

例 4 判别级数 $\sum_{n=1}^{\infty}\frac{4^n}{2^n+3^n}$ 的敛散性.

解 因为 $\frac{4^n}{2^n+3^n}>\frac{4^n}{3^n+3^n}=\frac{1}{2}\left(\frac{4}{3}\right)^n$, 几何级数 $\sum_{n=1}^{\infty}\left(\frac{4}{3}\right)^n$ 发散, 所以原级数发散.

注意 正项级数 $\sum_{n=1}^{\infty}u_n$ 的一般项 u_n 是 n 的有理式或无理式时, 常可以适当放大或缩小 u_n 与 p-级数、调和级数和几何级数比较.

例 5 判别级数 $\sum_{n=1}^{\infty}\frac{2n+1}{n^2(n+1)}$ 的敛散性.

解 $\dfrac{2n+1}{n^2(n+1)}<\dfrac{2n+2}{n^2(n+1)}=\dfrac{2}{n^2}$, 由 p-级数 $\sum\limits_{n=1}^{\infty}\dfrac{1}{n^2}$ 收敛及比较判别法可知, 原级数收敛.

例 6 判别级数 $\sum\limits_{n=1}^{\infty}2^n\ln\left(1+\dfrac{1}{3^n}\right)$ 的敛散性.

解 因为当 $x>0$ 时, $0<\ln(1+x)<x$, 所以有

$$0<2^n\ln\left(1+\frac{1}{3^n}\right)<\left(\frac{2}{3}\right)^n,$$

由 $\sum\limits_{n=1}^{\infty}\left(\dfrac{2}{3}\right)^n$ 收敛及比较判别法可知, 原级数收敛.

用比较判别法判别级数 $\sum\limits_{n=1}^{\infty}u_n$ 的敛散性, 一般需要利用恰当的不等式关系, 对 u_n 进行放大或缩小. 在 u_n 复杂的情况下, 使用起来并不方便. 下面给出比较判别法的极限形式.

定理 8.3 (比较判别法的极限形式) 设 $\sum\limits_{n=1}^{\infty}u_n$ 和 $\sum\limits_{n=1}^{\infty}v_n$ 为两个正项级数, 而且有

$$\lim_{n\to\infty}\frac{u_n}{v_n}=A.$$

(1) 若 $0<A<+\infty$, 则 $\sum\limits_{n=1}^{\infty}u_n$ 与 $\sum\limits_{n=1}^{\infty}v_n$ 同时收敛或同时发散;

(2) 若 $A=0$, 且 $\sum\limits_{n=1}^{\infty}v_n$ 收敛, 则 $\sum\limits_{n=1}^{\infty}u_n$ 收敛;

(3) 若 $A=+\infty$, 且 $\sum\limits_{n=1}^{\infty}v_n$ 发散, 则 $\sum\limits_{n=1}^{\infty}u_n$ 发散.

证明 (1) 由于 $\lim\limits_{n\to\infty}\dfrac{u_n}{v_n}=A$, 且 $0<A<+\infty$, 故对给定的 $\varepsilon=\dfrac{A}{2}>0$, 存在正整数 N, 使当 $n>N$ 时, 有

$$\frac{A}{2}<\frac{u_n}{v_n}<\frac{3A}{2},$$

于是, 当 $n>N$ 时, 有

$$\frac{A}{2}v_n<u_n<\frac{3A}{2}v_n,$$

由定理 8.2 的推论可知, 级数 $\sum_{n=1}^{\infty} u_n$ 与 $\sum_{n=1}^{\infty} v_n$ 同时收敛或同时发散.

(2) 由于 $\lim_{n\to\infty} \frac{u_n}{v_n} = 0$ 对给定的 ε, 存在正整数 N, 当 $n > N$ 时, 有 $0 < \frac{u_n}{v_n} < \varepsilon$, 有 $u_n < \varepsilon v_n$, 则 $\sum_{n=1}^{\infty} v_n$ 收敛, 有 $\sum_{n=1}^{\infty} u_n$ 也收敛.

类似可证 (3).

定理 8.3 表明, 无穷级数收敛与否最终取决于级数一般项趋于零的速度, 即无穷小量阶的大小. 例 2 中, 一般项 $\frac{1}{(n+1)(n+4)}$ 与 $\frac{1}{n^2}$ 为等价无穷小量, 因此, 由 $\sum_{n=1}^{\infty} \frac{1}{n^2}$ 收敛, 可推得 $\sum_{n=1}^{\infty} \frac{1}{(n+1)(n+4)}$ 收敛; 例 3 中, 一般项 $\frac{1}{\sqrt{(n+1)(n+2)}}$ 与 $\frac{1}{n}$ 为等价无穷小量, 而 $\sum_{n=1}^{\infty} \frac{1}{n}$ 发散, 可推得 $\sum_{n=1}^{\infty} \frac{1}{\sqrt{(n+1)(n+2)}}$ 发散. 因此, 我们可以总结出一种方法, 即通过无穷小量 (或无穷大量) 的等价关系, 简化 $\sum_{n=1}^{\infty} u_n$ 的一般项 u_n, 进而利用已知级数的敛散性来判别 $\sum_{n=1}^{\infty} u_n$ 的敛散性.

例 7　判别级数 $\sum_{n=1}^{\infty} 2^n \sin \frac{\pi}{3^n}$ 的敛散性.

解　当 $n \to \infty$ 时

$$2^n \sin \frac{\pi}{3^n} \sim \pi \left(\frac{2}{3}\right)^n,$$

且级数 $\sum_{n=1}^{\infty} \pi \left(\frac{2}{3}\right)^n$ 收敛, 则原级数收敛.

例 8　判别级数 $\sum_{n=1}^{\infty} (\sqrt[n]{2} - 1)$ 的敛散性.

解　因为 $n \to \infty$ 时,

$$\sqrt[n]{2} - 1 = 2^{\frac{1}{n}} - 1 \sim \frac{1}{n} \ln 2,$$

且级数 $\sum_{n=1}^{\infty} \frac{1}{n}$ 发散, 所以原级数发散.

例 9 判别级数 $\sum_{n=1}^{\infty}\frac{1+n^2}{1+n^3}$ 的敛散性.

解 因为 $n\to\infty$ 时, $\frac{1+n^2}{1+n^3}\sim\frac{n^2}{n^3}=\frac{1}{n}$, 调和级数 $\sum_{n=1}^{\infty}\frac{1}{n}$ 发散, 则原级数发散.

例 10 判别级数 $\sum_{n=1}^{\infty}\frac{\sqrt[3]{n}}{(n+1)\sqrt{n}}$ 的敛散性.

解 $n\to\infty$ 时,

$$\frac{\sqrt[3]{n}}{(n+1)\sqrt{n}}\sim\frac{\sqrt[3]{n}}{n\sqrt{n}}=\frac{1}{n^{\frac{7}{6}}}.$$

p-级数 $\sum_{n=1}^{\infty}\frac{1}{n^{\frac{7}{6}}}, p=\frac{7}{6}>1$ 收敛, 因此原级数收敛. 将正项级数与几何级数比较, 还可具体得到两个有效的判别法.

定理 8.4 (比值判别法) 设 $\sum_{n=1}^{\infty}u_n$ 为正项级数, 且 $u_n>0, n=1,2,\cdots$. 若

$$\lim_{n\to\infty}\frac{u_{n+1}}{u_n}=r,$$

则当 $r<1$ 时, 级数收敛; 当 $r>1$ 时, 级数发散; 当 $r=1$ 时, 级数的敛散性需进一步判定.

证明 若 $r<1$, 取 $r<q<1$, 则

$$\lim_{n\to\infty}\frac{u_{n+1}}{u_n}<q,$$

由极限的保号性定理知, 存在正整数 N, 当 $n>N$ 时, $\frac{u_{n+1}}{u_n}<q$ 即 $u_{n+1}<u_nq$, 则有

$$u_{N+2}<u_{N+1}q,\quad u_{N+3}<u_{N+2}q<u_{N+1}q^2,\quad \cdots,\quad u_{N+k}<u_{N+1}q^{k-1}.$$

因为 $0\leqslant r<q<1$, 几何级数 $\sum_{k=1}^{\infty}u_{N+1}q^{k-1}$ 收敛, 由比较判别法知, $\sum_{n=1}^{\infty}u_n$ 收敛.

$r>1$ 时, 由 $\lim_{n\to\infty}\frac{u_{n+1}}{u_n}=r>1$, 知存在 N, 当 $n>N$ 时, 有 $u_{n+1}>u_n>0$, 则 $\lim_{n\to\infty}u_n\neq 0$, 所以级数 $\sum_{n=1}^{\infty}u_n$ 发散.

当 $r=1$ 时, 级数可能收敛也可能发散, 如 p-级数 $\sum_{n=1}^{\infty}\frac{1}{n^p}$, 对于 p 的任意给定值, 都有

$$\lim_{n\to\infty}\frac{u_{n+1}}{u_n}=\lim_{n\to\infty}\frac{\frac{1}{(n+1)^p}}{\frac{1}{n^p}}=1.$$

而当 $p>1$ 时, $\sum_{n=1}^{\infty}\frac{1}{n^p}$ 收敛, 当 $p\leqslant 1$ 时, $\sum_{n=1}^{\infty}\frac{1}{n^p}$ 发散, 故当 $r=1$ 时, 不能判定级数的敛散性. 比值判别法也称为**达朗贝尔 (d′Alembert) 判别法**.

例 11 判别以下级数的敛散性:

(1) $\sum_{n=1}^{\infty}\frac{3^n}{2^n\cdot n!}$;

(2) $\sum_{n=1}^{\infty}\frac{n^3}{5^n}$;

(3) $\sum_{n=1}^{\infty}\frac{4^n}{(n+1)3^n}$;

(4) $\sum_{n=1}^{\infty}\frac{1+n}{1+a^n}(a>0)$.

解 (1) 由于

$$\lim_{n\to\infty}\frac{u_{n+1}}{u_n}=\lim_{n\to\infty}\frac{\frac{3^{n+1}}{2^{n+1}\cdot(n+1)!}}{\frac{3^n}{2^n\cdot n!}}=\frac{3}{2}\lim_{n\to\infty}\frac{1}{n+1}=0<1,$$

所以, 级数 $\sum_{n=1}^{\infty}\frac{3^n}{2^n\cdot n!}$ 收敛.

(2) 由于

$$\lim_{n\to\infty}\frac{u_{n+1}}{u_n}=\lim_{n\to\infty}\frac{\frac{(n+1)^3}{5^{n+1}}}{\frac{n^3}{5^n}}=\frac{1}{5}\lim_{n\to\infty}\left(\frac{n+1}{n}\right)^3=\frac{1}{5}<1,$$

因此, 级数 $\sum_{n=1}^{\infty}\frac{n^3}{5^n}$ 收敛.

(3) 由于

$$\lim_{n\to\infty}\frac{u_{n+1}}{u_n}=\lim_{n\to\infty}\frac{\frac{4^{n+1}}{(n+2)3^{n+1}}}{\frac{4^n}{(n+1)3^n}}=\frac{4}{3}\lim_{n\to\infty}\frac{n+1}{n+2}=\frac{4}{3}>1,$$

级数 $\sum\limits_{n=1}^{\infty}\dfrac{4^n}{(n+1)3^n}$ 发散.

(4) 当 $0<a<1$ 时, $a^n\to 0(n\to\infty), u_n=\dfrac{1+n}{1+a^n}\to\infty(n\to\infty)$, 一般项不趋近于零, 级数 $\sum\limits_{n=1}^{\infty}\dfrac{1+n}{1+a^n}$ 发散.

当 $a=1$ 时, $u_n=\dfrac{1+n}{1+a^n}=\dfrac{1+n}{2}$ 在 $n\to\infty$ 时不趋近于零, $\sum\limits_{n=1}^{\infty}\dfrac{1+n}{1+a^n}$ 发散.

当 $a>1$ 时,

$$\lim_{n\to\infty}\frac{u_{n+1}}{u_n}=\lim_{n\to\infty}\frac{\dfrac{1+(n+1)}{1+a^{n+1}}}{\dfrac{1+n}{1+a^n}}=\lim_{n\to\infty}\frac{2+n}{1+n}\cdot\lim_{n\to\infty}\frac{1+a^n}{1+a^{n+1}}$$

$$=\lim_{n\to\infty}\frac{\dfrac{1}{a^n}+1}{\dfrac{1}{a^n}+a}=\frac{1}{a}<1,$$

则 $\sum\limits_{n=1}^{\infty}\dfrac{1+n}{1+a^n}$ 收敛.

综上所述, 在 $a>0$ 的情况下, 仅在 $a>1$ 时级数 $\sum\limits_{n=1}^{\infty}\dfrac{1+n}{1+a^n}$ 收敛, 在 $0<a\leqslant 1$ 时级数 $\sum\limits_{n=1}^{\infty}\dfrac{1+n}{1+a^n}$ 发散.

例 12 讨论级数 $\sum\limits_{n=1}^{\infty}n^2\left(\dfrac{a+1}{2}\right)^n$ ($a>-1$ 为常数) 的敛散性.

解 因为

$$\lim_{n\to\infty}\frac{u_{n+1}}{u_n}=\lim_{n\to\infty}\frac{(n+1)^2\left(\dfrac{a+1}{2}\right)^{n+1}}{n^2\left(\dfrac{a+1}{2}\right)^n}=\frac{a+1}{2},$$

所以当 $\dfrac{a+1}{2}<1$, 即 $-1<a<1$ 时, 级数收敛; 当 $a>1$ 时, 级数发散; 当 $a=1$ 时, $\lim\limits_{n\to\infty}u_n=\lim\limits_{n\to\infty}n^2\neq 0$, 级数发散.

定理 8.5 (根值判别法)　对于正项级数 $\sum_{n=1}^{\infty} u_n$, 若有

$$\lim_{n\to\infty} \sqrt[n]{u_n} = r,$$

则当 $r<1$ 时, 级数收敛; 当 $r>1$ 时, 级数发散; 当 $r=1$ 时, 级数的敛散性需进一步判定.

证明　当 $0 \leqslant r < 1$ 时, 取 $r<q<1$, 由 $\lim_{n\to\infty} \sqrt[n]{u_n} = r < q$, 存在 N, 当 $n>N$ 时, 有

$$\sqrt[n]{u_n} < q, \quad u_n < q^n.$$

由于 $\sum_{n=1}^{\infty} q^n$ 收敛, 所以必有 $\sum_{n=1}^{\infty} u_n$ 收敛.

当 $r>1$ 时, $\lim_{n\to\infty} \sqrt[n]{u_n} = r > 1$, 存在正整数 N, 当 $n>N$ 时, $\sqrt[n]{u_n} > 1, u_n > 1$, $\lim_{n\to\infty} u_n \neq 0$, 则级数 $\sum_{n=1}^{\infty} u_n$ 发散.

当 $r=1$ 时, 级数可能收敛也可能发散.

例如, 级数 $\sum_{n=1}^{\infty} \frac{1}{n^2}$ 收敛, $\lim_{n\to\infty} u_n = \lim_{n\to\infty} \sqrt[n]{\frac{1}{n^2}} = 1, \sum_{n=1}^{\infty} \frac{1}{n}$ 发散, $\lim_{n\to\infty} u_n = \lim_{n\to\infty} \sqrt[n]{\frac{1}{n}} = 1$.

故 $r=1$ 时, 不能判定级数的敛散性.

例 13　判别级数 $\sum_{n=1}^{\infty} \left(\frac{an}{3n+1}\right)^n (a>0)$ 的敛散性.

解　因为

$$\lim_{n\to\infty} \sqrt[n]{u_n} = \lim_{n\to\infty} \sqrt[n]{\left(\frac{an}{3n+1}\right)^n} = \frac{a}{3},$$

所以当 $0 < \frac{a}{3} < 1$, 即 $0<a<3$ 时, 级数收敛; 当 $\frac{a}{3} > 1$, 即 $a>3$ 时, 级数发散; 当 $a=3$ 时, $\lim_{n\to\infty} \sqrt[n]{u_n} = 1$ 根值判别法失效. 而 $\lim_{n\to\infty} u_n = \lim_{n\to\infty} \left(\frac{3n}{3n+1}\right)^n = \mathrm{e}^{-\frac{1}{3}} \neq 0$, 级数发散.

下面给出的积分判别法是利用非负函数的单调性和积分性质, 并以非正常积分为比较对象来判断正项级数的敛散性.

定理 8.6 (积分判别法) 设 $f(x)$ 是 $[1,+\infty)$ 上非负单调连续函数, 则 $\sum\limits_{n=1}^{\infty} f(n)$ 与 $\int_1^{+\infty} f(x)\mathrm{d}x$ 同时收敛或同时发散.

证明 不妨设 $f(x)$ 是单减函数, 于是当 $k \leqslant x \leqslant k+1$ 时, 有

$$f(k+1) \leqslant f(x) \leqslant f(k),$$

$$\int_k^{k+1} f(k+1)\mathrm{d}x \leqslant \int_k^{k+1} f(x)\mathrm{d}x \leqslant \int_k^{k+1} f(k)\mathrm{d}x,$$

即

$$u_{n+1} = f(k+1) \leqslant \int_k^{k+1} f(x)\mathrm{d}x \leqslant f(k) = u_k.$$

从而,

$$\sum_{k=1}^{n} u_{k+1} \leqslant \sum_{n=1}^{n} \int_k^{k+1} f(x)\mathrm{d}x \leqslant \sum_{k=1} u_k,$$

即

$$s_{n+1} - u_1 \leqslant \int_1^{n+1} f(x)\mathrm{d}x \leqslant s_n.$$

于是, 若 $\int_1^{+\infty} f(x)\mathrm{d}x$ 收敛, 表示 $\int_1^{+\infty} f(x)\mathrm{d}x$ 为常数, 有

$$s_{n+1} \leqslant u_1 + \int_1^{n+1} f(x)\mathrm{d}x \leqslant u_1 + \int_1^{+\infty} f(x)\mathrm{d}x.$$

可知 s_n 有界, 根据定理 8.1, 级数收敛; 若 $\int_1^{+\infty} f(x)\mathrm{d}x$ 发散, 因为 $f(x)$ 非负, 只能有 $\int_1^{+\infty} f(x)\mathrm{d}x = +\infty$, 故当 $n \to \infty$ 时, 必有 $\int_1^{n+1} f(x)\mathrm{d}x \to +\infty$, 可推得 s_n 无界, 级数发散.

例 14 讨论下列级数:

(1) $\sum\limits_{n=2}^{\infty} \dfrac{1}{n(\ln n)^p}$; (2) $\sum\limits_{n=3}^{\infty} \dfrac{1}{n(\ln n)(\ln n)^p}$

的敛散性.

解 (1) 考察 $\int_2^{+\infty} \dfrac{\mathrm{d}x}{x(\ln x)^p}$.

当 $p \neq 1$ 时, $\displaystyle\int_2^{+\infty} \frac{\mathrm{d}x}{x(\ln x)^p} = \int_2^{+\infty} \frac{\mathrm{d}\ln x}{(\ln x)^p} = \frac{1}{1-p}\lim_{x\to\infty}(\ln x)^{1-p} - \frac{1}{1-p}\ln 2$,
所以, 当 $p<1$ 时, $\displaystyle\int_2^{+\infty} \frac{\mathrm{d}x}{x(\ln x)^p}$ 发散, 原级数发散; 当 $p>1$ 时, $\displaystyle\int_2^{+\infty} \frac{1}{x(\ln x)^p}\mathrm{d}x$ 收敛, 原级数收敛.

当 $p=1$ 时, $\displaystyle\int_2^{+\infty} \frac{\mathrm{d}x}{x(\ln x)} = \int_2^{+\infty} \frac{\mathrm{d}\ln x}{\ln x} = +\infty$ 发散.

因此, 当 $p \leqslant 1$ 时, 级数 $\displaystyle\sum_{n=2}^{\infty} \frac{1}{n(\ln n)^p}$ 发散; 当 $p>1$ 时, 级数 $\displaystyle\sum_{n=2}^{\infty} \frac{1}{n(\ln n)^p}$ 收敛.

(2) 考察 $\displaystyle\int_3^{+\infty} \frac{\mathrm{d}x}{x(\ln x)(\ln\ln x)^p}$.

$$\int_3^{+\infty} \frac{\mathrm{d}x}{x(\ln x)(\ln\ln x)^p} = \int_3^{+\infty} \frac{\mathrm{d}(\ln\ln x)}{(\ln\ln x)^p}$$
$$= \begin{cases} \ln\ln\ln x\Big|_3^{+\infty}, & p=1, \\ \dfrac{1}{1-p}(\ln\ln x)^{1-p}\Big|_3^{+\infty}, & p\neq 1, \end{cases}$$

所以, 当 $p \leqslant 1$ 时, 反常积分发散, 原级数发散; 当 $p>1$ 时, 反常积分收敛, 原级数收敛.

上面介绍了几种判别正项级数敛散性的常用方法. 实际运用时, 可按如下顺序选择判别方法: 检查一般项是否趋于零; 若趋于零, 再针对一般项的特点, 应用比值判别法或根值判别法, 比较判别法的极限形式, 比较判别法, 正项级数的部分和数列是否有界等方法.

8.3 任意项级数

对 u_n 的取值不加限制的一般常数项级数 $\displaystyle\sum_{n=1}^{\infty} u_n$, 通称为任意项级数. 首先讨论一种特殊形式.

8.3.1 交错级数

定义 8.3 设 $u_n>0, n=1,2,3,\cdots$, 形如

$$\sum_{n=1}^{\infty}(-1)^{n-1}u_n=u_1-u_2+u_3-u_4+\cdots$$

或

$$\sum_{n=1}^{\infty}(-1)^{n}u_n=-u_1+u_2-u_3+u_4-\cdots$$

的数项级数, 称为**交错级数**.

关于交错级数收敛性的判定, 有下面的定理.

定理 8.7 (莱布尼茨判别法) 若交错级数 $\sum\limits_{n=1}^{\infty}(-1)^{n-1}u_n$ 满足条件

(1) $u_n \geqslant u_{n+1}(n=1,2,\cdots)$;

(2) $\lim\limits_{n\to\infty} u_n=0$,

则交错级数 $\sum\limits_{n=1}^{\infty}(-1)^{n-1}u_n$ 收敛.

证明 先考虑前 $2n$ 项和, 由条件 (1), 有

$$s_{2n}=u_1-(u_2-u_3)-\cdots-(u_{2n-2}-u_{2n-1})-u_{2n}\leqslant u_1,$$

$$s_{2n}=(u_1-u_2)+(u_3-u_4)+\cdots+(u_{2n-1}-u_{2n})\geqslant s_{2n-2}\geqslant 0,$$

所有括弧中的差都是非负的, 数列 $\{s_{2n}\}$ 是单调增加的, 且 $s_{2n}<u_1$, 根据单调有界数列必有极限的准则知道, 极限 $\lim\limits_{n\to\infty} s_{2n}$ 存在, 且 $\lim\limits_{n\to\infty} s_{2n}=s\leqslant u_1$.

再考虑前 $2n+1$ 项的和. 由条件 (2) 可知 $\lim\limits_{n\to\infty} u_{2n+1}=0$, 而

$$\lim_{n\to\infty} s_{2n+1}=\lim_{n\to\infty}(s_{2n}+u_{2n+1})=\lim_{n\to\infty} s_{2n}=s.$$

由于级数的前偶数项的和与前奇数项的和趋于同一极限 s, 故当 $n\to\infty$ 时, 级数 $\sum\limits_{n=1}^{\infty}(-1)^{n-1}u_n$ 的部分和 s_n 具有极限 s. 这就证明了级数 $\sum\limits_{n=1}^{\infty}(-1)^{n-1}u_n$ 收敛于和 s, 且 $s\leqslant u_1$.

例 1 判别级数 $\sum\limits_{n=1}^{\infty}\dfrac{(-1)^{n+1}}{(2n-1)!}$ 的敛散性.

解 由于 $u_n=\dfrac{1}{(2n-1)!}>\dfrac{1}{(2n+1)!}=u_{n+1}(n=1,2,3,\cdots)$, 又因为 $\lim\limits_{n\to\infty}\dfrac{1}{(2n-1)!}=0$, 所以由莱布尼茨判别法知 $\sum\limits_{n=1}^{\infty}(-1)^{n+1}\dfrac{1}{(2n-1)!}$ 收敛.

例 2　判别级数 $\sum_{n=1}^{\infty}(-1)^n\frac{\sqrt{n}}{n+1}$ 的敛散性.

解　设

$$f(x)=\frac{\sqrt{x}}{x+1}\quad(x\geqslant 1),$$

由

$$f'(x)=\frac{1-x}{2\sqrt{x}(x+1)^2}<0,\quad x\in(1,+\infty),$$

$f(x)$ 在 $x\geqslant 1$ 时单调递减, 从而有

$$u_n=f(n)>f(n+1)=u_{n+1}\quad(n=1,2,\cdots).$$

又因为 $\lim\limits_{n\to\infty}u_n=\lim\limits_{n\to\infty}\frac{\sqrt{n}}{n+1}=0$. 所以, 交错级数 $\sum_{n=1}^{\infty}(-1)^n\frac{\sqrt{n}}{n+1}$ 收敛.

8.3.2　绝对收敛与条件收敛

现在讨论一般的级数

$$\sum_{n=1}^{\infty}u_n=u_1+u_2+\cdots+u_n+\cdots.$$

它的各项为任意实数. 如果级数 $\sum_{n=1}^{\infty}u_n$ 各项的绝对值所构成的正项级数 $\sum_{n=1}^{\infty}|u_n|$ 收敛, 则称级数 $\sum_{n=1}^{\infty}u_n$ 绝对收敛; 如果级数 $\sum_{n=1}^{\infty}u_n$ 收敛, 而级数 $\sum_{n=1}^{\infty}|u_n|$ 发散, 则称级数 $\sum_{n=1}^{\infty}u_n$ 条件收敛. 容易知道, 级数 $\sum_{n=1}^{\infty}(-1)^{n-1}\frac{1}{n^3}$ 绝对收敛, 而级数 $\sum_{n=1}^{\infty}(-1)^{n-1}\frac{1}{n}$ 是条件收敛级数.

级数绝对收敛与级数收敛有以下重要关系.

定理 8.8　如果级数 $\sum_{n=1}^{\infty}u_n$ 绝对收敛, 则级数 $\sum_{n=1}^{\infty}u_n$ 必定收敛.

证明　因为

$$\sum_{n=1}^{\infty}u_n=\sum_{n=1}^{\infty}[(u_n+|u_n|)-|u_n|],$$

$0 \leqslant u_n + |u_n| \leqslant 2|u_n|$ 而 $\sum\limits_{n=1}^{\infty} |u_n|$ 收敛, 由比较判别法知, $\sum\limits_{n=1}^{\infty} (u_n + |u_n|)$ 收敛, 由性质 8.3 知, $\sum\limits_{n=1}^{\infty} u_n$ 收敛. 定理得证.

定理 8.8 说明, 对于任意项级数 $\sum\limits_{n=1}^{\infty} u_n$ 的敛散性判别, 如果我们用正项级数的审敛法判定级数 $\sum\limits_{n=1}^{\infty} |u_n|$ 收敛, 则任意项级数 $\sum\limits_{n=1}^{\infty} u_n$ 收敛. 这就使得一大类级数的收敛性判定问题, 转化为正项级数的收敛性问题.

注意 定理 8.8 的逆命题不成立, 即如果 $\sum\limits_{n=1}^{\infty} u_n$ 收敛, $\sum\limits_{n=1}^{\infty} |u_n|$ 未必收敛. 例如, 交错级数 $\sum\limits_{n=1}^{\infty} (-1)^{n-1}\dfrac{1}{n}$ 收敛, 但 $\sum\limits_{n=1}^{\infty} \left|(-1)^{n-1}\dfrac{1}{n}\right| = \sum\limits_{n=1}^{\infty} \dfrac{1}{n}$ 发散.

例 3 判别级数 $\sum\limits_{n=1}^{\infty} \dfrac{2^n + (-3)^n}{4^n}$ 的敛散性.

解 由

$$|u_n| = \left|\frac{2^n + (-3)^n}{4^n}\right| \leqslant \frac{2^2 + |(-3)^n|}{4^n} = \frac{2^n + 3^n}{4^n},$$

$$|u_n| \leqslant \left(\frac{2}{4}\right)^n + \left(\frac{3}{4}\right)^n,$$

几何级数 $\sum\limits_{n=1}^{\infty} \left(\dfrac{1}{2}\right)^n$ 和 $\sum\limits_{n=1}^{\infty} \left(\dfrac{3}{4}\right)^n$ 收敛, 得 $\sum\limits_{n=1}^{\infty} \left[\left(\dfrac{1}{2}\right)^n + \left(\dfrac{3}{4}\right)^n\right]$ 收敛. 由比较判别法知, 级数 $\sum\limits_{n=1}^{\infty} \left|\dfrac{2^n + (-3)^n}{4^n}\right|$ 收敛, 即级数 $\sum\limits_{n=1}^{\infty} \dfrac{2^n + (-3)^n}{4^n}$ 绝对收敛.

例 4 判别级数 $\sum\limits_{n=1}^{\infty} \dfrac{(-1)^{n-1}}{n^p}$ 的敛散性.

解 当 $p < 0$ 时, $\lim\limits_{n\to\infty} n^{-p} = +\infty$, 则 $\lim\limits_{n\to\infty} u_n \neq 0$, 级数发散.

当 $p = 0$ 时, $\lim\limits_{n\to\infty} n^{-p} = 1$, 则 $\lim\limits_{n\to\infty} u_n \neq 0$, 级数发散.

当 $0 < p \leqslant 1$ 时, $u_n = \dfrac{1}{n^p} > \dfrac{1}{(n+1)^p} = u_{n+1}(n = 1, 2, \cdots)$, 且 $\lim\limits_{n\to\infty} \dfrac{1}{n^p} = 0$, 故此交错级数收敛; 而当 $0 < p \leqslant 1$ 时, 级数 $\sum\limits_{n=1}^{\infty} \left|\dfrac{(-1)^{n-1}}{n^p}\right| = \sum\limits_{n=1}^{\infty} \dfrac{1}{n^p}$ 发散, 故此

时级数 $\sum\limits_{n-1}^{\infty}\frac{(-1)^{n-1}}{n^p}$ 仅为条件收敛.

当 $p>1$ 时, 由于级数 $\sum\limits_{n=1}^{\infty}\frac{1}{n^p}$ 收敛, 故级数 $\sum\limits_{n=1}^{\infty}\frac{(-1)^{n-1}}{n^p}$ 绝对收敛.

综上所述, 当 $p\leqslant 0$ 时, $\sum\limits_{n=1}^{\infty}\frac{(-1)^{n-1}}{n^p}$ 发散; 当 $0<p\leqslant 1$ 时, 级数 $\sum\limits_{n=1}^{\infty}\frac{(-1)^{n-1}}{n^p}$ 仅为条件收敛; 当 $p>1$ 时, 级数 $\sum\limits_{n=1}^{\infty}\frac{(-1)^{n-1}}{n^p}$ 绝对收敛.

例 5　证明级数 $\sum\limits_{n=1}^{\infty}(-1)^{n-1}\frac{n!}{n^n}$ 绝对收敛.

证明　将原级数转化为正项级数 $\sum\limits_{n=1}^{\infty}\frac{n!}{n^n}$, 判定该正项级数的敛散性, 因为

$$\lim_{n\to\infty}\frac{\dfrac{(n+1)!}{(n+1)^{n+1}}}{\dfrac{n!}{n^n}}=\lim_{n\to\infty}\left(\frac{n}{n+1}\right)^n=\frac{1}{\mathrm{e}}<1,$$

由定理 8.4 知, $\sum\limits_{n=1}^{\infty}|u_n|$ 收敛, 所以 $\sum\limits_{n=1}^{\infty}(-1)^{n-1}\frac{n!}{n^n}$ 绝对收敛.

一般说来, 如果级数 $\sum\limits_{n=1}^{\infty}|u_n|$ 发散, 不能判定级数 $\sum\limits_{n=1}^{\infty}u_n$ 也发散, 但是用比值判别法或根值判别法根据 $\lim\limits_{n\to\infty}\left|\frac{u_{n+1}}{u_n}\right|=r>1$ 或 $\lim\limits_{n\to\infty}\sqrt[n]{u_n}=r>1$ 判定级数 $\sum\limits_{n=1}^{\infty}|u_n|$ 发散, 则可以判定级数 $\sum\limits_{n=1}^{\infty}u_n$ 必定发散. 这是因为从 $r>1$ 可推知 $|u_n|\not\to 0(n\to\infty)$ 时, 从而 $u_n\not\to 0(n\to\infty)$, 所以级数 $\sum\limits_{n=1}^{\infty}u_n$ 是发散的.

例 6　判断下列级数的敛散性. 在收敛时, 进一步判断是绝对收敛还是条件收敛.

(1) $\sum\limits_{n=1}^{\infty}\frac{3\cdot5\cdot7\cdots(2n+1)}{2\cdot5\cdot8\cdots(3n-1)}\sin\frac{n\pi}{2}$;

(2) $\sum\limits_{n=1}^{\infty}\frac{(-1)^{n-1}}{n!}2^{n^2}$;

(3) $\sum\limits_{n=1}^{\infty}\dfrac{(-1)^{n-1}n}{\sqrt{n^3+2n+1}}$.

解 (1)

$$|u_n|=\left|\frac{3\cdot5\cdot7\cdots(2n+1)}{2\cdot5\cdot8\cdots(3n-1)}\sin\frac{n\pi}{2}\right|\leqslant\frac{3\cdot5\cdot7\cdots(2n+1)}{2\cdot5\cdot8\cdots(3n-1)},$$

而

$$\begin{aligned}\lim_{n\to\infty}\frac{u_{n+1}}{u_n}&=\lim_{n\to\infty}\frac{3\cdot5\cdot7\cdots(2n+1)(2n+3)}{2\cdot5\cdot8\cdots(3n-1)(3n+2)}\cdot\frac{2\cdot5\cdot8\cdots(3n-1)}{3\cdot5\cdot7\cdots(2n+1)}\\&=\lim_{n\to\infty}\frac{2n+3}{3n+2}=\frac{2}{3}<1,\end{aligned}$$

级数 $\sum\limits_{n=1}^{\infty}\dfrac{3\cdot5\cdot7\cdots(2n+1)}{2\cdot5\cdot8\cdots(3n+1)}$ 收敛, 则级数 $\sum\limits_{n=1}^{\infty}|u_n|$ 收敛, 所以

$$\sum_{n=1}^{\infty}\frac{3\cdot5\cdot7\cdots(2n+1)}{2\cdot5\cdot8\cdots(3n-1)}\sin\frac{n\pi}{2}$$

绝对收敛.

(2) 因为

$$\lim_{n\to\infty}\left|\frac{u_{n+1}}{u_n}\right|=\lim_{n\to\infty}\frac{\dfrac{1}{(n+1)!}2^{(n+1)^2}}{\dfrac{1}{n!}2^{n^2}}=\lim_{n\to\infty}\frac{1}{n+1}2^{2n+1}=+\infty,$$

得 $\sum\limits_{n=1}^{\infty}\dfrac{1}{n!}2^{n^2}$ 发散. 此处用的又是正项级数的比值判别法, 所以 $\sum\limits_{n=1}^{\infty}\dfrac{(-1)^{n-1}}{n!}2^{n^2}$ 发散.

(3) $|u_n|=\left|\dfrac{(-1)^{n-1}n}{\sqrt{n^3+2n+1}}\right|=\dfrac{n}{\sqrt{n^3+2n+1}}\sim\dfrac{n}{\sqrt{n^3}}$, 而 $\sum\limits_{n=1}^{\infty}\dfrac{1}{\sqrt{n}}$ 是 $p=\dfrac{1}{2}$ 的 p-级数发散, 因此, $\sum\limits_{n=1}^{\infty}\left|\dfrac{(-1)^{n-1}n}{\sqrt{n^3+2n+1}}\right|$ 发散.

设 $f(x)=\dfrac{x}{\sqrt{x^3+2x+1}}$,

$$\begin{aligned}f'(x)&=\frac{\sqrt{x^3+2x+1}-\dfrac{3x^2+2}{2\sqrt{x^3+2x+1}}\cdot x}{x^3+2x+1}\\&=\frac{-x^3+2x+2}{2\sqrt{(x^3+2x+1)^3}}<0\quad(x\geqslant2),\end{aligned}$$

则有

$$u_n=\frac{n}{\sqrt{n^3+2n+1}}\geqslant\frac{n+1}{\sqrt{(n+1)^3+2(n+1)+1}}=u_{n+1}\quad(n=2,3,\cdots),$$

$$\lim_{n\to\infty}u_n=\lim_{n\to\infty}\frac{n}{\sqrt{n^3+2n+1}}=0,$$

级数 $\sum\limits_{n=1}^{\infty}\frac{(-1)^n}{\sqrt{n^3+2n+1}}$ 是收敛的, 因此原级数是条件收敛的.

例 7　讨论级数 $\sum\limits_{n=1}^{\infty}\frac{1}{n2^n}(a+1)^n$ 的敛散性 (a 为常数).

解　因为

$$\lim_{n\to\infty}\left|\frac{u_{n+1}}{u_n}\right|=\lim_{n\to\infty}\left|\frac{\dfrac{(a+1)^{n+1}}{(n+1)2^{n+1}}}{\dfrac{(a+1)^n}{n2^n}}\right|=\lim_{n\to\infty}\frac{n|a+1|}{2(n+1)}=\frac{|a+1|}{2},$$

所以, 当 $\frac{|a+1|}{2}<1$, 即 $-3<a<1$ 时, $\sum\limits_{n=1}^{\infty}\frac{|a+1|^n}{n2^n}$ 收敛, 原级数绝对收敛; 当 $\frac{|a+1|}{2}>1$, 即 $a<-3$ 或 $a>1$ 时, $\sum\limits_{n=1}^{\infty}\frac{|a+1|^n}{n2^n}$ 发散, 且 $\lim\limits_{n\to\infty}\frac{(a+1)^n}{n2^n}=\infty$, 由级数收敛的必要条件知, 原级数发散; 当 $a=-3$ 时, $\sum\limits_{n=1}^{\infty}\frac{(-1)^n}{n}$ 条件收敛; 当 $a=1$ 时, 级数 $\sum\limits_{n=1}^{\infty}\frac{1}{n}$ 发散.

综上所述, 当 $-3<a<1$ 时, 级数 $\sum\limits_{n=1}^{\infty}\frac{(a+1)^n}{n2^n}$ 绝对收敛, 当 $a=-3$ 时, 级数条件收敛, 当 $a<-3$ 或 $a\geqslant 1$ 时, 级数发散.

对于常数项级数收敛性的判别法, 在运用时应注意以下几个问题: 首先, 看一般项是否趋于零, 若不趋于零, 则可以判定级数发散; 若趋于零, 则需进一步判定. 其次, 根据级数的符号特征, 对于同号级数, 可采用正项级数收敛性判别法, 对于任意项级数, 先对 $\sum\limits_{n=1}^{\infty}|u_n|$ 的敛散性作出判别, 在 $\sum\limits_{n=1}^{\infty}|u_n|$ 发散时, 再利用级数收敛的定义、性质或交错级数收敛性判别法, 对 $\sum\limits_{n=1}^{\infty}u_n$ 的敛散性作出判定, 最终要

指明级数是绝对收敛, 还是条件收敛或发散. 最后, 要注意各种判别法使用的范围和特点. 例如, 比较判别法及其极限形式只适用于同号级数, 在级数符号未确定的情况下, 不应轻易使用. 用根值判别法和比值判别法不仅可以判定 $\sum_{n=1}^{\infty} u_n$ 绝对收敛, 而且还可以由 $\sum_{n=1}^{\infty} |u_n|$ 发散推出 $\sum_{n=1}^{\infty} u_n$ 发散.

8.4 幂级数

8.4.1 函数项级数的概念

设 $u_n(x)(n=0,1,2,\cdots)$ 为定义在某实数集合 D 上的函数序列, 则称

$$\sum_{n=0}^{\infty} u_n(x) = u_0(x) + u_1(x) + \cdots + u_n(x) + \cdots$$

为定义在 D 上的**函数项无穷级数**, 简称**函数项级数**.

对于每一个确定的值 $x_0 \in D$, 函数项级数成为常数项级数 $\sum_{n=0}^{\infty} u_n(x_0)$, 如果 $\sum_{n=0}^{\infty} u_n(x_0)$ 收敛, 则称函数项级数 $\sum_{n=0}^{\infty} u_n(x)$ 在 x_0 点收敛, 并称 x_0 为该级数的**收敛点**. 如果 $\sum_{n=0}^{\infty} u_n(x_0)$ 发散, 则称函数项级数 $\sum_{n=0}^{\infty} u_n(x)$ 在 x_0 点发散, 并称 x_0 为级数的**发散点**. $\sum_{n=0}^{\infty} u_n(x)$ 的全体收敛点的集合称为级数 $\sum_{n=0}^{\infty} u_n(x)$ 的收敛域, 所有发散点的集合称为它的发散域.

对于收敛域中每个 x, 函数项级数 $\sum_{n=0}^{\infty} u_n(x)$ 都对应一个唯一确定的和, 记为

$$\sum_{n=0}^{\infty} u_n(x) = s(x).$$

根据函数概念, $s(x)$ 通常称为定义在收敛域上的函数项级数 $\sum_{n=0}^{\infty} u_n(x)$ 的**和函数**. 若记函数项级数 $\sum_{n=0}^{\infty} u_n(x)$ 的前 n 项部分和为 $s_n(x)$, 则在收敛域上有

$$s(x)=\lim_{n\to\infty}s_n(x).$$

例如, 公比是 x 的几何级数

$$\sum_{n=1}^{\infty}x_n=1+x+x^2+\cdots+x^n+\cdots.$$

当 $|x|<1$, 这级数收敛于和 $\dfrac{1}{1-x}$; 当 $|x|\geqslant 1$ 时, 这级数发散. 因此, 这个幂级数的收敛域是开区间 $(-1,1)$, 发散域是 $(-\infty,-1]$ 及 $[1,+\infty)$. 如果 x 在区间 $(-1,1)$ 内取值, 则

$$\sum_{n=1}^{\infty}x_n=1+x+x^2+\cdots+x^n+\cdots=\frac{1}{1-x},$$

即级数 $\sum\limits_{n=1}^{\infty}x_n$ 在 $(-1,1)$ 内有和函数 $\dfrac{1}{1-x}$.

注意　函数 $\dfrac{1}{1-x}$ 的定义域是 $(-\infty,1)\cup(1,+\infty)$, 但仅在 $(-1,1)$ 内, 它才是级数 $\sum\limits_{n=0}^{\infty}x^n$ 的和函数, 两者是不同的函数.

8.4.2　幂级数的收敛半径与收敛域

形如

$$\sum_{n=0}^{\infty}a_n(x-x_0)^n=a_0+a_1(x-x_0)+a_2(x-x_0)^2+\cdots+a_n(x-x_0)^n+\cdots$$

的函数项级数, 称为 $x-x_0$ 的**幂级数**, 其中 $a_n(n=0,1,2,3,\cdots)$ 为常数, 称为幂级数的系数. 如果取 $x_0=0$, 得

$$\sum_{n=0}^{\infty}a_nx^n=a_0+a_1x+a_2x^2+\cdots+a_nx^n+\cdots$$

称为 x 的**幂级数**.

幂级数是最简单、最常见的一类函数项级数, 以下将着重研究 x 的幂级数的性质. 因为对任何 $x-x_0$ 的幂级数 $\sum\limits_{n=0}^{\infty}a_n(x-x_0)^n$, 只要作变换 $t=x-x_0$, 均可化为 t 的幂级数 $\sum\limits_{n=0}^{\infty}a_nt^n$.

首先讨论幂级数收敛域的问题. 幂级数 $\sum_{n=0}^{\infty} a_n x^n$ 在 $x=0$ 点总是收敛的, 而 $\sum_{n=0}^{\infty} a_n \cdot (x-x_0)^n$ 在 $x=x_0$ 点也总是收敛的. 因此需要讨论的是在 $x \neq 0$ (或 $x \neq x_0$) 的敛散性问题.

定理 8.9 (阿贝尔 (Abel) 定理) 如果级数 $\sum_{n=0}^{\infty} a_n x^n$ 当 $x = x_0 (x_0 \neq 0)$ 时收敛, 则适合不等式 $|x| < |x_0|$ 的一切 x 使这幂级数绝对收敛. 反之, 如果级数 $\sum_{n=0}^{\infty} a_n x^n$ 当 $x = x_0$ 时发散, 则适合不等式 $|x| > |x_0|$ 的一切 x 使这幂级数发散.

证明 设 x_0 是幂级数 $\sum_{n=0}^{\infty} a_n x^n$ 的收敛点, 即级数 $\sum_{n=0}^{\infty} a_n x_0$ 收敛. 根据级数收敛的必要条件, 有

$$\lim_{n\to\infty} a_n x_0^n = 0,$$

从而知数列 $\{a_n x_0^n\}$ 有界, 即存在一个 M, 使得

$$|a_n x_0^n| \leqslant M \quad (n = 0, 1, 2, \cdots).$$

级数 $\sum_{n=0}^{\infty} a_n x^n$ 的一般项的绝对值

$$|a_n x^n| = \left| a_n x_0^n \cdot \frac{x^n}{x_0^n} \right| = |a_n x_0^n| \cdot \left| \frac{x}{x_0} \right|^n \leqslant M \left| \frac{x}{x_0} \right|^n.$$

因为当 $|x| < |x_0|$ 时, 等比级数 $\sum_{n=0}^{\infty} M \left| \frac{x}{x_0} \right|^n$ 收敛 $\left(公比 \left| \frac{x}{x_0} \right| < 1 \right)$, 所以级数 $\sum_{n=0}^{\infty} |a_n x^n|$ 收敛, 也就是级数 $\sum_{n=0}^{\infty} a_n x^n$ 绝对收敛.

如果幂级数 $\sum_{n=0}^{\infty} a_n x^n$ 在 $x_0 \neq 0$ 处发散, 则对于满足不等式 $|x| > |x_0|$ 的一切 x 皆发散. 若不然, 至少有一个 x_1, 满足 $|x_1| > |x_0|$, 但 $\sum_{n=0}^{\infty} a_n x_1^n$ 收敛, 则由上面的讨论知, $\sum_{n=0}^{\infty} a_n x_0^n$ 必绝对收敛, 与假设矛盾.

定理 8.9 告诉我们, 如果幂级数 $\sum_{n=0}^{\infty} a_n x^n$ 在 $x = x_0$ 处收敛, 则对于开区间 $(-|x_0|, |x_0|)$ 内的任何 x, 幂级数都收敛; 如果幂级数在 $x = x_0$ 处发散, 则对于闭区间 $[-|x_0|, |x_0|]$ 外的任何 x, 幂级数都发散.

如果幂级数 $\sum_{n=0}^{\infty} a_n x^n$ 不是仅在 $x = 0$ 一点收敛, 也不是在整个数轴上都收敛, 则必有一个确定的正数 R 存在, 使得:

当 $|x| < R$ 时, 幂级数绝对收敛;

当 $|x| > R$ 时, 幂级数发散;

当 $x = R$ 与 $x = -R$ 时, 幂级数可能收敛也可能发散.

正数 R 称为幂级数 $\sum_{n=0}^{\infty} a_n x^n$ 的收敛半径, 开区间 $(-R, R)$ 称为收敛区间. 再由幂级数在 $x = \pm R$ 处的收敛性就可以决定它的收敛域是 $(-R, R), (-R, R], [-R, R)$ 或 $[-R, R]$ 中的情况之一.

如果幂级数 $\sum_{n=0}^{\infty} a_n x^n$ 只在 $x = 0$ 处收敛, 规定收敛半径 $R = 0$; 如果幂级数 $\sum_{n=0}^{\infty} a_n x^n$ 对一切 x 都收敛, 则规定收敛半径 $R = +\infty$, 收敛域是 $(-\infty, +\infty)$. 对于形如 $\sum_{n=0}^{\infty} a_n (x - x_0)^n$ 的幂级数, 若它的收敛半径为 R, 则收敛区间是关于点 x_0 的对称区间 $(x_0 - R, x_0 + R)$.

关于幂级数的收敛半径求法, 有下面的定理.

定理 8.10 设幂级数 $\sum_{n=0}^{\infty} a_n x^n$ 满足

$$\lim_{n \to \infty} \left| \frac{a_{n+1}}{a_n} \right| = \rho,$$

则有

(1) 若 $0 < \rho < +\infty$, 则 $R = \frac{1}{\rho}$;

(2) 若 $\rho = 0$, 则 $R = +\infty$;

(3) 若 $\rho = +\infty$, 则 $R = 0$.

证明 (1) 由于

$$\lim_{n\to\infty}\left|\frac{u_{n+1}}{u_n}\right|=\lim_{n\to\infty}\left|\frac{a_{n+1}x^{n+1}}{a_nx^n}\right|=\lim_{n\to\infty}\left|\frac{a_{n+1}}{a_n}\right|\cdot|x|=\rho|x|,$$

故由 $0<\rho<+\infty$ 和比值判别法可知, 当 $\rho|x|<1$, 即 $|x|<\dfrac{1}{\rho}$ 时, $\sum\limits_{n=0}^{\infty}a_nx^n$ 绝对收敛; 当 $\rho|x|>1$, 即 $|x|>\dfrac{1}{\rho}$ 时, $\sum\limits_{n=0}^{\infty}a_nx^n$ 发散. 因此 $R=\dfrac{1}{\rho}$.

(2) 由 $\rho=0$, 则对任意 $x\neq0$, 总有

$$\lim_{n\to\infty}\left|\frac{u_{n+1}}{u_n}\right|=\lim_{n\to\infty}\left|\frac{a_{n+1}x^{n+1}}{a_nx^n}\right|=0<1,$$

级数绝对收敛, 因此 $R=+\infty$.

(3) 由 $\rho=+\infty$, 则除 $x=0$ 外的一切 x 值

$$\lim_{n\to\infty}\left|\frac{u_{n+1}}{u_n}\right|=\lim_{n\to\infty}\left|\frac{a_{n+1}x^{n+1}}{a_nx^n}\right|=+\infty,$$

级数发散. 故 $R=0$.

在求出幂级数 $\sum\limits_{n=0}^{\infty}a_nx^n$ 的收敛区间 $(-R,R)$ 的基础上, 再验证级数 $\sum\limits_{n=0}^{\infty}a_nR^n$ 和 $\sum\limits_{n=0}^{\infty}a_n(-R)^n$ 敛散性, 就可求出收敛域.

例 1 求幂级数

$$\sum_{n=1}^{\infty}\frac{(-1)^n}{\sqrt{n}}x^n$$

的收敛半径与收敛域.

解 因为

$$\rho=\lim_{n\to\infty}\left|\frac{a_{n+1}}{a_n}\right|=\lim_{n\to\infty}\frac{\dfrac{1}{\sqrt{n+1}}}{\dfrac{1}{\sqrt{n}}}=1,$$

所以收敛半径

$$R=\frac{1}{\rho}=1.$$

对于端点 $x=1$, 级数为

$$-1+\frac{1}{\sqrt{2}}-\frac{1}{\sqrt{3}}+\frac{1}{\sqrt{4}}-\frac{1}{\sqrt{5}}+\cdots+(-1)^n\frac{1}{\sqrt{n}}+\cdots$$

是交错级数, 容易知该级数收敛;

对于端点 $x=-1$, 级数为

$$1+\frac{1}{\sqrt{2}}+\frac{1}{\sqrt{3}}+\frac{1}{\sqrt{4}}+\cdots+\frac{1}{\sqrt{n}}+\cdots$$

是 p-级数, $p=\dfrac{1}{2}<1$ 级数发散. 因此收敛域为 $(-1,1]$.

例 2　求幂级数 $\displaystyle\sum_{n=1}^{\infty}\frac{x^n}{(2n-1)!}$ 的收敛域.

解　因为

$$\lim_{n\to\infty}\left|\frac{a_{n+1}}{a_n}\right|=\lim_{n\to\infty}\left|\frac{\dfrac{1}{[2(n+1)-1]!}}{\dfrac{1}{(2n-1)!}}\right|=\lim_{n\to\infty}\frac{1}{2n(2n+1)}=0,$$

所以, 收敛半径 $R=+\infty$, 从而收敛域是 $(-\infty,+\infty)$.

例 3　求幂级数 $\displaystyle\sum_{n=0}^{\infty}n!x^n$ 的收敛半径.

解　因为

$$\lim_{n\to\infty}\left|\frac{a_{n+1}}{a_n}\right|=\lim_{n\to\infty}\left|\frac{(n+1)!}{n!}\right|=+\infty,$$

所以收敛半径 $R=0$, 即级数仅在 $x=0$ 处收敛.

例 4　求幂级数 $\displaystyle\sum_{n=1}^{\infty}\frac{2n-1}{2^n}x^{2n-2}$ 的收敛域.

解　级数缺少奇次幂的项, 不能直接应用定理 8.10, 可以根据比值判别法来求收敛半径:

$$\lim_{n\to\infty}\left|\frac{u_{n+1}}{u_n}\right|=\lim_{n\to\infty}\left|\frac{\dfrac{2(n+1)-1}{2^{n+1}}x^{2(n+1)-2}}{\dfrac{2n-1}{2^n}x^{2n-2}}\right|=\lim_{n\to\infty}\left|\frac{2n+1}{2(2n-1)}x^2\right|=\frac{1}{2}|x|^2,$$

当 $\frac{1}{2}|x|^2 < 1$, 即 $|x| < \sqrt{2}$ 时级数收敛; 当 $\frac{1}{2}|x|^2 > 1$, 即 $|x| > \sqrt{2}$ 时级数发散. 所以收敛半径为 $R = \sqrt{2}$. 当 $x = \pm\sqrt{2}$ 时, 级数为 $\sum\limits_{n=1}^{\infty}\left(n - \frac{1}{2}\right)$ 发散, 所以级数 $\sum\limits_{n=1}^{\infty}\frac{2n-1}{2^n}x^{2n-2}$ 的收敛域为 $(-\sqrt{2}, \sqrt{2})$.

例 5 求幂级数 $\sum\limits_{n=0}^{\infty}\frac{(x-3)^n}{n-3^n}$ 的收敛域.

解 令 $t = x - 3$, 原级数为 $\sum\limits_{n=0}^{\infty}\frac{t^n}{n-3^n}$,

$$\lim_{n\to\infty}\left|\frac{a_{n+1}}{a_n}\right| = \lim_{n\to\infty}\left|\frac{\dfrac{1}{n+1-3^{n+1}}}{\dfrac{1}{n-3^n}}\right| = \lim_{n\to\infty}\left|\frac{\dfrac{n}{3^{n+1}} - \dfrac{1}{3}}{\dfrac{n+1}{3^{n+1}} - 1}\right| = \frac{1}{3},$$

所以收敛半径 $R = 3$ (对 t 而言), 因此

$$-3 < x - 3 < 3, \text{ 即 } 0 < x < 6.$$

当 $x = 0$ 时, 一般项 $u_n = \dfrac{(-1)^n 3^n}{n-3^n} = (-1)^n\dfrac{1}{\dfrac{n}{3^n}-1}$, 其极限振荡不存在, 级数发散, 当 $x = 6$ 时, 一般项 $u_n = \dfrac{3^n}{n-3^n} = \dfrac{1}{\dfrac{n}{3^n}-1} \to -1(n\to\infty)$ 级数发散, 所以原级数收敛域为 $(0, 6)$.

8.4.3 幂级数的基本性质

幂级数 $\sum\limits_{n=0}^{\infty}a_n x^n$ 在其收敛区间内表示一个和函数. 下面, 我们来讨论在收敛区域 $(-R, R)$ 内作为函数 $\sum\limits_{n=0}^{\infty}a_n x^n$ 的一些性质, 主要是连续性、可导性和可积性. 由此将涉及如何计算 $\lim\limits_{n\to\infty}\sum\limits_{n=0}^{\infty}a_n x^n$, $\left(\sum\limits_{n=0}^{\infty}a_n x^n\right)'$, $\int_0^{x_0}\left(\sum\limits_{n=0}^{\infty}a_n x^n\right)\mathrm{d}x$ 的问题, 这一过程中将出现 $\sum\limits_{n=0}^{\infty}a_n x^n, \sum\limits_{n=1}^{\infty}n a_n x^{n-1}$ 和 $\sum\limits_{n=0}^{\infty}\frac{a_n}{n+1}x^{n+1}$ 三个级数, 先给出以下定理.

定理 8.11　幂级数 $\sum_{n=0}^{\infty} a_n x^n$ 与 $\sum_{n=1}^{\infty} n a_n x^{n-1}$, $\sum_{n=0}^{\infty} \frac{a_n}{n+1} x^{n+1}$ 有相同的收敛半径和收敛区间.

定理 8.12　设幂级数 $\sum_{n=0}^{\infty} a_n x^n$ 的收敛半径为 R, 和函数为 $s(x)$, 则有

(1) 和函数 $s(x)$ 在其收敛域上连续;

(2) 和函数 $s(x)$ 在其收敛区间 $(-R, R)$ 内可导, 并且有逐项求导公式:

$$s'(x) = \left(\sum_{n=0}^{\infty} a_n x^n\right)' = \sum_{n=0}^{\infty} (a_n x^n)' = \sum_{n=1}^{\infty} n a_n x^{n-1} (|x| < R);$$

(3) 和函数 $s(x)$ 在收敛区间 $(-R, R)$ 内可积, 并且有逐项积分公式

$$\int_0^x s(t) \mathrm{d}t = \int_0^x \left(\sum_{n=0}^{\infty} a_n x^n\right) \mathrm{d}t = \sum_{n=0}^{\infty} \int_0^x (a_n t^n) \mathrm{d}t$$

$$= \sum_{n=0}^{\infty} \frac{a_n}{n+1} x^{n+1} (|x| < R),$$

定理 8.11、定理 8.12 的证明从略.

例 6　求幂级数 $\sum_{n=1}^{\infty} \frac{x^n}{n}$ 的和函数, 并求级数

$$\sum_{n=1}^{\infty} \frac{x^{2n}}{3^{n+1} n}, \quad \sum_{n=1}^{\infty} \frac{(-1)^{n-1}}{n}, \quad \sum_{n=1}^{\infty} \frac{1}{2^n \cdot n}$$

的和.

解　先求收敛域, 由

$$\lim_{n\to\infty} \left|\frac{a_{n+1}}{a_n}\right| = \lim_{n\to\infty} \frac{n}{n+1} = 1$$

得收敛半径 $R = 1$.

在 $x = 1$ 处, 幂级数成为 $\sum_{n=1}^{\infty} \frac{1}{n}$, 是发散的. 在 $x = -1$ 处, 幂级数成为 $\sum_{n=1}^{\infty} \frac{(-1)^n}{n}$, 是收敛的交错级数. 收敛域为 $[-1, 1)$. 设和函数为 $s(x)$, 有

$$s'(x) = \left(\sum_{n=1}^{\infty} \frac{x^n}{n}\right)' = \sum_{n=1}^{\infty} \left(\frac{x^n}{n}\right)' = \sum_{n=1}^{\infty} x^{n-1}$$

$$=\sum_{n=0}^{\infty}x^n=\frac{1}{1-x}\quad(|x|<1),$$

注意到 $s(0)=0$, 有

$$s(x)=\int_0^x s'(t)\mathrm{d}t=\int_0^x\frac{\mathrm{d}t}{1-t}=-\ln(1-x),\quad x\in[-1,1),$$

$$\sum_{n=1}^{\infty}\frac{x^{2n}}{3^{n+1}n}=\frac{1}{3}\sum_{n=1}^{\infty}\frac{\left(\frac{x^2}{3}\right)^n}{n}=\frac{1}{3}s\left(\frac{x^2}{3}\right)$$

$$=-\frac{1}{3}\ln\left(1-\frac{x^2}{3}\right)=\frac{1}{3}\ln\frac{3}{3-x^2},\quad x\in(-\sqrt{3},\sqrt{3}),$$

当 $x=\pm\sqrt{3}$ 时, 级数 $\sum_{n=1}^{\infty}\frac{1}{3n}$ 发散.

$$\sum_{n=1}^{\infty}\frac{(-1)^{n-1}}{n}=-\sum_{n=1}^{\infty}\frac{(-1)^n}{n}=-s(-1)=\ln 2,$$

$$\sum_{n=1}^{\infty}\frac{1}{2^n n}=s\left(\frac{1}{2}\right)=-\ln\left(1-\frac{1}{2}\right)=\ln 2.$$

8.5 函数的幂级数展开

8.5.1 泰勒公式与泰勒级数

前面讨论了幂级数的收敛域及其和函数的性质. 我们知道了幂级数 $\sum_{n=0}^{\infty}a_nx^n$ 和 $\sum_{n=0}^{\infty}a_n(x-x_0)^n$ 在其收敛区间内分别表示一个函数. 但在许多应用中, 我们遇到的却是相反的问题: 给出函数 $f(x)$, 要考虑它是否能在某个区间内展开成幂级数, 就是说, 是否能找到这样一个幂级数, 它在某区间内收敛, 且其和恰好就是给定的函数 $f(x)$. 如果能找到这样的幂级数, 我们就说, 函数 $f(x)$ 在该区间内能展开成幂级数, 而这个幂级数在该区间内就表达成了函数 $f(x)$.

泰勒中值定理 如果函数在含有点 x_0 的区间 (a,b) 内, 有一阶直到 $n+1$ 阶的连续导数, 则当 x 取区间 (a,b) 内任何值时, $f(x)$ 可以按 $x-x_0$ 的方幂展开为

$$f(x)=f(x_0)+f'(x_0)(x-x_0)+\frac{f''(x_0)}{2!}(x-x_0)^2+\cdots$$

$$+\frac{f^{(n)}(x_0)}{n!}(x-x_0)^n+R_n(x),$$

其中 $R_n(x)=\dfrac{f^{(n+1)}(\xi)}{(n+1)!}(x-x_0)^{n+1}$,$\xi$ 介于 x_0 与 x 之间.

证明从略.

上述公式称为泰勒公式. 特别当 $x_0=0$ 时, 公式成为

$$f(x)=f(0)+f'(0)x+\frac{f''(0)}{2!}x^2+\cdots+\frac{f^{(n)}(0)}{n!}x^n+R_n(x),$$

其中 $R^n(x)=\dfrac{f^{(n+1)}(\xi)}{(n+1)!}x^{n+1}$, ξ 介于 0 与 x 之间. 称为**麦克劳林公式**.

如果函数 $f(x)$ 在区间 (a,b) 内各阶导数都存在, 则对任意的正整数 n, 泰勒公式显然都成立. 如果当 $n\to\infty$ 时, $R_n(x)\to 0$, 则得

$$f(x)=\lim_{n\to\infty}\left(f(x_0)+f'(x_0)(x-x_0)+\cdots+\frac{f^{(n)}(x_0)}{n!}(x-x_0)^n\right).$$

由于上式右端括号内的式子是级数

$$\sum_{n=0}^{\infty}\frac{f^{(n)}(x_0)}{n!}(x-x_0)^n$$

的前 $n+1$ 项组成的部分和, 所以级数 $\displaystyle\sum_{n=0}^{\infty}\frac{f^{(n)}(x_0)}{n!}(x-x_0)^n$ 收敛且以 $f(x)$ 为其和. 因此, 当 $\displaystyle\lim_{n\to\infty}R_n(x)=0$ 时, 有 $\displaystyle\sum_{n=0}^{\infty}\frac{f^{(n)}(x_0)}{n!}(x-x_0)^n=f(x)$, 它称为函数 $f(x)$ 在点 x_0 的**泰勒级数**.

特别地, 当 $x_0=0$ 时, 泰勒级数成为

$$f(x)=\sum_{n=0}^{\infty}\frac{f^{(n)}(0)}{n!}x^n,$$

称为**麦克劳林级数**.

8.5.2 某些初等函数的幂级数展开

1. 直接展开法

利用泰勒公式或麦克劳林公式, 将函数 $f(x)$ 展开为幂级数的步骤如下:

(1) 求出 $f(x)$ 在 $x=x_0$ 的各阶导数值 $f^{(n)}(x_0)$, 若函数 $f(x)$ 在 $x=x_0$ 的某阶导数不存在, 则 $f(x)$ 不能展为幂级数;

(2) 写出幂级数 $\sum\limits_{n=0}^{\infty}\dfrac{f^{(n)}(x_0)}{n!}(x-x_0)^n$, 并求出收敛区间;

(3) 考察在收敛区间内 $R_n(x)$ 的极限

$$\lim_{n\to\infty}\frac{f^{(n+1)}(\xi)}{(n+1)!}(x-x_0)^{n+1}$$

是否为零; 若为零, 则幂级数 $\sum\limits_{n-0}^{\infty}\dfrac{f^{(n)}(x_0)}{n!}(x-x_0)^n$ 在收敛区间内等于函数 $f(x)$, 即有

$$f(x)=f(x_0)+f'(x_0)(x-x_0)+\frac{f''(x_0)}{2!}(x-x_0)+\cdots+\frac{f^{(n)}(x_0)}{n!}(x-x_0)^n+\cdots.$$

例 1 将函数 $f(x)=\mathrm{e}^x$ 展开成 x 的幂级数.

解 因为 $f^{(n)}(x)=\mathrm{e}^x$, 所以 $f^{(n)}(0)=1$, 得

$$\sum_{n=0}^{\infty}\frac{f^{(n)}(0)}{n!}x^n=\sum_{n=0}^{\infty}\frac{x^n}{n!},$$

其收敛区间为 $(-\infty,+\infty)$; 再由

$$\lim_{n\to\infty}|R_n(x)|=\lim_{n\to\infty}\left|\frac{\mathrm{e}^{\xi}}{(n+1)!}x^{n+1}\right|<\lim_{n\to\infty}\frac{\mathrm{e}^{|x|}}{(n+1)!}\cdot|x|^{n+1},$$

因为 $\mathrm{e}^{|x|}$ 为有限值, $\dfrac{|x|^{n+1}}{(n+1)!}$ 是收敛级数 $\sum\limits_{n=0}^{\infty}\dfrac{|x|^{n+1}}{(n+1)!}$ 的一般项, 所以当 $n\to\infty$ 时有 $|R_n(x)|\to 0$, 因此得到

$$\mathrm{e}^x=\sum_{n=0}^{\infty}\frac{x^n}{n!},\quad x\in(-\infty,+\infty).$$

例 2 将函数 $\sin x$ 展开成 x 的幂级数.

解 对函数 $\sin x$ 求导, 得 $f^{(n)}(x)=\sin\left(x+n\cdot\dfrac{\pi}{2}\right)$ $(n=0,1,2,\cdots)$, 所以

$$f(0)=0,\quad f'(0)=1,\quad f''(0)=0,\quad f'''(0)=-1,$$

$$f^{(2k)}(0)=0 \quad (k=1,2,3,\cdots), \quad f^{(2k+1)}(0)=(-1)^k(k=0,1,2,\cdots),$$

于是

$$\sum_{n=0}^{\infty}\frac{f^{(n)}(0)}{n!}x^n=\sum_{n=0}^{\infty}(-1)^n\frac{x^{2n+1}}{(2n+1)!}$$
$$=x-\frac{x^3}{3!}+\frac{x^5}{5!}+\cdots+(-1)^n\frac{x^{2n+1}}{(2n+1)!}+\cdots.$$

因为

$$\lim_{n\to\infty}\left|\frac{u_{n+1}}{u_n}\right|=\lim_{n\to\infty}\frac{(2n-1)!}{(2n+1)!}|x|^2=\lim_{n\to\infty}\frac{1}{2n(2n+1)}|x|^2=0,$$

所以, 它的收敛区间为 $(-\infty,+\infty)$.

又由于

$$|R_n(x)|=\left|\frac{\sin\left[\xi+\dfrac{(n+1)\pi}{2}\right]}{(n+1)!}x^{n+1}\right|\leqslant\frac{|x|^{n+1}}{(n+1)!}\to 0\ (n\to\infty).$$

因此得展开式

$$\sin x=x-\frac{x^3}{3!}+\frac{x^5}{5!}+\cdots+(-1)^n\frac{x^{2n+1}}{(2n+1)!}+\cdots,\quad x\in(-\infty,+\infty).$$

以上将函数展开成幂级数的方法, 通常称为直接展开法, 一般步骤是: 先求出函数 $f(x)$ 的各阶导数 $f^{(n)}(x)(n=1,2,\cdots)$; 再计算出在 $x=x_0$ 的各阶导数值 $f^{(n)}(x_0)(n=1,2,\cdots)$; 写出相应的泰勒级数 $\sum\limits_{n=0}^{\infty}\dfrac{f^{(n)}(x_0)}{n!}(x-x_0)^n$ 并求出收敛区间 (x_0-R,x_0+R); 最后考虑在收敛区间内余项 $R_n(x)$ 的极限, 若极限 $\lim\limits_{n\to\infty}|R_n(x)|=0$, 即有幂级数展开式

$$f(x)=\sum_{n=0}^{\infty}\frac{f^{(n)}(x_0)}{n!}(x-x_0)^n,\quad x\in(x_0-R,x_0+R).$$

直接展开法的计算量较大, 而且研究余项即使在初等函数中也不是一件容易的事. 实际计算时常利用已知函数的幂级数展开式和幂级数的运算 (如四则运算、逐项求导、逐项积分) 以及变量代换等, 将所给函数展开成幂级数.

2. 间接展开法

例 3 由几何级数可知

$$\frac{1}{1-q}=1+q+q^2+\cdots+q^n+\cdots \quad (-1<q<1),$$

令 $q=-x$, 得

$$\frac{1}{1+x}=1-x+x^2-\cdots+(-1)^n x^n+\cdots \quad (-1<x<1).$$

将上式从 0 到 x 逐项积分, 得

$$\ln(1+x)=x-\frac{x^2}{2}+\frac{x^3}{3}-\frac{x^4}{4}+\cdots+(-1)^n\frac{x^{n+1}}{n+1}+\cdots \quad (-1<x\leqslant 1).$$

上述展开式对 $x=1$ 也成立, 当 $x=1$ 时幂级数收敛, 而 $\ln(1+x)$ 在 $x=1$ 处有定义且连续

$$1-\frac{1}{2}+\frac{1}{3}-\frac{1}{4}+\cdots+(-1)^n\frac{1}{n+1}+\cdots=\ln 2.$$

令 $q=-x^2$ 得

$$\frac{1}{1+x^2}=1-x^2+x^4-\cdots+(-1)^n x^{2n}+\cdots \quad (-1<x<1).$$

将上式从 0 到 x 逐项积分, 得

$$\arctan x=x-\frac{x^3}{3}+\frac{x^5}{5}-\cdots+(-1)^n\frac{x^{2n+1}}{2n+1}+\cdots \quad (-1<x<1).$$

由于 $\arctan x$ 在 $x=\pm 1$ 点连续, 且 $\sum\limits_{n=0}^{\infty}\frac{(-1)^n}{2n+1}x^{2n+1}$ 在 $x=\pm 1$ 处收敛, 则有

$$\arctan x=\sum_{n=0}^{\infty}\frac{(-1)^n}{2n+1}x^{2n+1} \quad (-1\leqslant x\leqslant 1).$$

例 4 写出函数 $f(x)=\cos x$ 在 $x=0$ 处的泰勒级数.

解 因为 $\sin x$ 的展开式为

$$\sin x=\sum_{n=0}^{\infty}(-1)^n\frac{x^{2n+1}}{(2n+1)!} \ (-\infty<x<+\infty),$$

对上式逐项求导, 得

$$\cos x=\sum_{n=0}^{\infty}(-1)^{n}\frac{x^{2n}}{(2n)!}\quad(-\infty<x<+\infty).$$

例 5 将函数 $x\sin^2 x$ 展开成 x 的幂级数.

解 $x\sin^2 x=\dfrac{x}{2}(1-\cos 2x)$, 而

$$\cos x=\sum_{n=0}^{\infty}(-1)^{n}\frac{x^{2n}}{(2n)!}\quad(-\infty<x<+\infty).$$

$$\cos 2x=\sum_{n=0}^{\infty}(-1)^{n}\frac{(2x)^{2n}}{(2n)!},$$

$$x\sin^2 x=\frac{x}{2}-\frac{x}{2}\sum_{n=0}^{\infty}(-1)^{n}\frac{(2x)^{2n}}{(2n)!}=\frac{x}{2}\sum_{n=1}^{\infty}(-1)^{n+1}\frac{(2x)^{2n}}{(2n)!}\quad(-\infty<x<+\infty).$$

例 6 将函数 2^x 展开成 x 的幂级数.

解 $2^x=\mathrm{e}^{\ln 2^x}=\mathrm{e}^{x\ln 2}$, 而 $\mathrm{e}^x=\sum\limits_{n=0}^{\infty}\dfrac{x^n}{n!}(-\infty<x<+\infty)$, 所以有

$$2^x=\mathrm{e}^{x\ln 2}=\sum_{n=0}^{\infty}\frac{(x\ln 2)^n}{n!}=\sum_{n=0}^{\infty}\frac{(\ln 2)^n x^n}{n!}\quad(-\infty<x<+\infty).$$

例 7 将函数 $f(x)=\dfrac{1}{x}$ 展开成 $x-3$ 的幂级数.

解
$$\frac{1}{x}=\frac{1}{3+x-3}=\frac{1}{3}\cdot\frac{1}{1+\dfrac{x-3}{3}}$$
$$=\frac{1}{3}\sum_{n=0}^{\infty}(-1)^{n}\left(\frac{x-3}{3}\right)^{n}\quad\left(-1<\frac{x-3}{3}<1\right),$$

即

$$\frac{1}{x}=\frac{1}{3}\sum_{n=0}^{\infty}(-1)^{n}\left(\frac{x-3}{3}\right)^{n}\quad(0<x<6).$$

将直接展开法与间接展开法结合起来使用, 可得到函数 $f(x)=(1+x)^{\alpha}$(α 为实数) 的麦克劳林级数展开式:

$$(1+x)^{\alpha}=1+\alpha x+\frac{\alpha(\alpha-1)}{2!}x^2+\cdots+\frac{\alpha(\alpha-1)\cdots(\alpha-n+1)}{n!}x^n+\cdots,$$

其中 α 为任意常数, $-1 < x < 1$ 时, 公式恒成立. 该展开式又称为牛顿二项展开式.

牛顿二项展开式在端点 $x = \pm 1$ 是否成立与 α 的具体取值有关:

(1) 当 $\alpha \leqslant -1$ 时, 成立范围是 $(-1, 1)$;

(2) 当 $-1 < \alpha < 0$ 时, 成立范围是 $(-1, 1]$;

(3) 当 $\alpha > 0$ 时, 成立范围是 $[-1, 1]$.

特别地, 当 $\alpha = -1$ 时, 就得到熟悉的几何级数

$$\frac{1}{1+x} = \sum_{n=0}^{\infty} (-1)^n x^n = 1 - x + x^2 - \cdots + (-1)^n x^n + \cdots, \quad -1 < x < 1.$$

当 $\alpha = \dfrac{1}{2}$ 时,

$$\begin{aligned}\sqrt{1+x} &= 1 + \frac{1}{2}x - \frac{1}{2\cdot 4}x^2 + \frac{1\cdot 3}{2\cdot 4\cdot 6}x^3 - \cdots \\ &= 1 + \frac{1}{2}x + \sum_{n=2}^{\infty} (-1)^{n-1} \frac{(2n-3)!!}{(2n)!!} x^n, \quad -1 \leqslant x \leqslant 1.\end{aligned}$$

当 $\alpha = -\dfrac{1}{2}$ 时,

$$\begin{aligned}\frac{1}{\sqrt{1+x}} &= 1 - \frac{1}{2}x + \frac{1\cdot 3}{2\cdot 4}x^2 - \frac{1\cdot 3\cdot 5}{2\cdot 4\cdot 6}x^3 + \frac{1\cdot 3\cdot 5\cdot 7}{2\cdot 4\cdot 6\cdot 8}x^4 - \cdots \\ &= 1 - \frac{1}{2}x + \sum_{n=2}^{\infty} \frac{(-1)^n (2n-1)!!}{(2n)!!} x^n, \quad -1 < x \leqslant 1.\end{aligned}$$

现将几个重要函数的幂级数展开式列在下面. 希望读者能熟记它们:

$$\mathrm{e}^x = \sum_{n=0}^{\infty} \frac{1}{n!} x^n = 1 + x + \frac{1}{2!}x^2 + \cdots + \frac{1}{n!}x^n + \cdots, \quad -\infty < x < +\infty;$$

$$\begin{aligned}\sin x &= \sum_{n=0}^{\infty} \frac{(-1)^n}{(2n+1)!} x^{2n+1} \\ &= x - \frac{1}{3!}x^3 + \cdots + \frac{(-1)^n}{(2n+1)!}x^{2n+1} + \cdots, \quad -\infty < x < +\infty;\end{aligned}$$

$$\cos x = \sum_{n=0}^{\infty} \frac{(-1)^n}{(2n)!} x^{2n}$$

$$= 1 - \frac{1}{2!}x^2 + \cdots + \frac{(-1)^n}{(2n)!}x^{2n} + \cdots, \quad -\infty < x < +\infty;$$

$$\ln(1+x) = \sum_{n=0}^{\infty} \frac{(-1)^n}{n+1} x^{n+1}$$

$$= x - \frac{1}{2}x^2 + \cdots + \frac{(-1)^n}{n+1}x^{n+1} + \cdots, \quad -1 < x \leqslant 1;$$

$$(1+x)^\alpha = 1 + \sum_{n=1}^{\infty} \frac{\alpha(\alpha-1)\cdots(\alpha-n+1)}{n!} x^n$$

$$= 1 + \alpha x + \frac{\alpha(\alpha-1)}{2!}x^2 + \cdots$$

$$+ \frac{\alpha(\alpha-1)\cdots(\alpha-n+1)}{n!}x^n + \cdots, \quad -1 < x < 1;$$

$$\arctan x = \sum_{n=0}^{\infty} \frac{(-1)^n x^{2n+1}}{2n+1}$$

$$= x - \frac{1}{3}x^3 + \frac{1}{5}x^5 + \cdots + \frac{(-1)^n}{2n+1}x^{2n+1} + \cdots, \quad -1 \leqslant x \leqslant 1.$$

习　题　8

(A)

1. 写出下列级数的一般项:

(1) $2 - \frac{3}{2} + \frac{4}{3} - \frac{5}{4} + \cdots$;

(2) $\frac{1}{1} + \frac{3}{3} + \frac{1}{5} + \frac{3}{7} + \cdots$;

(3) $\frac{1}{2} + \frac{2}{5} + \frac{3}{10} + \frac{4}{17} + \cdots$;

(4) $\frac{1}{2} + \frac{1\cdot 3}{2\cdot 4} + \frac{1\cdot 3\cdot 5}{2\cdot 4\cdot 6} + \frac{1\cdot 3\cdot 5\cdot 7}{2\cdot 4\cdot 6\cdot 8} + \cdots$;

(5) $\frac{x}{3} + \frac{2x^2}{5} + \frac{3x^3}{7} + \frac{4x^4}{9} + \cdots$.

2. 利用下列级数 $\sum\limits_{n=1}^{\infty} u_n$ 的部分和 s_n, 求 u_1, u_2 和 u_n.

(1) $s_n = \frac{2n}{n+1}$;　　(2) $s_n = \sqrt{n+1} - 1$.

3. 判断下列级数是否收敛, 若收敛求其和:

(1) $\sum\limits_{n=1}^{\infty} \frac{\sqrt{n+1} - \sqrt{n}}{\sqrt{n^2+n}}$;　　(2) $\sum\limits_{n=1}^{\infty} \frac{1}{(5n-1)(5n+4)}$;

(3) $\sum_{n=0}^{\infty}\frac{1}{\sqrt{n+3}+\sqrt{n+2}}$; (4) $\sum_{n=1}^{\infty}\frac{n}{(n+1)!}$.

4. (1) 设 $\lim_{n\to\infty}a_n=a$, 证明级数 $\sum_{n=1}^{\infty}(a_n-a_{n+1})$ 收敛, 并求其和;

(2) 若级数 $\sum_{n=1}^{\infty}a_n$ 收敛, 证明 $\sum_{n=1}^{\infty}\frac{a_n+a_{n+3}}{3}$ 也收敛.

5. 已知级数 $\sum_{n=1}^{\infty}(u_n+v_n)$ 收敛, 判别下列结论是否正确:

(1) $\sum_{n=1}^{\infty}u_n$ 与 $\sum_{n=1}^{\infty}v_n$ 均收敛;

(2) $\sum_{n=1}^{\infty}u_n$ 与 $\sum_{n=1}^{\infty}v_n$ 中至少有一个收敛;

(3) $\sum_{n=1}^{\infty}u_n$ 与 $\sum_{n=1}^{\infty}v_n$ 或者同时收敛, 或者同时发散;

(4) $\sum_{n=1}^{\infty}(u_n+v_n)=\sum_{n=1}^{\infty}u_n+\sum_{n=1}^{\infty}v_n$;

(5) 数列 $\left\{\sum_{k=1}^{n}(u_k+v_k)\right\}$ 有界;

(6) $n\to\infty$ 时, $u_n\to 0$ 且 $v_n\to 0$.

6. 已知级数 $\sum_{n=1}^{\infty}u_n$ 收敛, 且和数为 s, 证明

(1) 级数 $\sum_{n=2}^{\infty}(u_n+u_{n-1})$ 收敛, 且和数为 $2s-u_1$;

(2) 级数 $\sum_{n=1}^{\infty}(u_n+u_{n+2})$ 收敛, 且和数为 $2s-u_1-u_2$;

(3) 级数 $\sum_{n=1}^{\infty}\left(u_n+\left(\frac{3}{2}\right)^n\right)$ 发散.

7. 利用无穷级数性质, 以及几何级数与调和级数的敛散性, 判别下列级数的敛散性:

(1) $\cos\frac{\pi}{4}+\cos\frac{\pi}{5}+\cos\frac{\pi}{6}+\cdots$; (2) $\sin 1+\sin^2 1+\sin^3 1+\cdots$;

(3) $\sum_{n=1}^{\infty}\frac{n-\sqrt{n}}{2n-1}$; (4) $\frac{1}{3}\ln 3+\frac{1}{3^2}(\ln 3)^2+\frac{1}{3^3}(\ln 3)^3+\cdots$;

(5) $\sum_{n=1}^{\infty}\frac{3^n+(-4)^n}{6^n}$; (6) $\sum_{n=1}^{\infty}\left(\frac{\sin a}{n(n+1)}+\frac{1}{n}\right)$;

(7) $\frac{2}{1}-\frac{2}{3}+\frac{4}{3}-\frac{2^2}{3^2}+\frac{6}{5}-\frac{2^3}{3^3}+\cdots$;

(8) $\left(\frac{1}{3}+\frac{6}{7}\right)+\left(\frac{1}{3^2}+\frac{6^2}{7^2}\right)+\left(\frac{1}{3^3}+\frac{6^3}{7^3}\right)+\cdots$.

8. 利用无穷级数的性质, 以及几何级数与 p-级数的敛散性, 判别下列级数的敛散性:

(1) $\sum_{n=1}^{\infty}\frac{(n+1)^2}{n^3}$;　(2) $\sum_{n=1}^{\infty}\frac{n^2+3^{n-1}}{n^2 3^n}$;

(3) $\sum_{n=0}^{\infty}\frac{n}{(n+1)^{\frac{4}{3}}}$;　(4) $\sum_{n=1}^{\infty}\left[\frac{1}{n+1}-\frac{n-3}{(n+1)^2}\right]$.

9. 利用比较判别法或其极限形式, 判别下列级数的敛散性:

(1) $\sum_{n=1}^{\infty}\frac{1}{\sqrt{4n^2-3}}$;　(2) $\sum_{n=2}^{\infty}\frac{3}{n^2-n}$;

(3) $\sum_{n=1}^{\infty}\frac{1}{n^{1+\frac{1}{n}}}$;　(4) $\sum_{n=1}^{\infty}\frac{1}{\sqrt{n+1}}\sin\frac{1}{n}$;

(5) $\sum_{n=1}^{\infty}\sin\frac{\pi}{2^n}$;　(6) $\sum_{n=1}^{\infty}\frac{1}{1+a^n}(a>0)$;

(7) $\sum_{n=1}^{\infty}\frac{1}{\sqrt{2n^3-1}}$;　(8) $\sum_{n=1}^{\infty}\frac{\pi}{n}\tan\frac{\pi}{n}$;

(9) $\sum_{n=1}^{\infty}\left(1-\cos\frac{1}{n}\right)$;　(10) $\sum_{n=1}^{\infty}\left(\sqrt[3]{1+\frac{1}{n^2}}-1\right)$;

(11) $\sum_{n=1}^{\infty}\frac{\ln n}{n^2}$;　(12) $\sum_{n=2}^{\infty}\frac{1}{\sqrt{n}}\ln\frac{n+1}{n-1}$;

(13) $\sum_{n=1}^{\infty}\left(\frac{1+n^2}{1+n^3}\right)^2$;　(14) $\sum_{n=1}^{\infty}\frac{n^2}{(n+a)^b(n+b)^a}$ $(a,b$ 为正常数).

10. 设数列 $\{a_n\}$, 其中 $a_n\neq 0(n=1,2,\cdots)$, 且 $\lim\limits_{n\to\infty}a_n=a(a\neq 0)$, 试证明: 级数 $\sum_{n=1}^{\infty}|a_{n+1}-a_n|$ 与 $\sum_{n=1}^{\infty}\left|\frac{1}{a_{n+1}}-\frac{1}{a_n}\right|$ 有相同的敛散性.

11. 利用比值判别法或根值判别法判别下列级数的敛散性:

(1) $\sum_{n=1}^{\infty}\frac{(n+1)!}{2^n}$;　(2) $\sum_{n=1}^{\infty}\frac{n^3}{5^n}$;

(3) $\sum_{n=1}^{\infty}\frac{1\cdot 3\cdot 5\cdots(2n-1)}{3^n\cdot n!}$;　(4) $\sum_{n=1}^{\infty}\frac{1\cdot 5\cdot 9\cdots(4n-3)}{2\cdot 5\cdot 8\cdots(3n-1)}$;

(5) $\sum_{n=0}^{\infty}\frac{4^n}{(n+1)3^n}$;　(6) $\sum_{n=1}^{\infty}\frac{(n!)^2}{(2n)!}$;

(7) $\sum_{n=1}^{\infty}(n+1)^2\sin\frac{\pi}{2^n}$;　(8) $\sum_{n=1}^{\infty}\frac{n!}{10^n}$;

(9) $\sum_{n=1}^{\infty}\frac{n!a^n}{n^n}(a>0$ 且 $a\neq \mathrm{e})$;　(10) $\sum_{n=1}^{\infty}\frac{1}{3^n}\left(\frac{n+1}{n}\right)^{n^2}$;

(11) $\sum_{n=1}^{\infty}\left(\frac{n}{2n+1}\right)^n$;

(12) $\sum_{n=1}^{\infty}\left(\frac{2n-1}{3n+1}\right)^{2n}$;

(13) $\sum_{n=1}^{\infty}\frac{1}{n^2}x^n(x\geqslant 0)$;

(14) $\sum_{n=1}^{\infty}\frac{2^n}{n+3}x^{2n}$;

(15) $\sum_{n=1}^{\infty}k^n\left(\frac{n-1}{n+1}\right)^{n^2}$, 其中 $k>0$ 且 $k\neq \mathrm{e}^2$.

12. 利用积分判别法判别下列级数的敛散性:

(1) $\sum_{n=1}^{\infty}\frac{1}{n^2+1}$;

(2) $\sum_{n=1}^{\infty}\frac{n}{n^2+1}$;

(3) $\sum_{n=3}^{\infty}\frac{1}{n\ln n(\ln\ln n)^{\frac{1}{2}}}$.

13. 判别下列结论是否正确:

(1) 正项级数 $\sum_{n=1}^{\infty}u_n$ 收敛是 $\sum_{n=1}^{\infty}u_n^2$ 收敛的充分必要条件;

(2) 若 $\sum_{n=1}^{\infty}u_n$ 收敛, 则 $\sum_{n=1}^{\infty}(-1)^{n-1}u_n$ 条件收敛;

(3) 若 $\sum_{n=1}^{\infty}u_n$ 与 $\sum_{n=1}^{\infty}v_n$ 都发散, 则 $\sum_{n=1}^{\infty}(u_n+v_n)$ 发散;

(4) 若 $\sum_{n=1}^{\infty}(-1)^{n-1}u_n(u_n>0)$ 条件收敛, 则 $\sum_{n=1}^{\infty}u_n$ 发散;

(5) 若 $n=1,2,\cdots$, 不等式 $u_n\leqslant v_n$ 成立, 则由 $\sum_{n=1}^{\infty}u_n$ 发散, 可推得 $\sum_{n=1}^{\infty}v_n$ 发散;

(6) 若 $\lim_{n\to\infty}\frac{u_n}{v_n}=1$, 则 $\sum_{n=1}^{\infty}u_n$ 与 $\sum_{n=1}^{\infty}v_n$ 同时收敛或同时发散;

(7) 若 $\sum_{n=1}^{\infty}|u_n|$ 发散, 则 $\sum_{n=1}^{\infty}u_n$ 也发散;

(8) 若 $\frac{u_{n+1}}{u_n}>1$, 则正项级数 $\sum_{n=1}^{\infty}u_n$ 必发散;

(9) 若 $\sum_{n=1}^{\infty}u_n^2$ 发散, 则 $\sum_{n=1}^{\infty}u_n$ 也发散;

(10) 若 $\sum_{n=1}^{\infty}u_n$ 收敛, $\sum_{n=1}^{\infty}v_n$ 绝对收敛, 则 $\sum_{n=1}^{\infty}u_nv_n$ 绝对收敛.

14. 判别下列级数是绝对收敛, 条件收敛, 还是发散?

(1) $\sum_{n=1}^{\infty}\frac{(-1)^{n-1}}{\ln(3+n)}$;

(2) $\sum_{n=1}^{\infty}(-1)^{n-1}\ln\left(1+\frac{1}{n}\right)$;

(3) $\sum_{n=1}^{\infty}(-1)^{n-1}\frac{\sin(n^3+2n+1)}{n\cdot\sqrt{n}}$;

(4) $\sum_{n=1}^{\infty}(-1)^{n-1}\sqrt[n]{0.0001}$;

(5) $\sum_{n=1}^{\infty}(-1)^n(1-\sqrt[n]{\mathrm{e}})$;

(6) $\sum_{n=1}^{\infty}\frac{n!}{n^n}2^n\sin\frac{n\pi}{5}$;

(7) $\sum_{n=1}^{\infty}\frac{(-1)^n}{n+\ln n}$;

(8) $\sum_{n=2}^{\infty}\left(\frac{1}{\sqrt{n-1}}-\frac{1}{\sqrt{n}+1}\right)$;

(9) $\sum_{n=1}^{\infty}(-1)^{n-1}\frac{2+(-1)^n}{n^{\frac{5}{4}}}$;

(10) $\sum_{n=0}^{\infty}\sin\left(n\pi+\frac{1}{\sqrt{n+1}}\right)$;

(11) $\sum_{n=2}^{\infty}\frac{\cos\frac{n\pi}{4}}{n(\ln n)^3}$;

(12) $\sum_{n=1}^{\infty}\left(\frac{1}{n}-\mathrm{e}^{-n^2}\right)$;

(13) $\sum_{n=2}^{\infty}\frac{\cos a+(-1)^n n}{n^2}$;

(14) $\sum_{n=1}^{\infty}\left(\frac{na}{n+1}\right)^n$.

15. 求下列级数的收敛域:

(1) $\sum_{n=1}^{\infty}(-1)^n\frac{1}{\sqrt{n}}x^n$;

(2) $\sum_{n=1}^{\infty}\frac{1}{(2n-1)!}x^n$;

(3) $\sum_{n=0}^{\infty}(3n)!x^n$;

(4) $\sum_{n=0}^{\infty}\frac{1}{3^n}x^{2n+1}$;

(5) $\sum_{n=0}^{\infty}q^{n^2}x^n(0<q<1)$;

(6) $\sum_{n=1}^{\infty}\frac{1}{n^2}(3x)^n$;

(7) $\sum_{n=1}^{\infty}\frac{(-1)^{n-1}}{n3^n}\sqrt{x^n}(x\geqslant 0)$;

(8) $\sum_{n=0}^{\infty}\frac{(5x-1)^n}{5^n}$;

(9) $\sum_{n=1}^{\infty}\frac{n\sqrt{n}}{(x-1)^n}$;

(10) $\sum_{n=0}^{\infty}\left[\frac{(-1)^n}{2^n}x^n+3^nx^n\right]$;

(11) $\sum_{n=1}^{\infty}\frac{2^n}{2n-1}x^{4n}$;

(12) $\sum_{n=1}^{\infty}\frac{1}{3n+5}\left(\frac{1+x}{x}\right)^n$;

(13) $\sum_{n=1}^{\infty}\frac{n^2}{x^n}$.

16. 求下列级数的收敛域, 以及它们在收敛域内的和函数:

(1) $\sum_{n=1}^{\infty}\frac{x^{2n-1}}{2n-1}$;

(2) $\sum_{n=1}^{\infty}n^2x^{n-1}$;

(3) $\sum_{n=1}^{\infty}(-1)^{n-1}\frac{n+1}{2^n}x^n$;

(4) $\sum_{n=1}^{\infty}(-1)^n\cdot\frac{4^n}{n}\cdot x^n$;

(5) $\sum_{n=1}^{\infty}\frac{1}{n(n+1)}x^{n+1}$;

(6) $\sum_{n=1}^{\infty}\frac{5^n+(-3)^n}{n}x^n$;

(7) $\sum_{n=1}^{\infty}\left(\frac{1}{n}x^n-\frac{1}{n+1}x^{n+1}\right)$.

17. 已知级数 $\sum_{n=0}^{\infty} a_n(2x+3)^n$ 在 $x=2$ 时发散, 讨论 $\sum_{n=0}^{\infty} a_n(2x+3)^n$ 在以下各点处的敛散性.

(1) $x=0$; (2) $x=-1$; (3) $x=-6$; (4) $x=3$.

18. 设幂级数 $\sum_{n=1}^{\infty} a_n(x-1)^n$ 在 $x=0$ 收敛, 在 $x=2$ 发散, 求该幂级数的收敛域.

19. 求幂级数 $\sum_{n=1}^{\infty} \frac{n}{n+1}x^n$ 的收敛域及和函数, 并求级数 $\sum_{n=1}^{\infty} \frac{n}{(n+1)}\left(\frac{1}{2}\right)^n$ 的和.

20. 求幂级数 $\sum_{n=0}^{\infty} \frac{x^{n+2}}{n!(n+2)}$ 的收敛域及和函数.

21. 将下列函数展开成 x 的幂级数, 并求收敛域:

(1) $f(x)=\mathrm{e}^{-x^2}$; (2) $f(x)=x\cos^2 x$;

(3) $f(x)=x^3\mathrm{e}^{-x}$; (4) $f(x)=\frac{1}{2}(\mathrm{e}^x-\mathrm{e}^{-x})$;

(5) $f(x)=\frac{1}{x}\ln(1+x)$; (6) $f(x)=\frac{1}{(x-1)(x-2)}$;

(7) $f(x)=\frac{x^2}{\sqrt{1-x^2}}$; (8) $f(x)=\arcsin x$;

(9) $f(x)=\int_0^x \mathrm{e}^{-t^2}\mathrm{d}t$; (10) $f(x)=\sin(x+a)$.

22. 将函数 $\int_0^x \frac{\sin t}{t}\mathrm{d}t$ 展开成幂级数, 并求级数 $\sum_{n=0}^{\infty} \frac{(-1)^n}{(2n+1)!}$ 的和.

23. 设 $f(x)=\arctan\frac{1+x}{1-x}$, (1) 将 $f(x)$ 展开成幂级数, 并求收敛域; (2) 利用展开式求 $f^{(101)}(0)$.

24. 求下列函数在指定点处的幂级数展开式, 并求其收敛域:

(1) $f(x)=\mathrm{e}^x, x_0=1$; (2) $f(x)=\frac{1}{x}, x_0=2$;

(3) $f(x)=\ln(1+x), x_0=2$; (4) $f(x)=\sin x, x_0=a$.

(B)

1. (2015) 下列级数中发散的是 ( ).

(A) $\sum_{n=1}^{\infty} \frac{n}{3^n}$; (B) $\sum_{n=1}^{\infty} \frac{1}{\sqrt{n}}\ln\left(1+\frac{1}{n}\right)$;

(C) $\sum_{n=1}^{\infty} \frac{(-1)^n+1}{\ln n}$; (D) $\sum_{n=1}^{\infty} \frac{n!}{n^n}$.

2. (2016) 级数为 $\sum_{n=1}^{\infty}\left(\frac{1}{\sqrt{n}}-\frac{1}{\sqrt{n+1}}\right)\sin(n+k)$ (k 为常数), 则 ( ).

(A) 绝对收敛; (B) 条件收敛; (C) 发散; (D) 收敛性与 k 有关.

3. (2017) 若级数 $\sum\limits_{n=2}^{\infty}\left[\sin\frac{1}{n}-k\ln\left(1-\frac{1}{n}\right)\right]$ 收敛, 则 $k=($ $)$.

(A) 1; (B) 2; (C) -1; (D) -2.

4. (2019) 若 $\sum\limits_{n=1}^{\infty}nu_n$ 绝对收敛, $\sum\limits_{n=1}^{\infty}\frac{v_n}{n}$ 条件收敛, 则 ( ).

(A) $\sum\limits_{n=1}^{\infty}u_nv_n$ 条件收敛; (B) $\sum\limits_{n=1}^{\infty}u_nv_n$ 绝对收敛;

(C) $\sum\limits_{n=1}^{\infty}(u_n+v_n)$ 收敛; (D) $\sum\limits_{n=1}^{\infty}(u_n+v_n)$ 收散.

5. (2020) 设幂级数 $\sum\limits_{n=1}^{\infty}na_n(x-2)^n$ 的收敛区间为 $(-2,6)$, 则 $\sum\limits_{n=1}^{\infty}a_n(x+1)^{2n}$ 的收敛区间为 ( ).

(A) $(-2,6)$; (B) $(-3,1)$; (C) $(-5,3)$; (D) $(-17,15)$.

6. (2023) 已知 $\sum\limits_{n=1}^{\infty}a_n$ 与 $\sum\limits_{n=1}^{\infty}b_n$ 均收敛, 则 "$\sum\limits_{n=1}^{\infty}a_n$ 绝对收敛" 是 "$\sum\limits_{n=1}^{\infty}b_n$ 绝对收敛" 的 ( ).

(A) 充分必要条件; (B) 充分不必要条件;

(C) 必要不充分条件; (D) 既不充分也不必要条件.

7. (2024) 设幂级数 $\sum\limits_{n=0}^{\infty}a_nx^n$ 的和函数为 $\ln(2+x)$, 则 $\sum\limits_{n=0}^{\infty}na_{2n}=($ $)$.

(A) $-\frac{1}{6}$; (B) $-\frac{1}{3}$; (C) $\frac{1}{6}$; (D) $\frac{1}{3}$.

8. 已知级数 $\sum\limits_{n=1}^{\infty}(-1)^n\sqrt{n}\sin\frac{1}{n^{\alpha}}$ 绝对收敛, $\sum\limits_{n=1}^{\infty}\frac{(-1)^n}{n^{2-\alpha}}$ 条件收敛, 则 α 的范围为 ( ).

(A) $0<\alpha<\frac{1}{2}$; (B) $\frac{1}{2}<\alpha<1$; (C) $1<\alpha<\frac{3}{2}$; (D) $\frac{3}{2}<\alpha<2$.

9. (2023) $\sum\limits_{n=1}^{\infty}\frac{x^{2n}}{(2n)!}=$____________.

10. 设幂级数 $\sum\limits_{n=0}^{\infty}a_nx^n$ 的收敛半径为 3, 则幂级数 $\sum\limits_{n=1}^{\infty}a_n(x-1)^{n+1}$ 的收敛区间为______.

11. 级数 $\sum\limits_{n=1}^{\infty}\frac{(x-2)^{2n}}{n\cdot 4^n}$ 的收敛域为____________.

12. 级数 $\sum\limits_{n=0}^{\infty}\frac{(\ln 3)^n}{2^n}$ 的和为____________.

13. $\sum\limits_{n=1}^{\infty}n\left(\frac{1}{2}\right)^{n-1}=$____________.

14. 幂级数 $\sum\limits_{n=1}^{\infty} \dfrac{\mathrm{e}^n - (-1)^n}{n^2} x^n$ 的收敛半径为__________.

15. (2014) 求极限 $\lim\limits_{x \to +\infty} \dfrac{\displaystyle\int_1^x \left[t^2\left(\mathrm{e}^{\frac{1}{t}} - 1\right) - t\right]\mathrm{d}t}{x^2 \ln\left(1 + \dfrac{1}{x}\right)}$.

16. (2016) 求幂级数 $\sum\limits_{n=0}^{\infty} \dfrac{x^{2n+2}}{(n+1)(2n+1)}$ 的收敛域及和函数.

17. (2018) 已知 $\cos 2x - \dfrac{1}{(1+x)^2} = \sum\limits_{n=0}^{\infty} a_n x^n (-1 < x < 1)$, 求 a_n.

18. (2022) 求幂级数 $\sum\limits_{n=0}^{\infty} \dfrac{(-4)^n + 1}{4^n (2n+1)} x^{2n}$ 的收敛域及和函数 $S(x)$.

19. 设 $a_1 = 2$, $a_{n+1} = \dfrac{1}{2}\left(a_n + \dfrac{1}{a_n}\right)$ $(n = 1, 2, \cdots)$. 证明:

(1) $\lim\limits_{n \to +\infty} a_n$ 存在;

(2) 级数 $\sum\limits_{n=1}^{\infty} \left(\dfrac{a_n}{a_{n+1}} - 1\right)$ 收敛.

第8章自测题

第 9 章

微分方程

微积分中所研究的函数, 是反映客观现实世界运动过程中量与量之间的一种关系. 但在大量的实际问题中, 往往很难得到所研究的变量之间的函数关系, 却很容易建立这些变量和它们的导数或微分间的方程, 即微分方程. 通过求解方程, 同样可以找到未知的函数关系. 因此, 微分方程是数学联系实际, 并应用于实际的重要途径和桥梁, 是各个学科进行科学研究的强有力的工具.

本章主要介绍微分方程的一些基本概念、常见方程类型及解法, 以及微分方程在经济学中简单的应用.

9.1 微分方程的基本概念

9.1.1 微分方程的定义

定义 9.1 含有自变量、未知函数以及未知函数的导数 (或微分) 的函数方程, 称为**微分方程**, 微分方程中出现的未知函数的最高阶导数或微分的阶数, 称为**微分方程的阶**.

在物理学、经济学和管理科学等领域, 可以看到许多表达自然定律和运行机理的微分方程的例子.

例 1 意大利物理学家伽利略在 17 世纪初已经用实验观察总结出自由落体的运动规律. 用牛顿的运动规律定律可以列出并求解这个方程. 如果自由落体在 t 时刻下落的距离为 x, 则加速度

$$\frac{\mathrm{d}^2x}{\mathrm{d}t^2}=g, \tag{9.1}$$

从而解得自由落体运动的规律:

$$x(t)=\frac{1}{2}gt^2,$$

它在理论上可以解释伽利略的实验.

例 2 英国人口学家马尔萨斯 (Malthus) 根据百余年的人口统计资料, 于 1798 年提出了人口指数增长模型. 他的基本假设是: 单位时间内人口的增长量

与当时的人口总数成正比. 记时间 t 时的人口总数为 $x(t)$, 于是有微分方程

$$\frac{\mathrm{d}x}{\mathrm{d}t}=rx(t), \tag{9.2}$$

r 是与时间无关的常数.

例 3 传染病经常在世界各地流行, 如霍乱、天花、艾滋病、SARS (严重急性呼吸综合征)、甲型 H1N1 流感等. 建立传染病的数学模型, 分析其变化规律, 防止其蔓延是一项艰巨的任务.

假设传染病传播期间其地区总人数不变, 为常数 n. 开始时染病人数为 x_0, 在时刻 t 的健康人数为 $y(t)$, 染病人数为 $x(t)$. 由于总人数为常数, 有

$$x(t)+y(t)=n.$$

设单位时间内一个患者能传染的人数与当时的健康人数成正比, 比例常数为 k, 称 k 为传染系数.

根据假设单位时间内一个患者传染的人数为 $ky(t), x(t)$ 个患者传染的人数为 $kx(t)y(t)$. 考察 t 到 $t+\Delta t$ 患者人数增加, 就有

$$x(t+\Delta t)-x(t)=kx(t)y(t)\Delta t,$$

则有微分方程

$$\frac{\mathrm{d}x}{\mathrm{d}t}=kx(n-x), \tag{9.3}$$

且 $x(0)=x_0$. 这个模型称为 SI 模型, 即易感染者 (susceptible) 和已感染者 (infective) 模型.

在微分方程中, 自变量的个数只有一个, 我们称这种微分方程为**常微分方程**; 自变量的个数为两个或两个以上的微分方程为偏微分方程.

例如, 方程 $\frac{\mathrm{d}^2y}{\mathrm{d}t^2}+b\frac{\mathrm{d}y}{\mathrm{d}t}+cy=f(t)$ 称为二阶常微分方程. $\left(\frac{\mathrm{d}y}{\mathrm{d}t}\right)^2+t\frac{\mathrm{d}y}{\mathrm{d}t}+y=0$ 是一阶常微分方程. 方程 $x\frac{\partial u}{\partial x}+y\frac{\partial u}{\partial y}+z\frac{\partial u}{\partial z}=-u$, $\frac{\partial^2u}{\partial x^2}+\frac{\partial^2u}{\partial y^2}+\frac{\partial^2u}{\partial z^2}=0$ 分别是一阶和二阶偏微分方程.

由于经济学、管理科学中遇到的微分方程大部分是常微分方程, 因此, 本章只限于介绍常微分方程的一些基本知识. 后面在提到微分方程或者方程时, 均指常微分方程.

n **阶微分方程**的形式是

$$F(x,y,y',\cdots,y^{(n)})=0, \tag{9.4}$$

其中 x 为自变量, y 为未知函数, $F(x,y,y',\cdots,y^{(n)})$ 是 $x,y,y',\cdots,y^{(n)}$ 这 $n+2$ 个变量的已知函数, 且 $y^{(n)}$ 在方程中必须出现, 而 $x,y,y',\cdots,y^{(n-1)}$ 等变量则可以不出现. 例如, n 阶微分方程

$$y^{(n)}+1=0$$

中除 $y^{(n)}$ 外, 其他变量都没有出现.

如果方程 (9.4) 可表示为如下形式:

$$y^{(n)}+a_1(x)y^{(n-1)}+\cdots+a_{n-1}(x)y'+a_n(x)y=f(x), \tag{9.5}$$

则称为 n **阶线性常微分方程**, 其中 $a_1(x),a_2(x),\cdots,a_n(x)$ 和 $f(x)$ 均为自变量 x 的已知函数, 不能表示成形如 (9.5) 形式的微分方程, 统称为非线性方程.

例如, $y''+\dfrac{1}{x}y=x^3$ 为二阶线性方程, $\dfrac{\mathrm{d}^2\theta}{\mathrm{d}t^2}+a\theta=0$ 为二阶常系数线性方程. 而方程 $\dfrac{\mathrm{d}^2\varphi}{\mathrm{d}t^2}+\dfrac{g}{l}\sin\varphi=0$ 是二阶非线性方程, 方程 $\left(\dfrac{\mathrm{d}y}{\mathrm{d}t}\right)^2+t\dfrac{\mathrm{d}y}{\mathrm{d}t}+y=0$ 是一阶非线性微分方程.

9.1.2　微分方程的解

求解微分方程, 目的就是要找到满足方程的未知函数.

定义 9.2　设函数 $y=\varphi(x)$ 在区间 I 上有 n 阶连续导数, 如果在区间 I 上,

$$F(x,\varphi(x),\varphi'(x),\cdots,\varphi^{(n)}(x))=0.$$

那么函数 $y=\varphi(x)$ 就称为微分方程 (9.4) 在区间 I 上的**解**. 如果关系式 $\varphi(x,y)=0$ 确定的隐函数 $y=\varphi(x)$ 是方程 (9.4) 的解, 则称 $\varphi(x,y)=0$ 是方程 (9.4) 在区间 I 上的**隐式解**.

例如, 可以验证, 函数 $x=\dfrac{1}{2}gt^2, x=\dfrac{1}{2}gt^2+C_1t+C_2(C_1,C_2$ 是任意常数) 都是方程 (9.1) 的解. 函数 $x(t)=C\mathrm{e}^{rt}$ (C 为任意常数) 是方程 (9.2) 的解. $\dfrac{x}{n-x}=C\mathrm{e}^{knt}$($C$ 为任意常数) 是方程 (9.3) 的隐式解. 为了简便起见, 今后微分方程的解与隐式解都统称为微分方程的解. 不再加以区分.

定义 9.3　如果方程 (9.4) 的解中含有 n 个独立的任意常数, 则称这样的解为方程 (9.4) 的**通解**. 而通解中给任意常数以确定值的解, 称为方程 (9.4) 的**特解**.

为了确定微分方程一个特定的解, 通常给出这个解所必需的条件, 这就是**定解条件**. 常见的定解条件是初始条件.

例如, $x=\dfrac{1}{2}gt^2+C_1t+C_2$ 是方程 (9.1) 的通解.$x=C\mathrm{e}^{rt}$ 是一阶方程 (9.2) 的通解.

由于通解中含有任意常数, 所以它不能完全确定地反映某一客观事物的规律性. 要完全确定地反映客观事物的规律性, 必须确定这些常数值. 为此, 要根据问题的实际情况, 提出确定这些常数的条件. 例如, 在例 1 中给出自由落体运动的初始高度和初始速度均为 0, 就可以得出方程 (9.1) 满足初始条件 $x(0)=0, x'(0)=0$ 的特解为 $x=\dfrac{1}{2}gt^2$.

方程 (9.4) 的**初始条件**是

$$y(x_0)=y_0, y'(x_0)=y_1, \cdots, y^{(n-1)}(x_0)=y_{n-1}, \tag{9.6}$$

其中 $y_0, y_1, \cdots, y_{n-1}$ 为给定常数.

方程 (9.4) 的**定解问题**

$$F(x,y,y',\cdots,y^{(n)})=0, y(x_0)=y_0, y'(x_0)=y_1, \cdots, y^{(n-1)}(x_0)=y_{n-1}$$

称为**初值问题**, 也称为**柯西 (Cauchy) 问题**.

9.2 一阶微分方程

一阶微分方程是微分方程中最基本的一类方程, 在经济学、管理科学中最为常见. 它的一般形式为

$$F(x,y,y')=0,$$

其中 $F(x,y,y')$ 是 x,y,y' 的已知函数. 现将一阶微分方程的解法分类介绍如下.

9.2.1 可分离变量方程

形如

$$\varphi(y)\mathrm{d}y=f(x)\mathrm{d}x \tag{9.7}$$

的一阶微分方程, 称为**可分离变量方程**, 这里 $f(x), \varphi(y)$ 分别是 x, y 的连续函数.

对方程 (9.7) 两边积分, 就得到了方程 (9.7) 的通解

$$\int\varphi(y)\mathrm{d}y=\int f(x)\mathrm{d}x+C, \tag{9.8}$$

这里我们把积分常数 C 明确写出来, 而 $\displaystyle\int\varphi(y)\mathrm{d}y, \int f(x)\mathrm{d}x$ 分别表示函数 $\varphi(y)$, $f(x)$ 的某一个具体原函数.

凡是通过运算能化为 (9.7) 的一阶微分方程, 均称为可分离变量方程, 如方程

$$\frac{\mathrm{d}y}{\mathrm{d}x}=h(x)g(y),\quad M_1(x)M_2(y)\mathrm{d}x+N_1(x)N_2(y)\mathrm{d}y=0$$

均为可分离变量方程. 将微分方程化为分离变量形式求解方程的方法, 称为变量分离法.

例 1 求方程 $\frac{\mathrm{d}y}{\mathrm{d}x}-\frac{x}{1+x^2}y=0$ 满足初始条件 $y(0)=2$ 的特解.

解 分离变量, 得

$$\frac{\mathrm{d}y}{y}=\frac{x}{1+x^2}\mathrm{d}x,$$

两边积分, 得

$$\int\frac{\mathrm{d}y}{y}=\int\frac{x}{1+x^2}\mathrm{d}x,$$

$$\ln|y|=\frac{1}{2}\ln(1+x^2)+\ln C_1=\ln(C_1\sqrt{1+x^2}),$$

即 $|y|=C_1\sqrt{1+x^2}$, 取 $C=\pm C_1$, 有 $y=C\sqrt{1+x^2}$ 为通解. 代入 $y(0)=2$, 得 $C=2$. 所求特解为 $y=2\sqrt{1+x^2}$.

例 2 求方程 $\frac{\mathrm{d}y}{\mathrm{d}x}+\frac{\mathrm{e}^{y^2+3x}}{y}=0$ 的通解.

解 将方程变为 $\frac{\mathrm{d}y}{\mathrm{d}x}=-\frac{1}{y}\mathrm{e}^{y^2}\cdot\mathrm{e}^{3x}$, 分离变量, 得

$$-\frac{y}{\mathrm{e}^{y^2}}\mathrm{d}y=\mathrm{e}^{3x}\mathrm{d}x,$$

两边积分, 得

$$\frac{1}{2}\mathrm{e}^{-y^2}=\frac{1}{3}\mathrm{e}^{3x}+C,$$

故通解为 $2\mathrm{e}^{3x}-3\mathrm{e}^{-y^2}=C$.

例 3 (1987) 某商品的需求量 Q 对价格 p 的弹性 $\varepsilon_{Qp}=-3p^3$, 市场对该商品的最大需求量为 1 万件, 求需求函数.

解 由弹性公式, 得

$$\varepsilon_{Qp}=\frac{\mathrm{d}Q}{\mathrm{d}p}\cdot\frac{p}{Q}=-3p^3,$$

分离变量得

$$\frac{1}{Q}\mathrm{d}Q = -3p^2\mathrm{d}p,$$

两边积分得

$$\ln Q = -p^3 + C_1,$$

即

$$Q = \mathrm{e}^{-p^3+C_1} = C\mathrm{e}^{-p^3}, \quad C = \mathrm{e}^{C_1},$$

由 $Q(0) = 1$, 解得 $C = 1$, 故所求函数为 $Q = \mathrm{e}^{-p^3}$.

9.2.2 齐次微分方程

形如

$$\frac{\mathrm{d}y}{\mathrm{d}x} = f\left(\frac{y}{x}\right) \tag{9.9}$$

的一阶微分方程, 称为**齐次微分方程**, 简称齐次方程, 这里 $f(u)$ 是 u 的连续函数.

现在说明方程 (9.9) 的求解方法, 该方法的要点是利用变量变换将方程 (9.9) 化为变量分离方程.

作变量变换

$$u = \frac{y}{x}, \tag{9.10}$$

即 $y = ux$, 于是

$$\frac{\mathrm{d}y}{\mathrm{d}x} = x\frac{\mathrm{d}u}{\mathrm{d}x} + u$$

代入方程 (9.9), 得

$$x\frac{\mathrm{d}u}{\mathrm{d}x} + u = f(u),$$

分离变量再积分, 得

$$\int \frac{\mathrm{d}u}{f(u) - u} = \int \frac{\mathrm{d}x}{x} + C = \ln|x| + C, \tag{9.11}$$

将 $u = \dfrac{y}{x}$ 回代, 即可求得通解.

例 4　求方程 $x^2\dfrac{\mathrm{d}y}{\mathrm{d}x}=xy-y^2$ 的通解.

解　方程可变形为

$$\frac{\mathrm{d}y}{\mathrm{d}x}=\frac{y}{x}-\left(\frac{y}{x}\right)^2$$

是齐次方程, 令 $u=\dfrac{y}{x}$, 代入原方程, 得

$$u+x\frac{\mathrm{d}u}{\mathrm{d}x}=u-u^2,\quad \text{即}\ -\frac{\mathrm{d}u}{u^2}=\frac{\mathrm{d}x}{x},$$

积分得

$$\frac{1}{u}=\ln|x|+C,\quad \text{即}\ \frac{x}{y}=\ln|x|+C.$$

因此通解为 $y=\dfrac{x}{\ln|x|+C}$.

例 5　求微分方程 $xy\dfrac{\mathrm{d}y}{\mathrm{d}x}=x^2+y^2$ 满足条件 $y(\mathrm{e})=2\mathrm{e}$ 的特解.

解　原方程两边同除以 xy, 得

$$\frac{\mathrm{d}y}{\mathrm{d}x}=\frac{1+\left(\dfrac{y}{x}\right)^2}{\dfrac{y}{x}},$$

令 $\dfrac{y}{x}=u$, 则原方程化为

$$u+x\frac{\mathrm{d}u}{\mathrm{d}x}=\frac{1+u^2}{u},$$

即 $x\dfrac{\mathrm{d}u}{\mathrm{d}x}=\dfrac{1}{u}$, 则有 $u\mathrm{d}u=\dfrac{\mathrm{d}x}{x}$. 两边积分得

$$\frac{1}{2}u^2=\ln|x|+C.$$

将 $u=\dfrac{y}{x}$ 回代上式得

$$y^2=2x^2(\ln|x|+C),$$

由条件 $y(\mathrm{e})=2\mathrm{e}$ 得, $C=1$, 所求特解为

$$y^2=2x^2(\ln|x|+1).$$

9.2.3 一阶线性微分方程

形如

$$y' + p(x)y = Q(x) \tag{9.12}$$

的一阶微分方程, 称为**一阶线性微分方程**.

若 $Q(x) \equiv 0$, 方程变为

$$y' + p(x)y = 0 \tag{9.13}$$

称为**一阶齐次线性微分方程**. 若 $Q(x)$ 不恒等于零, 则称方程 (9.12) 为**一阶非齐次线性微分方程**.

1. 一阶齐次线性方程的解法

将方程 (9.13) 分离变量, 得

$$\frac{1}{y}\mathrm{d}y = -p(x)\mathrm{d}x,$$

积分得

$$\ln|y| = -\int p(x)\mathrm{d}x + \ln C.$$

由此得方程 (9.13) 的通解

$$y = C\mathrm{e}^{-\int p(x)\mathrm{d}x}, \tag{9.14}$$

其中 C 为任意常数, $\int p(x)\mathrm{d}x$ 为 $p(x)$ 的一个具体原函数.

2. 一阶非齐次线性方程的解法

不难看出, 方程 (9.13) 是方程 (9.12) 的特殊情形, 两者既有联系又有区别. 因此可以设想它们的解应该有一定的联系而又有差别. 我们试图利用方程 (9.13) 的通解的形式 $y = C\mathrm{e}^{-\int p(x)\mathrm{d}x}$ 去求方程 (9.12) 的通解. 显然, 如果该式中 C 恒保持为常数, 它不是方程 (9.12) 的解. 我们设想: 在该式中将常数 C 变易为 x 的待定函数 $C(x)$, 使它满足方程 (9.12), 从而求出 $C(x)$, 为此, 令

$$y = C(x)\mathrm{e}^{-\int p(x)\mathrm{d}x}, \tag{9.15}$$

微分之, 得到

$$\frac{\mathrm{d}y}{\mathrm{d}x} = \frac{\mathrm{d}C(x)}{\mathrm{d}x}\mathrm{e}^{-\int p(x)\mathrm{d}x} - C(x)p(x)\mathrm{e}^{-\int p(x)\mathrm{d}x}. \tag{9.16}$$

以式 (9.15)、式 (9.16) 代入方程 (9.12), 得到

$$\frac{\mathrm{d}C(x)}{\mathrm{d}x}\mathrm{e}^{-\int p(x)\mathrm{d}x}-C(x)p(x)\mathrm{e}^{-\int p(x)\mathrm{d}x}+p(x)C(x)\mathrm{e}^{-\int p(x)\mathrm{d}x}=Q(x),$$

即

$$\frac{\mathrm{d}C(x)}{\mathrm{d}x}=Q(x)\mathrm{e}^{\int p(x)\mathrm{d}x},$$

积分后得到

$$C(x)=\int Q(x)\mathrm{e}^{\int p(x)\mathrm{d}x}\mathrm{d}x+C.$$

将上式代入式 (9.15), 得到

$$y=\mathrm{e}^{-\int p(x)\mathrm{d}x}\left[\int Q(x)\mathrm{e}^{\int p(x)\mathrm{d}x}\mathrm{d}x+C\right]. \tag{9.17}$$

显然式 (9.17) 满足一阶非齐次线性方程 (9.12), 则这就是方程 (9.12) 的通解.

这种将常数变易为待定函数的方法, 我们通常称为常数变易法. 常数变易法实际上也是一种变量变换的方法, 通过变换 (9.15) 将方程 (9.12) 化为变量分离方程.

例 6　求方程 $(x+1)\frac{\mathrm{d}y}{\mathrm{d}x}-ny=\mathrm{e}^x(x+1)^{n+1}$ 的通解, 这里 n 为常数.

解　将方程改写为

$$\frac{\mathrm{d}y}{\mathrm{d}x}-\frac{n}{x+1}y=\mathrm{e}^x(x+1)^n.$$

该方程对应的齐次方程为

$$\frac{\mathrm{d}y}{\mathrm{d}x}-\frac{n}{x+1}y=0,$$

分离变量, 得

$$\frac{\mathrm{d}y}{y}=\frac{n}{x+1}\mathrm{d}x,$$

积分, 得 $\ln|y|=n\ln|x+1|+\ln C$, 即 $y=C(x+1)^n$.

将 C 变易为 $C(x)$, 设 $y=C(x)(x+1)^n$ 为原方程的解, 代入原方程, 得

$$C'(x)(x+1)^n+nC(x)(x+1)^{n-1}-\frac{n}{x+1}C(x)(x+1)^n=\mathrm{e}^x(x+1)^n,$$

得到

$$\frac{\mathrm{d}C(x)}{\mathrm{d}x}=\mathrm{e}^x,$$

积分之, 求得 $C(x)=\mathrm{e}^x+C$.

于是原方程的通解为

$$y=(x+1)^n(\mathrm{e}^x+C).$$

例 7 求方程 $y\mathrm{d}x-(x+y^3)\mathrm{d}y=0$ 的通解.

解 将 y 看成 x 的函数时, 方程变为

$$\frac{\mathrm{d}y}{\mathrm{d}x}=\frac{y}{x+y^3}$$

不是一阶线性微分方程, 不便求解.

若将 x 看成 y 的函数, 方程可改写为

$$\frac{\mathrm{d}x}{\mathrm{d}y}=\frac{1}{y}x+y^2,$$

则为一阶线性微分方程, 对应齐次方程为

$$\frac{\mathrm{d}x}{\mathrm{d}y}=\frac{x}{y},$$

齐次方程的通解为 $x=Cy$, 变易常数 $C, x=C(y)y$, 代入原方程, 有

$$C'(y)y+C(y)=\frac{1}{y}C(y)y+y^2,$$

则有

$$\frac{\mathrm{d}C(y)}{\mathrm{d}y}=y,$$

积分, 得

$$C(y)=\frac{1}{2}y^2+C,$$

于是原方程的通解为

$$x=y\left(\frac{1}{2}y^2+C\right),$$

其中 C 为任意常数.

例 7 说明, 有些微分方程将 y 看成 x 的函数时, 不是一阶线性方程, 但是如果反过来, 将 x 看成 y 的函数时, 却是一阶线性方程, 解题时应灵活应用.

3. 伯努利 (Bernoulli) 方程

形如

$$\frac{\mathrm{d}y}{\mathrm{d}x}+p(x)y=Q(x)y^n \tag{9.18}$$

的方程, 称为伯努利方程. 其中 $n\neq 0,1$ 且是常数.

利用变量变换可将伯努利方程化为线性方程. 两边同除以 y^n, 得

$$y^{-n}\frac{\mathrm{d}y}{\mathrm{d}x}+p(x)y^{1-n}=Q(x),$$

引入变量变换

$$z=y^{1-n},$$

从而

$$\frac{\mathrm{d}z}{\mathrm{d}x}=(1-n)y^{-n}\frac{\mathrm{d}y}{\mathrm{d}x},$$

所以方程 (9.18) 可化为一阶线性方程

$$\frac{\mathrm{d}z}{\mathrm{d}x}+(1-n)p(x)z=(1-n)Q(x). \tag{9.19}$$

对于这个方程可按上面介绍的方法求得它的通解, 然后代回原来的变量, 便得到方程 (9.19) 的通解.

例 8　求方程 $\frac{\mathrm{d}y}{\mathrm{d}x}+xy=x^3y^3$ 的通解.

解　将方程两边同除以 y^3, 得

$$y^{-3}\frac{\mathrm{d}y}{\mathrm{d}x}+xy^{-2}=x^3,$$

$$-\frac{1}{2}\cdot\frac{\mathrm{d}y^{-2}}{\mathrm{d}x}+xy^{-2}=x^3,$$

令 $z=y^{-2}$, 则方程化为

$$\frac{\mathrm{d}z}{\mathrm{d}x}-2xz=-2x^3,$$

其通解为 $z=x^2+1+C\mathrm{e}^{x^2}$. 将 $z=y^{-2}$ 代入, 所求方程的通解为

$$y^2(x^2+1+C\mathrm{e}^{x^2})=1,$$

其中 C 为任意常数.

本节主要介绍了一阶微分方程中常见的几种类型. 熟悉各种类型方程的解法, 正确地判断一个给定的方程属于何种类型, 从而按照所介绍的方法求解, 这是最基本的要求. 但仅仅能够做到这一点还不够, 还要善于根据方程的特点, 引进适宜的变换, 将方程化为能求解的类型, 从而求解, 这一点也很重要.

9.3 高阶微分方程

二阶及二阶以上的微分方程统称为高阶微分方程, 本节先讨论几类特殊的高阶方程. 再对二阶常系数线性微分方程求解问题讨论.

9.3.1 几种特殊的高阶微分方程

1. $y^{(n)}=f(x)$ 型的微分方程

微分方程 $y^{(n)}=f(x)$ 的右端仅含有自变量 x. 将两端积分一次, 就得到一个 $n-1$ 阶微分方程

$$y^{(n-1)}=\int f(x)\mathrm{d}x+C_1,$$

再积分一次, 得

$$y^{(n-2)}=\int\left[\int f(x)\mathrm{d}x+C_1\right]\mathrm{d}x+C_2,$$

依次进行 n 次积分, 便得含有 n 个任意常数的通解.

例 1 求方程 $y''=x\mathrm{e}^x$ 的通解.

解 积分一次, 得

$$y'=\int x\mathrm{e}^x\mathrm{d}x+C_1=(x-1)\mathrm{e}^x+C_1,$$

再积分一次得通解

$$y=(x-2)\mathrm{e}^x+C_1x+C_2.$$

2. $y''=f(x,y')$ 型的微分方程

这类二阶方程不显含未知函数 y. 令 $y'=p$, 则 $y''=p'$. 于是, 原方程化为以 p 为未知函数的一阶方程

$$p'=f(x,p).$$

如果能求出上述方程的通解 $p=\varphi(x,C_1)$, 而 $p=\dfrac{\mathrm{d}y}{\mathrm{d}x}$, 因此又得到一个一阶微分方程

$$\frac{\mathrm{d}y}{\mathrm{d}x}=\varphi(x,C_1),$$

对它进行积分, 得原方程的通解为

$$y=\int\varphi(x,C_1)\mathrm{d}x+C_2.$$

例 2　求方程 $(1+x^2)y''=2xy'$ 的通解.

解　所给方程可写成 $y''=\dfrac{2x}{1+x^2}y'$ 是 $y''=f(x,y')$ 型的, 令 $y'=p$, 代入方程并分离变量后, 有

$$\frac{\mathrm{d}p}{p}=\frac{2x}{1+x^2}\mathrm{d}x.$$

两端积分, 得 $\ln|p|=\ln(1+x^2)+\ln C_1$, 即 $p=C_1(1+x^2)$. 从而有

$$\frac{\mathrm{d}y}{\mathrm{d}x}=C_1(1+x^2),$$

积分, 得所给微分方程的通解为

$$y=C_1\left(x+\frac{1}{3}x^3\right)+C_2.$$

3. $y''=f(y,y')$ 型的微分方程

这类二阶微分方程的特点是不显含自变量 x. 仍可设 $y'=p$, 利用复合函数求导法把 y'' 化成对 y 的导数, 即

$$\frac{\mathrm{d}^2y}{\mathrm{d}x^2}=\frac{\mathrm{d}p}{\mathrm{d}x}=\frac{\mathrm{d}p}{\mathrm{d}y}\cdot\frac{\mathrm{d}y}{\mathrm{d}x}=p\frac{\mathrm{d}p}{\mathrm{d}y}.$$

这样可把方程化为

$$p\frac{\mathrm{d}p}{\mathrm{d}y}=f(y,p),$$

这是以 y 为自变量、p 为未知函数的一阶方程.

如果能求出通解

$$p=\varphi(y, C_1),$$

即

$$\frac{\mathrm{d}y}{\mathrm{d}x}=\varphi(y, C_1),$$

分离变量并积分, 便得方程的通解

$$\int\frac{\mathrm{d}y}{\varphi(y, C_1)}=x+C_2.$$

例 3 求微分方程

$$y''=\frac{3}{2}y^2$$

满足初始条件 $y(3)=1, y'(3)=1$ 的特解.

解 令 $y'=p$, 则 $\frac{\mathrm{d}^2y}{\mathrm{d}x^2}=\frac{\mathrm{d}p}{\mathrm{d}x}=\frac{\mathrm{d}p}{\mathrm{d}y}\cdot\frac{\mathrm{d}y}{\mathrm{d}x}=p\cdot\frac{\mathrm{d}p}{\mathrm{d}y}$, 代入方程, 得

$$p\cdot\frac{\mathrm{d}p}{\mathrm{d}y}=\frac{3}{2}y^2, \quad \text{即} \quad p\mathrm{d}p=\frac{3}{2}y^2\mathrm{d}y,$$

两边积分, 得

$$p^2=y^3+C_1.$$

由初始条件 $y(3)=1, y'(3)=1$, 得 $C_1=0$, 得 $p^2=y^3, p=y^{\frac{3}{2}}$(因 $y'(3)=1>0$, 取正号)

$$\frac{\mathrm{d}y}{\mathrm{d}x}=y^{\frac{3}{2}}, \quad y^{-\frac{3}{2}}\mathrm{d}y=\mathrm{d}x.$$

积分, 得

$$-2y^{-\frac{1}{2}}=x+C_2,$$

再由初始条件 $y(3)=1$, 得 $C_2=-5$, 代入上式整理得

$$y=\frac{4}{(x-5)^2}.$$

9.3.2 二阶线性微分方程

形如

$$y'' + p(x)y' + Q(x)y = f(x) \tag{9.20}$$

的方程称为二阶线性微分方程.

若 $f(x) \equiv 0$, 方程变为

$$y'' + p(x)y' + Q(x)y = 0, \tag{9.21}$$

称方程 (9.21) 为**二阶齐次线性方程**, 若 $f(x)$ 不恒等于零, 方程 (9.20) 为**二阶非齐次线性方程**.

1. 二阶线性微分方程解的结构

定义 9.4 设 $y_1(x), y_2(x), \cdots, y_n(x)$ 为定义在区间 I 上的 n 个函数, 如果存在 n 个不全为零的常数 $k_1, k_2, \cdots, k_n$, 使得当 $x \in I$ 时有恒等式

$$k_1y_1 + k_2y_2 + \cdots + k_ny_n = 0$$

成立, 那么称这 n 个函数在区间 I 上**线性相关**; 否则**线性无关**.

例如, 函数 $1, \cos^2 x, \sin^2 x$ 在整个数轴上线性相关. 因为取 $k_1 = 1, k_2 = k_3 = -1$, 就有恒等式

$$1 - \cos^2 x - \sin^2 x = 0.$$

而函数 $1, x, x^2$ 在任何区间上都线性无关. 因为恒等式

$$k_1 + k_2x + k_3x^2 \equiv 0$$

仅当 $k_1 = k_2 = k_3 = 0$ 时才成立. 若 k_1, k_2, k_3 不全为零, 那么至多有两个 x 能使二次三项式

$$k_1 + k_2x + k_3x^2 = 0$$

为零.

应用上述概念, 对于两个函数的情形. 它们线性相关与否, 只要看它们的比是否为常数, 如果比为常数, 那么它们就线性相关; 否则就线性无关.

关于二阶线性微分方程解的结构, 不加证明地给出下面的定理.

定理 9.1 如果 $y_1(x), y_2(x)$ 是方程 (9.21) 的两个线性无关的解, 那么

$$y = C_1y_1(x) + C_2y_2(x)$$

是方程 (9.21) 的通解, 其中 C_1, C_2 是任意常数.

例如, 方程 $y'' - \dfrac{x}{x-1}y' + \dfrac{1}{x-1}y = 0$ 是二阶齐次线性方程. 容易验证 $y_1 = x, y_2 = \mathrm{e}^x$ 是所给方程的两个解, 且 $\dfrac{y_2}{y_1} = \dfrac{\mathrm{e}^x}{x} \neq$ 常数, 它们是线性无关的. 因此方程的通解为

$$y = C_1 x + C_2 \mathrm{e}^x.$$

下面讨论二阶非线性齐次线性方程 (9.20). 在 9.2 节中我们已经看到, 一阶非齐次线性微分方程的通解由两部分构成: 一部分是对应齐次方程的通解; 另一部分是非齐次方程本身的特解. 实际上, 不仅一阶非齐次线性方程的通解有这样的结构, 而且二阶及更高阶的非齐次线性方程的通解也具有同样的结构.

定理 9.2 设 $y^*(x)$ 是方程 (9.20) 的一个特解, $Y(x)$ 是方程 (9.20) 对应齐次方程 (9.21) 的通解, 那么

$$y = Y(x) + y^*(x)$$

是二阶非齐次线性方程 (9.20) 的通解.

定理 9.3 设非齐次线性方程 (9.20) 的右端是几个函数之和, 如

$$y'' + p(x)y' + Q(x)y = f_1(x) + f_2(x),$$

而 $y_1^*(x)$ 与 $y_2^*(x)$ 分别是方程

$$y'' + p(x)y' + Q(x)y = f_1(x),$$
$$y'' + p(x)y' + Q(x)y = f_2(x)$$

的特解, 那么 $y_1^*(x) + y_2^*(x)$ 就是原方程的特解.

给出了二阶线性方程解的结构, 下面重点讨论二阶常系数线性方程解的问题.

2. 二阶常系数齐次线性方程

形如

$$y'' + py' + qy = 0 \tag{9.22}$$

的方程, 称为二阶常系数齐次线性微分方程. 其中 p, q 为已知常数.

根据定理 9.1, 求方程 (9.22) 通解的关键是设法找到该方程的两个线性无关的解, 注意到方程 (9.22) 的系数是常数, 可以设想方程的解 $y(x)$ 的导数 y' 和 y''

应是 $y(x)$ 的常数倍, 而函数 $y = e^{\lambda x}$ 具备这一性质, 不妨设方程 (9.22) 的解为 $y = e^{\lambda x}$, 其中 λ 为待定常数, 将 $y = e^{\lambda x}$ 代入方程 (9.22), 有

$$(\lambda^2 + p\lambda + q)e^{\lambda x} = 0,$$

即有

$$(\lambda^2 + p\lambda + q) = 0. \tag{9.23}$$

称方程 (9.23) 为方程 (9.22) 的特征方程, 特征方程的根

$$\lambda_{1,2} = \frac{-p \pm \sqrt{p^2 - 4q}}{2}$$

称为方程 (9.22) 的特征根.

函数 $y = e^{\lambda x}$ 是方程 (9.22) 的解的充要条件是 λ 是特征方程 (9.23) 的根.

求二阶常系数齐次线性方程 (9.22) 的解的问题, 转化为求二次代数方程 (9.23) 根的问题, 令判别式为 $\Delta = p^2 - 4q$, 下面根据特征根的取值情况, 给出方程 (9.22) 的通解.

(1) 当 $\Delta > 0$ 时, 方程 (9.23) 有两个相异的实根 λ_1 和 λ_2.

方程 (9.23) 有两个解 $y_1 = e^{\lambda_1 x}, y_2 = e^{\lambda_2 x}$, 并且 $\dfrac{y_2}{y_1} = e^{(\lambda_2 - \lambda_1)x}$ 不是常数, 所以 $y_1(x), y_2(x)$ 线性无关, 因此微分方程 (9.22) 的通解为

$$y = C_1 e^{\lambda_1 x} + C_2 e^{\lambda_2 x}, \tag{9.24}$$

其中 C_1, C_2 为常数.

(2) 当 $\Delta = 0$ 时, 方程 (9.23) 有重根 λ.

这时方程 (9.22) 有一个特解 $y_1 = e^{\lambda x}$, 可以验证方程 (9.22) 还有另一个特解 $y_2 = xe^{\lambda x}, \dfrac{y_2}{y_1} = x$ 不是常数, 所以 y_1, y_2 线性无关, 故方程 (9.22) 的通解可以表示为

$$y = (C_1 + C_2 x)e^{\lambda x}. \tag{9.25}$$

(3) 当 $\Delta < 0$ 时, 方程 (9.23) 有两个共轭复根 $\lambda_1 = \alpha + i\beta, \lambda_2 = \alpha - i\beta (\beta \neq 0)$.

通过直接验证可知, 函数

$$y_1 = e^{\alpha x} \cos \beta x, \quad y_2 = e^{\alpha x} \sin \beta x$$

是方程 (9.22) 的两个特解, 且 y_1 与 y_2 线性无关, 则方程 (9.22) 的通解可表示为

$$y = e^{\alpha x}(C_1 \cos \beta x + C_2 \sin \beta x), \tag{9.26}$$

其中 C_1, C_2 为任意常数.

例 4 求方程 $y'' - 4y' = 0$ 的通解.

解 特征方程为

$$\lambda^2 - 4\lambda = 0,$$

特征根为 $\lambda_1 = 0, \lambda_2 = 4$, 故所求通解为

$$y = C_1 + C_2 e^{4x}.$$

例 5 求方程 $y'' + 6y' + 9 = 0$ 的通解.

解 特征方程为

$$\lambda^2 + 6\lambda + 9 = 0,$$

其特征根 $\lambda = -3$ 为二重实根, 所以方程的通解为

$$y = (C_1 + C_2 x)e^{-3x}.$$

例 6 试确定常数 a, 使方程 $y'' + ay = 0$ 的解都是以 2π 为周期的函数.

解 特征方程

$$\lambda^2 + a = 0,$$

得特征根 $\lambda = \pm\sqrt{-a}$.

当 $a < 0$ 时, 通解为 $y = C_1 e^{\sqrt{-a}x} + C_2 e^{-\sqrt{-a}x}$; 当 $a = 0$ 时, 通解为 $y = C_1 + C_2 x$.

这两种情况, 解都不是周期函数. 当 $a > 0, \lambda = \pm\sqrt{a}\mathrm{i}$ 通解为

$$y = c_1 \cos\sqrt{a}x + c_2 \sin\sqrt{a}x,$$

要使方程的解以 2π 为周期, 只要 $\dfrac{2\pi}{\sqrt{a}} = 2\pi$, 即得 $a = 1$.

3. 二阶常系数非齐次线性方程

形如

$$y'' + py' + qy = f(x) \tag{9.27}$$

的方程, 称为二阶常系数非齐次线性方程, 其中 p, q 为已知常数, $f(x) \neq 0$, 通常称方程 (9.22) 为方程 (9.27) 对应的齐次方程.

根据定理 9.2, 求非齐次方程的通解, 只要先求出对应齐次方程的通解 Y, 再求出非齐次方程的一个特解 y^*, 就可以得非齐次方程的通解. 而前面已解决了求齐次方程 (9.22) 通解的方法, 现在解决求方程 (9.27) 的一个特解的问题.

一般来说, 方程 (9.27) 的特解与 (9.27) 中函数 $f(x)$ 的形式类似, 因此, 求 (9.27) 的特解的一个有效方法是, 先用一个与 (9.27) 中函数 $f(x)$ 形式类似但系数待定的函数, 作为非齐次方程 (9.27) 的特解, 称为试解函数, 然后将试解函数代入 (9.27), 再利用方程两边对任意 x 取值均恒等的条件, 确定待定系数, 从而求出非齐次方程 (9.27) 的一个特解.

对于几种常见类型的 $f(x)$, 相应的试解函数的设定方法可以列成表 9.1, 其中 $p_n(x)$ 和 $Q_n(x)$ 表示 n 次多项式.

表 9.1

$f(x)$	特解 y^* 的形式	k 取值
$p_n(x)e^{\lambda x}$	$x^kQ_n(x)e^{\lambda x}$	特征根 λ 的重数
$(A\cos\beta x+B\sin\beta x)e^{\alpha x}$	$x^k(a_1\cos\beta x+a_2\sin\beta x)e^{\alpha x}$	特征根 $\alpha\pm\beta i$ 的重数

现在就方程

$$y''+py'+qy=p_n(x)e^{\lambda x}. \tag{9.28}$$

特解形式说明如下.

因为式 (9.28) 右端 $f(x)$ 是多项式 $p_n(x)$ 与指数函数 $e^{\lambda x}$ 的乘积, 而多项式与指数函数乘积的导数仍然是多项式与指数函数的乘积, 所以, 我们推测 $y^*=Q(x)e^{\lambda x}$ (其中 $Q(x)$ 是某个多项式) 可能是方程 (9.28) 的特解. 把 $y^*,y^{*\prime}$ 及 $y^{*\prime\prime}$ 代入方程 (9.28). 然后考虑能否选适当的多项式 $Q(x)$, 使 $y^*=Q(x)e^{\lambda x}$ 满足方程 (9.28).

设 $y^*=Q(x)e^{\lambda x}$, 求导得

$$y^{*\prime}=e^{\lambda x}[\lambda Q(x)+Q'(x)],$$

$$y^{*\prime\prime}=e^{\lambda x}[\lambda^2Q(x)+2\lambda Q'(x)+Q''(x)]$$

代入方程 (9.28) 并消去 $e^{\lambda x}$, 得

$$Q''(x)+(2\lambda+p)Q'(x)+(\lambda^2+p\lambda+q)Q(x)=p_n(x). \tag{9.29}$$

(1) 若 λ 不是方程 (9.22) 的特征方程 $\lambda^2+p\lambda+q=0$ 的根, 由于 $p_n(x)$ 是一个 n 次多项式, 要使方程 (9.29) 的两端恒等. 可令 $Q(x)$ 为另一个 n 次多项式 $Q_n(x)$, 代入方程 (9.29) 用待定系数法确定待定系数, 并得到所求特解为 $y^*=Q_n(x)e^{\lambda x}$.

(2) 如果 λ 是特征方程 $\lambda^2+p\lambda+q=0$ 的单根, 即 $\lambda^2+p\lambda+q=0$, 但 $2\lambda+q\neq 0$, 要使方程 (9.29) 的两端恒等, 那么 $Q'(x)$ 必须是 n 次多项式. 此时可令 $Q(x)=xQ_n(x)$, 则特解为

$$y^*=xQ_n(x)\mathrm{e}^{\lambda x}.$$

(3) 如果 λ 是特征方程 $\lambda^2+p\lambda+q=0$ 的重根, 即 $\lambda^2+p\lambda+q=0$, 且 $2\lambda+q=0$. 要使方程 (9.29) 的两端恒等, 那么 $Q''(x)$ 必须是 n 次多项式. 令 $Q(x)=x^2Q_n(x)$, 则特解为

$$y^*=x^2Q_n(x)\mathrm{e}^{\lambda x}.$$

综上所述, 有结论: 如果 $f(x)=p_n(x)\mathrm{e}^{\lambda x}$, 则二阶常系数非齐次线性方程 (9.28) 具有形如

$$y^*=x^kQ_n(x)\mathrm{e}^{\lambda x}$$

的特解, 其中 $Q_n(x)$ 是与 $p_n(x)$ 同次 (n 次) 多项式. 而 k 按 λ 不是特征方程的根、是特征方程的单根或是特征方程的重根依次取 0, 1 或 2.

当 $f(x)=(A\cos\beta x+B\sin\beta x)\mathrm{e}^{\alpha x}$, 即方程为

$$y''+py'+qy=(A\cos\beta x+B\sin\beta x)\mathrm{e}^{\alpha x}, \tag{9.30}$$

特解形式为

$$y^*=x^k(a_1\cos\beta x+a_2\sin\beta x)\mathrm{e}^{\alpha x},$$

k 按 $\alpha+\mathrm{i}\beta$ (或 $\alpha-\mathrm{i}\beta$) 不是特征方程的根或是特征方程的单根依次取 0 或 1.

下面通过一些例题来熟悉求解这方面问题的过程.

例 7 求方程 $s''-a^2s=t+1$ 的通解.

解 所给方程对应齐次方程的特征方程为

$$\lambda^2-a^2=0,$$

特征根为 $\lambda_1=a,\lambda_2=-a$.

(1) 若 $a\neq 0$, 齐次方程的通解为

$$S=C_1\mathrm{e}^{at}+C_2\mathrm{e}^{-at}.$$

而所给方程中 $f(t)=t+1$, 是形如 $p_1(t)\mathrm{e}^{\lambda t}$ 形式的函数, 并且 $\lambda=0$ 不是特征根. 因此所给方程具有形如

$$s^*=At+B$$

的特解, 代入所给方程, 得

$$-a^2At - a^2B = t + 1,$$

比较同次幂项的系数, 得 $A = -\frac{1}{a^2}, B = -\frac{1}{a^2}$. 于是 $s^* = -\frac{1}{a^2}(t+1)$.

因而, $a \neq 0$ 时, 通解为

$$s = C_1\mathrm{e}^{at} + C_2\mathrm{e}^{-at} - \frac{1}{a^2}(t+1).$$

(2) 若 $a = 0$, 此时齐次方程的通解为

$$S = C_1 + C_2t.$$

此时方程为 $s'' = t + 1$, 积分两次得

$$s^* = \frac{1}{6}t^3 + \frac{1}{2}t^2$$

为其特解. 所以 $a = 0$ 时, 所求通解为

$$s = \frac{1}{6}t^3 + \frac{1}{2}t^2 + C_1t + C_2.$$

例 8　求方程 $y'' + 2y' + y = 3x^2\mathrm{e}^{-x}$ 的通解.

解　所给方程对应齐次方程的特征方程为

$$\lambda^2 + 2\lambda + 1 = 0.$$

$\lambda = -1$ 为二重特征根, 故齐次方程的通解为

$$Y = (C_1 + C_2x)\mathrm{e}^{-x}.$$

由于所给方程中 $f(x) = 3x^2\mathrm{e}^{-x}$ 是形如 $p_2(x)\mathrm{e}^{\lambda x}$ 形式的函数, 并且 $\lambda = -1$ 是二重特征根, 所以所给方程具有形如

$$y^* = x^2(a_0x^2 + a_1x + a_2)\mathrm{e}^{-x}$$

的特解. 代入所给方程, 得

$$12a_0x^2 + 6a_1x + 2a_2 = 3x^2,$$

比较同次幂的系数, 得

$$a_0 = \frac{1}{4}, \quad a_1 = a_2 = 0,$$

即 $y^*=\dfrac{1}{4}x^4\mathrm{e}^{-x}$, 方程的通解为

$$y=(C_1+C_2x)\mathrm{e}^{-x}+\frac{1}{4}x^4\mathrm{e}^{-x}.$$

例 9 求方程 $y''-2y'+2y=4\mathrm{e}^x\cos x$ 的通解.

解 对应齐次方程的特征方程为

$$\lambda^2-2\lambda+2=0,$$

特征根为 $\lambda_1=1+\mathrm{i},\lambda_2=1-\mathrm{i}$, 齐次方程的通解为

$$Y=(C_1\cos x+C_2\sin x)\mathrm{e}^x.$$

由于所给方程中 $f(x)=4\mathrm{e}^x\cos x$ 是形如 $(A\cos\beta x+B\sin\beta x)\mathrm{e}^{\alpha x}$ 形式的函数, 并且 $\alpha=1,\beta=1$, 而 $1+\mathrm{i}$ (或 $1-\mathrm{i}$) 是特征根, 故已知方程有形如

$$y^*=x\mathrm{e}^x(a_1\cos x+a_2\sin x)$$

的特解, 其中 a_1,a_2 为待定系数, 代入所给方程, 得

$$2a_2\cos x-2a_1\sin x=4\cos x,$$

有 $a_1=0,a_2=2$, 得

$$y^*=2x\mathrm{e}^x\sin x.$$

所求方程的通解为

$$y=(C_1\cos x+C_2\sin x)\mathrm{e}^x+2x\mathrm{e}^x\sin x.$$

例 10 求方程 $y''-2y'-3y=\mathrm{e}^{-x}(\sin 2x+1)$ 的通解.

解 该方程对应的齐次方程的特征方程为

$$\lambda^2-2\lambda-3=0,$$

特征根为 $\lambda_1=3,\lambda_2=-1$, 齐次方程的通解为 $Y=C_1\mathrm{e}^{3x}+C_2\mathrm{e}^{-x}$.

由于 $f(x)=\mathrm{e}^{-x}(\sin 2x+1)$, 所以方程的特解应该分别对 $f_1(x)=\mathrm{e}^{-x}\sin 2x$ 和 $f_2(x)=\mathrm{e}^{-x}$ 计算.

对于方程 $y''-2y'-3y=\mathrm{e}^{-x}\sin 2x$ 是形如 $(A\cos\beta x+B\sin\beta x)\mathrm{e}^{\alpha x}$ 的函数, 并且 $\alpha=-1,\beta=2$, 而 $-1+2\mathrm{i}$ 或 $-1-2\mathrm{i}$ 不是特征根, 因此, 特解 $y_1^*=\mathrm{e}^{-x}(a_1\cos 2x+a_2\sin 2x)$, 其 a_1,a_2 为待定常数, 代入方程, 有

$$(-4a_1-8a_2)\cos 2x+(8a_1-4a_2)\sin 2x=\sin 2x,$$

则有

$$\begin{cases}-4a_1-8a_2=0,\\8a_1-4a_2=1,\end{cases}$$

得 $a_1=\dfrac{1}{10}, a_2=-\dfrac{1}{20}$, 即有 $y_1^*=\mathrm{e}^{-x}\left(\dfrac{1}{10}\cos 2x-\dfrac{1}{20}\sin 2x\right)$.

对于方程 $y''-2y'-3y=\mathrm{e}^{-x}$ 是形如 $p_0(x)\mathrm{e}^{\lambda x}$ 的函数, 并且 $\lambda=-1$ 是特征方程的单根, 因此所给方程有形如 $y_2^*=Ax\mathrm{e}^{-x}$ 的特解, 代入方程, 得

$$-4A\mathrm{e}^{-x}=\mathrm{e}^{-x},$$

有 $A=-\dfrac{1}{4}$, 则

$$y_2^*=-\frac{1}{4}x\mathrm{e}^{-x}.$$

所以原方程的通解是

$$y=C_1\mathrm{e}^{3x}+C_2\mathrm{e}^{-x}+\frac{1}{20}\mathrm{e}^{-x}(2\cos 2x-\sin 2x)-\frac{1}{4}x\mathrm{e}^{-x}.$$

9.4 微分方程在经济学中的应用

在许多实际问题的研究中, 经常要涉及各变量的变化率问题. 这些问题的解决通常要建立相应的微分方程模型. 微分方程在经济学、人口预测等社会科学方面的应用是在类比和假设等措施下建立起来的. 我们更应体会其中的思想方法.

9.4.1 人口模型

人口数量以及和此类似的动植物种群都是离散型变量, 不具有连续可微性. 但由于短时间内改变的是少数个体, 与整体数量相比, 这种变化是微小的. 基于此原因, 为了成功应用数学工具, 我们通常假定大规模种群的个体数量是时间的连续函数. 此假设条件在非自然科学的问题中常常用到.

1. Malthus 人口模型

前面已说到 Malthus 提出如下假设: 在人口的自然增长过程中, 单位时间内人口增量与人口总数成正比.

记时刻 t 的人口数量为 $N(t)$, 考虑 t 到 $t+\Delta t$ 时间内人口的增长量, 有

$$N(t+\Delta t)-N(t)=rN(t)\Delta t,$$

其中 r 为比例系数. 在上式中令 $\Delta t \to 0$, 有

$$\frac{\mathrm{d}N}{\mathrm{d}t} = rN,$$

从而有 Malthus 人口模型

$$\begin{cases} \dfrac{\mathrm{d}N}{\mathrm{d}t} = rN, r > 0, \\ N(t_0) = N_0, \end{cases}$$

其中 N_0 为 $t = t_0$ 时的人口数.

容易求得该方程的解为

$$N(t) = N_0 \mathrm{e}^{r(t-t_0)}.$$

此模型用于短期人口估算有很好的近似程度. 但是, 当 $t \to +\infty$ 时, $N(t) \to +\infty$. 可见它不能用于对人口的长期预报.

2. Logistic 模型

在 1837 年, 荷兰生物数学家韦吕勒 (Verhulst) 引入常数 $N_{\max}$ (简记为 N_m), 用来表示自然资源和环境条件下所能容许的最大人口数量. N_m 也称环境的最大容量. Verhulst 将 Malthus 模型中的假设条件"人口自然增长率为常数"修正为人口自然增长率为

$$r\left(1 - \frac{N(t)}{N_m}\right), \quad r > 0,$$

从而有以下模型

$$\begin{cases} \dfrac{\mathrm{d}N}{\mathrm{d}t} = r\left(1 - \dfrac{N}{N_m}\right)N, \quad r > 0, \\ N(t_0) = N_0. \end{cases}$$

该模型称为逻辑斯谛 (Logistic) 模型. 其解为

$$N(t) = \frac{N_m}{1 + \left(\dfrac{N_m}{N_0} - 1\right)\mathrm{e}^{-r(t-t_0)}}.$$

当 $t \to +\infty$ 时, $N(t) \to N_m$, 且对一切 $t, N(t) < N_m$. 此性质是说人口数量不可能达到环境最大容量, 但可渐近于环境最大容量.

9.4.2 价格调整模型

设有某种商品，其价格主要由市场供求关系决定，或者说，该商品的供给量 S 与需求量 D 只与该商品的价格 p 有关. 为简单起见，设供给函数与需求函数分别为

$$S = a + bp, \quad D = \alpha - \beta p, \tag{9.31}$$

其中 a, b, α, β 均为常数，且 $b > 0, \beta > 0$.

当供给量与需求量相等时，可求得供需相等时的价格为

$$p_{\mathrm{e}} = \frac{\alpha - a}{\beta + b}, \tag{9.32}$$

称 p_{e} 为该种商品的均衡价格.

一般情况下，当市场上该商品供过于求 $(S > D)$ 时，价格将下跌；供不应求 $(S < D)$ 时，价格将上涨. 因此，该商品在市场上的价格将随着时间的变化而围绕着均衡价格 p_{e} 上下波动，价格 p 是时间 t 的函数 $p = p(t)$. 根据上述供求关系变化影响价格变化的分析，可以假设 t 时刻价格 $p(t)$ 的变化率 $\dfrac{\mathrm{d}p}{\mathrm{d}t}$ 与 t 时刻的超额需求量 $D - S$ 成正比，即设

$$\frac{\mathrm{d}p}{\mathrm{d}t} = k(D - S), \tag{9.33}$$

其中 k 为正的常数，用来反映价格的调整速度.

将式 (9.31)，式 (9.32) 代入方程 (9.33)，可得

$$\frac{\mathrm{d}p}{\mathrm{d}t} = \lambda(p_{\mathrm{e}} - p), \tag{9.34}$$

其中常数 $\lambda = (b + \beta)k > 0$. 方程 (9.34) 的通解为

$$p = p(t) = p_{\mathrm{e}} + C\mathrm{e}^{-\lambda t}.$$

假设初始价格 $p(0) = p_{\mathrm{e}}$，代入上式得 $C = p_0 - p_{\mathrm{e}}$. 于是，上述价格调整模型的解为

$$p(t) = p_{\mathrm{e}} + (p_0 - p_{\mathrm{e}})\mathrm{e}^{-\lambda t}.$$

由 $\lambda>0$ 知，$\lim\limits_{t\to+\infty} p(t)=p_{\mathrm{e}}$. 这表明，实际价格 $p(t)$ 最终将趋向于均衡价格 p_{e}.

9.4.3 Harrod-Domar 经济增长模型

记 Y, C, I, A 分别为总收入、总消费、引致投资和自发支出 (自发消费与自发投资之和), 则由总供给等于总需求, 得

$$Y = C + I + A.$$

设消费函数为

$$C = cY \quad (0 < c < 1),$$

引致投资为

$$I = v\frac{\mathrm{d}Y}{\mathrm{d}t}, \quad v > 0$$

从而得到模型

$$\begin{cases} \dfrac{\mathrm{d}Y}{\mathrm{d}t} = \rho\left(Y - \dfrac{A}{s}\right), \\ Y(0) = Y_0, \end{cases} \tag{9.35}$$

其中 $\rho = \dfrac{s}{v}, s = 1 - C > 0$. 式 (9.35) 即为哈罗德-多马 (Harrod-Domar) 模型. 当 A 为常数时, 其解为

$$Y(t) = \frac{A}{s} + \left(Y_0 - \frac{A}{s}\right)\mathrm{e}^{\rho t}.$$

在式 (9.35) 中, 设

$$A = A_0\mathrm{e}^{rt}(A_0, r > 0),$$

即自发支出有一常数增长率 r, 则式 (9.35) 的解为

$$Y(t) = \frac{A_0}{(\rho - r)v}\mathrm{e}^{rt} + \left[Y_0 - \frac{A_0}{(\rho - r)v}\right]\mathrm{e}^{\rho t}.$$

由此可见:

(1) 当 $\rho > r$ 时, 若 $Y_0 > \dfrac{A_0}{(\rho - r)v}$, 则 $Y(t)$ 有常数增长率 ρ;

(2) 当 $\rho < r, t \to +\infty$ 时, $Y(t) \to -\infty$, 即自发支出增长过快, 挤掉了生产性投资, 使总产量锐减. 所以自发支出不宜增长过快.

(3) 当 $\rho = r$ 时,

$$Y(t) = -\frac{A_0}{v}\left(t - \frac{v}{A_0}Y_0\right)\mathrm{e}^{\rho t},$$

当 $t \to +\infty$ 时, $Y(t) \to -\infty$, 造成生产萎缩.

习 题 9

(A)

1. 验证下列函数是否为所给微分方程的通解:

(1) $y=C(1+\mathrm{e}^x), y'=\dfrac{y\mathrm{e}^x}{1+\mathrm{e}^x}$;

(2) $y=\mathrm{e}^{-x^2}\left(\dfrac{x^2}{2}+C\right), y'+2xy=x\mathrm{e}^{-x^2}$;

(3) $x=\cos 2t+C_1\cos 3t+C_2\sin 3t, x''+9x=5\cos 2t$;

(4) $y=\dfrac{1}{9}x^3+C_1\ln x+C_2, xy''+y'=x^2$;

(5) $y=C\mathrm{e}^x, y''-2y'+y=0$;

(6) $y^2=x+Cx^2, x^2yy''+(xy'-y)^2=0$.

2. 给定一阶微分方程 $\dfrac{\mathrm{d}y}{\mathrm{d}x}=2x$:

(1) 求出它的通解;

(2) 求通过点 $(1,4)$ 的特解;

(3) 求出与直线 $y=2x+3$ 相切的解;

(4) 求出满足条件 $\displaystyle\int_0^1 y\mathrm{d}x=2$ 的解.

3. 求下列微分方程的通解或在给定条件下的特解:

(1) $y^2\mathrm{d}x+(x-1)\mathrm{d}y=0$;

(2) $y'=\dfrac{y^2-1}{y(x-1)}$;

(3) $\sin x\cos^2 y\mathrm{d}x+\cos^2 x\mathrm{d}y=0$;

(4) $y'=10^{x+y}$;

(5) $(xy^2+x)\mathrm{d}x+(y-x^2y)\mathrm{d}y=0$;

(6) $xy\mathrm{d}x+\sqrt{1+x^2}\mathrm{d}y=0, y(0)=1$;

(7) $\dfrac{3}{xy}\mathrm{d}x+\dfrac{2}{x^3-1}\mathrm{e}^{y^2}\mathrm{d}y=0, y(1)=0$;

(8) $\cos y\mathrm{d}x+(1+\mathrm{e}^{-x})\sin y\mathrm{d}y=0, y(0)=\dfrac{\pi}{4}$;

(9) $yy'+x\mathrm{e}^y=0, y(1)=0$;

(10) $y'-xy'=a(y^2-y'), y(a)=1(a\neq 0)$.

4. 求下列微分方程的通解或在给定初始条件下的特解:

(1) $(x^2+y^2)\mathrm{d}x-2xy\mathrm{d}y=0$;

(2) $x\dfrac{\mathrm{d}y}{\mathrm{d}x}=y\ln\dfrac{y}{x}$;

(3) $(xy-x^2)\mathrm{d}y=y^2\mathrm{d}x$;

(4) $y'=\dfrac{y}{x}+\tan\dfrac{y}{x}$;

(5) $\left(x\mathrm{e}^{\frac{y}{x}}+y\right)\mathrm{d}x=x\mathrm{d}y, y(1)=0$;

(6) $(y^2-3x^2)\mathrm{d}y-2xy\mathrm{d}x=0, y(0)=1$;

(7) $xy^2\mathrm{d}y=(x^3+y^3)\mathrm{d}x, y(1)=1$;

(8) $xy'=y(1+\ln y-\ln x), y(1)=1(x>0)$.

5. 设函数 $f(x)$ 连续且满足条件 $\int f(x)\mathrm{d}x = 2f(x) + C$, 又 $f(0) = \dfrac{1}{2}$. 求 $f(x)$.

6. 求一曲线, 使该曲线通过原点, 并且在点 (x, y) 处的切线斜率为 $2x - y$.

7. 一曲线通过点 $(2, 3)$, 它在两坐标轴间的任一切线段被切点所平分, 求曲线方程.

8. 求下列微分方程的通解或给定初始条件下的特解:

(1) $y' - 2y = \mathrm{e}^x$;　　(2) $\dfrac{\mathrm{d}y}{\mathrm{d}x} + 3y = \mathrm{e}^{2x}$;

(3) $\dfrac{\mathrm{d}y}{\mathrm{d}x} - \dfrac{n}{x}y = \mathrm{e}^x x^n$, n 为常数;　　(4) $y' - y = \sin x$;

(5) $\dfrac{\mathrm{d}y}{\mathrm{d}x} - \dfrac{2y}{x+1} = (x+1)^3$;

(6) $y' - \dfrac{y}{x+1} = (x+1)\mathrm{e}^x, y(0) = 1$;

(7) $y' + \dfrac{2x}{1+x^2}y = \dfrac{2x^2}{1+x^2}, y(0) = \dfrac{2}{3}$;

(8) $y' - \dfrac{1}{x}y = -\dfrac{2}{x}\ln x, y(1) = 1$;

(9) $y' + \dfrac{x}{2(1-x^2)}y = \dfrac{1}{2}x, y(0) = \dfrac{2}{3}$;

(10) $y' + 2xy = (x\sin x)\mathrm{e}^{-x^2}, y(0) = 1$;

(11) $(x^2 - 1)y' + 2xy - \cos x = 0, y(0) = 1$.

9. 求下列微分方程的通解或在给定初始条件下的特解:

(1) $xy' + y = y^2 x\ln x$;　　(2) $y\mathrm{d}x = -(x + x^2y^2)\mathrm{d}y$;

(3) $y' + \dfrac{1}{x}y = x^2y^4$;　　(4) $\dfrac{\mathrm{d}y}{\mathrm{d}x} + xy = x^3y^3$;

(5) $y' + \dfrac{3x^2}{1+x^3}y = y^2(1+x^3)\sin x, y(0) = 1$.

10. 设函数 $y = y(x)$ 连续且满足方程 $\int_0^x ty(t)\mathrm{d}t = x^2 - 1 + y(x)$, 求 $y(\sqrt{2})$.

11. 验证: 形如 $\dfrac{x}{y}\cdot\dfrac{\mathrm{d}y}{\mathrm{d}x} = f(xy)$ 经变换 $xy = u$ 可化为变量分离方程. 并由此求解方程 $y(1+xy)\mathrm{d}x = x\mathrm{d}y$.

12. 验证: 形如 $\dfrac{\mathrm{d}y}{\mathrm{d}x} = f(x+y)$ 的微分方程, 可经变量代换化为可分离变量方程, 并求解方程 $\dfrac{\mathrm{d}y}{\mathrm{d}x} = (x+y)^2$.

13. 求方程 $x\mathrm{d}y - y\mathrm{d}x = \dfrac{y^2}{1+y^2}\mathrm{d}y$ 的通解.

14. 求下列方程的通解或在给定初始条件下的特解:

(1) $y''' = 1 - x$;

(2) $(1+x^2)y'' - 2xy' = 0, y(0) = -1, y'(0) = 3$;

(3) $yy'' = 2(y'^2 - y'), y(0) = 1, y'(0) = 2$.

15. 求下列二阶齐次线性微分方程的通解或在给定初始条件下的特解:

(1) $y'' - y' - 2y = 0$;　　(2) $9y'' - 6y' + y = 0$;

(3) $y'' + 4y' + 29y = 0$;　(4) $y'' + 25y = 0$;

(5) $y'' - y' - 6y = 0, y(0) = 1, y'(0) = 2$;　(6) $y'' - 10y' + 25y = 0, y(0) = 0, y'(0) = 1$;

(7) $y'' - 2y' + 10y = 0, y\left(\frac{\pi}{6}\right) = 0, y'\left(\frac{\pi}{6}\right) = e^{\frac{\pi}{6}}$.

16. 求下列非齐次线性微分方程的通解或在给定初始条件下的特解:

(1) $2y'' + y' - y = 2e^x$;　(2) $y'' + a^2y = e^x (a \neq 0)$;

(3) $2y'' + 5y' = 5x^2 - 2x - 1$;　(4) $y'' + 3y' + 2y = 3xe^{-x}$;

(5) $y'' - 2y' + 5y = e^x \sin x$;

(6) $y'' - 4y' + 3y = 8e^{5x}, y(0) = 3, y'(0) = 9$;

(7) $y'' - 8y' + 16y = e^{4x}, y(0) = 0, y'(0) = 1$;

(8) $y'' - 6y' + 25y = 2\sin x + 3\cos x, y(0) = \frac{1}{2}, y'(0) = 1$.

17. 设函数 $y = f(x)$ 满足方程

$$y'' + ay' + (b^2 + 1)y = 0.$$

若 x_0 为函数 $f(x)$ 的驻点且 $f(x_0) > 0$. 试证明函数 $f(x)$ 在点 x_0 取极大值.

18. 某银行账户以当年余额的 5%的年利率连续每年盈取利息, 假设最初存入的数额为 10000 元, 并且这之后没有其他数额存入和取出. 给出账户中余额所满足的微分方程, 并求存款到第 10 年的余额.

19. 已知函数 $y = f(x)$ 的弹性函数为 $\varepsilon_{yx} = \frac{2x^2}{1 + x^2}$, 并且 $f(1) = 6$, 求函数 f 的表达式.

20. 某商品的需求价格弹性为 $\varepsilon_{Qp} = -k$. 求商品的需求函数 $Q = f(p)$.

21. 某养鱼池最多养 1000 条鱼, 鱼数 y 是时间 t 的函数, 且鱼的数目的变化速度与 y 及 $1000 - y$ 的乘积成正比. 现知养鱼 100 条, 3 个月后变为 250 条, 求函数 $y(t)$ 以及 6 个月后养鱼池里鱼的数量.

22. 设 $R = R(t)$ 为小汽车的运行成本, $s = s(t)$ 为小汽车的转卖价格, 它们满足下列方程

$$R' = \frac{a}{s}, \quad s' = -bs,$$

其中 a, b 为正的已知常数. 若 $R(0) = 0, s(0) = s_0$ (购买成本), 求 $R(t)$ 和 $s(t)$.

23. 已知某商品的生产成本 $c = c(x)$ 随生产量 x 的增加而增加, 其增长率为

$$c'(x) = \frac{1 + x + c(x)}{1 + x},$$

且生产量为零时, 固定成本 $c(0) = c_0 \geqslant 0$, 求该商品的生产成本函数 $c = c(x)$.

24. 已知某产品的净利润 p 与广告支出 x 有如下的关系:

$$p' = b - a(x + p),$$

其中 a, b 为正的已知常数, 且 $p(0) = p_0 \geqslant 0$. 求 $p = p(x)$.

25. (2010) 设某商品的收益函数为 $R(p)$, 收益弹性为 $1 + p^3$, 其中 p 为价格, 且 $R(1) = 1$, 求 $R(p)$.

(B)

1. (2019) 已知微分方程 $y''+ay'+by=c\mathrm{e}^x$ 的通解为 $y=(C_1+C_2x)\,\mathrm{e}^{-x}+\mathrm{e}^x$, 则 a,b,c 依次为 ( ).

(A) $1,0,1$; (B) $1,0,2$; (C) $2,1,3$; (D) $2,1,4$.

2. (2023) 若微分方程 $y''+ay'+by=0$ 的解在 $(-\infty,+\infty)$ 上有界, 则 ( ).

(A) $a<0,\ b>0$; (B) $a>0,\ b>0$;

(C) $a=0,\ b>0$; (D) $a=0,\ b<0$.

3. 若连续函数 $f(x)$ 满足关系式 $f(x)=\displaystyle\int_0^{2x} f\left(\frac{t}{2}\right)\mathrm{d}t+\ln 2$, 则 $f(x)=$ ( ).

(A) $\mathrm{e}^x\ln 2$; (B) $\mathrm{e}^{2x}\ln 2$; (C) $\mathrm{e}^x+\ln 2$; (D) $\mathrm{e}^{2x}+\ln 2$.

4. 若 y_1,y_2 是一阶线性非齐次微分方程 $y''+p(x)\,y=q(x)\,x$ 的两个特解, 若常数 λ,μ 使 $\lambda y_1+\mu y_2$ 是该方程的解, $\lambda y_1-\mu y_2$ 是该方程对应的齐次方程的解, 则 ( ).

(A) $\lambda=\dfrac{1}{2},\ \mu=\dfrac{1}{2}$; (B) $\lambda=-\dfrac{1}{2},\ \mu=-\dfrac{1}{2}$;

(C) $\lambda=\dfrac{2}{3},\ \mu=\dfrac{1}{3}$; (D) $\lambda=-\dfrac{2}{3},\ \mu=-\dfrac{1}{3}$.

5. (2015) 设函数 $y=y(x)$ 是微分方程 $y''+y'-2y=0$ 的解, 且在 $x=0$ 处 $y(x)$ 取得极值 3, 则 $y(x)=$ ____________.

6. (2018) 设函数 $f(x+\Delta x)-f(x)=2xf(x)\Delta x+o(\Delta x)$ $(\Delta x\to 0)$, 且 $f(0)=2$, 则 $f(1)=$ ____________.

7. 微分方程 $y''-4y=\mathrm{e}^{2x}$ 的通解为____________.

8. (2015) 设函数 $f(x)$ 在定义域 I 上的导数大于零. 若对任意的 $x_0\in I$, 曲线 $y=f(x)$ 在点 $(x_0,\ f(x_0))$ 处的切线与直线 $x=x_0$ 及 x 轴所围成区域的面积恒为 4, 且 $f(0)=2$, 求 $f(x)$ 的表达式.

9. (2019) 设函数 $y(x)$ 是微分方程 $y'-xy=\dfrac{1}{2\sqrt{x}}\mathrm{e}^{\frac{x^2}{2}}$ 满足 $y(1)=\sqrt{\mathrm{e}}$ 的特解.

(1) 求 $y(x)$;

(2) 设平面区域 $D=\{(x,y)\mid 1\leqslant x\leqslant 2, 0\leqslant y\leqslant y(x)\}$, 求 D 绕 x 轴旋转所得旋转体的体积.

10. (2020) 设函数 $y=f(x)$ 满足 $y''+2y'+5y=0$, $f(0)=1$, $f'(0)=-1$.

(1) 求 $f(x)$ 的表达式;

(2) 设 $a_n=\displaystyle\int_{n\pi}^{+\infty} f(x)\mathrm{d}x$, 求 $\displaystyle\sum_{n=1}^{\infty}a_n$.

11. (2021) 设 n 为正整数, $y=y_n(x)$ 是微分方程 $xy'-(n+1)\,y=0$ 满足条件 $y_n(1)=\dfrac{1}{n(n+1)}$ 的解.

(1) 求 $y_n(x)$;

(2) 求级数 $\displaystyle\sum_{n=1}^{\infty}y_n(x)$ 的收敛域及和函数.

12. (2022) 设函数 $y(x)$ 是微分方程 $y' + \dfrac{1}{2\sqrt{x}}y = 2 + \sqrt{x}$ 满足条件 $y(1) = 3$ 的解, 求曲线 $y = y(x)$ 的渐近线.

13. 求下列方程的通解或给定条件下的特解:

(1) $\dfrac{\mathrm{d}y}{\mathrm{d}x} = \dfrac{y}{x - \sqrt{x^2 + y^2}}\ (y \neq 0)$;

(2) $\dfrac{\mathrm{d}y}{\mathrm{d}x} = \dfrac{x + y + 4}{x - y - 6}$;

(3) $x\left(y' + 1\right) + \sin(x + y) = 0, y\left(\dfrac{\pi}{2}\right) = 0$.

14. 设 $f(x)$ 连续, 且满足 $\displaystyle\int_0^x f(x - t)\,\mathrm{d}t = \int_0^x (x - t) f(t)\,\mathrm{d}t + \mathrm{e}^x - 1$, 求 $f(x)$.

第9章自测题

第 10 章

差分方程

我们前面研究的变量基本上是属于连续变化的类型. 但在经济与管理或其他实际问题中, 大多数变量是以定义在整数集上的数列形式变化的. 例如, 国民收入、工农业总产值等按年统计, 产品产量、商品销售收入等按月统计等. 通常称这类变量为离散型变量. 根据客观事物的变化规律, 可以得到在不同取值点上的各离散型变量之间的关系. 描述各离散型变量之间关系的数学模型称为离散型模型, 求解这类模型可以得知各个离散型变量的运行规律.

本章将简单介绍在经济和管理科学中最常见的一种以整数列为自变量的函数以及相关的离散型数学模型——差分方程.

10.1 差分方程的基本概念

10.1.1 差分概念

离散型数学模型研究的对象是定义在整数集上的函数, 一般记为

$$y_x = f(x), \quad x = \cdots, -2, -1, 0, 1, 2, \cdots.$$

函数 $y_x = f(x)$ 在 x 时刻的**一阶差分**定义为

$$\Delta y_x = y_{x+1} - y_x = f(x+1) - f(x).$$

函数 $y_x = f(x)$ 在 x 时刻的**二阶差分**定义为一阶差分的差分, 即

$$\Delta^2 y_x = \Delta(\Delta y) = y_{x+2} - y_{x+1} - (y_{x+1} - y_x) = y_{x+2} - 2y_{x+1} + y_x.$$

函数 $y_x = f(x)$ 在 x 时刻的**三阶差分**定义为二阶差分的差分, 即

$$\Delta^3 y_x = \Delta(\Delta^2 y_x) = \Delta(y_{x+2} - 2y_{x+1} + y_x) = y_{x+3} - 3y_{x+2} + 3y_{x+1} - y_x.$$

$$\cdots\cdots$$

函数 $y_x = f(x)$ 在 x 时刻的 n **阶差分**定义为 $n-1$ 阶差分的差分, 即

$$\Delta^n y_x = \Delta(\Delta^{n-1} y_x) = \Delta^{n-1} y_{x+1} - \Delta^{n-1} y_x = \sum_{i=0}^{n} (-1)^i \mathrm{C}_n^i y_{x+n-i}, \quad n = 1, 2, \cdots,$$

其中 $C_n^i = \dfrac{n!}{i!(n-i)!}$.

上式表明, $y=f(x)$ 的第 n 阶差分, 是函数 $f(x)$ 每间隔一个单位直到 x 的所有函数值 $f(x+n), f(x+n-1), \cdots, f(x+1), f(x)$ 的线性组合, 其系数依次取二项式 $(a+b)^n$ 的展开式的对应项的系数值.

反过来, 函数 $y=f(x)$ 的各个函数值 $f(x+i)(i=0,1,2,\cdots,n)$ 也可以用 $y_x=f(x)$ 和它的各阶差分表示出来. 不难证明

$$
\begin{aligned}
&y_{x+1} = y_x + \Delta y_x,\\
&y_{x+2} = y_{x+1} + \Delta y_{x+1} = y_x + 2\Delta y_x + \Delta^2 y_x,\\
&y_{x+3} = y_{x+2} + \Delta y_{x+2} = y_x + 3\Delta y_x + 3\Delta^2 y_x + \Delta^3 y_x,\\
&\qquad\qquad\qquad \cdots\cdots\\
&y_{x+n} = y_x + C_n^1\Delta y_x + C_n^2\Delta^2 y_x + \cdots + C_n^{n-1}\Delta^{n-1} y_x + \Delta^n y_x.
\end{aligned}
$$

若把差分符合 Δ 当作一个数, 上述最后一个一般公式可简写为

$$y_{x+n} = (1+\Delta)^n y_x.$$

二阶及二阶以上的差分统称为**高阶差分**.

由定义可知差分具有以下性质:

(1) $\Delta(Cy_x) = C\Delta y_x$($C$ 为常数);

(2) $\Delta(y_x+z_x) = \Delta y_x + \Delta z_x$.

证明　(1) $\Delta(Cy_x) = Cy_{x+1} - Cy_x = C(y_{x+1}-y_x) = C\Delta y_x$.

(2) $\Delta(y_x+z_x) = y_{x+1}+z_{x+1}-(y_x+z_x) = y_{x+1}-y_x+z_{x+1}-z_x = \Delta y_x + \Delta z_x$.

例 1　设 $y_x = x^2+4x$, 求 $\Delta y_x, \Delta^2 y_x, \Delta^3 y_x$.

解　$\Delta y_x = (x+1)^2 + 4(x+1) - (x^2+4x) = 2x+5$,

$$
\begin{aligned}
&\Delta^2 y_x = \Delta(\Delta y_x) = \Delta(2x+5) = 2(x+1)+5-(2x+5) = 2,\\
&\Delta^3 y_x = \Delta(\Delta^2 y_x) = \Delta(2) = 2-2 = 0.
\end{aligned}
$$

10.1.2　差分方程的定义

定义 10.1　含有未知函数差分或表示未知函数几个时期值的符号的方程称为**差分方程**, 形如

$$F(x, y_x, y_{x+1}, \cdots, y_{x+n}) = 0, \tag{10.1}$$

或

$$G(x, y_x, y_{x-1}, \cdots, y_{x-n}) = 0,$$

或

$$H(x, y_x, \Delta y_x, \cdots, \Delta^n y_x) = 0$$

的方程都是差分方程. 方程中未知函数角标的最大值与最小值的差数称为差分方程的阶.

例如, $y_{x+3} + 2y_{x+2} - 5y_x = 6$ 为三阶差分方程. 而 $y_{x+3} - 4y_{x+1} = 6x^2 + 1, y_{x+2} + 6y_{x+1} + y_x = 0, y_x + 3^x y_{x-2} = 2x + 1$ 都是二阶差分方程.

而关系式 $\Delta^3 y_x = y_{x+3} - 3y_{x+2} + 3y_{x+1} - y_x, y_x - xy_x + 2x(y_x)^2 = 0$ 按定义都不是差分方程.

差分方程的不同形式之间可以相互转化.

例如, $y_{x+2} - 2y_{x+1} - y_x = 3^x$ 是一个二阶差分方程, 可以化为

$$y_x - 2y_{x-1} - 3y_{x-2} = 3^{x-2},$$

也可以化为

$$\Delta^2 y_x - 2y_x = 3^x.$$

在经济学和管理科学中经常见到差分方程. 例如, 在考虑某商品供给量 s_x 与价格 p_x 的函数关系时, 由于商品供给方从掌握价格信息到提供商品之间需要一个生产周期, 因此, 有函数关系

$$s_x = a + bp_{x-1},$$

其中 a, b 为正的常数, s_x 也可看成上期价格的后滞效应 (两个时点的差, 称为时滞). 而商品需求量 D_x 是消费者对同期价格 p_x 的反映, 因此需求函数可表示为

$$D_x = a_1 - b_1 p_x,$$

其中 a_1, b_1 为正的常数. 在供求平衡条件下, 可得到动态均衡模型的差分方程

$$p_x + \frac{b}{b_1} p_{x-1} = \frac{a_1 - a}{b_1}.$$

又如, 在讨论宏观经济模型中的消费函数 c_{x+n} 时, 通常将其看成前 n 个时期的国内收入 $y_x, y_{x+1}, \cdots, y_{x+n-1}$ 的滞后效应, 于是有差分方程

$$C_{x+n} = b_1 y_x + b_2 y_{x+1} + \cdots + b_n y_{x+n-1}.$$

10.1.3　差分方程的解

定义 10.2　如果将已知函数 $y_x=\varphi(x)$ 代入方程 (10.1), 使其对 $x=0,1,2,\cdots$ 成为恒等式, 则称 $y_x=\varphi(x)$ 为方程 (10.1) 的**解**. 如果方程 (10.1) 的解中含有 n 个独立的任意常数, 则称这样的解为方程 (10.1) 的**通解**, 而通解中给任意常数以确定值的解, 称为方程 (10.1) 的**特解**.

例如, 把函数 $y_x=15+2x$ 代入差分方程 $y_{x+1}-y_x=2$,

$$\text{左边}=[15+2(x+1)]-(15+2x)=2=\text{右边},$$

所以, $y_x=15+2x$ 是方程的解. 同样可以验证 $y_x=2x+C$ 也是该差分方程的解, 而 C 是任意常数, 所以 $y_x=2x+C$ 为该差分方程的通解.

例 2　设差分方程为 $y_{x+1}-2y_x=x+1$, 验证 $y_x=c\cdot 2^x-x-2$ 是否为差分方程的通解, 并求满足 $y_0=5$ 的特解.

解　将 $y_x=C2^x-x-2$ 代入方程

$$\text{左边}=C2^{x+1}-(x+1)-2-2(C2^x-x-2)=x+1=\text{右边},$$

所以, $y_x=C2^x-x-2$ 是方程的解, 且含有任意常数 C, 故为方程的通解.

将 $y_0=5$ 代入得 $C=7$, 于是所求特解为 $y=7\cdot 2^x-x-2$.

从例 2 中看到, 已知通解求特解时, 需要给出确定通解中常数取值的条件, 称为**定解条件**.

对 n 阶差分方程, 要确定 n 个任意常数的值, 应有 n 个条件, 常见的定解条件是**初始条件**:

$$y_0=a_0,\quad y_1=a_1,\quad \cdots,\quad y_{n-1}=a_{n-1}.$$

如果将例 2 中的方程变形为 $y_{x+3}-2y_{x+2}=x+3$, 可以验证 $y_x=C2^x-x-2$ 仍为变形后方程的解. 这是因为方程在变形过程中各项之间的时间差没有改变, 也即差分方程的时滞结构没有变化. 一般情况下, 将 x 的计算时间向前或向后移到一个相同时间间隔, 所得的方程与原方程等价. 利用这个结论, 求解差分方程时, 可以将方程作适当整理, 且讨论解的表达式时, 只考虑 $n=0,1,2,\cdots$ 的情况.

从前面的讨论中可以看到, 差分方程和差分方程解的概念与微分方程十分相似. 事实上, 微分和差分都是描述变量变化的状态, 只是前者描述的是连续变化的过程, 后者描述的是离散变化的过程. 在取单位时间为 1, 且单位时间间隔很小的情况下, $\Delta y=f(x+1)-f(x)\approx \mathrm{d}y=\dfrac{\mathrm{d}y}{\mathrm{d}x}\cdot\Delta x=\dfrac{\mathrm{d}y}{\mathrm{d}x}$, 即差分可看成连续变化的一种近似.

因此, 差分方程和微分方程无论在方程结构、解的结构, 还是在求解方法上有许多相似的地方. 在后面的学习中我们会体会到.

10.1.4 线性差分方程

形如

$$y_{x+n}+a_1(x)y_{x+n-1}+\cdots+a_{n-1}(x)y_{x+1}+a_n(x)y_x=f(x) \tag{10.2}$$

的差分方程, 称为 **n 阶线性差分方程**, 其中 $a_1(x),\cdots,a_n(x)$ 和 $f(x)$ 均为已知函数, 且 $a_n(x)\neq 0$.

如果 $f(x)\equiv 0$, 则方程 (10.2) 变为

$$y_{x+n}+a_1(x)y_{x+n-1}+\cdots+a_{n-1}(x)y_{x+1}+a_n(x)y_x=0 \tag{10.3}$$

称为 **n 阶齐次线性差分方程**. 也称方程 (10.3) 为方程 (10.2) 对应的齐次方程. 如果 $f(x)\neq 0$, 则方程 (10.2) 称为 **n 阶非齐次线性差分方程**.

例如, 方程 $xy_{x+2}+4y_x=5x^3+x+1$ 是二阶非齐次线性差分方程, $xy_{x+2}+4y_x=0$ 是该方程对应的齐次方程.

如果 $a_1(x)=a_1,\cdots,a_{n-1}(x)=a_{n-1},a_n(x)=a_n$ 为常数, 则有

$$y_{x+n}+a_1y_{x+n-1}+\cdots+a_{n-1}y_{x+1}+a_ny_x=f(x), \tag{10.4}$$

$$y_{x+n}+a_1y_{x+n-1}+\cdots+a_{n-1}y_{x+1}+a_ny_x=0, \tag{10.5}$$

称方程 (10.4) 为 n 阶常系数非齐次线性差分方程, 称方程 (10.5) 为 **n 阶常系数齐次线性差分方程**.

例如, 方程

$$5y_{x+2}+4y_{x+1}=2x$$

为一阶常系数非齐次线性差分方程.

方程

$$y_{x+2}-8y_{x+1}+5y_x=6x+9$$

为二阶常系数非齐次线性差分方程.

而方程

$$4^xy_{x+3}-2^xy_{x+2}-5^xy_x=0$$

为三阶齐次线性差分方程.

定理 10.1 如果函数 $y_1(x),y_2(x),\cdots,y_k(x)$ 均是 n 阶齐次线性方程 (10.3) 的解, 则

$$y_x=C_1y_1(x)+C_2y_2(x)+\cdots+C_ky_k(x)$$

也是方程 (10.3) 的解. 其中 $C_1, C_2, \cdots, C_k$ 是任意常数.

定理 10.2 如果函数 $y_1(x), y_2(x), \cdots, y_n(x)$ 是 n 阶齐次线性差分方程的 n 个线性无关的特解, 则

$$y_x = C_1 y_1(x) + C_2 y_2(x) + \cdots + C_n y_n(x)$$

是方程 (10.3) 的通解. 其中 $C_1, C_2, \cdots, C_n$ 是任意常数.

定理 10.3 如果 y_x^* 是 n 阶非齐次线性差分方程 (10.2) 的一个特解, $\bar{y}_x$ 是对应齐次方程 (10.3) 的通解, 则

$$y_x = \bar{y}_x + y_x^*$$

是方程 (10.2) 的通解.

定理 10.4 如果 $y_1^*(x), y_2^*(x)$ 分别是 n 阶非齐次差分方程

$$y_{x+n} + a_1(x) y_{x+n-1} + \cdots + a_{n-1}(x) y_{x+1} + a_n(x) y_x = f_1(x),$$

$$y_{x+n} + a_1(x) y_{x+n-1} + \cdots + a_{n-1}(x) y_{x+1} + a_n(x) y_x = f_2(x)$$

的两个特解, $\bar{y}_x$ 是对应齐次方程 (10.3) 的通解, 则

$$y_x = \bar{y}_x + y_1^*(x) + y_2^*(x)$$

是方程

$$y_{x+n} + a_1(x) y_{x+n-1} + \cdots + a_{n-1}(x) y_{x+1} + a_n(x) y_x = f_1(x) + f_2(x)$$

的通解.

定理 10.4 的证明较简单, 读者可以自己完成.

例如, 直接验证 $y_1(x) = 2^x, y_2(x) = 3^x$ 是齐次线性方程 $y_{x+2} - 5y_{x+1} + 6y_x = 0$ 的两个线性无关的特解, 则此齐次方程通解为

$$y_x = C_1 2^x + C_2 3^x.$$

而 $y^* = x$ 是 $y_{x+2} - 5y_{x+1} + 6y_x = 2x - 3$ 的一个特解, 则 $y = C_1 2^x + C_2 3^x + x$ 是非齐次方程 $y_{x+2} - 5y_{x+1} + 6y_x = 2x - 3$ 的通解.

10.2 一阶常系数线性差分方程

一阶常系数线性差分方程的一般形式为

$$y_{x+1} - a y_x = f(x), \quad x = 0, 1, 2, \cdots, \tag{10.6}$$

其中 a 为非零常数, $f(x)$ 为 x 的已知函数.

方程 (10.6) 对应的齐次方程为

$$y_{x+1}-ay_x=0,\quad n=0,1,2,\cdots. \tag{10.7}$$

由定理 10.3 可知, 为了求出方程 (10.6) 的通解, 应分别求出方程 (10.6) 的一个特解和对应齐次方程 (10.7) 的通解, 然后将两者相加, 即得方程 (10.6) 的通解. 下面分别讨论齐次方程 (10.7) 的通解与非齐次方程 (10.6) 的特解的求解方法.

10.2.1 齐次方程的通解

将方程 (10.7) 变形后改写为

$$y_{x+1}=ay_x,\quad x=0,1,2,\cdots,$$

则有

$$y_1=ay_0,\quad y_2=ay_1=a^2y_0,\quad y_3=ay_2=a^3y_0,\cdots,y_x=a^xy_0,\quad x=0,1,2,\cdots.$$

齐次方程 (10.7) 的通解为

$$y_x=Ca^x,\quad x=0,1,2,\cdots, \tag{10.8}$$

其中 C 为任意常数.

解方程 (10.7) 还可以用特征根法:

设 $y=\lambda^x$ 为方程 (10.7) 的解代入, 得

$$\lambda^{x+1}-a\lambda^x=0,$$

$\lambda\neq 0$, 要使 λ^x 是方程 (10.7) 的解的充要条件是

$$\lambda-a=0, \tag{10.9}$$

式 (10.9) 称为一阶常系数齐次线性差分方程 (10.7) 的特征方程. 求出特征根 $\lambda=a$, 从而 $y_x=a^x$ 是齐次线性差分方程的一个特解. 故 $y=Ca^x$ 是齐次线性方程 (10.7) 的通解.

例 1 求下列差分方程的通解.

(1) $y_{x+1}-y_x=0$; (2) $y_{x+1}-3y_x=0$.

解 (1) 此方程中 $a=1$, 故通解为 $y=C$.

(2) 该方程的特征方程为

$$\lambda-3=0,$$

特征根为 3, 故通解为 $y=C3^x$.

10.2.2 非齐次方程的特解与通解

方程 $y_{x+1}-ay_x=f(x), x=0,1,2,\cdots$, 其中 $f(x)\neq 0$ 为**一阶常系数非齐次线性差分方程**.

由定理 10.3 知道, 求方程 (10.6) 的通解, 只要求出它的一个特解 y_x^* 及它对应的齐次方程 (10.7) 的通解 $\bar{y}_x=Ca^x$. 就可得到方程 (10.6) 的通解为

$$y_x=Ca^x+y_x^*,\quad x=0,1,2,\cdots. \tag{10.10}$$

同非齐次线性微分方程的解法类似, 可以用待定系数法求出方程 (10.6) 对于一些特殊类型函数 $f(x)$ 的特解.

下面介绍对于两种简单类型的函数 $f(x)$, 方程 (10.6) 的特解 y_x^* 的求法.

1. $f(x)=p_n(x), p_n(x)$ 为 x 的 n 次多项式.

对方程

$$y_{x+1}-ay_x=p_n(x), \tag{10.11}$$

设 $y_x^*=Q(x)$ 代入

$$Q(x+1)-aQ(x)=p_n(x),$$

等式右端为 n 次多项式, 进一步, 设

$$y_x^*=a_0x^n+a_1x^{n-1}+\cdots+a_{n-1}x+a_n=Q_n(x),$$

代入方程 (10.11) 有

$$\begin{aligned}&a_0(x+1)^n+a_1(x+1)^{n-1}+\cdots+a_{n-1}(x+1)+a_n\\&-a(a_0x^n+a_1x^{n-1}+\cdots+a_{n-1}x+a_n)=p_n(x).\end{aligned}$$

若 $a\neq 1$, 左边 n 次多项式可以等于右边 n 次多项式.

若 $a=1$, 左边是 $n-1$ 次多项式必须乘以 x 才能与右边 n 次多项式相等, 即 $y_x^*=xQ_n(x)$, 则 $y_{x+1}-ay_x=p_n(x)$ 的特解

$$y_x^*=Q_n(x),\quad a\neq 1,\quad y_x^*=xQ_n(x),\quad a=1,$$

其中 $a_0,a_1,\cdots,a_n$ 为待定系数, 代入方程后, 比较 x 的同次幂系数可以确定出这些待定系数.

例 2 求差分方程 $y_{x+1}-2y_x=x+1$ 的通解.

解　因 $a=2$, 对应齐次方程的通解为 $\bar{y}_x=C2^x$. 由于 $a=2\neq 1$, 右端项是一次多项式, 所以设 $y_x^*=a_0x+a_1$, 代入原方程, 有

$$a_0(x+1)+a_1-2(a_0x+a_1)=x+1,$$

$$-a_0x+a_0-a_1=x+1,$$

比较系数得 $a_0=-1, a_1=-2$, 因此原方程的一个特解为 $y_x^*=-x-2$, 所给方程的通解为

$$y_x=C2^x-x-2.$$

例 3　求差分方程 $y_{x+1}-y_x=2x^2\quad 1$ 的通解.

解　齐次方程的特征方程为

$$\lambda-1=0,$$

从而特征根为 $\lambda=1$, 则对应齐次方程的通解为 $\bar{y}_x=C(1)^x=C$.

因为 $a=1$, 设原方程的特解 $y_x^*=x(a_0x^2+a_1x+a_2)=a_0x^3+a_1x^2+a_2x$, 代入原方程, 得

$$3a_0x^2+(3a_0+2a_1)x+a_0+a_1+a_2=2x^2-1,$$

比较系数得 $a_0=\dfrac{2}{3}, a_1=-1, a_2=-\dfrac{2}{3}$, 所以 $y_x^*=\dfrac{2}{3}x^3-x^2-\dfrac{2}{3}x$. 所给方程通解为

$$y_x=C+\frac{2}{3}x^3-x^2-\frac{2}{3}x,$$

其中 C 为任意常数.

例 4 (2001)　某公司每年的工资总额在比上一年增加 20% 的基础上再追加二百万元. 若以 w_t 表示第 t 年的工资总额 (单位: 百万元). 求 w_t 满足的差分方程并求解.

解　由已知, 第 t 年的工资总额为 w_t, 则第 $t-1$ 年的工资总额为 w_{t-1}, 从而

$$w_t=(1+20\%)w_{t-1}+2,\quad 即\ w_t-1.2w_{t-1}=2.$$

齐次方程

$$w_t-1.2w_{t-1}=0,$$

通解为 $\bar{w}_t = C(1.2)^t$. 设非齐次方程的特解为 $w_t^* = A$, 代入非齐次方程, 得

$$A - 1.2A = 2,$$

解得 $A = -10, w_t^* = -10$, 则原方程的通解为

$$w_t = C(1.2)^t - 10.$$

2. $f(x) = b^x p_n(x), p_n(x)$ 是 n 次多项式, $b \neq 1$

方程为

$$y_{x+1} - ay_x = b^x p_n(x), \tag{10.12}$$

a, b 为非零常数, $b \neq 1$.

设 $y_x^* = x^k Q_n(x) b^x, Q_n(x)$ 是 n 次多项式, 系数待定, 代入方程 (10.12)

$$(x+1)^k Q_n(x+1) b^{x+1} - ax^k Q_n(x) b^x = b^x p_n(x),$$

即有

$$b(x+1)^k Q_n(x+1) - ax^k Q_n(x) = p_n(x). \tag{10.13}$$

当 b 不是特征根时, 即 $b \neq a$ 时, 取 $k = 0, y_x^* = Q_n(x) b^x$.

当 b 是特征根时, 即 $b = a$ 时, 取 $k = 1, y_x^* = xQ_n(x) b^x$.

这样方程 (10.13) 左右两边都是 n 次多项式, 比较两端同次幂的系数, 定出 $a_0, a_1, \cdots, a_n$, 便得到方程 (10.12) 的一个特解.

综上所述, 对于几种常见类型的 $f(x)$, 一阶常系数非齐次线性差分方程特解形式见表 10.1.

表 10.1

$f(x)$ 的形式	特解形式
$f(x) = p_n(x)$	$y_x^* = Q_n(x), a \neq 1$
	$y_x^* = xQ_n(x), a = 1$
$f(x) = b^x p_n(x)$	$y_x^* = b^x Q_n(x), b \neq a$
	$y_x^* = xb^x Q_n(x), b = a$

例 5 求差分方程 $y_{x+1} - \frac{1}{2} y_x = 5 \cdot 2^x$ 满足条件 $y_0 = 1$ 的特解.

解 齐次方程为 $y_{x+1} - \frac{1}{2} y_x = 0$ 通解为 $\bar{y}_x = C\left(\frac{1}{2}\right)^x$.

因为 $b = 2$ 不是特征根, 设 $y_x^* = A \cdot 2^x$, 代入原方程, 有

$$A2^{x+1} - \frac{1}{2} A2^x = 5 \cdot 2^x,$$

$$\frac{3}{2}A2^x = 5\cdot 2^x,$$

得 $A=\frac{10}{3}, y_x^*=\frac{10}{3}\cdot 2^x$. 所给方程的通解为

$$y_x = C\left(\frac{1}{2}\right)^x + \frac{10}{3}\cdot 2^x.$$

由 $y_0=1$, 得 $C=-\frac{7}{3}$, 于是所给方程满足条件的特解为

$$y=-\frac{7}{3}\left(\frac{1}{2}\right)^x+\frac{10}{3}\cdot 2^x=\frac{1}{3}\left(-7\left(\frac{1}{2}\right)^x+10\cdot 2^x\right).$$

例 6 求解差分方程 $y_{x+1}+3y_x=x2^x$.

解 特征方程 $\lambda+3=0$, 从而特征根为 $\lambda=-3$, 故对应齐次方程通解为

$$\bar{y}_x=C(-3)^x,$$

C 为任意常数.

因为 $b=2$ 不是特征根, 所以可设原非齐次方程的特解为 $y_x^*=(a_0+a_1x)2^x$, 将它代入非齐次方程得

$$[a_0+a_1(x+1)]2^{x+1}+3(a_0+a_1x)2^x=x2^x,$$

即

$$5a_1x+5a_0+2a_1=x.$$

比较上式两端同次幂系数并解之, 得 $a_0=-\frac{2}{25}, a_1=\frac{1}{5}$, 于是, 所求特解为

$$y_x^*=\left(-\frac{2}{25}+\frac{1}{5}x\right)2^x.$$

因此, 原方程的通解为 $y_x=C(-3)^x+\left(-\frac{2}{25}+\frac{1}{5}x\right)2^x$.

求解非齐次线性方程 (10.6) 的通解, 除了利用线性方程解的结构定理, 通过分别求出对应齐次方程通解和非齐次方程一个特解的方法实现外, 还可以直接用迭代法计算, 这时将方程 (10.6) 改写成迭代方程形式

$$y_{x+1}=ay_x+f(x),\quad x=0,1,2,\cdots, \tag{10.14}$$

则有

$$y_1 = ay_0 + f(0),$$
$$y_2 = ay_1 + f(1) = a^2 y_0 + af(0) + f(1),$$
$$y_3 = ay_2 + f(2) = a^3 y_0 + a^2 f(0) + af(1) + f(2),$$
$$\cdots\cdots$$

一般地, 由数学归纳法可证

$$\begin{aligned} y_x &= a^x y_0 + a^{x-1} f(0) + a^{x-2} f(1) + \cdots + af(x-2) + f(x-1) \\ &= a^x y_0 + y^*(x), \quad x = 0, 1, 2, \cdots, \end{aligned}$$

其中

$$\begin{aligned} y^*(x) &= a^{x-1} f(0) + a^{x-2} f(1) + \cdots + af(x-2) + f(x-1) \\ &= \sum_{i=0}^{x-1} a^i f(x-i-1) \end{aligned} \tag{10.15}$$

为方程 (10.6) 的特解, $a^x y_0$ 为对应齐次方程的通解, y_0 为任意常数, 可记为 $C = y_0$.

例 7　求方程 $y_{x+1} - \frac{1}{2} y_x = 2^x$ 的通解.

解　将 $a = \frac{1}{2}, f(x) = 2^x$ 代入公式 (10.15), 有

$$\begin{aligned} y_x^* &= \sum_{i=0}^{x-1} \left(\frac{1}{2}\right)^i \cdot 2^{x-i-1} = 2^{x-1} \sum_{i=0}^{x-1} \left(\frac{1}{4}\right)^i \\ &= 2^{x-1} \cdot \frac{1 - \left(\frac{1}{4}\right)^x}{1 - \frac{1}{4}} = \frac{1}{3} \left(\frac{1}{2}\right)^{x-1} (2^{2x} - 1). \end{aligned}$$

所以, 所给方程的通解为

$$\begin{aligned} y_x &= C_1 \left(\frac{1}{2}\right)^x + \frac{1}{3} \left(\frac{1}{2}\right)^{x-1} (2^{2x} - 1) \\ &= C \left(\frac{1}{2}\right)^x + \frac{1}{3} \cdot 2^{x+1}, \end{aligned}$$

其中 $C = C_1 - \frac{2}{3}$ 为任意常数.

10.3 二阶常系数线性差分方程

二阶常系数线性差分方程的一般形式为

$$y_{x+2}+ay_{x+1}+by_x=f(x),\quad x=0,1,2,\cdots, \tag{10.16}$$

其中 a,b 为已知常数, 且 $b\neq 0, f(x)$ 为 x 的已知函数.

方程 (10.16) 对应的齐次方程为

$$y_{x+2}+ay_{x+1}+by_x=0. \tag{10.17}$$

根据定理 10.3, 为了求出方程 (10.16) 的通解, 只需求出其一个特解及其对应齐次方程 (10.17) 的通解, 然后将两者相加, 即得方程 (10.16) 的通解. 下面分别讨论齐次方程 (10.17) 的通解及非齐次方程特解的求解方法.

10.3.1 齐次方程的通解

根据定理 10.2, 为了求出齐次方程 (10.17) 的通解, 只需求出方程 (10.17) 的两个线性无关特解, 然后将它们线性组合, 即得方程 (10.17) 的通解. 找特解只要找到一类函数, 使 y_{x+2} 与 y_{x+1} 均为 y_x 的常数倍才能使方程 (10.17) 成立. 设 $y_x=\lambda^x,\lambda$ 为非零待定常数. 将特解代入方程 (10.17), 得

$$\lambda^x(\lambda^2+a\lambda+b)=0.$$

因 $\lambda\neq 0$, 故 $y_x=\lambda^x$ 为方程 (10.17) 特解的充要条件为

$$\lambda^2+a\lambda+b=0, \tag{10.18}$$

称式 (10.18) 为方程 (10.17) 的特征方程, 特征方程的解称为特征根或特征值. 并且同二阶常系数齐次线性微分方程类似. 方程 (10.17) 的通解根据它的特征根 λ_1 和 λ_2 的可能情形有以下三种形式.

(1) 特征方程有两个相异实根 λ_1,λ_2, 方程 (10.17) 的通解为

$$y_x=C_1\lambda_1^x+C_2\lambda_2^x, \tag{10.19}$$

C_1,C_2 为任意常数.

(2) 特征方程有重根 λ 时, 方程 (10.17) 的通解为

$$y_x=(C_1+C_2x)\lambda^x, \tag{10.20}$$

其中 $\lambda=\lambda_1=\lambda_2,C_1,C_2$ 为任意常数.

(3) 特征方程有一对共轭复根 $\lambda_1=\alpha+\mathrm{i}\beta,\lambda_2=\alpha-\mathrm{i}\beta,\lambda_1,\lambda_2$ 可改成 $\lambda_{1,2}=r(\cos\theta\pm\mathrm{i}\sin\theta)$, 其中 $r=\sqrt{\alpha^2+\beta^2},\theta=\arctan\dfrac{\beta}{\alpha}\left(\alpha=0,\theta=\dfrac{\pi}{2}\right)$.

方程 (10.17) 有解

$$y_1=\lambda_1^x=(r(\cos\theta+\mathrm{i}\sin\theta))^x=r^x(\cos\theta x+\mathrm{i}\sin\theta x),$$

$$y_2=\lambda_2^x=(r(\cos\theta-\mathrm{i}\sin\theta))^x=r^x(\cos\theta x-\mathrm{i}\sin\theta x).$$

根据定理 10.1 知

$$\frac{y_1+y_2}{2}=r^x\cos\theta x,\quad \frac{y_1-y_2}{2\mathrm{i}}=r^x\sin\theta x$$

也是方程 (10.17) 的解, 且 $r^x\cos\theta x$ 与 $r^x\sin\theta x$ 线性无关, 此时方程 (10.17) 的通解为

$$y_x=r^x(C_1\cos\theta x+C_2\sin\theta x). \tag{10.21}$$

例 1 求差分方程 $y_{x+2}+7y_{x+1}+12y_x=0$ 的通解.

解 特征方程为

$$\lambda^2+7\lambda+12=0,$$

解得两个相异实根 $\lambda_1=-3,\lambda_2=-4$, 于是所给方程的通解为

$$y_x=C_1(-3)^x+C_2(-4)^x,$$

其中 C_1,C_2 为任意常数.

例 2 求差分方程 $y_{x+2}-4y_{x+1}+4y_x=0$ 的通解.

解 特征方程为

$$\lambda^2-4\lambda+4=0,$$

解得特征根 $\lambda=2$ 为二重根, 则方程的通解为

$$y_x=(C_1+C_2x)\cdot 2^x,$$

其中 C_1,C_2 为任意常数.

例 3 求差分方程 $y_{x+2}+2y_{x+1}+2y_x=0$ 的通解.

解 特征方程为

$$\lambda^2+2\lambda+2=0,$$

解得特征根 $\lambda_1=-1+\mathrm{i},\lambda_2=-1-\mathrm{i}$,

$$r=\sqrt{(-1)^2+1^2}=\sqrt{2},\quad \theta=\arctan\frac{1}{-1}=-\frac{\pi}{4}.$$

因此所给方程的通解为

$$y_x=\sqrt{2}^x\left(C_1\cos\left(-\frac{\pi}{4}x\right)+C_2\sin\left(-\frac{\pi}{4}x\right)\right),$$

其中 C_1,C_2 为任意常数.

10.3.2 非齐次方程的特解和通解

求解常系数非齐次线性差分方程 (10.16) 的通解, 只要求出它的一个特解及它对应的齐次方程 (10.17) 的通解即可. 齐次方程通解问题前面已解决. 求常系数非齐次线性差分方程 (10.16) 的特解, 常用方法与求解一阶常系数非齐次线性差分方程的待定系数法类似. 下面介绍两种简单类型的函数 $f(x)$ 方程 (10.16) 的特解 y_x^* 的求法.

1. $f(x)=p_n(x),p_n(x)$ 为 x 的 n 次多项式

对方程

$$y_{x+2}+ay_{x+1}+by_x=p_n(x),\tag{10.22}$$

特解为

$$y_x^*=x^kQ_n(x),$$

其中 $Q_n(x)$ 是 x 的 n 次多项式, 系数待定. k 由方程 (10.22) 对应齐次方程特征方程 (10.17) 根的情况取 0, 1, 2. 当 1 不是特征根时取 $k=0$; 1 是特征方程单根时取 $k=1$; 当 1 是特征方程二重根时取 $k=2$.

即

$$y_x^*=x^kQ_m(x)=\begin{cases}Q_n(x), & 1\text{ 不是特征根},\\ xQ_n(x), & 1\text{ 是特征方程单根},\\ x^2Q_n(x), & 1\text{ 是特征方程二重根}.\end{cases}\tag{10.23}$$

例 4 求方程 $y_{x+2}+4y_{x+1}-5y_x=2x-3$ 的通解.

解 特征方程

$$\lambda^2+4\lambda-5=0,$$

得特征根 $\lambda_1=1,\lambda_2=-5$, 则齐次方程的通解为

$$\bar{y}_x=C_1+C_2(-5)^x.$$

1 是特征方程的单根, 设

$$y_x^*=x(a_0x+a_1)=a_0x^2+a_1x,$$

代入原方程, 有

$$12a_0x+8a_0+6a_1=2x-3,$$

比较系数, 解得 $a_0=\dfrac{1}{6},a_1=-\dfrac{13}{18}$. 故特解为

$$y_x^*=\frac{1}{6}x^2-\frac{13}{18}x.$$

所给方程的通解为

$$y_x=C_1+C_2(-5)^x+\frac{1}{6}x^2-\frac{13}{18}x,$$

其中 C_1,C_2 为任意常数.

例 5　求差分方程 $y_{x+2}-2y_{x+1}+y_x=2$ 的通解.

解　特征方程

$$\lambda^2-2\lambda+1=0,$$

解得 $\lambda=1$ 为二重根, 齐次方程的通解为

$$\bar{y}_x=C_1+C_2x.$$

由于 1 是特征方程的二重根, 原方程右端为零次多项式, 设 $y_x^*=Ax^2$ 代入原方程得 $A=1$, 特解为

$$y_x^*=x^2.$$

从而, 原方程的通解为

$$y_x=C_1+C_2x+x^2,$$

C_1,C_2 为任意常数.

例 6　求差分方程 $y_{x+2}+7y_{x+1}+12y_x=10x$ 的通解.

解 由例 1 知齐次方程的通解为

$$\bar{y}_x = C_1(-3)^x + C_2(-4)^x.$$

1 不是特征根, 设 $y_x^* = a_0x + a_1$, 代入原方程, 有

$$20a_0x + 9a_0 + 20a_1 = 10x,$$

比较系数, 得 $a_0 = \dfrac{1}{2}, a_1 = -\dfrac{9}{40}$, 特解为

$$y_x^* = \frac{1}{2}x - \frac{9}{40}.$$

所以原方程的通解为

$$y_x = C_1(-3)^x + C_2(-4)^x + \frac{1}{2}x - \frac{9}{40}.$$

2. $f(x) = d^xp_n(x), p_n(x)$ 是 n 次多项式.

对方程

$$y_{x+2} + ay_{x+1} + by_x = d^xp_n(x), \tag{10.24}$$

特解为

$$y_x^* = x^kd^xQ_n(x),$$

其中 $Q_n(x)$ 为 n 次多项式, 系数待定. 当 d 不是特征根时取 $k=0, d$ 是特征方程的单根时 $k=1$, 当 d 是特征方程的二重根时取 $k=2$, 即

$$y_x^* = x^kd^xQ_n(x) = \begin{cases} d^xQ_n(x), & d \text{ 不是特征根}, \\ xd^xQ_n(x), & d \text{ 是特征方程单根}, \\ x^2d^xQ_n(x), & d \text{ 是特征方程的二重根}. \end{cases}$$

综上所述, 对于不同形式的 $f(x)$, 二阶常系数非齐次线性差分方程 (10.16) 特解形式见表 10.2.

表 10.2

$f(x)$ 的形式	特解形式
$f(x) = p_n(x)$	$Q_n(x)$, 1 不是特征方程的根时 $xQ_n(x)$, 1 是特征方程单根时 $x^2Q_n(x)$, 1 是特征方程二重根时
$f(x) = d^xp_n(x)$	$d^xQ_n(x)$, d 不是特征方程的根时 $xd^xQ_n(x)$, d 是特征方程单根时 $x^2d^xQ_n(x)$, d 是特征方程二重根时

例 7　求差分方程 $y_{x+2}-5y_{x+1}+6y_x=4^x$ 的通解.

解　特征方程有两个实根 $\lambda_1=2$、$\lambda_2=3$, 因此齐次方程的通解为

$$\bar{y}_x=C_12^x+C_23^x.$$

由于 $d=4$ 不是特征方程的根, 设 $y_x^*=A4^x$, 代入原方程, 得

$$A4^{x+2}-5A4^{x+1}+6A4^x=4^x,\quad 2A=1,$$

得 $A=\dfrac{1}{2}$, 因此原方程的一个特解为 $y_x^*=\dfrac{1}{2}\cdot 4^x$, 则原方程的通解为

$$y_x=C_12^x+C_23^x+\frac{1}{2}\cdot 4^x,$$

其中 C_1,C_2 为任意常数.

例 8　求差分方程 $y_{x+2}-4y_{x+1}+4y_x=2^x$ 的通解.

解　特征方程有二重根 $\lambda=2$, 因此齐次方程的通解为 $\bar{y}_x=(C_1+C_2x)2^x$. 由于 $d=2$ 是特征方程的二重根, 设 $y_x^*=Ax^2\cdot 2^x$, 代入原方程, 得 $A=\dfrac{1}{8}$, 原方程有特解

$$y_x^*=\frac{1}{8}\cdot x^2\cdot 2^x.$$

因此该方程的通解为

$$y_x=(C_1+C_2x)2^x+\frac{1}{8}\cdot x^2\cdot 2^x,$$

C_1,C_2 为任意常数.

10.4 差分方程在经济学中的简单应用

10.4.1 “筹措教育经费”模型

某家庭从现在着手, 从每月工资中拿出一部分存入银行, 用于投资子女的教育, 并计划 20 年后开始从投资账户中每月支取 1000 元, 直到 10 年后子女大学毕业并用完全部资金. 要实现这个投资目标, 20 年共要筹措多少资金? 每月要在银行存入多少钱? 假设投资的月利率为 0.5%.

分析　这个家庭的教育经费要分为使用期与筹措期. 在使用期 10 年不再投入, 每月支出 1000 元. 而筹措期 20 年每月定额存入, 使 20 年年末的资金达到够

支付后 10 年每月 1000 元支出的数额. 所以应先考虑后 10 年共需多少资金, 再考虑筹措这些钱每月需存入多少.

使用期, 每月支出 1000 元, 此时不再存入, 这 120 个月之间第 $t+1$ 个月账户额资金 a_{t+1} 是从第 t 个月的资金的基础上扣除 1000 元, 而月利率为 0.5%. 所以有差分方程

$$a_{t+1} = 1.005a_t - 1000, \tag{10.25}$$

且有 $a_{120} = 0, a_0 = x, x$ 为可供使用的资金, 即前 20 年共筹措的资金.

解 解方程 (10.25), 得通解

$$a_t = (1.005)^t C - \frac{1000}{1-1.005} = (1.005)^t C + 2\ 00000.$$

而 $a_{120} = (1.005)^{120} C + 2\ 00000 = 0$, 得 $C = -\dfrac{2\ 00000}{(1.005)^{120}}$, 则

$$x = 2\ 00000 - \frac{2\ 00000}{(1.005)^{120}} = 90073.45,$$

即前 20 年年末账户上资金数额应为 90073.45. 筹措期, 每月存入 b 元, 第 $t+1$ 个月账户上资金 b_{t+1} 应是在第 t 个月账户资金的基础上再存入 b 元, 月利率为 0.5%, 则有差分方程

$$b_{t+1} = 1.005b_t + b, \tag{10.26}$$

且 $b_0 = 0, b_{240} = 90073.45$.

解方程 (10.26), 得通解

$$b_t = (1.005)^t C + \frac{b}{1-1.005} = (1.005)^t C - 200b.$$

由 $b_{240} = (1.005)^{240} C - 200b = 90073.45$ 及 $b_0 = C - 200b = 0$. 得

$$b = 194.95,$$

即要达到投资目标, 20 年内要筹措资金 9 0073.45 元, 平均每月要存入 194.95.

10.4.2 价格变动模型

设 p_x 是商品在 x 时点的价格, D_x 是该商品价格为 p_x 时的需求量, s_x 是相应的供给量. 下面在需求函数与供给函数为线性函数情况下讨论价格变动的供需

问题. 设

$$\begin{cases} D_x = \alpha + ap_x, \alpha > 0, a < 0, \\ s_x = \beta + bp_{x-1}, \beta > 0, b > 0, \\ D_x = s_x, \\ p_0 \text{ 已知}, \end{cases} \tag{10.27}$$

由式 (10.27), 得价格的一阶线性差分方程

$$p_x - \frac{b}{a}p_{x-1} = \frac{\beta - \alpha}{a}, \tag{10.28}$$

且初始点的价格 p_0 已知.

方程 (10.28) 对应的齐次方程为 $p_x - \frac{b}{a}p_{x-1} = 0$, 通解为 $p = C\left(\frac{b}{a}\right)^x$. 设特解为 $p_x^* = A$ 代入方程 (10.28) 有

$$A - \frac{b}{a}A = \frac{\beta - \alpha}{a},$$

得 $A = \frac{\beta - \alpha}{a - b}$, 则 $p_x^* = \frac{\beta - \alpha}{a - b}$.

方程 (10.28) 的通解为 $p_x = C\left(\frac{b}{a}\right)^x + \frac{\beta - \alpha}{a - b}$. 又 $p_0 = C + \frac{\beta - \alpha}{a - b}, C = p_0 - \frac{\beta - \alpha}{a - b}$, 得

$$p_x = \left(p_0 - \frac{\beta - \alpha}{a - b}\right)\left(\frac{b}{a}\right)^x + \frac{\beta - \alpha}{a - b}, \tag{10.29}$$

由于 $a < 0, b > 0$, 所以 $\frac{b}{a} < 0$, 即由式 (10.29) 确定的价格变动都是交错变动. 进一步, 有:

(1) 若 $b > -a$, 则当 $n \to \infty$ 时, $p_x \to \pm\infty$, 即价格变动是一种增幅震荡.

(2) $b = -a$, 则 p_x 在 $p_0 - \frac{\beta - \alpha}{a - b}$ 与 $\frac{\beta - \alpha}{a - b}$ 之间交错取值, 即价格变动是一种规则振荡.

(3) 若 $b < -a$, 则当 $n \to \infty$ 时, $p_x \to \frac{\beta - \alpha}{a - b}$. 即价格变动是一种阻尼振荡.

式 (10.27) 即是经济学中的蛛网模型.

10.4.3 国民收入的稳定分析模型

本模型主要讨论国民收入与消费和积累之间的关系问题.

设第 x 期内的国民收入 y_x 主要用于该期内的消费 C_x, 再生产投资 I_x 和政府用于公共设施的开支 G (定为常数), 即有

$$y_x = C_x + I_x + G, \tag{10.30}$$

又设第 x 期的消费水平与前一期的国民收入水平有关, 即

$$C_x = Ay_{x-1}(0 < A < 1), \tag{10.31}$$

第 x 期的生产投资取决于消费水平的变化, 即有

$$I_x = B(C_x - C_{x-1}). \tag{10.32}$$

由方程 (10.30) ~ 方程 (10.32) 合并整理得

$$y_x - A(1 + By_{x-1}) + BAy_{x-2} = G, \tag{10.33}$$

这是一个二阶常系数线性差分方程. 于是, 对应于 A, B, G 以及 y_0, y_1 可解方程, 并讨论国民收入的变化趋势和稳定性.

例如, $A = \dfrac{1}{2}, B = 1, G = 1, y_0 = 2, y_1 = 3$ 则方程 (10.33) 满足条件的特解为

$$y_x = \sqrt{2}\sin\frac{\pi}{4}x + 2.$$

结果表明, 在上述条件下, 国民收入将在 2 个单位上下波动, 且上下波动幅度为 $\sqrt{2}$.

习 题 10

(A)

1. 计算下列各题的差分:

(1) $y_x = x^2 + 3x$, 求 $\Delta^2 y_x$; (2) $y_x = 4^x$, 求 $\Delta^2 y_x$;

(3) $y_x = (x+1)^3 + 2$, 求 $\Delta^3 y_x$; (4) $y_x = \ln(x+3)$, 求 $\Delta^2 y_x$.

2. 已知 $y_x = C_1 + C_2 a^x$ 是方程 $y_{x+2} - 3y_{x+1} + 2y_x = 0$ 的通解, 求满足条件的常数 a.

3. 已知 $y_x = \mathrm{e}^x$ 是差分方程 $y_{x+1} + ay_{x-1} = 2\mathrm{e}^x$ 的一个特解, 求 a.

4. 试证函数 $y_1(x) = (-2)^x$ 和 $y_2(x) = x(-2)^x$ 是方程 $y_{x+2} + 4y_{x+1} + 4y_x = 0$ 的两个线性无关解, 并求该方程的通解.

5. 求下列各差分方程的通解或在给定条件下的特解:

(1) $y_{x+1} - 2y_x = 0$; (2) $y_{x+1} - 3y_x = 2$;

(3) $y_{x+1} - y_x = 2x + 1$; (4) $y_{x+1} - 4y_x = 2^{x+1}$;

(5) $y_{x+1} - 6y_x = 6^{x+1}, y_0 = 1$; (6) $y_{x+1} - 5y_x = (1 + 2x)5^{x+1}, y_0 = 2$.

6. 求下列各差分方程的通解或在给定条件下的特解:

(1) $y_{x+2} - 5y_{x+1} + 6y_x = 0$; (2) $y_{x+2} - 49y_{x+1} + 48y_x = 0$;

(3) $y_{x+2} - 18y_{x+1} + 81y_x = 0$; (4) $y_{x+2} + 100y_x = 0$;

(5) $y_{x+2} - 2y_{x+1} + y_x = 0, y_0 = 1, y_1 = 2$; (6) $y_{x+2} - 3y_{x+1} = 0, y_0 = 1$.

7. 求下列各差分方程的通解或在给定条件下的特解:

(1) $y_{x+2} - 9y_{x+1} + 14y_x = 5$; (2) $y_{x+2} - 9y_{x+1} + 8y_x = -7$;

(3) $y_{x+2} - 12y_{x+1} + 36y_x = 125$; (4) $y_{x+2} - 10y_{x+1} + 24y_x = 3^{x+1}$;

(5) $y_{x+2} - 8y_{x+1} + 12y_x = 5x - 6, y_0 = 0, y_1 = 1$;

(6) $y_{x+2} - 8y_{x+1} + 7y_x = -12x - 4, y_0 = 0, y_1 = 1$.

8. 已知某人欠有债务 25000 元, 月利率为 1%, 计划在 12 个月内用分期付款的方法还清债务, 每月要付出多少钱? 设 a_x 为付款 x 次后还剩欠款数, 求每月付款 p 元使 $a_{12} = 0$ 的差分方程.

9. 设 Y_t 为 t 期国民收入, S_t 为 t 期储蓄, I_t 为 t 期投资. 三者之间有如下关系:

$$\begin{cases} S_t = \alpha Y_t + \beta, & 0 < \alpha < 1, \beta \geqslant 0, \\ I_t = \gamma(Y_t - Y_{t-1}), & \gamma > 0, \\ S_t = \delta I_t, & \delta > 0, \end{cases}$$

已知 Y_0, 试求 Y_t, S_t, I_t.

10. 设 Y_t 为 t 期国民收入, C_t 为 t 期消费, I 为投资 (各期相同), 卡恩 (Kahn) 曾提出如下宏观经济模型

$$Y_t = C_t + I, \quad C_t = \alpha Y_{t-1} + \beta,$$

其中 $0 < \alpha < 1, \beta > 0$. 已知 Y_0, 试求 Y_t 和 C_t.

(B)

1. (2017) 差分方程 $y_{t+1} - 2y_t = 2^t$ 通解为 $y_t =$ ____________.

2. (2018) 差分方程 $\Delta^2 y_x - y_x = 5$ 的通解____________.

3. (2021) 差分方程 $\Delta y_t = t$ 的通解为 $y_t =$ ____________.

4. 将差分方程 $\Delta^3 y_x + 2\Delta^2 y_x + \Delta y_x = 5$ 化成函数值形式表示的方程, 并指出其阶数.

5. 将差分方程 $y_{x+3} - 2y_{x+2} + 3y_{x+1} + y_x = 2x - 1$ 化成以函数差分 $\Delta y_x, \Delta^2 y_x, \cdots$ 表示的形式.

6. 验证下列函数是否为所给方程的解 (题中 C, C_1, C_2, C_3 为任意常数):

(1) $y_x = C + x, y_{x+1} - y_x = 1$;

(2) $y_x = C2^x, y_{x+1} - 2y_x = 0$;

(3) $y_x = C_1 + C_2x + x^2, y_{x+2} - 2y_{x+1} + y_x = 2$;

(4) $y_x = C_1 2^x + C_2 3^x - x, y_{x+2} - 5y_{x+1} + 6y_x = -2x + 3$;

(5) $y_x = C_1 + C_2x + C_3x^2 + x^4, y_{x+4} - 4y_{x+3} + 6y_{x+2} - 4y_{x+1} + y_x = 0$;

(6) $y_x = \dfrac{1}{1+Cx}, (1+y_x)y_{x+1} = y_x$.

第10章自测题

习题参考答案及提示

习 题 1

(A)

1. (1) $(-2,0)$; (2) $(-\infty,1]\cup[4,+\infty)$; (3) $[-2,0)\cup(0,2]$; (4) $(-3,-1]\cup[3,5)$; (5) $(1,2)$.

2. $1,2,9,3x^2+2x+1,\dfrac{3}{x^2}-\dfrac{2}{x}+1,3x^2+4x+2$.

3. x^2+x.

4. $x^2-2(x\neq 0)$. 5. $\dfrac{x}{1-2x}\left(x\neq 1,x\neq\dfrac{1}{2}\right)$, $\dfrac{x}{1-3x}\left(x\neq 1,\dfrac{1}{2},\dfrac{1}{3}\right)$.

6. (1) $[-1,1]$; (2) $[-2,-1)\cup(-1,1)\cup(1,+\infty)$; (3) $(-\infty,+\infty)$; (4) $[0,1]$;

(5) $(-\infty,0)\cup(0,1)$; (6) $[-2\pi,-5]\cup\left(\bigcup\limits_{\substack{k\in\mathbf{Z}\\k\neq-1,0}}[2k\pi,(2k+1)\pi]\right)$; (7) $(1,10)$.

7. (1) $[2,3]$; (2) $\bigcup\limits_{k\in\mathbf{Z}}[2k\pi,(2k+1)\pi]$; (3) $[1,\mathrm{e}]$, (4) $(-\infty,0]$; (5) $[1,+\infty)$.

8. (1) 相同; (2) 不同; (3) 相同; (4) 不同; (5) 相同.

9. (1) $(-2,2]$; (2) $\left(-\infty,\dfrac{\pi}{2}\right)\cup\left(\dfrac{\pi}{2},+\infty\right)$.

10. $y=\begin{cases}x^2-4x+5, & x\leqslant 1,\\ -x^2+4x-1, & 1<x<3,\\ x^2-4x+5, & x\geqslant 3.\end{cases}$ 11. $(-\infty,+\infty),0,0,\dfrac{2}{\pi}$.

12. $f(x)=\begin{cases}x^2-4, & 0\leqslant x\leqslant 1,\\ 2x, & 1<x\leqslant 4.\end{cases}$

13. (1) 偶; (2) 奇; (3) 奇; (4) 偶; (5) 奇; (6) 非奇非偶; (7) 奇; (8) 偶.

14. 略.

15. 略.

16. (1) 2; (2) 2π; (3) π; (4) π.

17. (1) $y=\dfrac{1}{3}x+\dfrac{2}{3}$; (2) $y=\dfrac{5x+3}{-4x+2}$;

(3) $y=\dfrac{1}{2}\log_a x-\dfrac{1}{2}\log_a 3+2$; (4) $y=\dfrac{1}{3}\cdot 10^{\frac{x-1}{2}}+\dfrac{1}{3}$;

(5) $y=\dfrac{3}{4}\sin\dfrac{x+5}{2}-\dfrac{1}{4},x\in[-\pi-5,\pi-5]$;

(6) $y=\pi-\arcsin x;x\in[0,1]$; (7) $y=\arccos x,x\in[-1,1]$;

(8) $y=\begin{cases}-\sqrt{-x-1}, & -5\leqslant x<-1,\\ \sqrt{1-x^2}, & 0\leqslant x\leqslant 1,\\ \log_2 x+1, & x>1.\end{cases}$

18. (1) $y=\sin^2(2x-3)$; (2) $y=\mathrm{e}^{\mathrm{e}^{x^2}}$.

19. (1) $y=\sin u, u=2x$; (2) $y=u^2, u=\sin x$;

(3) $y=\sin u, u=x^2$; (4) $y=2u, u=\sin x$;

(5) $y=\sin u, u=2^x$; (6) $y=\mathrm{e}^u, u=xv, v=\ln x$;

(7) $y=\arcsin u, u=\dfrac{1}{x}$;

(8) $y=u^2, u=\cos v, v=\ln w, w=\tan t, t=\sqrt{s}, s=3x+1$.

20. $s=2\pi r^2+\dfrac{2V}{r}, r\in(0,+\infty)$.

21. $y=\begin{cases}400x, & 0\leqslant x\leqslant 1000,\\ 40000+360x, & 1000<x\leqslant 1200,\\ 427000, & x>1200.\end{cases}$

22. (1) $\overline{C}(Q)=6.75-0.0003Q-\dfrac{10485}{Q}$;

(2) $C(5000)=15765, \overline{C}(500)=3.153$.

23. (1) $R(Q)=-\dfrac{Q}{b}\ln\dfrac{Q}{a}, \overline{R}(Q)=-\dfrac{1}{b}\ln\dfrac{Q}{a}$;

(2) $L(Q)=-\dfrac{Q}{b}\ln\dfrac{Q}{a}-100Q-Q^2$.

24. (1) $R(x)=\begin{cases}3x-\dfrac{1}{2}x^2-2, & 0\leqslant x\leqslant 4,\\ 6-x, & x>4;\end{cases}$

(2) $L(2)=2$ (万元), $L(3)=2.5$ (万元), $L(4)=2$ (万元).

25. $Q=10+5\cdot 2^P$.

(B)

1. (D). 2. (D). 3. (C). 4. (C). 5. (C). 6. (D).

7. $[-1,0)\cup(0,1)\cup(1,2)\cup(2,3)\cup(3,7]$.

8. $f(-x)=\begin{cases}x^2-x, & x<0,\\ x^2, & x\geqslant 0.\end{cases}$

9. $y=\begin{cases}\sqrt{1+x} & -1<x<0,\\ -\sqrt{x}, & 0\leqslant x\leqslant 1.\end{cases}$

10. $f(\varphi(x))=\begin{cases}e^{x+2}, & x<-1,\\ x+2, & -1\leqslant x<0,\\ e^{x^2-1}, & 0\leqslant x<\sqrt{2},\\ x^2-1, & x\geqslant\sqrt{2}.\end{cases}$

11. 提示: 对任意 $x\in(-\infty,+\infty)$, $f(a-x)=f(a+x)$, $f(b-x)=f(b+x)$, $\cdots$; 周期 $T=2(b-a)$.

12. $\varphi(x)=\sqrt{\ln(1-x)}$, $x\leqslant 0$.

习 题 2

(A)

1. (1) 0, 1, 0, $\frac{1}{2}$, 0; (2) 1, 0, -1, 0, 1; (3) 2, $\left(\frac{3}{2}\right)^2$, $\left(\frac{4}{3}\right)^3$, $\left(\frac{5}{4}\right)^4$, $\left(\frac{6}{5}\right)^5$;
(4) m, $\frac{m(m-1)}{2!}$, $\frac{m(m-1)(m-2)}{3!}$, $\frac{m(m-1)(m-2)(m-3)}{4!}$, $\frac{m(m-1)(m-2)(m-3)(m-4)}{5!}$.

2. (1) 收敛于零; (2) 振荡式发散; (3) 收敛于零; (4) 发散于 ∞.

3. 略. 4. (1) ~ (3) 略; (4) 按 $a>1, 0<a<1$ 两种情形分别证明.

5. (1) $\lim\limits_{x\to 1}f(x)$ 不存在, 图略; (2) $\lim\limits_{x\to 0}f(x)=0$ 存在, $\lim\limits_{x\to 1}f(x)$ 不存在, 图略.

6. (1) 不正确; (2) 正确; (3) 不正确; (4) 不正确; (5) 不正确; (6) 不正确.

7. (1) 是无穷小量; (2) 和 (4) 是无穷大量.

8. (1) $x\to-\frac{1}{2}$ 或 $x\to\infty$; (2) $x\to 1$; (3) $x\to 0^-$; (4) $x\to k\pi+\frac{\pi}{4}(k\in\mathbf{Z})$.

9. (1) $x\to\sqrt{2}$ 或 $x\to-\sqrt{2}$; (2) $x\to k\pi+\frac{\pi}{2}(k\in\mathbf{Z})$;
(3) $x\to(k\pi)^+$ 或 $x\to\left(k\pi+\frac{\pi}{2}\right)^-$ $(k\in\mathbf{Z})$; (4) $x\to 0$.

10. (1) 28; (2) $-\frac{1}{5}$; (3) ∞; (4) 2; (5) 1; (6) $\frac{n}{m}$; (7) $3x^2$; (8) 0; (9) $\frac{4}{3}$; (10) $-\frac{1}{2}$; (11) $-\frac{1}{2}$; (12) -1; (13) 0; (14) ∞; (15) $\frac{4}{3}$; (16) 0; (17) 1; (18) -1; (19) $\frac{p+q}{2}$; (20) $+\infty$; (21) 1; (22) $\frac{1-b}{1-a}$; (23) 0; (24) 0; (25) $\frac{41}{333}$; (26) $6x-2$.

11. $-1, 1, 0, 0, -\frac{1}{3}, -1, \frac{1}{3}$. 12. $k=3$.

13. $a=-2, b=-3$. 14. $a=-1, b=28$.

15. $a=-\dfrac{1}{2}, b=-\dfrac{7}{4}$.

16. (1) $p=1, q=0$; (2) p 任意, $q\neq 0$; (3) $p=2, q=0$;

17. (D). 18. (1) 1; (2) 2.

19. (1) 2; (2) 1; (3) $\dfrac{1}{2}$; (4) 1; (5) 4; (6)1.

20. (1) e^{-1}; (2) 1; (3) e; (4) e^{3}; (5) e^{-6}; (6) 3.

21. (1) $\dfrac{3}{2}$; (2) 4; (3) 9; (4) $\cos a$; (5) e^{-3}; (6) $\dfrac{m}{n}$.

22. (1) 同阶; (2) 等阶; (3) 同阶; (4) $\ln(1+x)-\sin x=o(x)$.

23. 略. 24. 连续.

25. (1) 1; (2) 2; (3) e^{4}; (4) 0.

26. (1) $x=1$ 是可去型间断点, $x=2$ 是无穷型间断点;

(2) $x=0$ 是可去型间断点;

(3) $x=0,\pm 1$ 是可去型间断点, $x=k\pi(k=\pm 2,\pm 3,\cdots)$ 是无穷型间断点;

(4) $x=1$ 是跳跃型间断点

27. $k=1$. 28. $(-3,0)\cup(0,1]$. 29. 略. 30. 略. 31. 略.

(B)

1. (A). 2. (D). 3. (D). 4. (A). 5. (C). 6. (C). 7. (A). 8. (C). 9. (D).

10. 6.

11. $\sin 1-\cos 1$.

12. $\dfrac{1}{\mathrm{e}}$.

13. $\dfrac{1}{2\mathrm{e}}\sin\dfrac{1}{\mathrm{e}}$.

14. $\mathrm{e}^{\frac{1}{2}}$.

15. $\dfrac{2}{3}$.

16. $a=-1,\ b=-\dfrac{1}{2},\ k=-\dfrac{1}{3}$.

17. $a=b=1$.

18. $a=1,\ b=-\dfrac{\mathrm{e}}{2}$.

19. $a=\dfrac{\mathrm{e}^{-1}-\mathrm{e}}{\pi}$.

20. 提示: 利用单调有界定理, $\lim\limits_{n\to\infty}x_n=3$.

21. 提示: 对辅助函数 $F(x)=f(x)-x$, 利用零点定理.

22. 提示：考虑辅助函数 $F(x)=f(x)-f\left(x+\dfrac{a}{2}\right)$.

习　题　3

(A)

1. (1) $-\dfrac{1}{x^2}$; (2) $\dfrac{2}{3}\dfrac{1}{\sqrt[3]{x}}$; (3) $\dfrac{1}{2}$.　2. 12.

3. (1) $2f'(x_0)$; (2) $-f'(x_0)$; (3) $3f'(x_0)$; (4) $2f'(x_0)$; (5) $f'(0)$; (6) $f'(0)$.

4. $x+y-\pi=0; x-y-\pi=0$.　5. $(\ln 2, 2)$.　6. $a=\dfrac{1}{2\mathrm{e}}$.　7. 可导且 $f'(0)=1$.

8. 可导且 $f'(0)=0$.　9. $\varphi(a)$.　10. $a=2, b=-1$.　11. 连续, 不可导.

12. (1) $y'=3x^2-2$;　(2) $y'=\dfrac{a}{a+b}$;　(3) $y'=x^2+\dfrac{4}{x^3}+1$;

(4) $y'=\dfrac{1}{\sqrt{x}}+\dfrac{1}{x^2}$;　(5) $y'=\dfrac{1}{2x\ln a}$;　(6) $y'=\mathrm{e}^x(\cos x-\sin x)$;

(7) $y'=-\dfrac{1}{2\sqrt{x}}\left(1+\dfrac{1}{x}\right)$;　(8) $y'=\dfrac{1-\ln x}{x^2}$;　(9) $y'=-\dfrac{2}{x(1+\ln x)^2}$;

(10) $y'=\dfrac{7}{8}x^{-\frac{1}{8}}$;　(11) $y'=\dfrac{2(1-2x)}{(1-x+x^2)^2}$;

(12) $y'=\sin x\ln x+x\cos x\ln x+\sin x$;　(13) $y'=2\cos 2x$;

(14) $y'=3x^2+12x+11$;　(15) $y'=\dfrac{5}{1+\cos}$;　(16) $y'=\dfrac{2\mathrm{e}^x}{(1-\mathrm{e}^x)^2}$.

13. (1) $y'=15(3x+1)^4$; (2) $y'=\dfrac{x}{\sqrt{(1-x^2)^3}}$;　(3) $y'=\dfrac{1}{x\ln x}$;

(4) $y'=-\tan x$;　(5) $y'=\dfrac{x}{\sqrt{x^2-a^2}}$;　(6) $y'=-\dfrac{1}{1+x^2}$;

(7) $y'=\dfrac{1}{x^2+2}$;　(8) $y'=\dfrac{\ln x}{x\sqrt{1+\ln^2 x}}$;　(9) $y'=\dfrac{1}{2x}\left(1+\dfrac{1}{\sqrt{\ln x}}\right)$;

(10) $y'=\sec x$;　(11) $y'=\dfrac{1}{2(1+x^2)}$;　(12) $y'=\mathrm{e}^{2x}\left(2\cos\sqrt{2x}-\dfrac{\sin\sqrt{2x}}{\sqrt{2x}}\right)$;

(13) $y'=\dfrac{\mathrm{e}^x}{\sqrt{1+\mathrm{e}^{2x}}}$;　(14) $y'=2\sin(\ln x)$;　(15) $y'=2x\sec^2 x\tan x$;

(16) $y'=\dfrac{1}{1+x^2}$;　(17) $y'=a^a x^{a^a-1}+\ln a\cdot x^{a-1}a^{x^a+1}+\ln^2 a\cdot a^{a^x+x}$;

(18) $y'=\dfrac{\mathrm{e}^x-1}{\mathrm{e}^{2x}+1}$;　(19) $y'=\sin x\ln\tan x$;　(20) $y'=(\arcsin x)^2$.

14. $f'(x)=-\dfrac{1}{(1+x)^2}$.

15. (1) $2xf'(x^2)$;　(2) $3f'(0)$;　(3) $\sin 2x[f'(\sin^2 x)-f'(\cos^2 x)]$;

(4) $\dfrac{\mathrm{d}y}{\mathrm{d}x}=\mathrm{e}^{f(x)}[f'(\mathrm{e}^x)\mathrm{e}^x+f'(x)f(\mathrm{e}^x)]$.

16. 略.

17. (1) $\frac{dy}{dx}=-\sqrt{\frac{y}{x}}$; (2) $y'=-y$; (3) $\frac{dy}{dx}=\frac{y\ln y}{y-x}$;

(4) $\frac{dy}{dx}=-\frac{y}{x+e^y}$; (5) $\frac{dy}{dx}=\frac{x+y}{x-y}$; (6) $\frac{dy}{dx}=-\frac{1+y\sin(xy)}{x\sin(xy)}$.

18. $x+2y-3=0, 2x-y-1=0$.

19. (1) $x^{x^2+1}(2\ln x+1)$; (2) $(\ln x)^x\left[\ln\ln x+\frac{1}{\ln x}\right]$; (3) $\frac{y(x\ln y-y)}{x(y\ln x-x)}$;

(4) $\left(\frac{b}{a}\right)^x\left(\frac{b}{x}\right)^a\left(\frac{x}{a}\right)^b\left(\ln\frac{b}{a}+\frac{b-a}{x}\right)$;

(5) $\frac{(1-x)(1+2x)^2}{\sqrt[3]{1+x}}\left(\frac{1}{x-1}+\frac{4}{1+2x}-\frac{1}{3x+3}\right)$.

20. (1) $\frac{1}{x}$; (2) $2\arctan x+\frac{2x}{1+x^2}$; (3) $e^x\left(\frac{1}{x}-\frac{2}{x^2}+\frac{2}{x^3}\right)$;

(4) $\frac{f''(x)f(x)-[f'(x)]^2}{[f(x)]^2}$; (5) $-\frac{2}{y^3}\left(1+\frac{1}{y^2}\right)$; (6) $-\frac{4\sin y}{(2-\cos y)^3}$.

21. $-\frac{1}{2\pi}$; $-\frac{1}{4\pi^2}$.

22. (1) $\cos\left(x+n\cdot\frac{\pi}{2}\right)$; (2) $2^{n-1}\cos\left(2x+n\cdot\frac{\pi}{2}\right)$; (3) $(-1)^{n-1}(n-x)e^{-x}$;

(4) $(-1)^n\frac{2\cdot n!}{(1+x)^{n+1}}$; (5) $n!\left[\frac{(-1)^n}{x^{n+1}}+\frac{1}{(1-x)^{n+1}}\right]$.

23. $y^{(n)}=\frac{2-\ln x}{x\ln^3 x}$.

24. $y^{(20)}=2^{20}e^{2x}(x^2+20x+95)$.

25. (1) $-\frac{x}{\sqrt{1-x^2}}dx$; (2) $\csc x dx$; (3) $\frac{1}{2\sqrt{x-x^2}}dx$; (4) $\ln x dx$;

(5) $\frac{2-\ln x}{2x\sqrt{x}}dx$; (6) $x^x(\ln x+1)dx$; (7) $\frac{y}{\cos y-x}dx$; (8) $\frac{y(\cos x-\sin x)}{(y-1)\sin x}dx$.

26. $\frac{dy}{dx}=\frac{\psi'(t)}{\varphi'(\tau)}$; $2t$.

27. (1) 2.7455; (2) 0.4849; (3) −0.8748; (4) 0.7904.

28. $40\pi cm^2/s$. 29. $dA=104.7cm^2$. 30. 略.

(B)

1. (D). 2. (B). 3. (B). 4. (A). 5. (B). 6. (A). 7. (B). 8. (D).

9. $y=x-1$.

10. 0.

11. (1) 略.

(2) $f'(x)=u_1'(x)u_2(x)\cdots u_n(x)+u_1(x)u_2'(x)\cdots u_n(x)+\cdots+u_1(x)u_2(x)\cdots u_n'(x)$.

12. $\dfrac{4x^2f''\left(x^2+y\right)+2f'\left(x^2+y\right)\left(1-f'\left(x^2+y\right)\right)^2}{\left(1-f'\left(x^2+y\right)\right)^3}$.

习 题 4

(A)

1. (1) 满足, $\xi=2$; (2) 不满足; (3) 满足, $\xi=0$.

2. (1) 满足, $\xi=\dfrac{a+b}{2}$; (2) 满足, $\xi=\dfrac{2}{\ln 2}$; (3) 满足, $\xi=-\dfrac{\sqrt{3}}{3}$.

3. $\xi=\dfrac{14}{9}$.

4. 共有 2010 个实根, 分别在区间 $(0,1),(1,2),\cdots,(2009,2010)$ 内.

5. 提示: 在 $[a,x]$ 上使用拉格朗日中值定理.

6. 略.

7. 提示: 用反证法及罗尔中值定理.

8. 略.

9. (1) 1; (2) $\dfrac{16}{3}$; (3) 2; (4) ∞; (5) 1; (6) 1; (7) 0; (8) $\dfrac{\ln a}{6}$; (9) $\dfrac{1}{2}$; (10) π; (11) 1; (12) 1; (13) e^{-1}; (14) 6.

10. (1) 单增区间: $(-\infty,-1]$ 和 $[3,+\infty)$, 单减区间: $[-1,3]$, 极大值: 17, 极小值: -47.

(2) 单增区间: $(-\infty,-1]$ 和 $[1,+\infty)$, 单减区间: $[-1,0)$ 和 $(0,1]$, 极大值: -2, 极小值: 2.

(3) 单增区间: $\left[\dfrac{1}{2},1\right]$, 单减区间: $(-\infty,0)$ 和 $\left(0,\dfrac{1}{2}\right]$ 和 $[1,+\infty)$, 极大值: 1, 极小值: $\dfrac{4}{5}$.

(4) 单增区间: $\left(-\infty,\dfrac{1}{5}\right]$ 和 $[1,+\infty)$, 单减区间: $\left[\dfrac{1}{5},1\right]$, 极大值: $\dfrac{3456}{3125}$, 极小值: 0.

(5) 单增区间: $\left[-1,\dfrac{1}{2}\right]$ 和 $[5,+\infty)$, 单减区间: $(-\infty,-1]$ 和 $\left[\dfrac{1}{2},5\right]$,

极大值: $f\left(\dfrac{1}{2}\right)=\dfrac{81}{8}\sqrt[3]{18}$, 极小值: $f(-1)=0, f(5)=0$.

(6) 单增区间: $(-\infty,+\infty)$, 无极值.

(7) 单增区间: $\left[-1,\dfrac{1}{2}\right]$, 单减区间: $\left[\dfrac{1}{2},2\right]$, 极大值: $\dfrac{3}{2}$.

(8) 单增区间: [0,2], 单减区间: $(-\infty,0]$ 和 $[2,+\infty)$, 极大值: $\dfrac{4}{\mathrm{e}^2}$, 极小值: 0.

11. (1) 极小值 $f(3)=-22$, 极大值 $f(-1)=10$. (2) 略.

12. (1) 最大值 $y(1)=-15$, 最小值 $y(3)=-47$.

(2) 最大值 $y(4)=6$, 最小值 $y(0)=0$.

(3) 最大值 $y(-10)=132$, 最小值 $y(1)=y(2)=0$.

(4) 最小值 $y\left(\frac{\pi}{4}\right)=1$, 无最大值.

13. 略.

14. $\frac{a}{6}$.

15. 底半径为 $\sqrt[3]{\frac{V}{2\pi}}$, 高为 $2\sqrt[3]{\frac{V}{2\pi}}$.

16. 每批 800 件, 分 30 批.

17. (1) $x=6, P=12$; (2) $x=4, P=16$.

18. (1) 125, 12.5; (2) $Q=20, \overline{C}(20)=10$.

19. 1800 元.

20. (1) 上凹区间: $\left(-\infty, \frac{1}{3}\right)$, 下凹区间: $\left(\frac{1}{3}, +\infty\right)$, 拐点: $\left(\frac{1}{3}, \frac{2}{27}\right)$.

(2) 上凹区间: $(-\infty, 0)$ 和 $\left(\frac{2}{3}, +\infty\right)$, 下凹区间: $\left(0, \frac{2}{3}\right)$, 拐点: $(0,0)$ 和 $\left(\frac{2}{3}, -\frac{16}{27}\right)$.

(3) 上凹区间: $(2, +\infty)$, 下凹区间: $(-\infty, 2)$, 拐点: $\left(2, \frac{2}{e^2}\right)$.

(4) 上凹区间: $(0,1)$, 下凹区间: $(-\infty, 0)$ 和 $(1, +\infty)$, 拐点: $(0,1)$ 和 $(1,2)$.

21. $a=-\frac{1}{2}, b=\frac{3}{2}, c=0, d=0$.

22. $21x-y-18=0$.

23. (1) 无渐近线; (2) $y=0, x=-1, x=1$; (3) $y=0, y=2, x=0$;

(4) $y=1, y=-1, x=1, x=-1$; (5) $y=x+\frac{\pi}{2}, y=x-\frac{\pi}{2}$.

24. 略.

25. (1) $C'(10)=9.5$ (元/吨). 经济意义: 生产第 100 吨 (或第 101 吨) 产品所花的成本是 9.5 元.

(2) 约 9.4 元/吨. 经济意义: 产量从第 100 吨到第 121 吨之间, 产量每增加 1 吨, 成本平均增加 9.4 元或第 100 吨到第 121 吨这 21 吨产品平均每吨的成本是 9.4 元.

26. (1) $C'(Q)=5, R'(Q)=10-0.02Q, L'(Q)=5-0.02Q$;

(2) $C'(200)=5, R'(200)=6, L'(200)=1$. 它们的经济意义是: 生产第 200 个单位或第 201 个单位产品所花的成本、所获的收益及所获得的利润分别是 5, 6 及 1 个单位;

(3) $Q=250$.

27. (1) $f'(4)=-8$, 表示价格为 4 时若涨价 (或降价) 一个单位, 需求量将减少 (或增加) 8 个单位;

(2) $\eta(4)=-\frac{32}{59}$, 表示价格为 4 时若涨 (降) 价 1%, 需求量降减少 (增加)$\frac{32}{59}$%;

(3) $\left.\dfrac{ER}{EP}\right|_{R=4}=\dfrac{27}{59}$, 若涨价 1%, 总收益将增加 $\dfrac{27}{59}\%$;

(4) $\left.\dfrac{ER}{EP}\right|_{P=6}=-\dfrac{11}{13}$, 若涨价 1 个百分点, 总收益将减少 $\dfrac{11}{13}$ 个百分点;

(5) $P=5$.

(B)

1. (C). 2. (C). 3. (D). 4. (B). 5. (D). 6. (D).

7. $-\dfrac{1}{2}$.

8. $1+(1-Q)\,\mathrm{e}^{-Q}$.

9. $y=4x-3$.

10. $(\pi,-2)$.

11. 50.

12. $f'(0)<f(1)-f(0)<f'(1)$.

13. (1) 略. (2) $P=30$.

14. (1) $Q\,(P)=10\,(120-P)$.

(2) 当 $P=100$ 万元时，边际收益 $R'\,(200)=80$，其经济意义为：销售第 201 件商品所得的收益为 80 万元.

15. $\dfrac{1}{\ln 2}-1<k<\dfrac{1}{2}$.

16. 提示: 证明使用拉格朗日中值定理; $\lim\limits_{n\to\infty}x_n=0$.

17. $f'\,(x)=\begin{cases}2x^{2x}\,(\ln x+1)\,, & x>0,\\ (x+1)\,\mathrm{e}^{x}, & x<0,\end{cases}$

$x=-1$ 为极小值点, $f\,(-1)=1-\dfrac{1}{\mathrm{e}}$;

$x=0$ 为极大值点, $f\,(0)=1$;

$x=\dfrac{1}{\mathrm{e}}$ 为极小值点, $f\left(\dfrac{1}{\mathrm{e}}\right)=\mathrm{e}^{-\frac{2}{\mathrm{e}}}$.

18. $\dfrac{1}{2}\cdot\dfrac{1+\mathrm{e}^{-\pi}}{1-\mathrm{e}^{-\pi}}$.

19. (1) $a=1,b=-1$; (2) $x=0$ 为 $y(x)$ 的极大值点.

20. (1) 1; (2) $-\dfrac{\mathrm{e}}{2}$; (3) $-\dfrac{1}{4}$; (4) $\dfrac{1}{6}$.

21. 略.

22. 略.

23. 提示：

$$f'(\xi)=f(\xi)\Leftrightarrow f'(\xi)-f(\xi)=0\Leftrightarrow \mathrm{e}^{-\xi}f'(\xi)-\mathrm{e}^{-\xi}f(\xi)=0\Leftrightarrow \left[f(x)\mathrm{e}^{-x}\right]'\Big|_{x=\xi}=0.$$

24. 提示：$f'(\xi)+\dfrac{1}{\xi}f(\xi)=0\Leftrightarrow \xi f'(\xi)+f(\xi)=0\Leftrightarrow [xf(x)]'|_{x=\xi}=0.$

25. 提示：$f'(\xi)+f(\xi)=0\Leftrightarrow f'(\xi)\mathrm{e}^{\xi}-f(\xi)\mathrm{e}^{\xi}=0\Leftrightarrow [f(x)\mathrm{e}^{x}]'|_{x=\xi}=0.$

习　题　5

(A)

1. $f(x)=2x^3-\dfrac{5}{2}x^2-6x+8.$

2. $y=\dfrac{3}{2}x^2-5.$

3. (1) $v=t^3+\cos t+2$; (2) $s=\dfrac{1}{4}t^4+\sin t+2t+2.$

4. $Q(p)=1000\left(\dfrac{1}{3}\right)^p.$

5. (1) $\dfrac{1}{3}\sin x+2\arctan x+C.$　(2) $\dfrac{4}{3}x\sqrt{x}+2\sqrt{x}+C.$

(3) $-\dfrac{1}{x}+\arctan x+C.$　(4) $\dfrac{1}{2}x-\dfrac{1}{2}\sin x-\arcsin x+C.$

(5) $-\dfrac{2}{3}x^{-\frac{3}{2}}-\mathrm{e}^x+\ln|x|+C.$　(6) $\dfrac{1}{2}x^2-\sqrt{2}x+C.$

(7) $\dfrac{4}{7}x^{\frac{7}{4}}+4x^{-\frac{1}{4}}+C.$　(8) $\sin x-\cos x+C.$

(9) $\dfrac{3}{2}x^{\frac{2}{3}}-\dfrac{6}{5}x^{\frac{5}{3}}+\dfrac{3}{8}x^{\frac{8}{3}}+C.$　(10) $\dfrac{3^x\mathrm{e}^x}{1+\ln 3}+C.$

(11) $2x-\dfrac{5\cdot 2^x}{3^x(\ln 2-\ln 3)}+C.$　(12) $-\cot x-\tan x+C.$

(13) $\dfrac{1}{2}(\tan x+x)+C.$　(14) $\dfrac{1}{2}\mathrm{e}^{2x}-\mathrm{e}^x+x+C.$

(15) $\mathrm{e}^x+\dfrac{1}{1+\ln 2}(2\mathrm{e})^x+\dfrac{3^x}{\ln 3}+\dfrac{6^x}{\ln 6}+C.$　(16) $2\arcsin x+C.$

6. (1) $\dfrac{1}{22}(2x-3)^{11}+C.$　(2) $-\dfrac{1}{4}(1-3x)^{\frac{4}{3}}+C.$

(3) $-\dfrac{2}{5}\sqrt{2-5x}+C.$　(4) $-\dfrac{5}{2}(1-x)^{\frac{2}{5}}+C.$

(5) $\dfrac{\sqrt{3}}{3}\arcsin\sqrt{\dfrac{3}{2}}x+C.$　(6) $\dfrac{\sqrt{3}}{3}\ln|\sqrt{3}x+\sqrt{3x^2-2}|+C.$

(7) $-\sqrt{1-x^2}+C.$　(8) $-\dfrac{1}{4}\ln|3-2x^2|+C.$

(9) $2\arctan\sqrt{x}+C.$　(10) $2x-2\arctan x+C.$

(11) $\frac{x^2}{2}-\frac{1}{2}\ln(1+x^2)+C.$ (12) $\arctan \mathrm{e}^x+C.$

(13) $\ln|\ln\ln x|+C.$ (14) $\frac{1}{4}\ln\left|\frac{x-1}{x+3}\right|+C.$

(15) $\frac{3}{14}(1+x^2)^{\frac{7}{3}}-\frac{3}{8}(1+x^2)^{\frac{4}{3}}+C.$ (16) $-\frac{1}{\arcsin x}+C.$

(17) $\frac{1}{4}(\cos x+\sin x)^{-4}+C.$ (18) $\frac{1}{2}\mathrm{e}^{x^2-2x}+C.$

(19) $\frac{1}{6}\sin^6 x+C.$ (20) $\frac{3}{8}x+\frac{1}{4}\sin 2x+\frac{1}{32}\sin 4x+C.$

(21) $\tan x+\frac{1}{3}\tan^3 x+C.$ (22) $\frac{1}{3}\tan^3 x-\tan x+x+C.$

7. (1) $2\arctan\sqrt{x+1}+C.$

(2) $\frac{6}{5}x^{\frac{5}{6}}+\frac{3}{2}x^{\frac{2}{3}}+2x^{\frac{1}{2}}+3x^{\frac{1}{3}}+6x^{\frac{1}{6}}+6\ln|x^{\frac{1}{6}}-1|+C.$

(3) $\frac{2}{3}(1+\ln x)^{\frac{3}{2}}-2\sqrt{1+\ln x}+C.$ (4) $\ln\frac{\sqrt{1+\mathrm{e}^x}-1}{\sqrt{1+\mathrm{e}^x}+1}+C.$

(5) $(\arctan\sqrt{x})^2+C.$ (6) $\frac{1}{4}\ln^2\left|\frac{1+x}{1-x}\right|+C.$

(7) $\frac{x}{\sqrt{1-x^2}}+C.$ (8) $\frac{x}{2}\sqrt{x^2-2}+\ln|x+\sqrt{x^2-2}|+C.$

(9) $\frac{x}{a^2\sqrt{a^2+x^2}}+C.$ (10) $\frac{1}{a}\ln\left|\frac{a}{x}-\frac{\sqrt{a^2-x^2}}{x}\right|+C.$

(11) $\arccos\frac{1}{x}+C.$ (12) $2\ln|\tan\sqrt{x}|+C.$

(13) $\frac{1}{3}(1+x^2)\sqrt{1+x^2}-\sqrt{1+x^2}+C.$ (14) $-\frac{\sqrt{1+x^2}}{x}+C.$

(15) $\frac{1}{2}\ln|x^2+x+1|+\frac{1}{\sqrt{3}}\arctan\frac{2x+1}{\sqrt{3}}+C.$ (16) $\arcsin\frac{x+1}{\sqrt{2}}+C.$

(17) $2\ln|\sqrt{x}+\sqrt{1+x}|+C.$ (18) $-\frac{\sqrt{(1+x^2)^3}}{3x^3}+\frac{\sqrt{1+x^2}}{x}+C.$

(19) $\frac{1}{3\ln 2}[x\ln 2-\ln(3+2^x)]+C.$ (20) $-\frac{1}{\ln 2}[2^{-x}+\arctan 2^x]+C.$

8. (1) $\frac{1}{4}\tan^2\frac{x}{2}+\tan\frac{x}{2}+\frac{1}{2}\ln\left|\tan\frac{x}{2}\right|+C.$ (2) $\tan\frac{x}{2}+C.$

(3) $\frac{\sqrt{2}}{2}\ln\left|\frac{\tan\frac{x}{2}-1+\sqrt{2}}{\tan\frac{x}{2}-1-\sqrt{2}}\right|+C.$ (4) $\ln\left|\tan\frac{x}{2}\right|+C.$

9. (1) $-x^2\cos x+2x\sin x+2\cos x+C.$ (2) $-(x^2+2x+2)\mathrm{e}^{-x}+C.$

(3) $x\ln^2 x-2x(\ln x-1)+C.$ (4) $\frac{x^4}{16}(4\ln x-1)+C.$

(5) $x\arctan x-\frac{1}{2}\ln(1+x^2)+C.$ (6) $\frac{1}{3}(1+x^3)\ln(1+x)-\frac{x^3}{9}+\frac{x^2}{6}-\frac{x}{3}+C.$

(7) $x(\arcsin x)^2+2\sqrt{1-x^2}\arcsin x-2x+C.$ (8) $x\ln(x+\sqrt{1+x^2})-\sqrt{1+x^2}+C.$

(9) $\dfrac{e^x}{1+x}+C$.

(10) $\dfrac{x}{2}[\sin(\ln x)-\cos(\ln x)]+C$.

(11) $\dfrac{1}{2}(\sec x\tan x+\ln|\sec x+\tan x|)+C$.

(12) $x\tan x+\ln|\cos x|+C$.

(13) $\tan x\ln\sin x-x+C$.

(14) $-\dfrac{1}{x}(\ln^3 x+3\ln^2 x+6\ln x+6)+C$.

(15) $x\arctan x-\dfrac{1}{2}\ln(1+x^2)-\dfrac{1}{2}\arctan^2 x+C$.

(16) $-\sqrt{1-x^2}\arccos x-x+C$.

(17) $-\dfrac{1}{3}(1-x^2)^{\frac{3}{2}}\arcsin x-\dfrac{x^3}{9}+\dfrac{x}{3}+C$.

(18) $\sin^2 x\ln|\tan x|+\ln|\cos x|+C$.

(19) $\cos x\ln|\cos x|-\cos x+C$.

(20) $(4-2x)\cos\sqrt{x}+4\sqrt{x}\sin\sqrt{x}+C$.

(21) $x(\tan x-\cot x)+\ln|\sin 2x|+C$.

(22) $\dfrac{x}{2}\sec^2 x-\dfrac{1}{2}\tan x+C$.

10. 略. 11. 略.

12. (1) $\dfrac{1}{2}\ln|x^2+x+1|+\dfrac{\sqrt{3}}{3}\arctan\dfrac{2x+1}{\sqrt{3}}+C$.

(2) $-2\ln|x|-\dfrac{1}{x}+2\ln|2x+1|+C$.

(3) $\dfrac{1}{9}\ln|x|-\dfrac{1}{9}\ln|2x+3|+\dfrac{1}{3(2x+3)}+C$.

(4) $\dfrac{1}{2}\ln\left|\dfrac{(x-1)(x-3)}{(x-2)^2}\right|+C$.

(5) $\dfrac{1}{2}\ln|x-1|-\dfrac{1}{4}\ln(x^2+1)+\dfrac{1}{2}\arctan x+C$.

(6) $\dfrac{1}{2}x^2-x+\dfrac{1}{2}\ln|x+1|-\dfrac{1}{4}\ln(x^2+1)+\dfrac{1}{2}\arctan x+C$.

(7) $\ln|x^2+2x-3|+\dfrac{1}{4}\ln\left|\dfrac{x-1}{x+3}\right|+C$.

(8) $\arctan(x+1)+\dfrac{1}{x^2+2x+2}+C$.

(B)

1. (D). 2. (C). 3. (D). 4. (D).

5. $e^x\arcsin\sqrt{1-e^{2x}}-\sqrt{1-e^{2x}}+C$.

6. $2\sqrt{x}+C$.

7. $xf'(x)-f(x)+C$.

8. (1) $\dfrac{2}{3}(2+\ln x)^{\frac{3}{2}}-4(2+\ln x)^{\frac{1}{2}}+C$.

(2) $\ln|x+\ln x|+C$.

(3) $-\dfrac{1}{2}\left(\arctan\dfrac{1}{x}\right)^2+C$.

(4) $\dfrac{4}{3}(\arcsin\sqrt{x})^{\frac{3}{2}}+C$.

(5) $\dfrac{2}{3}\arcsin x^{\frac{3}{2}}+C$.

(6) $\ln|\ln x|-\dfrac{1}{2}\ln(1+\ln^2 x)+C$.

(7) $-\dfrac{1}{2+\tan x}+C$.　　　　(8) $2\arctan\sqrt{1+x}+C$.

(9) $(x+1)\ln(1+\sqrt[3]{x})-\dfrac{1}{3}x+\dfrac{1}{2}x^{\frac{2}{3}}-x^{\frac{1}{3}}+C$.

(10) $\sqrt{2x-x^2}\arcsin(1-x)+x+C$.

(11) $-\dfrac{1}{2x}(\sin\ln x+\cos\ln x)+C$.　　　　(12) $x-(1+\mathrm{e}^{-x})\ln(1+\mathrm{e}^x)+C$.

(13) $\dfrac{1}{6}x^6\ln^2 x-\dfrac{1}{18}x^6\ln x+\dfrac{1}{108}x^6+C$.　　　　(14) $\mathrm{e}^x\tan\mathrm{e}^x+\ln|\cos\mathrm{e}^x|+C$.

(15) $\dfrac{1}{3}x^3\arctan\sqrt{x}-\dfrac{1}{15}x^{\frac{5}{2}}+\dfrac{1}{9}x^{\frac{3}{2}}-\dfrac{1}{3}x^{\frac{1}{2}}+\dfrac{1}{3}\arctan\sqrt{x}+C$.

(16) $-\mathrm{e}^{-x}-\arctan\mathrm{e}^x+C$.　　　　(17) $\dfrac{1}{2}\left(\arctan\dfrac{1+x}{1-x}\right)^2+C$.

(18) $\dfrac{1}{4}\ln^2\left|\dfrac{1+x}{1-x}\right|+C$.

(19) $\sqrt{x^2+x+1}+\dfrac{1}{2}\ln|x+\dfrac{1}{2}+\sqrt{x^2+x+1}|+C$.

(20) $\mathrm{e}^{2x}\tan x+C$.　　　　(21) $-\dfrac{\sqrt{1-x^2}}{x}\arcsin x+\ln|x|+C$.

(22) $(\arctan x-1)\mathrm{e}^{\arctan x}+C$.　　　　(23) $\dfrac{1}{2}\ln\dfrac{x^2+1}{x^2+2}+C$.

(24) $-\dfrac{2}{x+1}-4\ln|x+1|+5\ln|x+2|+C$.　(25) $\arcsin\dfrac{x}{3}-\dfrac{3-\sqrt{9-x^2}}{x}+C$.

(26) $\arcsin\sqrt{x}+\sqrt{x-x^2}+C$.　　　　(27) $\dfrac{2}{\sqrt{23}}\arctan\left(\dfrac{6\tan\dfrac{x}{2}+1}{\sqrt{23}}\right)+C$.

(28) $-8\cot 2x-\dfrac{8}{3}\cot^3 2x+C$.　　　　(29) $\dfrac{1}{2}(x-\sqrt{1-x^2})\mathrm{e}^{\arcsin x}+C$.

(30) $x(\tan x-\sec x)+C$.

9. $x+C;\ln|a\sin x+b\cos x|+C;\dfrac{ax-b\ln|a\sin x+b\cos x|}{a^2+b^2}+C;$

$\dfrac{bx+a\ln|a\sin x+b\cos x|}{a^2+b^2}+C$.

10. $\dfrac{1}{\sqrt{2}}\ln\left|\tan\left(\dfrac{x}{2}+\dfrac{\pi}{8}\right)\right|+C;\sin x+\cos x+C;$

$\dfrac{1}{2\sqrt{2}}\ln\left|\tan\left(\dfrac{x}{2}+\dfrac{\pi}{8}\right)\right|-\dfrac{1}{2}(\sin x+\cos x)+C;$

$\dfrac{1}{2\sqrt{2}}\ln\left|\tan\left(\dfrac{x}{2}+\dfrac{\pi}{8}\right)\right|+\dfrac{1}{2}(\sin x+\cos x)+C$.

11. $I_0=x+C,I_1=-\cos x+C,I_n=\dfrac{n-1}{n}I_{n-2}-\dfrac{\cos x}{n}\sin^{n-1}x+C$.

12. $I_0=x+C,I_1=x\arcsin x+\sqrt{1-x^2}+C,$

$I_n=(x\arcsin x)^n+n\sqrt{1-x^2}(\arcsin x)^{n-1}-n(n-1)I_{n-2}+C$.

13. $\dfrac{x\mathrm{e}^{\frac{x}{2}}}{2(1+x)^{\frac{3}{2}}}$.

习 题 6

(A)

1. (1) 28; (2) $\mathrm{e}-1$. 2. 略.

3. (1) $\int_0^1 x^2\mathrm{d}x > \int_0^1 x^3\mathrm{d}x$. (2) $\int_1^2 x^2\mathrm{d}x < \int_1^2 x^3\mathrm{d}x$.

(3) $\int_3^4 \ln x\mathrm{d}x < \int_3^4 (\ln x)^2\mathrm{d}x$. (4) $\int_0^1 \mathrm{e}^x\mathrm{d}x > \int_0^1 \mathrm{e}^{x^2}\mathrm{d}x$.

(5) $\int_0^{\frac{\pi}{2}} \sin x\mathrm{d}x < \int_0^{\frac{\pi}{2}} x\mathrm{d}x$. (6) $\int_{-\frac{\pi}{2}}^0 \cos x\mathrm{d}x = \int_0^{\frac{\pi}{2}} \cos x\mathrm{d}x$.

4. (1) $[6,18]$. (2) $\left[0,\dfrac{27}{16}\right]$. (3) $\left[\left(\dfrac{5\pi}{6}-\sqrt{3}\right)\dfrac{5\pi}{6},\left(\dfrac{5\pi}{6}+\sqrt{3}\right)\dfrac{5\pi}{6}\right]$.

(4) $\left[\dfrac{\pi}{9},\dfrac{2\pi}{3}\right]$. (5) $\left[2\mathrm{e}^{-\frac{1}{4}},2\mathrm{e}^2\right]$. (6) $\left[1,\dfrac{\pi}{2}\right]$.

5. (1) $\sqrt{1+x}$. (2) $-x\mathrm{e}^{-x}$. (3) $x\mathrm{e}^{-x}+\int_0^x \mathrm{e}^{-t}\mathrm{d}t$. (4) $4x^3-2\sin x\cos x$.

(5) $-2x\ln(1+x^4)$. (6) $3x^2(\cos x-1)$.

6. (1) $\dfrac{1}{2}$. (2) $\dfrac{1}{3}$. (3) $\dfrac{1}{2}$. (4) $\dfrac{1}{4}$. (5) $2\cos x^2$. (6) 1.

7. 略. 8. $f(x)=1-\mathrm{e}^{x-1}, a=1$. 9. 0. 10. $f(x)=1+\mathrm{e}^x$. 11. $\dfrac{\pi}{4-\pi}$.

12. $x=0$ 是极小值点; $x=1$ 是极大值点. 13. $\dfrac{\cos x}{\sin x-1}$.

14. (1) $\dfrac{\pi}{3}$. (2) $\dfrac{1}{2}\ln 3$. (3) $\dfrac{\pi}{8}$. (4) $\dfrac{1}{2}\ln 3$. (5) $\dfrac{2\sqrt{3}}{3}-\dfrac{\pi}{6}$. (6) $2\sqrt{2}$.

(7) $\dfrac{1}{2}\ln\dfrac{3}{2}-\dfrac{1}{6}$. (8) $56\dfrac{3}{5}$. (9) 3. (10) $2\sqrt{2}-2$. (11) $\dfrac{1}{2\ln 2}+\dfrac{\pi}{4}$.

15. (1) $\dfrac{1}{10}$. (2) $\dfrac{\pi}{6}$. (3) $\dfrac{19}{3}$. (4) $\dfrac{8}{3}$. (5) $\dfrac{2\sqrt{2}}{3}$. (6) $\dfrac{\pi}{2}$. (7) $-\dfrac{1}{8}(\ln 2)^2$. (8) $2\left(1-\sqrt{1-\dfrac{1}{\mathrm{e}}}\right)$.

(9) $7+2\ln 2$. (10) $\ln(\mathrm{e}+\sqrt{1+\mathrm{e}^2})-\ln(1+\sqrt{2})$. (11) $\pi-2$. (12) $\sqrt{3}-\dfrac{\pi}{3}$.

(13) $\ln(2-\sqrt{3})+\dfrac{\sqrt{3}}{2}$. (14) $\dfrac{4}{3}$. (15) $\dfrac{\pi}{3}-\sqrt{3}$. (16) $2(\sqrt{3}-1)$.

16. (1) $\dfrac{\pi-2}{8}$. (2) $\dfrac{\mathrm{e}^2-1}{4}$. (3) $\dfrac{2}{5}(1+\mathrm{e}^{-\frac{\pi}{2}})$. (4) $\dfrac{1-\ln 2}{4}$. (5) $-\dfrac{\pi}{4}$.

(6) $\dfrac{1}{168}$. (7) $\ln(1+\mathrm{e})-\dfrac{\mathrm{e}}{1+\mathrm{e}}$. (8) $2-\dfrac{2}{\mathrm{e}}$. (9) $\dfrac{2}{9}$. (10) $\dfrac{1}{2}(1-\mathrm{e}^{-\frac{\pi}{2}})$.

17. $-\mathrm{e}^{-a}A$. 18. $\mathrm{e}^{-2}-1$. 19. (1) $\dfrac{\pi}{4}$; (2) $\dfrac{\pi}{4}$. 20. $\dfrac{1}{2}\ln^2 x$.

21. (1) 0; (2) 0; (3) 0; (4) $\pi\sin 1$.

22. (1) $\dfrac{4}{3}a\sqrt{a}$; (2) $\dfrac{10}{3}$; (3) $\dfrac{8}{3}$; (4) $\dfrac{3}{4}$; (5) $\dfrac{\pi}{2}-1$; (6) $\dfrac{1}{2}+\ln 2$; (7) $\dfrac{28}{3}$; (8) 4;

(9) $\pi-\dfrac{8}{3},\pi-\dfrac{8}{3},2\pi+\dfrac{16}{3}$; (10) $\dfrac{4}{3}$; (11) 1; (12) $\dfrac{27}{48},\dfrac{8}{3}-\dfrac{4\sqrt{2}}{3}$.

23. $(4,\ln 4)$. 24. $\frac{\mathrm{e}}{2}-1$. 25. (1) $a=\frac{1}{\sqrt{2}}, S\left(\frac{1}{\sqrt{2}}\right)=\frac{2-\sqrt{2}}{6}$; (2) $V_x=\frac{1+\sqrt{2}}{30}\pi$.

26. (1) $\frac{1}{2}a^3\pi$; (2) $\frac{\pi^2}{4}, 2\pi$; (3) $\frac{3\pi}{10}$; (4) $\pi\left(1-\frac{1}{\mathrm{e}}\right)$; (5) $\pi(\mathrm{e}-2), \frac{\pi}{2}(\mathrm{e}^2+1)$; (6) $2\pi^2$.

27. $V_x=\frac{\pi}{6}; V_y=\frac{6\pi}{5}$. 28. $100q\mathrm{e}^{-\frac{q}{10}}$.

29. (1) $C(x)=1+3x+\frac{1}{6}x^2$;

$R(x)=7x-\frac{1}{2}x^2; L(x)=-1+4x-\frac{2}{3}x^2$. (2) $C(5)-C(1)=16$ (万元).

(3) $x=3$ (百台), $L(3)=5$ (万元).

30. (1) 收敛. (2) 发散. (3) 收敛. (4) 发散. (5) 收敛. (6) 收敛. (7) 收敛.

31. (1) 收敛. 收敛. (2) 收敛. (3) 发散. (4) 发散. (5) 收敛. (6) 收敛. (7) 收敛. (8) 收敛.

32. (1) $\frac{4}{15}$. (2) $\frac{2n-1}{2}\cdot\frac{2n-3}{2}\cdot\cdots\cdot\frac{1}{2}\sqrt{\pi}$. (3) $\frac{\sqrt{2\pi}}{16}$. (4) $\frac{105\sqrt{\pi}}{16\lambda^4\sqrt{\lambda}}$.

(B)

1. (D). 2. (C). 3. (A). 4. (C). 5. (A).

6. 2.

7. $\frac{\pi^3}{2}$.

8. $\frac{1-2\sqrt{2}}{18}$.

9. $\pi\ln 2-\frac{\pi}{3}$.

10. $\frac{\pi}{4}$.

11. $2\mathrm{e}^t-2t-2$.

12. 3.

13. $\frac{1}{2}\ln 3-\frac{\pi}{8}$.

14. $-\frac{\mathrm{e}^{-x}+\mathrm{e}^x}{2}$.

15. $\frac{2}{3}$.

16. $\frac{1}{4}$.

17. (1) $\ln\left(1+\sqrt{2}\right)$; (2) $\pi\left(1-\frac{\pi}{4}\right)$.

18. (1) $\frac{\pi^2}{4}$. (2) $\sqrt[4]{8}(\mathrm{e}^{\frac{\pi}{8}}-\mathrm{e}^{-\frac{\pi}{8}})$.

19. 2.

20. $\frac{1}{6}(\mathrm{e}-2)$.

21. 2.

22. $\frac{1}{\mathrm{e}}-1$.

23. $\frac{7}{3}-\frac{1}{\mathrm{e}}$.

24. 略.

25. 略.

26. 略.

27. 略.

28. 略.

29. 证明略, (1) $\frac{\pi}{2}$; (2) $\frac{1}{3}$.

30. 证明略, (1) $\frac{\pi-1}{4}$; (2) 1.

习 题 7

(A)

1. (1) $\{(x,y)|(x,y)\neq(0,0)\}$; (2) $\{(x,y)|-\infty<x<+\infty, y\geqslant 0\}$;

(3) $\{(x,y)||x|\leqslant 1, |y|\geqslant 1\}$; (4) $\{(x,y)|x\geqslant 0, 0\leqslant y\leqslant x^2\}$;

(5) $\{(x,y)|2k\pi\leqslant x^2+y^2\leqslant(2k+1)\pi, k=0,1,2,\cdots\}$;

(6) $\{(x,y)||x|\leqslant 2, |y|\leqslant 3\}$; (7) $\{(x,y)|x^2+y^2<4\}$;

(8) $\{(x,y)|y>x, x\geqslant 0, x^2+y^2<1\}$;

(9) $\{(x,y)|x^2+y^2-z^2\geqslant 0, (x,y$ 不同时为零$)\}$;

(10) $\{(x,y)|-\infty<x<+\infty, -\infty<y<+\infty\}$.

2. 不是, 定义域不同. 3. $\frac{2xy}{x^2+y^2}$. 4. $\frac{y}{2}(x^2-y^2), \frac{3}{2}$.

5. $f(x)=x^2-x, z=2y+(x-y)^2$.

6. (1) 0; (2) $\ln 2$; (3) $\frac{1}{2}$; (4) 0.

7. 除 $(0,0)$ 点外处处连续.

8. (1) $z'_x=2xy^3+1, z'_y=3x^2y^2-2$;

(2) $z'_x=2x\cos(x^2+y^2), z'_y=2y\cos(x^2+y^2)$;

(3) $z'_x=-\frac{y}{x^2+y^2}, z'_y=\frac{x}{x^2+y^2}$;

(4) $z'_x=\mathrm{e}^{\sin x}\cos y\cos x, z'_y=-\mathrm{e}^{\sin x}\sin y$; (5) $-1, 0$;

(6) $z'_x=\frac{y^2}{(x^2+y^2)^{\frac{3}{2}}}, z'_y=-\frac{xy}{(x^2+y^2)^{\frac{3}{2}}}$;

(7) $z'_x = y^2(1+xy)^{y-1}, z'_y = (1+xy)^y\left[\ln(1+xy)+\dfrac{xy}{1+xy}\right]$;

(8) $\dfrac{\pi}{4}, -\pi e$;

(9) $u'_x = \dfrac{1}{1+x+y^2+z^3}, u'_y = \dfrac{2y}{1+x+y^2+z^3}, u'_z = \dfrac{3z^2}{1+x+y^2+z^3}$;

(10) $u'_x = x^y y^z z^x\left(\dfrac{y}{x}+\ln z\right), u'_y = x^y y^z z^x\left(\dfrac{z}{y}+\ln x\right), u'_z = x^y y^z z^x\left(\dfrac{x}{z}+\ln y\right)$.

9. (1) $\dfrac{\partial^2 z}{\partial x^2} = 0, \dfrac{\partial^2 z}{\partial y^2} = \dfrac{2x}{y^3}; \dfrac{\partial^2 z}{\partial x\partial y} = \dfrac{\partial^2 z}{\partial y\partial x} = 1-\dfrac{1}{y^2}$;

(2) $\dfrac{\partial^2 z}{\partial x^2} = 2e^{2y}, \dfrac{\partial^2 z}{\partial y^2} = 4x^2e^{2y}, \dfrac{\partial^2 z}{\partial x\partial y} = \dfrac{\partial^2 z}{\partial y\partial x} = 4xe^{2y}$;

(3) $\dfrac{\partial^2 z}{\partial x^2} = \dfrac{1}{x}, \dfrac{\partial^2 z}{\partial y^2} = -\dfrac{x}{y^2}, \dfrac{\partial^2 z}{\partial x\partial y} = \dfrac{1}{y}$;

(4) $\dfrac{\partial^2 z}{\partial x^2} = -\dfrac{2x}{(1+x^2)^2}, \dfrac{\partial^2 z}{\partial y^2} = -\dfrac{2y}{(1+y^2)^2}, \dfrac{\partial^2 z}{\partial x\partial y} = 0$;

(5) $\dfrac{\partial^3 u}{\partial x\partial y\partial z} = (1+3xyz+x^2y^2z^2)e^{xyz}$.

10. 略.

11. (1) $dz = y^2(1+6xy^3)(ydx+3xdy)$;　　(2) $dz = \dfrac{1}{3x-2y}(3dx-2dy)$;

(3) $dz = \dfrac{z}{x^2+y^2+z^2}(xdx+ydy+zdz)$.

12. (1) 0.25e; (2) $0.1\ln 3$. 13. (1) 约 0.97; (2) 约 2.95.

14. 2.8cm.

15. (1) $\dfrac{dz}{dt} = e^{\sin t-2t^3}(\cos t-6t^2)$;　　(2) $\dfrac{dz}{dx} = -(e^x+e^{-x})$;

(3) $\dfrac{\partial z}{\partial x} = \dfrac{y}{x^2+y^2}, \dfrac{\partial z}{\partial y} = \dfrac{x}{x^2+y^2}$;

(4) $\dfrac{\partial z}{\partial x} = \dfrac{2x}{y^2}\ln(3x-2y)+\dfrac{3x^2}{(3x-2y)y^2}, \dfrac{\partial z}{\partial y} = -\dfrac{2x^2}{y^3}\ln(3x-2y)-\dfrac{2x^2}{(3x-2y)y^2}$;

(5) $\dfrac{\partial z}{\partial x} = 2(x^2+y)^{2x+3y-1}[x(2x+3y)+(x^2+y)\ln(x^2+y)]$,

$\dfrac{\partial z}{\partial y} = (x^2+y)^{2x+3y-1}[2x+3y+3(x^2+y)\ln(x^2+y)]$;

16. (1) $\dfrac{\partial^2 z}{\partial x^2} = 2f'+4x^2f'', \dfrac{\partial^2 z}{\partial y^2} = 2f'+4y^2f'', \dfrac{\partial^2 z}{\partial x\partial y} = 4xyf''$;

(2) $\dfrac{\partial u}{\partial x} = f'_1+yf'_2+yzf'_3, \dfrac{\partial u}{\partial y} = xf'_2+xzf'_3, \dfrac{\partial u}{\partial z} = xyf'_3$;

(3) $\dfrac{\partial^2 z}{\partial x^2} = f'_{11}+\dfrac{2}{y}f''_{12}+\dfrac{1}{y^2}f''_{22}, \dfrac{\partial^2 z}{\partial y^2} = \dfrac{2x}{y^3}f'_2+\dfrac{x^2}{y^4}f''_{22}$,

$\dfrac{\partial^2 z}{\partial x\partial y} = -\dfrac{x}{y^2}\left(f''_{12}+\dfrac{1}{y}f''_{22}\right)-\dfrac{1}{y^2}f'_2$.

17. 略.

18. (1) $\dfrac{\mathrm{d}y}{\mathrm{d}x}=\dfrac{y^2-\mathrm{e}^x}{\cos y-2xy}$; (2) $\dfrac{\mathrm{d}y}{\mathrm{d}x}=\dfrac{y^2-xy\ln y}{x^2-xy\ln x}$;

(3) $\dfrac{\partial z}{\partial x}=\dfrac{z}{x+z},\dfrac{\partial z}{\partial y}=\dfrac{z^2}{y(x+z)},\dfrac{\partial^2 z}{\partial x\partial y}=\dfrac{xz^2}{y(x+z)^3}$.

19. (1) $\dfrac{\partial z}{\partial x}=-\dfrac{F_u'+2xF_v'}{F_u'+2zF_v'},\dfrac{\partial z}{\partial y}=-\dfrac{F_u'+2yF_v'}{F_u'+2zF_v'}$;

(2) $\dfrac{du}{\mathrm{d}x}=\dfrac{\partial f}{\partial x}+\dfrac{y^2}{1-xy}\cdot\dfrac{\partial f}{\partial y}+\dfrac{z}{xz-x}\cdot\dfrac{\partial f}{\partial z}$.

20. (1) 极小值 $f(1,1)=-3$, 极大值 $f(-1,-1)=5$;

(2) 极大值 $f\left(\dfrac{1}{3},\dfrac{1}{3}\right)=\dfrac{1}{27}$;

(3) 极小值 $f\left(\dfrac{1}{2},-1\right)=-\dfrac{\mathrm{e}}{2}$.

21. $z\left(\dfrac{1}{2},\dfrac{1}{2}\right)=\dfrac{1}{4}$. 22. 长、宽、高均为 $\sqrt[3]{V}$.

23. $x=40,y=24,L_{\max}=1650$.

24. $x=100,y=25$.

25. (1) $\int_1^{\mathrm{e}}\mathrm{d}x\int_0^{\ln x}f(x,y)\mathrm{d}y,\int_0^1\mathrm{d}y\int_{\mathrm{e}^y}^{\mathrm{e}}f(x,y)\mathrm{d}x$;

(2) $\int_0^1\mathrm{d}x\int_{x-1}^{1-x}f(x,y)\mathrm{d}y,\int_{-1}^0\mathrm{d}y\int_0^{y+1}f(x,y)\mathrm{d}x+\int_0^1\mathrm{d}y\int_0^{1-y}f(x,y)\mathrm{d}x$;

(3) $\int_1^2\mathrm{d}x\int_{\frac{1}{x}}^{x}f(x,y)\mathrm{d}y,\int_{\frac{1}{2}}^1\mathrm{d}y\int_{\frac{1}{y}}^2 f(x,y)\mathrm{d}x+\int_1^2\mathrm{d}y\int_y^2 f(x,y)\mathrm{d}x$;

(4) $\int_0^1\mathrm{d}x\int_0^{\sqrt{2x-x^2}}f(x,y)\mathrm{d}y+\int_1^2\mathrm{d}x\int_0^{2-x}f(x,y)\mathrm{d}y$,

$\int_0^1\mathrm{d}y\int_{1-\sqrt{1-y^2}}^{2-y}f(x,y)\mathrm{d}x$.

26. (1) $\int_0^1\mathrm{d}y\int_0^{2-2y}f(x,y)\mathrm{d}x$; (2) $\int_0^4\mathrm{d}y\int_{\frac{1}{4}y^2}^{y}f(x,y)\mathrm{d}x$;

(3) $\int_0^2\mathrm{d}y\int_{\frac{1}{2}y}^{y}f(x,y)\mathrm{d}x+\int_2^4\mathrm{d}y\int_{\frac{1}{2}y}^{2}f(x,y)\mathrm{d}x$;

(4) $\int_0^1\mathrm{d}x\int_0^{x^2}f(x,y)\mathrm{d}y+\int_1^{\sqrt{2}}\mathrm{d}x\int_0^{\sqrt{2-x^2}}f(x,y)\mathrm{d}y$;

(5) $\int_{-1}^0\mathrm{d}y\int_{-\sqrt{1-y^2}}^{\sqrt{1-y^2}}f(x,y)\mathrm{d}x+\int_0^1\mathrm{d}y\int_{-\sqrt{1-y}}^{\sqrt{1-y}}f(x,y)\mathrm{d}x$;

(6) $\int_0^{\frac{1}{2}}\mathrm{d}x\int_{x^2}^{x}f(x,y)\mathrm{d}y$.

27. 略.

28. (1) $\frac{1}{4}(\mathrm{e}-1)^2$; (2) $\frac{4}{3}$; (3) $\frac{45}{8}$; (4) $1-\sin 1$.

29. (1) $\int_0^{\frac{\pi}{2}}\mathrm{d}\theta\int_0^1 f(r\cos\theta, r\sin\theta)r\mathrm{d}r$;

(2) $\int_0^{\frac{\pi}{4}}\mathrm{d}\theta\int_0^{\sec\theta} f(r\cos\theta, r\sin\theta)r\mathrm{d}r$.

30. (1) $\pi\ln 2$; (2) $\frac{3}{64}\pi^2$; (3) $\frac{32}{9}$; (4) $\frac{1}{6}$.

31. (1) 0; (2) $\frac{14}{3}$.

32. (1) 2; (2) $\frac{8}{3}$.

33. (1) $\frac{5}{6}$; (2) 3π.

(B)

1. (D). 2. (B). 3. (D). 4. (C). 5. (A). 6. (A).

7. $-\frac{1}{3}\mathrm{d}x-\frac{2}{3}\mathrm{d}y$.

8. $-\mathrm{d}x+2\mathrm{d}y$.

9. $\frac{1}{3}\left(1-2\mathrm{e}^{-1}\right)$.

10. $xy\mathrm{e}^y$.

11. $(\pi-1)\,\mathrm{d}x-\mathrm{d}y$.

12. $(1,1)$.

13. $-\frac{3}{4}$.

14. $\frac{\pi}{4}-\frac{2}{5}$.

15. $\frac{\pi}{8}\left(1-\frac{1}{\sqrt{2}}\right)$.

16. $\frac{\sqrt{3}\pi}{32}-\frac{\sqrt{3}}{16}$.

17. $1-3f''_{11}-f''_{22}$.

18. 在 $\left(\frac{1}{6},\frac{1}{12}\right)$ 处取得极小值，极小值为 $f\left(\frac{1}{6},\frac{1}{12}\right)=-\frac{1}{216}$.

19. $\frac{3}{128}\pi^2$.

20. $\frac{1}{8}(\mathrm{e}-1)^2$.

21. $2\pi-2$.

22. $3\sqrt{3}-\frac{\pi}{9}-\frac{32}{9}$.

23. $\frac{8}{3}\ln 3$.

24. $-1-2\ln 2$.

25. 6π.

26. $\frac{49}{20}$.

27. $\sqrt{1-x^2-y^2}-\frac{4}{3\pi}\left(\frac{\pi}{2}-\frac{2}{3}\right)$.

28. $\frac{1}{2}A^2$.

29. 略.

习 题 8

(A)

1. (1) $(-1)^{n-1}\left(1+\frac{1}{n}\right)$; (2) $\frac{2+(-1)^n}{2n-1}$; (3) $\frac{n}{n^2+1}$; (4) $\frac{1\cdot 3\cdot 5\cdot 7\cdots(2n-1)}{2\cdot 4\cdot 6\cdot 8\cdots 2n}$;
(5) $\frac{nx^n}{2n+1}$.

2. (1) $1, \frac{1}{3}, \frac{2}{n(n+1)}$; (2) $\sqrt{2}-1, \sqrt{3}-\sqrt{2}, \sqrt{n+1}-\sqrt{n}$.

3. (1) 收敛, 1; (2) 收敛, $\frac{1}{20}$; (3) 发散; (4) 收敛, 1.

4. (1) 收敛, a_1-a; (2) 略.

5. (1) 否; (2) 否; (3) 正确; (4) 否; (5) 正确; (6) 否.

6. 略.

7. (1) 发散; (2) 收敛; (3) 发散; (4) 收敛; (5) 收敛; (6) 发散; (7) 发散; (8) 收敛.

8. (1) 发散; (2) 收敛; (3) 发散; (4) 收敛.

9. (1) 发散; (2) 收敛; (3) 发散; (4) 收敛; (5) 收敛; (6) $0<a\leqslant 1$ 发散, $a>1$ 收敛;
(7) 收敛; (8) 收敛; (9) 收敛; (10) 收敛; (11) 收敛; (12) 收敛; (13) 收敛;
(14) $0<a+b\leqslant 3$ 时发散, $a+b>3$ 时收敛.

10. 略.

11. (1) 发散; (2) 收敛; (3) 收敛; (4) 发散; (5) 发散; (6) 收敛; (7) 收敛;
(8) 发散; (9) $0<a<\mathrm{e}$ 收敛, $a>\mathrm{e}$ 发散; (10) 收敛; (11) 收敛; (12) 收敛;
(13) $0\leqslant x\leqslant 1$ 收敛, $x>1$ 发散;
(14) $|x|<\frac{1}{\sqrt{2}}$ 收敛, $|x|\geqslant\frac{1}{\sqrt{2}}$ 发散; (15) $0<k<\mathrm{e}^2$ 时收敛, $k>\mathrm{e}^2$ 时发散.

12. (1) 收敛; (2) 发散; (3) 发散.

13. (1) 否; (2) 否; (3) 否; (4) 正确; (5) 否; (6) 否; (7) 否; (8) 正确; (9) 否; (10) 正确.

14. (1) 条件收敛; (2) 条件收敛; (3) 绝对收敛; (4) 发散; (5) 条件收敛; (6) 绝对收敛; (7) 条件收敛; (8) 发散; (9) 绝对收敛; (10) 条件收敛; (11) 绝对收敛; (12) 发散; (13) 条件收敛; (14) $|a|<1$ 时绝对收敛, $|a|\geqslant 1$ 时发散.

15. (1) $(-1,1]$; (2) $(-\infty,+\infty)$; (3) 0; (4) $(-\sqrt{3},\sqrt{3})$; (5) $(-\infty,+\infty)$; (6) $\left[-\dfrac{1}{3},\dfrac{1}{3}\right]$; (7) $[0,9]$; (8) $\left(-\dfrac{4}{5},\dfrac{6}{5}\right)$; (9) $(-\infty,0)\cup(2,+\infty)$; (10) $\left(-\dfrac{1}{3},\dfrac{1}{3}\right)$; (11) $\left(-\sqrt[4]{\dfrac{1}{2}},\sqrt[4]{\dfrac{1}{2}}\right)$; (12) $\left(-\infty,-\dfrac{1}{2}\right]$; (13) $(-\infty,-1)\cup(1,+\infty)$.

16. (1) $(-1,1),\dfrac{1}{2}\ln\dfrac{1+x}{1-x}$; (2) $(-1,1),\dfrac{1+x}{(1-x)^3}$; (3) $(-2,2),\dfrac{4x+x^2}{(2+x)^2}$; (4) $\left(-\dfrac{1}{4},\dfrac{1}{4}\right],-\ln(1+4x)$; (5) $[-1,1],\begin{cases}(1-x)\ln(1-x)+x, & x\in[-1,1),\\ 1, & x=1;\end{cases}$ (6) $\left[-\dfrac{1}{5},\dfrac{1}{5}\right),-\ln(1-2x-15x^2)$; (7) $[-1,1],x$.

17. (1) 无法确定; (2) 无法确定; (3) 发散; (4) 发散.

18. $[0,2)$.

19. $(-1,1),s(x)=\begin{cases}\dfrac{1}{1-x}+\dfrac{1}{x}\ln(1-x), & 0<|x|<1,\\ 0, & x=0,\end{cases}$ $2-2\ln 2$.

20. $(-\infty,+\infty),(x-1)\mathrm{e}^x+1$.

21. (1) $\displaystyle\sum_{n=0}^{\infty}\frac{(-1)^n x^{2n}}{n!},x\in(-\infty,+\infty)$; (2) $\displaystyle x+\sum_{n=1}^{\infty}\frac{(-1)^n 2^{2n-1}x^{2n+1}}{(2n)!},x\in(-\infty,+\infty)$;

(3) $\displaystyle\sum_{n=0}^{\infty}\frac{(-1)^n}{n!}x^{n+3},(-\infty,+\infty)$ (4) $\displaystyle\sum_{n=0}^{\infty}\frac{1}{(2n+1)!}x^{2n+1},(-\infty,+\infty)$;

(5) $\displaystyle\sum_{n=1}^{\infty}\frac{(-1)^{n-1}}{n}x^{n-1},(-1,0)\cup(0,1]$; (6) $\displaystyle\sum_{n=0}^{\infty}\left(1-\frac{1}{2^{n+1}}\right)x^n,(-1,1)$;

(7) $\displaystyle\sum_{n=0}^{\infty}\frac{(2n)!}{(2^n n!)^2}x^{2n+2},(-1,1)$; (8) $\displaystyle x+\sum_{n=1}^{\infty}\frac{2(2n)!}{(n!)^2(2n+1)}\left(\frac{x}{2}\right)^{2n+1},[-1,1]$;

(9) $\displaystyle\sum_{n=0}^{\infty}\frac{(-1)^n}{n!(2n+1)}x^{2n+1},(-\infty,+\infty)$; (10) $\displaystyle\sum_{n=0}^{\infty}\sin\left(a+\frac{1}{2}n\pi\right)\frac{1}{n!}x^n,(-\infty,+\infty)$.

22. $\displaystyle\sum_{n=0}^{\infty}\frac{(-1)^n x^{2n+1}}{(2n+1)(2n+1)!},(-\infty,+\infty),\sin 1$.

23. (1) $f(x)=\frac{\pi}{4}+\sum\limits_{n=0}^{\infty}\frac{(-1)^n}{2n+1}x^{2n+1},-1\leqslant x<1$; (2) $f^{(101)}(0)=100!$.

24. (1) $\sum\limits_{n=0}^{\infty}\frac{\mathrm{e}}{n!}(x-1)^n,(-\infty,+\infty)$; (2) $\frac{1}{2}\sum\limits_{n=0}^{\infty}\frac{(-1)^n}{2^n}(x-2)^n,(0,4)$;

(3) $\ln 3+\sum\limits_{n=1}^{\infty}\frac{(-1)^{n-1}}{3^n n}(x-2)^n,(-1,5]$; (4) $\sum\limits_{n=0}^{\infty}\sin\left(a+\frac{1}{2}n\pi\right)\frac{1}{n!}(x-a)^n,(-\infty,+\infty)$.

(B)

1. (C). 2. (A). 3. (C). 4. (B). 5. (B). 6. (A). 7. (A). 8. (D).

9. $\frac{\mathrm{e}^x+\mathrm{e}^{-x}}{2}$.

10. $(-2,4)$.

11. $(0,4)$.

12. $\frac{2}{2-\ln 3}$.

13. 4.

14. $\frac{1}{\mathrm{e}}$.

15. $\frac{1}{2}$.

16. 收敛域为 $[-1,1]$; 和函数 $S(x)=\begin{cases}x\ln\frac{1+x}{1-x}+\ln\left(1-x^2\right), & -1<x<1,\\ 2\ln 2, & x=\pm 1.\end{cases}$

17. 当 $n=2k$ 为偶数时，$a_n=(-1)^{\frac{n}{2}}\frac{2^n}{n!}-(n+1)$;

当 $n=2k+1$ 为奇数时，$a_n=n+1$.

18. 收敛域为 $[-1,1]$；和函数 $S(x)=\begin{cases}\frac{1}{x}\left(\arctan x+\ln\frac{2+x}{2-x}\right), & x\neq 0,\\ 2, & x=0.\end{cases}$

19. 略.

习 题 9

(A)

1. (1) 是; (2) 是; (3) 是; (4) 是; (5) 是; (6) 否.

2. (1) $y=x^2+C$; (2) $y=x^2+3$; (3) $y=x^2+4$; (4) $y=x^2+\frac{5}{3}$.

3. (1) $(\ln|x-1|+C)y=1$; (2) $y^2=1+C(x-1)^2$; (3) $\sec x+\tan y=C$;

(4) $10^x+10^{-y}=C$; (5) $\frac{1+y^2}{1-x^2}=C$; (6) $y=\mathrm{e}^{1-\sqrt{1+x^2}}$;

(7) $y^2=\ln(3\ln|x|-x^3+2)$; (8) $(1+e^x)\sec y=2\sqrt{2}$; (9) $(x^2+1)e^y-2y=2$;

(10) $\frac{1}{y}=a\ln|x-a-1|+1$.

4. (1) $y^2=x^2-Cx$; (2) $y=x(1+e^{Cx})$; (3) $y=(\ln|y|+C)x$;

(4) $\sin\frac{y}{x}=Cx$; (5) $y=-x\ln|(1-\ln|x|)|$; (6) $y^5-5x^2y^3=1$;

(7) $y^3=x^3(3\ln|x|+1)$; (8) $y=x$.

5. $f(x)=\frac{1}{2}e^{\frac{x}{2}}$.

6. $y=2e^{-x}+2x-2$.

7. $xy=6$.

8. (1) $y=-e^x+Ce^{2x}$; (2) $y=Ce^{-3x}+\frac{1}{5}e^{2x}$; (3) $y=x^n(e^x+C)$;

(4) $y=Ce^x-\frac{1}{2}(\sin x+\cos x)$; (5) $y=\frac{1}{2}(x+1)^4+C(x+1)^2$; (6) $y=(x+1)e^x$;

(7) $y=\frac{2(1+x^3)}{3(1+x^2)}$; (8) $y=2\ln x-x+2$;

(9) $y=(1-x^2)^{\frac{1}{4}}-\frac{1}{3}(1-x^2)$; (10) $y=(1+\sin x-x\cos x)e^{-x^2}$; (11) $y=\frac{\sin x-1}{x^2-1}$.

9. (1) $y=\frac{1}{x\left(C-\frac{1}{2}(\ln x)^2\right)}$; (2) $xy(y+C)=1$;

(3) $x^3y^3(C-3\ln|x|)=1$; (4) $y^2(x^2+1+Ce^{x^2})=1$; (5) $y=\frac{\sec x}{1+x^3}$.

10. $2-e$.

11. $\frac{xy}{2+xy}=Cx^2$.

12. $y=\tan(x+C)-x$.

13. $x=y(C-\arctan y)$.

14. (1) $y=\frac{1}{6}x^3-\frac{1}{24}x^4+C_1x^2+C_2x+C$; (2) $y=x^3+3x-1$;

(3) $y=\tan\left(x+\frac{\pi}{4}\right)$.

15. (1) $y=C_1e^{-x}+C_2e^{2x}$; (2) $y=e^{\frac{x}{3}}(C_1+C_2x)$;

(3) $y=e^{-2x}(C_1\cos 5x+C_2\sin 5x)$; (4) $y=C_1\cos 5x+C_2\sin 5x$;

(5) $y=\frac{1}{5}e^{-2x}+\frac{4}{5}e^{3x}$; (6) $y=xe^{5x}$;

(7) $y=-\frac{1}{3}e^x\cos 3x$.

16. (1) $y=C_1e^{\frac{x}{2}}+C_2e^{-x}+e^x$; (2) $y=C_1\cos ax+C_2\sin ax+\frac{e^x}{1+a^2}$;

(3) $y=C_1+C_2e^{-\frac{5}{2}x}+\frac{1}{3}x^3-\frac{3}{5}x^2+\frac{7}{25}x$; (4) $y=C_1e^{-x}+C_2e^{-2x}+e^{-x}\left(\frac{3}{2}x^2-3x\right)$;

(5) $y = \mathrm{e}^{x}(C_1\cos 2x + C_2\sin 2x) + \frac{1}{3}\mathrm{e}^{x}\sin x$; (6) $y = \mathrm{e}^{x} + \mathrm{e}^{3x} + \mathrm{e}^{5x}$;

(7) $y = \left(x + \frac{1}{2}x^2\right)\mathrm{e}^{4x}$;

(8) $y = \left(\frac{37}{102}\cos 4x - \frac{7}{204}\sin 4x\right)\mathrm{e}^{3x} + \frac{1}{102}(5\sin x + 14\cos x)$.

17. 略.

18. 设 $y(t)$ 为 t 时账户资金余额, 则 $\frac{\mathrm{d}y}{\mathrm{d}t} = 0.05y, y(10) = 10000\mathrm{e}^{0.5}$(元).

19. $f(x) = 3(1 + x^2)$.

20. $Q = Cp^{-k}$.

21. $y(t) = \frac{1000}{9 + 3^{\frac{t}{3}}} \cdot 3^{\frac{t}{3}}, y(6) = 500$ 条.

22. $R(t) = \frac{a}{bs_0}(\mathrm{e}^{bt} - 1), s(t) = s_0\mathrm{e}^{-bt}$.

23. $c(x) = (x+1)[c_0 + \ln(1+x)]$.

24. $p = \left(p_0 - \frac{b+1}{a}\right)\mathrm{e}^{-ax} - x + \frac{b+1}{a}$.

25. $R(p) = p\mathrm{e}^{\frac{1}{3}(p^3-1)}$.

(B)

1. (D). 2. (C). 3. (B). 4. (A).

5. $2\mathrm{e}^{x} + \mathrm{e}^{-2x}$.

6. 2e.

7. $\frac{1}{5}x^3 + \sqrt{x}$.

8. $f(x) = \frac{8}{4-x}$.

9. (1) $y(x) = \sqrt{x}\mathrm{e}^{\frac{x^2}{2}}$; (2) $V = \frac{\pi}{2}(\mathrm{e}^4 - \mathrm{e})$.

10. (1) $f(x) = \mathrm{e}^{-x}\cos 2x$; (2) $\sum_{n=1}^{\infty} a_n = \frac{1}{5}\cdot\frac{1}{\mathrm{e}^{\pi} - 1}$.

11. (1) $y_n(x) = \frac{1}{n(n+1)}x^{n+1}$;

(2) 收敛域为 $[-1, 1]$; 和函数 $S(x) = \begin{cases} (1-x)\ln(1-x) + x, & x \in [-1, 1), \\ 1, & x = 1. \end{cases}$

12. $y = 2x$.

13. (1) $x + \sqrt{x^2 + y^2} = C$;

(2) $\arctan\left(\frac{y+5}{x-1}\right)-\frac{1}{2}\ln\left[1+\left(\frac{y+5}{x-1}\right)^2\right]=\ln|C(x-1)|\ (x\neq 1)$;

(3) $\frac{1-\cos(x+y)}{\sin(x+y)}=\frac{\pi}{2x}$.

14. $f(x)=-\frac{1}{2}\left(e^x+e^{-x}\right)$.

习　题　10

(A)

1. (1) 2; (2) $9\cdot 4^x$; (3) 6; (4) $\ln\frac{(x+5)(x+3)}{(x+4)^2}$.

2. $a=2$.

3. $a=2e-e^2$.

4. $y_x=(-2)^x(C_1+C_2x)$.

5. (1) $y_x=C\cdot 2^x$;　(2) $y_x=C3^x-1$;　(3) $y_x=C+x^2$;　(4) $y_x=C4^x-2^x$;
(5) $y_x=6^x(1+x)$;　(6) $y_x=2\cdot 5^x+x^2\cdot 5^x$.

6. (1) $y_x=C_12^x+C_23^x$;　(2) $y_x=C_1+C_2\cdot 48^x$;　(3) $y_x=(C_1+C_2x)9^x$;
(4) $y_x=10^x\left(C_1\cos\left(\frac{\pi}{2}x\right)+C_2\sin\left(\frac{\pi}{2}x\right)\right)$;　(5) $y_x=x+1$;　(6) $y_x=3^x$.

7. (1) $y_x=C_12^x+C_27^x+\frac{5}{6}$;　(2) $y_x=C_1+C_2\cdot 8^x+x$;　(3) $y=(C_1+C_2x)6^x+5$;
(4) $y_x=C_1\cdot 4^x+C_2\cdot 6^x+3^x$;　(5) $y_x=x$;　(6) $y_x=x^2$.

8. $a_{x+1}=1.01a_x-p, a_0=25000, a_{12}=0, p=2221.22$ (元).

9. $Y_t=\left(Y_0+\frac{\beta}{\alpha}\right)A^t-\frac{\beta}{\alpha}, A=\frac{\delta\gamma}{\delta\gamma-\alpha}, S_t=(\alpha Y_0+\beta)A^t, I_t=\frac{1}{\delta}(\alpha Y_0+\beta)A^t$.

10. $Y_t=(Y_0-Y_e)\alpha^t+Y_e, Y_e=\frac{I+\beta}{1-\alpha}, C_t=(Y_0-Y_e)\alpha^t+\frac{\alpha I+\beta}{1-\alpha}$.

(B)

1. $C2^t+\frac{1}{2}t2^t$ (其中 C 为任意实数).

2. $y_x=-5+C2^x$ (其中 C 为任意实数).

3. $\frac{1}{2}t^2-\frac{1}{2}t+C$ (其中 C 为任意实数).

4. $y_{x+3}-y_{x+2}=5$, 一阶.

5. $\Delta^3y_x+\Delta^2y_x+2\Delta y_x+3y_x=2x-1$.

6. (1) 是; (2) 是; (3) 是; (4) 是; (5) 否; (6) 否.

参考文献

党高学, 韩金仓. 2010. 微积分. 北京: 科学出版社

樊映川, 等. 2004. 高等数学讲义. 北京: 高等教育出版社

高汝熹. 1998. 高等数学 (一): 微积分. 武汉: 武汉大学出版社

龚德恩, 范培华. 2008. 经济应用数学基础 (一): 微积分. 北京: 高等教育出版社

姜启源, 谢金星, 叶俊. 2003. 数学模型. 北京: 高等教育出版社

刘怀高. 1993. 微积分. 兰州: 兰州大学出版社

马振民, 吕克璞. 1999. 微积分习题类型分析. 兰州: 兰州大学出版社

全国硕士研究生入学考试辅导教程编审委员会. 2015. 2015 年全国硕士研究生入学考试辅导教程. 北京: 北京大学出版社

阮炯. 2002. 差分方程和常微分方程. 上海: 复旦大学出版社

唐焕文, 贺明峰. 2002. 数学模型引论. 北京: 高等教育出版社

同济大学数学系. 2007. 高等数学. 6 版. 北京: 高等教育出版社

王高雄等. 2006. 常微分方程. 3 版. 北京: 高等教育出版社

吴传生. 2003. 经济数学: 微积分. 北京: 高等教育出版社

吴赣昌. 2008. 微积分. 3 版. 北京: 中国人民大学出版社

赵树嫄. 2007. 经济应用数学基础 (一): 微积分. 2 版. 北京: 中国人民大学出版社